E-Book inside.

Mit folgendem persönlichen Code können Sie die E-Book-Ausgabe dieses Buches downloaden.

9r65p-6ycc9-
01800-0l227

Registrieren Sie sich unter
www.hanser-fachbuch.de/ebookinside
und nutzen Sie das E-Book auf Ihrem Rechner*, Tablet-PC und E-Book-Reader.

Der Download dieses Buches als E-Book unterliegt gesetzlichen Bestimmungen bzw. steuerrechtlichen Regelungen, die Sie unter www.hanser-fachbuch.de/ebookinside nachlesen können.
* Systemvoraussetzungen: Internet-Verbindung und Adobe® Reader®

Alexander A.W. Scheibeler/Florian Scheibeler
Easy ISO 9001:2015 für kleine Unternehmen

! Zusatzmaterial zum Download

Unter folgendem Link können Sie Lösungen aus den Bereichen Produktion, Dienstleistung und Handel, die Sie an Ihre Organisation anpassen können, kostenlos herunterladen: https://files.hanser.de/ARTK/9783446451803/GCL/1

Die Dateien sind entsprechend dem Buch gegliedert. Die Texte sind mit einem Hyperlink versehen und verzweigen direkt aus der Datei *A_START-Anwendungsbereich des Qualitätsmanagementsystems.doc* in die Arbeitsaufgaben oder in die dokumentierten Verfahren. Bitte beachten Sie Folgendes: Wenn Sie Worddokumente umbenennen oder neue Dokumente in die Unternehmenslandkarte aufnehmen, dann müssen Sie auch den Hyperlink ändern.

Alexander A. W. Scheibeler
Florian Scheibeler

Easy ISO 9001:2015 für kleine Unternehmen

2., vollständig überarbeitete Auflage

HANSER

Bibliografische Information der Deutschen Nationalbibliothek
Die Deutsche Nationalbibliothek verzeichnet diese Publikation in der Deutschen
Nationalbibliografie; detaillierte bibliografische Daten sind im Internet über
<http://dnb.d-nb.de> abrufbar.

Dieses Werk ist urheberrechtlich geschützt.
Alle Rechte, auch die der Übersetzung, des Nachdrucks und der Vervielfältigung des
Buches, oder Teilen daraus, sind vorbehalten. Kein Teil des Werkes darf ohne schriftliche
Genehmigung des Verlages in irgendeiner Form (Fotokopie, Mikrofilm oder ein anderes
Verfahren), auch nicht für Zwecke der Unterrichtsgestaltung, reproduziert oder unter
Verwendung elektronischer Systeme verarbeitet, vervielfältigt oder verbreitet werden.

© 2019 Carl Hanser Verlag München
www.hanser-fachbuch.de

Lektorat: Damaris Kriegs
Herstellung und Satz: le-tex publishing servies GmbH, Leipzig, Germany
Coverkonzept: Marc Müller-Bremer, Rebranding, München, Germany
Titelillustration: Atelier Frank Wohlgemuth, Bremen, Germany
Coverrealisierung: Max Kostopoulos
Druck und Bindung: NEOGRAFIA, Martin-Priekopa, Slovakia
Printed in Slovakia

ISBN   978-3-446-45180-3
E-Book-ISBN   978-3-446-45724-9
ePub-ISBN   978-3-446-46175-8

VORWORT

Der Erfolg von Qualitätsmanagement (QM) steht außer Frage, aber gerade kleine Unternehmen stehen häufig vor der Umsetzung wie vor einem unbezwingbaren Berg: Dokumentation, Umgang mit Ressourcen, Mess-, Prüf- oder Analyseprozesse, Ermittlung der Kundenanforderungen etc. lassen die Aufgaben scheinbar ins Unermessliche wachsen. Denn wie sollen die Anforderungen der DIN EN ISO 9001:2015 angesichts knapper Ressourcen, eines engen Zeitplans und vor allem geringer Personaldecke umgesetzt werden?

Antwort gibt dieses Praxisbuch: Es zeigt, wie kleine Unternehmen mit geringstmöglichem Aufwand Schritt für Schritt ein zertifizierungsreifes Qualitätsmanagementsystem aufbauen können. Neben vielen Beispielen erleichtern praktische Arbeitshilfen zum Download den direkten Praxistransfer.

In kleinen Organisationen sind pragmatische Vorgehensweisen, wenige Schnittstellen und kurze Wege ein Wettbewerbsvorteil.

Die Beispiele an realen Organisationen mit dem in diesen Unternehmen üblichen Sprachgebrauch berücksichtigen die Prozessorientierung und den Anwendungsbereich des Qualitätsmanagementsystems der Organisation.

Die Organisation ist das QM-System!

Prozessorientierung bedeutet: *Nicht die Organisation ist der Norm anzupassen, sondern die Norm ist als Checkliste zu nutzen, um das Tagesgeschäft störungsfreier bewältigen und die Kundenanforderungen erfüllen zu können.* Hier liegt der große Nutzen der Norm, da die organisatorischen Schwachstellen gezielt analysiert werden können. Die Umsetzung der Norm in der eigenen Organisation erfolgt **nicht** nach den Normenkapiteln, sondern die Integration von Norm und Organisation wird schnell erreicht, indem die Normenkapitel in die Prozessabläufe im Sprachgebrauch der Organisation eingebunden sind und somit prozessorientiert definiert werden. So entsteht eine Übersicht über die eigene Organisation, die eigene Unternehmenslandkarte als Anwendungsbereich des QM-Systems zur gezielten Verbesserung der Organisation. Die erforderliche Zuordnung der Prozessabläufe zu den einzelnen Normenkapiteln der DIN EN ISO 9001:2015 wird mit dem Prozessablauf *QM: Oberste Leitung und Organisation* erreicht.

Dieser Leitfaden dient zur Umsetzung der DIN EN ISO 9001:2015 für Ihre Organisation unter Berücksichtigung der Prozessabläufe, der Produkte und Dienstleistungen und der Anforderungen der Kunden.

Vor allem war es eine Herausforderung, Ihnen Beispiele aufzuzeigen, welche die Anforderungen der DIN EN ISO 9001:2015 berücksichtigen und Ihnen dabei helfen, diese Anforderungen in Ihrer Organisation umzusetzen.

Bei der Umsetzung haben wir uns von der Aussage leiten lassen:

... **Das QM-System braucht nicht kompliziert zu sein, vielmehr muss es die Erfordernisse der Organisation genau widerspiegeln** ...

ISO 9000:2015
AUSZUG AUS DER NORM,
KAPITEL 2.4.2

Und genau darum geht es: Es muss für Sie passen.

Die Forderung der DIN EN ISO 9001:2015 nach einem Qualitätsmanagementhandbuch ist entfallen. Gemeint waren reine Texthandbücher ohne die Darstellung von Prozessabläufen.

Mit dem Leitfaden, den wir Ihnen nun anbieten können, übererfüllen Sie die Anforderungen der DIN EN ISO 9001:2015 nicht, sondern wir haben zweckoptimiert die neuen Möglichkeiten genutzt, die es den Organisationen überlassen, wie umfangreich zu dokumentieren ist oder ob es überhaupt erforderlich ist, dass etwas zu dokumentieren ist.

Viele neue Anforderungen der DIN EN ISO 9001:2015 mussten berücksichtigt werden. Dazu zählen: *oberste Leitung; Organisation; Zweck der Organisation und strategische Ausrichtung; Kontext der Organisation; Qualitätsmanagementsystem; Qualität; inhärente Merkmale der Produkte und Dienstleistungen; interne und externe Themen bestimmen; interessierte Parteien bestimmen; Informationen überwachen und überprüfen; Chancen und Risiken bestimmen; Wissen der Organisation.*

Sie können die Inhalte jederzeit erweitern, wenn Sie der Meinung sind, dass die Mindestanforderungen für Sie nicht ausreichen. Wir waren jedoch der Meinung, dass Sie zumindest die Mindestanforderungen kennen müssen, damit Sie selbst entscheiden können, ob Sie mehr benötigen.

Die Umsetzung der Mindestanforderungen war jedoch eine weitere Herausforderung für alle Beteiligten.

Auch wenn die Lösungen auf viele Organisationen zutreffen, müssen Sie die Aussagen analysieren, bewerten und bei Bedarf an Ihre Organisation anpassen, damit sich die Erfordernisse Ihrer Organisation genau widerspiegeln. Unter den Downloads finden Sie Lösungen aus den Bereichen Produktion, Dienstleistung und Handel, die Sie an Ihre Organisation anpassen können. Hinweise zu den Downloads finden Sie ganz vorne in diesem Buch.

Wir wünschen Ihnen viel Erfolg bei der Umsetzung.

Alexander A. W. Scheibeler und Florian Scheibeler

HERAUSGEBER

Alexander A. W. Scheibeler, Präsident des VFQPDH Verband zur Förderung der Qualität in Produktion, Dienstleistung und Handel e. V.

Florian Scheibeler, stellvertretende Leitung der Zertifizierungsstelle des VFQPDH Verband zur Förderung der Qualität in Produktion, Dienstleistung und Handel e. V.

Fördernde Organisationen

UND Unternehmen Neu Denken e. V.

ESI European Solution Institute e. V.

DGAL Deutsche Gesellschaft für Konformitätsbewertung e. V.

DLQG Deutsche Liga zur Begutachtung der Qualität und Wirtschaftlichkeit im Gesundheitswesen e. V.

VFQG Verband zur Förderung der Qualität im Gesundheitsbereich e. V.

INHALT

1	Was ist neu oder wurde geändert in der DIN EN ISO 9001:2015?	1
1.1	Warum mussten die DIN EN ISO 9001 und die DIN EN ISO 9000 umfassend überarbeitet werden?	1
1.2	Plan – Do – Check – Act	2
1.3	Wie liest man die DIN EN ISO 9001:2015 und die DIN EN ISO 9000:2015?	3
1.4	Wie setzt man dies alles in der Praxis um?	14
1.5	Kontext der Organisation	22
1.6	Leistung und Wirksamkeit des Qualitätsmanagementsystems	40
1.7	Entwicklung	56
2	Fertigungsunternehmen 1 (Werkzeughersteller)	63
2.1	Grundsätzliches zum Fertigungsunternehmen 1	63
2.2	Qualitätsmanagementsystem und seine Prozesse	64
2.3	Anwendungsbereich des QM-Systems	66
2.4	1_VERTRIEB	68
2.5	2_EINKAUF	78
2.6	3_ENTWICKLUNG	90
2.7	4_FERTIGUNG	98
2.8	5_WARENEINGANG/LAGER/VERSAND	106
2.9	7_Verantwortung der obersten Leitung und Organisation	116
2.10	8_Fortlaufende Verbesserung des QM-Systems	134
2.11	9_Mitarbeiter	144
2.12	10_Dokumentierte Information Formulare	148
3	Fertigungsunternehmen 2 (mechanische Bearbeitung)	157
3.1	Grundsätzliches zum Fertigungsunternehmen 2	157
3.2	Qualitätsmanagementsystem und seine Prozesse	158
3.3	Anwendungsbereich des QM-Systems	160
3.4	1_VERTRIEB	162
3.5	2_EINKAUF	172

3.6	3_ENTWICKLUNG	184
3.7	4_FERTIGUNG	186
3.8	5_WARENEINGANG/LAGER/VERSAND	194
3.9	7_Verantwortung der obersten Leitung und Organisation	204
3.10	8_Fortlaufende Verbesserung des QM-Systems	222
3.11	9_Mitarbeiter	232
3.12	10_Dokumentierte Information Formulare	236
4	**Dienstleistungsunternehmen (Softwarehaus/Beratungsunternehmen)**	**245**
4.1	Grundsätzliches zum Dienstleistungsunternehmen	245
4.2	Qualitätsmanagementsystem und seine Prozesse	246
4.3	Anwendungsbereich des QM-Systems	248
4.4	1_VERTRIEB-BERATUNG	250
4.5	2_VERTRIEB-INNENDIENST	264
4.6	3_ENTWICKLUNG	274
4.7	4_SERVICE	278
4.8	7_Verantwortung der obersten Leitung und Organisation	286
4.9	8_Fortlaufende Verbesserung des QM-Systems	304
4.10	9_Mitarbeiter	314
4.11	10_Dokumentierte Information Formulare	318
5	**Handelsunternehmen (Maschinen, Geräte, Anlagen, Service)**	**327**
5.1	Grundsätzliches zum Handelsunternehmen	327
5.2	Qualitätsmanagementsystem und seine Prozesse	328
5.3	Anwendungsbereich des QM-Systems	330
5.4	1_VERTRIEB	332
5.5	2_EINKAUF	342
5.6	3_ENTWICKLUNG	354
5.7	4_SERVICE	356
5.8	5_WARENEINGANG/LAGER/VERSAND	364
5.9	7_Verantwortung der obersten Leitung und Organisation	374
5.10	8_Fortlaufende Verbesserung des QM-Systems	392
5.11	9_Mitarbeiter	402
5.12	10_Dokumentierte Information Formulare	406

Index **415**

1 WAS IST NEU ODER WURDE GEÄNDERT IN DER DIN EN ISO 9001:2015?

■ 1.1 WARUM MUSSTEN DIE DIN EN ISO 9001 UND DIE DIN EN ISO 9000 UMFASSEND ÜBERARBEITET WERDEN?

Im Grunde sind seit der Veröffentlichung der DIN EN ISO 9001:2000 schon 15 Jahre vergangen, die zum damaligen Zeitpunkt die DIN EN ISO 9001:1994 abgelöst hat, weil diese Norm vielen zu *fertigungslastig* und zu *dokumentationslastig* war. Zudem war in der DIN EN ISO 9001:1994 ein Übersetzungsproblem vorhanden. Die „Sicherung der Produktqualität oder der Dienstleistungsqualität" war nie die Aufgabe der Norm. Ziel war immer die Zusicherung der Qualität (englisch: *quality assurance*). Durch den Übersetzungsfehler in der DIN EN ISO 9001:1994 (Qualitätssicherung anstatt Qualitätszusicherung) wurde dieser falsche Eindruck erweckt. Somit wanderte eine Qualitätsmanagementnorm in die Qualitätssicherung ab, wo Sie eigentlich nichts zu suchen hatte.

In der DIN EN ISO 9001:2000 wurde deutlicher dargestellt, dass es sich bei der Norm um ein Qualitätsmanagementsystem handelt. Zusätzlich wurden die Dokumentationsanforderungen deutlich verringert. In der DIN EN ISO 9001:2000 wurden jedoch unter dem Begriff *Produkte* die *Produkte* und *Dienstleistungen* zusammengefasst, was auch anfangs zu Verwirrungen geführt hat.

Im Jahr 2008 wurde die DIN EN ISO 9001:2008 praktisch nur *redaktionell* überarbeitet, ohne große Veränderungen zu erfahren.

Sind wir doch einmal ehrlich, was hat sich in den 15 Jahren auf dem Markt nicht alles verändert? Daher wurde es Zeit, die Norm, die als *Leitfaden für gute Unternehmensführung* genutzt werden kann, grundlegend zu überarbeiten.

Heute müssen wir Risiken und Chancen nutzen, dass wir uns über den Sinn und Zweck unserer Organisation im Klaren sind, die strategische Ausrichtung beobachten und eventuell verändern. Wir müssen die Bedürfnisse und Erwartungen der Kunden, Lieferanten, Transportwege, Banken, Gesetzgeber, Umweltorganisationen, ausgelagerte Prozesse, Aktionäre, Qualifikation der Mitarbeiter, höhere Anforderungen an die Produkte und Dienstleistungen unter Berücksichtigung gleichbleibender oder besser werdender Qualität von Produkten und Dienstleistungen, vom Wettbewerb, den zunehmenden Dienstleistungen usw. stärker berücksichtigen als früher.

Daher wurde es Zeit, die erweiterten Anforderungen an ein Qualitätsmanagementsystem in der DIN EN ISO 9001:2015 mit einzubeziehen, um weiter als aktueller *Leitfaden für gute Unternehmensführung* für die Anwender nutzbar zu sein. Der Dokumentationsaufwand wurde nochmals verringert, so kann man z. B. auf ein Handbuch verzichten, jedoch müssen die Prozesse, die für das Qualitätsmanagement benötigt werden, definiert sein. Die Produkte und Dienstleistungen wurden als getrennte Begriffe definiert, um auch die immer stärker werdende *Dienstleistungsgesellschaft* besser berücksichtigen zu können. Dies setzte jedoch eine Überarbeitung der Begriffe in der DIN EN ISO 9000:2015 voraus. Weiter wurde eine High-Level-Struktur eingeführt, um die Normenkapitel einheitlich für weitere Normen strukturieren zu können. Nutzen Sie nun die DIN EN ISO 9001:2015 und die DIN EN ISO 9000:2015, um Ihre Organisation auf Schwachstellen zu durchleuchten, und machen Sie Ihre Organisation fit für die Zukunft.

■ 1.2 PLAN – DO – CHECK – ACT

Bild 1.1 gibt eine Übersicht der DIN EN ISO 9001:2015 mit den Normenkapiteln *4 bis 10* im PDCA-Zyklus.

PLAN				DO	CHECK	ACT
4 Kontext der Organisation	5 Führung	6 Planung	7 Unterstützung	8 Betrieb	9 Bewertung der Leistung	10 Verbesserung
Verstehen der Organisation und ihres Kontextes	Führung und Verpflichtung	Maßnahmen zum Umgang mit Risiken und Chancen	Ressourcen	Betriebliche Planung und Steuerung	Überwachung, Messung, Analyse und Bewertung	Allgemeines
Verstehen der Erfordernisse und Erwartungen interessierter Parteien	Politik	Qualitätsziele und Planung zu deren Erreichung	Kompetenz	Anforderung an Produkte und Dienstleistungen	Internes Audit	Nichtkonformität und Korrekturmaßnahmen
Festlegung des Anwendungsbereichs des QM-Systems	Rollen, Verantwortlichkeiten und Befugnisse in der Organisation	Planung von Änderungen	Bewusstsein	Entwicklung von Produkten und Dienstleistungen	Management-bewertung	Fortlaufende Verbesserung
Qualitätsmanagementsystem und seine Prozesse			Kommunikation	Steuerung von extern bereitgestellten Prozessen		
			Dokumentierte Information	Produktion und Dienstleistungserbringung		
				Freigabe von Produkten und Dienstleistungen		
				Steuerung nicht konformer Ergebnisse		

BILD 1.1 Normenkapitel 4 bis 10 im PDCA-Zyklus

1.3 WIE LIEST MAN DIE DIN EN ISO 9001:2015 UND DIE DIN EN ISO 9000:2015?

Bei welchem Kapitel in der DIN EN ISO 9001:2015 beginnt man mit dem Lesen der Norm?

Ich kann mich noch gut an meine Eltern erinnern, in welcher Reihenfolge sie ihre Tageszeitung gelesen haben. Also, man begann mit der Rückseite, da dort die Todesanzeigen standen, die auch bunt gemischt mit unterschiedlicher Werbung versehen waren, wenn nicht genügend liebe Mitmenschen gestorben waren, um die ganze Seite zu füllen. Anschließend drehte man die Tageszeitung um und las die Vorderseite.

Nun werden Sie sich vielleicht fragen: Was hat dies mit der Norm tun? Es ist, nach unserer Meinung, der sinnvollste Weg, die Norm zu verstehen.

Sie sollten daher unbedingt **zuerst** den *Anhang A* und die *Anhänge A.1* bis einschließlich *A.8* der DIN EN ISO 9001:2015 lesen. Anschließend sollten Sie das *Nationale Vorwort*, hier besonders die *Änderungen*, dann die *Einleitung* mit **allen** Unterkapiteln sowie die Kapitel *1 Anwendungsbereich*, *2 Normative Verweisungen* und *3 Begriffe* lesen.

Bei welchem Kapitel in der DIN EN ISO 9000:2015 beginnt man mit dem Lesen der Norm?

Nachdem Sie dies durchgeführt haben, nehmen Sie bitte die Norm für die Begriffe, die DIN EN ISO 9000:2015, zur Hand und lesen Sie das *Nationale Vorwort*, die *Änderungen*, die Einleitung, das Kapitel *1 Anwendungsbereich*, das Kapitel *2 Grundlegende Konzepte und Grundsätze des Qualitätsmanagements* mit **allen Unterkapiteln** und den *Anhang A* und hier besonders das Kapitel *A.5* durch. Im Kapitel *A.5* sind die Beziehungen der Begriffe untereinander sehr gut grafisch dargestellt.

Wenn Sie dies getan haben, werden Sie die Norm sicherlich besser verstehen, hoffentlich. Sie sollten dann, nach einer Pause, das Kapitel *3 Begriffe* erst einmal überfliegen, um sich an die Vielzahl der Begriffe zu gewöhnen.

1.3.1 Begriffe, Begriffe, Begriffe

Die DIN EN ISO 9001:2015 gilt als Leitfaden zur Verbesserung der eigenen Organisation und ist daher in einzelne Normenabschnitte mit den relevanten Themen unterteilt. Eine Umsetzung rein nach den Normenabschnitten könnte zu Problemen führen, da man den Gesamtzusammenhang aus dem Auge verliert.

Oberste Leitung; Organisation; Zweck der Organisation und strategische Ausrichtung; Kontext der Organisation; Qualitätsmanagementsystem; Qualität; inhärente Merkmale der Produkte und Dienstleistungen; interne und externe Themen bestimmen; interessierte Parteien bestimmen; Informationen überwachen und überprüfen; Chancen und Risiken bestimmen – viele Begriffe, hören sich alle kompliziert an, sind sie auch! Macht aber nix!

Man benötigt für das Verständnis der Norm **DIN EN ISO 9001:2015** die **DIN EN ISO 9000:2015**, da für die Anwendung der DIN EN ISO 9001:2015 die Begriffe nach DIN EN ISO 9000:2015 anzuwenden sind. Auf dies wird im Kapitel *3 Begriffe* der DIN EN ISO 9001:2015 verwiesen.

Also wenn man nur die DIN EN ISO 9001:2015 liest, dann kann man die Anforderungen dieser Norm höchstwahrscheinlich nicht ganz verstehen. Man benötigt eine große Portion Glück, um nicht auf die falsche Spur zu geraten.

Allerdings ist die DIN EN ISO 9000:2015, nach unserer Meinung, auch nicht leicht verständlich. Andererseits müssen beide Normen auf alle Organisationen, egal wie groß, egal welche Produkte und Dienstleistungen vorhanden sind, anwendbar sein, und dies setzt eine eindeutige Sprache der Begriffe voraus. Auch wenn Sie dies zu dem jetzigen Zeitpunkt vielleicht noch nicht bejahen können, nach unserer Meinung ist dies sehr gut gelungen.

Tauchen wir also ein in die wundersame Welt der Begriffe der DIN EN ISO 9000:2015.

Die Zahlen in Klammern hinter den Begriffen, z. B. *(3.1.1)*, beziehen sich auf die DIN EN ISO 9000:2015. Leider wurden nicht alle Begriffe definiert, die man interessant findet, wie z. B. *Chance*.

Manche Begriffe, die als *Verben* in der DIN EN ISO 9001:2015 verwendet werden, sind als *Substantiv* in der DIN EN ISO 9000:2015 definiert, z. B. *überprüfen = Überprüfung (3.11.2)*. Die sehr schöne Funktion *Erweiterte Suche* im Adobe Acrobat Reader® führt somit nicht immer zum gewünschten Erfolg, außer Sie geben den Suchbegriff *überprüf* ein.

Man kann daher von einer *Konformitätsvermutung* ausgehen, dass es sich um die gleiche Bedeutung handeln kann. Klarheit schafft jedoch nur die Nutzung des Begriffes *im Zusammenhang des Textes*. Tabelle 1.1 zeigt den Zusammenhang an drei Beispielen in *Deutsch* und *Englisch*.

TABELLE 1.1 Erklärung der Begriffe Deutsch – Englisch

DIN EN ISO 9000:2015		DIN EN ISO 9001:2015 *z. B. Normenkapitel 4.1, 4.2*	
Deutsch	**Englisch**	**Deutsch**	**Englisch**
3.11.1 Bestimmung	**3.11.1** determination	bestimmen	determine
3.11.2 Überprüfung	**3.11.2** review	überprüfen	review
3.11.3 Überwachung	**3.11.3** monitoring	überwachen	monitor

1.3.2 Oberste Leitung und Organisation

ISO 9000:2015 AUSZUG AUS DER NORM

Begriff: oberste Leitung (3.1.1) = *Person oder Personengruppe, die eine Organisation (3.2.1) auf der obersten Ebene führt und steuert.*

Begriff: Organisation (3.2.1) = *Person oder Personengruppe, die eigene Funktionen mit Verantwortlichkeiten, Befugnissen und Beziehungen hat, um ihre Ziele (3.7.1) zu erreichen.*

ISO 9001:2015 NATIONALES VORWORT, KAPITEL: ÄNDERUNG, ABS. F)

In der DIN EN ISO 9001:2015 gibt es somit nur noch die *oberste Leitung (3.1.1)* und die *Organisation (3.2.1)*.

Wir wurden von einem Mitglied gefragt, ob mit der *Organisation* **alle** Mitarbeiter gemeint sind oder nur die *zweite Führungsebene* also *Einkaufsleitung, Betriebsleitung, Verkaufsleitung usw.*, da mit der *obersten Leitung* doch eigentlich nur die *Geschäftsführung* gemeint sein kann. Nach dem Begriff *Organisation* kann man jedoch annehmen, dass damit die Mitarbeiter der *zweiten Führungsebene* gemeint sind, und dies geht, nach unserer Meinung, auch aus der Begriffsdefinition hervor. Weiter wird deutlich, dass die Verantwortung für das Qualitätsmanagementsystem **nicht** nur an eine Person gebunden ist.

Falls es in Ihrer Organisation die *zweite Führungsebene* nicht gibt, da dies bei Ihrer Organisationsgröße nicht erforderlich ist, dann ist dieses Problem schon dadurch gelöst, dass sich die *oberste Leitung* sowieso um alles selbst kümmern muss. Ansonsten gibt es vielleicht Mitarbeiter, die für bestimmte Funktionsbereiche in der Organisation verantwortlich sind, dann sind dies **Personen mit Verantwortung**.

1.3.3 Qualitätsmanagementsystem

Was ist denn eigentlich ein Qualitätsmanagementsystem?

ISO 9000:2015 AUSZUG AUS DER NORM

Begriff: Qualitätsmanagementsystem (3.5.4) = *Teil eines Managementsystems (3.5.3) bezüglich der Qualität (3.6.2).*

Wieso denn *Teil eines Managementsystems*? Um dies zu verstehen, muss man auf die Seite 74 der DIN EN ISO 9000:2015, *Bild A.8 – 3.5 Begriffe der Klasse „System" und zugehörige Begriffe blättern*, da dort die Beziehungen der Begriffe sehr gut grafisch dargestellt sind. Hier ist nun zu erkennen, dass es ein *Managementsystem* für die gesamte Organisation gibt und eine Linie auf das Qualitätsmanagementsystem verweist. Daher *Teil eines Managementsystems*. Das Gleiche gilt auch für die *Politik (3.5.8)* und die *Qualitätspolitik (3.5.9)*.

Weitere Erläuterungen zu den **Begriffen** *Managementsystem* und *Qualitätsmanagementsystem* finden Sie in diesem Buch unter dem **Kapitel 1.3.5**.

> 0.4 Zusammenhang mit anderen Normen zu Managementsystemen
>
> ... Diese Internationale Norm enthält **keine** spezifischen Anforderungen anderer Managementsysteme, z. B. Umweltmanagement, Arbeitsschutzmanagement oder Finanzmanagement ...

ISO 9001:2015 AUSZUG AUS DER NORM

> [!] Also kann man zusammenfassend feststellen: Immer wenn der Begriff *Qualitätsmanagementsystem (3.5.4)* in den Normen auftaucht, dann geht es nur um einen *Teil* des *Managementsystems* der Organisation, welches sich mit der *Qualität (3.6.2)* befasst.

1.3.4 Qualität

Jetzt müssen wir nur noch den Begriff *Qualität (3.6.2)* klären.

Begriff: Qualität (3.6.2) = *Grad, in dem ein Satz* **inhärenter** *Merkmale (3.10.1) eines Objekts (3.6.1) Anforderungen (3.6.4) erfüllt.*

Anmerkung 1 zum Begriff: Die Benennung „Qualität" kann zusammen mit Adjektiven wie schlecht, gut oder ausgezeichnet verwendet werden.

Anmerkung 2 zum Begriff: „Inhärent" bedeutet im Gegensatz zu „zugeordnet" „einem Objekt (3.6.1) **innewohnend***".*

ISO 9000:2015 AUSZUG AUS DER NORM

Der Begriff Qualität ist eindeutig definiert, nur verstehen kann man ihn nicht direkt.

Analysieren wir also die weiteren Begriffe Stück für Stück, um herausfinden zu können, auf was wir achten müssen.

Begriff: Grad ist nach Duden = *Abstufung des mehr oder weniger starken Vorhandenseins einer Eigenschaft.*

Begriff: Satz = *besteht immer aus mehr als einem Teil.*

Begriff: Merkmal (3.10.1) = *kennzeichnende Eigenschaft.*

Anmerkung 1 zum Begriff: Ein Merkmal kann **inhärent** *oder* **zugeordnet** *sein.*

Anmerkung 2 zum Begriff: Ein Merkmal kann **qualitativer** *oder* **quantitativer** *Natur sein.*

ISO 9000:2015 AUSZUG AUS DER NORM

Am Beispiel einer Jeans sind **inhärente Merkmale**: *Länge, Weite, Gewicht, Materialspezifikationen.*

Am Beispiel einer Jeans sind **zugeordnete Merkmale**: *Preis, Lieferzeit.*

> [!] *Zugeordnete Merkmale* eines Produkts oder einer Dienstleistung sind daran zu erkennen, dass sie geändert werden können, **ohne dass** ein Produkt oder eine Dienstleistung dadurch verändert wird.

Die **zugeordneten Merkmale** werden jedoch bei der DIN EN ISO 9001:2015 **nicht** gefordert, sondern **nur die inhärenten Merkmale**, und dies vereinfacht die Sache wesentlich.

1 Was ist neu oder wurde geändert in der DIN EN ISO 9001:2015?

**ISO 9000:2015
AUSZUG AUS DER NORM**

Da wir uns mit der **Qualität** beschäftigen, bedeutet **Merkmal = Qualitätsmerkmal**, und dies ist im nachfolgenden Begriff noch einmal verdeutlicht worden.

Begriff: Qualitätsmerkmal (3.10.2) = inhärentes *Merkmal (3.10.1) eines Objekts (3.6.1), das sich auf eine Anforderung (3.6.4) bezieht.*

Anmerkung 1 zum Begriff: **Inhärent** *bedeutet „einer Einheit innewohnend", insbesondere als ständiges Merkmal.*

Anmerkung 2 zum Begriff: Ein einem Objekt zugeordnetes Merkmal (z. B. der Preis eines Objekts) stellt **kein Qualitätsmerkmal** *dieses Objekts dar.*

Begriff: Objekt (3.6.1) = *Einheit, Gegenstand, etwas Wahrnehmbares oder Vorstellbares.*

Beispiel **Produkt (3.7.6)**, **Dienstleistung (3.7.7)**, *Prozess (3.4.1), Person, Organisation (3.2.1), System (3.5.1), Ressource.*

Anmerkung 1 zum Begriff: Objekte können materiell (z. B. ein Motor, ein Blatt Papier, ein Diamant), immateriell (z. B. Konversionsverhältnis, ein Projektplan) oder imaginär (z. B. der zukünftige Zustand der Organisation) sein.

Nun wird die Sache sicherlich klarer, da **nur** die **inhärenten Merkmale** der *Produkte* und *Dienstleistungen* berücksichtigt werden müssen.

Nun bleiben nur noch die *Anforderungen (3.6.4)* übrig.

Begriff: Anforderung (3.6.4) = *Erfordernis oder Erwartung, das oder die festgelegt, üblicherweise vorausgesetzt oder verpflichtend ist.*

Bei dieser Definition sind alle Möglichkeiten berücksichtigt, die bei Produkten und Dienstleistungen vorkommen können.

Schauen wir uns wieder einmal das Beispiel der Jeans an. Die **inhärenten Merkmale** einer Jeans sind: *Länge, Weite, Gewicht, Materialspezifikationen.* Wenn also Mann oder Frau eine Jeans kaufen, dann haben beide sicherlich die **Erwartung**, dass *Länge* und *Weite* der Konfektionsgröße entsprechen, die sie normalerweise von sich kennen. Sie setzen also **üblicherweise voraus**, dass die Hersteller sich an die Konfektionsgrößentabelle halten. Wir wissen, manche Hersteller haben andere Vorstellungen, aber probieren geht über den Glauben an Konfektionsgrößentabellen, und wir kämpfen weiter schweißgebadet in viel zu engen Umkleidekabinen mit der Jeans.

Bei den *Materialspezifikationen* sieht es ähnlich aus. Wenn wir früher eine kaputte Jeans weggeworfen haben, dann gibt es heute den *Used Look*. Wenn Sie also eine Jeans *Used Look* für viel Geld kaufen, dann setzen Sie **üblicherweise voraus**, dass die Jeans nicht kaputt ist, sondern nur so aussieht.

> Also kann man zusammenfassend feststellen: Immer wenn der Begriff *Qualitätsmanagementsystem (3.5.4)* in den Normen auftaucht, dann geht es nur um *einen Teil* des Managementsystems der Organisation, welches sich mit der *Qualität (3.6.2)* befasst. Bei der *Qualität (3.6.2)* handelt es sich um die **inhärenten Merkmale** der Produkte und Dienstleistungen und die Erwartungen, die ein Kunde damit verbindet, sowie die zutreffenden gesetzlichen und behördlichen Anforderungen an die Produkte und Dienstleistungen.
>
> *Zugeordnete Merkmale* eines Produkts oder einer Dienstleistung sind daran zu erkennen, dass sie geändert werden können, **ohne dass** ein Produkt oder eine Dienstleistung dadurch verändert wird.

1.3.5 Warum mit den Begriffen Managementsystem und Qualitätsmanagementsystem beginnen?

Warum sollte man die **zugehörigen Begriffe** zu den Begriffen *Managementsystem (3.5.3)* und *Qualitätsmanagementsystem (3.5.4)* getrennt betrachten?

Nun, wenn ein *Qualitätsmanagementsystem* **nur ein Teil des** *Managementsystems* einer Organisation ist, dann muss man sich auch nur mit diesem Teil des Managementsystems beschäftigen. Somit fällt ein Qualitätsmanagementsystem automatisch schlanker aus! Wenn Sie mehr machen wollen, dann nur zu! Wir sind jedoch der Meinung, dass man erst einmal die *generellen Anforderungen* an ein *Qualitätsmanagementsystem (3.5.4)* kennen muss, um dann selbst entscheiden zu können, ob man mehr machen möchte.

Die Tabelle 1.2 stellt die unterschiedlichen Begriffsdefinitionen dar, die sich aus den unterschiedlichen Vorgehensweisen zwischen *Managementsystem (3.5.3)* und *Qualitätsmanagementsystem (3.5.4)* ergeben. Die *Anmerkungen* zu den Begriffen wurden zur übersichtlichen Darstellung nur teilweise aufgeführt.

TABELLE 1.2 Managementsystem – Qualitätsmanagementsystem

Managementsystem (gesamte Organisation)	Qualitätsmanagementsystem (Teil des Managementsystems der Organisation bezüglich der Qualität)
3.5.3 Managementsystem = *Satz zusammenhängender oder sich gegenseitig beeinflussender Elemente einer Organisation (3.2.1), um Politiken (3.5.8), Ziele (3.7.1) und Prozesse (3.4.1) zum Erreichen dieser Ziele festzulegen*	**3.5.4 Qualitätsmanagementsystem** = **Teil** *eines Managementsystems (3.5.3) bezüglich der* **Qualität** *(3.6.2)*
	3.6.2 Qualität = *Grad, in dem ein Satz* **inhärenter** *Merkmale (3.10.1) eines Objekts (3.6.1) Anforderungen (3.6.4) erfüllt*
3.10.1 Merkmal = *kennzeichnende Eigenschaft* Anmerkung 1 zum Begriff: Ein **Merkmal** kann **inhärent** oder **zugeordnet** sein	**3.10.2 Qualitätsmerkmal** = **inhärentes** *Merkmal (3.10.1) eines Objekts (3.6.1), das sich auf eine Anforderung (3.6.4) bezieht*
3.6.1 Objekt = *Einheit, Gegenstand, etwas Wahrnehmbares oder Vorstellbares* Beispiel **Produkt** *(3.7.6),* **Dienstleistung** *(3.7.7), Prozess (3.4.1), Person, Organisation (3.2.1), System (3.5.1), Ressource*	**3.6.1 Objekt** = *Einheit, Gegenstand, etwas Wahrnehmbares oder Vorstellbares* Beispiel **Produkt** *(3.7.6),* **Dienstleistung** *(3.7.7), Prozess (3.4.1), Person, Organisation (3.2.1), System (3.5.1), Ressource*
3.6.4 Anforderung = *Erfordernis oder Erwartung, das oder die festgelegt, üblicherweise vorausgesetzt oder verpflichtend ist*	**3.6.5 Qualitätsanforderung** = *Anforderung (3.6.4) bezüglich* **Qualität** *(3.6.2)*
3.5.8 Politik = *Absichten und Ausrichtung einer Organisation (3.2.1), wie von der obersten Leitung (3.1.1) formell ausgedrückt*	**3.5.9 Qualitätspolitik** = *Politik (3.5.8) bezüglich* **Qualität** *(3.6.2)*
3.7.1 Ziel = *zu erreichendes Ergebnis*	**3.7.2 Qualitätsziel** = *Ziel (3.7.1) bezüglich* **Qualität** *(3.6.2)*

BEGRIFFE:
MANAGEMENTSYSTEM
– QUALITÄTS-
MANAGEMENTSYSTEM
ISO 9000:2015

1.3.6 Relevante interessierte Partei

Bisher haben wir die *Qualität (3.6.2)* der Produkte und Dienstleistungen immer mit den *inhärenten Merkmalen* und den *Erwartungen der Kunden* sowie die *gesetzlichen und behördlichen Anforderungen* an die *Produkte* und *Dienstleistungen* verbunden. **Und dies bleibt auch so!**

In der DIN EN ISO 9001:2015 auf Seite 13 *Bild 2 – Darstellung der Struktur dieser Norm im PDCA-Zyklus* sind zwar auf der linken Seite die *Erfordernisse und Erwartungen der* **relevanten interessierten Parteien** aufgeführt. Dies macht jedoch nur deutlich, dass die *Erfordernisse und Erwartungen von interessierten Parteien* zwar Einfluss auf die Produkte und Dienstleistungen haben können, jedoch die **Erfüllung der Kundenanforderungen** das Ziel der DIN EN ISO 9001:2015 bleibt und somit **nur** die **Erfordernisse** und **Erwartungen** der **relevanten interessierten Parteien an die Produkte und Dienstleistungen** berücksichtigt werden müssen!

ISO 9001:2015 AUSZUG AUS DER NORM

A.3 Verstehen der Erfordernisse und Erwartungen interessierter Parteien

... In 4.2 sind sowohl Anforderungen an die Organisation festgelegt, um die interessierten Parteien zu bestimmen, die für das Qualitätsmanagementsystem relevant sind, als auch die Anforderungen dieser interessierten Parteien. Dennoch stellt 4.2 keine Erweiterung der Anforderungen eines Qualitätsmanagementsystems über den Anwendungsbereich dieser Internationalen Norm hinaus dar ...

... In dieser Internationalen Norm gibt es keine Anforderung für die Organisation, die interessierten Parteien zu berücksichtigen, über die entschieden wurde, dass sie für ihr Qualitätsmanagementsystem nicht relevant sind. Die Organisation muss entscheiden, ob eine bestimmte Anforderung einer relevanten interessierten Partei für ihr Qualitätsmanagementsystem relevant ist ...

> Also kann man zusammenfassend feststellen: Immer wenn der Begriff *Qualitätsmanagementsystem (3.5.4)* in den Normen auftaucht, dann geht es nur um *einen Teil* des Managementsystems der Organisation, welches sich mit der *Qualität (3.6.2)* befasst. Bei der *Qualität (3.6.2)* handelt es sich um die *inhärenten Merkmale* der Produkte und Dienstleistungen und die Erwartungen, die ein Kunde damit verbindet, sowie die zutreffenden gesetzlichen und behördlichen Anforderungen an die Produkte und Dienstleistungen *sowie die Erfordernisse und Erwartungen der relevanten interessierten Parteien*, die bei den Produkten und Dienstleistungen berücksichtigt werden müssen.

1.3.7 Produkte und Dienstleistungen

Tabelle 1.3 erläutert die Begriffe **Produkt** und **Dienstleistung**. Dabei stellt die Tabelle die *Definition der Begriffe in der DIN EN ISO 9000:2015* und die *Definition der Begriffe durch die Herausgeber* gegenüber. Die Anforderungen, die ein Qualitätsmanagementsystem nach DIN EN ISO 9001:2015 erfüllen muss, hängen jedoch nicht davon ab, ob das Ergebnis der Organisation ein Produkt oder eine Dienstleistung ist. Wir wurden durch unsere Mitglieder oft nach einer Erklärung der jeweiligen Begriffe gefragt. Daher haben wir uns entschlossen, die Definition der Begriffe etwas zu modifizieren. Zum besseren Vergleich wurden beide Texte in einer Tabelle gegenübergestellt.

Herausgeber – Begründung Produkt: *Ein Produkt wird durch die Organisation festgelegt.* Der Kunde kann daher nur das fertige Produkt so, wie es ist, kaufen oder eben nicht kaufen. Wenn die Organisation es dem Kunden ermöglicht, Einfluss auf das Produkt durch Konfigurationsmöglichkeiten zu nehmen, selbst dann hat der Kunde auch nur die Auswahl innerhalb der von der Organisation festgelegten Konfigurationsmöglichkeiten.

Herausgeber – Begründung Dienstleistung: *Die Anforderung an die Dienstleistung wird durch den Kunden festgelegt.* Die Organisation muss dann analysieren, ob sie in der Lage ist, die gewünschte Dienstleistung zu erbringen, die der Kunde festgelegt hat.

In der *linken Tabellenspalte* finden Sie den Originalbegriff der Norm. In *der rechten Tabellenspalte* finden Sie die Definition der modifizierten Begriffe durch die Herausgeber. Die *Modifikationen* wurden *kursiv* dargestellt.

TABELLE 1.3 Gegenüberstellung der Begriffe Produkt und Dienstleistung mit Modifizierungen durch die Herausgeber

Definition durch die DIN EN ISO 9000:2015	Definition der modifizierten Begriffe durch die Herausgeber
3.7.5 Ergebnis = Ergebnis eines Prozesses (3.4.1). Anmerkung 1 zum Begriff: Ob ein Ergebnis der Organisation (3.2.1) ein Produkt (3.7.6) oder eine Dienstleistung (3.7.7) ist, ist abhängig davon, welche der betroffenen Merkmale (3.10.1) überwiegen; z. B. ist ein in einer Galerie zum Verkauf stehendes Gemälde ein Produkt, die Lieferung eines in Auftrag gegebenen Gemäldes ist hingegen eine Dienstleistung, ein im Einzelhandel gekaufter Hamburger ist ein Produkt, während ein im Restaurant bestellter und servierter Hamburger hingegen Teil einer Dienstleistung ist.	**3.7.5 Ergebnis** = Ergebnis eines Prozesses (3.4.1). *Anmerkung 1 zum Begriff: Das Ergebnis der Organisation (3.2.1) kann* • *ein Produkt (3.7.6),* • *eine Dienstleistung (3.7.7),* • *eine Dienstleistung (3.7.7), die* **mit** *einem Produkt (3.7.6) ausgeführt wird,* • *eine Dienstleistung (3.7.7), die* **an** *einem Kundenprodukt ausgeführt wird,* • *eine Dienstleistung (3.7.7), die* **ein** *Kundenprodukt erzeugt, sein.*
3.7.6 Produkt = Ergebnis (3.7.5) einer Organisation (3.2.1), das ohne jegliche Transaktion zwischen Organisation und Kunden (3.2.4) erzeugt werden kann. Anmerkung 1 zum Begriff: Die Erzeugung eines Produkts wird erreicht, ohne dass notwendigerweise zwischen Anbieter (3.2.5) und Kunden eine Transaktion stattfindet, sie kann jedoch dieses Dienstleistungselement (3.7.7) bei der Lieferung an den Kunden einschließen. Anmerkung 2 zum Begriff: Das vorherrschende Element eines Produkts ist, dass es üblicherweise materiell ist. Anmerkung 3 zum Begriff: Hardware ist materiell, wobei ihre Menge ein zählbares Merkmal (3.10.1) darstellt (z. B. Reifen). Verfahrenstechnische Produkte sind materiell, wobei ihre Menge ein kontinuierliches Merkmal (z. B. Treibstoff und Erfrischungsgetränke) darstellt. Hardware und verfahrenstechnische Produkte werden häufig als Waren bezeichnet. Software besteht aus Informationen (3.8.2), ungeachtet des Liefermediums (z. B. Computerprogramm, Anwendungen für Mobiltelefone, Bedienungsanleitung, Wörterbuchinhalte, Urheberrecht musikalischer Kompositionen, Fahrerlaubnis).	**3.7.6 Produkt** = Ergebnis (3.7.5) einer Organisation (3.2.1), *das von der Organisation festgelegt wird.* *Anmerkung 1 zum Begriff: Die Organisation (3.2.1) legt die Anforderungen (3.6.4) an die Merkmale (3.10.1) des Produkts (3.7.6) fest.* *Anmerkung 2 zum Begriff: Die Organisation (3.2.1) legt die Konfigurationsmöglichkeiten (3.10.6) des Produkts (3.7.6) fest.* *Anmerkung 3 zum Begriff: Ein Produkt (3.7.6) besitzt immer eine 1:n-Beziehung d. h.: Das Produkt kann von* **beliebig vielen Kunden** *gekauft werden.*

TABELLE 1.3 Gegenüberstellung der Begriffe Produkt und Dienstleistung mit Modifizierungen durch die Herausgeber (*Fortsetzung*)

Definition durch die DIN EN ISO 9000:2015	Definition der modifizierten Begriffe durch die Herausgeber
3.7.7 Dienstleistung = Ergebnis (3.7.5) einer Organisation (3.2.1) mit mindestens einer Tätigkeit, die notwendigerweise zwischen der Organisation und dem Kunden (3.2.4) ausgeführt wird. Anmerkung 1 zum Begriff: Die vorherrschenden Elemente einer Dienstleistung sind üblicherweise immateriell. Anmerkung 2 zum Begriff: Dienstleistung umfasst häufig Tätigkeiten an der Schnittstelle zum Kunden, um Kundenanforderungen (3.6.4) festzulegen, sowie bei der Erbringung der Dienstleistung und kann eine kontinuierliche Beziehung einschließen, wie z. B. Banken, Buchführungen oder öffentliche Einrichtungen, z. B. Schulen und Krankenhäuser. Anmerkung 3 zum Begriff: Zur Erbringung einer Dienstleistung kann z. B. Folgendes gehören: • eine Tätigkeit, die an einem vom Kunden gelieferten materiellen Produkt (3.7.6) ausgeführt wird (z. B. an einem zu reparierenden Auto); • eine Tätigkeit, die an einem vom Kunden gelieferten immateriellen Produkt ausgeführt wird (z. B. am für die Erstellung einer Steuerrückerstattung erforderlichen Einkommensnachweis); • die Lieferung eines immateriellen Produkts (z. B. die Lieferung von Informationen (3.8.2) im Zusammenhang mit der Vermittlung von Wissen); • die Schaffung eines Ambiente für den Kunden (z. B. in Hotels und Restaurants). Anmerkung 4 zum Begriff: Eine Dienstleistung wird üblicherweise durch den Kunden wahrgenommen.	**3.7.7 Dienstleistung** = Ergebnis (3.7.5) einer Organisation (3.2.1), *das nach den Anforderungen des Kunden festgelegt wird.* *Anmerkung 1 zum Begriff: Der Kunde (3.2.4) legt die Anforderungen (3.6.4) an die Merkmale (3.10.1) der Dienstleistung (3.7.7) fest.* *Anmerkung 2 zum Begriff: Der Kunde (3.2.4) legt die Anforderungen (3.6.4) an die Merkmale (3.10.1) der Dienstleistung (3.7.7) fest, die* **mit** *einem Produkt (3.7.6) ausgeführt werden.* *Anmerkung 3 zum Begriff: Der Kunde (3.2.4) legt die Anforderungen (3.6.4) an die Merkmale (3.10.1) der Dienstleistung (3.7.7) fest, die* **an** *einem Kundenprodukt ausgeführt werden.* *Anmerkung 4 zum Begriff: Der Kunde (3.2.4) legt die Anforderungen (3.6.4) an die Merkmale (3.10.1) der Dienstleistung (3.7.7) fest, die* **für die Erzeugung** *des Kundenprodukts erforderlich sind.* *Anmerkung 5 zum Begriff: Die Konfigurationsmöglichkeiten (3.10.6) werden vom Kunden (3.2.4) festgelegt.* *Anmerkung 6 zum Begriff: Eine Dienstleistung (3.7.7) besitzt immer eine 1:1-Beziehung, d. h.: die Dienstleistung nur für* **einen Kunden**, *um die speziellen Wünsche des Kunden erfüllen zu können.*
3.6.4 Anforderung = Erfordernis oder Erwartung, das oder die festgelegt, üblicherweise vorausgesetzt oder verpflichtend ist. Anmerkung 1 zum Begriff: „Üblicherweise vorausgesetzt" bedeutet, dass es für die Organisation (3.2.1) und interessierte Parteien (3.2.3) übliche oder allgemeine Praxis ist, dass das entsprechende Erfordernis oder die entsprechende Erwartung vorausgesetzt ist. Anmerkung 2 zum Begriff: Eine festgelegte Anforderung ist eine, die beispielsweise in dokumentierter Information (3.8.6) enthalten ist. Anmerkung 3 zum Begriff: Ein Bestimmungswort kann verwendet werden, um eine spezifische Anforderungsart zu bezeichnen, z. B. Produktanforderung (3.7.6), Qualitätsmanagementanforderung (3.3.4), Kundenanforderung (3.2.4), Qualitätsanforderung (3.6.5). Anmerkung 4 zum Begriff: Anforderungen können von verschiedenen interessierten Parteien oder durch die Organisation selbst aufgestellt werden. Anmerkung 5 zum Begriff: Zum Erreichen hoher Kundenzufriedenheit (3.9.2) kann es erforderlich sein, eine Erwartung eines Kunden zu erfüllen, auch wenn diese weder festgelegt noch üblicherweise vorausgesetzt oder verpflichtend ist.	**3.6.4 Anforderung** = Erfordernis oder Erwartung, das oder die festgelegt, üblicherweise vorausgesetzt oder verpflichtend ist. *Anmerkung 1 zum Begriff: Wenn die* **Festlegung der Anforderungen durch die Organisation** *erfolgt, muss die Organisation die Erfordernisse oder Erwartungen der Kunden, der interessierten Parteien (3.2.3) berücksichtigen, auch wenn diese nicht explizit angegeben sind, diese jedoch üblicherweise vorausgesetzt werden oder durch gesetzliche oder sonstige Vorgaben verpflichtend sind.* *Anmerkung 2 zum Begriff: Wenn die* **Festlegung der Anforderungen durch den Kunden** *erfolgt, hat der Kunde die Erfordernisse oder Erwartungen und die der interessierten Parteien (3.2.3) bereits berücksichtigt. Die Organisation muss jedoch die Erfordernisse oder Erwartungen des Kunden und/oder der interessierten Parteien (3.2.3) überprüfen und berücksichtigen, auch wenn diese nicht explizit angegeben sind, diese jedoch üblicherweise vorausgesetzt werden oder durch gesetzliche oder sonstige Vorgaben verpflichtend sind.*

1.3.8 Qualität und inhärente Merkmale

Tabelle 1.4 erläutern die Begriffe **Qualität** und **inhärente Merkmale** an einem Beispiel eines *Serienprodukts*.

Begriff: Qualität: = *Grad, in dem ein Satz* **inhärenter** *Merkmale eines Objekts Anforderungen erfüllt.*

ISO 9000:2015
AUSZUG AUS DER NORM

TABELLE 1.4 Begriffe Qualität und inhärente Merkmale

Inhärente und zugeordnete Merkmale am Beispiel eines Serienprodukts		
inhärente Merkmale	**zugeordnetes Merkmal**	**zugeordnetes Merkmal**
Welche Anforderungen hat der Kunde an das Serienprodukt?	Wie lange beträgt die Lieferzeit?	Was kostet das Produkt?
inhärente Merkmale	**zugeordnetes Merkmal**	**zugeordnete Merkmale**
Abmessung, Oberfläche, Härte usw. Aus dem *technischen Datenblatt* des Serienprodukts kann man die **inhärenten** Merkmale entnehmen.	Lieferzeit	Preise, Rabatte, Skonto
Anforderung der DIN EN ISO 9001:2015		

> ❗ Ein Produkt oder eine Dienstleistung besitzen **inhärente** Merkmale und **zugeordnete** Merkmale. Die **Qualität** erfordert nur die **inhärenten** Merkmale.
>
> *Zugeordnete Merkmale* eines Produkts oder einer Dienstleistung sind daran zu erkennen, dass sie *geändert werden können, ohne dass* ein Produkt oder eine Dienstleistung dadurch verändert wird.

1.3.9 Information

ISO 9000:2015
AUSZUG AUS DER NORM

Begriff: Information (3.8.2) = *Daten (3.8.1) mit Bedeutung.*

Können Sie sich vorstellen, dass man *externe und interne Themen, Zweck und strategische Ausrichtung der Organisation, interessierte Parteien, Risiken und Chancen* **nicht dokumentieren** muss, sie also **nicht** als dokumentierte Information vorhanden sein müssen? Man muss nur *bestimmen, überwachen, überprüfen bzw. berücksichtigen, bestimmen, planen, bewerten.* Dies ist dann der Fall, wenn nur auf *Information* anstatt auf *dokumentierte Information* verwiesen wird.

Auch woher Sie diese Informationen bekommen haben, müssen Sie nicht dokumentieren. Sie müssen die Informationen über *externe und interne Themen, Zweck und strategische Ausrichtung der Organisation sowie interessierte Parteien* nur bestimmen, überwachen und überprüfen. Zudem müssen Sie die Informationen für die *Risiken und Chancen* nur berücksichtigen, bestimmen, planen und bewerten.

Nun wird deutlich, dass die *inhärenten Merkmale* der *Produkte* und *Dienstleistungen* eine überschaubare Größe sind, da Sie eigentlich nichts dokumentieren müssen. Sie müssen selbst entscheiden, ob es für Ihre Organisation notwendig oder angemessen ist, dass diese Information zu dokumentieren ist.

ISO 9001:2015
AUSZUG AUS DER NORM

A.6 Dokumentierte Informationen

... An den Stellen dieser Internationalen Norm, an denen auf „Information" anstatt auf „dokumentierte Information" verwiesen wird (z. B. in 4.1 „Die Organisation muss Informationen über diese externen und internen Themen überwachen und überprüfen„), besteht in diesen Fällen keine Anforderung, dass diese Information zu dokumentieren ist. In solchen Situationen kann die Organisation entscheiden, ob es notwendig oder angemessen ist, eine dokumentierte Information aufrechtzuerhalten ...

A.4 Risikobasiertes Denken

... Diese Internationale Norm legt Anforderungen an die Organisation fest, dass sie ihren Kontext versteht (siehe 4.1) und die Risiken als Grundlage zur Planung (siehe 6.1) bestimmt. Dies verkörpert die Anwendung des risikobasierten Denkens bei der Planung und Verwirklichung von Prozessen des Qualitätsmanagementsystems (siehe 4.4) und hilft bei der Bestimmung des Umfangs von dokumentierten Informationen ...

... Das in dieser Internationalen Norm angewendete risikobasierte Denken hat eine teilweise Reduzierung der vorschreibenden Anforderungen und deren Ersatz durch leistungsorientierte Anforderungen ermöglicht ...

... Obwohl in 6.1 festgelegt ist, dass die Organisation Maßnahmen zur Behandlung von Risiken planen muss, sind keine formellen Methoden für das Risikomanagement oder ein dokumentierter Risikomanagementprozess erforderlich. Organisationen können entscheiden, ob sie eine ausgedehntere Vorgehensweise für das Risikomanagement, als von dieser Internationalen Norm gefordert wird, entwickeln möchten oder nicht, z. B. durch die Anwendung anderer Leitlinien oder Normen ...

6.1.2 Die Organisation muss planen: (Risiken und Chancen)

... Maßnahmen zum Umgang mit Risiken und Chancen müssen proportional zur möglichen Auswirkung auf die Konformität von Produkten und Dienstleistungen sein ...

... Anmerkung 2: Chancen können zur Übernahme neuer Praktiken führen, der Markteinführung neuer Produkte, der Erschließung neuer Märkte, Neukundengewinnung, Aufbau von Partnerschaften, Einsatz neuer Techniken und anderen erwünschten und realisierbaren Möglichkeiten zur Berücksichtigung von Erfordernissen der Organisation oder ihrer Kunden ...

Tabelle 1.5 erläutert die unterschiedlichen Arten der Information.

TABELLE 1.5 Unterschiedliche Arten der Information

Merkmale der Information	Beispiele für die Umsetzung unterschiedlicher Arten der Informationen
Information	Die Mitarbeiter im Wareneingang haben die Aufgabe, jeden Tag die korrekte Lieferung der Produkte zu überwachen. Die *Information* darüber kann aus dem Lieferschein des Lieferanten entnommen werden, um so die gelieferten Produkte mit der eigenen Bestellung zu vergleichen. Die Mitarbeiter führen dies aus und teilen der Geschäftsführung nur dann die *Information* mündlich mit, wenn es Probleme mit Lieferanten gibt oder wenn sich die Probleme häufen. Die **Information** wird somit **nur mündlich** weitergegeben.
Dokumentierte Information	Nun ist die Geschäftsführung der Meinung, dass die Probleme grundsätzlich jeden Tag aufzuschreiben sind und somit nichts vergessen werden kann. Die Mitarbeiter tragen die Probleme in ein Formular ein. Damit wird die *Information* zu **dokumentierter Information**. Nachdem die Geschäftsführung das Formular gelesen hat, wird das Formular vernichtet.
Dokumentierte Information aufrechterhalten	Nun möchte die Geschäftsführung, dass sie die Probleme über einen längeren Zeitraum nachsehen kann. Die Mitarbeiter bekommen die Aufgabe, jeden Tag eventuelle Probleme für jeden Monat auf das gleiche Formular zu schreiben. Damit wird die *dokumentierte Information* zu **dokumentierte Information aufrechterhalten**.
Dokumentierte Information aufbewahren	Weiter möchte die Geschäftsführung am Ende eines jeden Monats, dass die Formulare abgeheftet werden. Damit wird die *dokumentierte Information aufrechterhalten* zu **dokumentierte Information aufbewahren**.
Dokumentierte Information externer Herkunft **Hinweis:** Nur der **Ersteller** der dokumentierten Information externer Herkunft kann eine Aktualisierung vornehmen!	**Dazu gehören:** *Normen, Zeichnungen des Kunden, Gesetze, Bestellungen des Kunden, Auftragsbestätigung des Lieferanten, Sicherheitsdatenblätter des Lieferanten usw.*

> Nun können Sie nachvollziehen, um was es geht, wenn in der Norm der Begriff *Information (3.8.2)* **ohne den Zusatz** *dokumentierte* verwendet wird. Damit muss diese Information nicht in dokumentierter Form vorliegen. Sie können dann selbst entscheiden, ob Sie die Information in dokumentierter Form benötigen.

1.4 WIE SETZT MAN DIES ALLES IN DER PRAXIS UM?

Die Downloads beinhalten komplette Lösungen zur Umsetzung für die Bereiche *Produktion*, *Dienstleistung* und *Handel*. Bei der Umsetzung haben wir uns von der Aussage leiten lassen:

ISO 9000:2015 AUSZUG AUS DER NORM, KAPITEL 2.4.2

... Das QM-System braucht nicht kompliziert zu sein, vielmehr muss es die Erfordernisse der Organisation genau widerspiegeln ...

Und genau darum geht es: Es muss für Sie passen.

Die Darstellung der Prozesse erfolgt mit der Tabellenfunktion von Microsoft® Office Word 97–2003. Wenn Sie bereits Word im Einsatz haben, dann benötigen Sie keine weitere Software. Die Prozesse sind über Hyperlinks mit der dokumentierten Information *A_START-Anwendungsbereich des Qualitätsmanagementsystems* verbunden.

BEISPIELORGANISATIONEN

Da die Organisationen nicht gleich sind, wurden Beispielorganisationen für *Produktion*, *Dienstleistung* und *Handel* erstellt. Sie müssen nun selbst auswählen, welche Beispielorganisation für Ihre eigene Organisation am besten geeignet ist. In vielen Prozessen müssen die Tabellenspalten nur geändert, gelöscht oder neue hinzugefügt werden, um die eigene Organisation herauszuarbeiten. Der weitere große Nutzen liegt in der strukturierten Darstellung. Die Einarbeitungszeiten von Mitarbeitern und Führungskräften können mit dieser Prozessdarstellung verringert werden.

Die Darstellung als Organisationsstruktur mit der LEAN-ON-Methode® ermöglicht diese einfache Vorgehensweise. Da die Prozesse die Strukturen einer Organisation wie eine Landkarte mit den Wechselwirkungen darstellen, ist die Anforderung der Norm damit erfüllt.

TEAMBILDUNG

Versuchen Sie nicht, die Prozesse als *oberste Leitung* zu ändern. Sie werden nur die Kritik der Mitarbeiter erhalten. Binden Sie die *Mitarbeiter mit Verantwortung* aus den Funktionsbereichen zum benötigten Zeitpunkt ein und überarbeiten Sie gemeinsam die Prozesse. Berücksichtigen Sie auch die Wechselwirkungen in den Prozessen mit den unterschiedlichen Funktionsbereichen in Ihrer Organisation.

1.4.1 Anwendungsbereich des Qualitätsmanagementsystems

ISO 9001:2015 NATIONALES VORWORT, KAPITEL: ÄNDERUNG, ABS. C), 3. SPIEGELSTRICH „DOKUMENTIERTE INFORMATION"

Die Forderung der DIN EN ISO 9001:2008 nach einem **Qualitätsmanagementhandbuch ist entfallen**. Gemeint waren hier reine Texthandbücher ohne die Darstellung von Prozessabläufen.

Eine Anforderung der DIN EN ISO 9001:2015 ist es, dass ein Qualitätsmanagementsystem vorhanden sein muss, in dem der **Anwendungsbereich** des Qualitätsmanagementsystems **festgelegt** ist, die benötigten *Prozesse* mit den *Abfolgen* und *Wechselwirkungen* bestimmt sind, die *Verantwortlichkeiten* und *Befugnisse* zugewiesen sind und die *Eingaben* und *Ergebnisse* dieser Prozesse bestimmt sind.

Wie dies darzustellen ist, schreibt die DIN EN ISO 9001:2015 nicht vor!

ISO 9001:2015 AUSZUG AUS DER NORM

0.1 Allgemeines

*... Es ist **nicht** die Absicht dieser Internationalen Norm, die Notwendigkeit zu unterstellen für: die Vereinheitlichung der Struktur unterschiedlicher Qualitätsmanagementsysteme; die Angleichung der Dokumentation an die Gliederung dieser Internationalen Norm; die Verwendung der speziellen Terminologie dieser Internationalen Norm innerhalb der Organisation ...*

... Die in dieser Internationalen Norm festgelegten Anforderungen an ein Qualitätsmanagementsystem ergänzen die Anforderungen an Produkte und Dienstleistungen ...

0.4 Zusammenhang mit anderen Normen zu Managementsystemen

*... Diese Internationale Norm enthält **keine** spezifischen Anforderungen anderer Managementsysteme, z. B. Umweltmanagement, Arbeitsschutzmanagement oder Finanzmanagement ...*

1.4 Wie setzt man dies alles in der Praxis um?

Anwendungsbereich des Qualitätsmanagementsystems DIN EN ISO 9001:2015

1_VERTRIEB	2_EINKAUF	3_ENTWICKLUNG
• Angebot erstellen, ändern	• Disposition, Anfrage, Preisvergleich, Bestellung	• Entwicklung, Änderung Serienprodukt
• Angebot verfolgen	• Bestellung verfolgen	• Entwicklung Sonderprodukt (Kundenwunsch)
• Auftrag erstellen	• Reklamationen, Falschlieferung	• **Ordner:** Durchgeführte Entwicklungen
• Auftrag ändern, s…	• Lieferanten Auswahl, Beurteilung, Neubeurteilung	•
• Reklamationen	•	•

Kapitel 4.3 Festlegung des Anwendungsbereichs des Qualitätsmanagementsystems

4_FERTIGUNG	5_WARENEINGANG / LAGER / VERSAND	
• Fertigungsablauf Serienprodukte, Sonderprodukte	• Wareneingang extern	
• Instandhaltung der Fertigungseinrichtungen	• Wareneingang aus Fertigung	
• Überwachungs- und Messmittel	• Produkte ein- und auslagern	
•	• Produkte versenden	
•	• Inventur	

Kapitel 4.3 c) Produkte und Dienstleistungen der Organisation

Kapitel 4.3 a) (4.1) Interne und Externe Themen berücksichtigen

7_Verantwortung der Obersten Leitung und Organisation	8_Fortlaufende Verbesserung des QM	9_Mitarbeiter
• Oberste Leitung und Organisation	• Internes Audit	• Ausbildung Schulung Fertigkeiten Erfahrung Kompetenz
• **Ordner:** Jährlich durchzuführende Tätigkeiten	• Nichtkonformität Korrekturmaßnahmen	•

Kapitel 4.3 b) (4.2) Anforderungen der relevanten interessierten Parteien berücksichtigen

10_Dokumentierte Information Formulare		
• **Ordner:** Formulare	•	•
•	•	•
•	•	•

Kapitel 4.3 Nicht zutreffende Anforderungen

Zu den „nicht zutreffenden Anforderungen" gehören folgende Normenabschnitte:	Begründung:
• 8.4.1 b) Produkte und Dienstleistungen die den Kunden direkt durch externe Anbieter im Auftrag der Organisation bereitgestellt werden.	• Unsere Produkte und Dienstleistungen erhält der Kunde nur durch uns direkt. **(kein Streckengeschäft)**
• 8.4.1 c) extern bereitgestellte Prozesse oder Teilprozesse, die von externen Anbietern bereitgestellt werden.	• Es werden von den externen Anbietern (Lieferanten) **keine** extern bereitgestellten Prozesse oder Teilprozesse bereitgestellt, **da alle Prozesse in unserem Hause stattfinden.**
• 8.5.1 f) Produkte und Dienstleistungen, die nicht durch Überwachung oder Messung verifiziert werden können.	• Unsere Produkte oder Dienstleistungen müssen durch Überwachung oder Messung verifiziert werden, um die Anforderung des Kunden erfüllen zu können.

Extern bereitgestellte Prozesse oder Teilprozesse sind z.B.: härten, beschichten, lackieren, pulverbeschichten, drehen, fräsen, schleifen usw., die **nicht** im eigenen Unternehmen durchgeführt werden.

Dokumentierte Information aufrechterhalten: Bild 1.2 A_START-Anwendungsbereich des Qualitätsmanagementsystems.doc
Freigegeben: Klaus Mustermann, Datum: 06.01.2019, Fertigungsunternehmen 1
Seite 1 von 1

BILD 1.2 Anwendungsbereich des Qualitätsmanagementsystems

Darstellung des Anwendungsbereichs des Qualitätsmanagementsystems

In der DIN EN ISO 9001:2015 sind im Normenkapitel *4.3* die Anforderungen festgelegt. Die nachfolgende Abbildung zeigt den **Anwendungsbereich des Qualitätsmanagementsystems** mit den **Funktionen** und **Prozessen** der Organisation (Bild 1.2).

Der *Anwendungsbereich des Qualitätsmanagementsystems* wurde in die **Funktionen** der Organisation, z. B. *1_VERTRIEB*, aufgeteilt und die **Prozesse**, wie z. B. *Angebot erstellen, ändern*, wurden den jeweiligen *Funktionen* zugeordnet.

Die Prozesse wurden mit einem *Hyperlink* versehen, um sofort in den jeweiligen Prozess verzweigen zu können. In den **Prozessen** sind die *Abfolgen* und *Wechselwirkungen* sowie die *Verantwortlichkeiten* und *Befugnisse* festgelegt.

Bei den **nicht zutreffenden Anforderungen** wurden drei Beispiele aufgeführt. Sie müssen nun überprüfen, ob diese Beispiele auf Ihre Organisation zutreffen, und die Tabellenspalten eventuell löschen oder weitere *nicht zutreffende Anforderungen* hinzufügen.

Weitere Erläuterungen zum **Anwendungsbereich des Qualitätsmanagementsystems** finden Sie in diesem Buch in den **Kapiteln 1.3.3**, **1.4.3**, **1.5.3** und **1.6.3**.

1.4.2 Qualitätsmanagementsystem und seine Prozesse

Eine Anforderung der DIN EN ISO 9001:2015 ist es, dass ein Qualitätsmanagementsystem vorhanden sein muss, in dem der *Anwendungsbereich des Qualitätsmanagementsystems* festgelegt ist, die benötigten **Prozesse** mit den **Abfolgen** und **Wechselwirkungen** bestimmt sind, die **Verantwortlichkeiten** und **Befugnisse** zugewiesen sind sowie die **Eingaben** und **Ergebnisse** dieser Prozesse bestimmt sind.

Wie dies darzustellen ist, schreibt die DIN EN ISO 9001:2015 nicht vor!

ISO 9001:2015 AUSZUG AUS DER NORM

0.1 Allgemeines

*... Es ist **nicht** die Absicht dieser Internationalen Norm, die Notwendigkeit zu unterstellen für: die Vereinheitlichung der Struktur unterschiedlicher Qualitätsmanagementsysteme; die Angleichung der Dokumentation an die Gliederung dieser Internationalen Norm; die Verwendung der speziellen Terminologie dieser Internationalen Norm innerhalb der Organisation ...*

Darstellung der Prozesse des Qualitätsmanagementsystems

In der DIN EN ISO 9001:2015 sind mit den Normenkapiteln *4.4.1* und *4.4.2* die Anforderungen festgelegt. Die nachfolgende Abbildung bestimmt den **Prozess** und legt die *Abfolgen* und *Wechselwirkungen*, das *Wissen* der Organisation, die *Verantwortlichkeiten* und *Befugnisse*, die *Eingaben* und *Ergebnisse*, *Risiken* und *Chancen*, bewerten und verbessern sowie *Kriterien* und *Verfahren*, *Ressourcen* und die *dokumentierte Information* fest (Bild 1.3).

ISO 9001:2015 AUSZUG AUS DER NORM

0.3.1 Allgemeines

... Diese Internationale Norm fördert die Umsetzung eines prozessorientierten Ansatzes bei der Entwicklung, Verwirklichung und Verbesserung der Wirksamkeit eines Qualitätsmanagementsystems ... Spezifische Anforderungen, die für die Umsetzung eines prozessorientierten Ansatzes von wesentlicher Bedeutung sind, sind in 4.4 enthalten ...

Weitere Erläuterungen zum **Qualitätsmanagementsystem und seinen Prozessen** finden Sie in diesem Buch in den **Kapiteln 1.3.2**, **1.4.2**, **1.5.2** und **1.6.2**.

1.4 Wie setzt man dies alles in der Praxis um?

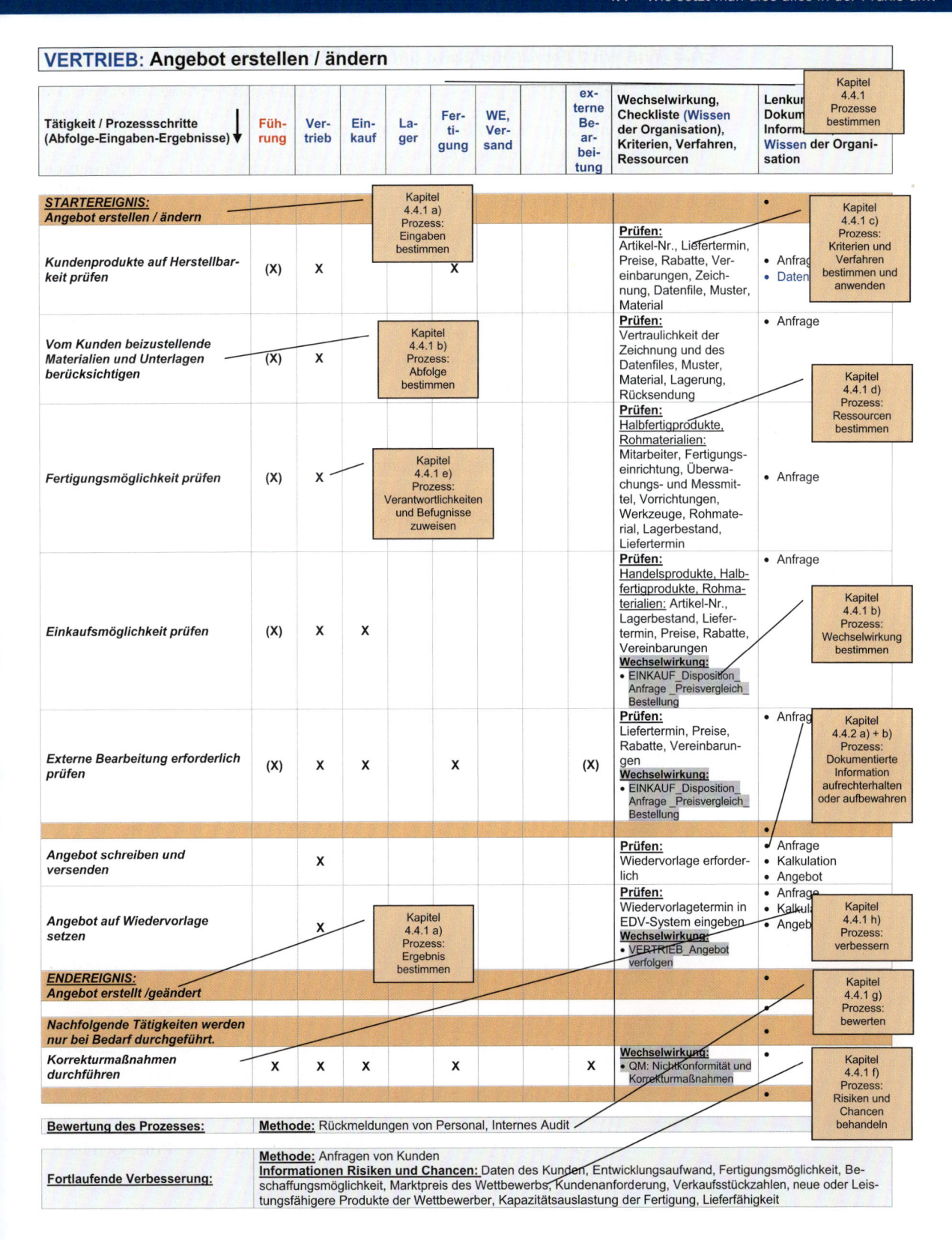

VERTRIEB: Angebot erstellen / ändern

Tätigkeit / Prozessschritte (Abfolge-Eingaben-Ergebnisse)	Führung	Vertrieb	Einkauf	Lager	Fertigung	WE, Versand	externe Bearbeitung	Wechselwirkung, Checkliste (Wissen der Organisation), Kriterien, Verfahren, Ressourcen	Lenkung Dokum. Inform; Wissen der Organisation
STARTEREIGNIS: Angebot erstellen / ändern									
Kundenprodukte auf Herstellbarkeit prüfen	(X)	X			X			**Prüfen:** Artikel-Nr., Liefertermin, Preise, Rabatte, Vereinbarungen, Zeichnung, Datenfile, Muster, Material	• Anfrage • Daten
Vom Kunden beizustellende Materialien und Unterlagen berücksichtigen	(X)	X						**Prüfen:** Vertraulichkeit der Zeichnung und des Datenfiles, Muster, Material, Lagerung, Rücksendung	• Anfrage
Fertigungsmöglichkeit prüfen	(X)	X						**Prüfen:** Halbfertigprodukte, Rohmaterialien: Mitarbeiter, Fertigungseinrichtung, Überwachungs- und Messmittel, Vorrichtungen, Werkzeuge, Rohmaterial, Lagerbestand, Liefertermin	• Anfrage
Einkaufsmöglichkeit prüfen	(X)	X	X					**Prüfen:** Handelsprodukte, Halbfertigprodukte, Rohmaterialien: Artikel-Nr., Lagerbestand, Liefertermin, Preise, Rabatte, Vereinbarungen **Wechselwirkung:** • EINKAUF_Disposition_Anfrage_Preisvergleich_Bestellung	• Anfrage
Externe Bearbeitung erforderlich prüfen	(X)	X	X		X		(X)	**Prüfen:** Liefertermin, Preise, Rabatte, Vereinbarungen **Wechselwirkung:** • EINKAUF_Disposition_Anfrage_Preisvergleich_Bestellung	• Anfrage
Angebot schreiben und versenden		X						**Prüfen:** Wiedervorlage erforderlich	• Anfrage • Kalkulation • Angebot
Angebot auf Wiedervorlage setzen		X						**Prüfen:** Wiedervorlagetermin in EDV-System eingeben **Wechselwirkung:** • VERTRIEB_Angebot verfolgen	• Anfrage • Kalkulation • Angebot
ENDEREIGNIS: Angebot erstellt /geändert									
Nachfolgende Tätigkeiten werden nur bei Bedarf durchgeführt.									
Korrekturmaßnahmen durchführen	X	X	X		X		X	**Wechselwirkung:** • QM: Nichtkonformität und Korrekturmaßnahmen	
Bewertung des Prozesses:	**Methode:** Rückmeldungen von Personal, Internes Audit								
Fortlaufende Verbesserung:	**Methode:** Anfragen von Kunden **Informationen Risiken und Chancen:** Daten des Kunden, Entwicklungsaufwand, Fertigungsmöglichkeit, Beschaffungsmöglichkeit, Marktpreis des Wettbewerbs, Kundenanforderung, Verkaufsstückzahlen, neue oder Leistungsfähigere Produkte der Wettbewerber, Kapazitätsauslastung der Fertigung, Lieferfähigkeit								

Annotationen (Kapitel-Verweise):
- Kapitel 4.4.1 a) Prozess: Eingaben bestimmen
- Kapitel 4.4.1 b) Prozess: Abfolge bestimmen
- Kapitel 4.4.1 c) Prozess: Kriterien und Verfahren bestimmen und anwenden
- Kapitel 4.4.1 d) Prozess: Ressourcen bestimmen
- Kapitel 4.4.1 e) Prozess: Verantwortlichkeiten und Befugnisse zuweisen
- Kapitel 4.4.1 b) Prozess: Wechselwirkung bestimmen
- Kapitel 4.4.2 a) + b) Prozess: Dokumentierte Information aufrechterhalten oder aufbewahren
- Kapitel 4.4.1 a) Prozess: Ergebnis bestimmen
- Kapitel 4.4.1 h) Prozess: verbessern
- Kapitel 4.4.1 g) Prozess: bewerten
- Kapitel 4.4.1 f) Prozess: Risiken und Chancen behandeln
- Kapitel 4.4.1 Prozesse bestimmen

Dokumentierte Information aufrechterhalten: Bild 1.3 VERTRIEB_Angebot erstellen_ändern.doc (Auszug)
Freigegeben: Klaus Mustermann, Datum: 06.01.2019, Fertigungsunternehmen 1
Seite 1 von 1

BILD 1.3 Prozessdarstellung (Ausschnitt) und Umsetzung der Normenkapitel 4.4.1 und 4.4.2

1.4.3 Wie wird die Umsetzung der DIN EN ISO 9001:2015 nachgewiesen?

Da die Forderung der DIN EN ISO 9001:2008 nach einem Qualitätsmanagementhandbuch entfallen ist, müssen Sie trotzdem *nachweisen, wie Sie die Norm erfüllt haben*. Also, wie soll dies nachgewiesen werden, da alle Normenkapitel als Fragen zur Norm definiert und komplett beantwortet werden müssen?

Dazu wurde der Prozess *QM: Oberste Leitung und Organisation* entwickelt, in dem dies alles berücksichtigt werden kann (Bild 1.4).

Die Abbildung zeigt mit dem **Inhaltsverzeichnis** einen Ausschnitt aus dem Prozess *QM: Oberste Leitung und Organisation*. Dieses *Inhaltsverzeichnis* ermöglicht Ihnen, das gewünschte Normenkapitel gezielt anzuspringen.

Die Anforderungen in den einzelnen Normenkapiteln der DIN EN ISO 9001:2015 sind der *obersten Leitung* oder der *Organisation* zugeordnet.

Beispiel Normenkapitel 5.1.1: *Die oberste Leitung muss ...*; **Beispiel Normenkapitel 5.1.2:** *Die oberste Leitung muss ...*; **Beispiel Normenkapitel 4.1:** *Die Organisation muss ...*; **Beispiel Normenkapitel 4.2:** *... muss die Organisation ...*

Die Aufteilung des Inhaltsverzeichnisses wurde an die Anforderungen an die **oberste Leitung** und an die Anforderungen an die **Organisation** durchgeführt. Dadurch wird mit dem *Normenkapitel 5.1.1 Allgemeines* begonnen. Die Normenkapitel der DIN EN ISO 9001:2015 wurden mit der Nummerierung der Norm und den Kapitelüberschriften dargestellt.

Weitere Erläuterungen zu den **Begriffen** *oberste Leitung* und *Organisation* finden Sie in diesem Buch unter dem **Kapitel 1.3.2**.

QM: Oberste Leitung und Organisation

Tätigkeit / Prozessschritte (Abfolge-Eingaben-Ergebnisse) ↓	Führung	Organisation: Vertrieb Einkauf, Entwicklung, Fertigung, WE, Lager, Versand	Wechselwirkung, Checkliste (Wissen der Organisation), Kriterien, Verfahren, Ressourcen	Lenkung Dokumentierter Information, Wissen der Organisation

Inhaltsverzeichnis

OBERSTE LEITUNG = Geschäftsführung 2
Normenkapitel 5.1.1 *Allgemeines* 2
Normenkapitel 5.1.2 *Kundenorientierung* 3
Normenkapitel 5.2.1 *Festlegung der Qualitätspolitik* 3
Normenkapitel 5.2.2 *Bekanntmachung der Qualitätspolitik* 3
Normenkapitel 5.3 *Rollen, Verantwortlichkeiten und Befugnisse in der Organisation* 4
Normenkapitel 9.3.1, 9.3.2, 9.3.3 *Managementbewertung* 4
ORGANISATION = Führungskräfte/Mitarbeiter mit eigener Verantwortung für bestimmte Bereiche 5
Normenkapitel 4.1 *Verstehen der Organisation und ihres Kontextes* 5
Normenkapitel 4.2 *Verstehen der Erfordernisse und Erwartungen interessierter Parteien* 5
Normenkapitel 4.3 *Festlegen des Anwendungsbereichs des Qualitätsmanagementsystems* 5
Normenkapitel 4.4 *Qualitätsmanagementsystem und seine Prozesse* 6
Normenkapitel 6.1 *Maßnahmen zum Umgang mit Risiken und Chancen* 7
Normenkapitel 6.2 *Qualitätsziele* 7
Normenkapitel 6.3 *Planung von Änderungen* 7
Normenkapitel 7.1.1 *Ressourcen Allgemeines* 8
Normenkapitel 7.1.2 *Personen* 8
Normenkapitel 7.1.3 *Infrastruktur* 8
Normenkapitel 7.1.4 *Prozessumgebung* 8
Normenkapitel 7.1.5.1 *Ressourcen zur Überwachung und Messung* 8
Normenkapitel 7.1.5.2 *Messtechnische Rückführbarkeit* 9
Normenkapitel 7.1.6 *Wissen der Organisation* 9
Normenkapitel 7.2 *Kompetenz* 9
Normenkapitel 7.3 *Bewusstsein* 9
Normenkapitel 7.4 *Kommunikation* 9
Normenkapitel 7.5.1 *Dokumentierte Information* 10
Normenkapitel 7.5.2 *Erstellen und Aktualisieren* 10
Normenkapitel 7.5.3 *Lenkung dokumentierter Information* 10
Normenkapitel 8.1 *Betriebliche Planung und Steuerung* 11
Normenkapitel 8.2.1 *Kommunikation mit dem Kunden* 11
Normenkapitel 8.2.2 *Bestimmen von Anforderungen für Produkte und Dienstleistungen* 11
Normenkapitel 8.2.3 *Überprüfung der Anforderungen für Produkte und Dienstleistungen* 12
Normenkapitel 8.2.4 *Änderungen von Anforderungen an Produkte und Dienstleistungen* 12
Normenkapitel 8.3.1, 8.3.2, 8.3.3, 8.3.4, 8.3.5, 8.3.6 *Entwicklung von Produkten und Dienstleistungen* 13
Normenkapitel 8.4.1 *Steuerung von extern bereitgestellten Prozessen, Produkten und Dienstleistungen* 14
Normenkapitel 8.4.2 *Art und Umfang der Steuerung* 15
Normenkapitel 8.4.3 *Informationen für externe Anbieter* 15
Normenkapitel 8.5.1 *Steuerung der Produktion und der Dienstleistungserbringung* 16
Normenkapitel 8.5.2 *Kennzeichnung und Rückverfolgbarkeit* 16
Normenkapitel 8.5.3 *Eigentum der Kunden oder der externen Anbieter* 17
Normenkapitel 8.5.4 *Erhaltung* 17
Normenkapitel 8.5.5 *Tätigkeiten nach der Lieferung* 18
Normenkapitel 8.5.6 *Überwachung von Änderungen* 18
Normenkapitel 8.6 *Freigabe von Produkten und Dienstleistungen* 19
Normenkapitel 8.7.1 + 8.7.2 *Steuerung nichtkonformer Ergebnisse* 19
Normenkapitel 9.1 + 9.1.1 *Überwachung, Messung, Analyse und Bewertung* 20
Normenkapitel 9.1.2 *Kundenzufriedenheit* 20
Normenkapitel 9.1.3 *Analyse und Bewertung* 20
Normenkapitel 9.2 *Internes Audit* 20
Normenkapitel 10.1 *Verbesserungen* 21
Normenkapitel 10.2 *Nichtkonformitäten und Korrekturmaßnahmen* 21
Normenkapitel 10.3 *Fortlaufende Verbesserung* 21

Dokumentierte Information aufrechterhalten: Bild 1.4(Seite 1).doc
Freigegeben: Klaus Mustermann, Datum: 06.01.2019, Fertigungsunternehmen 1
Seite 1 von 21

BILD 1.4 Umsetzung der DIN EN ISO 9001:2015 (Ausschnitt – Inhaltsverzeichnis)

Der Prozess selbst wurde in **mehrere Tabellenspalten** aufgeteilt. In der **Tabellenspalte** *Tätigkeit/Prozessschritte* wurde das *Normenkapitel* und die *Kapitelüberschrift* eingetragen, z. B. *Normenkapitel 5.1.1 Allgemeines*. Weiter *darunter* wurden die **Fragen** definiert, die das entsprechende *Normenkapitel* betreffen. **Diese Fragen sollten Sie nicht ändern** (Bild 1.5)! Wenn Sie die Fragen verändern wollen, dann müssen trotzdem die Anforderungen der DIN EN ISO 9001:2015 nachgewiesen werden.

In den **Tabellenspalten** *Führung* und *Organisation* wurde die **Verantwortung** festgelegt. Das **X** wurde eingetragen, um die *Verantwortung* festzulegen.

Die DIN EN ISO 9001:2015 überträgt die Verantwortung an die:

oberste Leitung = *Geschäftsführung*,

Organisation = *Führungskräfte wie Vertriebsleitung, Einkaufsleitung, Betriebsleitung, Versandleitung, Leitung Qualitätssicherung, Entwicklungsleitung*.

In kleineren Organisationen wären folgende Verantwortungen möglich:

oberste Leitung = *Geschäftsführung*,

Organisation = *Mitarbeiter, die für bestimmte Bereiche in der Organisation verantwortlich sind*.

Weitere Erläuterungen zu den **Begriffen** *oberste Leitung* und *Organisation* finden Sie in diesem Buch unter dem **Kapitel 1.3.2**.

In der **Tabellenspalte** *Wechselwirkung, Checkliste (Wissen der Organisation), Kriterien, Verfahren, Ressourcen* wurden die **Antworten** eingetragen. Weiter finden Sie **Hinweise** auf weitere *Wechselwirkungen/Prozesse*.

In der **äußersten rechten Tabellenspalte** *Lenkung dokumentierter Information, Wissen der Organisation* wurde die **dokumentierte Information** eingetragen.

1.4 Wie setzt man dies alles in der Praxis um?

QM: Oberste Leitung und Organisation

Tätigkeit / Prozessschritte (Abfolge-Eingaben-Ergebnisse) ↓	Füh-rung	Organisation: Vertrieb, Einkauf, Entwicklung, Fertigung, WE, Lager, Versand	Wechselwirkung (innerhalb der Organisation), Kriterien, Verfahren, Ressourcen	Lenkung Dokumentierter Information, Wissen der Organisation
Die Bezeichnung der „Funktionseinheiten" z.B. Vertrieb, Einkauf usw. müssen Sie an Ihre Organisation anpassen.				
HINWEIS: auch wenn die DIN EN ISO 9001:2015 keine Anforderungen an dokumentierte Information festlegt, sind die gesetzlichen Vorgaben an die Dokumentation jedoch verbindlich zu beachten.				
STARTEREIGNIS: Qualitätsmanagementsystem der Organisation planen, festlegen und umsetzen.			Die nachfolgenden Prozessschritte sind als Checkliste zu sehen, wie die Normenpunkte umgesetzt wurden.	•
Führung und Verpflichtung der obersten Leitung planen, festlegen und umsetzen.			**OBERSTE LEITUNG = Geschäftsführung**	•
Normenkapitel 5.1.1 Allgemeines			HINWEIS: die Norm legt **keine Anforderung** fest, dass dieses Normenkapitel als Dokumentierte Information vorliegen muss.	•
Rechenschaftspflicht für die Wirksamkeit des Qualitätsmanagementsystems **übernehmen**	X	*Die Kapitel der Norm wurden berücksichtigt und die betreffenden Fragen wurden gestellt.*	Als **Geschäftsführung** sind wir/bin ich für die **Wirksamkeit** des **Qualitätsmanagementsystems verantwortlich** und können/kann diese **Verantwortung** nicht auf andere Personen delegieren.	•
Festlegung der Qualitätspolitik für das Qualitätsmanagementsystem **sicherstellen**	X		Die Qualitätspolitik ist mit dem Kontext und der strategischen Ausrichtung der Organisation vereinbar. Siehe **Normenkapitel 5.2.1** und **5.2.2** in diesem Prozess.	•
Festlegung der Qualitätsziele für das Qualitätsmanagementsystem **sicherstellen**	X		Die Qualitätsziele sind mit dem Kontext und der strategischen Ausrichtung der Organisation vereinbar. Siehe **Normenkapitel 6.2** in diesem Prozess.	•
Integration der Anforderungen des Qualitätsmanagementsystems in die Geschäftsprozesse der Organisation **sicherstellen**	X		Es wurden Prozesse erstellt, welche die Anforderungen des Qualitätsmanagementsystems sicherstellen.	•
Anwendung des prozessorientierten Ansatzes und das risikobasierte Denken **fördern**	X	*Die Antworten wurden bereits eingetragen. Sie müssen die Antworten überarbeiten, wenn diese auf Ihre Organisation so nicht zutreffen.*	In den Prozessen wurden die die Risiken berücksichtigt.	•
Dass die für das Qualitätsmanagementsystem erforderlichen Ressourcen zur Verfügung stehen **sicherstellen**	X		Die Ressourcen, die für die Erhaltung des Qualitätsmanagementsystems benötigt werden, plant und umsetzt. Die Ressourcen für die Verwirklichung des Qualitätsmanagementsystems und der fortlaufenden Verbesserung der Wirksamkeit des Qualitätsmanagementsystems werden umgesetzt.	•
Die Bedeutung eines wirksamen Qualitätsmanagements sowie die Wichtigkeit der Erfüllung der Anforderungen des Qualitätsmanagementsystems **vermitteln**	X		Dies wurde wie folgt realisiert: • Schulung und Unterweisung des Personals. **Wechselwirkung:** • MITARBEITER_Ausbildung_Schulung_Fertigkeiten_Erfahrung_Kompetenz	•
Dass das Qualitätsmanagementsystem seine beabsichtigten Ergebnisse erzielt **sicherstellen**	X	*Die „dokumentierte Information" wurde bereits eingetragen.*	Um diese Ergebnisse zu erreichen, wurden die strategische Ausrichtung unserer Organisation und die inhärenten Merkmale unserer Produkte und Dienstleistungen überprüft und die Auswirkungen bewertet, sowie die Auswirkung, die von den inhärenten Merkmale unserer Produkte und Dienstleistungen ausgehen. Im **Formular: F-Kontext Interne Externe Themen Risiken Chancen** wurden die beabsichtigten Ergebnisse festgelegt. Im **Formular: F_Bewertung der Leistung** werden die Ergebnisse sichergestellt.	• F-Kontext Interne Externe Themen Risiken Chancen • F_Bewertung der Leistung
Personen **einsetzen**, **anleiten** und **unterstützen**, damit diese zur Wirksamkeit des Qualitätsmanagementsystems **beitragen**	X		In der dokumentierten Information wurde dieser Normenpunkt sichergestellt. **Wechselwirkung:** • MITARBEITER_Ausbildung_Schulung_Fertigkeiten_Erfahrung_Kompetenz	•
Verbesserung **fördern**	X		Dies wurde wie folgt realisiert: 1. Internes Audit 2. Schulung und Unterweisung des Personals. **Wechselwirkung:** • QM_Internes Audit • MITARBEITER_Ausbildung_Schulung_Fertigkeiten_Erfahrung_Kompetenz	•

Dokumentierte Information aufrechterhalten: Bild 1.5 QM_Oberste Leitung und Organisation.doc
Freigegeben: Klaus Mustermann, Datum: 06.01.2019, Fertigungsunternehmen 1
Seite 1 von 1

BILD 1.5 Umsetzung der DIN EN ISO 9001:2015 (Ausschnitt – Fragen und Antworten)

■ 1.5 KONTEXT DER ORGANISATION

Kontext der Organisation – alles im Tagesgeschäft verankert.

Der Kontext der Organisation ist als *Sinnzusammenhang* mit dem *Zweck* und der *strategischen Ausrichtung* Ihrer Organisation zu sehen.

Wenn Sie z. B. Produkte herstellen oder Dienstleistungen durchführen, dann ergibt sich der *Sinnzusammenhang = Kontext* dadurch, dass Sie sich überlegen: *Welche Kundengruppen, Produkte, Dienstleistungen, Produktionseinrichtungen, Mitarbeiter, Messmittel, Rohmaterialien, externe Bearbeitung* usw. benötigen Sie?

1.5.1 Das Formular „F_Kontext Interne Externe Themen Risiken Chancen" wurde in zwei Seiten unterteilt

ISO 9000:2015
AUSZUG AUS DER NORM,
KAPITEL 2.4.2

... Das QM-System braucht nicht kompliziert zu sein, vielmehr muss es die Erfordernisse der Organisation genau widerspiegeln ...

Erste Seite: Zusammenfassung von *Zweck* und *strategischer Ausrichtung* der Organisation sowie die Bedingungen an *die inhärenten Merkmale* der *Produkte* und *Dienstleistungen*.

Zweite Seite: Zusammenfassung von *Zweck* und *strategischer Ausrichtung* der Organisation sowie die Bedingungen an die *inhärenten Merkmale* der *Produkte* und *Dienstleistungen*, externer und interner Kontext, Themen, interessierte Parteien, Risiken und Chancen.

1.5.2 Zweck und strategische Ausrichtung der Organisation (erste Seite)

Der **Zweck** der Organisation wurde in diesem Beispiel wie folgt festgelegt: *Handel mit XYZ-Artikeln* (Bild 1.6).

Die **strategische Ausrichtung** der Organisation ist interessanter, da hier die individuelle Ausrichtung auf den Kunden und das individuelle Angebot an Produkten und Dienstleistungen im Vordergrund stehen (Bild 1.6).

Dabei wurde die **strategische Ausrichtung** in diesem Beispiel wie folgt festgelegt: *Unsere Produkte werden in unterschiedlichen Branchen eingesetzt, wo wir uns auf die spezifischen Anforderungen unserer Kunden einstellen. So erweitern wir unser Know-how laufend um neue Lösungen. Mit innovativen Produkten, die wir konsequent auf Ihre Bedürfnisse ausrichten, verbessern wir kontinuierlich unser Angebot* (Bild 1.6).

1.5.3 Beabsichtigte Ergebnisse des Qualitätsmanagementsystems (erste Seite)

Die **beabsichtigten Ergebnisse** des Qualitätsmanagementsystems sind *konforme Produkte und Dienstleistungen*. In diesem Beispiel müssen keine zutreffenden gesetzlichen und behördlichen Anforderungen an die Produkte und Dienstleistungen berücksichtigt werden (Bild 1.6). Tabelle 1.6 zeigt weitere Beispiele.

> Sie müssen den **Zweck** und die **strategische Ausrichtung** Ihrer Organisation, sowie die **beabsichtigten Ergebnisse** Ihres Qualitätsmanagementsystems an Ihre **Organisation anpassen**, was jedoch sicherlich nicht problematisch ist.

1.5 Kontext der Organisation

F_Kontext Interne Externe Themen Risiken Chancen

KONTEXT DER ORGANISATION, INTERNE, EXTERNE THEMEN, INTERESSIERTE PATEIEN, RISIKEN, CHANCEN FÜR DAS JAHR XXXX

Zweck und Strategische Ausrichtung der Organisation, beabsichtigte Ergebnisse des Qualitätsmanagementsystems: (4.1)[1]

- **Zweck der Organisation:** Handel mit XYZ-Artikeln.
- **Strategische Ausrichtung der Organisation:** Unsere Produkte werden in unterschiedlichen Branchen eingesetzt, wo wir uns auf die spezifischen Anforderungen unserer Kunden einstellen, erweitern wir unser Know-how laufend um neue Lösungen. Mit innovativen Produkten, die wir konsequent auf Ihre Bedürfnisse ausrichten, verbessern wir kontinuierlich unser Angebot.
- **Beabsichtigte Ergebnisse des Qualitätsmanagementsystems:** Konforme Produkte und Dienstleistungen[2]. (Tätigkeit)

[1] Die Zahlen in den Klammern z.B. (0.1), (1), (4.1), (4.2), (6.1) usw. beziehen sich auf die Normenkapitel der DIN EN ISO 9001:2015.
[2] In diesem Beispiel sind keine gesetzlichen oder behördlichen Anforderungen an die Produkte zu berücksichtigen.

Dokumentierte Information aufrechterhalten: Bild 1.6_F_Kontext Interne Externe Themen Risiken Chancen.doc
Freigegeben: Klaus Mustermann, Datum: 06.01.2019, Handelsunternehmen 1
Seite 1 von 1

BILD 1.6 Beispiel – Zweck und strategische Ausrichtung der Organisation, beabsichtigte Ergebnisse des Qualitätsmanagementsystems (erste Seite) (Ausschnitt)

TABELLE 1.6 Weitere Beispiele für den Zweck und die strategische Ausrichtung unterschiedlicher Organisationen

Beispiel 1: Zweck der Organisation *(4.1)*
- Herstellung und Handel von Energieverteilern sowie Licht für den industriellen Einsatz.

Strategische Ausrichtung der Organisation: *(4.1)*
- Wir wollen unseren Kunden international genormte, kundenspezifische, hochqualitative, nach dem aktuellen Stand der Technik gefertigte Produkte zu einem marktgerechten Preis, zu einem festen Termin, für den internationalen Markt liefern.

Beispiel 2: Zweck der Organisation *(4.1)*
- Spanende Fertigung unterschiedlicher Materialien nach Kundenvorgabe.

Strategische Ausrichtung der Organisation: *(4.1)*
- Industrielle Kunden unterschiedlicher Branchen.

Beispiel 3: Zweck der Organisation *(4.1)*
- Entwicklung, Konstruktion, Herstellung und Vertrieb von Konstruktivverpackungen aus EPS/PE/PP-Schaumstoffen und Kartonagen.

Strategische Ausrichtung der Organisation: *(4.1)*
- Herstellung von Präzisionsformteilen in kleinen Auflagen aus Styropor, Schaumstoff und Kartonagen, zur Verpackung von hochwertigen und empfindlichen Produkten für den unbeschädigten Transport zu Lande, zu Wasser und in der Luft.

Beispiel 4: Zweck der Organisation *(4.1)*
- Bearbeitung unterschiedlicher Materialien nach Kundenvorgabe.

Strategische Ausrichtung der Organisation: *(4.1)*
- Wir beliefern Kunden aus den Bereichen Fahrzeugtechnik, Wehrtechnik, Baumaschinen, Werkzeug- und Maschinenbau.

Beispiel 5: Zweck der Organisation *(4.1)*
- Bearbeitung unterschiedlicher Materialien nach Kundenvorgabe.

Strategische Ausrichtung der Organisation: *(4.1)*
- Wir sind Hersteller von Präzisionsteilen und einbaufertigen Baugruppen inklusive Oberflächenbehandlung und Montage. Unsere Produkte finden in vielen Bereichen von Industrie und Handwerk ihre Anwendung.

Beispiel 6: Zweck der Organisation *(4.1)*
- Handel und Service für Druckluftsysteme.

Strategische Ausrichtung der Organisation: *(4.1)*
- Wir sind Systemlieferant und Dienstleister im Druckluftbereich. Unser Spektrum umfasst die Beratung, die Planung, die Vermietung, den Verkauf und den Service. Durch den Außendienst vor Ort erfolgt eine praxisnahe Beratung mit dem Ziel der Erhöhung von Effektivität und Effizienz durch anwendungsspezifische Druckluftsystemlösungen. Dies schließt vorhandene und neue Systeme ein.

Beispiel 7: Zweck der Organisation *(4.1)*
- Handel und Lagerung von Grafiten und mineralischen Rohstoffen.

Strategische Ausrichtung der Organisation: *(4.1)*
- Wir vertreiben ein ausgewähltes, innovatives Portfolio von mineralischen Rohstoffen aus aller Welt. Dabei liegt unser Schwerpunkt auf Grafit und Grafitprodukten für die unterschiedlichsten industriellen Einsatzgebiete, abgestimmt auf die individuellen Anforderungen unserer Kunden.

Beispiel 8: Zweck der Organisation *(4.1)*
- Handel mit Motorradbekleidung, Behördenbekleidung.

Strategische Ausrichtung der Organisation: *(4.1)*
- Wir sind spezialisiert auf die Lieferung von Produkten an Bundes- und Einkaufsstellen sowie Logistikzentren der Polizei, Bundeswehr und sonstiger Behörden.

1.5.4 Inhärente Merkmale der Produkte und Dienstleistungen (erste Seite)

Inhärente Merkmale – alles das, was Sie im Tagesgeschäft täglich berücksichtigen.

Was setzt der Kunde voraus?

Er bestellt bei Ihnen das entsprechende Produkt eventuell noch mit seinem Label und erwartet von Ihnen, dass Ihre Organisation seine Anforderungen erfüllt, mehr eigentlich nicht.

Schon sind Sie mitten in den inhärenten Merkmalen der Produkte und Dienstleistungen, geht doch ganz einfach.

Analysieren wir dazu die **Tätigkeit**: *Handel mit XYZ-Artikeln*.

Die **Bedingungen (inhärenten Merkmale)**, die bei der Durchführung der Tätigkeit beachtet werden müssen, sind: *Länge, Durchmesser, Form, Oberfläche, kundenindividuelle Verpackung, kundenindividuelles Label* (Bild 1.7).

Der **Preis** ist ein *zugeordnetes Merkmal und wird nicht betrachtet*. Macht auch Sinn, wenn es sich um das gleiche Produkt oder die gleiche Dienstleistung handelt, dann ändern sich die *inhärenten Merkmale* nicht, wenn die *Preise* unterschiedlich sind. Dies gilt auch für den *Liefertermin*, da beide zugeordnete Merkmale sind.

Weitere Erläuterungen zu den **Begriffen** *inhärentes Merkmal* und *zugeordnetes Merkmal* finden Sie in diesem Buch unter dem **Kapitel 1.3.4**.

> ... Der Hauptschwerpunkt des Qualitätsmanagements liegt in der Erfüllung der Kundenanforderungen und dem Bestreben, die Kundenerwartungen zu übertreffen ...

ISO 9000:2015 AUSZUG AUS DER NORM, KAPITEL 2.3.1.1

Daher müssen bei *Qualitätsmanagementsystemen* die *inhärenten Merkmale* der Produkte und Dienstleistungen berücksichtigt werden, da der Kunde auf die Erfüllung seiner Anforderungen Wert legt.

> ❗ Also, immer wenn die Begriffe *Qualitätsmanagementsystem – Qualität* verwendet werden, handelt es sich um die *inhärenten Merkmale* der Produkte und Dienstleistungen.
>
> Die *beabsichtigten Ergebnisse* des Qualitätsmanagementsystems sind konforme Produkte und Dienstleistungen unter der Berücksichtigung der zutreffenden gesetzlichen und behördlichen Anforderungen, die für diese Produkte und Dienstleistungen gelten.

Die betreffenden **Bedingungen (inhärenten Merkmale)**, die bei der Durchführung der Tätigkeit beachtet werden müssen, wurden im Bild 1.7 aufgeführt.

In diesem Beispiel wurde die **Tätigkeit** mit *Handel mit XYZ-Artikeln* definiert.

Die **Bedingungen (inhärente Merkmale)** wurden mit *Länge, Durchmesser, Form, Oberfläche, kundenindividuelle Verpackung, kundenindividuelles Label* definiert.

Wenn Sie *mehrere* **Produktgruppen** berücksichtigen müssen, dann kopieren Sie die Tabelle und ändern die Inhalte ab.

Diese Darstellung wurde gewählt, um Ihnen eine Übersicht zu ermöglichen, welche Produktgruppen die gleichen *Bedingungen (inhärenten Merkmale)* haben, oder die Unterschiede zu verdeutlichen.

> ❗ Sie müssen die **Bedingungen (inhärenten Merkmale)** der **Produkte** und **Dienstleistungen** an Ihre **Organisation anpassen**, was jedoch sicherlich nicht problematisch ist.

Die nachfolgenden **Beispiele 1 bis 8** (Tabelle 1.7) gehören zu den **Beispielen 1 bis 8** *Zweck und strategische Ausrichtung der Organisation* aus **Kapitel 1.5.3** in diesem Buch.

TABELLE 1.7 Weitere Beispiele für die Bedingungen (inhärenten Merkmale) der Produkte und Dienstleistungen unterschiedlicher Organisationen

Beispiel 1: Bedingungen (inhärente Merkmale) der Produkte und Dienstleistungen *(4.1)* - Spannungsbereich, Maße, Gewicht, Farbe des Fertigprodukts, Absicherung der Steckdosen, Schutzart des Fertigprodukts, Temperaturbereich, selbstverlöschend, Schutzklasse - Spannungsbereich, Lichtleistung, Maße, Gewicht, Schutzart des Fertigprodukts, Temperaturbereich, Schutzklasse
Beispiel 2: Bedingungen (inhärente Merkmale) der Produkte und Dienstleistungen *(4.1)* - Form, Größe, Genauigkeit, Werkstoff, Oberflächenbehandlung
Beispiel 3: Bedingungen (inhärente Merkmale) der Produkte und Dienstleistungen *(4.1)* - Passform, Dämpfung, optischer Zustand
Beispiel 4: Bedingungen (inhärente Merkmale) der Produkte und Dienstleistungen *(4.1)* - Maße, Materialqualität, Oberflächen, Umverpackung
Beispiel 5: Bedingungen (inhärente Merkmale) der Produkte und Dienstleistungen *(4.1)* - Oberfläche, Rautiefe, Länge, Breite, Durchmesser, Stärke, Beschichtung, Werkstoff
Beispiel 6: Bedingungen (inhärente Merkmale) der Produkte und Dienstleistungen *(4.1)* - Betriebsdruck, Volumenstrom (m^3 pro Minute), Druckluftqualität, Energieverbrauch, Geräuschimmission, dauerlastgeeignet, spezifische Leistung, Serviceintervall, kurze Reaktionszeiten bei Störfällen, 24-Stunden-Notdienst
Beispiel 7: Bedingungen (inhärente Merkmale) der Produkte und Dienstleistungen *(4.1)* - C-Gehalt, Mineralogie, Asche, Feuchte, Flockengröße, Expansionsvolumen, pH-Wert, Starttemperatur
Beispiel 8: Bedingungen (inhärente Merkmale) der Produkte und Dienstleistungen *(4.1)* - Farbe, Materialqualität, Materialzusammensetzung, Dicke, Ausstattung, Konfektionsgröße, TL/LB-konform (TL: technische Lieferbedingungen, LB: Lieferbedingungen)

1.5 Kontext der Organisation

F_Kontext Interne Externe Themen Risiken Chancen

KONTEXT DER ORGANISATION, INTERNE, EXTERNE THEMEN, INTERESSIERTE PATEIEN, RISIKEN, CHANCEN FÜR DAS JAHR XXXX

Zweck und Strategische Ausrichtung der Organisation, beabsichtigte Ergebnisse des Qualitätsmanagementsystems: (4.1)[1]

- **Zweck der Organisation:** Handel mit XYZ-Artikeln.
- **Strategische Ausrichtung der Organisation:** Unsere Produkte werden in unterschiedlichen Branchen eingesetzt, wo wir uns auf die spezifischen Anforderungen unserer Kunden einstellen, erweitern wir unser Know-how laufend um neue Lösungen. Mit innovativen Produkten, die wir konsequent auf Ihre Bedürfnisse ausrichten, verbessern wir kontinuierlich unser Angebot.
- **Beabsichtigte Ergebnisse des Qualitätsmanagementsystems:** Konforme Produkte und Dienstleistungen[2]. (Tätigkeit)

Tätigkeit: Handel mit XYZ-Artikeln.

Bedingungen (inhärente Merkmale), die bei der Durchführung der Tätigkeit beachtet werden müssen: Länge, Durchmesser, Form, Oberfläche, Kundenindividuelle Verpackung, Kundenindividuelles Label

Die oben **festgelegten Tätigkeiten und Bedingungen** werden für die nachfolgenden Festlegungen für *„Kontext der Organisation mit Bestimmung der internen und externen Themen unter Berücksichtigung der interessierten Parteien und Risiken und Chancen"* benötigt.

Das Verständnis über den **externen Kontext** kann durch Betrachten von Themen gefördert werden, die sich aus dem gesetzlichen, technischen, wettbewerblichen, marktbezogenen, kulturellen, sozialen oder wirtschaftlichen **Umfeld** ergeben, ob **international, national, regional oder lokal**. (4.1) Das Verständnis des **Internen Kontextes** kann durch Betrachten von Themen, die sich auf Werte, Kultur, Wissen und Leistung der Organisation beziehen, gefördert werden. (4.1)

Zu den **Möglichkeiten** zum Umgang **mit Risiken** kann Folgendes zählen: Vermeiden von Risiken, ein Risiko auf sich zu nehmen um eine Chance wahrzunehmen, Beseitigen der Risikoquelle, Ändern der Wahrscheinlichkeit oder der Konsequenzen, Risikoteilung, oder Beibehaltung des Risikos durch eine fundierte Entscheidung. (6.1) **Chancen können** zur Übernahme neuer Praktiken führen, der Markteinführung neuer Produkte, der Erschließung neuer Märkte, Neukundengewinnung, Aufbau von Partnerschaften, Einsatz neuer Techniken und anderen erwünschten Möglichkeiten zur Berücksichtigung von **Erfordernissen der Organisation** oder **Ihrer Kunden**. (6.1)

Maßnahmen zum Umgang mit Risiken und Chancen **müssen proportional** zur möglichen Auswirkung auf die Konformität von Produkten und Dienstleistungen sein. (6.1)

[1] Die Zahlen in den Klammern z.B. (0.1), (1), (4.1), (4.2), (6.1) usw. beziehen sich auf die Normenkapitel der DIN EN ISO 9001:2015.
[2] In diesem Beispiel sind keine gesetzlichen oder behördlichen Anforderungen an die Produkte zu berücksichtigen.

Dokumentierte Information aufrechterhalten: Bild 1.7_F_Kontext Interne Externe Themen Risiken Chancen.doc
Freigegeben: Klaus Mustermann, Datum: 06.01.2019, Handelsunternehmen 1
Seite 1 von 1

BILD 1.7 Übersicht der Bedingungen (inhärente Merkmale) der Produkte und Dienstleistungen (Tätigkeit) (erste Seite)

1.5.5 Zweck, strategische Ausrichtung, beabsichtigte Ergebnisse (zweite Seite)

Können Sie sich vorstellen, dass man *externe und interne Themen, Zweck und strategische Ausrichtung der Organisation, interessierte Parteien, Risiken und Chancen* **nicht dokumentieren** muss, sie also **nicht** *als dokumentierte Information* vorhanden sein müssen? Man muss nur *bestimmen, überwachen, überprüfen bzw. berücksichtigen, bestimmen, planen, bewerten*.

Weitere Erläuterungen zum **Begriff** *dokumentierte Information* finden Sie in diesem Buch unter dem **Kapitel 1.3.9**.

Wir haben dies jedoch als problematisch angesehen, wenn man die Anforderungen nicht als *dokumentierte Information* erstellt. Daher wurden die Anforderungen als Tabelle realisiert. Die Norm gibt unter den Normenkapiteln *4.1, 4.2, 6.1 und 6.1.2* nützliche Beispiele, die in der nachfolgenden Abbildung (Bild 1.8) zusammengefasst wurden.

Die Daten aus der Übersicht *(erste Seite)* mit dem *Zweck* und der *strategischen Ausrichtung* der *Organisation* und den *Bedingungen (inhärenten Merkmalen)* wurden in der Tabelle *(zweite Seite)* eingetragen.

Produkt: *Bedingungen (inhärente Merkmale), die von der* **Organisation festgelegt** *werden und von der Organisation erfüllt werden müssen, z. B. Länge, Durchmesser, Form, Oberfläche.*

Dienstleistung: *Bedingungen (inhärente Merkmale), die* **vom Kunden festgelegt** *werden und von der Organisation erfüllt werden müssen, z. B. kundenindividuelle Verpackung, kundenindividuelles Label.*

Die Norm unterscheidet zwischen Produkten und Dienstleistungen. Dieser Unterschied wurde in den **Textfenstern** *Umsetzung des Begriffes: Produkt* und *Umsetzung des Begriffes: Dienstleistung* erläutert. Hier ist zu erkennen, dass **Produkt:** *Länge, Durchmesser, Form, Oberfläche* in die eine Tabellenspalte und **Dienstleistung:** *kundenindividuelle Verpackung, kundenindividuelles Label* in die andere Tabellenspalte eingetragen wurden (Bild 1.8).

Weitere Erläuterungen zu den **Begriffen** *Produkt* und *Dienstleistung* finden Sie in diesem Buch unter dem **Kapitel 1.3.7**.

1.5 Kontext der Organisation

BILD 1.8 Zweck, strategische Ausrichtung, beabsichtigte Ergebnisse, interne und externe Themen, interessierte Parteien, Risiken und Chancen (zweite Seite)

1.5.6 Externer Kontext, Themen, interessierte Parteien, Risiken, Chancen (zweite Seite)

Beim **externen Kontext** wirken die **Themen** von **außen** auf Ihre *Organisation* und die *Produkte* und *Dienstleistungen* ein. Dies geht auch aus der Bezeichnung **Umfeld** hervor.

Externer Kontext: Sie müssen für den externen Kontext die *Themen* bestimmen und die *Informationen* über die externen Themen *überwachen* und *überprüfen*.

Hinweis: Die **Themen** in der Tabelle wurden dem *Normenkapitel 4.1: Anmerkung 1 (Bedingungen), Anmerkung 2 (externer Kontext)* und *Anmerkung 3 (interner Kontext)* der DIN EN ISO 9001:2015 entnommen. Sie haben jedoch die Möglichkeit, für den *internen und externen Kontext* **eigene Bedingungen und Themen** zu erstellen, da in den *Anmerkungen können* oder *kann* steht.

Jetzt müssen Sie die *interessierten Parteien* bestimmen und die *Anforderungen der interessierten Parteien* an die Produkte und Dienstleistungen überwachen und überprüfen. Dann bestimmen Sie die *Risiken* und anschließend die *Chancen*. Damit Sie nicht überrascht werden, müssen Sie die *einzuleitenden Maßnahmen planen*. Weiter müssen Sie *planen*, wie Sie die *Bewertung der geplanten Maßnahmen* durchführen können. Dann tragen Sie die *betroffenen Funktionen* und *Prozesse* ein.

Weitere Erläuterungen zum **Begriff** *interessierte Parteien* finden Sie in diesem Buch unter dem **Kapitel 1.3.6**.

Weitere Erläuterungen zum **Begriff** *Risiken* und *Chancen* finden Sie in diesem Buch unter dem **Kapitel 1.3.9**.

Sie werden sich vielleicht fragen: Warum sind im Formular keine Beispiele eingetragen? Nun, jede Organisation hat eigene Anforderungen an die aufgeführten Bedingungen (inhärenten Merkmale).

Daher wurden die Tabelle 1.8 bis Tabelle 1.14 erstellt, um Ihnen die Beispiele zu den Bedingungen (inhärenten Merkmalen) zu geben.

Die **Themen** zum **externen Kontext** wurden in der *linken Tabellenspalte* aufgeführt, die **Fragen** und **Beispiele** in der *rechten Tabellenspalte*.

Ausgefüllte Beispiele finden Sie im Ordner *11_Ausgefüllte Beispiele* unter den jeweiligen Unternehmensmodellen:

- Modell_1_Fertigung,
- Modell_2_Fertigung,
- Modell_3_Beratung,
- Modell_4_Handel.

> Alle Anforderungen beziehen sich auf die *strategische Ausrichtung* der Organisation und auf die *Bedingungen (inhärenten Merkmale)* der *Produkte* und *Dienstleistungen*.
>
> **Sie müssen Ihr eigenes Tagesgeschäft als Basis nutzen, da Sie mit den Anforderungen der Kunden täglich konfrontiert sind.**
>
> **Hinweis:** Die Beispiele dienen nur zur Erläuterung. Hierbei handelt es sich um eine Sammlung von vielen unterschiedlichen Organisationen.

1.5 Kontext der Organisation

TABELLE 1.8 Externer Kontext – Themen – Informationen über die Themen überwachen und überprüfen

Externer Kontext – THEMEN bestimmen: *(4.1)*	Fragestellung zu: *Informationen über die externen Themen überwachen, überprüfen (4.1)*
Gesetzliches Umfeld:	- Hat das *gesetzliche Umfeld* Einfluss auf die *inhärenten Merkmale*? - Welche *Informationen* müssen *überwacht* und *überprüft* werden, um die Anforderungen zu erfüllen? **Beispiele:** REACH, RESY, RoHS, CE-Zeichen, Abgasimmissionsklasse, Reinheitsanforderungen (TrinkwV), Lebensmittelrecht, Grenzwerte Dioxin und Schwermetall, Druckgeräterichtline (DGRL), Betriebssicherheitsverordnung (BetrSichV), Wasserhaushaltsgesetz (WHG), Chemikalien-Klimaschutzverordnung (ChemKlimaschutzV), Deutsche Gesetzliche Unfallversicherung (DGUV). **Hinweis:** *Wenn* **kein** *Einfluss durch das* **Umfeld** *besteht, dann muss die Spalte* **nicht** *ausgefüllt werden.*
	Duden: *einem Gesetz entsprechend, durch Gesetze geregelt, festgelegt*
Technisches Umfeld:	- Hat das *technische Umfeld* Einfluss auf die *inhärenten Merkmale*? - Welche *Informationen* müssen *überwacht* und *überprüft* werden, um die Anforderungen zu erfüllen? **Beispiele:** Anwendungsgebiet, produktspezifische Eigenschaften, Anfrage des Kunden, Angebot an den Kunden, Bestellung des Kunden, technische Zeichnung, Referenzmuster, Normen, Produktnormen, Werksnorm oder Auflagen des Kunden, Umgebungsbedingungen beim Kunden, Arbeitsanweisung des Kunden, technische Parameter, technisches Datenblatt des Lieferanten, Rezepturen, TL/LB-konform, Zeichensätze, RAL, DIN-EN-ISO-Normen, AQAP, Materialdatei, Modellblätter, Abgasimmissionsklasse, Kraftstoffschlüssel, Leistung, Zylinderzahl, variable oder konstante Drehzahl. **Hinweis:** *Wenn* **kein** *Einfluss durch das* **Umfeld** *besteht, dann muss die Spalte* **nicht** *ausgefüllt werden. Dies ist jedoch unwahrscheinlich, da das technische Umfeld zwangsläufig Einfluss hat.*
	Duden: *die Technik betreffend, zu ihr gehörend*
Wettbewerbliches Umfeld:	- Hat das *wettbewerbliche Umfeld* Einfluss auf die *inhärenten Merkmale*? - Welche *Informationen* müssen *überwacht* und *überprüft* werden, um die Anforderungen zu erfüllen? **Beispiele:** Konkurrenzprodukte, Servicedienstleistungen, Substitute, technische Veränderungen, Verfügbarkeit, Beratung über den optimalen Einsatz der Produkte, Produkt wird vom Wettbewerb angeboten, Kunde will gleiches Produkt, gleiches oder ähnliches Produkt vom Wettbewerb, ausschreibungsbedingte Beschaffung. **Hinweis:** *Wenn* **kein** *Einfluss durch das* **Umfeld** *besteht, dann muss die Spalte* **nicht** *ausgefüllt werden.*
	Duden: *wettbewerblich – auf Wettbewerb ausgerichtet, vom Wettbewerb bestimmt* **Duden:** *Wettbewerb – (Wirtschaft) Kampf um möglichst gute Marktanteile, hohe Profite, um den Konkurrenten zu überbieten, auszuschalten; Konkurrenz*
Marktbezogenes Umfeld:	- Hat das *marktbezogene Umfeld* Einfluss auf die *inhärenten Merkmale*? - Welche *Informationen* müssen *überwacht* und *überprüft* werden, um die Anforderungen zu erfüllen? **Beispiele:** Stahlpreisentwicklung oder Rohstoffpreisentwicklung, da Ausweichrohstoffe erforderlich werden, Verfügbarkeit der Rohstoffe/Materialien, Sonderkörnungen, Mindestabnahmen. **Hinweis:** *Wenn* **kein** *Einfluss durch das* **Umfeld** *besteht, dann muss die Spalte* **nicht** *ausgefüllt werden.*
	Duden: Marktumfeld – *den Markt (3a) eines Unternehmens beeinflussende Faktoren* **Duden: Markt** – *(3a) von Angebot und Nachfrage bestimmter Bereich von Waren, von Kauf und Verkauf, Warenverkehr*

TABELLE 1.8 Externer Kontext – Themen – Informationen über die Themen überwachen und überprüfen (*Fortsetzung*)

Externer Kontext – THEMEN bestimmen: *(4.1)*	Fragestellung zu: *Informationen über die externen Themen überwachen, überprüfen (4.1)*
Kulturelles Umfeld:	▪ Hat das *kulturelle Umfeld* Einfluss auf die *inhärenten Merkmale*? ▪ Welche *Informationen* müssen *überwacht* und *überprüft* werden, um die Anforderungen zu erfüllen? **Beispiele:** regionale Gegebenheiten bei globaler Ausrichtung. **Hinweis:** *Wenn* **kein** *Einfluss durch das* **Umfeld** *besteht, dann muss die Spalte* **nicht** *ausgefüllt werden.*
	Duden: kulturell – *die Kultur* **(1)** *betreffend Beispiele – der kulturelle Bereich, Hintergrund, Austausch – das kulturelle Erbe, Leben – ein kultureller Verfall – auf kulturellem Gebiet führend sein* **Duden: Kultur (1)** – **1. a)** *Gesamtheit der geistigen, künstlerischen, gestaltenden Leistung einer Gemeinschaft als Ausdruck menschlicher Höherentwicklung* **b)** *Gesamtheit der von einer bestimmten Gemeinschaft auf einem bestimmten Gebiet während einer bestimmten Epoche geschaffenen, charakteristischen geistigen, künstlerischen, gestaltenden Leistungen*
Soziales Umfeld:	▪ Hat das *soziale Umfeld* Einfluss auf die *inhärenten Merkmale*? ▪ Welche *Informationen* müssen *überwacht* und *überprüft* werden, um die Anforderungen zu erfüllen? **Beispiele:** Code of Conduct des Kunden, es muss der Mindestlohn berücksichtigt werden, weil dies von den Kunden gefordert wird, da sonst keine Lieferung erfolgen darf. **Hinweis:** *Wenn* **kein** *Einfluss durch das* **Umfeld** *besteht, dann muss die Spalte* **nicht** *ausgefüllt werden.*
	Duden: sozial – **1. a)** *das (geregelte) Zusammenleben der Menschen in Staat und Gesellschaft betreffend; auf die menschliche Gemeinschaft bezogen, zu ihr gehörend* **b)** *die Gesellschaft und besonders ihre ökonomische und politische Struktur betreffend* **c)** *die Zugehörigkeit des Menschen zu einer der verschiedenen Gruppen innerhalb der Gesellschaft betreffend* **d)** *dem Gemeinwohl, der Allgemeinheit dienend; die menschlichen Beziehungen in der Gemeinschaft regelnd und fördernd und den [wirtschaftlich] Schwächeren schützend* **Duden: Milieu** – **1.** *soziales Umfeld, Umgebung, in der ein Mensch lebt und die ihn prägt*
Wirtschaftliches Umfeld:	▪ Hat das *wirtschaftliche Umfeld* Einfluss auf die *inhärenten Merkmale*? ▪ Welche *Informationen* müssen *überwacht* und *überprüft* werden, um die Anforderungen zu erfüllen? **Beispiele:** branchenbezogene Marktentwicklung, makroökonomische Gesamtsituation, wirtschaftliche Lage der Branche. **Hinweis:** *Wenn* **kein** *Einfluss durch das* **Umfeld** *besteht, dann muss die Spalte* **nicht** *ausgefüllt werden.*
	Duden: wirtschaftlich – **1. a)** *die Wirtschaft betreffend – die wirtschaftlichen Verhältnisse eines Landes – wirtschaftliche Fragen, Probleme, Erfolge – der wirtschaftliche Aufschwung eines Landes* **Duden: Wirtschaft** – **1.** *Gesamtheit der Einrichtungen und Maßnahmen, die sich auf Produktion und Konsum von Wirtschaftsgütern beziehen*

Hinweis: Bei den Zitaten unter „Duden" wurden die Aussagen der Fundstelle zum Begriff nur zum Teil aufgeführt.

1.5 Kontext der Organisation

TABELLE 1.9 Externer Kontext – interessierte Parteien, relevante Anforderungen

Externer Kontext *(4.1)*	Fragestellung zu: *interessierte Parteien bestimmen (4.2)*
Interessierte Parteien bestimmen: *(4.2)*	• Welche *(externen) interessierten Parteien* haben Einfluss auf die *inhärenten Merkmale* unter Berücksichtigung der *externen Themen*? **Beispiele:** Kunde, Gesetzgeber, Lieferant, Verband, regelsetzende Institutionen.
Relevante Anforderungen der interessierten Parteien überwachen, überprüfen: *(4.2)*	• Haben die *Anforderungen der (externen) interessierten Parteien* Einfluss auf die *inhärenten Merkmale* unter Berücksichtigung der *externen Themen*? • Welche *Informationen* werden benötigt, um die Anforderungen zu erfüllen? **Beispiele:** Einhaltung der inhärenten Merkmale der Produkte und Dienstleistungen, um die Anforderungen der Kunden erfüllen zu können. Einhaltung der Produktnormen, Einhaltung der gesetzlichen Vorschriften, Einhaltung der Kundenforderung, Korrosionsschutz, Verpackungsvorschrift, Analyse (mineralogische Analyse, Spurenanalyse, Siebanalyse), Änderungen in den Grenzwerten, Leitfaden QS, Kundenleitlinien zum Qualitäts- und Umweltmanagement.

Da es sich um den *externen Kontext* handelt, dürfen die *Geschäftsführung* oder die *Mitarbeiter* **nicht** aufgeführt werden.

TABELLE 1.10 Externer Kontext – Risiken

Externer Kontext *(4.1)*	Fragestellung zu: *Risiken bestimmen (6.1.1)*
Risiken bestimmen: *(6.1.1)*	• Welche *Risiken* können Einfluss auf die *inhärenten Merkmale* haben? **Beispiele:** Verfügbarkeit der Rohstoffe/Materialien, Qualität, Termin, Zukäufe von anderen Lieferanten, technische und organisatorische Umsetzbarkeit, vorkommensspezifische Risiken, gesetzliche Grundlagen verändern sich, MHD (Mindesthaltbarkeitsdatum), Abkündigung von Zukaufartikeln, Zukaufprodukt erfüllt nicht die Vorgaben, Änderungen von Produktnormen, Überschreitung der Grenzwerte, Änderung TL/LB-Konformitäten, die inhärenten Merkmale der Produkte und Dienstleistungen ändern sich vor Ort durch den Kunden oder eine andere bauliche Situation, fehlerhafte Information, Vermieter akzeptiert bauliche Veränderungen nicht, bauseitige Leistung des Kunden wird nicht erbracht, erhöhter Wechsel der Mitarbeiter beim Kunden, Einkäufer kauft über den Preis beim Produkt und beim Service und wenig Rücksprache mit der Technik, interne Kommunikation beim Kunden, Nichteinhaltung der Wartungsintervalle durch den Kunden, Nutzungsänderung durch den Kunden, ohne den Service zu benachrichtigen.

TABELLE 1.11 Externer Kontext – Chancen

Externer Kontext *(4.1)*	Fragestellung zu: *Chancen bestimmen (6.1.1)*
Chancen bestimmen: *(6.1.1)*	• Welche *Chancen* können Einfluss auf die *inhärenten Merkmale* haben? **Beispiele:** Alternativlieferant, Neukundengewinnung, Sortimentserweiterung, kundenindividuelle Sonderartikel, vorkommensspezifische Chancen, Neuentwicklungen, Produktoptimierung, verlängertes MHD, höhere Restlaufzeit, bessere Verkaufschancen, Erhöhung der Kundenzufriedenheit, Fertig-/Kundenprodukt frühzeitig auf den Markt bringen, Wartungsvertrag mit dem Kunden abschließen, Kundenbindungsansprechpartner, EDV unterstützt Terminplanung, präventive Maßnahmen: Kontakt zum Servicetechniker, der in der Nähe ist und die Maschine überprüft.

TABELLE 1.12 Externer Kontext – Planung der einzuleitenden Maßnahmen

Externer Kontext *(4.1)*	Fragestellung zu: *Planung der einzuleitenden Maßnahmen (6.1.2)*
Planung der einzuleitenden Maßnahmen: *(6.1.2)*	• Welche *Maßnahmen* müssen *geplant* werden, um die Anforderungen zu erfüllen? **Beispiele:** Zeitpläne mit Lieferterminen, Liefereinteilung von Beständen, Zukäufe prüfen, Zeitplan – Zeichnung erstellen, Anfrage Lieferanten – Musterteile, Anpassung der Rezeptur, Information an den Kunden, Lagerbestände prüfen, Rahmenverträge mit Lieferanten vereinbaren, Analysen, Vorabmuster, Selektion geeigneter Hersteller, Dokumentenprüfung, Außendienst plant mit dem Kunden vor Ort, schriftliche Bestätigung von Absprachen mit dem Kunden.

TABELLE 1.13 Externer Kontext – Planung der Bewertung der Wirksamkeit der Maßnahmen

Externer Kontext *(4.1)*	Fragestellung zu: *Planung der Bewertung der Wirksamkeit der Maßnahmen (6.1.2)*
Planung der Bewertung der Wirksamkeit der Maßnahmen: *(6.1.2)*	• Wie können die *geplanten Maßnahmen* auf *Wirksamkeit* bewertet werden? **Beispiele:** EDV-System = Funktion „Lieferantentreue" – Liefertermine, Verzögerung, Musterteile beim Kunden testen, Zweitlieferanten, Alternativprodukte, Lieferbereitschaftsgrad, Feldversuche durchführen/dokumentieren, Rahmenvertrag bewerten auf Liefermenge, Lieferzeit, Laufzeit, chargenbezogene Freigabe, Materialprüfung nach Lieferung durch den Lieferanten, keine Erbringung von unbezahlten/bezahlten Mehrleistungen, geplantes Material war ausreichend, Probelauf war erfolgreich, Gespräch mit dem Kunden nach Abschluss des Projekts, internes Audit, Bewertung der Leistung, Managementbewertung

TABELLE 1.14 Externer Kontext – betroffene Funktionen und Prozesse

Externer Kontext *(4.1)*	Fragestellung zu: *betroffene Funktionen und Prozesse (6.1.2)*
Betroffene Funktionen und Prozesse: *(6.1.2)*	• Welche *Funktionen* und *Prozesse* sind betroffen? **Beispiele:** Auftragsabwicklung, Einkauf, Logistik, Qualitätskontrolle, Entwicklung, Beschaffung, Vertrieb, Außendienst, Einkauf, Beschaffung, Service.

1.5.7 Interner Kontext, Themen, interessierte Parteien, Risiken, Chancen (zweite Seite)

Beim **internen Kontext** wirken die **Themen** von **innen** auf Ihre *Organisation* und die *Produkte* und *Dienstleistungen* ein. Dies geht auch aus der Bezeichnung **Organisation** hervor.

Interner Kontext: Sie müssen für den internen Kontext die *Themen* bestimmen und die *Informationen* über die internen Themen *überwachen* und *überprüfen*.

Hinweis: Die **Themen** in der Tabelle wurden dem *Normenkapitel 4.1: Anmerkung 1 (Bedingungen); Anmerkung 2 (externer Kontext)* und *Anmerkung 3 (interner Kontext)* der DIN EN ISO 9001:2015 entnommen. Sie haben jedoch die Möglichkeit, für den *internen und externen Kontext* eigene **Bedingungen und Themen** zu erstellen, da in den *Anmerkungen können* oder *kann* steht.

Jetzt müssen Sie die *interessierten Parteien* bestimmen und die *Anforderungen der interessierten Parteien* an die Produkte und Dienstleistungen überwachen und überprüfen. Dann bestimmen Sie die *Risiken* und anschließend die *Chancen*. Damit Sie nicht überrascht werden, müssen Sie die *einzuleitenden Maßnahmen planen*. Weiter müssen Sie *planen*, wie Sie die *Bewertung der geplanten Maßnahmen* durchführen können. Dann tragen Sie die *betroffenen Funktionen* und *Prozesse* ein.

Weitere Erläuterungen zum **Begriff** *interessierte Parteien* finden Sie in diesem Buch unter dem **Kapitel 1.3.6**.

Weitere Erläuterungen zum **Begriff** *Risiken* finden Sie in diesem Buch unter dem **Kapitel 1.3.9**.

Sie werden sich vielleicht fragen: Warum sind im Formular keine Beispiele eingetragen? Nun, jede Organisation hat eigene Anforderungen an die aufgeführten Bedingungen (inhärenten Merkmale).

Daher wurden Tabelle 1.15 bis Tabelle 1.21 erstellt, um Ihnen die Beispiele zu den Bedingungen zu geben.

Die **Themen** zum **internen Kontext** wurden in der *linken Tabellenspalte* aufgeführt, die **Fragen** und **Beispiele** in der *rechten Tabellenspalte*.

Ausgefüllte Beispiele finden Sie im Ordner *11_Ausgefüllte Beispiele* unter den jeweiligen Unternehmensmodellen:

- Modell_1_Fertigung,
- Modell_2_Fertigung,
- Modell_3_Beratung,
- Modell_4_Handel.

> Alle Anforderungen beziehen sich auf die *strategische Ausrichtung* der Organisation und auf die *Bedingungen (inhärenten Merkmale)* der *Produkte* und *Dienstleistungen*.
>
> **Sie müssen Ihr eigenes Tagesgeschäft als Basis nutzen, da Sie mit den Anforderungen der Kunden täglich konfrontiert sind.**
>
> **Hinweis:** Die Beispiele dienen nur zur Erläuterung. Hierbei handelt es sich um eine Sammlung von vielen unterschiedlichen Organisationen.

TABELLE 1.15 Interner Kontext – Themen – Informationen über die Themen überwachen und überprüfen

Interner Kontext – THEMEN bestimmen: *(4.1)*	Fragestellung zu: *Informationen über die internen Themen überwachen, überprüfen (4.1)*
Werte der Organisation:	- Haben die *Werte der Organisation* Einfluss auf die *inhärenten Merkmale*? - Welche *Informationen* müssen *überwacht* und *überprüft* werden, um die Anforderungen zu erfüllen? **Beispiele:** Nutzen für den Kunden, Qualität der Produkte und Dienstleistungen, Integrität, soziale und ökologische Verantwortung, Code of Conduct des eigenen Unternehmens, Vertragstreue, Verantwortung, Flexibilität, Innovationsfähigkeit, Leitlinien QM, Qualität statt Quantität, alles aus einer Hand, seit mehr als drei Jahrzehnten ausgeprägte Kundenorientierung, vertrauensvolle Zusammenarbeit, Beratung, Planung, Vermietung, Verkauf und Service. **Hinweis:** *Wenn* **kein** *Einfluss durch die* **Organisation** *besteht, dann muss die Spalte* **nicht** *ausgefüllt werden.*
	Wertematrix nach Wieland: **Leistungswerte:** *Nutzen – Kompetenz – Leistungsbereitschaft – Flexibilität – Kreativität – Innovationsbereitschaft –* **Qualität** **Kooperationswerte:** *Loyalität – Teamgeist – Konfliktfähigkeit – Offenheit – Kommunikationsorientierung* **Kommunikationswerte:** *Achtung – Zugehörigkeit – Offenheit – Transparenz – Verständigung – Risikobereitschaft* **Moralische Werte:** *Integrität – Fairness – Ehrlichkeit – Vertragstreue – Verantwortung* **DIN EN ISO 9001:2015:** *Kundenzufriedenheit erhöhen, wirksame Anwendung und fortlaufende Verbesserung des Qualitätsmanagementsystems, Zusicherung der Einhaltung von Anforderungen der Kunden und den zutreffenden gesetzlichen und behördlichen Anforderungen an die inhärenten Merkmale der Produkte und Dienstleistungen.*

1 Was ist neu oder wurde geändert in der DIN EN ISO 9001:2015?

TABELLE 1.15 Interner Kontext – Themen – Informationen über die Themen überwachen und überprüfen (*Fortsetzung*)

Interner Kontext – THEMEN bestimmen: *(4.1)*	Fragestellung zu: *Informationen über die internen Themen überwachen, überprüfen (4.1)*
Kultur der Organisation:	- Hat die *Kultur der Organisation* Einfluss auf die *inhärenten Merkmale*? - Welche *Informationen* müssen *überwacht* und *überprüft* werden, um die Anforderungen zu erfüllen? **Beispiele:** Basis des gemeinsamen Handelns ist die DIN EN ISO 9001:2015: Festlegung des Geltungsbereichs, Umsetzung des Qualitätsmanagementsystems und der erforderlichen Prozesse, um gemeinsame Regeln zu nutzen und die Anwendung des risikobasierten Denkens; Tradition unseres Unternehmens seit mehr als 30 Jahren; Leitlinien QM, langfristige Kunden- und Lieferantenbeziehungen, langjährige Mitarbeiterbindung. **Hinweis:** *Wenn* **kein** *Einfluss durch die* **Organisation** *besteht, dann muss die Spalte* **nicht** *ausgefüllt werden*.
	Duden: Unternehmenskultur – *Grad, Maß, in dem ein Unternehmen den Ansprüchen der Unternehmensidentität entspricht oder zu entsprechen in der Lage ist* **Business-Wissen: Was ist Organisationskultur?** *Kultur ist ein Ausdruck davon, wie Menschen einer Gruppe wahrnehmen, denken, handeln oder fühlen. Bezeichnet man alle Mitarbeiter eines Unternehmens bzw. einer Organisation als eine Gruppe, dann lässt sich auch einem Unternehmen oder einem Bereich, einer Abteilung, ja sogar einem Team im Unternehmen eine jeweils eigene Kultur zuschreiben. Offen ist, ob eine Organisation bzw. eine Organisationseinheit eine Kultur hat oder ob die Organisation selbst eine Kultur ist.* **Edgar H. Schein:** *„Organisationskultur ist das Muster von Grundannahmen, die eine Gruppe erfunden, entdeckt oder entwickelt hat ... und die sich so weit bewährt haben, dass sie als gültig betrachtet werden und deshalb neuen Mitgliedern als die richtige Haltung gelehrt werden sollen, mit der sie ... wahrnehmen, denken und fühlen sollen ... Organisationskultur lässt sich als eine Art gemeinsam akzeptierte Realitätsinterpretation darstellen, die im Austausch mit der Umwelt über das tägliche Tun entsteht ... und die das Unternehmensgeschehen nachhaltig, aber unsichtbar ... beeinflusst."* Quelle: Edgar H. Schein: *„Organisationskultur"*. EHP Verlag Andreas Kohlhage, Bergisch Gladbach 2003. *„Ein Muster gemeinsamer Grundprämissen, das die Gruppe bei der Bewältigung ihrer Probleme externer Anpassung und internen Integration erlernt hat und somit als bindend gilt; und das daher an neue Mitglieder als rational und emotional korrekter Ansatz für den Umgang mit diesen Problemen weitergegeben wird."* Quelle: Edgar H. Schein: *„Unternehmenskultur. Ein Handbuch für Führungskräfte"*. Campus Verlag, Frankfurt am Main 1995, S. 25. **DIN EN ISO 9001:2015:** *Basis des gemeinsamen Handelns ist die DIN EN ISO 9001:2015: Festlegung des Geltungsbereichs, Umsetzung des Qualitätsmanagementsystems und der erforderlichen Prozesse, um gemeinsame Regeln zu nutzen, und die Anwendung des risikobasierten Denkens.*

Interner Kontext – THEMEN bestimmen: *(4.1)*	Fragestellung zu: *Informationen über die internen Themen überwachen, überprüfen (4.1)*
Wissen der Organisation:	• Hat das *Wissen der Organisation* Einfluss auf die *inhärenten Merkmale*? • Welche *Informationen* müssen *überwacht* und *überprüft* werden, um die Anforderungen zu erfüllen? **Beispiele:** technische Zeichnung, gesetzliche Vorschriften, Fachwissen der Mitarbeiter, Wissensstand der Mitarbeiter über die Prozessabläufe, Kompetenz der Mitarbeiter, Fachkenntnisse der Mitarbeiter, technische Datenblätter des Lieferanten, Qualifikationsmatrix, Erfahrung, Netzwerk, Betriebsauftrag, Arbeitsanweisung, Säge – Optimierungs- Zeichnung, Zuordnung Betriebsauftrag – Maschine, Normen, SOP, Spezifikationen, Wissensstand der Mitarbeiter über den Herstellungsprozess, TL/LB-konform, Zeichensätze, langjährige und erfahrene Mitarbeiter, externe Schulungsmaßnahmen durch den Lieferanten, Informationsplattformen von Lieferanten, Serviceauftrag, technische Verkaufsunterlagen, Ausführungskriterien des Kunden. **Hinweis:** Wenn **kein** Einfluss durch die **Organisation** besteht, dann muss die Spalte **nicht** ausgefüllt werden. Dies ist jedoch unwahrscheinlich, da das Wissen der Organisation zwangsläufig Einfluss hat.
	Duden: wissen – 1. *durch eigene Erfahrung oder Mitteilung von außen Kenntnis von etwas, jemandem haben, sodass zuverlässige Aussagen gemacht werden können* 2. *über jemanden, etwas unterrichtet sein; sich einer Sache in ihrer Bedeutung, Tragweite, Auswirkung bewusst sein* **DIN EN ISO 9001:2015:** **7.1.6 Anmerkung 1** *Das Wissen der Organisation ist das Wissen, das organisationsspezifisch ist; es wird im* **Allgemeinen durch Erfahrung** *erlangt. Es sind* **Informationen***, die im Hinblick auf das Erreichen der* **Ziele der Organisation** *angewendet und ausgetauscht werden.*
Leistung der Organisation:	• Hat die *Leistung der Organisation* Einfluss auf die *inhärenten Merkmale*? • Welche *Informationen* müssen *überwacht* und *überprüft* werden, um die Anforderungen zu erfüllen? **Beispiele:** Anzahl Reklamationen Kunden, Gewährleistungsstatistik, Lieferbereitschaftsgrad, interne Ausschussrate, Anzahl fehlerhafter Produkte, Lagerkapazität, Anzahl und Wert der Gewährleistungsfälle durch das eigene Unternehmen, Reklamationsquote = Verhältnis Anzahl der Aufträge zu Anzahl der Reklamationen. Die weiteren **Beispiele** haben nur bedingt mit der *Leistung der Organisation* zu tun: *Anzahl Reklamationen Lieferant, Anzahl der Gewährleistungsanträge beim Lieferanten*. Dies liegt jedoch im Ermessensspielraum, wie weit man die *Leistung der Organisation* sieht. Die Bewertung des Lieferanten (externer Anbieter) wird auch über die *Lieferantenbewertung, Bewertung der Leistung externer Anbieter* und durch *Managementbewertung* durchgeführt. **Hinweis:** Wenn **kein** Einfluss durch die **Organisation** besteht, dann muss die Spalte **nicht** ausgefüllt werden. Dies ist jedoch unwahrscheinlich, da die Leistung der Organisation zwangsläufig Einfluss hat.
	DIN EN ISO 9000:2015: **3.7.8 Leistung:** *messbares Ergebnis* *Anmerkung 1 zum Begriff: Leistung kann sich entweder auf* **quantitative** *oder* **qualitative** *Feststellungen beziehen.* *Anmerkung 2 zum Begriff: Leistung kann sich auf das Management (3.3.3) von Tätigkeiten (3.3.11), Prozessen (3.4.1),* **Produkten** *(3.7.6),* **Dienstleistungen** *(3.7.7), Systemen (3.5.1) oder Organisationen (3.2.1) beziehen.* **Duden:** **quantitativ (die Quantität betreffend)** = *der Anzahl/Größe/Menge nach, mengenmäßig, zahlenmäßig* **qualitativ (die Qualität betreffend)** = *Fortschritte in qualitativer Hinsicht machen, qualitative Mängel beseitigen, eine qualitativ hochstehende Konstruktion des Fahrwerks*

Hinweis: Bei den Zitaten unter „Duden" und weiteren Personen wurden die Aussagen der Fundstelle zum Begriff nur zum Teil aufgeführt.

TABELLE 1.16 Interner Kontext – interessierte Parteien, relevante Anforderungen

Interner Kontext *(4.1)*	Fragestellung zu: *interessierte Parteien bestimmen (4.2)*
Interessierte Parteien bestimmen: *(4.2)*	▪ Welche *(internen) interessierten Parteien* haben Einfluss auf die *inhärenten Merkmale* unter Berücksichtigung der *internen Themen*? **Beispiele:** Geschäftsleitung, Leitung Materialwirtschaft und Qualitätssicherung, Geschäftsführer, Mitarbeiter, Bereichsleiter, Produktionsleiter, Einkaufsmitarbeiter, Führungskräfte, Betriebsstättenleiter, Serviceleitung, Servicetechniker.
Relevante Anforderungen der interessierten Parteien überwachen, überprüfen: *(4.2)*	▪ Haben die *Anforderungen der (internen) interessierten Parteien* Einfluss auf die *inhärenten Merkmale* unter Berücksichtigung der *internen Themen*? ▪ Welche *Informationen* werden benötigt, um die Anforderungen zu erfüllen? **Beispiele:** Einhaltung der inhärenten Merkmale der Produkte und Dienstleistungen, Analyse (mineralogische Analyse, Spurenanalyse, Siebanalyse), Änderungen in den Grenzwerten, Leitfaden QS, Senkung der Fallzahlen, Senkung der Kosten, Erhöhung der Kundenzufriedenheit.

Da es sich um den *internen Kontext* handelt, dürfen z. B. die *Kunden* oder die *Lieferanten* **nicht** aufgeführt werden.

TABELLE 1.17 Interner Kontext – Risiken

Interner Kontext *(4.1)*	Fragestellung zu: *Risiken bestimmen (6.1.1)*
Risiken bestimmen: *(6.1.1)*	▪ Welche *Risiken* können Einfluss auf die *inhärenten Merkmale* haben? **Beispiele:** fehlerhafte Produkte, Produkt nicht mehr verwendbar, Produkthaftpflicht, interne Kommunikation, Verwechslung des Materials, verborgene Mängel, Verunreinigungen, Regressansprüche, Fluktuation, keine aktuellen Informationen, Änderung von Produktnormen, Änderung TL/LB-Konformitäten, Verfügbarkeit der Rohstoffe, Imageprobleme, Kundenverlust, Verlust der Flexibilität durch mangelnde Kompetenz der Mitarbeiter, Komplexität der Einteilung der Servicetechniker steigt.

TABELLE 1.18 Interner Kontext – Chancen

Interner Kontext *(4.1)*	Fragestellung zu: *Chancen bestimmen (6.1.1)*
Chancen bestimmen: *(6.1.1)*	▪ Welche *Chancen* können Einfluss auf die *inhärenten Merkmale* haben? **Beispiele:** keine oder geringe Anzahl von Reklamationen, Mitarbeiterqualifizierung, Produktentwicklung, Kundenzufriedenheit beibehalten, Kundenbewertung, Kundenbewertung nach AQAP, Wissensstand der Mitarbeiter erhöhen.

1.5 Kontext der Organisation

TABELLE 1.19 Interner Kontext – Planung der einzuleitenden Maßnahmen

Interner Kontext *(4.1)*	Fragestellung zu: *Planung der einzuleitenden Maßnahmen (6.1.2)*
Planung der einzuleitenden Maßnahmen: *(6.1.2)*	• Welche *Maßnahmen* müssen *geplant* werden, um die Anforderungen zu erfüllen? **Beispiele:** Korrekturen, eventuell Korrekturmaßnahmen, Schulungen, Qualitätskontrolle weiterentwickeln, Prüfroutinen, Wissensstand der Mitarbeiter über den Herstellungsprozess optimieren, aktueller Betriebsauftrag, aktuelle Arbeitsanweisungen, aktuelle Arbeitskarte, Prozessablauf analysieren, Arbeitsanweisungen, Anzahl der Prüfungen, Unterweisung der Mitarbeiter und Lieferanten, Information, Herstellungsprotokoll aktuell halten, Werkstagebuch, Checkliste Wareneingang, gezielte Schulung durch den Lieferanten, Erfahrungsaustausch der Servicetechniker untereinander, Rückmeldung an den Lieferanten durch die Gewährleistungsanträge, Lieferantenbewertung im Wareneingang.

TABELLE 1.20 Interner Kontext – Planung der Bewertung der Wirksamkeit der Maßnahmen

Interner Kontext *(4.1)*	Fragestellung zu: *Planung der Bewertung der Wirksamkeit der Maßnahmen (6.1.2)*
Planung der Bewertung der Wirksamkeit der Maßnahmen: *(6.1.2)*	• Wie können die *geplanten Maßnahmen* auf *Wirksamkeit* bewertet werden? **Beispiele:** Anzahl Reklamationen Kunden, Anzahl Reklamationen Lieferanten, Anzahl interne Ausschussrate, Feststellung von Spezifikationsabweichungen, Scorecard, Nachgespräche von Schulungen, Wiederholungsbestellung (Umsatz pro Kunde), Wirksamkeit der Korrekturmaßnahmen, messbare Qualitätsziele, internes Audit, Bewertung der Leistung, Managementbewertung, Überprüfung der Gewährleistungsfälle, Reklamationsquote = Verhältnis Anzahl der Aufträge zu Anzahl der Reklamationen, Mitarbeiterbesprechung.

TABELLE 1.21 Interner Kontext – betroffene Funktionen und Prozesse

Interner Kontext *(4.1)*	Fragestellung zu: *betroffene Funktionen und Prozesse (6.1.2)*
Betroffene Funktionen und Prozesse: *(6.1.2)*	• Welche *Funktionen* und *Prozesse* sind betroffen? **Beispiele:** Auftragsabwicklung, Einkauf, Logistik, Qualitätskontrolle, Wareneingang, Musterentnahme, Versand, Entwicklung, Beschaffung, oberste Leitung, Unternehmensleitung, Einkauf, Vertrieb, Außendienst, Service, thermisches Schneiden, Heißluftschweißen, Fräsen.

> **!** Leistung der Organisation:
>
> Da es sich um ein **Qualitätsmanagementsystem** handelt, **kann** sich die **Leistung der Organisation** als messbares Ergebnis auf die **quantitativen Feststellungen** beziehen und damit auf die Erfüllung der Anforderungen an die *inhärenten Merkmale* der Produkte und Dienstleistungen. Dazu zählen auch die zutreffenden gesetzlichen und behördlichen Anforderungen, die für diese Produkte und Dienstleistungen gelten.
>
> Siehe dazu auch DIN EN ISO 9000:2015 Normenkapitel 2.3.1, 2.3.1.1, 2.3.1.2 und DIN EN ISO 9001:2015 Normenkapitel 1.

1.6 LEISTUNG UND WIRKSAMKEIT DES QUALITÄTSMANAGEMENTSYSTEMS

Die DIN EN ISO 9001:2015 überträgt die Verantwortung an die:

oberste Leitung = *Geschäftsführung*,

Organisation = *Führungskräfte wie Vertriebsleitung, Einkaufsleitung, Betriebsleitung, Versandleitung, QS-Leitung, Entwicklungsleitung.*

In kleineren Organisationen wären folgende Verantwortungen möglich:

oberste Leitung = *Geschäftsführung*,

Organisation = *Mitarbeiter, die für bestimmte Bereiche in der Organisation verantwortlich sind.*

Die **Geschäftsführung** erhält von der **Organisation** *Informationen*, die dann für die Auswertungen genutzt werden. Die *Auswertungen* dieser *Informationen* werden dann durch die *Geschäftsführung* selbst durchgeführt.

Weitere Erläuterungen zu den **Begriffen** *oberste Leitung* und *Organisation* finden Sie in diesem Buch unter dem **Kapitel 1.3.2**.

Da die DIN EN ISO 9001:2015 für alle Organisationen und unabhängig von der Anzahl der Mitarbeiter, Produkte und Dienstleistungen angewendet werden kann, musste die *Norm neutral* definiert werden.

Tabelle 1.22 zeigt die Übersicht über die Zusammenhänge der Bewertung, wie sie von der Norm für *alle Organisationen* angedacht wurde.

TABELLE 1.22 Bewertung, wie sie von der Norm für alle Organisationen angedacht wurde

Organisation (Führungskräfte)	Organisation (Führungskräfte)	Oberste Leitung (Geschäftsführung)
Daten und Informationen festlegen.	*Daten und Informationen analysieren und bewerten.*	*Informationen bewerten.*
Messbare Qualitätsziele (6.2)	**Messbare Qualitätsziele, Bewertung der Daten (6.2)**	**Managementbewertung (9.3)**
Festlegen, welche Qualitätsziele für relevante Funktionen, Ebenen und Prozesse benötigt werden.	*Zusammenfassung als* **Information** *für die* **oberste Leitung**.	*Messbare Qualitätsziele, Bewertung der* **Informationen** *aus der* **Organisation**.
Bewertung der Leistung (9.1)	**Bewertung der Leistung, Bewertung der Daten (9.1)**	**Managementbewertung (9.3)**
Bestimmen, was überwacht und gemessen wird.	*Zusammenfassung als* **Information** *für die* **oberste Leitung**.	*Bewertung der Leistung, Bewertung der* **Informationen** *aus der* **Organisation**.

1.6 Leistung und Wirksamkeit des Qualitätsmanagementsystems

Tabelle 1.23 zeigt die Übersicht über die Zusammenhänge der Bewertung, wie sie in *kleineren Organisationen* umgesetzt werden kann.

TABELLE 1.23 Bewertung, wie sie in kleineren Organisationen umgesetzt werden kann

Organisation (Geschäftsführung in Zusammenarbeit mit Personen mit Verantwortung)	Organisation (Geschäftsführung in Zusammenarbeit mit Personen mit Verantwortung)	Oberste Leitung (Geschäftsführung)
Daten und Informationen festlegen.	*Daten und Informationen analysieren und bewerten.*	*Informationen bewerten.*
Messbare Qualitätsziele (6.2)	**Messbare Qualitätsziele, Bewertung der Daten (6.2)**	**Managementbewertung (9.3)**
Festlegen, welche Qualitätsziele für relevante Funktionen, Ebenen und Prozesse benötigt werden.	*Zusammenfassung als **Information** für die weitere Auswertung. Die für ihren Bereich verantwortlichen Mitarbeiter geben die **Informationen** an die **oberste Leitung** weiter.*	*Messbare Qualitätsziele, Bewertung der **Informationen** aus der **Organisation**.*
Bewertung der Leistung (9.1)	**Bewertung der Leistung, Bewertung der Daten (9.1)**	**Managementbewertung (9.3)**
Bestimmen, was überwacht und gemessen wird.	*Zusammenfassung als **Information** für die weitere Auswertung. Die für ihren Bereich verantwortlichen Mitarbeiter geben die **Informationen** an die **oberste Leitung** weiter.*	*Bewertung der Leistung, Bewertung der **Informationen** aus der **Organisation**.*

Also, alles ganz einfach, wenn man die tatsächliche Arbeitsweise in der Organisation zugrunde legt.

Bewerten bedeutet **nicht** zwangsläufig messen! Beim *Bewerten* geht es grundsätzlich um eine möglichst objektive Analyse der Ist- und Sollsituation der erbrachten *Leistung*, eine *Wahrnehmung eines Sachverhaltes*.

1.6.1 Messbare Qualitätsziele

Wenn Sie jetzt denken – schon wieder neue Kennzahlen?

> **ISO 9000:2015**
> **AUSZUG AUS DER NORM,**
> **KAPITEL 2.4.2**

... Das QM-System braucht nicht kompliziert zu sein, vielmehr muss es die Erfordernisse der Organisation genau widerspiegeln ...

Messbare Qualitätsziele sind **Ziele bezüglich der Qualität**. Die Norm definiert *Qualität* als *inhärente Merkmale*, d. h., einer Dienstleistung oder einem Produkt *innewohnend*. Der **Preis** ist ein *zugeordnetes Merkmal* und wird **nicht** betrachtet. Macht auch Sinn, wenn es sich um das *gleiche Produkt* oder die *gleiche Dienstleistung* handelt, dann ändern sich die *inhärenten Merkmale* **nicht**, wenn die Preise unterschiedlich sind.

Es handelt sich in diesem Beispiel auch hier um das Tagesgeschäft, das Sie täglich begleitet, und dies auf **Funktionen**, **Ebenen** und **Prozessen** in Ihrer Organisation (Bild 1.9).

Was setzt der Kunde voraus?

Er bestellt bei Ihnen das entsprechende Produkt oder die durchzuführende Dienstleistung und erwartet von Ihnen, dass Ihre Organisation seine Anforderungen erfüllt, mehr eigentlich nicht.

Die Tabelle wurde in **mehrere Tabellenspalten** aufgeteilt. In der **ersten Tabellenspalte** wurden die Anforderungen der *Normenkapitel 6.1, 6.2.1 a), c)* und *d)* berücksichtigt.

Funktionen: *Materialwirtschaft und Qualitätssicherung*

Ebenen: *Leitung Materialwirtschaft und Qualitätssicherung*

Prozesse: *Auftragsabwicklung – Einkauf – Logistik – Qualitätskontrolle*

Inhärente Merkmale: *Länge, Durchmesser, Form, Oberfläche, kundenindividuelle Verpackung, kundenindividuelles Label*

In der **zweiten Tabellenspalte** wurden die Anforderungen des *Normenkapitels 6.2.1 b)* berücksichtigt.

Messbare Qualitätsziele: *Anzahl Reklamationen Kunden, Anzahl Reklamationen Lieferanten* (weitere Beispiele finden Sie in Tabelle 1.24). Wenn Sie noch weitere messbare Qualitätsziele für Ihr Qualitätsmanagementsystem benötigen, dann nur zu, sonst würde dies auch ausreichen, da die Norm **keine Anzahl** vorschreibt! Es kann daher auch nur ein messbares Qualitätsziel erforderlich sein.

Also, die Qualitätsziele sind messbar, spiegeln die Erfordernisse der Organisation und der Kunden wider, sind im Tagesgeschäft verankert und erhöhen die Kundenzufriedenheit.

In den **weiteren Tabellenspalten** wurden die Anforderungen des *Normenkapitels 6.2.2 a), b), c), d)* und *e)* berücksichtigt. Die **Fragen in der Überschrift** dürfen Sie **nicht** ändern, sondern **nur die Antworten darunter**.

Unter: *Wie die Ergebnisse bewertet werden (6.2.2 e))* führen Sie dann noch eine **Bewertung** durch.

Bewerten bedeutet **nicht** zwangsläufig messen! Beim *Bewerten* geht es grundsätzlich um eine möglichst objektive Analyse der Ist- und Sollsituation der erbrachten *Leistung*, eine *Wahrnehmung eines Sachverhaltes*.

1.6 Leistung und Wirksamkeit des Qualitätsmanagementsystems

F_Messbare Qualitätsziele

Planung zum Erreichen der Messbaren Qualitätsziele für das Jahr XXXX

HINWEIS: Folgendes ist bei der Planung der messbaren Qualitätsziele zu beachten: Einklang mit der Qualitätspolitik, messbar sein, zutreffende Anforderungen berücksichtigen, Konformität von Produkten und Dienstleistungen, Kundenzufriedenheit (6.2.1 a), b), c), d))

Funktionen, Ebenen und Prozesse (6.2.1) Inhärente Merkmale der Produkte und Dienstleistungen (6.2.1 a), c), d))	Messbares Qualitätsziel (6.2.1 b))	Was getan wird (6.2.2 a))	Welche Ressourcen (6.2.2 b))	Wer verantwortlich ist (6.2.2 c))	Wann es abgeschlossen wird (6.2.2 d))	Wie die Ergebnisse bewertet werden (6.2.2 e))
Funktion: Materialwirtschaft und Qualitätssicherung, **Ebenen:** Leitung Materialwirtschaft und Qualitätssicherung **Prozesse:** • Auftragsabwicklung, • Einkauf, • Logistik, • Qualitätskontrolle **Inhärente Merkmale:** Länge, Durchmesser, Form, Oberfläche, Kundenindividuelle Verpackung, Kundenindividuelles Label	Anzahl Reklamationen Kunden	Gegenüberstellung erfasster Kundenaufträge zur Reklamationsstatistik	EDV, Mitarbeiter	Vertrieb	Erstellung einer Gutschrift, Ersatzlieferung, Reklamation abgelehnt	Bewertung: Reklamationskosten zum Verhältnis zum Umsatz
	Anzahl Reklamationen Lieferanten	Messen und sortieren der XYZ-Produkte	EDV, Mitarbeiter	Qualitätssicherung	Belastung an den Lieferanten, Ersatzlieferung, Rücksendung an Lieferanten	Bewertung: Reklamationskosten zum Verhältnis zum Umsatz

Funktionen, Ebenen und Prozesse (6.2.1) Inhärente Merkmale der Produkte und Dienstleistungen (6.2.1 a), c), d))	Messbares Qualitätsziel (6.2.1 b))	Was getan wird (6.2.2 a))	Welche Ressourcen (6.2.2 b))	Wer verantwortlich ist (6.2.2 c))	Wann es abgeschlossen wird (6.2.2 d))	Wie die Ergebnisse bewertet werden (6.2.2 e))
Funktion: ???, **Ebenen:** ????? **Prozesse:** • ????????? **Inhärente Merkmale:** ????????????????						Bewertung: ??????

Bei internen Audits, Korrekturen, Korrekturmaßnahmen, Verbesserungen überprüfen, ob Messbare Qualitätsziele aktualisiert werden müssen (6.2.1 e), g))	Nach Durchführung des internen Audits, vor und nach Korrekturen, Korrekturmaßnahmen, Verbesserungen. Besprechung mit den Mitarbeitern. (6.2.1 f))	**Dokumentierte Information aufbewahren** • Korrekturen, Korrekturmaßnahmen, Verbesserungen • Internes Audit Plan-Bericht • Besprechungsprotokoll Mitarbeiter

Dokumentierte Information aufrechterhalten: Bild 1.9 F_Messbare Qualitätsziele.doc
Freigegeben: Klaus Mustermann, Datum: 06.01.2019, Handelsunternehmen 1
Seite 1 von 1

BILD 1.9 Messbare Qualitätsziele

Weitere ausgefüllte Beispiele finden Sie im Ordner *11_Ausgefüllte Beispiele* unter den jeweiligen Unternehmensmodellen:

- Modell_1_Fertigung,
- Modell_2_Fertigung,
- Modell_3_Beratung,
- Modell_4_Handel.

> Alle Anforderungen beziehen sich auf die *strategische Ausrichtung*, die *Funktionen*, *Ebenen*, *Prozesse* und auf die *Bedingungen (inhärenten Merkmale)* der *Produkte* und *Dienstleistungen* der Organisation.
> **Sie müssen Ihr eigenes Tagesgeschäft als Basis nutzen, da Sie mit den Anforderungen der Kunden täglich konfrontiert sind.**
> **Hinweis:** Die Beispiele dienen nur zur Erläuterung. Hierbei handelt es sich um eine Sammlung von vielen unterschiedlichen Organisationen.

TABELLE 1.24 Beispiele messbare Qualitätsziele

Messbare Qualitätsziele (6.2.1)	Was getan wird (6.2.2 a))	Welche Ressourcen (6.2.2 b))	Wer verantwortlich ist (6.2.2 c))	Wann es abgeschlossen wird (6.2.2 d))	Wie die Ergebnisse bewertet werden (6.2.2 e))
Quote Reklamation Kunde	Zählen, auswerten, vergleichen	Reklamation Kunden, technisches Büro	Qualitätsbeauftragter	Jährliche Auswertung	Bewertung: Verminderung der Reklamationsquote Bewertung: Vergleich laufendes Jahr zum Vorjahr
Quote Reklamation Lieferant	Zählen, auswerten, vergleichen	Einkauf	Qualitätsbeauftragter	Jährliche Auswertung	Bewertung: Vergleich laufendes Jahr zum Vorjahr
Ausschuss	Endprüfung Prüfanlage für Eigenprodukte	Montage	Technischer Leiter	Laufend	Bewertung: Tägliche Besprechung
Anzahl Reklamationen Kunden	Erfassen und analysieren der Reklamationen, Gespräch mit den Mitarbeitern, ggf. Schulung	Kundenzeichnung	Fertigungsleiter	Ablehnung, Nacharbeit, Neufertigung der Reklamation	Bewertung: Reklamationsquote
Anzahl Reklamationen intern	Erfassen und analysieren der Reklamationen	Kundenzeichnung	Geschäftsführer	Nacharbeit, Neufertigung der Reklamation	Bewertung: Reklamationsquote
Anzahl Reklamationen Lieferanten	Erfassen und analysieren der Reklamationen	Kundenzeichnung	Geschäftsführer	Ablehnung, Nacharbeit, Neufertigung der Reklamation	Bewertung: Reklamationsquote
Reklamationsquote	Verhältnis Anzahl der Aufträge zu Anzahl der Reklamationen ermitteln	Reklamationsberichte und Auftragsanzahl	Geschäftsführer	Jährlich	Bewertung: Verhältnis Anzahl der Aufträge zu Anzahl der Reklamationen
Reklamationen	Wenn der Kunde reklamiert	Reklamationsberichte	Geschäftsführer Mitarbeiter	Auftragsbezogen	Bewertung: Verhältnis Anzahl der Aufträge zu Anzahl der Reklamationen

1.6 Leistung und Wirksamkeit des Qualitätsmanagementsystems

Messbare Qualitätsziele (6.2.1)	Was getan wird (6.2.2 a))	Welche Ressourcen (6.2.2 b))	Wer verantwortlich ist (6.2.2 c))	Wann es abgeschlossen wird (6.2.2 d))	Wie die Ergebnisse bewertet werden (6.2.2 e))
Anzahl Reklamationen Kunden	Erfassen und analysieren der Reklamationen, Gespräch mit den Mitarbeitern, ggf. Schulung	Kundenzeichnung	Geschäftsführer	Ablehnung, Nacharbeit, Neufertigung der Reklamation	Bewertung: Kundeninformation, Mitarbeiterinformation, Reklamationsquote
Anzahl Reklamationen Lieferanten	Erfassen und analysieren der Reklamationen	Kundenzeichnung	Geschäftsführer	Ablehnung, Nacharbeit, Neufertigung der Reklamation	Bewertung: Lieferanteninformation, Reklamationsquote
WE (Wareneingang): fehlerhafte Ware	Kontrolle der inhärenten Merkmale	Kundenzeichnung	Mitarbeiter WE	Nach jeder Wareneingangskontrolle	Bewertung: Reklamationsquote
WA (Warenausgang): fehlerhafte Ware	Kontrolle der inhärenten Merkmale	Kundenzeichnung	Mitarbeiter WA	Nach jeder Warenausgangskontrolle	Bewertung: Reklamationsquote
Anzahl Reklamationen Kunden	Reklamationsberichte überprüfen, analysieren, Bestimmung der Ursachen	Fehlerhaftes Teil, Auftrag, Messmittel, eventuell Maßprotokoll	Geschäftsführer Betriebsleiter	Wenn die Reklamation behoben ist Korrektur, ggf. Korrekturmaßnahme	Bewertung: Rückgang der Reklamationen in der Excel-Liste
Anzahl Reklamationen Lieferanten	Reklamationsberichte überprüfen, analysieren, Bestimmung der Ursachen	Fehlerhaftes Teil, Bestellung, eventuell Maßprotokoll	Geschäftsführer Einkaufsmitarbeiter	Wenn die Reklamation behoben ist Korrektur, ggf. Korrekturmaßnahme	Bewertung: Rückgang der Reklamationen in der Excel-Liste
Anzahl der Gewährleistungsanträge Lieferant	Zählen der Gewährleistungsanträge	EDV, Liste der Gewährleistungsanträge	Serviceleiter Betriebsstättenleiter	Jeweils im Dezember des laufenden Jahres	Bewertung: Anzahl der Gewährleistungsanträge im Vergleich laufendes Jahr/Vorjahr
Anzahl und Wert der Gewährleistungsfälle eigen	Zählen der Gewährleistungsfälle, Kostenermittlung	EDV, Liste der Gewährleistungsfälle	Serviceleiter Betriebsstättenleiter	Jeweils im Dezember des laufenden Jahres	Bewertung: Anzahl und Wert der Gewährleistungsfälle eigen im Vergleich laufendes Jahr/Vorjahr
Spezifikationsabweichung	Soll-Ist-Vergleich	Labor	Labor Geschäftsleitung	Bei jeder Lieferung	Bewertung: Abweichung Soll-Ist-Vergleiche
Anzahl Reklamationen Kunden	Soll-Ist-Vergleich der Spezifikationen der Lieferung, Rückstellmuster	Labor	Labor Geschäftsleitung	Austausch der Ware, Ablehnung, Gutschrift	Bewertung: Akzeptanz des Kunden, Kundenzufriedenheit
Anzahl Reklamationen	Erfassen und analysieren der Reklamation, Gespräch mit den Mitarbeitern, Lieferanten, ggf. Schulung	TL/LB-Konformität, Modellblätter, Qualitätsprüfzertifikat, Laborberichte, AQAP	Geschäftsführer Mitarbeiter	Ablehnung, Nacharbeit, Neuanfertigung	Bewertung: Reklamationsquote

1.6.2 Bewertung der Leistung und Wirksamkeit des QM-Systems (Einzelbewertung)

Hört sich kompliziert an, ist es auch, wenn man das Tagesgeschäft **nicht** als Basis nimmt.

Basis ist der Satz, der hier grundsätzlich vor jeder Qualitätsmanagementtätigkeit berücksichtigt wird:

ISO 9000:2015
AUSZUG AUS DER NORM,
KAPITEL 2.4.2

... Das QM-System braucht nicht kompliziert zu sein, vielmehr muss es die Erfordernisse der Organisation genau widerspiegeln ...

Die Tabelle fast mehrere Normenkapitel zusammen. Weiter wurde die Tabelle in **mehrere Tabellenspalten** unterteilt. Diese Unterteilung war erforderlich, um eine *Einzelbewertung* und eine *Gesamtbewertung* durchführen zu können.

Die Einzelbewertung wird nachfolgend erläutert (Bild 1.10).

Erste Überschrift, Anforderungen der Norm: Die DIN EN ISO 9001:2015 gibt in den *Normenkapiteln 9.1.3 a) bis g), 9.1.2 und 7.2* vor, wo eine *Analyse* und *Bewertung* durchgeführt werden muss.

Wo hat man Probleme und was muss laut Norm bewertet werden?

1. Konformität der Produkte und Dienstleistungen (Tabelle 1.25), *(9.1.3 a))*,
2. Leistung externer Anbieter (Lieferanten), (Tabelle 1.26), *(9.1.3 f))*,
3. Grad der Kundenzufriedenheit (Tabelle 1.27), *(9.1.3 b), 9.1.2)*,
4. Wirksamkeit durchgeführter Maßnahmen zum Umgang mit Risiken und Chancen (Tabelle 1.28), *(9.1.3 e))*,
5. Bedarf an Verbesserungen des Qualitätsmanagementsystems (Tabelle 1.29), *(9.1.3 g))*,
6. Planung wirksam umgesetzt (Tabelle 1.30), *(9.1.3 d))*,
7. Kompetenz der Mitarbeiter (Tabelle 1.31), *(7.2)*, **keine** Anforderung aus dem Normenkapitel *(9.1.3)*.

Der Grund, warum die **Kompetenz der Mitarbeiter** in die *Bewertung der Leistung* aufgenommen wurde, liegt im *Normenkapitel 7.2* begründet. Die Herausgeber sind der Meinung, dass die *Bewertung der Kompetenz der Mitarbeiter* in die *Bewertung der Leistung und Wirksamkeit des QM-Systems* aufgenommen werden sollte.

Das Normenkapitel *9.1.3 c)* wird in diesem Buch unter dem **Kapitel 1.6.3** behandelt.

Erste Überschrift, Umsetzung: Hier erfolgt die Umsetzung der *Normenkapitel 9.1.3 a) bis g), 9.1.2 und 7.2* in Tabellenform. Die Texte in den *Überschriften* dürfen Sie **nicht** ändern.

Zweite Überschrift, Anforderungen der Norm: Die DIN EN ISO 9001:2015 gibt in den *Normenkapiteln 9.1.1 a) bis d) und 9.1.3 (analysieren)* die Anforderungen vor.

1. was überwacht und gemessen werden muss *(9.1.1 a))*,
2. die Methoden zur Überwachung, Messung, Analyse und Bewertung, die benötigt werden, um gültige Ergebnisse sicherzustellen *(9.1.1 b))*,
3. wann die Überwachung und die Messung durchzuführen sind *(9.1.1 c))*,
4. wann die Ergebnisse der Überwachung und Messung zu analysieren und zu bewerten sind *(9.1.1 d))*.

Zweite Überschrift, Umsetzung: Hier erfolgt die Umsetzung der *Normenkapitel 9.1.1 a) bis d) und 9.1.3 (analysieren)* in Tabellenform. Die Texte in den *Überschriften* dürfen Sie **nicht** ändern, sondern **nur die Antworten darunter**. Die einzelnen Analysen **pro Tabellenspalte** führen Sie unter *Wie wird analysiert? (9.1.3)* durch.

Alle Antworten auf die Fragen wurden aus dem Tagesgeschäft heraus beantwortet. **Sie müssen die Antworten auf die Fragen eintragen, die auf Ihre Organisation zutreffen.**

1.6 Leistung und Wirksamkeit des Qualitätsmanagementsystems

F_Bewertung der Leistung

Bewertung der Leistung und Wirksamkeit des Qualitätsmanagementsystem (9.1.1)

Konformität der Produkte und Dienstleistungen (9.1.3 a))

Was wird überwacht und gemessen? (9.1.1 a))	Welche Methoden? (9.1.1 b))	Wann wird die Überwachung und Messung durchgeführt? (9.1.1 c))	Wann muss analysiert und bewertet werden? (9.1.1 d))	Wie wird analysiert? (9.1.3)
Spanende Fertigung unterschiedlicher Materialien nach Kundenvorgabe: Form, Größe, Genauigkeit, Rohmaterialien, Oberflächenbehandlung	Maßkontrolle, optische Kontrolle	Wareneingang, Fertigung, Warenausgang	Bei Abweichungen.	Fehleranalyse

Leistung Externe Anbieter (Lieferanten) (9.1.3 f)

Was wird überwacht und gemessen? (9.1.1 a))	Welche Methoden? (9.1.1 b))	Wann wird die Überwachung und Messung durchgeführt? (9.1.1 c))	Wann muss analysiert und bewertet werden? (9.1.1 d))	Wie wird analysiert? (9.1.3)
Rohmaterial: Form, Menge	Maßkontrolle, Mengenkontrolle	Wareneingang	Bei Abweichungen.	Fehleranalyse
Externe Bearbeitung: Maße, Optik	Maßkontrolle, optische Kontrolle	Wareneingang	Bei Abweichungen.	Fehleranalyse
Anzahl Lieferantenreklamationen	Reklamationsquote	Bei jeder Reklamation	Bei Abweichungen.	Fehleranalyse

Grad der Kundenzufriedenheit (9.1.2), (9.1.3 b))

Was wird überwacht und gemessen? (9.1.1 a))	Welche Methoden? (9.1.1 b))	Wann wird die Überwachung und Messung durchgeführt? (9.1.1 c))	Wann muss analysiert und bewertet werden? (9.1.1 d))	Wie wird analysiert? (9.1.3)
Anzahl Kundenreklamationen	Reklamationsquote	Bei jeder Reklamation	Bei Abweichungen.	Fehleranalyse
Bewertung des eigenen Unternehmens als Lieferant	ABC-Analyse der Kundenbewertung	½ jährlich durch den Kunden, Zeitfenster des Kunden	Bei Erhalt der Kundenbewertung	ABC-Analyse, Ratingveränderung

Wirksamkeit durchgeführter Maßnahmen – Risiken und Chancen (9.1.3 e))

Was wird überwacht und gemessen? (9.1.1 a))	Welche Methoden? (9.1.1 b))	Wann wird die Überwachung und Messung durchgeführt? (9.1.1 c))	Wann muss analysiert und bewertet werden? (9.1.1 d))	Wie wird analysiert? (9.1.3)
Reklamationsquote INTERN, Anzahl Kundenreklamationen, Anzahl Lieferantenreklamationen	Reklamationsquote	Bei jeder Reklamation	Bei Abweichungen	Fehleranalyse

Dokumentierte Information aufrechterhalten: Bild 1.10 F_Bewertung der Leistung.doc
Freigegeben: Klaus Mustermann, Datum: 06.01.2019, Fertigungsunternehmen 1
Seite 1 von 1

BILD 1.10 Beispiel Bewertung der Leistung (Einzelbewertung) (Ausschnitt)

Weitere ausgefüllte Beispiele finden Sie im Ordner *11_Ausgefüllte Beispiele* unter den jeweiligen Unternehmensmodellen:

- Modell_1_Fertigung,
- Modell_2_Fertigung,
- Modell_3_Beratung,
- Modell_4_Handel.

> **Sie müssen Ihr eigenes Tagesgeschäft als Basis nutzen, da Sie mit den Anforderungen der Kunden täglich konfrontiert sind.**
>
> **Hinweis:** Die Beispiele dienen nur zur Erläuterung. Hierbei handelt es sich um eine Sammlung von vielen unterschiedlichen Organisationen.

TABELLE 1.25 Konformität der Produkte und Dienstleistungen

Konformität der Produkte und Dienstleistungen (9.1.3 a))				
Was wird überwacht und gemessen? (9.1.1 a))	**Welche Methoden? (9.1.1 b))**	**Wann werden die Überwachung und Messung durchgeführt? (9.1.1 c))**	**Wann muss analysiert und bewertet werden? (9.1.1 d))**	**Wie wird analysiert? (9.1.3)**
Spannungsbereich, Maße, Gewicht, Farbe des Fertigprodukts, Absicherung der Steckdosen, Schutzart des Fertigprodukts, Temperaturbereich, selbstverlöschend, Schutzklasse	Machbarkeitsprüfung, Endprüfung, Prüfanlage bei Eigenprodukten	Nach Fertigstellung des Produkts	Nach jeder individuellen Prüfung	Konforme Produkte
Form, Größe, Genauigkeit, Rohmaterialien, Oberflächenbehandlung	Maßkontrolle, optische Kontrolle	Wareneingang, Fertigung, Warenausgang	Bei Abweichungen	Fehleranalyse
Passform, Dämpfung, optischer Zustand	Sichtprüfung, Maßprüfung	Zu Produktionsbeginn und im laufenden Produktionsprozess	Zu Produktionsbeginn und im laufenden Produktionsprozess	Woher kommt die Abweichung? Wie wird die Abweichung behoben?
Maße, Materialqualität, Oberflächen, Umverpackung	Maßkontrolle, optische Kontrolle	Wareneingang, Warenausgang	Bei Abweichungen	Woher kommt die Abweichung? Wie wird die Abweichung behoben?
Oberfläche, Länge, Breite, Durchmesser, Stärke	Vorgaben in der Zeichnung mit dem entsprechenden Messmittel	In den einzelnen Arbeitsgängen während der Fertigung	Nach Fertigstellung der einzelnen Arbeitsschritte	Diese Informationen werden in der Managementbewertung durch den Geschäftsführer berücksichtigt
Betriebsdruck, Volumenstrom (m^3 pro Minute), Druckluftqualität, Energieverbrauch, Geräuschimmission, dauerlastgeeignet, spezifische Leistung, Serviceintervall, kurze Reaktionszeiten bei Störfällen, 24-Stunden-Notdienst	Befragung des Kunden, Verbrauchsmessung, Anlagendaten auslesen und analysieren (Auswertung durch Lieferanten)	Wenn Befragung des Kunden nicht ausreicht	Vor der Abgabe des Angebotes mit Auslegung der Anlage	Nach der Inbetriebnahme der Anlage

1.6 Leistung und Wirksamkeit des Qualitätsmanagementsystems

Konformität der Produkte und Dienstleistungen (9.1.3 a))				
Gehalt, Feuchte, Flockengröße	LOI-Methode, Infrarottrocknung, Partikelgrößenbestimmung	Nach der Produktion, nach Lagereingang	Nach der Produktion, nach Lagereingang	C-Gehalt, Feuchte, Flockengröße, Übereinstimmung mit den Vorgaben
Farbe, Materialqualität, Materialzusammensetzung, Dicke, Ausstattung, Konfektionsgröße	TL/LB-Konformität, Modellblätter, Qualitätsprüfzertifikat, Laborberichte, AQAP	Wareneingang, Warenausgang	Wareneingang und bei Erstellung der Materialdatei, AQAP bei Warenausgang und externer Fertigung	Woher kommt die Abweichung? Wie wird die Abweichung behoben?

TABELLE 1.26 Leistung externer Anbieter (Lieferanten)

Leistung externer Anbieter (Lieferanten) (9.1.3 f))				
Was wird überwacht und gemessen? (9.1.1 a))	Welche Methoden? (9.1.1 b))	Wann werden die Überwachung und Messung durchgeführt? (9.1.1 c))	Wann muss analysiert und bewertet werden? (9.1.1 d))	Wie wird analysiert? (9.1.3)
Qualität, Lieferzeit	ERP-System – Liefertermin	Ständig	Ständig	In der Montagsrunde
Rohmaterial: Form, Menge	Maßkontrolle, Mengenkontrolle	Wareneingang	Bei Abweichungen	Fehleranalyse
Externe Bearbeitung: Maße, Optik	Maßkontrolle, optische Kontrolle	Wareneingang	Bei Abweichungen	Fehleranalyse
Anzahl Lieferantenreklamationen	Reklamationsquote	Bei jeder Reklamation	Bei Abweichungen	Fehleranalyse
Passform, Dämpfung, optischer Zustand	Sichtprüfung, Maßprüfung	Wareneingang	Bei Abweichungen	Bei Abweichungen
Maße, Materialqualität, Oberflächen, Umverpackung	Maßkontrolle, optische Kontrolle	Wareneingang	Bei Abweichungen	Woher kommt die Abweichung? Wie wird die Abweichung behoben?
Anzahl Reklamationen Lieferanten	Reklamationsquote	Bei jeder Reklamation	Bei zu hoher Reklamationsquote	Woher kommt die Abweichung? Wie wird die Abweichung behoben?
Anzahl Reklamationen Lieferanten	Rückgang der Reklamationen in der Excel-Liste.	Jährlich, Vergleich laufendes Jahr zum Vorjahr	Jährlich	Diese Informationen werden in der Managementbewertung durch den Geschäftsführer berücksichtigt
Betriebsdruck, Volumenstrom (m³ pro Minute), Druckluftqualität, Energieverbrauch, Geräuschimmission, dauerlastgeeignet, spezifische Leistung, Serviceintervall	Probelauf durchführen	Bei der Inbetriebnahme	Wenn die zugesicherte Leistung nicht zutrifft	Neue Verbrauchsmessung
Anzahl der Gewährleistungsanträge beim Lieferanten	Zählen der Gewährleistungsanträge	Bei Eintritt der Störung im Gewährleistungsfall	Jeweils im Dezember des laufenden Jahres	Anzahl der Gewährleistungsanträge

TABELLE 1.26 Leistung externer Anbieter (Lieferanten) (*Fortsetzung*)

Leistung externer Anbieter (Lieferanten) (9.1.3 f))				
Gehalt, Feuchte, Flockengröße	LOI-Methode, Infrarottrocknung, Partikelgrößenbestimmung	Nach der Produktion, nach Lagereingang	Nach der Produktion, nach Lagereingang	C-Gehalt, Feuchte, Flockengröße, Übereinstimmung mit den Vorgaben
Farbe, Materialqualität, Materialzusammensetzung, Dicke, Ausstattung, Konfektionsgröße	TL/LB-Konformität, Modellblätter, Qualitätsprüfzertifikat, Laborberichte, AQAP	Wareneingang	Wareneingang und bei Erstellung der Materialdatei, AQAP bei externer Fertigung	Woher kommt die Abweichung? Wie wird die Abweichung behoben?
Anzahl Reklamationen Lieferanten	Stichprobenprüfung oder 100 %-Kontrolle nach AQAP	Bei jeder Reklamation	Bei jeder Reklamation	Woher kommt die Abweichung? Wie wird die Abweichung behoben?

TABELLE 1.27 Grad der Kundenzufriedenheit

Grad der Kundenzufriedenheit *(9.1.2), (9.1.3 b))*				
Was wird überwacht und gemessen? (9.1.1 a))	**Welche Methoden? (9.1.1 b))**	**Wann werden die Überwachung und Messung durchgeführt? (9.1.1 c))**	**Wann muss analysiert und bewertet werden? (9.1.1 d))**	**Wie wird analysiert? (9.1.3)**
Reklamationsquote	ERP-System	Monatlich	Monatlich	In der Montagsrunde
Lieferperformance	ERP-System	Monatlich	Monatlich	In der Montagsrunde
Anzahl Kundenreklamationen	Reklamationsquote	Bei jeder Reklamation	Bei Abweichungen	Fehleranalyse
Bewertung der Firma Mustermann als Lieferant	ABC-Analyse der Kundenbewertung	Vierteljährlich durch den Kunden, Zeitfenster des Kunden	Bei Erhalt der Kundenbewertung	ABC-Analyse, Ratingveränderung
Reklamationsquote	Verhältnis Anzahl der Aufträge zu Anzahl der Reklamationen	Jährlich	Jährlich	Verhältnis Anzahl der Aufträge zu Anzahl der Reklamationen
Anzahl Reklamationen Kunden	Tabellarische Erfassung	Bei jeder Reklamation	Bei jeder Reklamation	Woher kommt die Abweichung? Wie wird die Abweichung behoben?
Termintreue	Warenwirtschaftssystem	Permanent	Bei zu hohen Abweichungen	Woher kommen die Terminverschiebungen? Wie kann man sie vermeiden?
Bewertung durch den Kunden	Jährliche Bewertung durch den Kunden	Jährlich durch den Kunden	Nach der Bewertung durch den Kunden – Parameter der Bewertung	Diese Informationen werden in der Managementbewertung durch den Geschäftsführer berücksichtigt
Aufträge durch den Kunden	Auftragseingang in EURO	Monatlich aus dem ERP-System oder BWA	Monatlich	Diese Informationen werden in der Managementbewertung durch den Geschäftsführer berücksichtigt
Anzahl und Wert der Gewährleistungsfälle eigen	Zählen der Gewährleistungsfälle, Kostenermittlung	Bei Eintritt der Störung im Gewährleistungsfall	Jeweils im Dezember des laufenden Jahres	Anzahl und Wert der Gewährleistungsfälle eigen im Vergleich laufendes Jahr/Vorjahr

1.6 Leistung und Wirksamkeit des Qualitätsmanagementsystems

Grad der Kundenzufriedenheit (9.1.2), (9.1.3 b))					
Bewertung der Firma Mustermann durch den Kunden als Lieferant	ABC-Analyse der Kundenbewertung	Jährlich durch den Kunden	Bei Erhalt der Kundenbewertung	ABC-Analyse, Ratingveränderung	
Anzahl Reklamationen Kunden	Tabellarische Erfassung	Bei jeder Reklamation	Nach Abschluss der Regulierung	Woher kommt die Abweichung? Wie wird die Abweichung behoben?	

TABELLE 1.28 Wirksamkeit durchgeführter Maßnahmen – Risiken und Chancen

Wirksamkeit durchgeführter Maßnahmen – Risiken und Chancen (9.1.3 e))				
Was wird überwacht und gemessen? (9.1.1 a))	**Welche Methoden? (9.1.1 b))**	**Wann werden die Überwachung und Messung durchgeführt? (9.1.1 c))**	**Wann muss analysiert und bewertet werden? (9.1.1 d))**	**Wie wird analysiert? (9.1.3)**
Reklamationsquote	ERP-System	Monatlich	Monatlich	In der Montagsrunde
Reklamationsquote intern, Anzahl Kundenreklamationen, Anzahl Lieferantenreklamationen	Reklamationsquote	Bei jeder Reklamation	Bei Abweichungen	Fehleranalyse
Verzögerung	Auftragsüberwachung durch Sachbearbeiter	Zu Produktionsbeginn und im laufenden Produktionsprozess	Bei Abweichungen	Bei Abweichungen
Musterteile beim Kunden testen	Außendienst Beratung und Mustertest mit dem Kunden	Vor Serienproduktionsbeginn	Bei Abweichungen	Bei Abweichungen
Reklamationsquote	Verhältnis Anzahl der Aufträge zu Anzahl der Reklamationen	Jährlich	Jährlich	Verhältnis Anzahl der Aufträge zu Anzahl der Reklamationen
Maßkontrolle, Oberflächenkontrolle, Verpackungskontrolle, Termine	Kundenzeichnung, Warenwirtschaftssystem	Permanent	Bei Abweichungen	Woher kommt die Abweichung? Wie wird die Abweichung behoben?
Kostenkontrolle, Reklamationsquote	BWA, Tabelle	Monatlich, Vergleich laufendes Jahr zum Vorjahr	Bei starken Abweichungen	Woher kommt die Abweichung?
Risiken und Chancen, die im Formular „F_Kontext Interne Externe Themen Risiken Chancen" aufgeführt sind	Geplante Maßnahmen durchführen	Nach der Bewertung der Wirksamkeit der Maßnahmen	Nach der Bewertung der Wirksamkeit der Maßnahmen, jährlich	Diese Informationen werden in der Managementbewertung durch den Geschäftsführer berücksichtigt
Keine Erbringung von unbezahlten/bezahlten Mehrleistungen, geplantes Material war ausreichend, Probelauf war erfolgreich, Gespräch mit dem Kunden nach Abschluss des Projekts	Auswertung Montagebericht und Rechnungstellung	Bei Rechnungstellung	Bei Rechnungstellung	Vergleich Aufwand/Kosten – erreicht/nicht erreicht/überschritten
Überprüfung der Gewährleistungsfälle eigen	Zählen der Gewährleistungsfälle, Kostenermittlung	Bei Eintritt der Störung im Gewährleistungsfall	Jeweils im Dezember des laufenden Jahres	Anzahl und Wert der Gewährleistungsfälle eigen im Vergleich laufendes Jahr/Vorjahr

TABELLE 1.28 Wirksamkeit durchgeführter Maßnahmen – Risiken und Chancen (*Fortsetzung*)

Wirksamkeit durchgeführter Maßnahmen – Risiken und Chancen *(9.1.3 e))*				
Lieferbereitschaftsgrad	Lieferbereitschaftsgrad, Lagerumschlagshäufigkeit	Quartal	Quartal	Lagerumschlagshäufigkeit
Produktanalyse durch das Labor	LOI-Methode	Wareneingangsprüfung	Bei Eingang ins Lager	Woher kommt die Abweichung? Wie wird die Abweichung behoben?
Materialprüfung nach Lieferung durch den Lieferanten	Qualitätsprüfzertifikat, Laborberichte	Wareneingang	Wareneingang und bei Erstellung der Materialdatei	Woher kommt die Abweichung? Wie wird die Abweichung behoben?
Wirksamkeit der Korrekturmaßnahme	Kontrolle der Korrekturmaßnahme	Nach Durchführung der Korrekturmaßnahme	Nach Durchführung der Korrekturmaßnahme	Korrekturmaßnahme erfolgreich? Woher kommt die Abweichung?

TABELLE 1.29 Bedarf an Verbesserungen des Qualitätsmanagementsystems

Bedarf an Verbesserungen des Qualitätsmanagementsystems *(9.1.3 g))*				
Was wird überwacht und gemessen? (9.1.1 a))	Welche Methoden? (9.1.1 b))	Wann werden die Überwachung und Messung durchgeführt? (9.1.1 c))	Wann muss analysiert und bewertet werden? (9.1.1 d))	Wie wird analysiert? (9.1.3)
Prozesse und Abläufe, Bedarf an Verbesserungen	Internes Audit, Korrektur/Korrekturmaßnahmen	Jährliches internes Audit	Nach Überprüfung/Überwachung	Internes Audit, Abweichungen umsetzen
Anzahl Reklamationen Kunden	Überwachen: Rückgang der Reklamationen in der Excel-Liste	Jährlich, Vergleich laufendes Jahr zum Vorjahr	Jährlich	Diese Informationen werden in der Managementbewertung durch den Geschäftsführer berücksichtigt
Anzahl Korrektur, Korrekturmaßnahme, Reklamationen	Internes Audit, Rückgang der Maßnahmen in der Excel-Liste	Bei Auftreten der Korrektur	Bei Auftreten der Korrektur, jährlich	Diese Informationen werden in der Managementbewertung durch den Geschäftsführer berücksichtigt

TABELLE 1.30 Planung zum Qualitätsmanagementsystem

Planung zum Qualitätsmanagementsystem *(9.1.3 d))*				
Was wird überwacht und gemessen? (9.1.1 a))	Welche Methoden? (9.1.1 b))	Wann werden die Überwachung und Messung durchgeführt? (9.1.1 c))	Wann muss analysiert und bewertet werden? (9.1.1 d))	Wie wird analysiert? (9.1.3)
Planung umgesetzt: Produkte und Dienstleistungen, inhärente Merkmale der Produkte und Dienstleistungen, interessierte Parteien, Kontext der Organisation mit internen und externen Themen, messbare Qualitätsziele, Anwendungsbereich des Qualitätsmanagementsystems und seiner Prozesse	Internes Audit	Jährlich	Jährlich	Anzahl Abweichungen im Audit

1.6 Leistung und Wirksamkeit des Qualitätsmanagementsystems

Planung zum Qualitätsmanagementsystem *(9.1.3 d))*				
Anzahl der Korrekturen	Bestimmung der Ursachen	Nach Durchführung der Korrektur	Jährlich	Diese Informationen werden in der Managementbewertung durch den Geschäftsführer berücksichtigt
Anzahl Korrekturmaßnamen	Bestimmung der Ursachen und Abstellung der Ursachen	Nach Durchführung der Korrekturmaßnahme	Jährlich	Diese Informationen werden in der Managementbewertung durch den Geschäftsführer berücksichtigt

TABELLE 1.31 Kompetenz der Mitarbeiter

Kompetenz der Mitarbeiter *(7.2 c))*				
Was wird überwacht und gemessen? (9.1.1 a))	**Welche Methoden? (9.1.1 b))**	**Wann werden die Überwachung und Messung durchgeführt? (9.1.1 c))**	**Wann muss analysiert und bewertet werden? (9.1.1 d))**	**Wie wird analysiert? (9.1.3)**
Q-Matrix, Personalbeurteilungsbogen (fachlich)	Schulung	Nach Bedarf	Nach Bedarf	Einzelmaßnahmen
Mitarbeiterentwicklungsgespräch (persönlich)	Gespräch Vorgesetzter – Mitarbeiter	Jährlich	Jährlich	Einzelmaßnahmen
Was? Kundenzeichnung **Wie?** Arbeitsplan Inhärente Merkmale der Produkte und Dienstleistungen	Mitarbeiterschulungen, Messintervalle der Notwendigkeit anpassen	Im Arbeitsplan in den Arbeitsgängen	Im Tagesgeschäft	Fehleranalyse
Reklamationsquote	Auftragsbezogen	Wenn der Kunde reklamiert	Wenn der Kunde reklamiert	Woher kommt die Abweichung? Wie wird die Abweichung behoben?
Qualitätskontrolle	Schulungen	Bei und nach Durchführung der Schulung	Im Tagesgeschäft	Anzahl Reklamationen Kunden
Anzahl der Störungen nach der Wartung/Reparatur eigen	Zählen der Gewährleistungsfälle, Kostenermittlung	Bei Eintritt der Störung im Gewährleistungsfall	Jeweils im Dezember des laufenden Jahres	Anzahl und Wert der Gewährleistungsfälle eigen im Vergleich laufendes Jahr/Vorjahr
Provisionsregelung	Monatliche Abrechnung	Monatliche Abrechnung	Monatliche Abrechnung	Direkt zuordenbarer Umsatz des Mitarbeiters
Fachkompetenz der Mitarbeiter, Marktkenntnis, Einkaufskompetenz	Kundenumsatz analysieren, Anzahl Kundenreklamationen, Analyse der Gutschriften	Quartalsweise	Quartalsweise	Verlust von Kunden, Art der Gutschrift?
Anzahl Reklamationen Kunden	Tabellarische Erfassung, Schulungen	Bei und nach Durchführung der Schulung	Im Tagesgeschäft	Fehleranalyse

Der Grund, warum die **Kompetenz der Mitarbeiter** in die *Bewertung der Leistung* aufgenommen wurde, liegt im *Normenkapitel 7.2* begründet. Die Herausgeber sind der Meinung, dass die *Bewertung der Kompetenz der Mitarbeiter* in die *Bewertung der Leistung und Wirksamkeit des QM-Systems* aufgenommen werden sollte.

1.6.3 Bewertung der Leistung und Wirksamkeit des QM-Systems (Gesamtbewertung)

Die Gesamtbewertung wird nachfolgend erläutert (Bild 1.11).

Zum **Schluss** führen Sie noch die **Gesamtbewertung** der *Leistung* und der *Wirksamkeit* des Qualitätsmanagementsystems durch *(9.1.3 c)*.

Die **Tabelle ist in zwei Spalten** unterteilt. In der **linken Tabellenspalte** wurden die Texte aus der der *ersten Überschrift* der *Einzelbewertung* eingetragen.

In der **rechten Tabellenspalte** führen Sie die **Gesamtbewertung** durch. Sie nutzen dazu die *Ergebnisse* der *Einzelanalyse* **unter** der *zweiten Überschrift der Einzelbewertung* aus der **äußersten rechten Tabellenspalte:** *Wie wird analysiert? (9.1.3)* (Bild 1.10).

Bewerten bedeutet **nicht** zwangsläufig messen! Das haben Sie bereits unter: *9.1.1 a) bis d)* in der *Einzelbewertung* durchgeführt. Beim **Bewerten** geht es grundsätzlich um eine möglichst objektive Analyse der Ist- und Sollsituation der erbrachten **Leistung**, eine **Wahrnehmung** eines Sachverhaltes.

Die Beispiele sind Multiple-Choice-Antworten, nur **eine** Antwort ist gültig. Also das löschen, was nicht zutrifft.

Wenn Ihnen die **Antworten** unter *Bewertung der Leistung und der Wirksamkeit des Qualitätsmanagementsystems: (9.1.3), (9.1.3 c))* in der **rechten Tabellenspalte** zu kurz sind, dann können Sie auch *ausführliche Texte mit Begründungen* einfügen (Bild 1.11).

1.6 Leistung und Wirksamkeit des Qualitätsmanagementsystems

F_ Bewertung der Leistung

Bewertung der Leistung und Wirksamkeit des Qualitätsmanagementsystem (9.1.1)

	Bewertung der Leistung und der Wirksamkeit des Qualitätsmanagementsystems:[1] (9.1.3), (9.1.3 c)
Konformität der Produkte und Dienstleistungen	gut, zufriedenstellend, nicht zufriedenstellend erfüllt, zum Teil erfüllt, nicht erfüllt
Leistung externer Anbieter	gut, zufriedenstellend, nicht zufriedenstellend
Grad der Kundenzufriedenheit	gut, zufriedenstellend, nicht zufriedenstellend
Wirksamkeit durchgeführter Maßnahmen zum Umgang mit Risiken und Chancen	gut, zufriedenstellend, nicht zufriedenstellend Erreicht, zum Teil erreicht, nicht erreicht, nicht erforderlich
Bedarf an Verbesserungen des Qualitätsmanagementsystems	gut, zufriedenstellend, nicht zufriedenstellend Umgesetzt, zum Teil umgesetzt, noch offen
Planung wirksam umgesetzt	gut, zufriedenstellend, nicht zufriedenstellend Umgesetzt, zum Teil umgesetzt, noch offen, keine Maßnahmen vorhanden
Kompetenz der Mitarbeiter	gut, zufriedenstellend, nicht zufriedenstellend
Leistung und die Wirksamkeit des Qualitätsmanagementsystems insgesamt (9.1.3 c)	gut, zufriedenstellend, nicht zufriedenstellend

Die Gesamtbewertung wurde am xx.xx.xxxx durchgeführt.

Dokumentierte Information aufrechterhalten: Bild 1.11_F_Bewertung der Leistung.doc
Freigegeben: Klaus Mustermann, Datum: 06.01.2019, Fertigungsunternehmen 1
Seite 1 von 1

[1] Bewertung: nicht Zutreffendes entfernen

BILD 1.11 Bewertung der Leistung (Gesamtbewertung)

■ 1.7 ENTWICKLUNG

Die DIN EN ISO 9001:2015 erwartet, dass ein **Entwicklungsprozess erarbeitet, umgesetzt** und **aufrechterhalten** wird, um die anschließende Produktion und Dienstleistungserbringung sicherzustellen. Die DIN EN ISO 9001:2015 schreibt **nicht** vor, wie dieser *Entwicklungsprozess* aussehen soll. Es werden praktisch nur die Eckpunkte festgehalten, die bei einem sinnvollen Entwicklungsprozess zu beachten sind.

Entwicklung? Wieso haben wir eine Entwicklung? Wir entwickeln doch nichts!

Eine Entwicklung als *nicht zutreffend* zu bezeichnen ist problematisch, da jede Organisation eine Entwicklung hat oder hatte. Es kann jedoch zutreffend sein, dass *im Moment* keine Entwicklung durchgeführt wird oder erforderlich ist.

1.7.1 Entwicklung von neuen Dienstleistungen und Produkten (Word)

Rückschluss 1: *Wenn das Produkt oder die Dienstleistung bereits vorhanden ist und unverändert bleibt, dann muss normalerweise kein Entwicklungsprozess durchgeführt werden.*

Rückschluss 2: *Wenn das Produkt oder die Dienstleistung neu erstellt bzw. das Produkt oder die Dienstleistung signifikant geändert wird, dann muss ein Entwicklungsprozess durchgeführt werden.*

Nur, benötigt man dann einen komplexen Entwicklungsprozess? Dies kann an dieser Stelle nicht beantwortet werden, da dies vom Produkt oder der Dienstleistung abhängig ist.

Wenn Sie sich dafür entscheiden, ein neues Produkt oder eine neue Dienstleistung anzubieten oder ein Produkt oder eine Dienstleistung signifikant zu ändern, dann führen Sie unterschiedliche Analysen durch und überlegen, was Sie alles berücksichtigen müssen und welche Chancen und Risiken bestehen. Dieser Grundgedanke wurde im Formular *F_Entwicklung* aufgegriffen, um Ihnen eine pragmatische Vorgehensweise zu ermöglichen.

Da die DIN EN ISO 9001:2015 nicht vorschreibt, wie dieser Entwicklungsprozess aussehen muss, wurde der Entwicklungsprozess in dem Formular *F_Entwicklung* zusammengefasst.

Die Reihenfolge der *Entwicklungsschritte* ist in diesem Formular festgelegt, geht also auch einfach. Damit wird der Entwicklungsprozess erarbeitet, umgesetzt und aufrechterhalten.

In der **linken Spalte** wurden die einzelnen *Prozessschritte*, z. B. *Ideenfindung*, mit dem Verweis auf die Normenkapitel der DIN EN ISO 9001:2015 dargestellt, z. B. *(8.3.2)*. In der **rechten Spalte** wurden die Grundgedanken aufgeführt, die zu Entwicklungen führen können. Die *blauen Texte* stellen eine *Sammlung* von möglichen Erfordernissen dar, die zu Entwicklungen führen können. Sie müssen das Formular im Entwicklungsfall an Ihre Organisation anpassen.

Die nachfolgende Abbildung zeigt einen **Ausschnitt** dieses Formulars (Bild 1.12).

F_Entwicklung

Rückschluss 1: Wenn das Produkt / die Dienstleistung bereits vorhanden sind und <u>unverändert</u> bleiben, dann muss normalerweise <u>kein</u> Entwicklungsprozess durchgeführt werden.

Rückschluss 2: Wenn das Produkt / die Dienstleistung neu erstellt werden oder das Produkt / die Dienstleistung signifikant geändert werden, dann <u>muss ein</u> Entwicklungsprozess durchgeführt werden.

Begründung, warum keine Entwicklungstätigkeit durchgeführt werden muss.	Beispiel: Zurzeit werden keine neuen Produkte aufgenommen oder Dienstleistungen durchgeführt. Daher ist zurzeit keine Entwicklungstätigkeit erforderlich.

Die nachfolgenden Schritte legen den Entwicklungsprozess fest.

Ideenfindung: (8.3.2)[1]	**Anlässe:** Hier den Text eintragen. **Zielgruppe:** Hier den Text eintragen. **Wettbewerber:** Hier den Text eintragen. **Kunden:** Hier den Text eintragen.
Sind die Produkte / Dienstleistungen bereits vorhanden oder müssen die Produkte / Dienstleistungen geändert / angepasst werden? (8.3.3 / 8.3.6)	Hier den Text eintragen.
Produkte / Dienstleistung: (8.3.2)	**Handel/Produktion:** Reklamationen, entstandene Fehler, Maschinenausfall, Überwachungs- und Messmittel, Materialprobleme, Kapazitätsauslastung, Lieferfähigkeit, erhöhte Fertigungsmengen, Vorrichtungen, Produkterhaltung, neue oder Leistungsfähigere Fertigungsmethoden der Wettbewerber, neue Fertigungsmaschinen, nicht erhaltene Kundenaufträge, Stornierung Kundenaufträge, keine Folgeaufträge, Kennzeichnung und Rückverfolgbarkeit, Transporthilfsmittel, Verpackungsmaterial, Versender, Kundenvorschriften, Kundenumverpackung, Füllmaterial **Prüfungen:** Erstkontrolle, Zwischenkontrolle, Inprozesskontrolle, Werkerselbstkontrolle, Endkontrolle, Schichtwechsel **Mitarbeiter der eigenen Organisation:** Anforderungen an die Qualifikation **Leihmitarbeiter:** Anforderungen an die Qualifikation, Zeitraum der Beschaffung **Gesetzliche und behördliche Anforderungen:** an Produkte und Dienstleistungen **Wettbewerber:** erhöhter Dienstleistungsumfang gegenüber den Kunden **Kunden:** Nachfragen der Kunden
Lieferanten: (8.3.2)	**Externe Bearbeitung:** Kapazitäten, Entfernung zum eigenen Unternehmen, Reklamationen, entstandene Fehler, Kostenübernahme, Produkterhaltung, Kundenvorschriften **Material:** Materialbeschaffung – Menge – Zeit – Qualität, Probleme in der Fertigung, neuer Lieferant, mehrere Lieferanten, Produkterhaltung, Kennzeichnung und Rückverfolgbarkeit, Betriebsmittel **Reklamationen:** Termin überschritten, Falscher Artikel, Falsche Mengen, Fehlerhafte Artikel
Ressourcen: (8.3.2)	**Material:** Hier den Text eintragen. **Lieferanten:** Hier den Text eintragen. **Mitarbeiter der Organisation:** Hier den Text eintragen. **Leihmitarbeiter:** Hier den Text eintragen. **Produktionseinrichtungen:** Hier den Text eintragen. **Prüfungen:** Hier den Text eintragen. **Gesetzliche und behördliche Anforderungen:** Hier den Text eintragen. **Konsequenzen aus Fehlern:** Hier den Text eintragen. **Tätigkeiten nach der Lieferung:** Hier den Text eintragen. **Zeitraum bis zur Umsetzung des Entwicklungsprozesse:** Hier den Text eintragen.

Produkte / Dienstleistung: (8.3.3)	Bezeichnung Produkte / Dienstleistung
	Hier den Text eintragen.
Zielgruppe: (8.3.3)	Von welcher Zielgruppe sollen die Produkte / Dienstleistung genutzt werden?
	Hier den Text eintragen.
Problembeschreibung: (8.3.3)	In welchem Umfeld befindet sich diese Zielgruppe? Welches Verhalten kennzeichnet sie? Mit welchen Problemen ist sie vor allem konfrontiert?
	Hier den Text eintragen.

---

[1] Die Zahlen in den Klammern z.B. (8.3.2), (8.3.3) usw. beziehen sich auf die Normenkapitel der DIN EN ISO 9001:2015.

Dokumentierte Information aufbewahren: Bild 1.12_F_Entwicklung.doc
Freigegeben: Klaus Mustermann, Datum: 06.01.2019, Fertigungsunternehmen 1
Seite 1 von 1

BILD 1.12 Formular: F_Entwicklung (Ausschnitt)

1.7.2 Entwicklung von neuen Dienstleistungen und Produkten (Excel)

Das Formular *F_Entwicklung_QFD-Produkt* wurde zur Erfüllung der Kundenforderungen oder der Forderungen des Marktes entwickelt. Sie koordiniert von Anfang an Vertrieb, Marketing, Einkauf und Produktion.

Mithilfe des Formulars *F_Entwicklung_QFD-Produkt*:

- kann die Entwicklung verfolgt und einfach dokumentiert werden,
- können weitere Produktoptimierungen nach Markteinführung dokumentiert werden,
- können Änderungen am Produkt gezielt durchgeführt werden,
- können gezielt Lieferanten nach ihren Fähigkeiten ausgewählt werden,
- kann die Entwicklung von Produkten schneller und sicherer durchgeführt werden,

da alle Entscheidungen, Argumente, Kundenforderungen und Bewertungen vorhanden sind.

> **Hinweis:** Die vier Beispielorganisationen aus Produktion, Dienstleistung und Handel enthalten unterschiedliche Quality Function Deployment (*QFD*)-*Formulare*. Die Unterschiede werden in den entsprechenden Buchkapiteln behandelt. **Hier** wird die **generelle Vorgehensweise** beschrieben.

Da Hochleistungswerkzeuge als Serienprodukte hergestellt werden, kann mit dem Formular *F_Entwicklung_QFD-Produkt* eine qualifizierte Dokumentation der Entwicklung und der Änderung durchgeführt werden. Unter den kleinen, *roten Dreiecken* kann ein Kommentar aufgerufen werden, den Sie selbst verändern können.

Die **Punkte 1 bis 7** werden nachfolgend detailliert erläutert (Bild 1.13).

1. Der Einsatz des Formulars *F_Entwicklung_QFD-Produkt* ist einfach. Zuerst muss die Produktidee in Verkaufsargumente umgewandelt werden. Hier ist der Vertrieb gefordert. In der ersten Zeile wird das Hauptverkaufsargument definiert. In der zweiten Zeile erfolgen weitere Argumente zum Hauptverkaufsargument, d. h., das Hauptverkaufsargument soll den Kunden neugierig machen und in der zweiten Zeile weitere Erklärungen ermöglichen. Die dritte Zeile gibt die Zielgruppe an.

   In diesem Beispiel: *Hochleistungswerkzeug* als **Hauptverkaufsargument** und *für Hartbearbeitung oberhalb 62 HRC* als weitere **Erklärung**. Hier ist zu beachten, dass der Kunde das letzte Wort als *prägend* behält. Als **Zielgruppe** wurde *Formenbau, Gesenkbau* ausgewählt.

2. Als Nächstes sind die *Forderungen des Kunden (FdK)* oder *des Marktes* zu beschreiben. Hier ist der Vertrieb gefordert. Führen Sie alle Forderungen auf. Hier muss die *Stimme des Kunden* berücksichtigt werden. Aus Sicht des Kunden ist jedoch nicht jede Forderung gleich wichtig. Es gibt Forderungen, die der Kunde als *selbstverständlich* annimmt. Die *Gewichtung der Forderungen* wird in der Spalte *Gewichtung Forderung* vorgenommen, *von 1 = unwichtig bis 10 = sehr wichtig*. Durch diese Gewichtung wird *Technikverliebtheit* vermieden. Es kommt also darauf an: Was will der Kunde? Was wird der Kunde bezahlen? Es nützt nichts, ein Produkt zu entwickeln, das die Forderung übererfüllt. Dadurch kann das Produkt schwieriger am Markt abzusetzen sein. Außerdem soll für die Zukunft eine Weiterentwicklung möglich sein, die bei einer 150-prozentigen Neuentwicklung schwerer möglich ist.

   Sollten Sie einen Service anbieten, dann ist die Spalte *Gewichtung Service* ebenfalls auszufüllen, Gewichtung: *von 1 = unwichtig bis 10 = sehr wichtig*. (**Hinweis:** Es erfolgt keine Berechnung.)

1.7 Entwicklung

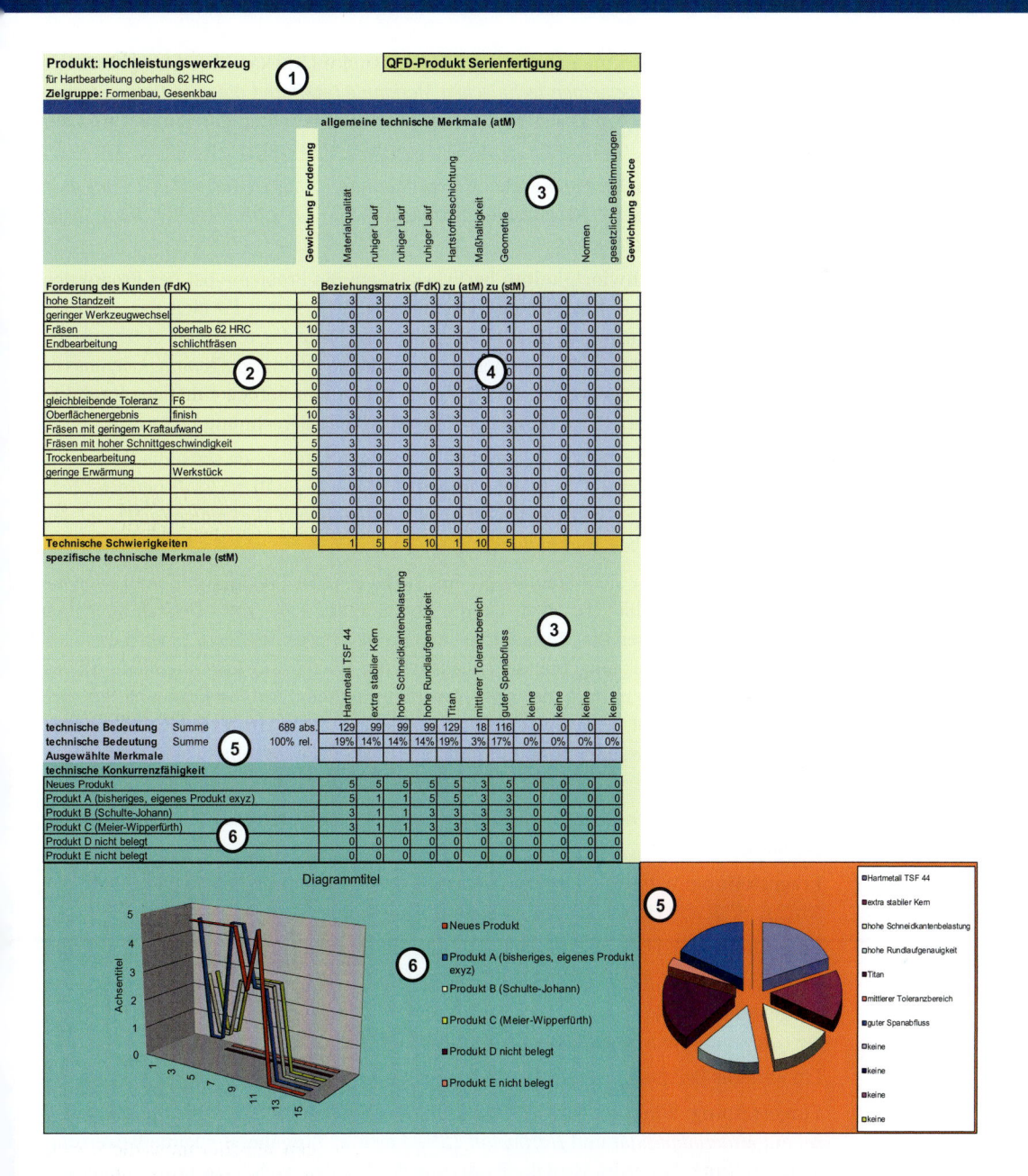

BILD 1.13 Formular: F_Entwicklung_QFD-Produkt

3. Die Forderungen des Kunden oder des Marktes sind nun bekannt und gewichtet. Als Nächstes sind die *allgemeinen technischen Merkmale (atM)* und die *spezifischen technischen Merkmale (stM)* zu beschreiben. Hier sind die Fertigung, der Einkauf und der Vertrieb gefordert.

   Allgemeine technische Merkmale: *Materialqualität; ruhiger Lauf; ruhiger Lauf usw.*
   Spezifische technische Merkmale: *Hartmetall TSF 44; extra stabiler Kern; hohe Schneidkantenbelastung usw.*

   Die **technischen Schwierigkeiten** berücksichtigen die Probleme bei der Produktion des Produkts, wie z. B. Produktionseinrichtungen, Mitarbeiter, Formen usw., *von 1 = einfach bis 10 = sehr schwierig*. Die Daten stellen eine **Hilfe** dar, d. h., die Felder müssen nicht ausgefüllt werden. In diesem Beispiel zeigt die *hohe Rundlaufgenauigkeit*, dass es technische Probleme bei der Umsetzung geben wird und eventuell eine neue Produktionsmaschine erforderlich ist. (**Hinweis:** Es erfolgt keine Berechnung.)

4. Nun ist die Beziehungsmatrix mit größter Sorgfalt auszufüllen, da sonst die Gesamtbewertung verfälscht wird. Die *Beziehungsmatrix (FdK) zu (atM) zu (stM)* bewertet jede *Forderung des Kunden (FdK)* mit den *allgemeinen technischen Merkmalen (atM)* und den *spezifischen technischen Merkmalen (stM)*.

   Die *Beziehungsmatrix* sieht kompliziert aus, sie ist es jedoch nicht, wenn man folgende Vorgehensweise einhält: Drucken Sie die Kommentare aus – *rotes Dreieck* über dem Wort *(stM)*. Sie müssen die **Mausspitze** auf das *rote Dreieck* bewegen, es wird dann automatisch ein Fenster eingeblendet (Ausdruck nur über *Druck-Taste* möglich). Stellen Sie die Frage immer mithilfe der ausgedruckten Kommentare. Die Praxis hat gezeigt: Wenn man diese beiden Regeln beachtet, dann ist die Aussage in der Beziehungsmatrix korrekt. Ohne die ausgedruckten Kommentare wird die Fragestellung sehr schnell verfälscht.

   Die Bewertungsgrundlage: *0 = keine Bewertung; 1 = leicht, schwach; 2 = mittel, normal; 3 = stark.*

   Fragestellung: Wie stark wird die Forderung des Kunden nach *hohe Standzeit* mit *Materialqualität* und *Hartmetall TSF 44* erfüllt? **Eingabe:** 3 = stark.

   Fragestellung: Wie stark wird die Forderung des Kunden nach *hohe Standzeit* mit *ruhiger Lauf* und *extra stabiler Kern* erfüllt? **Eingabe:** 3 = stark.

   Fragestellung: Wie stark wird die Forderung des Kunden nach *hohe Standzeit* mit *ruhiger Lauf* und *hohe Schneidkantenbelastung* erfüllt? **Eingabe:** 3 = stark.

   Ein weiteres Beispiel:

   Fragestellung: Wie stark wird die Forderung des Kunden nach *geringer Werkzeugwechsel* mit *Materialqualität* und *Hartmetall TSF 44* erfüllt? **Eingabe:** 0 = keine Bewertung.
   Fragestellung: Wie stark wird die Forderung des Kunden nach *geringer Werkzeugwechsel* mit *ruhiger Lauf* und *extra stabiler Kern* erfüllt? **Eingabe:** 0 = keine Bewertung.
   Fragestellung: Wie stark wird die Forderung des Kunden nach *geringer Werkzeugwechsel* mit *ruhiger Lauf* und *hohe Schneidkantenbelastung* erfüllt? **Eingabe:** 0 = keine Bewertung.

   Sie müssen jede Frage beantworten, um ein korrektes Ergebnis zu erhalten (Bild 1.14).

1.7 Entwicklung

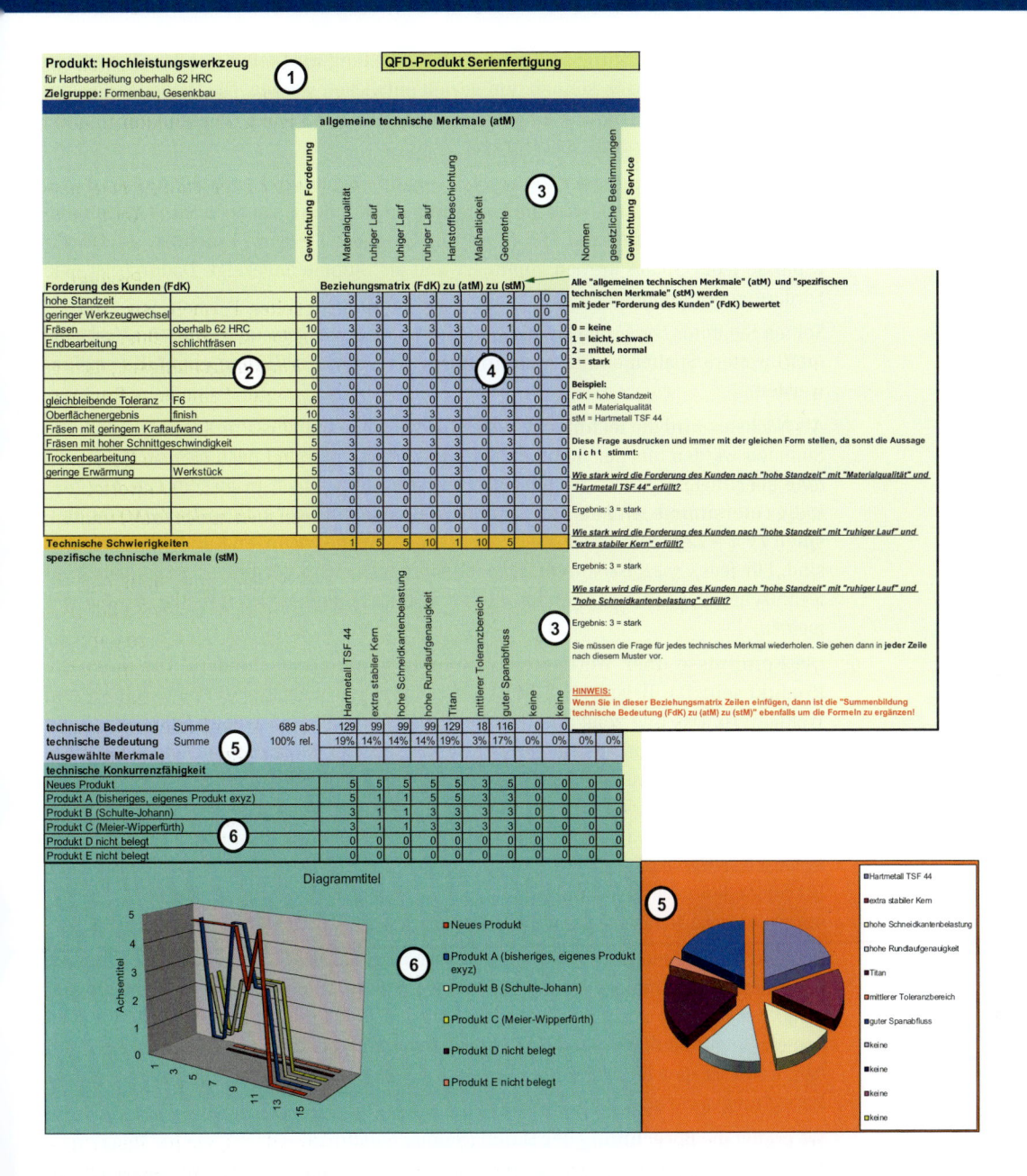

BILD 1.14 Anzeigen der Kommentare mit dem „roten Dreieck"

5. Die **technische Bedeutung** an der Gesamtentwicklung wird sofort sichtbar. Die wichtigen Kundenforderungen können nun gezielt entwickelt werden. Die Daten werden zusätzlich in einer Tortengrafik dargestellt. Die Grafik kann jederzeit gegen eine andere Darstellungsform ausgetauscht werden.

    Berechnung: *Gewichtung der Forderung*, **Eingabe** = *8*, multipliziert mit Eingabe aus der **Fragestellung:** Wie stark wird die Forderung des Kunden nach *hohe Standzeit* mit *Materialqualität* und *Hartmetall TSF 44* erfüllt? **Eingabe:** *3 = stark*, **Ergebnis:** *24*. Die Ergebnisse jeder Spalte werden summiert und als Summe angezeigt. Dadurch ist jede Forderung des Kunden gewichtet (siehe Nummer 7).

    Sollten Sie unter *Forderung des Kunden (FdK)* oder bei *allgemeine technische Merkmale (atM)* weitere Spalten einfügen, **dann muss die Summenbildung ebenfalls ergänzt werden.**

    Als Nächstes wird die **technische Bedeutung** in Zahlen und in Prozent dargestellt. Die Summen werden aus der Summenbildung übernommen und nach *technischer Bedeutung* übertragen. Es wird weiter eine **Quersumme** gebildet, in diesem Fall *689 abs*. Diese **Quersumme** wird als *100 % rel.* gesetzt, und nun wird jede Spalte bewertet. **Beispiel:** *19 % = 129 : 689*. Es ist sofort zu erkennen, wo die wichtigen Kundenforderungen sind. Für jedes *spezifische technische Merkmal (stM)* wird der prozentuelle Anteil der technischen Bedeutung am Endprodukt ermittelt. So lassen sich unnötige Kosten vermeiden.

6. Die **Kenntnisse über Wettbewerbsprodukte können entscheidend für das neue Produkt sein**. Das Beispiel in **Bild 1.13** zeigt das eigene neue Produkt im Vergleich zum Wettbewerb. Das Bild zeigt deutlich die Schwächen und Stärken auf. Die Grafik kann auch in Verkaufsgesprächen eingesetzt werden, um dem Kunden die neuen technischen Möglichkeiten zu verdeutlichen. In diesem Beispiel schneidet das eigene neue Produkt sehr gut ab. Diese Erkenntnisse treten bereits in der Planungsphase hervor, d. h., es wurde noch kein Produkt entwickelt oder verändert! **Neues Produkt:** Die *spezifischen technischen Merkmale (stM)* werden mit den *Forderungen des Kunden (FdK)* verglichen. Bei fehlenden wichtigen Informationen über Wettbewerbsprodukte und deren *spezifische technische Merkmale* kann unter Umständen ein Entwicklungsdefizit entstehen.

    Produkt A bis Produkt E: Die Daten liefern Vergleichstests, Produktuntersuchungen oder Markbeobachtungen der Wettbewerbsprodukte zu dem neuen Produkt. **Bewertung:** *1 = schlecht; 3 = durchschnittlich; 5 = gut*. Die Daten für den Vergleich zwischen den eigenen Produkten und den Wettbewerbsprodukten können hier eingegeben werden, wenn Sie dies für erforderlich halten. Die Grafik kann jederzeit gegen eine andere Darstellungsform ausgetauscht werden.

7. Wo erfolgt die **Berechnung der Daten** (Summenbildung)?

    In dem Formular *F_Entwicklung_QFD-Produkt* unter **Summenbildung** werden die Eingaben berechnet. Die Berechnung wurde getrennt aufgeführt, um ein leichteres Ändern zu ermöglichen. **Hinweis: Sie dürfen in diese Spalten keine Daten eintragen, da hier die zentrale Berechnung erfolgt und sonst die Formeln zerstört werden!**

2 FERTIGUNGSUNTERNEHMEN 1 (WERKZEUGHERSTELLER)

2.1 GRUNDSÄTZLICHES ZUM FERTIGUNGSUNTERNEHMEN 1

Das *Fertigungsunternehmen 1* produziert Werkzeuge als Serienprodukte und zusätzlich kundenbezogene Sonderprodukte. Weiter werden Produkte als Handelsprodukte hinzugekauft. Zusätzlich erfolgt eine externe Bearbeitung der Produkte. Es findet eine komplette Entwicklung im Bereich Serienprodukte statt, daher ist das *Normenkapitel 8.3 Entwicklung von Produkten und Dienstleistungen* in vollem Umfang zu erfüllen. Insgesamt sind 25 Mitarbeiter in Verwaltung und Fertigung beschäftigt. Eine vorhandene EDV-Unterstützung wird den Abläufen zugrunde gelegt.

ANGABEN ZUM *FERTIGUNGS-UNTERNEHMEN 1*

Im Ordner **Modell_1_Fertigung** finden Sie die entsprechenden Ordner mit den Prozessabläufen für die einzelnen Funktionen im *Fertigungsunternehmen 1*, z. B. *1_VERTRIEB, 2_EINKAUF,* und die benötigten Formulare im Ordner *10_Dokumentierte Information_Formulare* sowie ausgefüllte Beispiele im Ordner *11_Ausgefüllte Beispiele*.

ISO 9001:2015 ORDNER FÜR DAS *FERTIGUNGS-UNTERNEHMEN 1*

Viele neue Anforderungen der DIN EN ISO 9001:2015 mussten berücksichtigt werden. Dazu zählen: *oberste Leitung; Organisation; Zweck der Organisation und strategische Ausrichtung; Kontext der Organisation; Qualitätsmanagementsystem; Qualität; inhärente Merkmale der Produkte und Dienstleistungen; interne und externe Themen bestimmen; interessierte Parteien bestimmen; Informationen überwachen und überprüfen; Chancen und Risiken bestimmen; Wissen der Organisation.* Um diese Ziele und Anforderungen zu erreichen, wird das *Fertigungsunternehmen 1* in **Prozessabläufe** aufgeteilt. Durch diese pragmatische Vorgehensweise wird die Norm für die Mitarbeiter transparent und leicht umsetzbar.

UMSETZUNG DER ISO 9001:2015 ALS PROZESSE

Die Organisation ist das QM-System!

Prozessorientierung bedeutet: *Nicht die Organisation ist der Norm anzupassen, sondern die Norm ist als Checkliste zu nutzen, um das Tagesgeschäft störungsfreier bewältigen und die Kundenanforderungen erfüllen zu können.* Hier liegt der große Nutzen der Norm, da die organisatorischen Schwachstellen gezielt analysiert werden können. Die Umsetzung der Norm in der eigenen Organisation erfolgt **nicht** nach den Normenkapiteln, sondern die Integration von Norm und Organisation wird schnell erreicht, indem die Normenkapitel in die Prozessabläufe im Sprachgebrauch der Organisation eingebunden sind und somit prozessorientiert definiert werden. So entsteht eine Übersicht über die eigene Organisation, die eigene Unternehmenslandkarte als Anwendungsbereich des QM-Systems zur gezielten Verbesserung der Organisation. Die erforderliche Zuordnung der Prozessabläufe zu den einzelnen Normenkapiteln der DIN EN ISO 9001:2015 wird mit dem Prozessablauf *QM: Oberste Leitung und Organisation* (Bild 2.27) erreicht.

ELIMINIEREN DER ORGANISATORISCHEN SCHWACHSTELLEN

0.1 Allgemeines

Es ist **nicht** *die Absicht dieser Internationalen Norm, die Notwendigkeit zu unterstellen für: die Vereinheitlichung der Struktur unterschiedlicher Qualitätsmanagementsysteme;* **die Angleichung der Dokumentation an die Gliederung dieser Internationalen Norm***; die Verwendung der speziellen Terminologie dieser Internationalen Norm innerhalb der Organisation.*

ISO 9001:2015 AUSZUG AUS DER NORM

■ 2.2 QUALITÄTSMANAGEMENTSYSTEM UND SEINE PROZESSE

DIE PROZESSABLÄUFE

Die einzelnen Tätigkeiten/Prozessschritte, die zur Erfüllung der Prozessabläufe benötigt werden, müssen von oben nach unten definiert werden. Die betroffenen Funktionen, die diese Tätigkeiten ausüben, werden mit einem **X** markiert. Dadurch entsteht eine Matrix, in der die Anteile jeder Ebene und jeder Funktion zur Erfüllung der Prozessabläufe leicht erkennbar sind. Ebenfalls werden die Wechselwirkungen zwischen den Funktionen und Ebenen deutlich.

Die Führungsebene ist rot markiert, die Funktionen/Mitarbeiterebenen sind blau markiert (Bild 2.1).

Mit diesem Prozessablauf wird das Erstellen oder das Ändern des Angebotes prozessorientiert beschrieben.

BEDEUTUNG DER ZU-ORDNUNG IN DEN PROZESSABLÄUFEN

1. **VERTRIEB:** grundsätzliche Zuordnung des Prozessablaufs in der Organisation zur Funktion.
2. **Angebot erstellen/ändern:** Definition des Prozessablaufs im Sprachgebrauch der Organisation.
3. **Führungsebene (rot):** Wie z. B. Inhaber, Geschäftsführung, Vertriebsleitung, Einkaufsleitung, Fertigungsleitung, alle Führungsentscheidungen im Arbeitsablauf werden unter dieser Ebene zusammengefasst.
4. **Funktionen/Mitarbeiterebene (blau):** Vertrieb, Einkauf usw. und die Mitarbeiterebene werden unter dieser Ebene zusammengefasst.
5. **Externe Bearbeitung:** Zum Beispiel externe Bearbeitung von Produkten, diese Tätigkeit wird einzeln betrachtet, da ein erhöhter logistischer Aufwand erforderlich ist.
6. **Wechselwirkung, Checkliste (Wissen der Organisation), Kriterien, Verfahren, Ressourcen:** Hier werden die Wechselwirkungen mit anderen Prozessabläufen oder die zu beachtenden Einzelheiten aufgeführt.
7. **Lenkung dokumentierter Information, Wissen der Organisation:** Alle benötigten Unterlagen zur Durchführung der Tätigkeit werden hier aufgeführt. Der blaue Text „Datenschutz" ist ein Hinweis auf die EU-Datenschutzgrundverordnung (DSGVO) bzw. das Bundesdatenschutzgesetz (BDSG). Sie müssen selbst entscheiden, ob die Anforderungen auf Ihre Organisation zutreffen, und die entsprechenden Maßnahmen ergreifen.
8. **Tätigkeit/Prozessschritte (Abfolge-Eingaben-Ergebnisse):** Die durchzuführenden Tätigkeiten (einzelne Prozessschritte) werden immer in der erforderlichen Reihenfolge nacheinander durchgeführt.
9. **STARTEREIGNIS:** Die Eingaben werden bestimmt (Normenkapitel 4.4.1 a)). Mit dem Startereignis beginnt der Prozessablauf.
10. **Farbliche Erläuterung zu Tätigkeiten:** Tätigkeiten, die nicht immer ausgeführt werden oder nur für bestimmte Tätigkeiten Gültigkeit haben, sind farblich markiert und müssen erläutert werden. Die *farbliche Kennzeichnung der Tabellenspalte* zeigt den Beginn und das Ende an.
11. **ENDEREIGNIS:** Das Ergebnis wird bestimmt (Normenkapitel 4.4.1 a)). Mit dem Endereignis endet der Prozessablauf.
12. **Bewertung des Prozesses:** Hier *können* Methoden und Informationen aufgeführt werden, die zur fortlaufenden Verbesserung genutzt werden.
13. **Fortlaufende Verbesserung:** Hier *können* Methoden und Informationen zu Risiken und Chancen aufgeführt werden, die zur fortlaufenden Verbesserung genutzt werden.
14. **Dokumentierte Information aufrechterhalten:** der Name des Prozessablaufs.

2.2 Qualitätsmanagementsystem und seine Prozesse

VERTRIEB: Angebot erstellen / ändern ①②

Tätigkeit / Prozessschritte (Abfolge-Eingaben-Ergebnisse) ⑧	Füh-rung ③	Ver-trieb ④	Ein-kauf ④	La-ger ④	Ferti-gung ④	WE, Ver-... ④	Ex-terne Be-ar... ⑤	Wechselwirkung, Checkliste (Wissen der Organisation), Kriterien, Verfahren, Ressourcen ⑥	Lenkung dokumentierter Information, Wissen der Organisation ⑦
STARTEREIGNIS: Angebot erstellen / ändern ⑨									•
Kundenprodukte auf Herstellbarkeit prüfen	(X)	X			X			**Prüfen:** Artikel-Nr., Liefertermin, Preise, Rabatte, Vereinbarungen, Zeichnung, Datenfile, Muster, Material	• Anfrage • Datenschutz
Vom Kunden beizustellende Materialien und Unterlagen berücksichtigen	(X)	X			X			**Prüfen:** Vertraulichkeit der Zeichnung und des Datenfiles, Muster, Material, Lagerung, Rücksendung	• Anfrage
Fertigungsmöglichkeit prüfen	(X)	X			X			**Prüfen:** Halbfertigprodukte, Rohmaterialien: Mitarbeiter, Fertigungseinrichtung, Überwachungs- und Messmittel, Vorrichtungen, Werkzeuge, Rohmaterial, Lagerbestand, Liefertermin	• Anfrage
Einkaufsmöglichkeit prüfen	(X)	X	X					**Prüfen:** Handelsprodukte, Halbfertigprodukte, Rohmaterialien: Artikel-Nr., Lagerbestand, Liefertermin, Preise, Rabatte, Vereinbarungen **Wechselwirkung:** • EINKAUF_Disposition_Anfrage_Preisvergleich_Bestellung	• Anfrage
Externe Bearbeitung erforderlich prüfen	(X)	X	X		X		(X)	**Prüfen:** Liefertermin, Preise, Rabatte, Vereinbarungen **Wechselwirkung:** • EINKAUF_Disposition_Anfrage_Preisvergleich_Bestellung	• Anfrage
⑩									•
Angebot schreiben und versenden		X						**Prüfen:** Wiedervorlage erforderlich	• Anfrage • Kalkulation • Angebot
Angebot auf Wiedervorlage setzen		X						**Prüfen:** Wiedervorlagetermin in EDV-System eingeben **Wechselwirkung:** • VERTRIEB_Angebot verfolgen	• Anfrage • Kalkulation • Angebot
ENDEREIGNIS: Angebot erstellt / geändert ⑪									• •
Nachfolgende Tätigkeiten werden nur bei Bedarf durchgeführt ⑩									•
Korrekturmaßnahmen durchführen	X	X	X		X		X	**Wechselwirkung:** • QM: Nichtkonformität und Korrekturmaßnahmen	• •

Bewertung des Prozesses: ⑫	**Methode:** Rückmeldungen von Personal, internes Audit
Fortlaufende Verbesserung ⑬	**Methode:** Anfragen von Kunden **Informationen Risiken und Chancen:** Daten des Kunden, Entwicklungsaufwand, Fertigungsmöglichkeit, Beschaffungsmöglichkeit, Marktpreis des Wettbewerbs, Kundenanforderung, Verkaufsstückzahlen, neue oder leistungsfähigere Produkte der Wettbewerber, Kapazitätsauslastung der Fertigung, Lieferfähigkeit

Dokumentierte Information aufrechterhalten: Bild 2.1 VERTRIEB_Angebot erstellen_ändern.doc(...) ⑭
Freigegeben: Klaus Mustermann, Datum: 06.01.2019, Fertigungsunternehmen 1   ⑮ ⑯
Seite 1 von 1

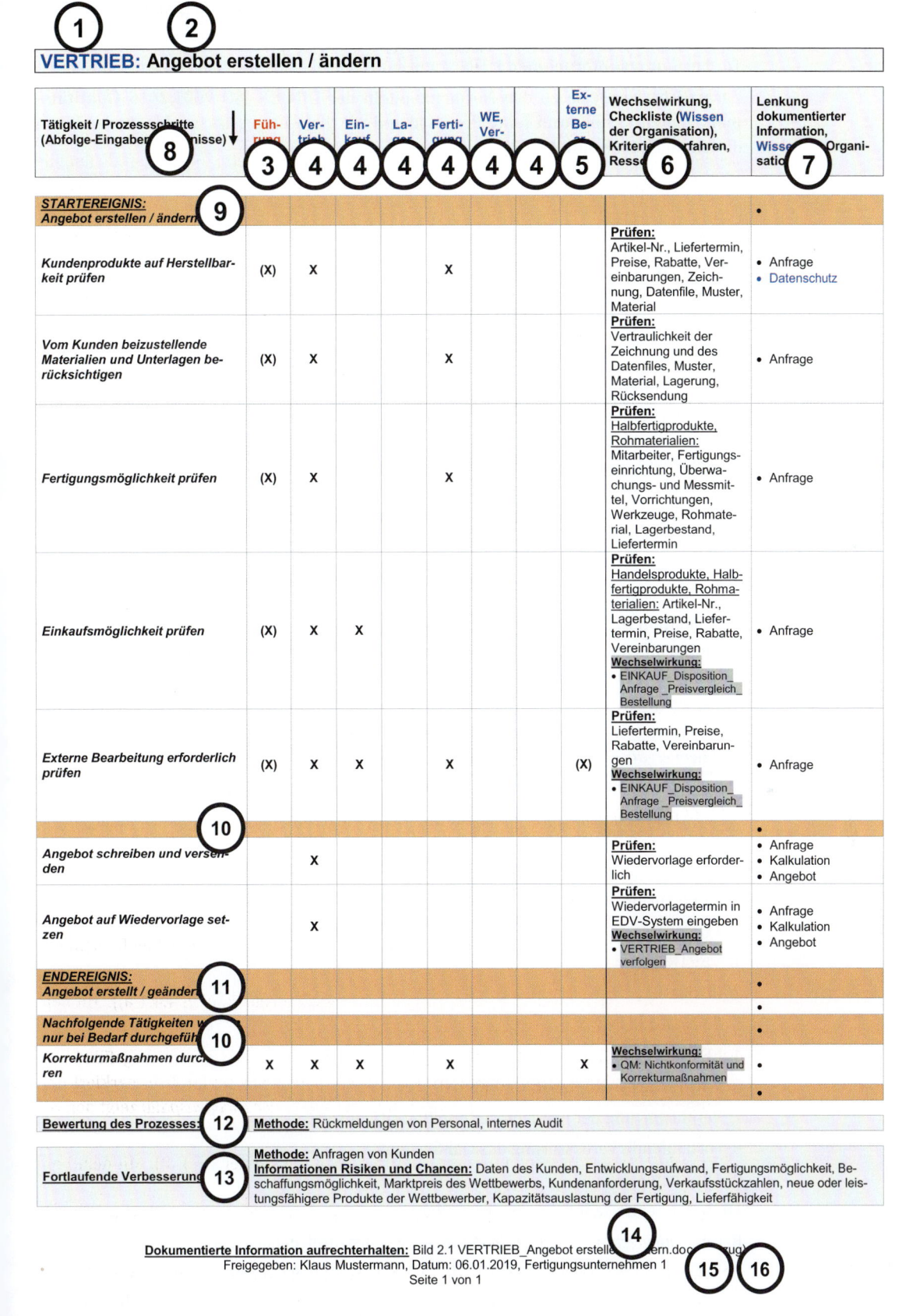

BILD 2.1 Grundsätzliche Darstellung der Prozesse

15. **Freigegeben, Datum:** Diese Daten dokumentieren die Person, die für den Prozess verantwortlich ist, und die Aktualität des Prozessablaufs.

16. **Fertigungsunternehmen 1:** Hier kann der Name der Organisation eingetragen werden.

Zusätzliche Hinweise zu den Normenkapiteln der DIN EN ISO 9001:2015 **Qualitätsmanagementsystem und seine Prozesse** und wie diese umgesetzt wurden, finden Sie in diesem Buch im **Kapitel 1.4.2**.

■ 2.3 ANWENDUNGSBEREICH DES QM-SYSTEMS

Der Anwendungsbereich des QM-Systems besteht aus einer Seite *(A_START-Anwendungsbereich des Qualitätsmanagementsystems)* (Bild 2.2) und berücksichtigt die Prozessorientierung und den Anwendungsbereich des Qualitätsmanagementsystems der Organisation. Aus dieser Seite wird auf die Prozessabläufe verwiesen. Die Integration von Norm und Organisation wird schnell erreicht, indem die Prozessabläufe definiert werden. So entsteht eine Übersicht über die eigene Organisation, die eigene Unternehmenslandkarte zur gezielten Verbesserung (fortlaufenden Verbesserung) der Organisation. Der Anwendungsbereich enthält alle benötigten Prozessabläufe und die Formulare zur Umsetzung der Norm sowie weitere Ordner.

ISO 9001:2015 AUSZUG AUS DER NORM

0.1 Allgemeines

*Es ist **nicht** die Absicht dieser Internationalen Norm, die Notwendigkeit zu unterstellen für: die Vereinheitlichung der Struktur unterschiedlicher Qualitätsmanagementsysteme; die Angleichung der Dokumentation an die Gliederung dieser Internationalen Norm; die Verwendung der speziellen Terminologie dieser Internationalen Norm innerhalb der Organisation.*

Die in dieser Internationalen Norm festgelegten Anforderungen an ein Qualitätsmanagementsystem ergänzen die Anforderungen an Produkte und Dienstleistungen.

0.4 Zusammenhang mit anderen Normen zu Managementsystemen

*Diese Internationale Norm enthält **keine** spezifischen Anforderungen anderer Managementsysteme, z. B. Umweltmanagement, Arbeitsschutzmanagement oder Finanzmanagement.*

STRUKTUR *FERTIGUNGSUNTERNEHMEN 1*

Die Umsetzung der DIN EN ISO 9001:2015 erfolgt *prozessorientiert* mit den Prozessabläufen und den Formularen.

Die Organisation wird in folgende Funktionsbereiche aufgeteilt:

1_VERTRIEB

2_EINKAUF

3_ENTWICKLUNG

4_FERTIGUNG

5_WARENEINGANG/LAGER/VERSAND

7_Verantwortung der obersten Leitung und Organisation

8_Fortlaufende Verbesserung des QM-Systems

9_Mitarbeiter

10_Dokumentierte Information Formulare

Bei den *nicht zutreffenden Anforderungen* wurden drei Beispiele aufgeführt. Sie müssen nun überprüfen, ob diese Beispiele auf Ihre Organisation zutreffen, und die Tabellenspalten eventuell löschen oder weitere *nicht zutreffende Anforderungen* hinzufügen.

Hinweis: Der Punkt 6 wurde frei gelassen. Hier können Sie eigene Prozessabläufe einfügen.

Anwendungsbereich des Qualitätsmanagementsystems DIN EN ISO 9001:2015

1_VERTRIEB	2_EINKAUF	3_ENTWICKLUNG
• Angebot erstellen, ändern	• Disposition, Anfrage, Preisvergleich, Bestellung	• Entwicklung, Änderung Serienprodukt
• Angebot verfolgen	• Bestellung verfolgen	• Entwicklung Sonderprodukt (Kundenwunsch)
• Auftrag erstellen	• Reklamation, Falschlieferung	• **Ordner:** Durchgeführte Entwicklungen
• Auftrag ändern, stornieren	• Lieferanten Auswahl, Beurteilung, Neubeurteilung	•
• Reklamation	•	•

4_FERTIGUNG	5_WARENEINGANG / LAGER / VERSAND	
• Fertigungsablauf Serienprodukte, Sonderprodukte	• Wareneingang extern	•
• Instandhaltung der Fertigungseinrichtungen	• Wareneingang aus Fertigung	•
• Überwachungs- und Messmittel	• Produkte einlagern oder auslagern	•
•	• Produkte versenden	•
•	• Inventur	•

7_Verantwortung der obersten Leitung und Organisation	8_Fortlaufende Verbesserung des QM-Systems	9_Mitarbeiter
• Oberste Leitung und Organisation	• Internes Audit	• Ausbildung Schulung Fertigkeiten Erfahrung Kompetenz
• **Ordner:** Jährlich durchzuführende Tätigkeiten	• Nichtkonformitäten und Korrekturmaßnahmen	•

10_Dokumentierte Information Formulare		
• **Ordner:** Formulare	•	•
•	•	•
•	•	•

Zu den „nicht zutreffenden Anforderungen" gehören folgende Normenabschnitte:	Begründung:
8.4.1 b) Produkte und Dienstleistungen, die den Kunden direkt durch externe Anbieter im Auftrag der Organisation bereitgestellt werden.	• Unsere Produkte und Dienstleistungen erhält der Kunde nur durch uns direkt **(kein Streckengeschäft)**.
8.4.1 c) extern bereitgestellte Prozesse oder Teilprozesse, die von externen Anbietern bereitgestellt werden.	• Es werden von den externen Anbietern (Lieferanten) <u>keine</u> extern bereitgestellten Prozesse oder Teilprozesse bereitgestellt, **da alle Prozesse in unserem Hause stattfinden**.
8.5.1 f) Produkte und Dienstleistungen, die nicht durch Überwachung oder Messung verifiziert werden können.	• Unsere Produkte oder Dienstleistungen müssen durch Überwachung oder Messung verifiziert werden, um die Anforderung des Kunden erfüllen zu können.

Dokumentierte Information aufrechterhalten: Bild 2.2 A_START-Anwendungsbereich des Qualitätsmanagementsystems.doc
Freigegeben: Klaus Mustermann, Datum: 06.01.2019, Fertigungsunternehmen 1
Seite 1 von 1

BILD 2.2 Anwendungsbereich des QM-Systems

Die Aufteilung können Sie jederzeit ändern, wenn Ihre Organisation anders strukturiert ist. Die blauen, unterstrichenen Texte, z. B. *Angebot erstellen, ändern*, sind mit einem *Hyperlink* versehen. Sie verzweigen direkt aus dem Anwendungsbereich in die Prozessabläufe oder in die Formulare sowie in weitere Ordner.

Bitte beachten Sie Folgendes: Wenn Sie Word-Dokumente umbenennen oder neue Word-Dokumente in den Anwendungsbereich aufnehmen, dann müssen Sie auch den Hyperlink ändern oder neu hinzufügen.

Die **Namen der Ordner** entsprechen den **Überschriften**, z. B. *1_VERTRIEB, 2_EINKAUF*, um eine einfache Zuordnung zwischen dem Anwendungsbereich des QM-Systems und den Funktionen, Prozessen und Formularen zu ermöglichen.

Zusätzliche Hinweise zu den Normenkapiteln der DIN EN ISO 9001:2015 **Anwendungsbereich des Qualitätsmanagementsystems** und wie diese umgesetzt wurden, finden Sie in diesem Buch im **Kapitel 1.4.1**.

■ 2.4 1_VERTRIEB

Der Funktionsbereich **1_VERTRIEB** benötigt die Prozessabläufe:

- Angebot erstellen/ändern
- Angebot verfolgen
- Auftrag erstellen
- Auftrag ändern/stornieren
- Reklamation

2.4.1 VERTRIEB: Angebot erstellen/ändern

Mit diesem Prozessablauf wird das Erstellen oder das Ändern des Angebotes prozessorientiert beschrieben (Bild 2.3).

Die Anfragen der Kunden werden durch den Vertrieb bearbeitet. Es gibt zwei generelle Unterscheidungen:

Serienwerkprodukte: Dazu zählen Produkte aus eigener Fertigung und Handelsprodukte.

Sonderprodukte: kundenspezifische Produkte nach Zeichnung oder Muster.

Der Prozessablauf berücksichtigt diese Auftragsarten. Die Angaben des Kunden werden geprüft. Bei Sonderprodukten sind zusätzliche Prüfungen notwendig: die Herstellungsmöglichkeit, die Genauigkeit der Zeichnung und die Materialqualität. Sollte Kundeneigentum vorhanden sein (Zeichnung, Muster, Halbfertigprodukte oder Rohmaterial), ist es die Aufgabe der Fertigung, die Fertigungsmöglichkeit vorher abzuklären.

Die Prüfung der Fertigungsmöglichkeit berücksichtigt: Mitarbeiter, Fertigungseinrichtungen, Überwachungs- und Messmittel, Vorrichtungen, Werkzeuge, Halbfertigprodukte, Rohmaterialien.

Zum Schluss erfolgen die Kalkulation und die Klärung des Liefertermins.

Die Zuordnung der Verantwortung ist in kleineren Organisationen weiter gefasst. Ein Blick in das Formular *F_Organigramm_Verantwortung* zeigt dies deutlich.

WECHSELWIRKUNG Aus diesem Prozessablauf wird eventuell auf weitere Prozessabläufe verwiesen (Wechselwirkung). Eine detaillierte Beschreibung erfolgt in diesen Prozessabläufen.

VERTRIEB: Angebot erstellen / ändern

Tätigkeit / Prozessschritte (Abfolge-Eingaben-Ergebnisse)	Füh-rung	Ver-trieb	Ein-kauf	La-ger	Ferti-gung	WE, Ver-sand	Externe Bear-bei-tung	Wechselwirkung, Checkliste (Wissen der Organisation), Kriterien, Verfahren, Ressourcen	Lenkung dokumentierter Information, Wissen der Organisation
STARTEREIGNIS: *Angebot erstellen / ändern* Nachfolgende Tätigkeiten erfolgen bei Serienprodukten und Handelsprodukten.									•
									•
Angaben des Kunden prüfen	(X)	X						**Prüfen:** Serienprodukte, Handelsprodukte: Artikel-Nr., Liefertermin, Preise, Rabatte, Vereinbarungen	• Anfrage • Datenschutz
Lagerbestand prüfen	(X)	X						**Prüfen:** Serienprodukte, Handelsprodukte: Artikel-Nr., Lagerbestand	• Anfrage
Fertigungsmöglichkeit prüfen	(X)	X			X			**Prüfen:** Serienprodukte: Liefertermin	• Anfrage
Einkaufsmöglichkeit prüfen	(X)	X	X					**Prüfen:** Handelsprodukte: Artikel-Nr., Lagerbestand, Liefertermin, Preise, Rabatte, Vereinbarungen **Wechselwirkung:** • EINKAUF_Disposition_ Anfrage _Preisvergleich_ Bestellung	• Anfrage
Nachfolgende Tätigkeiten erfolgen nur bei Sonderprodukten.									•
Sonderprodukte auf Herstellbarkeit prüfen	(X)	X			X			**Prüfen:** Artikel-Nr., Liefertermin, Preise, Rabatte, Vereinbarungen, Zeichnung, Datenfile, Muster, Material	• Anfrage
Vom Kunden beizustellende Materialien und Unterlagen berücksichtigen	(X)	X			X			**Prüfen:** Vertraulichkeit der Zeichnung und des Datenfiles, Muster, Material, Lagerung, Rücksendung	• Anfrage
Fertigungsmöglichkeit prüfen	(X)	X			X			**Prüfen:** Halbfertigprodukte, Rohmaterialien: Mitarbeiter, Fertigungseinrichtung, Überwachungs- und Messmittel, Vorrichtungen, Werkzeuge, Rohmaterial, Lagerbestand, Liefertermin	• Anfrage
Einkaufsmöglichkeit prüfen	(X)	X	X					**Prüfen:** Handelsprodukte, Halbfertigprodukte, Rohmaterialien: Artikel-Nr., Lagerbestand, Liefertermin, Preise, Rabatte, Vereinbarungen **Wechselwirkung:** • EINKAUF_Disposition_ Anfrage _Preisvergleich_ Bestellung	• Anfrage
Externe Bearbeitung erforderlich prüfen	(X)	X	X		X		(X)	**Prüfen:** Liefertermin, Preise, Rabatte, Vereinbarungen **Wechselwirkung:** • EINKAUF_Disposition_ Anfrage _Preisvergleich_ Bestellung	• Anfrage

Dokumentierte Information aufrechterhalten: Bild 2.3(Seite1) VERTRIEB_Angebot erstellen_ändern.doc
Freigegeben: Klaus Mustermann, Datum: 06.01.2019, Fertigungsunternehmen 1

BILD 2.3 VERTRIEB: Angebot erstellen/ändern (Ausschnitt)

KORREKTUREN, KORREK-TURMASSNAHMEN, VERBESSERUNGS-MASSNAHMEN

Es sind eventuell Korrekturen oder Korrekturmaßnahmen einzuleiten. Im Bedarfsfall ist das Formular *F_Maßnahmen* auszufüllen. In diesem Formular werden Korrektur, Korrekturmaßnahme und Verbesserungsmaßnahme zusammengefasst.

2.4.2 VERTRIEB: Angebot verfolgen

Mit diesem Prozessablauf wird die Verfolgung des Angebotes prozessorientiert beschrieben (Bild 2.4).

Serienwerkprodukte: Dazu zählen Produkte aus eigener Fertigung und Handelsprodukte.

Sonderprodukte: kundenspezifische Produkte nach Zeichnung oder Muster.

Die Kundenangebote werden mit einem Wiedervorlagedatum versehen.

Der Vertrieb erhält in einer Übersicht alle Angebote und kann nun entscheiden, ob ein Nachfassen dieser Angebote zu diesem Zeitpunkt sinnvoll ist.

Bei den Angeboten wird von Serienprodukten und Sonderprodukten (kundenspezifischen Produkten) nach Zeichnung oder Muster ausgegangen. Es ist nicht wahrscheinlich, dass zu diesem Zeitpunkt eine völlig veränderte Vorgabe durch den Kunden erfolgt. Daher werden deutlich weniger Tätigkeiten benötigt als bei der Angebotserstellung. Sollte das in Ihrer Organisation anders sein, dann müssen Sie die benötigten Tätigkeiten hinzufügen oder ändern.

WECHSELWIRKUNG

Aus diesem Prozessablauf wird eventuell auf weitere Prozessabläufe verwiesen (Wechselwirkung). Eine detaillierte Beschreibung erfolgt in diesen Prozessabläufen.

KORREKTUREN, KORREK-TURMASSNAHMEN, VERBESSERUNGS-MASSNAHMEN

Es sind eventuell Korrekturen oder Korrekturmaßnahmen einzuleiten. Im Bedarfsfall ist das Formular *F_Maßnahmen* auszufüllen. In diesem Formular werden Korrektur, Korrekturmaßnahme und Verbesserungsmaßnahme zusammengefasst.

VERTRIEB: Angebot verfolgen

Tätigkeit / Prozessschritte (Abfolge-Eingaben-Ergebnisse)	Füh-rung	Ver-trieb	Ein-kauf	La-ger	Ferti-gung	WE, Ver-sand	Externe Bear-bei-tung	Wechselwirkung, Checkliste (Wissen der Organisation), Kriterien, Verfahren, Ressourcen	Lenkung dokumentierter Information, Wissen der Organisation
STARTEREIGNIS: *Angebot verfolgen*									•
Angebot heraussuchen	(X)	X						**Klären:** Termin für Rückfrage erreicht **Wechselwirkung:** • VERTRIEB_Angebot erstellen_ändern	• Anfrage • Kalkulation • Angebot
Mit Kunden in Verbindung setzen	(X)	X						**Klären:** Angebot erhalten, Preise, Lieferzeit, Kunde hat sich noch nicht entschieden	• Anfrage • Kalkulation • Angebot
Nachfolgende Tätigkeiten werden nur bei Bedarf durchgeführt.									•
Angebot überarbeiten	(X)	X						**Wechselwirkung:** • VERTRIEB_Angebot erstellen_ändern	•
Angebot auf Wiedervorlage setzen		X						**Prüfen:** Wiedervorlagetermin in EDV-System eingeben	• Anfrage • Kalkulation • Angebot
ENDEREIGNIS: *Angebot verfolgt*									•
									•
Nachfolgende Tätigkeiten werden nur bei Bedarf durchgeführt.									•
Korrekturmaßnahmen durchführen	X	X						**Wechselwirkung:** • QM: Nichtkonformität und Korrekturmaßnahmen	•

Bewertung des Prozesses:	**Methode:** Rückmeldungen von Personal, internes Audit
Fortlaufende Verbesserung:	**Methode:** Rückmeldungen von Kunden **Informationen Risiken und Chancen:** nicht erhaltene Angebote, Korrektur der Angebote

BILD 2.4 VERTRIEB: Angebot verfolgen

2.4.3 VERTRIEB: Auftrag erstellen

Mit diesem Prozessablauf wird das Erstellen des Auftrags prozessorientiert beschrieben (Bild 2.5).

Serienwerkprodukte: Dazu zählen Produkte aus eigener Fertigung und Handelsprodukte.

Sonderprodukte: kundenspezifische Produkte nach Zeichnung oder Muster.

Es gibt zwei Kundenauftragsarten:

- Serienprodukte, Handelsprodukte,
- kundenspezifische Produkte (Sonderprodukte) nach Zeichnung oder Muster, immer in Verbindung mit einem Angebot.

Bei Sonderprodukten wird die Bestellung des Kunden mit dem Angebot verglichen, um letzte Widersprüche auszuräumen. Serienprodukte und Handelsprodukte benötigen nicht grundsätzlich ein Angebot, da nach Katalog oder im Online-Shop bestellt wird.

Bei Serienprodukten und Handelsprodukten wird der Bestand im Lager und in der Fertigung berücksichtigt. Dies ist für eine sinnvolle Aufteilung der Mengen notwendig, falls es Engpässe in der Fertigung oder im Einkauf gibt bzw. eine Disposition der Serienprodukte noch nicht erfolgt ist.

Der Einkauf hat bei der Terminierung

- die Fertigungszeit,
- die eventuelle Oberflächenveredelung,
- die Beschaffbarkeit

zu berücksichtigen.

Da nicht alle Kunden eine Auftragsbestätigung wünschen bzw. dies bei Lagerlieferungen keinen Sinn macht, wurde bei *Auftragsbestätigung schreiben* eine Erläuterung eingefügt.

Fertigungsaufträge (Serienprodukte, Sonderprodukte und Wiederaufarbeitung) werden vom Vertrieb erstellt und in die Fertigung gegeben. Dies ist bei kleinen Organisationen üblich, da der Vertrieb gleichzeitig die Disposition der Serienprodukte übernimmt.

Der Lieferschein für Serienprodukte wird ins Lager zur Kommissionierung weitergeleitet, um den schnellen Versand der Produkte zu gewährleisten.

WECHSELWIRKUNG   Aus diesem Prozessablauf wird eventuell auf weitere Prozessabläufe verwiesen (Wechselwirkung). Eine detaillierte Beschreibung erfolgt in diesen Prozessabläufen.

KORREKTUREN, KORREKTURMASSNAHMEN, VERBESSERUNGSMASSNAHMEN   Es sind eventuell Korrekturen oder Korrekturmaßnahmen einzuleiten. Im Bedarfsfall ist das Formular *F_Maßnahmen* auszufüllen. In diesem Formular werden Korrektur, Korrekturmaßnahme und Verbesserungsmaßnahme zusammengefasst.

VERTRIEB: Auftrag erstellen

Tätigkeit / Prozessschritte (Abfolge-Eingaben-Ergebnisse)	Führung	Vertrieb	Einkauf	Lager	Fertigung	WE, Versand	Externe Bearbeitung	Wechselwirkung, Checkliste (Wissen der Organisation), Kriterien, Verfahren, Ressourcen	Lenkung dokumentierter Information, Wissen der Organisation
STARTEREIGNIS: *Auftrag erstellen*									•
Nachfolgende Tätigkeiten erfolgen nur bei Serienprodukten, Handelsprodukten.									•
Angaben des Kunden prüfen	(X)	X	(X)					**Prüfen:** Serienprodukte, Handelsprodukte: Artikel-Nr., Lagerbestand, Liefertermin, Preise, Rabatte, Vereinbarungen **Wechselwirkung:** • EINKAUF_Disposition_Anfrage_Preisvergleich_Bestellung	• Angebot • Kundenauftrag • Datenschutz
Nachfolgende Tätigkeiten erfolgen nur bei Sonderprodukten.									•
Angebot vorhanden (bei Sonderprodukten zwingend)	(X)	X						**Prüfen:** Angebot mit Auftrag des Kunden vergleichen	• Angebot • Kundenauftrag
Vom Kunden beigestellte Materialien und Unterlagen berücksichtigen	(X)	X						**Prüfen:** Vertraulichkeit der Zeichnung, Datenfile, Muster, Material, Lagerung	• Angebot • Kundenauftrag
Sonderprodukte disponieren	(X)		X					**Wechselwirkung:** • EINKAUF_Disposition_Anfrage_Preisvergleich_Bestellung	•
									•
Auftragsbestätigung schreiben		X						**Prüfen:** Eine Auftragsbestätigung ist nicht in jedem Fall erforderlich.	• Angebot • Kundenauftrag • Auftragsbestätigung
Nachfolgende Tätigkeiten erfolgen nur bei Handelsprodukten, Serienprodukten.									•
Vorrätige Produkte für Kundenauftrag auslagern und versenden				X				**Wechselwirkung:** • LAGER_Produkte einlagern_auslagern	• Lieferschein
ENDEREIGNIS: *Auftrag erstellt*									•
									•
Nachfolgende Tätigkeiten werden nur bei Bedarf durchgeführt.									•
Korrekturmaßnahmen durchführen	X	X	X	X				**Wechselwirkung:** • QM: Nichtkonformität und Korrekturmaßnahmen	•

Bewertung des Prozesses:	**Methode:** Rückmeldungen von Personal, internes Audit
Fortlaufende Verbesserung:	**Methode:** Rückmeldungen von Kunden, Einkauf, Lager **Informationen Risiken und Chancen:** Angebot an den Kunden, Auftrag des Kunden, Kundeneigentum, Serienprodukte, Handelsprodukte, Sonderprodukte

Dokumentierte Information aufrechterhalten: Bild 2.5 VERTRIEB_Auftrag_erstellen.doc
Freigegeben: Klaus Mustermann, Datum: 06.01.2019, Fertigungsunternehmen 1

BILD 2.5 VERTRIEB: Auftrag erstellen

2.4.4 VERTRIEB: Auftrag ändern/stornieren

Mit diesem Prozessablauf wird das Ändern oder das Stornieren des Auftrags prozessorientiert beschrieben (Bild 2.6).

Serienwerkprodukte: Dazu zählen Produkte aus eigener Fertigung und Handelsprodukte.

Sonderprodukte: kundenspezifische Produkte nach Zeichnung oder Muster.

Es gibt vielfältige Gründe, die zu einer Auftragsänderung oder Stornierung führen können. Hier alle Gründe aufzuführen ist jedoch nicht möglich.

Beispiele, die zu einer Auftragsänderung oder Stornierung führen können:

- Der Kunde beschwert sich über eine Terminverzögerung und verlangt eine Teillieferung zu einem anderen Termin.
- Die Menge ist zu ändern.
- Der Einkauf kann das Material nicht rechtzeitig beschaffen.
- Das Lager meldet Fehlmengen.
- Die Fertigung kann zu dem gewünschten Zeitpunkt nicht liefern.
- Der Kunde hat das falsche Produkt bestellt oder keine aktuelle Zeichnung geschickt.
- Preisänderungen werden nicht berücksichtigt, da die Produktqualität sich ändert.

Bei Serienprodukten kann eine Stornierung unproblematischer sein, da es sich um Lagerware handelt. Bei Sonderprodukten sind Stornierungen unwahrscheinlich, da der Kunde die Produkte benötigt. Sollte das in Ihrer Organisation anders sein, dann müssen Sie die benötigten Tätigkeiten hinzufügen oder ändern.

Die Kurzklärung zwischen Führung, Vertrieb und Fertigung berücksichtigt alle Gründe, die zu einer Auftragsänderung führen. Die Entscheidung mit dem Kunden löst dann die weiteren Tätigkeiten aus.

Je nach Umfang der Änderung werden die einzelnen Tätigkeiten mehr oder weniger stark ausgeführt. Es kommt nicht darauf an, jede einzelne Tätigkeit bis ins Detail zu beschreiben, da bei der dargestellten Organisationsgröße dazu keine Notwendigkeit besteht.

WECHSELWIRKUNG

Aus diesem Prozessablauf wird eventuell auf weitere Prozessabläufe verwiesen (Wechselwirkung). Eine detaillierte Beschreibung erfolgt in diesen Prozessabläufen.

KORREKTUREN, KORREKTURMASSNAHMEN, VERBESSERUNGSMASSNAHMEN

Es sind eventuell Korrekturen oder Korrekturmaßnahmen einzuleiten. Im Bedarfsfall ist das Formular *F_Maßnahmen* auszufüllen. In diesem Formular werden Korrektur, Korrekturmaßnahme und Verbesserungsmaßnahme zusammengefasst.

VERTRIEB: Auftrag ändern / stornieren

Tätigkeit / Prozessschritte (Abfolge-Eingaben-Ergebnisse) ↓	Führung	Vertrieb	Einkauf	Lager	Fertigung	WE, Versand	Externe Bearbeitung	Wechselwirkung, Checkliste (Wissen der Organisation), Kriterien, Verfahren, Ressourcen	Lenkung dokumentierter Information, Wissen der Organisation
STARTEREIGNIS: *Auftrag ändern / stornieren durchführen*									•
Kundenauftrag ändern / stornieren	(X)	X	X	X	X		(X)	**Prüfen:** Kurzklärung des Problems, Kosten ermitteln **Wechselwirkung:** • EINKAUF_Bestellung verfolgen • EINKAUF_Reklamation Falschlieferung	Kundenauftrag • Fertigungsauftrag • Bestellung • Lieferschein
Entscheidung mit Kunden durchführen		X						**Prüfen:** Wenn keine Änderung oder Stornierung erfolgt, dann müssen keine weiteren Tätigkeiten durchgeführt werden.	Kundenauftrag
Nachfolgende Tätigkeiten werden nur bei Änderung oder Stornierung durchgeführt.									•
Handelsprodukte, Halbfertigprodukte, Rohmaterialien bestellt			X					**Prüfen:** Bestellung ändern oder stornieren **Wechselwirkung:** • EINKAUF_Disposition_ Anfrage_Preisvergleich_ Bestellung	• Bestellung
Vom Kunden beigestellte Materialien und Unterlagen berücksichtigen und zurücksenden	(X)	X		X		X		**Prüfen:** Vertraulichkeit der Zeichnung, Datenfile, Muster, Material, Lagerung, Rücksendung **Wechselwirkung:** • VERSAND_Produkte versenden	• Kundenauftrag Lieferschein
Fertigung benachrichtigen		X	X					**Prüfen:** Produkte verschrotten, ausliefern oder Fertigungsauftrag weiter fertigen, ändern, stornieren, externe Bearbeitung **Wechselwirkung:** • EINKAUF_Disposition_ Anfrage_Preisvergleich_ Bestellung	• Fertigungsauftrag
Handelsprodukte, Halbfertigprodukte, Rohmaterialien Bestand prüfen			X					**Prüfen:** Handelsprodukt, Halbfertigprodukt, Rohmaterialien bestellen **Wechselwirkung:** • EINKAUF_Disposition_ Anfrage_Preisvergleich_ Bestellung	• Fertigungsauftrag
Kosten ermitteln / berechnen		X	X		X			**Prüfen:** Kostenübernahme durch den Kunden	• Kundenauftrag • Kostenaufstellung
Auftragsbestätigung schreiben		X						**Prüfen:** Eine Auftragsbestätigung ist nicht in jedem Fall erforderlich.	• Auftragsbestätigung
ENDEREIGNIS: *Auftrag ändern / stornieren durchgeführt*									•
Nachfolgende Tätigkeiten werden nur bei Bedarf durchgeführt.									•
Korrekturmaßnahmen durchführen	(X)	X	X	X	X		(X)	**Wechselwirkung:** • QM: Nichtkonformität und Korrekturmaßnahmen	•

Bewertung des Prozesses:	**Methode:** Rückmeldungen von Personal, internes Audit

Dokumentierte Information aufrechterhalten: Bild 2.6(Seite1)VERTRIEB_Auftrag_ändern_stornieren.doc
Freigegeben: Klaus Mustermann, Datum: 06.01.2019, Fertigungsunternehmen 1
Seite 1 von 2

BILD 2.6 VERTRIEB: Auftrag ändern/stornieren (Ausschnitt)

2.4.5 VERTRIEB: Reklamation

Mit diesem Prozessablauf wird die Durchführung der Reklamationsbearbeitung prozessorientiert beschrieben (Bild 2.7).

Serienwerkprodukte: Dazu zählen Produkte aus eigener Fertigung und Handelsprodukte.

Sonderprodukte: kundenspezifische Produkte nach Zeichnung oder Muster.

Auch bei der Reklamationsbearbeitung werden die Tätigkeiten in dem Prozessablauf nur abstrakt geschildert, da es nicht möglich und sinnvoll ist, alle Tätigkeiten aufzuzeigen.

Beispiele:
- Der Kunde hat die falsche Ware bekommen.
- Der Kunde hat defekte Ware bekommen.
- Die Reklamation ist im Wareneingang/Versand eingetroffen.
- Der Vertrieb bringt Ware vom Kunden mit.

Je nach Umfang der Reklamation werden die einzelnen Tätigkeiten mehr oder weniger stark ausgeführt. Es kommt nicht darauf an, jede einzelne Tätigkeit bis ins Detail zu beschreiben. Das ist bei den unterschiedlichen Kombinationsmöglichkeiten zu aufwendig. Wichtiger ist die Analyse der Reklamationsgründe.

Die reklamierten Produkte werden bis zur Klärung mit dem Begleitschreiben des Kunden oder einem Warenbegleitschein gekennzeichnet und ins Sperrlager eingeräumt bzw. verbleiben im Wareneingang. Die Fertigung prüft die reklamierten Produkte, da dort die nötige Fachkompetenz vorhanden ist.

Unberechtigte Reklamationen werden an den Kunden zurückgesandt oder auf seine Kosten entsorgt.

WECHSELWIRKUNG

Aus diesem Prozessablauf wird eventuell auf weitere Prozessabläufe verwiesen (Wechselwirkung). Eine detaillierte Beschreibung erfolgt in diesen Prozessabläufen.

KORREKTUREN, KORREKTURMASSNAHMEN, VERBESSERUNGSMASSNAHMEN

Es sind eventuell Korrekturen oder Korrekturmaßnahmen einzuleiten. Im Bedarfsfall ist das Formular *F_Maßnahmen* auszufüllen. In diesem Formular werden Korrektur, Korrekturmaßnahme und Verbesserungsmaßnahme zusammengefasst.

2.4 1_VERTRIEB

VERTRIEB: Reklamation

Tätigkeit / Prozessschritte (Abfolge-Eingaben-Ergebnisse)	Füh-rung	Ver-trieb	Ein-kauf	La-ger	Ferti-gung	WE, Ver-sand	Ex-terne Bear-bei-tung	Wechselwirkung, Checkliste (Wissen der Organisation), Kriterien, Verfahren, Ressourcen	Lenkung dokumentierter Information, Wissen der Organisation
STARTEREIGNIS: Reklamation bearbeiten									•
Reklamation prüfen	(X)	X	X	X	X	X	(X)	**Prüfen:** Kurzklärung des Problems: Preis, Menge, Liefertermin, Reklamation im Wareneingang eingetroffen, Produkte im Versand sperren, Lieferant, eigene Fertigung, externe Bearbeitung **Wechselwirkung:** • WARENEINGANG_ Wareneingang extern	• Reklamations-schreiben • E-Mail • Anschreiben • Sperrzettel • Fertigungsauftrag • Antwortschreiben Lieferant • Datenschutz
Lieferant benachrichtigen	(X)	X					(X)	**Klären:** Produkte: Endprodukt, Halbfertigprodukt, Rohmaterial, externe Bearbeitung	• Bestellung • Auftragsbestäti-gung • Reklamations-schreiben
Fertigung benachrichtigen	(X)	X		X				**Klären:** Produkte: Serienpro-dukt, Sonderprodukt	• Bestellung • Auftragsbestäti-gung • Reklamations-schreiben • Zeichnung • Fertigungsauftrag
Reklamation ist abgelehnt	(X)	X	X		X	X	(X)	**Prüfen:** Kunden benachrichti-gen, Termin, evtl. Rück-versand zum Kunden **Wechselwirkung:** • VERSAND_Produkte versenden	• Begleitschreiben • Lieferschein
Nachfolgende Tätigkeiten werden nur bei berechtigter Reklamation mit Preisen, Mengen, Falschliefe-rung von Produkten durchge-führt.									•
Reklamation Preis	(X)	X						**Prüfen:** Gutschrift erstellen	• Gutschrift
Falsche Produkte ins Lager ein-lagern	(X)	X		X		X		**Prüfen:** Serienprodukte, Han-delsprodukte, falscher Artikel, falsche Menge, keine Beschädigungen **Wechselwirkung:** • LAGER_Produkte einla-gern_auslagern	• Einlagerungsschein
Neue Produkte auslagern und versenden		X		X		X		**Prüfen:** Serienprodukte, Han-delsprodukte **Wechselwirkung:** • LAGER_Produkte einla-gern_auslagern	• Lieferschein
Nachfolgende Tätigkeiten werden nur bei berechtigter Reklamation mit fehlerhaften Produkten durchgeführt.									•
Reklamation Lieferant		X	X			X	(X)	**Prüfen:** Produkte weiterleiten, Ersatzlieferung, Kos-tenübernahme, Termin, externe Bearbeitung, Produkte neu liefern **Wechselwirkung:** • EINKAUF: Reklamation / Falschlieferung	• Lieferschein • Antwortschreiben Lieferant

Dokumentierte Information aufrechterhalten: Bild 2.7(Seite1)VERTRIEB_Reklamation.doc
Freigegeben: Klaus Mustermann, Datum: 06.01.2019, Fertigungsunternehmen 1
Seite 1 von 2

BILD 2.7 VERTRIEB: Reklamation (Ausschnitt)

■ 2.5   2_EINKAUF

Der Funktionsbereich **2_EINKAUF** benötigt die Prozessabläufe:

- Disposition/Anfrage/Preisvergleich/Bestellung
- Bestellung verfolgen
- Reklamation/Falschlieferung
- Lieferanten Auswahl/Beurteilung/Neubeurteilung

HINWEIS: Die in der DIN EN ISO 9001:2015 genannten *externen Anbieter* werden in diesem Buch auch als *Lieferanten* bezeichnet. Eine Erläuterung, wieso dies möglich ist, finden Sie in diesem Buch im *Kapitel 2.3* unter *0.1 Allgemeines*.

2.5.1 EINKAUF: Disposition/Anfrage/Preisvergleich/Bestellung

Mit diesem Prozessablauf werden Disposition, Anfrage, Preisvergleich und Bestellung prozessorientiert beschrieben (Bild 2.8).

Der Einkauf beschafft folgende relevante Produkte und Dienstleistungen:

- Handelsprodukte,
- Halbfertigprodukte,
- Rohmaterialien,
- externe Bearbeitung,
- Überwachungs- und Messmittel,
- Wartung der Fertigungsmaschinen und Disposition der Standardverschleißteile.

Die Handelsprodukte, Halbfertigprodukte und Rohmaterialien für Serienprodukte liegen fest. Bei Neuentwicklungen der Serienprodukte und Sonderprodukte ist eine schriftliche Anfrage sinnvoll. In der Praxis wird bei den Stammlieferanten angerufen, werden die Preise notiert und die Lieferzeiten festgehalten. Es wird ein Vergleich durchgeführt und dann anschließend per Fax, E-Mail, Online-Shop oder telefonisch bestellt. Wenn die Lieferanten eine Auftragsbestätigung senden, dann muss ein Vergleich mit der Bestellung auf Richtigkeit erfolgen. Dies trifft auch auf die neu aufzunehmenden Handelsprodukte zu.

Da Hochleistungswerkzeuge hergestellt werden, ist die Auswahl der Rohmaterialien und Lieferanten ein entscheidender Faktor. Deshalb wurde eine vereinfachte Excel-Arbeitsmappe *F_Beurteilung Auswahl und Leistungsüberwachung von externen Anbietern_QFD* entwickelt. Mit dieser Excel-Arbeitsmappe können gleichzeitig eine qualifizierte Lieferantenauswahl und eine Lieferantenbeurteilung durchgeführt werden. Da jedoch nicht jedes Mal eine Lieferantenbeurteilung sinnvoll oder erforderlich ist, wurde dies vermerkt.

Sie müssen diese Art der Bewertung nicht durchführen, wenn Sie eine andere Art anwenden.

In den Ablauf ist eine externe Bearbeitung integriert, da ein erhöhter logistischer Aufwand erforderlich ist.

Die Anfrage/Bestellung kann in einem Vorlageordner abgelegt oder elektronisch verwaltet werden.

WECHSELWIRKUNG

Aus diesem Prozessablauf wird eventuell auf weitere Prozessabläufe verwiesen (Wechselwirkung). Eine detaillierte Beschreibung erfolgt in diesen Prozessabläufen.

KORREKTUREN, KORREKTURMASSNAHMEN, VERBESSERUNGSMASSNAHMEN

Es sind eventuell Korrekturen oder Korrekturmaßnahmen einzuleiten. Im Bedarfsfall ist das Formular *F_Maßnahmen* auszufüllen. In diesem Formular werden Korrektur, Korrekturmaßnahme und Verbesserungsmaßnahme zusammengefasst.

EINKAUF: Disposition / Anfrage / Preisvergleich / Bestellung

Tätigkeit / Prozessschritte	Führung	Vertrieb	Einkauf	Lager	Fertigung	WE, Versand	Externe Bearbeitung	Wechselwirkung / Checkliste	Dokumentation
STARTEREIGNIS: Disposition / Anfrage / Preisvergleich / Bestellung durchführen									•
(Disposition) Mengen festlegen, ändern, stornieren	(X)	(X)	X					**Prüfen:** Verkaufsstückzahlen, Kundenauftrag, Rahmenauftrag, Konsilager, EDV-Vorschlag (Disposition) (Serienprodukt, Sonderprodukt, Handelsprodukt, Halbfertigprodukt, Rohmaterialien, externe Bearbeitung) **Wechselwirkung:** • VERTRIEB_Auftrag_erstellen • EINKAUF_Bestellung verfolgen • EINKAUF_Reklamation_Falschlieferung • ENTWICKLUNG_Entwicklung_Änderung_Serienprodukt • ENTWICKLUNG_Entwicklung Sonderprodukt	• Statistik • Kundenauftrag • Rahmenauftrag • Datenschutz
Lieferanten auswählen	(X)		X					**Prüfen:** Hauptlieferanten im EDV-System hinterlegt **Wechselwirkung:** • EINKAUF_Lieferanten_Auswahl_Beurteilung_Neubeurteilung	• Statistik • Kundenauftrag • Rahmenauftrag
Nachfolgende Tätigkeiten erfolgen bei Serienprodukten, Sonderprodukten, Halbfertigprodukten.									•
Fertigungsauftrag erstellen, ändern, stornieren			X					**Wechselwirkung:** • FERTIGUNG_Fertigungsablauf Serienprodukte / Sonderprodukte • VERTRIEB_Auftrag_ändern_stornieren • VERTRIEB_Reklamation	•
Nachfolgende Tätigkeiten erfolgen bei Handelsprodukten, Halbfertigprodukten, Rohmaterialien.									•
Produkte anfragen			X					Die Anfrage kann telefonisch, schriftlich, per Fax, E-Mail, Online-Shop erfolgen. **Wechselwirkung:** • VERTRIEB_Angebot erstellen_ändern	• Anfrage • Angebot
Produkte bestellen, ändern oder stornieren			X					Die Bestellung kann telefonisch, schriftlich, per Fax, E-Mail, Online-Shop erfolgen. **Wechselwirkung:** • VERTRIEB_Auftrag_ändern_stornieren	• Angebot • Bestellung
Nachfolgende Tätigkeiten erfolgen bei externer Bearbeitung.									•
Produkte anfragen			X					Die Anfrage erfolgt schriftlich. **Wechselwirkung:** • VERTRIEB_Angebot erstellen_ändern	• Anfrage • Angebot
Produkte bestellen, ändern oder stornieren			X					Die Bestellung erfolgt schriftlich. **Wechselwirkung:** • VERTRIEB_Auftrag_ändern_stornieren	• Angebot • Bestellung

Dokument: Bild 2.8 EINKAUF_Disposition_Anfrage_Preisvergleich_Bestellung.doc
Freigegeben: Klaus Mustermann, Datum: 06.01.2019, Fertigungsunternehmen 1
Seite 1 von 1

BILD 2.8 EINKAUF: Disposition/Anfrage/Preisvergleich/Bestellung (Ausschnitt)

2.5.2 EINKAUF: Bestellung verfolgen

Mit diesem Prozessablauf wird die Verfolgung der Bestellung prozessorientiert beschrieben (Bild 2.9).

In vielen kleinen Organisationen wird die Bestellverfolgung über einen Vorlageordner durchgeführt. Eine elektronische Lösung scheidet oft aus, da Aufwand und Nutzen in keinem wirtschaftlichen Verhältnis stehen. Sonst erfolgt eine elektronische Verwaltung.

Täglich werden die Bestellungen des Lieferanten durchgesehen oder das EDV-System meldet über Wiedervorlage den Termin.

Sollte das in Ihrer Organisation anders sein, dann müssen Sie die benötigten Tätigkeiten hinzufügen oder ändern.

WECHSELWIRKUNG   Aus diesem Prozessablauf wird eventuell auf weitere Prozessabläufe verwiesen (Wechselwirkung). Eine detaillierte Beschreibung erfolgt in diesen Prozessabläufen.

KORREKTUREN, KORREKTURMASSNAHMEN, VERBESSERUNGSMASSNAHMEN   Es sind eventuell Korrekturen oder Korrekturmaßnahmen einzuleiten. Im Bedarfsfall ist das Formular *F_Maßnahmen* auszufüllen. In diesem Formular werden Korrektur, Korrekturmaßnahme und Verbesserungsmaßnahme zusammengefasst.

EINKAUF: Bestellung verfolgen

Tätigkeit / Prozessschritte (Abfolge-Eingaben-Ergebnisse)	Füh-rung	Ver-trieb	Ein-kauf	La-ger	Ferti-gung	WE, Ver-sand	Externe Bear-bei-tung	Wechselwirkung, Checkliste (Wissen der Organisation), Kriterien, Verfahren, Ressourcen	Lenkung dokumentierter Information, Wissen der Organisation
STARTEREIGNIS: *Bestellung verfolgen*									•
Liefertermin erreicht / überschritten			X					**Prüfen:** Liefertermin im EDV-System erreicht, Liefertermin überschritten	• Bestellung • Auftragsbestätigung
Nachfolgende Tätigkeiten werden nur bei Bedarf durchgeführt.									•
Fertigung informieren	(X)		X		X			**Wechselwirkung:** • FERTIGUNG_Fertigungsablauf Serienprodukte / Sonderprodukte	•
Lieferanten informieren	(X)		X					**Wechselwirkung:** • EINKAUF_Disposition_Anfrage_Preisvergleich_Bestellung	•
Kunden informieren	(X)	X	X					**Wechselwirkung:** • VERTRIEB_Auftrag_ändern_stornieren	•
Bestellung überarbeiten			X					**Wechselwirkung:** • EINKAUF_Disposition_Anfrage_Preisvergleich_Bestellung	•
Fertigungsauftrag überarbeiten			X		X			**Wechselwirkung:** • FERTIGUNG_Fertigungsablauf Serienprodukte / Sonderprodukte	•
									•
Bestellung auf Wiedervorlage legen			X					**Prüfen:** Der neue Liefertermin wird ins EDV-System eingetragen.	• Bestellung • Auftragsbestätigung • Fertigungsauftrag
ENDEREIGNIS: *Bestellung verfolgt*									•
Nachfolgende Tätigkeiten werden nur bei Bedarf durchgeführt.									•
Korrekturmaßnahmen durchführen	X	X	X		X			**Wechselwirkung:** • QM: Nichtkonformität und Korrekturmaßnahmen	•

Bewertung des Prozesses:	**Methode:** Rückmeldungen von Personal, internes Audit
Fortlaufende Verbesserung:	**Methode:** Rückmeldungen von Lieferanten, Kunden, Vertrieb, Fertigung, Entwicklung **Informationen Risiken und Chancen:** Lieferverzug, Reklamationen, entstandene Fehler, nicht erhaltene Kundenaufträge, Stornierung Kundenaufträge, Probleme in der Fertigung

Dokumentierte Information aufrechterhalten: Bild 2.9 EINKAUF_Bestellung verfolgen.doc
Freigegeben: Klaus Mustermann, Datum: 06.01.2019, Fertigungsunternehmen 1
Seite 1 von 1

BILD 2.9 EINKAUF: Bestellung verfolgen

2.5.3 EINKAUF: Reklamation/Falschlieferung

Mit diesem Prozessablauf wird die Bearbeitung von Reklamationen und Falschlieferungen prozessorientiert beschrieben (Bild 2.10).

Bei den Serienprodukten, Sonderprodukten und Handelsprodukten handelt es sich um die Kernkompetenz dieser Organisation. Reklamationen sind hier genauso vielfältig wie im Kundenbereich.

Beispiele:

- Schwankungen in der Materialqualität,
- ungenaue Rundlaufgenauigkeit,
- Überschreitung der Liefertermine,
- falsche Mengen,
- falsche Handelsprodukte,
- mangelhafte externe Bearbeitung.

Natürlich kann es auch bei sehr guten Lieferanten zu Materialschwankungen kommen. Diese Materialschwankungen können jedoch erst beim Einsatz des Endprodukts festgestellt werden. Für die Bewertung des Lieferanten ist also die gleichmäßige Materialqualität von entscheidender Bedeutung. Dies gilt auch sinngemäß für Handelsprodukte und für die externe Bearbeitung.

Ein messbares Qualitätsziel sollte hier die benötigte Transparenz bringen. Sie müssen jedoch das messbare Qualitätsziel selbst definieren.

Nach Rücksprache mit der Fertigung und dem Vertrieb wird nun mit dem Lieferanten gemeinsam nach einer Lösung gesucht, dabei ist auch die Kostenübernahme zu klären.

WECHSELWIRKUNG

Aus diesem Prozessablauf wird eventuell auf weitere Prozessabläufe verwiesen (Wechselwirkung). Eine detaillierte Beschreibung erfolgt in diesen Prozessabläufen.

KORREKTUREN, KORREKTURMASSNAHMEN, VERBESSERUNGSMASSNAHMEN

Es sind eventuell Korrekturen oder Korrekturmaßnahmen einzuleiten. Im Bedarfsfall ist das Formular *F_Maßnahmen* auszufüllen. In diesem Formular werden Korrektur, Korrekturmaßnahme und Verbesserungsmaßnahme zusammengefasst.

EINKAUF: Reklamation / Falschlieferung

Tätigkeit / Prozessschritte (Abfolge-Eingaben-Ergebnisse)	Führung	Vertrieb	Einkauf	Lager	Fertigung	WE, Versand	Externe Bearbeitung	Wechselwirkung, Checkliste (Wissen der Organisation), Kriterien, Verfahren, Ressourcen	Lenkung dokumentierter Information, Wissen der Organisation
STARTEREIGNIS: *Reklamation / Falschlieferung bearbeiten*									•
Reklamation prüfen			X		X	X	(X)	**Prüfen:** Kurzklärung des Problems: Preis, Mengendifferenz, Termin überschritten, falsche Produkte, fehlerhafte Produkte, Produkte im Versand sperren. **Produkte:** Handelsprodukt, Halbfertigprodukt, Rohmaterial, externe Bearbeitung. **Wechselwirkung:** • WARENEINGANG_Wareneingang extern • VERTRIEB_Reklamation • VERTRIEB_Auftrag_ändern_stornieren	• Bestellung • Auftragsbestätigung • Lieferschein • Fertigungsauftrag • Sperrzettel • Datenschutz
Lieferant benachrichtigen	(X)		X					**Klären:** **Produkte:** Handelsprodukt, Halbfertigprodukt, Rohmaterial, externe Bearbeitung	• Bestellung • Auftragsbestätigung • Lieferschein
Nachfolgende Tätigkeiten werden nur bei Bedarf durchgeführt.									•
Reklamation Preis	(X)		X					**Prüfen:** Gutschrift erstellen	• Gutschrift
Falsche oder fehlerhafte Produkte zurücksenden			X			X	(X)	**Prüfen:** Handelsprodukt, Halbfertigprodukt, Rohmaterial, externe Bearbeitung. **Wechselwirkung:** • VERSAND_Produkte versenden	• Lieferschein
Fertigung informieren	(X)		X		X			**Wechselwirkung:** • FERTIGUNG_Fertigungsablauf Serienprodukte / Sonderprodukte	•
Kunden informieren	(X)	X	X					**Wechselwirkung:** • VERTRIEB_Auftrag_ändern_stornieren	•
Bestellung überarbeiten			X					**Wechselwirkung:** • EINKAUF_Disposition_Anfrage_Preisvergleich_Bestellung	•
Fertigungsauftrag überarbeiten			X					**Wechselwirkung:** • FERTIGUNG_Fertigungsablauf Serienprodukte / Sonderprodukte	•
Kosten ermitteln / berechnen	(X)		X					**Prüfen:** Kostenübernahme durch den Lieferanten, Kostenübernahme externe Bearbeitung	• Lieferschein • Kostenaufstellung
Lieferanten bewerten	(X)		X					**Prüfen:** Es kann eine neue Lieferantenbewertung erforderlich sein.	• Lieferschein • F_Beurteilung Auswahl und Leistungsüberwachung von externen Anbietern • F_Beurteilung Auswahl und Leistungsüberwachung von externen Anbietern_QFD
ENDEREIGNIS: *Reklamation / Falschlieferung bearbeitet*									• •

Dokumentierte Information aufrechterhalten: Bild 2.10(Seite1) EINKAUF_Reklamation_Falschlieferung.doc
Freigegeben: Klaus Mustermann, Datum: 06.01.2019, Fertigungsunternehmen 1
Seite 1 von 2

BILD 2.10 EINKAUF: Reklamation/Falschlieferung (Ausschnitt)

2.5.4 EINKAUF: Lieferanten Auswahl/Beurteilung/Neubeurteilung

Mit diesem Prozessablauf werden die Auswahl, Beurteilung und Neubeurteilung von Lieferanten prozessorientiert beschrieben (Bild 2.11).

In Organisationen dieser Größe gibt es keine 100 Lieferanten oder es ist ein ständiger Wechsel vorhanden. Dies hat mehrere Gründe. Zu viele Lieferanten bedeuten einen erheblichen logistischen Aufwand, und zudem werden die Bestellmengen auf mehrere Lieferanten verteilt, was letztendlich wieder Auswirkung auf die Preise hat. Im *Fertigungsunternehmen 1* kommt noch erschwerend hinzu, dass Rohmaterial bei maximal fünf Lieferanten eingekauft werden kann und die externe Oberflächenveredelung bei drei Lieferanten.

Aus diesem Grund wurden zwei unterschiedliche Arten der Lieferantenbewertung erstellt:

1. Formular *F_Beurteilung Auswahl und Leistungsüberwachung von externen Anbietern_QFD* (Excel) bei komplexen Produkten/Dienstleistungen,
2. Formular *F_Beurteilung Auswahl und Leistungsüberwachung von externen Anbietern* (Word) als generelle Vorgehensweise.

**Beurteilung Auswahl und Leistungsüberwachung
von externen Anbietern_QFD bei komplexen Produkten/Dienstleistungen**

Da Hochleistungswerkzeuge hergestellt werden, ist die Auswahl der Rohmaterialien und Lieferanten ein entscheidender Faktor. Deshalb wurde eine vereinfachte Excel-Arbeitsmappe *F_Beurteilung Auswahl und Leistungsüberwachung von externen Anbietern_QFD* entwickelt. Mit dieser Excel-Arbeitsmappe können gleichzeitig eine qualifizierte Lieferantenauswahl und eine Lieferantenbeurteilung durchgeführt werden. Die Anforderung des Kunden wird mit den Möglichkeiten der Lieferanten verglichen, das benötigte Rohmaterial zu liefern. Da jedoch nicht für jedes Rohmaterial eine Lieferantenbeurteilung sinnvoll ist, wurde dies in dem Prozessablauf vermerkt. Die Excel-Arbeitsmappe *F_Beurteilung Auswahl und Leistungsüberwachung von externen Anbietern_QFD* ermöglicht, bei Produktänderungen die damaligen Entscheidungsgründe für diesen Lieferanten zu verfolgen.

Sollten Sie keine Bewertung mit der Excel-Arbeitsmappe *F_Beurteilung Auswahl und Leistungsüberwachung von externen Anbietern_QFD* durchführen wollen, dann müssen Sie die entsprechenden Tätigkeiten in dem Prozessablauf korrigieren.

Sie müssen diese Art der Bewertung nicht durchführen, wenn Sie eine andere Art anwenden.

WECHSELWIRKUNG

Aus diesem Prozessablauf wird eventuell auf weitere Prozessabläufe verwiesen (Wechselwirkung). Eine detaillierte Beschreibung erfolgt in diesen Prozessabläufen.

KORREKTUREN, KORREK-TURMASSNAHMEN, VERBESSERUNGS-MASSNAHMEN

Es sind eventuell Korrekturen oder Korrekturmaßnahmen einzuleiten. Im Bedarfsfall ist das Formular *F_Maßnahmen* auszufüllen. In diesem Formular werden Korrektur, Korrekturmaßnahme und Verbesserungsmaßnahme zusammengefasst.

**ISO 9001:2015
AUSZUG AUS DER NORM**

A.8 Steuerung von extern bereitgestellten Prozessen, Produkten und Dienstleistungen

Alle Formen von extern bereitgestellten Prozessen, Produkten und Dienstleistungen werden in 8.4 behandelt, egal ob durch beispielsweise:

- *Kauf von einem Lieferanten;*
- *Vereinbarungen mit einem Beteiligungsunternehmen;*
- *Ausgliedern von Prozessen an einen externen Anbieter.*

Das Ausgliedern hat stets den grundlegenden Charakter einer Dienstleistung, da mindestens eine Tätigkeit an der Schnittstelle zwischen dem Anbieter und der Organisation notwendig ist.

EINKAUF: Lieferanten Auswahl / Beurteilung / Neubeurteilung

Tätigkeit / Prozessschritte (Abfolge-Eingaben-Ergebnisse)	Führung	Vertrieb	Einkauf	Lager	Fertigung	WE, Versand	Externe Bearbeitung	Wechselwirkung, Checkliste (Wissen der Organisation), Kriterien, Verfahren, Ressourcen	Lenkung dokumentierter Information, Wissen der Organisation
STARTEREIGNIS: Lieferanten Auswahl / Beurteilung / Neubeurteilung durchführen									•
Lieferanten auswählen, beurteilen									•
Kriterien festlegen	(X)		X					**Prüfen:** Verkaufsstückzahlen, Kundenauftrag, Rahmenauftrag, Konsilager, Preis, Liefertermin (Handelsprodukt, Halbfertigprodukt, Rohmaterial, externe Bearbeitung)	• Statistik • Kundenauftrag • Rahmenauftrag • F_Beurteilung Auswahl und Leistungsüberwachung von externen Anbietern • **F_Beurteilung Auswahl und Leistungsüberwachung von externen Anbietern_QFD** • Datenschutz
Lieferanten anfragen und beurteilen	(X)		X					**Prüfen:** Hauptlieferanten, Mengen, Liefertermin	• Anfrage • F_Beurteilung Auswahl und Leistungsüberwachung von externen Anbietern • **F_Beurteilung Auswahl und Leistungsüberwachung von externen Anbietern_QFD**
Lieferanten auswählen (freigeben)	(X)		X					**Prüfen:** Die Auswahl (Angebot) kann auch durch Kataloge, Online-Shop usw. bei den schon vorhandenen Hauptlieferanten erfolgen. Ausgewählten Lieferanten im EDV-System hinterlegen. **Wechselwirkung:** • EINKAUF_Disposition_Anfrage_Preisvergleich_Bestellung	• Anfrage • F_Beurteilung Auswahl und Leistungsüberwachung von externen Anbietern • **F_Beurteilung Auswahl und Leistungsüberwachung von externen Anbietern_QFD** • Angebot
Lieferanten neu beurteilen									•
Kriterien festlegen und bewerten	(X)		X			X		**Prüfen:** Fehlerhäufigkeit (Lieferschein) (Handelsprodukt, Halbfertigprodukt, Rohmaterial, externe Bearbeitung). Die Bewertung erfolgt im Fehlerfall auf dem Lieferschein.	• F_Beurteilung Auswahl und Leistungsüberwachung von externen Anbietern • **F_Beurteilung Auswahl und Leistungsüberwachung von externen Anbietern_QFD** • Lieferschein
Lieferanten anschreiben	(X)		X					**Prüfen:** Hauptlieferanten, Fehlerhäufigkeit (Lieferschein)	• Fehlerhäufigkeit (Lieferschein)

Dokumentierte Information aufrechterhalten: Bild 2.11 EINKAUF_Lieferanten_Auswahl_Beurteilung_Neubeurteilung.doc
Freigegeben: Klaus Mustermann, Datum: 06.01.2019, Fertigungsunternehmen 1
Seite 1 von 2

BILD 2.11 EINKAUF: Lieferanten Auswahl/Beurteilung/Neubeurteilung (Ausschnitt)

**KORREKTUREN, KORREK-
TURMASSNAHMEN,
VERBESSERUNGS-
MASSNAHMEN
ISO 9001:2015
AUSZUG AUS DER NORM**

Die Arten der Steuerung, die für die externe Bereitstellung erforderlich sind, können sich abhängig von der Art der Prozesse, Produkte und Dienstleistungen stark unterscheiden. Die Organisation kann das risikobasierte Denken anwenden, um die Art und den Umfang der Steuerung zu bestimmen, die/der für den jeweiligen externen Anbieter und die extern bereitgestellten Prozesse, Produkte und Dienstleistungen geeignet ist.

2.5.4.1 Formular: F_Beurteilung Auswahl und Leistungsüberwachung von externen Anbietern_QFD (Excel) bei komplexen Produkten/ Dienstleistungen

Mit diesem Formular wird die Lieferantenbewertung durchgeführt (Bild 2.12).

Da Hochleistungswerkzeuge hergestellt werden, ist die Auswahl der Rohmaterialien und Lieferanten ein entscheidender Faktor. Deshalb wurde eine vereinfachte Excel-Arbeitsmappe *F_Beurteilung Auswahl und Leistungsüberwachung von externen Anbietern_QFD* entwickelt. Mit dieser Excel-Arbeitsmappe können gleichzeitig eine qualifizierte Lieferantenauswahl und eine Lieferantenbeurteilung durchgeführt werden. Die Excel-Arbeitsmappe *F_Beurteilung Auswahl und Leistungsüberwachung von externen Anbietern_QFD* wurde für diese Organisationsgröße stark vereinfacht. Es ist jedoch ein effektives Mittel zur Beurteilung der Lieferanten. Der Einsatz dieser Excel-Arbeitsmappe ist denkbar einfach.

An dieser Stelle wird nur auf die **generelle Definition** eingegangen. Ausführliche Hinweise zu den **Excel-Arbeitsmappen** und deren Umsetzung finden Sie in diesem Buch im **Kapitel 1.7.2**.

**INFORMATIONEN
QFD-LIEFERANTEN-
BEWERTUNG**

1. Als Erstes sind das **Endprodukt** *Serienwerkzeug aus neuem Material*, das **Rohmaterial** *Vollhartmetall Rundstäbe* und die **Zielgruppe** *Formenbau, Gesenkbau*, an die das Endprodukt verkauft werden soll, einzutragen.

2. In die Spalte *Lieferanten (atM)* wird der Name des Lieferanten für das Rohmaterial eingetragen. Insgesamt können zehn Lieferanten verglichen werden. Die Spalte *eigenes Unternehmen* wurde eingeführt, falls ein Vergleich zwischen *eigener Herstellung und Fremdherstellung* erfolgen soll.

3. Als Nächstes sind die *Forderungen an das Produkt (FdK)* zu ermitteln und einzutragen. Es sind auch die nicht definierten Forderungen des Kunden, wie z. B. Gesetze oder Normen, zu berücksichtigen. Da jedoch nicht jede Forderung gleich wichtig ist, muss eine Gewichtung von *1 = unwichtig bis 10 = sehr wichtig* in der Spalte *Gewichtung Forderung* erfolgen.

    Sollte der Service des Lieferanten eine entscheidende Rolle spielen, dann ist in der Spalte *Gewichtung Service* ebenfalls eine Bewertung von *1 bis 10* durchzuführen. (**Hinweis**: Es erfolgt keine Berechnung.)

4. Nun ist die *Beziehungsmatrix (FdK) zu (atM)* mit größter Sorgfalt auszufüllen, da sonst die Gesamtbewertung verfälscht wird.

Weitere Hinweise finden Sie in den Tabellenspalten mit einem „roten Dreieck" als Kommentar in der Excel-Arbeitsmappe.

5. Der Erfüllungsgrad in Punkten und Prozenten ist das Ergebnis der Bewertung. Der Lieferant mit der größten Punkt- oder Prozentzahl ist der geeignete Lieferant für das Rohmaterial.

Ausführliche Hinweise zu den **Excel-Arbeitsmappen** und deren Umsetzung finden Sie in diesem Buch im **Kapitel 1.7.2**.

Sie müssen diese Art der Bewertung nicht durchführen, wenn Sie eine andere Art anwenden.

2.5 2_EINKAUF

Produkt: Serienwerkzeug aus neuem Material ① **QFD-Lieferantenbewertung**
Rohmaterial: Vollhartmetall Rundstäbe
Zielgruppe: Formenbau, Gesenkbau

Lieferanten (atM) ②

Forderung an das Produkt (FdK)		Gewichtung Forderung	eigenes Unternehmen	Meier	Schulze	Neumann	Lieferant 4	Lieferant 5	Lieferant 6	Lieferant 7	Lieferant 8	Lieferant 9	Lieferant 10	Gewichtung Service
			Beziehungsmatrix (FdK) zu (atM) ④											
Materialqualität	K 30 / K40	10	0	3	3	3	0	0	0	0	0	0	0	
Oberfläche	poliergeschliffen	5	0	3	3	2	0	0	0	0	0	0	0	
Maße	6 x 58 mm	5	0	3	3	3	0	0	0	0	0	0	0	
Länge	Fixlänge, + 0,1 mm, angefast	10	0	2	3	2	0	0	0	0	0	0	0	
diamantbeschichtungsfähig	nein	0	0	0	0	0	0	0	0	0	0	0	0	
Maßhaltigkeit	h6, mittlerer Toleranzbereich	10	0	2	3	2	0	0	0	0	0	0	0	
Rundlauf, Durchbiegung	0,002 mm	10	0	2	3	2	0	0	0	0	0	0	0	
Normen	DIN 6528	2	0	3	3	3	0	0	0	0	0	0	0	
gesetzliche Bestimmungen	keine	0	0	0	0	0	0	0	0	0	0	0	0	
		0	0	0	0	0	0	0	0	0	0	0	0	
	③	0	0	0	0	0	0	0	0	0	0	0	0	
Termintreue		10	0	2	2	2	0	0	0	0	0	0	0	
Lieferzeit	geplant	10	0	2	3	3	0	0	0	0	0	0	0	
		0	0	0	0	0	0	0	0	0	0	0	0	
		0	0	0	0	0	0	0	0	0	0	0	0	
		0	0	0	0	0	0	0	0	0	0	0	0	
		0	0	0	0	0	0	0	0	0	0	0	0	
Erfüllungsgrad abs.	Summe	543 abs.	0	166	206	171	0	0	0	0	0	0	0	
Erfüllungsgrad rel. %	Summe ⑤	100% rel.	0%	31%	38%	31%	0%	0%	0%	0%	0%	0%	0%	

Sie dürfen in die nachfolgenden Spalten keine Daten eintragen, da hier die zentrale Berechnung erfolgt und sonst die Formeln zerstört werden!

Summenbildung Beziehungsmatrix (FdK) zu (atM)

0	30	30	30	0	0	0	0	0	0	0
0	15	15	10	0	0	0	0	0	0	0
0	15	15	15	0	0	0	0	0	0	0
0	20	30	20	0	0	0	0	0	0	0
0	0	0	0	0	0	0	0	0	0	0
0	20	30	20	0	0	0	0	0	0	0
0	20	30	20	0	0	0	0	0	0	0
0	6	6	6	0	0	0	0	0	0	0
0	0	0	0	0	0	0	0	0	0	0
0	0	0	0	0	0	0	0	0	0	0
0	0	0	0	0	0	0	0	0	0	0
0	20	20	20	0	0	0	0	0	0	0
0	20	30	30	0	0	0	0	0	0	0
0	0	0	0	0	0	0	0	0	0	0
0	0	0	0	0	0	0	0	0	0	0
0	0	0	0	0	0	0	0	0	0	0
0	0	0	0	0	0	0	0	0	0	0
Summe 0	166	206	171	0	0	0	0	0	0	0

BILD 2.12 Formular: F_Beurteilung Auswahl und Leistungsüberwachung von externen Anbietern_QFD (Excel) bei komplexen Produkten/Dienstleistungen

2.5.4.2 Formular: F_Beurteilung Auswahl und Leistungsüberwachung von externen Anbietern (Word) als generelle Vorgehensweise

Mit diesem Formular wird die Lieferantenbewertung durchgeführt. Die Beurteilung ist wesentlich einfacher als im vorigen Excel-Formular. Hier ist zu beachten, dass nur die Hauptlieferanten bewertet werden müssen. Sie können jedoch auch weitere Lieferanten einfügen (Bild 2.13).

Die *Kriterien für die Beurteilung, Auswahl und Leistungsüberwachung* müssen Sie nur ändern, wenn dies erforderlich wird. Sie können *unterschiedliche Kriterien* pro externen Anbieter festlegen.

Die *Neubeurteilung* der *Kriterien* kann im internen Audit oder dann durchgeführt werden, wenn Sie dies für erforderlich halten. Anschließend führen Sie unter *Ergebnis* eine Beurteilung durch. Wenn die Kriterien weiter Gültigkeit haben, dann müssen Sie die Kriterien nicht anpassen oder Maßnahmen durchführen.

Unter *Maßnahme* führen Sie auf, welche Maßnahmen erforderlich sind oder ob keine Maßnahmen erforderlich sind.

ISO 9001:2015 AUSZUG AUS DER NORM

8.4.1 Allgemeines

Die Organisation muss sicherstellen, dass extern bereitgestellte Prozesse, Produkte und Dienstleistungen den Anforderungen entsprechen.

Die Organisation muss Kriterien für die Beurteilung, Auswahl, Leistungsüberwachung und Neubeurteilung externer Anbieter bestimmen und anwenden, die auf deren Fähigkeit beruhen, Prozesse oder Produkte und Dienstleistungen in Übereinstimmung mit den Anforderungen bereitzustellen.

Definition der „Leistungsüberwachung" durch die Herausgeber auf Basis der Begriffe der DIN EN ISO 9000:2015:

Leistungsüberwachung = Überwachung der Leistung.

ISO 9000:2015 AUSZUG AUS DER NORM

Begriff: Überwachung (3.11.3) = *Bestimmung (3.11.1) des Zustands eines Systems (3.5.1), eines Prozesses (3.4.1), eines Produkts (3.7.6), einer Dienstleistung (3.7.7) oder einer Tätigkeit.*

Anmerkung 1 zum Begriff: Bei der Bestimmung des Zustands kann es erforderlich sein, zu prüfen, zu beaufsichtigen oder kritisch zu beobachten.

Anmerkung 2 zum Begriff: Überwachung ist üblicherweise eine Bestimmung des Zustands eines Objekts (3.6.1), die in verschiedenen Stufen oder zu verschiedenen Zeiten durchgeführt wird.

Begriff: Leistung (3.7.8) = *messbares Ergebnis.*

Anmerkung 1 zum Begriff: Leistung kann sich entweder auf quantitative oder qualitative Feststellungen beziehen.

Anmerkung 2 zum Begriff: Leistung kann sich auf das Management (3.3.3) von Tätigkeiten (3.3.11), Prozessen (3.4.1), Produkten (3.7.6), Dienstleistungen (3.7.7), Systemen (3.5.1) oder Organisationen (3.2.1) beziehen.

F_Beurteilung Auswahl und Leistungsüberwachung von externen Anbietern

EXTERNE ANBIETER (LIEFERANTEN)

Beurteilung, Auswahl und Leistungsüberwachung von externen Anbietern:
ZWECK Lieferantenoptimierung: 1. Systematische Überprüfung zum Erkennen von Verbesserungspotenzial. 2. Die **Informationen** für die **Leistungsüberwachung** werden durch die **Geschäftsführung** und die **Mitarbeiter** sowie durch das **EDV-System** zur Verfügung gestellt.

Kriterien für die Beurteilung, Auswahl und Leistungsüberwachung:					
Lieferant:	Termin:[1]	Qualität:			
Stahl-Mustermann GmbH	2	1			
Ergebnis:	zufriedenstellend		Hauptlieferant für Edelstahl		
Neubeurteilung der **Kriterien** am 07.01.2019, nächste Neubeurteilung im internen Audit am 30.03.2019						
Maßnahme:	16.11.2018, Telefonat über Termineinhaltung mit Frau Maier geführt. 22.11.2018, 30.11.2018, Liefertermineinhaltung nach Telefonat deutlich besser.				

Das Beispiel zeigt eine Bewertung des externen Anbieters.

Kriterien für die Beurteilung, Auswahl und Leistungsüberwachung:					
Lieferant:	Termin:	Qualität:			
Alu-Maier GmbH	2	2			
Ergebnis:	gut		Hauptlieferant für Aluminium		
Neubeurteilung der **Kriterien** im internen Audit am 30.03.2019						
Maßnahme:	Es sind keine Maßnahmen erforderlich.				

Das Beispiel zeigt eine Bewertung des externen Anbieters.

Kriterien für die Beurteilung, Auswahl und Leistungsüberwachung:					
Lieferant:	Termin:	Qualität:	?????:	?????:	?????:
?????	?	?	?	?	?
Ergebnis:	gut, zufriedenstellend, nicht zufriedenstellend		Hauptlieferant		
Neubeurteilung der **Kriterien** im internen Audit am XX.XX.XXXX						
Maßnahme:	Es sind keine Maßnahmen erforderlich.				

Kriterien für die Beurteilung, Auswahl und Leistungsüberwachung:					
Lieferant:	Termin:	Qualität:	?????:	?????:	?????:
?????	?	?	?	?	?
Ergebnis:	gut, zufriedenstellend, nicht zufriedenstellend		Hauptlieferant		
Neubeurteilung der **Kriterien** im internen Audit am XX.XX.XXXX						
Maßnahme:	Es sind keine Maßnahmen erforderlich.				

HINWEIS: Es müssen nur die Lieferanten beurteilt werden, wenn Fehler aufgetreten sind oder es sich um Hauptlieferanten handelt. Basis für die Auswahl der Hauptlieferanten sind die inhärenten Merkmale der Produkte und Dienstleistungen zur Erfüllung der Kundenanforderungen.

---

[1] **Bewertung:** Die Bewertung erfolgt nach Schulnoten von 1–3 oder A-, B-, C-Lieferant.
Dokumentierte Information aufbewahren: Bild 2.13 F_Beurteilung Auswahl und Leistungsüberwachung von externen Anbietern.doc
Freigegeben: Klaus Mustermann, Datum: 06.01.2019, Fertigungsunternehmen 1

BILD 2.13 Formular: F_Beurteilung Auswahl und Leistungsüberwachung von externen Anbietern (Word) als generelle Vorgehensweise

■ 2.6 3_ENTWICKLUNG

Der Funktionsbereich **3_ENTWICKLUNG** benötigt die Prozessabläufe:

- Entwicklung/Änderung Serienprodukt
- Entwicklung Sonderprodukt (Kundenwunsch)
- Ordner *Durchgeführte Entwicklungen*, in diesem Ordner können Sie, wenn Sie es für richtig halten, die durchgeführten Entwicklungen abspeichern.

2.6.1 ENTWICKLUNG: Entwicklung/Änderung Serienprodukt

Mit diesem Prozessablauf werden die Entwicklung und Änderung von Serienprodukten prozessorientiert beschrieben (Bild 2.14).

Zunächst wird die Entwicklung der Serienprodukte beschrieben. Die kundenspezifischen Sonderprodukte sind als weitere Arbeitsaufgabe vorhanden.

Die Entwicklung von Serienprodukten kann in mehreren Schritten erfolgen:

- Prototyp (Serienprodukt),
- Musterserie (Serienprodukt),
- Endprodukt (Serienprodukt).

Aus diesem Grund wurden zwei unterschiedliche Arten der Entwicklung erstellt, um die Entwicklung zu dokumentieren:

1. Formular *F_Entwicklung_QFD-Produkt* (Excel) bei komplexen Produkten/Dienstleistungen,
2. Formular *F_Entwicklung* (Word) als generelle Vorgehensweise.

Die DIN EN ISO 9001:2015 erwartet, dass ein **Entwicklungsprozess erarbeitet, umgesetzt und aufrechterhalten** wird, um die **anschließende Produktion und Dienstleistungserbringung sicherzustellen**. Die DIN EN ISO 9001:2015 schreibt nicht vor, wie dieser „Entwicklungsprozess" aussehen soll. Es werden praktisch nur die Eckpunkte festgehalten, die bei einem sinnvollen Entwicklungsprozess zu beachten sind.

Eine Entwicklung als „nicht zutreffend" zu bezeichnen ist problematisch, da jede Organisation eine Entwicklung hat oder hatte. Es kann jedoch zutreffend sein, dass „im Moment" keine Entwicklung durchgeführt wird oder erforderlich ist.

Der Prozessablauf zeigt die zur Entwicklung oder Änderung benötigten Tätigkeiten und berücksichtigt das Normenkapitel 8.3: *Allgemeines, Entwicklungsplanung, Entwicklungseingaben, Steuerungsmaßnahmen für die Entwicklung, Entwicklungsergebnisse, Entwicklungsänderung.*

Die einzelnen Schritte der Werkzeugentwicklung werden mehrmals durchlaufen. In vielen Fällen kann nur durch Versuche ein optimales Werkzeug erstellt werden. Die Dokumentation der Ergebnisse erfolgt auf der Laufkarte und in der Excel-Arbeitsmappe *F_Entwicklung_QFD-Produkt bei komplexen Produkten/Dienstleistungen* oder im Formular *F_Entwicklung* als generelle Vorgehensweise. Mit beiden Vorgehensweisen kann die Anforderung der Norm einfach erfüllt werden.

Sie müssen selbst entscheiden, welche Art der Vorgehensweise Sie nutzen wollen.

2.6 3_ENTWICKLUNG

ENTWICKLUNG: Entwicklung / Änderung Serienprodukt

Tätigkeit / Prozessschritte (Abfolge-Eingaben-Ergebnisse) ↓	Füh-rung	Ver-trieb	Ein-kauf	La-ger	Ferti-gung	WE, Ver-sand	Ex-terne Bear-bei-tung	Wechselwirkung, Checkliste (Wissen der Organisation), Kriterien, Verfahren, Ressourcen	Lenkung dokumentierter Information, Wissen der Organisation
STARTEREIGNIS: *Entwicklung planen / ändern*									•
Entwicklung planen / ändern	X	X			X			Serienprodukte neu entwickeln oder ändern. Weiter fällt unter "Änderung" auch die Weiterentwicklung an bestehenden Serienprodukten. Jedoch müssen nicht unbedingt alle Tätigkeiten durchgeführt werden, da schon auf bestehende Ergebnisse zurückgegriffen werden kann.	• Datenschutz
Entwicklungseingaben								Normenabschnitt	•
Kriterien festlegen	X	X	X		X			**Prüfen:** mögliche Verkaufsstückzahlen, Kundenforderung, Wettbewerber	• Statistik • Wettbewerbsanalyse • F_Entwicklung_QFD-Produkt • F_Entwicklung • Testergebnisse
Verfügbarkeit von Halbfertigprodukten, Rohmaterialien klären			X					**Wechselwirkung:** • EINKAUF_Disposition_Anfrage_Preisvergleich_Bestellung	
Entwicklungsergebnisse								Normenabschnitt	
Entwicklungsplanung / -änderung durchführen		X			X			**Prüfen:** Zeichnung, Fertigungsauftrag, Halbfertigprodukte, Rohmaterialien, Prototyp, Musterserie	• Zeichnung • Fertigungsauftrag • F_Entwicklung_QFD-Produkt • F_Entwicklung • Testergebnisse
Entwicklungsbewertung								Normenabschnitt	
Entwicklungsplanung / -änderung bewerten (Zwischenprüfung im Fertigungsauftrag)	X	X			X			**Prüfen:** Zeichnung, Fertigungsauftrag, Halbfertigprodukte, Rohmaterialien, Prototyp, Musterserie	• Statistik • Wettbewerbsanalyse • F_Entwicklung_QFD-Produkt • F_Entwicklung • Testergebnisse
Entwicklungsverifizierung								Normenabschnitt	
Entwicklungsverifizierung durchführen (Endprüfung im Fertigungsauftrag)	X	X			X			**Prüfen:** Testergebnisse, Wettbewerbsanalyse, Prototyp, Musterserie, Kennzeichnung und Rückverfolgbarkeit, Produkterhaltung	• F_Entwicklung_QFD-Produkt • F_Entwicklung • Testergebnisse
Entwicklungsvalidierung								Normenabschnitt	
Entwicklungsvalidierung durchführen	X	X			X			**Prüfen:** Test mit Prototyp und / oder Musterserie im Unternehmen und evtl. beim Kunden	• F_Entwicklung_QFD-Produkt • F_Entwicklung • Testergebnisse
ENDEREIGNIS: *Entwicklung geplant / geändert*									•
Nachfolgende Tätigkeiten werden nur bei Bedarf durchgeführt.									•
Korrekturmaßnahmen durchführen	X	X	X	X	X	X	X	**Wechselwirkung:** • QM: Nichtkonformität und Korrekturmaßnahmen	•

Bewertung des Prozesses:	**Methode:** Rückmeldungen von Personal, internes Audit

Dokumentierte Information aufrechterhalten: Bild 2.14(Seite1) ENTWICKLUNG_Entwicklung_Änderung_Serienprodukt.doc
Freigegeben: Klaus Mustermann, Datum: 06.01.2019, Fertigungsunternehmen 1
Seite 1 von 2

BILD 2.14 ENTWICKLUNG: Entwicklung/Änderung Serienprodukt (Ausschnitt)

Die einzelnen Tätigkeiten in dem Prozessablauf sind selbsterklärend und werden Ihnen mittlerweile vertraut sein.

WECHSELWIRKUNG

Aus diesem Prozessablauf wird eventuell auf weitere Prozessabläufe verwiesen (Wechselwirkung). Eine detaillierte Beschreibung erfolgt in diesen Prozessabläufen.

KORREKTUREN, KORREKTURMASSNAHMEN, VERBESSERUNGSMASSNAHMEN

Es sind eventuell Korrekturen oder Korrekturmaßnahmen einzuleiten. Im Bedarfsfall ist das Formular *F_Maßnahmen* auszufüllen. In diesem Formular werden Korrektur, Korrekturmaßnahme und Verbesserungsmaßnahme zusammengefasst.

2.6.1.1 Formular: F_Entwicklung_QFD-Produkt (Excel) bei komplexen Produkten/Dienstleistungen

Mit diesem Formular wird die Entwicklung von Produkten durchgeführt (Bild 2.15).

Da Hochleistungswerkzeuge als Serienprodukte hergestellt werden, kann mit der Excel-Arbeitsmappe *F_Entwicklung_QFD-Produkt* eine qualifizierte Dokumentation der Entwicklung und der Änderung durchgeführt werden. Diese Excel-Arbeitsmappe wurde für diese Organisationsgröße stark vereinfacht.

An dieser Stelle wird nur auf die **generelle Definition** eingegangen. Ausführliche Hinweise zu den **Excel-Arbeitsmappen** und deren Umsetzung finden Sie in diesem Buch im **Kapitel 1.7.2**.

GRUNDSÄTZLICHES ZU QFD-PRODUKT

1. Als Erstes sind das **Endprodukt** *Hochleistungswerkzeug*, der **Verwendungszweck** für *Hartmetallbearbeitung oberhalb 62 HRC* und die **Zielgruppe** *Formenbau, Gesenkbau*, an die das Endprodukt verkauft werden soll, einzutragen.

2. Als Nächstes sind die *Forderungen des Kunden (FdK)* oder des Marktes zu beschreiben. Es sind auch die nicht definierten Anforderungen der Kunden und Gesetze, Normen usw. zu berücksichtigen. Da jedoch nicht jede Anforderung gleich wichtig ist, muss eine Gewichtung von *1 = unwichtig bis 10 = sehr wichtig* in der Spalte *Gewichtung Forderung* erfolgen. Sollte der Service für den Kunden eine entscheidende Rolle spielen, dann ist in der Spalte *Gewichtung Service* ebenfalls eine Bewertung von *1 bis 10* durchzuführen. (**Hinweis**: Es erfolgt keine Berechnung.)

3. Die Anforderungen des Kunden oder des Marktes sind nun bekannt und gewichtet. Als Nächstes sind die *allgemeinen technischen Merkmale (atM)* und die *spezifischen technischen Merkmale (stM)* zu spezifizieren.

4. Nun ist die Beziehungsmatrix mit größter Sorgfalt auszufüllen, da sonst die Gesamtbewertung verfälscht wird.

5. Die *technische Bedeutung* an der Gesamtentwicklung wird sofort sichtbar. Die wichtigen Kundenanforderungen können nun gezielt entwickelt werden. Die Daten werden zusätzlich in einer Tortengrafik dargestellt. Die Grafik kann jederzeit gegen eine andere Darstellungsform ausgetauscht werden.

6. Die Daten für den Vergleich zwischen den eigenen Produkten und den Wettbewerbsprodukten werden hier eingegeben und grafisch dargestellt. Die Grafik kann jederzeit gegen eine andere Darstellungsform ausgetauscht werden.

Weitere Hinweise finden Sie in den Tabellenspalten mit einem „roten Dreieck" als Kommentar in der Excel-Arbeitsmappe.

An dieser Stelle wird nur auf die **generelle Definition** eingegangen. Ausführliche Hinweise zu den **Excel-Arbeitsmappen** und deren Umsetzung finden Sie in diesem Buch im **Kapitel 1.7.2**.

Sie müssen diese Art der Entwicklung nicht durchführen, wenn Sie eine andere Art anwenden.

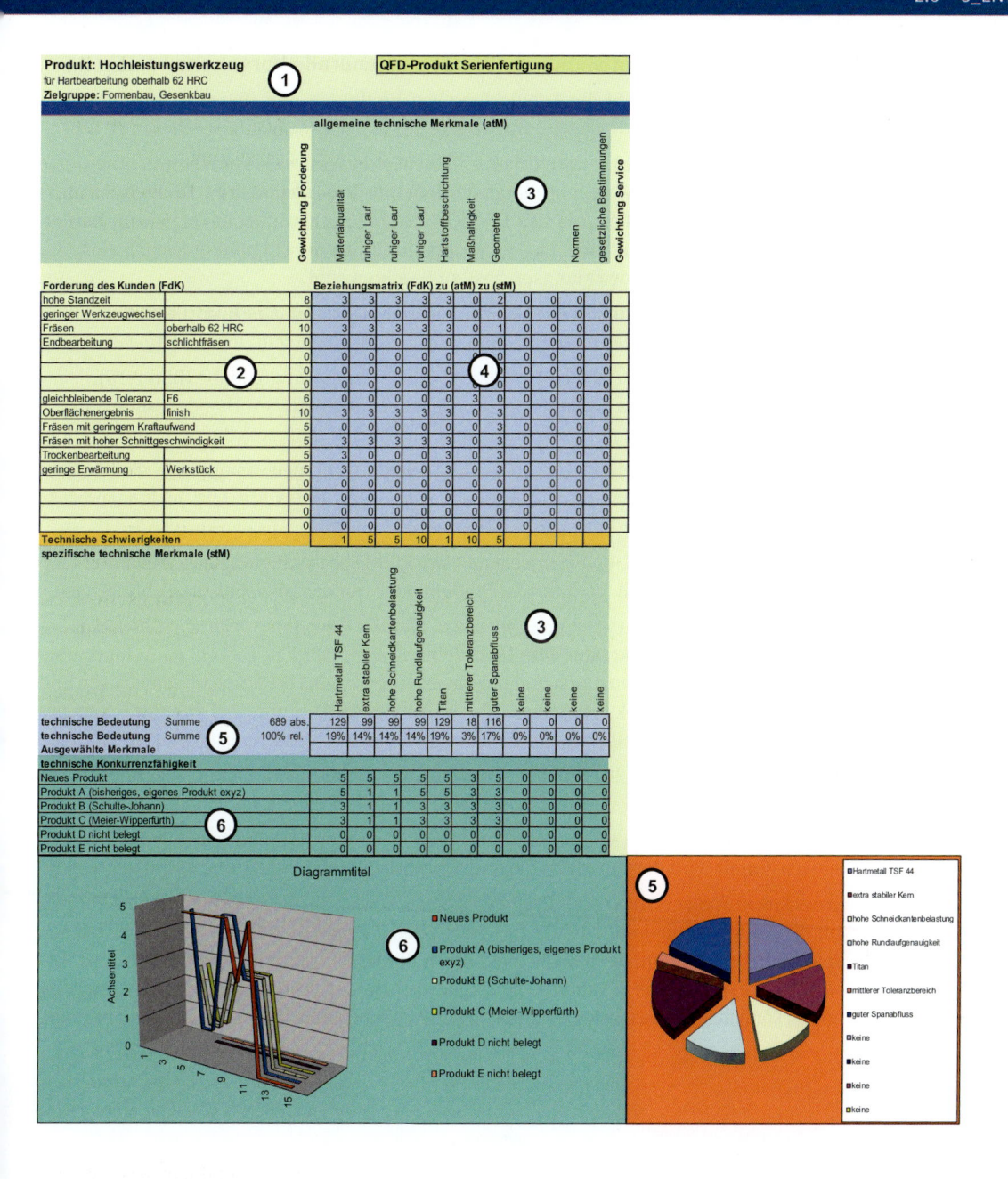

BILD 2.15 Formular: F_Entwicklung_QFD-Produkt (Excel) bei komplexen Produkten/Dienstleistungen

2.6.1.2 Formular: F_Entwicklung (Word) als generelle Vorgehensweise

Mit diesem Formular wird die Entwicklung von Produkten und Dienstleistungen durchgeführt (Bild 2.16).

Die DIN EN ISO 9001:2015 erwartet, dass ein **Entwicklungsprozess erarbeitet, umgesetzt und aufrechterhalten** wird, um die **anschließende Produktion und Dienstleistungserbringung** sicherzustellen. Die DIN EN ISO 9001:2015 schreibt nicht vor, wie dieser *Entwicklungsprozess* aussehen soll. Es werden praktisch nur die Eckpunkte festgehalten, die bei einem sinnvollen Entwicklungsprozess zu beachten sind.

Eine Entwicklung als **nicht zutreffend** zu bezeichnen ist problematisch, da jede Organisation eine Entwicklung hat oder hatte. Es kann jedoch zutreffend sein, dass *im Moment* keine Entwicklung durchgeführt wird oder erforderlich ist.

Rückschluss 1: Wenn das Produkt oder die Dienstleistung bereits vorhanden ist und unverändert bleibt, dann muss normalerweise **kein** Entwicklungsprozess durchgeführt werden.

Rückschluss 2: Wenn das Produkt oder die Dienstleistung neu erstellt bzw. das Produkt oder die Dienstleistung signifikant geändert wird, dann **muss ein** Entwicklungsprozess durchgeführt werden.

Nur, benötigt man dann einen komplexen Entwicklungsprozess? Dies kann an dieser Stelle nicht beantwortet werden, da dies vom Produkt oder von der Dienstleistung abhängig ist.

Wenn Sie sich dafür entscheiden, ein *neues Produkt* oder eine *neue Dienstleistung* anzubieten oder ein *Produkt* oder eine *Dienstleistung signifikant zu ändern*, dann führen Sie unterschiedliche Analysen durch und überlegen, was Sie alles berücksichtigen müssen und welche Chancen und Risiken bestehen. Dieser Grundgedanke wurde im Formular *F_Entwicklung* aufgegriffen, um Ihnen eine pragmatische Vorgehensweise zu ermöglichen.

Da die DIN EN ISO 9001:2015 nicht vorschreibt, wie dieser Entwicklungsprozess aussehen muss, wurde der Entwicklungsprozess in dem Formular *F_Entwicklung* zusammengefasst.

Die Reihenfolge der *Entwicklungsschritte* ist in diesem Formular festgelegt, geht also auch einfach. Damit wird der Entwicklungsprozess erarbeitet, umgesetzt und aufrechterhalten.

In der linken Spalte wurden die einzelnen *Prozessschritte*, z. B. *Ideenfindung*, mit dem Verweis auf die Normenkapitel der DIN EN ISO 9001:2015 dargestellt, z. B. *(8.3.2)*. In der rechten Spalte wurden die Grundgedanken aufgeführt, die zu Entwicklungen führen können. Die *blauen Texte* stellen eine *Sammlung* von möglichen Erfordernissen dar, die zu Entwicklungen führen können. Sie müssen das Formular im Entwicklungsfall an Ihre Organisation anpassen.

2.6 3_ENTWICKLUNG

F_Entwicklung

Rückschluss 1: Wenn das Produkt / die Dienstleistung bereits vorhanden sind und <u>unverändert</u> bleiben, dann muss normalerweise <u>kein</u> Entwicklungsprozess durchgeführt werden.

Rückschluss 2: Wenn das Produkt / die Dienstleistung neu erstellt werden oder das Produkt / die Dienstleistung signifikant geändert werden, dann <u>muss ein</u> Entwicklungsprozess durchgeführt werden.

Begründung, warum keine Entwicklungstätigkeit durchgeführt werden muss.	Hier den Text eintragen. Beispiel: Zurzeit werden keine neuen Produkte aufgenommen oder Dienstleistungen durchgeführt. Daher ist zurzeit keine Entwicklungstätigkeit erforderlich.

Die nachfolgenden Schritte legen den Entwicklungsprozess fest.

Ideenfindung: (8.3.2)[1]	**Anlässe:** Hier den Text eintragen. **Zielgruppe:** Hier den Text eintragen. **Wettbewerber:** Hier den Text eintragen. **Kunden:** Hier den Text eintragen.
Sind die Produkte / Dienstleistungen bereits vorhanden oder müssen die Produkte / Dienstleistungen geändert / angepasst werden? (8.3.3 / 8.3.6)	Hier den Text eintragen.
Produkte / Dienstleistung: (8.3.2)	**Handel/Produktion:** Reklamationen, entstandene Fehler, Maschinenausfall, Überwachungs- und Messmittel, Materialprobleme, Kapazitätsauslastung, Lieferfähigkeit, erhöhte Fertigungsmengen, Vorrichtungen, Produkterhaltung, neue oder Leistungsfähigere Fertigungsmethoden der Wettbewerber, neue Fertigungsmaschinen, nicht erhaltene Kundenaufträge, Stornierung Kundenaufträge, keine Folgeaufträge, Kennzeichnung und Rückverfolgbarkeit, Transporthilfsmittel, Verpackungsmaterial, Versender, Kundenvorschriften, Kundenumverpackung, Füllmaterial **Prüfungen:** Erstkontrolle, Zwischenkontrolle, Inprozesskontrolle, Werkerselbstkontrolle, Endkontrolle, Schichtwechsel **Mitarbeiter der eigenen Organisation:** Anforderungen an die Qualifikation **Leihmitarbeiter:** Anforderungen an die Qualifikation, Zeitraum der Beschaffung **Gesetzliche und behördliche Anforderungen:** an Produkte und Dienstleistungen **Wettbewerber:** erhöhter Dienstleistungsumfang gegenüber den Kunden **Kunden:** Nachfragen der Kunden
Lieferanten: (8.3.2)	**Externe Bearbeitung:** Kapazitäten, Entfernung zum eigenen Unternehmen, Reklamationen, entstandene Fehler, Kostenübernahme, Produkterhaltung, Kundenvorschriften **Material:** Materialbeschaffung - Menge - Zeit - Qualität, Probleme in der Fertigung, neuer Lieferant, mehrere Lieferanten, Produkterhaltung, Kennzeichnung und Rückverfolgbarkeit, Betriebsmittel **Reklamationen:** Termin überschritten, Falscher Artikel, Falsche Mengen, Fehlerhafte Artikel
Ressourcen: (8.3.2)	**Material:** Hier den Text eintragen. **Lieferanten:** Hier den Text eintragen. **Mitarbeiter der Organisation:** Hier den Text eintragen. **Leihmitarbeiter:** Hier den Text eintragen. **Produktionseinrichtungen:** Hier den Text eintragen. **Prüfungen:** Hier den Text eintragen. **Gesetzliche und behördliche Anforderungen:** Hier den Text eintragen. **Konsequenzen aus Fehlern:** Hier den Text eintragen. **Tätigkeiten nach der Lieferung:** Hier den Text eintragen. **Zeitraum bis zur Umsetzung des Entwicklungsprozesses:** Hier den Text eintragen.

---

[1] Die Zahlen in den Klammern z.B. (8.3.2), (8.3.3) usw. beziehen sich auf die Normenkapitel der DIN EN ISO 9001:2015.
<u>Dokumentierte Information aufbewahren:</u> Bild 2.16 F_Entwicklung.doc
Freigegeben: Klaus Mustermann, Datum: 06.01.2019, Fertigungsunternehmen 1
Seite 1 von 2

BILD 2.16 Formular: F_Entwicklung (Word) als generelle Vorgehensweise (Ausschnitt)

2.6.2 ENTWICKLUNG: Entwicklung Sonderprodukt

Mit diesem Prozessablauf wird die Entwicklung von Sonderprodukten prozessorientiert beschrieben (Bild 2.17).

Der Prozessablauf für die Entwicklung von Sonderprodukten ist wesentlich kürzer. Da der Kunde ein Werkstück oder eine Zeichnung liefert, ist die Entwicklung auf ein vorher definiertes Ziel beschränkt.

Der Kunde übernimmt die volle Verantwortung für

- die richtige Zeichnung oder das korrekte Werkstück,
- die benötigte Materialqualität,
- den vorgesehenen Verwendungszweck (Entwicklungsvalidierung).

Ob das geforderte Werkzeug die gewünschte Leistung erbringt, ist Kundensache, da alle Daten (Entwicklungseingaben) vom Kunden bereitgestellt werden.

Eine Excel-Arbeitsmappe *F_Entwicklung_QFD-Produkt* und das Formular *F_Entwicklung* sind **nicht** erforderlich, wenn Sie eine andere Möglichkeit nutzen wollen.

Die Dokumentation der Ergebnisse (Entwicklungsergebnisse) erfolgt im Fertigungsauftrag während der Fertigung, da dort die benötigten Zwischen- und Endprüfungen *(Entwicklungsbewertung, Entwicklungsverifizierung)* durchgeführt werden, und berücksichtigt das Normenkapitel 8.3: *Allgemeines, Entwicklungsplanung, Entwicklungseingaben, Steuerungsmaßnahmen für die Entwicklung, Entwicklungsergebnisse.*

Es wird nur eine Verifizierung durchgeführt. Die Verifizierung entspricht der Endprüfung. **Eine Validierung entfällt, da der Kunde die Verantwortung für den beabsichtigten Gebrauch übernimmt.**

Mit dieser Vorgehensweise kann die Anforderung der Norm einfach erfüllt werden.

WECHSELWIRKUNG

Aus diesem Prozessablauf wird eventuell auf weitere Prozessabläufe verwiesen (Wechselwirkung). Eine detaillierte Beschreibung erfolgt in diesen Prozessabläufen.

KORREKTUREN, KORREKTURMASSNAHMEN, VERBESSERUNGSMASSNAHMEN

Es sind eventuell Korrekturen oder Korrekturmaßnahmen einzuleiten. Im Bedarfsfall ist das Formular *F_Maßnahmen* auszufüllen. In diesem Formular werden Korrektur, Korrekturmaßnahme und Verbesserungsmaßnahme zusammengefasst.

2.6 3_ENTWICKLUNG

ENTWICKLUNG: Entwicklung Sonderprodukt

Tätigkeit / Prozessschritte (Abfolge-Eingaben-Ergebnisse)	Führung	Vertrieb	Einkauf	Lager	Fertigung	WE, Versand	Externe Bearbeitung	Wechselwirkung, Checkliste (Wissen der Organisation), Kriterien, Verfahren, Ressourcen	Lenkung dokumentierter Information, Wissen der Organisation
STARTEREIGNIS: Entwicklung planen / ändern									•
Entwicklung planen / ändern	X	X			X				•
Entwicklungseingaben								Normenabschnitt	•
Kriterien festlegen	X	X	X		X			**Prüfen:** Werkstück, Zeichnung, Fertigungsauftrag, Anzahl, Halbfertigprodukte, Rohmaterialien	• Zeichnung • Fertigungsauftrag • Datenschutz
Vom Kunden beigestellte Materialien und Unterlagen berücksichtigen	(X)	X			X			**Prüfen:** Vertraulichkeit der Zeichnung, Datenfile, Muster, Material, Kennzeichnung, Eigentum des Kunden, Produkterhaltung, Rücksendung	• Zeichnung • Datenfile
Verfügbarkeit von Halbfertigprodukten, Rohmaterialien klären			X					**Wechselwirkung:** • EINKAUF_Disposition_Anfrage_Preisvergleich_Bestellung	•
Entwicklungsergebnisse								Normenabschnitt	•
Entwicklungsplanung / -änderung durchführen		X			X			**Prüfen:** Zeichnung, Fertigungsauftrag, Halbfertigprodukte, Rohmaterialien, CNC-Programm, Herstellbarkeit. Das CNC-Programm stellt das Entwicklungsergebnis dar.	• Zeichnung • Fertigungsauftrag • CNC-Programm
Entwicklungsbewertung								Normenabschnitt	•
Entwicklungsplanung / -änderung bewerten (Zwischenprüfung im Fertigungsauftrag)	X	X			X			**Prüfen:** Zeichnung, Fertigungsauftrag, Halbfertigprodukte, Rohmaterialien, CNC-Programm, Herstellbarkeit **Wechselwirkung:** • FERTIGUNG_Fertigungsablauf Serienprodukte / Sonderprodukte	• Zeichnung • Fertigungsauftrag • CNC-Programm
Entwicklungsverifizierung								Normenabschnitt	•
Entwicklungsverifizierung durchführen (Produkt fertigen) (Endprüfung im Fertigungsauftrag)	X	X			X			**Prüfen:** Zeichnung, Fertigungsauftrag, Halbfertigprodukte, Rohmaterialien, CNC-Programm, Kennzeichnung und Rückverfolgbarkeit, Produkterhaltung **Wechselwirkung:** • FERTIGUNG_Fertigungsablauf Serienprodukte / Sonderprodukte	• Zeichnung • Fertigungsauftrag • CNC-Programm
Entwicklungsvalidierung								Normenabschnitt	•
Entwicklungsvalidierung wird nicht durchgeführt								Sonderprodukte werden nach Kundenwunsch entwickelt. Der Kunde trägt die Verantwortung, und somit findet keine Entwicklungsvalidierung statt. Die Excel-Arbeitsmappe ENTWICKLUNG: QFD-Produkt ist nicht erforderlich.	•
ENDEREIGNIS: Entwicklung geplant / geändert									•
									•
Nachfolgende Tätigkeiten werden nur bei Bedarf durchgeführt.									•

Dokumentierte Information aufrechterhalten: Bild 2.17(Seite1) ENTWICKLUNG_Entwicklung_Sonderprodukt.doc
Freigegeben: Klaus Mustermann, Datum: 06.01.2019, Fertigungsunternehmen 1
Seite 1 von 2

BILD 2.17 ENTWICKLUNG: Entwicklung Sonderprodukt (Ausschnitt)

2.7 4_FERTIGUNG

Der Funktionsbereich **4_FERTIGUNG** benötigt die Prozessabläufe:

- Fertigungsablauf Serienprodukte/Sonderprodukte
- Instandhaltung der Fertigungseinrichtungen
- Überwachungs- und Messmittel verwalten

2.7.1 FERTIGUNG: Fertigungsablauf Serienprodukte/Sonderprodukte

Mit diesem Prozessablauf wird der Fertigungsablauf von Serienprodukten oder Sonderprodukten prozessorientiert beschrieben (Bild 2.18).

Der Fertigungsablauf ist für Serienprodukte und Sonderprodukte identisch.

An vorher definierten Punkten im Fertigungsablauf werden die benötigten Zwischen- und Endprüfungen durchgeführt *(Entwicklungsbewertung, Entwicklungsverifizierung)*.

- Zwischenprüfung = Entwicklungsbewertung.
- Endprüfung = Entwicklungsverifizierung.

Bei Sonderprodukten kann nur eine *Verifizierung* durchgeführt werden, da der Kunde die Verantwortung für den beabsichtigten Gebrauch übernimmt.

Die Hinweise im Prozessablauf berücksichtigen das Normenkapitel 8.3: *Entwicklungsbewertung, Entwicklungsverifizierung*.

In den Prozessablauf ist eine externe Bearbeitung integriert, da ein erhöhter logistischer Aufwand erforderlich ist.

Da die Fertigung mit modernen CNC-Fertigungsmaschinen durchgeführt wird, ist durch das CNC-PGM eine sehr hohe Wiederholgenauigkeit gegeben. Die Kennzeichnung der Produkte wird durch den Fertigungsauftrag durchgeführt. Am Fertigungsauftrag ist auch der Arbeitsfortschritt zu erkennen.

Fehlerhafte Serienprodukte und Sonderprodukte werden aus dem Fertigungsablauf ausgesondert und gesperrt.

Bei Serienprodukten ist ein Abgleich mit der Excel-Arbeitsmappe *F_Entwicklung_QFD-Produkt* oder mit dem Formular *F_Entwicklung* vorgesehen.

Die Excel-Arbeitsmappe *F_Entwicklung_QFD-Produkt* und das Formular *F_Entwicklung* **entfallen bei Sonderprodukten**.

WECHSELWIRKUNG — Aus diesem Prozessablauf wird eventuell auf weitere Prozessabläufe verwiesen (Wechselwirkung). Eine detaillierte Beschreibung erfolgt in diesen Prozessabläufen.

KORREKTUREN, KORREKTURMASSNAHMEN, VERBESSERUNGSMASSNAHMEN — Es sind eventuell Korrekturen oder Korrekturmaßnahmen einzuleiten. Im Bedarfsfall ist das Formular *F_Maßnahmen* auszufüllen. In diesem Formular werden Korrektur, Korrekturmaßnahme und Verbesserungsmaßnahme zusammengefasst.

2.7 4_FERTIGUNG

FERTIGUNG: Fertigungsablauf Serienprodukte / Sonderprodukte

Tätigkeit / Prozessschritte	Führung	Vertrieb	Einkauf	Lager	Fertigung	WE, Versand	Externe Bearbeitung	Wechselwirkung / Checkliste	Dokumentation
STARTEREIGNIS: *Fertigungsablauf durchführen*									•
Kapazitätsplanung durchführen	X				X			**Prüfen:** Liefertermin, Kapazitätsauslastung der Fertigung, Mitarbeiter, Fertigungseinrichtung, Überwachungs- und Messmittel, Vorrichtungen, Werkzeuge, Liefertermin, Halbfertigprodukte, Rohmaterialien, externe Bearbeitung **Wechselwirkung:** • EINKAUF_Disposition_Anfrage_Preisvergleich_Bestellung • EINKAUF_Bestellung verfolgen • EINKAUF_Reklamation_Falschlieferung	• Zeichnung • Fertigungsauftrag
Vom Kunden beigestellte Materialien und Unterlagen berücksichtigen				X	X			**Prüfen:** Vertraulichkeit der Zeichnung, Muster, Material, Lagerung, Rücksendung **Wechselwirkung:** • WARENEINGANG_Wareneingang extern	• Zeichnung • Kundenlieferschein
Halbfertigprodukte, Rohmaterialien vom Lager <u>auslagern</u>				X	X			**Prüfen:** Fertigungsauftrag, Halbfertigprodukte, Rohmaterialien, Anzahl, Beschädigung vermeiden, Transporthilfsmittel nutzen **Wechselwirkung:** • LAGER_Produkte einlagern_auslagern	• Fertigungsauftrag
Fertigungsauftrag der Maschine zuordnen					X			**Prüfen:** Zeichnung, Fertigungsauftrag, Halbfertigprodukte, Rohmaterialien, Anzahl, Überwachungs- und Messmittel, Vorrichtung, Beschädigung vermeiden, Transporthilfsmittel nutzen. CNC-Programm, erstellen, zuordnen, ändern.	• Zeichnung • Fertigungsauftrag • CNC-Programm
Fertigungsauftrag Zwischenprüfung durchführen (die Zwischenprüfung erfolgt bei jedem Arbeitsgang als Werkerselbstprüfung) *(Entwicklungsbewertung)*					X			**Prüfen:** Zeichnung, Fertigungsauftrag, Maße, Anzahl, Überwachungs- und Messmittel, Vorrichtung, Oberfläche, Ansicht, Beschädigung vermeiden, Transporthilfsmittel nutzen. Fehlerhafte Produkte sperren.	• Zeichnung • Fertigungsauftrag CNC-Programm • Sperrkarte
Nachfolgende Tätigkeiten erfolgen bei externer Bearbeitung.									•
Lieferschein bei externer Bearbeitung vom Einkauf erstellen lassen.			X		X			Der Lieferschein wird erstellt. **Wechselwirkung:** • EINKAUF_Disposition_Anfrage_Preisvergleich_Bestellung	• Fertigungsauftrag • Lieferschein

<u>Dokumentierte Information aufrechterhalten:</u> Bild 2.18(Seite1) FERTIGUNG_Fertigungsablauf Serienprodukte_Sonderprodukte.doc
Freigegeben: Klaus Mustermann, Datum: 06.01.2019, Fertigungsunternehmen 1
Seite 1 von 2

BILD 2.18 FERTIGUNG: Fertigungsablauf Serienprodukte/Sonderprodukte (Ausschnitt)

2.7.2 FERTIGUNG: Instandhaltung der Fertigungseinrichtungen

Mit diesem Prozessablauf wird die Instandhaltung der Fertigungseinrichtungen prozessorientiert beschrieben (Bild 2.19).

Die Instandhaltung von Fertigungseinrichtungen benötigt die Prozessabläufe:

1. **Planung der Instandhaltung für Fertigungseinrichtungen, z. B. CNC-Maschinen.**

   Die CNC-Maschinen sind wartungsfrei. Es ist lediglich die Anzeige im Display zu beachten. Die Zentralschmierung ermöglicht diese erweiterte Wartungsfreiheit.

   Zu planen sind weiter die Ersatz- oder Verschleißteile. Hier wird wiederum die Flexibilität der Fertigungseinrichtungen nutzbar, die ein Ausweichen auf andere Maschinen zulässt. Je nach Art des Kühlmittels ist das Kühlmittel täglich mit einem Handrefraktometer zu messen. In diesem Fall wird jedoch Schleiföl genutzt.

   Die Instandhaltungskriterien richten sich nach unterschiedlichen Gesichtspunkten:
   - Zustand der Fertigungsmaschine,
   - Genauigkeit des Endprodukts,
   - Verfügbarkeit,
   - Art der Verschleißteile,
   - Kaufpreis der Maschine,
   - Wartungsvorschriften der Hersteller.

2. **Planung der Instandhaltung für Hilfsaggregate.**

   Für die Wartungsintervalle gelten die Vorschriften der Hersteller. Bei Pumpen wird z. B. keine Wartung durchgeführt, sondern nur bei Ausfall ein Austausch der Pumpe vorgenommen.

   Sie müssen nun in Ihrer Organisation die Fertigungseinrichtungen nach der gewünschten Verfügbarkeit einschätzen und den Prozessablauf modifizieren.

WECHSELWIRKUNG Aus diesem Prozessablauf wird eventuell auf weitere Prozessabläufe verwiesen (Wechselwirkung). Eine detaillierte Beschreibung erfolgt in diesen Prozessabläufen.

Korrekturen, Korrekturmaßnahmen, Verbesserungsmaßnahmen

Es sind eventuell Korrekturen oder Korrekturmaßnahmen einzuleiten. Im Bedarfsfall ist das Formular *F_Maßnahmen* auszufüllen. In diesem Formular werden Korrektur, Korrekturmaßnahme und Verbesserungsmaßnahme zusammengefasst.

FERTIGUNG: Instandhaltung der Fertigungseinrichtungen

Tätigkeit / Prozessschritte (Abfolge-Eingaben-Ergebnisse)	Führung	Vertrieb	Einkauf	Lager	Fertigung	WE, Versand	Externe Bearbeitung	Wechselwirkung, Checkliste (Wissen der Organisation), Kriterien, Verfahren, Ressourcen	Lenkung dokumentierter Information, Wissen der Organisation
STARTEREIGNIS: *Instandhaltung der Fertigungseinrichtungen durchführen*									•
Nachfolgende Tätigkeiten werden nur bei Fertigungsmaschinen durchgeführt.									•
Kriterien für Fertigungsmaschinen festlegen	X				X			**Prüfen:** Garantiezeit des Herstellers, Wartungsvorschriften, Kaufpreis der Maschine, Einfluss auf den Fertigungsablauf oder das Endprodukt, Zustand der Fertigungseinrichtung, Verfügbarkeit und benötigte Mindestanzahl der Verschleißteile, eigene Wartung, Fremdwartung oder keine Wartung, evtl. Lieferanten festlegen	• Wartungsplan
Fertigungsmaschinen in Wartungsplan aufnehmen					X			**Prüfen:** eigene Wartung, Fremdwartung oder keine Wartung	• Wartungsplan
Nachfolgende Tätigkeiten werden nur bei Hilfsaggregaten durchgeführt.									•
Kriterien für Hilfsaggregate festlegen	X				X			**Prüfen:** Garantiezeit des Herstellers, Wartungsvorschriften, Kaufpreis der Hilfsaggregate, Einfluss auf den Fertigungsablauf oder das Endprodukt, Zustand der Hilfsaggregate, Verfügbarkeit und benötigte Mindestanzahl der Verschleißteile, eigene Wartung, Fremdwartung oder keine Wartung, evtl. Lieferanten festlegen	• Wartungsplan
Hilfsaggregate in Wartungsplan aufnehmen					X			**Prüfen:** eigene Wartung, Fremdwartung oder keine Wartung	• Wartungsplan
									•
Wartungstermin für Fertigungsmaschinen oder Hilfsaggregate überwachen			X		X			**Prüfen:** Fremdwartung: Einkauf benachrichtigen, wenn Termin erreicht **Wechselwirkung:** • EINKAUF_Disposition_Anfrage_Preisvergleich_Bestellung Eigene Wartung: Fertigung benachrichtigen, wenn Termin erreicht	• Wartungsplan
Verfügbarkeit und benötigte Mindestanzahl der Verschleißteile für Fertigungsmaschinen oder Hilfsaggregate überwachen			X		X			**Prüfen:** Einkauf benachrichtigen, wenn Mindestanzahl der Verschleißteile erreicht **Wechselwirkung:** • EINKAUF_Disposition_Anfrage_Preisvergleich_Bestellung • WARENEINGANG_Wareneingang extern	• Wartungsplan

Dokumentierte Information aufrechterhalten: Bild 2.19(Seite1) FERTIGUNG_Instandhaltung der Fertigungseinrichtungen.doc
Freigegeben: Klaus Mustermann, Datum: 06.01.2019, Fertigungsunternehmen 1
Seite 1 von 2

BILD 2.19 FERTIGUNG: Instandhaltung der Fertigungseinrichtungen (Ausschnitt)

2.7.3 FERTIGUNG: Überwachungs- und Messmittel verwalten

Mit diesem Prozessablauf wird die Verwaltung von Überwachungs- und Messmitteln prozessorientiert beschrieben (Bild 2.20).

Je nach geforderter Präzision der Serienprodukte und Sonderprodukte sind die Überwachungs- und Messmittel schon kalibriert. Zunächst werden alle Überwachungs- und Messmittel nach vier Kriterien begutachtet:

1. Werden die Überwachungs- und Messmittel für die Prüfung der Serienprodukte und Sonderprodukte genutzt?
2. Ist die benötigte Genauigkeit vorhanden (im Normalfall trifft dies jetzt schon zu, sonst würden die Produkte vom Kunden nicht abgenommen)?
3. Sind die Überwachungs- und Messmittel zu kalibrieren, anderweitig noch nutzbar oder sollten sie entsorgt werden?
4. Können die Überwachungs- und Messmittel selbst verifiziert werden?

Die Kalibrierung stellt nur den Zustand der Überwachungs- und Messmittel fest. In vielen Fällen können die Überwachungs- und Messmittel nicht aufgearbeitet werden. Deshalb sollte man vorher überlegen, ob ein Neukauf preiswerter ist.

EINFACHE VERWALTUNG DER ÜBERWACHUNGS- UND MESSMITTEL

Der Prozessablauf zeigt den Ablauf der Überwachungs- und Messmittelverwaltung. Mit dem Kalibrierer kann eine erweiterte Vereinbarung getroffen werden. Der Kalibrierer übernimmt die Verwaltung der Überwachungs- und Messmittel, da er die Daten sowieso im EDV-System gespeichert hat. Dies erspart die Verwaltungsarbeit in der eigenen Organisation, wie z. B. das Erstellen der Überwachungs- und Messmittellisten, die Kontrolle des Datums usw. Die Organisation erhält vom Kalibrierer eine Sammelliste der Überwachungs- und Messmittel, um so jederzeit eine Übersicht über die vorhandenen Überwachungs- und Messmittel zu bekommen.

Das Kalibrierintervall wird von der Organisation mit dem Kalibrierer festgelegt. Dabei spielen Nutzungshäufigkeit und Genauigkeit der Prüfung eine weitere Rolle.

MITARBEITER ÜBERNEHMEN DIE VERANTWORTUNG

Wenn möglich, werden die Mitarbeiter festgelegt, die die Verantwortung für die Überwachungs- und Messmittel übernommen haben. Die Mitarbeiter bestätigen das mit ihrer Unterschrift.

Nach erfolgter Kalibrierung erhalten die Überwachungs- und Messmittel eine Plakette, die eine erfolgreiche Kalibrierung bestätigt.

Nach dieser Radikalkur gibt es nur noch zwei Arten von Überwachungs- und Messmitteln:

1. Überwachungs- und Messmittel, die zur Prüfung von Serienprodukten und Sonderprodukten genutzt werden dürfen (mit Plakette).
2. Überwachungs- und Messmittel, die zu einfacheren Messungen herangezogen werden, jedoch nicht zur Prüfung von Serienprodukten und Sonderprodukten (ohne Plakette).

Sollte bei Überwachungs- und Messmitteln unter Punkt 1 die Plakette verloren gehen, dann tritt automatisch Punkt 2 in Kraft.

WECHSELWIRKUNG

Aus diesem Prozessablauf wird eventuell auf weitere Prozessabläufe verwiesen (Wechselwirkung). Eine detaillierte Beschreibung erfolgt in diesen Prozessabläufen.

KORREKTUREN, KORREKTURMASSNAHMEN, VERBESSERUNGSMASSNAHMEN

Es sind eventuell Korrekturen oder Korrekturmaßnahmen einzuleiten. Im Bedarfsfall ist das Formular *F_Maßnahmen* auszufüllen. In diesem Formular werden Korrektur, Korrekturmaßnahme und Verbesserungsmaßnahme zusammengefasst.

2.7 4_FERTIGUNG

FERTIGUNG: Überwachungs- und Messmittel verwalten

Tätigkeit / Prozessschritte (Abfolge-Eingaben-Ergebnisse) ↓	Führung	Vertrieb	Einkauf	Lager	Fertigung	WE, Versand	Externe Bearbeitung	Wechselwirkung, Checkliste (Wissen der Organisation), Kriterien, Verfahren, Ressourcen	Lenkung dokumentierter Information, Wissen der Organisation
STARTEREIGNIS: Überwachungs- und Messmittel verwalten durchführen									•
Kriterien für Überwachungs- und Messmittel festlegen	X				X			**Prüfen:** Garantiezeit des Herstellers, Kalibriervorschriften, Kaufpreis der Überwachungs- und Messmittel, Einfluss auf den Fertigungsablauf oder das Endprodukt, Verfügbarkeit, eigene Kalibrierung, Fremdkalibrierung, eigene Verifizierung oder grundsätzlich Neukauf, evtl. Lieferanten festlegen **1. mit Plakette:** zur Prüfung von Serien- und Sonderprodukten mit Einfluss auf die Produktqualität **2. ohne Plakette:** für sonstige Messungen	• Liste Überwachungsmittel, Messmittel
Überwachungs- und Messmittel in Überwachungs- und Messmittelliste aufnehmen					X			**Prüfen:** eigene Kalibrierung, Fremdkalibrierung, eigene Verifizierung oder grundsätzlich Neukauf	• Liste Überwachungsmittel, Messmittel
Kalibriertermine für Überwachungs- und Messmittel überwachen			X		X			**Prüfen:** Neukauf: Einkauf benachrichtigen, wenn Termin erreicht Fremdkalibrierung: Einkauf benachrichtigen, wenn Termin erreicht **Wechselwirkung:** • EINKAUF_Disposition_Anfrage_Preisvergleich_Bestellung Eigene Verifizierung: Fertigung benachrichtigen, wenn Termin erreicht	• Liste Überwachungsmittel, Messmittel
Nachfolgende Tätigkeiten werden nur bei eigener Verifizierung durchgeführt.									•
Verifizierung von Überwachungs- und Messmitteln durchführen					X			**Prüfen:** Die Verifizierung erfolgt mit dem kalibrierten Endmaßkasten Nr. 34. **1. mit Plakette:** zur Prüfung von Serien- und Sonderprodukten mit Einfluss auf die Produktqualität **2. ohne Plakette:** für sonstige Messungen	• Liste Überwachungsmittel, Messmittel
									•

Dokumentierte Information aufrechterhalten: Bild 2.20(Seite1) FERTIGUNG_Überwachungs- und Messmittel verwalten.doc
Freigegeben: Klaus Mustermann, Datum: 06.01.2019, Fertigungsunternehmen 1
Seite 1 von 2

BILD 2.20 FERTIGUNG: Überwachungs- und Messmittel verwalten (Ausschnitt)

2.7.3.1 Formular: F_Überwachungs- und Messmittel verwalten

Mit diesem Formular werden die Überwachungs- und Messmittel festgelegt, die die Organisation als notwendig eingestuft hat (Bild 2.21).

Das Formular ermöglicht die einfache Verwaltung von Überwachungs- und Messmitteln, wenn dies nicht durch den Kalibrierer durchgeführt werden soll. Es wird von ca. 30 Überwachungs- und Messmitteln ausgegangen.

Das Formular ist von einem verantwortlichen Mitarbeiter auszufüllen und auf dem aktuellen Stand zu halten.

1. Die Seriennummer oder eine sonstige vorhandene Nummer ist hier einzutragen.
2. Das Überwachungs- oder Messmittel muss eindeutig identifizierbar sein, dies ist besonders wichtig, wenn vom gleichen Typ mehrere Überwachungs- und Messmittel vorhanden sind.
3. Die Funktionseinheit und der verantwortliche Mitarbeiter, der das Überwachungs- oder Messmittel nutzt, sind hier einzutragen. Der Mitarbeiter kann unterschreiben, dass er das Überwachungs- oder Messmittel erhalten hat oder dafür verantwortlich ist.
4. Hier muss vermerkt werden, ob die Überwachungs- und Messmittel *kalibriert* oder *verifiziert* werden *(kalibriert = extern, verifiziert = intern)*.
5. Der nächste Termin muss festgelegt werden.
6. Das Anschaffungsjahr ist hier einzutragen.
7. Das Aussonderungsjahr ist hier einzutragen.
8. Unter *Bemerkungen* können alle zu den Überwachungs- und Messmitteln notwendigen Hinweise vermerkt werden.

VERANTWORTUNG DER MITARBEITER

Die Zuordnung des Mitarbeiters (Punkt 3) wirkt oft Wunder, da die Verantwortung festgelegt wird. In festgelegten Abständen, z. B. alle vier Wochen, muss der Mitarbeiter *sein* Überwachungs- oder Messmittel dem Vorgesetzten zeigen. Diese Vorgehensweise hat sich als sehr nützlich herausgestellt, wenn angeblich keiner das Überwachungs- oder Messmittel beschädigt oder verloren hat.

F_Überwachungs- und Messmittel verwalten

Nr.	Überwachungsmittel, Messmittel	Abteilung	Verantwortung Mitarbeiter	Kalibrieren, verifizieren	Nächster Termin	Anschaffung Jahr	Aussonderung Jahr	Bemerkungen
①	②	③	③	④	⑤	⑥	⑦	⑧
01	Bügelmessschr. 0–25 mm	Fräsen	Schulz	**Kalibrieren**	15.03.2019	2015		• **Kalibrieren** = Fremdkalibrierung • **Verifizieren** = eigene Verifizierung durch den Service • Die **Fremdkalibrierung** erfolgt bei Meier & Schulze. Neue Überwachungs- und Messmittel werden bei Meier & Schulze beschafft. • Die **Verifizierung** von Überwachungs- und Messmitteln mit Plakette erfolgt mit dem kalibrierten Endmaßkasten.
02	Bügelmessschr. 25–50 mm	Fräsen	Schulz	**Verifizieren**	15.03.2019	2015		• **Mit Plakette** • Messprotokoll Nr. 23486, 12.03.2017 • **Ohne Plakette**
23	Messschieber 150 mm	Fräsen	Schulz	**Verifizieren**	Vor jeder Messung durch Mitarbeiter	2013 Garantie 2 Jahre		• **Mit Plakette** • Die Verifizierung erfolgt vor jeder Messung. • Neukauf, wenn nicht mehr im Toleranzbereich
34	**Endmaßkasten Mauser Gen. 1**	Qualitätssicherung	Günther	**Kalibrieren**	15.03.2022	2015		• **Mit Plakette** • Messprotokoll Nr. 23487, 13.03.2015 • Der Endmaßkasten darf nur zur Verifizierung von Überwachungs- und Messmitteln genutzt werden.
22	Zählwaage	Wareneingang / Versand		**Kalibrieren / eichen**	?????	?????	------	• **Mit Plakette**
Ausgeliehene Messmittel	Messschieber 300 mm	Fräsen	Schulz	**Verifizieren**	Vor jeder Messung durch Mitarbeiter	------	------	• Das Messmittel ist Eigentum des Kunden. • Das Messmittel ist Eigentum des externen Anbieters (Lieferanten).
								•
								•
								•
								•
								•

Dokumentierte Information aufrechterhalten: Bild 2.21 F_Überwachungs- und Messmittel verwalten.doc
Freigegeben: Klaus Mustermann, Datum: 06.01.2019, Fertigungsunternehmen 1
Seite 1 von 1

BILD 2.21 Formular: F_Überwachungs- und Messmittel verwalten

2.8 5_WARENEINGANG/LAGER/VERSAND

Für den Funktionsbereich **5_WARENEINGANG/LAGER/VERSAND** werden folgende Prozessabläufe benötigt:

- Wareneingang extern
- Wareneingang aus Fertigung
- Produkte einlagern oder auslagern
- Produkte versenden
- Inventur

2.8.1 WARENEINGANG: Wareneingang extern

Mit diesem Prozessablauf wird der externe Wareneingang prozessorientiert beschrieben (Bild 2.22).

Im Wareneingang werden unterschiedliche Produkte angeliefert und müssen gelenkt werden:

- Rohmaterial, das zur Fertigung benötigt wird,
- Endprodukte, Handelsprodukte, Halbfertigprodukte für reservierte Kundenaufträge und Lagerprodukte,
- Ersatzteile, Hilfs- und Betriebsstoffe, Verschleißteile, Überwachungs- und Messmittel,
- Kunden- und Lieferantenreklamation,
- Kundenmaterial,
- externe Bearbeitung.

Eine Kennzeichnung von Rohmaterialien, Endprodukten oder Halbfertigteilen wird durch den Lieferanten durchgeführt und ist eindeutig. Eine eigene Kennzeichnung entfällt.

WECHSELWIRKUNG Aus diesem Prozessablauf wird eventuell auf weitere Prozessabläufe verwiesen (Wechselwirkung). Eine detaillierte Beschreibung erfolgt in diesen Prozessabläufen.

KORREKTUREN, KORREKTURMASSNAHMEN, VERBESSERUNGSMASSNAHMEN Es sind eventuell Korrekturen oder Korrekturmaßnahmen einzuleiten. Im Bedarfsfall ist das Formular *F_Maßnahmen* auszufüllen. In diesem Formular werden Korrektur, Korrekturmaßnahme und Verbesserungsmaßnahme zusammengefasst.

2.8 5_WARENEINGANG/LAGER/VERSAND

WARENEINGANG: Wareneingang extern

Tätigkeit / Prozessschritte (Abfolge-Eingaben-Ergebnisse) ▼	Füh-rung	Ver-trieb	Ein-kauf	La-ger	Ferti-gung	WE, Ver-sand	Externe Be-ar-bei-tung	Wechselwirkung, Checkliste (Wissen der Organisation), Kriterien, Verfahren, Ressourcen	Lenkung dokumentierter Information, Wissen der Organisation
STARTEREIGNIS: Wareneingang extern durchführen									•
Sichtprüfung der Verpackung durchführen						X		**Prüfen:** Beschädigung, Anzahl oder Transporteinheiten, Lieferadresse	•
Lieferschein und Bestellung mit gelieferten Produkten vergleichen, evtl. Maßprüfung, Oberflächenprüfung durchführen						X		**Prüfen:** Beschädigung, Anzahl, Artikel, evtl. Maßprüfung, Oberflächenprüfung	• Lieferschein • Bestellung
Nachfolgende Tätigkeiten erfolgen bei Handelsprodukten, Halbfertigprodukten, Rohmaterialien.									•
Lieferschein (Lieferant) Produkte als geliefert melden (Handelsprodukt, Halbfertigprodukt, Rohmaterial)		(X)				X		**Prüfen:** Lagerort: Neuer Lagerplatz oder bestehender Lagerplatz wird lt. EDV-System zugeordnet.	• Lieferschein (Lieferant) • Einlagerungsschein
Produkte auf reservierte Kundenaufträge verteilen (Handelsprodukt)		(X)				X		**Prüfen:** Produkte auf reservierte Kundenaufträge verteilen, Lieferschein (Kunde), restliche Produkte einlagern	• Lieferschein (Kunde) • Einlagerungsschein
Produkte nach Vorgabe kennzeichnen (Handelsprodukt, Halbfertigprodukt, Rohmaterial)						X		**Prüfen:** • nicht kennzeichnen (Hinweis im EDV-System), • nach Katalog kennzeichnen (Hinweis im EDV-System), • nach Kundenvorschrift kennzeichnen (Hinweis auf Lieferschein) Beschädigung vermeiden, Transporthilfsmittel nutzen	• Lieferschein (Kunde)
Produkte nach Vorgabe konservieren oder verpacken (Handelsprodukt)						X		**Prüfen:** • nicht konservieren, nicht verpacken (Hinweis im EDV-System), • nach eigenen Vorschriften konservieren, verpacken (Hinweis im EDV-System), • nach Kundenvorschrift konservieren, verpacken (Hinweis auf Lieferschein) Beschädigung vermeiden, Transporthilfsmittel nutzen	• Lieferschein (Kunde)
Auf Kundenaufträge verteilte Produkte versenden (Handelsprodukt)						X		**Wechselwirkung:** • VERSAND_Produkte versenden	•
Produkte ans Lager übergeben (Handelsprodukt, Halbfertigprodukt, Rohmaterial)				X		X		**Wechselwirkung:** • LAGER_Produkte einlagern_auslagern	•
Nachfolgende Tätigkeiten erfolgen bei externer Bearbeitung.									•
Auftrag heraussuchen und Fertigung benachrichtigen					X	X	X	**Wechselwirkung:** • FERTIGUNG_Fertigungsablauf Serienprodukte / Sonderprodukte	•

Dokumentierte Information aufrechterhalten: Bild 2.22(Seite1) WARENEINGANG_Wareneingang extern.doc
Freigegeben: Klaus Mustermann, Datum: 06.01.2019, Fertigungsunternehmen 1
Seite 1 von 2

BILD 2.22 WARENEINGANG: Wareneingang extern (Ausschnitt)

2.8.2 WARENEINGANG: Wareneingang aus Fertigung

Mit diesem Prozessablauf wird der Wareneingang aus Fertigung prozessorientiert beschrieben (Bild 2.23).

Der Wareneingang ist auch für Serienprodukte und Sonderprodukte zuständig.

Im Wareneingang erfolgt nur eine Sichtprüfung auf Übereinstimmung von Menge und Produkt mit dem Wareneingangsschein. Die Serienprodukte und Sonderprodukte werden direkt einem Kundenauftrag zugeordnet, die restlichen Serienprodukte werden eingelagert.

Die Ware wird gekennzeichnet, verteilt, verpackt, konserviert, eingelagert oder dem Kunden gesandt.

Die Kennzeichnung wird nach folgenden Kriterien durchgeführt:

- nicht kennzeichnen,
- nach Kundenvorschrift kennzeichnen,
- nach Katalog kennzeichnen.

Wenn eine Kennzeichnung nicht direkt auf den Produkten durchgeführt wird, dann ist der Lagerplatz entsprechend beschriftet.

WECHSELWIRKUNG Aus diesem Prozessablauf wird eventuell auf weitere Prozessabläufe verwiesen (Wechselwirkung). Eine detaillierte Beschreibung erfolgt in diesen Prozessabläufen.

KORREKTUREN, KORREK-TURMASSNAHMEN, VERBESSERUNGS-MASSNAHMEN Es sind eventuell Korrekturen oder Korrekturmaßnahmen einzuleiten. Im Bedarfsfall ist das Formular *F_Maßnahmen* auszufüllen. In diesem Formular werden Korrektur, Korrekturmaßnahme und Verbesserungsmaßnahme zusammengefasst.

WARENEINGANG: Wareneingang aus Fertigung

Tätigkeit / Prozessschritte (Abfolge-Eingaben-Ergebnisse)	Füh-rung	Ver-trieb	Ein-kauf	La-ger	Ferti-gung	WE, Ver-sand	Externe Be-ar-bei-tung	Wechselwirkung, Checkliste (Wissen der Organisation), Kriterien, Verfahren, Ressourcen	Lenkung dokumentierter Information, Wissen der Organisation
STARTEREIGNIS: Wareneingang aus Fertigung durchführen									•
Wareneingangsschein mit gelieferten Produkten vergleichen (Serienprodukt, Sonderprodukt, Halbfertigprodukt)					X	X		**Prüfen:** Beschädigung, Anzahl, Artikel, Mitteilung an Einkauf **Wechselwirkung:** • FERTIGUNG_Fertigungsablauf Serienprodukte / Sonderprodukte	• Wareneingangs-schein
Wareneingangsschein Produkte als geliefert melden (Serienprodukt, Sonderprodukt, Halbfertigprodukt)		(X)				X		**Prüfen:** Lagerort: Neuer Lagerplatz oder bestehender Lagerplatz wird lt. EDV-System zugeordnet.	• Wareneingangs-schein • Einlagerungsschein
Produkte auf reservierte Kundenaufträge verteilen (Serienprodukt, Sonderprodukt)		(X)				X		**Prüfen:** Produkte auf reservierte Kundenaufträge verteilen, Lieferschein, restliche Produkte einlagern	• Lieferschein
Produkte nach Vorgabe kennzeichnen (Serienprodukt, Sonderprodukt, Halbfertigprodukt)						X		**Prüfen:** • nicht kennzeichnen (Hinweis im EDV-System) • nach Katalog kennzeichnen (Hinweis im EDV-System) • nach Kundenvorschrift kennzeichnen (Hinweis auf Lieferschein) Beschädigung vermeiden, Transporthilfsmittel nutzen	• Einlagerungsschein • Lieferschein
Produkte nach Vorgabe konservieren und / oder verpacken (Serienprodukt, Sonderprodukt, Halbfertigprodukt)						X		**Prüfen:** • nicht konservieren, nicht verpacken (Hinweis im EDV-System) • nach eigenen Vorschriften konservieren, verpacken (Hinweis im EDV-System) • nach Kundenvorschrift konservieren, verpacken (Hinweis auf Lieferschein) Beschädigung vermeiden, Transporthilfsmittel nutzen	• Einlagerungsschein • Lieferschein
Auf Kundenaufträge verteilte Produkte versenden (Serienprodukt, Sonderprodukt)						X		**Wechselwirkung:** • VERSAND_Produkte versenden	•
Produkte ans Lager übergeben (Serienprodukt, Sonderprodukt, Halbfertigprodukt)				X		X		**Wechselwirkung:** • LAGER_Produkte einlagern_auslagern	•
ENDEREIGNIS: Wareneingang aus Fertigung durchgeführt									•
									•
Nachfolgende Tätigkeiten werden nur bei Bedarf durchgeführt.									•
Korrekturmaßnahmen durchführen	X	X	X	X				**Wechselwirkung:** • QM: Nichtkonformität und Korrekturmaßnahmen	•

Bewertung des Prozesses: **Methode:** Rückmeldungen von Personal, internes Audit

Dokumentierte Information aufrechterhalten: Bild 2.23(Seite1) WARENEINGANG_Wareneingang aus Fertigung.doc
© BSBE European Business School for Business Excellence 2019,
Freigegeben: Klaus Mustermann, Datum: 06.01.2019, Fertigungsunternehmen 1
Seite 1 von 2

BILD 2.23 WARENEINGANG: Wareneingang aus Fertigung (Ausschnitt)

2.8.3 LAGER: Produkte einlagern oder auslagern

Mit diesem Prozessablauf wird die Einlagerung oder Auslagerung der Produkte aus dem Lager prozessorientiert beschrieben (Bild 2.24).

Die Ware wird im Rohmateriallager, dem Endproduktlager oder im Sperrlager eingelagert oder ausgelagert.

Dazu zählen folgende Produkte:

- Serienprodukte und Sonderprodukte, Handelsprodukte,
- Halbfertigprodukte, Rohmaterialien,
- Kunden- und Lieferantenreklamation.

Die Ware wird eventuell konserviert und einem bestimmten Lagerplatz zugeordnet. Die Einlagerung erfolgt nach FIFO *(First in, First out)*, ebenso die Auslagerung.

WECHSELWIRKUNG Aus diesem Prozessablauf wird eventuell auf weitere Prozessabläufe verwiesen (Wechselwirkung). Eine detaillierte Beschreibung erfolgt in diesen Prozessabläufen.

KORREKTUREN, KORREKTURMASSNAHMEN, VERBESSERUNGSMASSNAHMEN Es sind eventuell Korrekturen oder Korrekturmaßnahmen einzuleiten. Im Bedarfsfall ist das Formular *F_Maßnahmen* auszufüllen. In diesem Formular werden Korrektur, Korrekturmaßnahme und Verbesserungsmaßnahme zusammengefasst.

2.8 5_WARENEINGANG/LAGER/VERSAND

LAGER: Produkte einlagern oder auslagern

Tätigkeit / Prozessschritte (Abfolge-Eingaben-Ergebnisse) ↓	Füh-rung	Ver-trieb	Ein-kauf	La-ger	Ferti-gung	WE, Ver-sand	Externe Be-ar-bei-tung	Wechselwirkung, Checkliste (Wissen der Organisation), Kriterien, Verfahren, Ressourcen	Lenkung dokumentierter Information, Wissen der Organisation
STARTEREIGNIS: *Produkte einlagern oder auslagern durchführen*									•
Nachfolgende Tätigkeiten erfolgen bei der Einlagerung von Handelsprodukten, Halbfertigprodukten, Rohmaterialien.									•
Produkte einlagern				X		X		**Wechselwirkung:** • WARENEINGANG_ Wareneingang extern • VERTRIEB_Reklamation **Prüfen:** Lagerort Handelsprodukte, Halbfertigprodukte: neuer Lagerplatz oder bestehender Lagerplatz, Einlagerung nach FIFO, Beschädigung vermeiden, Transporthilfsmittel nutzen Lagerort Rohmaterial: neuer Lagerplatz oder bestehender Lagerplatz, Einlagerung nach FIFO, Beschädigung vermeiden, Transporthilfsmittel nutzen	• Einlagerungsschein
Nachfolgende Tätigkeiten erfolgen bei der Einlagerung von Serienprodukten, Sonderprodukten, Halbfertigprodukten.									•
Produkte einlagern				X		X		**Wechselwirkung:** • WARENEINGANG_ Wareneingang aus Fertigung • VERTRIEB_Reklamation **Prüfen:** Lagerort Serienprodukte, Sonderprodukte, Halbfertigprodukte: neuer Lagerplatz oder bestehender Lagerplatz, Einlagerung nach FIFO, Beschädigung vermeiden, Transporthilfsmittel nutzen	• Einlagerungsschein
									•

Dokumentierte Information aufrechterhalten: Bild 2.24(Seite1) LAGER_Produkte einlagern_auslagern.doc
Freigegeben: Klaus Mustermann, Datum: 06.01.2019, Fertigungsunternehmen 1
Seite 1 von 2

BILD 2.24 LAGER: Produkte einlagern oder auslagern (Ausschnitt)

2.8.4 VERSAND: Produkte versenden

Mit diesem Prozessablauf wird der Versand der Produkte prozessorientiert beschrieben (Bild 2.25).

Der Versand verschickt unterschiedliche Produkte mit Versender, Bahn, Spediteur usw.

Dazu zählen folgende Produkte:

- Serienprodukte, Sonderprodukte, Handelsprodukte,
- Kunden- und Lieferantenreklamation,
- externe Bearbeitung.

Es erfolgt nur eine Sichtprüfung, um die unterschiedlichen Produkte dem jeweiligen Empfänger korrekt zuzuordnen.

Die Ware wird gekennzeichnet, verpackt und versandfertig vorbereitet.

WECHSELWIRKUNG Aus diesem Prozessablauf wird eventuell auf weitere Prozessabläufe verwiesen (Wechselwirkung). Eine detaillierte Beschreibung erfolgt in diesen Prozessabläufen.

KORREKTUREN, KORREKTURMASSNAHMEN, VERBESSERUNGSMASSNAHMEN Es sind eventuell Korrekturen oder Korrekturmaßnahmen einzuleiten. Im Bedarfsfall ist das Formular *F_Maßnahmen* auszufüllen. In diesem Formular werden Korrektur, Korrekturmaßnahme und Verbesserungsmaßnahme zusammengefasst.

2.8 5_WARENEINGANG/LAGER/VERSAND

VERSAND: Produkte versenden

Tätigkeit / Prozessschritte (Abfolge-Eingaben-Ergebnisse) ↓	Führung	Vertrieb	Einkauf	Lager	Fertigung	WE, Versand	Externe Bearbeitung	Wechselwirkung, Checkliste (Wissen der Organisation), Kriterien, Verfahren, Ressourcen	Lenkung dokumentierter Information, Wissen der Organisation
STARTEREIGNIS: *Produkte versenden* Nachfolgende Tätigkeiten erfolgen beim Versand von <u>Serienwerkprodukten, Sonderprodukten, Handelsprodukten</u>.									•
									•
Produkte aus dem Lager zum Versand erhalten				X		X		Wechselwirkung: • LAGER_Produkte einlagern_auslagern	•
Produkte aus dem Wareneingang zum Versand erhalten (Handel)						X		Wechselwirkung: • WARENEINGANG_ Wareneingang extern	•
Produkte aus dem Wareneingang zum Versand erhalten (Fertigung)						X		Wechselwirkung: • WARENEINGANG_ Wareneingang aus Fertigung	•
Produkte mit Lieferschein vergleichen						X		**Prüfen:** Anzahl, Artikel-Nr., Lieferadresse, Beschädigung	• Lieferschein
Produkte versandfertig verpacken						X		**Prüfen:** Karton, Kiste, Kundenwunsch, Kundenverpackung, Füllmaterial, Empfindlichkeit für Beschädigungen berücksichtigen, Gefahrensymbole	• Lieferschein
Versender wählen						X		**Prüfen:** Länge, Breite, Höhe, Gewicht, Versandart, Kundenwunsch, Empfindlichkeit für Beschädigungen berücksichtigen, Gefahrensymbole	• Lieferschein
Versandbelege erstellen und buchen						X		**Prüfen:** Versender hat eigene Vordrucke, Standardvordrucke. Versand im EDV-System buchen	• Lieferschein • Versandbelege
Versandbelege abheften						X		**Prüfen:** Versandbelege archivieren	• Lieferschein • Versandbelege
Nachfolgende Tätigkeiten erfolgen: • *bei Rücksendung von vom Kunden beigestellten Materialien und Unterlagen,* • *bei abgelehnter Kundenreklamation.*									•
Produkte mit Lieferschein vergleichen		X				X		**Prüfen:** Anzahl, Artikel-Nr., Lieferadresse, Beschädigung Wechselwirkung: • VERTRIEB_Auftrag_ ändern_stornieren • VERTRIEB_Reklamation	• Lieferschein
Produkte versandfertig verpacken						X		**Prüfen:** Karton, Kiste, Kundenwunsch, Kundenverpackung, Füllmaterial, Empfindlichkeit für Beschädigungen berücksichtigen, Gefahrensymbole	• Lieferschein

Dokumentierte Information aufrechterhalten: Bild 2.25(Seite1) VERSAND_Produkte versenden.doc
Freigegeben: Klaus Mustermann, Datum: 06.01.2019, Fertigungsunternehmen 1
Seite 1 von 3

BILD 2.25 VERSAND: Produkte versenden (Ausschnitt)

2.8.5 LAGER: Inventur

Mit diesem Prozessablauf wird die permanente Inventur prozessorientiert beschrieben (Bild 2.26).

Die Jahresinventur dient gleichzeitig der Produktbeurteilung nach folgenden Kriterien:

- Lagerhüter,
- zu große Materialmengen,
- zu viele Materialmengen,
- zu viele Endstücke,
- Beschädigung an den Produkten,
- korrekter Lagerort/Lagerplatz.

Die Produkte werden durch Sichtprüfung beurteilt. Die Inventurlisten werden durch ein EDV-Programm erstellt und mit dem Bestand abgeglichen.

WECHSELWIRKUNG Aus diesem Prozessablauf wird eventuell auf weitere Prozessabläufe verwiesen (Wechselwirkung). Eine detaillierte Beschreibung erfolgt in diesen Prozessabläufen.

KORREKTUREN, KORREKTURMASSNAHMEN, VERBESSERUNGSMASSNAHMEN Es sind eventuell Korrekturen oder Korrekturmaßnahmen einzuleiten. Im Bedarfsfall ist das Formular *F_Maßnahmen* auszufüllen. In diesem Formular werden Korrektur, Korrekturmaßnahme und Verbesserungsmaßnahme zusammengefasst.

LAGER: Inventur

Tätigkeit / Prozessschritte (Abfolge-Eingaben-Ergebnisse)	Führung	Vertrieb	Einkauf	Lager	Fertigung	WE, Versand	Externe Bearbeitung	Wechselwirkung, Checkliste (Wissen der Organisation), Kriterien, Verfahren, Ressourcen	Lenkung dokumentierter Information, Wissen der Organisation
STARTEREIGNIS: *Inventur durchführen*									•
Nachfolgende Tätigkeiten erfolgen bei der Inventur von Serienprodukten, Handelsprodukten, Halbfertigprodukten.									•
Lagerliste ausdrucken	(X)		X					**Prüfen:** nach Lagerort: Serienprodukte, Handelsprodukte, Halbfertigprodukte ausdrucken	• Inventurliste
Inventur durchführen	(X)		X	X				**Prüfen:** Es darf während der Inventur keine physische Bewegung der Produkte erfolgen. Produkterhaltung überprüfen (Sichtkontrolle)	• Inventurliste
Bestandskorrekturen durchführen	(X)		X					**Prüfen:** Die Bestandskorrektur ist im EDV-System zu begründen.	• Inventurliste
Inventur bewerten	(X)		X					**Prüfen:** Die Bewertung der Inventur muss kurzfristig erfolgen. Es erfolgt eine Mengen- und Preisbewertung mit dem EDV-System.	• Inventurliste
Nachfolgende Tätigkeiten erfolgen bei der Inventur von Halbfertigprodukten, Rohmaterialien.									•
Lagerliste ausdrucken	(X)		X		X			**Prüfen:** nach Lagerort: Halbfertigprodukt (in Fertigung befindlich), Rohmaterial, ausdrucken	• Inventurliste
Inventur durchführen	(X)		X	X	X			**Prüfen:** Es darf während der Inventur keine physische Bewegung der Produkte erfolgen. Produkterhaltung überprüfen (Sichtkontrolle)	• Inventurliste
Bestandskorrekturen durchführen	(X)		X		X			**Prüfen:** Die Bestandskorrektur ist im EDV-System zu begründen.	• Inventurliste
Inventur bewerten	(X)		X		X			**Prüfen:** Die Bewertung der Inventur muss kurzfristig erfolgen. Es erfolgt eine Mengen- und Preisbewertung mit dem EDV-System.	• Inventurliste
ENDEREIGNIS: *Inventur durchgeführt*									•
									•
Nachfolgende Tätigkeiten werden nur bei Bedarf durchgeführt.									•
Korrekturmaßnahmen durchführen	X	X	X	X				**Wechselwirkung:** • QM: Nichtkonformität und Korrekturmaßnahmen	•

Bewertung des Prozesses:	**Methode:** Rückmeldungen von Personal, internes Audit
Fortlaufende Verbesserung:	**Methode:** Rückmeldungen von Lager, Einkauf, Fertigung **Informationen Risiken und Chancen:** Produkterhaltung, Kennzeichnung und Rückverfolgbarkeit, Mengendifferenzen

<u>Dokumentierte Information aufrechterhalten:</u> Bild 2.26 LAGER_Inventur.doc
Freigegeben: Klaus Mustermann, Datum: 06.01.2019, Fertigungsunternehmen 1

BILD 2.26 LAGER: Inventur

2.9 7_VERANTWORTUNG DER OBERSTEN LEITUNG UND ORGANISATION

Für den Funktionsbereich **7_Verantwortung der obersten Leitung und Organisation** werden folgende Prozessabläufe benötigt:

- Oberste Leitung und Organisation
- Ordner *Jährlich durchzuführende Tätigkeiten*, in diesem Ordner werden die jährlich durchzuführenden Tätigkeiten zusammengefasst.

Die DIN EN ISO 9001:2015 teilt die Verantwortung für das Qualitätsmanagementsystem in *oberste Leitung* und *Organisation* auf.

ISO 9000:2015 AUSZUG AUS DER NORM

Begriff: oberste Leitung (3.1.1) = *Person oder Personengruppe, die eine Organisation (3.2.1) auf der obersten Ebene führt und steuert.*

Begriff: Organisation (3.2.1) = *Person oder Personengruppe, die eigene Funktionen mit Verantwortlichkeiten, Befugnissen und Beziehungen hat, um ihre Ziele (3.7.1) zu erreichen.*

In der DIN EN ISO 9001:2015 gibt es somit nur noch die *oberste Leitung (3.1.1)* und die *Organisation (3.2.1)*.

Weitere Hinweise zu den **Begriffen** *oberste Leitung* und *Organisation* finden Sie in diesem Buch unter **Kapitel 1.3.2**.

OBERSTE LEITUNG UND ORGANISATION

Die DIN EN ISO 9001:2015 überträgt die Verantwortung an die:

oberste Leitung = Geschäftsführung,

Organisation = Führungskräfte wie Vertriebsleitung, Einkaufsleitung, Betriebsleitung, Versandleitung, QS-Leitung, Entwicklungsleitung.

In kleineren Organisationen wären folgende Verantwortungen möglich:

oberste Leitung = Geschäftsführung,

Organisation = Mitarbeiter, die für bestimmte Bereiche in der Organisation verantwortlich sind.

2.9.1 QM: Oberste Leitung und Organisation

Mit diesem Prozessablauf wird die *Verantwortung der obersten Leitung* **und** der *Organisation* prozessorientiert beschrieben (Bild 2.27).

WAS MUSS DIE OBERSTE LEITUNG DENN ALLES DURCHFÜHREN?

Die oberste Leitung **muss** in Bezug auf das Qualitätsmanagementsystem Führung und Verpflichtung zeigen.

Im **Inhaltsverzeichnis** wird dies deutlich. Hier erkennt man die Zuordnung der **Verantwortung** an die *oberste Leitung* und an die *Organisation*.

2.9 7_Verantwortung der obersten Leitung und Organisation

QM: Oberste Leitung und Organisation

Tätigkeit / Prozessschritte (Abfolge-Eingaben-Ergebnisse)	Führung	Organisation: Vertrieb Einkauf, Entwicklung, Fertigung, WE, Lager, Versand	Wechselwirkung, Checkliste (Wissen der Organisation), Kriterien, Verfahren, Ressourcen	Lenkung dokumentierter Information, Wissen der Organisation

Inhaltsverzeichnis

OBERSTE LEITUNG = Geschäftsführung 2
Normenkapitel 5.1.1 *Allgemeines*..2
Normenkapitel 5.1.2 *Kundenorientierung* 3
Normenkapitel 5.2.1 *Festlegung der Qualitätspolitik* 3
Normenkapitel 5.2.2 *Bekanntmachung der Qualitätspolitik* 3
Normenkapitel 5.3 *Rollen, Verantwortlichkeiten und Befugnisse in der Organisation* 4
Normenkapitel 9.3.1, 9.3.2, 9.3.3 *Managementbewertung* 4
ORGANISATION = Führungskräfte / Mitarbeiter mit eigener Verantwortung für bestimmte Bereiche 5
Normenkapitel 4.1 *Verstehen der Organisation und ihres Kontextes* 5
Normenkapitel 4.2 *Verstehen der Erfordernisse und Erwartungen interessierter Parteien* 5
Normenkapitel 4.3 *Festlegen des Anwendungsbereichs des Qualitätsmanagem entsystems* 5
Normenkapitel 4.4 *Qualitätsmanagementsystem und seine Prozesse* 6
Normenkapitel 6.1 *Maßnahmen zum Umgang mit Risiken und Chancen* 7
Normenkapitel 6.2 *Qualitätsziele*..7
Normenkapitel 6.3 *Planung von Änderungen* 7
Normenkapitel 7.1.1 *Ressourcen Allgemeines* 8
Normenkapitel 7.1.2 *Personen* 8
Normenkapitel 7.1.3 *Infrastruktur* 8
Normenkapitel 7.1.4 *Prozessumgebung* 8
Normenkapitel 7.1.5.1 *Ressourcen zur Überwachung und Messung* 8
Normenkapitel 7.1.5.2 *Messtechnische Rückführbarkeit* 9
Normenkapitel 7.1.6 *Wissen der Organisation* 9
Normenkapitel 7.2 *Kompetenz* 9
Normenkapitel 7.3 *Bewusstsein* 9
Normenkapitel 7.4 *Kommunikation* 9
Normenkapitel 7.5.1 *Dokumentierte Information* 10
Normenkapitel 7.5.2 *Erstellen und Aktualisieren* 10
Normenkapitel 7.5.3 *Lenkung dokumentierter Information* 10
Normenkapitel 8.1 *Betriebliche Planung und Steuerung* 11
Normenkapitel 8.2.1 *Kommunikation mit dem Kunden* 11
Normenkapitel 8.2.2 *Bestimmen von Anforderungen für Produkte und Dienstleistungen* 11
Normenkapitel 8.2.3 *Überprüfung der Anforderungen für Produkte und Dienstleistungen* 12
Normenkapitel 8.2.4 *Änderungen von Anforderungen an Produkte un d Dienstleistungen* 12
Normenkapitel 8.3.1, 8.3.2, 8.3.3, 8.3.4, 8.3.5, 8.3.6 *Entwicklung von Produkten und Dienstleistungen* 13
Normenkapitel 8.4.1 *Steuerung von extern bereitgestellten Prozessen, Produkten und Dienstleistungen* 14
Normenkapitel 8.4.2 *Art und Umfang der Steuerung* 15
Normenkapitel 8.4.3 *Informationen für externe Anbieter* 15
Normenkapitel 8.5.1 *Steuerung der Produktion und der Dienstleistungserbringung* 16
Normenkapitel 8.5.2 *Kennzeichnung und Rückverfolgbarkeit* 16
Normenkapitel 8.5.3 *Eigentum der Kunden oder der externen Anbieter* 17
Normenkapitel 8.5.4 *Erhaltung* 17
Normenkapitel 8.5.5 *Tätigkeiten nach der Lieferung* 18
Normenkapitel 8.5.6 *Überwachung von Änderungen* 18
Normenkapitel 8.6 *Freigabe von Produkten und Dienstleistungen* 19
Normenkapitel 8.7.1 + 8.7.2 *Steuerung nichtkonformer Ergebnisse* 19
Normenkapitel 9.1 + 9.1.1 *Überwachung, Messung, Analyse und Bewertung* 20
Normenkapitel 9.1.2 *Kundenzufriedenheit* 20
Normenkapitel 9.1.3 *Analyse und Bewertung* 20
Normenkapitel 9.2 *Internes Audit* 20
Normenkapitel 10.1 *Verbesserungen* 21
Normenkapitel 10.2 *Nichtkonformitäten und Korrekturmaßnahmen* 21
Normenkapitel 10.3 *Fortlaufende Verbesserung* 21

Dokumentierte Information aufrechterhalten: Bild 2.27 QM_Oberste Leitung und Organisation.doc
Freigegeben: Klaus Mustermann, Datum: 06.01.2019, Fertigungsunternehmen 1
Seite 1 von 1

BILD 2.27 QM: Oberste Leitung und Organisation – Inhaltsverzeichnis (Ausschnitt)

2.9.2 Was sind die Anforderungen an die oberste Leitung?

Nun werden Sie sich vielleicht fragen: Muss die oberste Leitung die Normenkapitel 5.1.1 bis 5.3 und 9.3.1 bis 9.3.3 alle selbst durchführen?

Dies ist jedoch **nicht** generell der Fall. In den Normenkapiteln 5.1.1 bis 5.3 muss die oberste Leitung: die Rechenschaftspflicht übernehmen und kann diese nicht delegieren; sicherstellen; fördern; vermitteln; Personen einsetzen, anleiten und unterstützen; festlegen, umsetzen, aufrechterhalten. Die Normenkapitel sind daher **einzeln** zu betrachten.

Hier bedeutet z. B. *sicherstellen*, dass die oberste Leitung sicherstellen muss, dass die Normenkapitel 5.1.1 bis 5.3 auch umgesetzt werden, dafür sorgen, dass etwas sicher vorhanden ist oder getan werden kann; gewährleisten, garantieren, sie muss es jedoch **nicht** selbst durchführen. Es ist aber darauf zu achten, dass *sicherstellen* nicht aus dem Sinnzusammenhang gerissen wird. So hat der Begriff *sicherstellen* in Verbindung mit *muss* und *bewerten* eine andere Auswirkung. Daher muss der Normentext genau interpretiert werden.

Im Normenkapitel 5.1.1 muss die oberste Leitung *sicherstellen*, dass z. B. messbare Qualitätsziele *festgelegt* und Verbesserungen, die Anwendung des prozessorientierten Ansatzes sowie das risikobasierte Denken *gefördert* werden.

Im Normenkapitel 5.2.1 **muss** die oberste Leitung die Qualitätspolitik *festlegen, umsetzen* und *aufrechterhalten*. Im Normenkapitel 5.3 muss die oberste Leitung *sicherstellen*, dass die Verantwortlichkeiten und Befugnisse für relevante Rollen innerhalb der gesamten Organisation zugewiesen, bekannt gemacht und verstanden werden, und Verantwortlichkeiten und Befugnisse *zuweisen*. In den Normenkapiteln 9.3.1 bis 9.3.3 **muss** die oberste Leitung die *Managementbewertung* **selbst** durchführen.

2.9.2.1 Formular: F_Qualitätspolitik

Mit diesem Formular wird die Qualitätspolitik festgelegt (Bild 2.28).

ISO 9000:2015 AUSZUG AUS DER NORM

Begriff: Qualitätspolitik (3.5.9) = *Politik (3.5.8) bezüglich Qualität (3.6.2).*

Nun wird deutlich, dass hier **nicht** Aussagen zur **Politik der Organisation** getroffen werden, sondern Aussagen (Politik) zur **Qualität** und wie diese in der eigenen Organisation umgesetzt werden.

Es ist eine Anforderung der DIN EN ISO 9001:2015, dass die Qualitätspolitik von der **obersten Leitung = Geschäftsführung** *festgelegt, umsetzen* und *aufrechterhalten* wird.

Die Qualitätspolitik muss für den Zweck, den Kontext, die strategische Ausrichtung, für das Festlegen von Qualitätszielen, die Verpflichtung zur Erfüllung zutreffender Anforderungen und für die Verpflichtung zur fortlaufenden Verbesserung des Qualitätsmanagementsystems geeignet sein.

Wenn Sie die Qualitätspolitik in **vier Punkte** einteilen, erhalten Sie eine Struktur der Qualitätspolitik für Ihre Organisation.

HINWEIS: Den Text im Formular **vor** den Punkten 1 bis 4 müssen Sie löschen, da er nur zur Erläuterung dient. Den *kursiv geschriebenen Text* **dahinter** müssen Sie an Ihre Organisation anpassen.

1. Kunden:

Hier treffen Sie Aussagen zu den Kunden, die Sie beliefern. Diese Aussagen zu treffen ist problemlos, da Sie Ihre Kunden kennen, die Ihre Produkte kaufen.

2. Produkte/Dienstleistungen:

Hier treffen Sie die Aussagen zu den Produkten, Dienstleistungen und Vorteilen für die Kunden, wenn sie Ihre Produkte nutzen. Dazu gehören auch die Einsatzgebiete des Kunden, für die Ihre Produkte genutzt werden können. Diese Aussagen zu treffen ist problemlos, da Sie die Einsatzgebiete und Vorteile Ihrer Produkte kennen.

F_Qualitätspolitik

1. Kunden:
Hier treffen Sie Aussagen zu den Kunden, die Sie beliefern. Diese Aussagen zu treffen ist problemlos, da Sie Ihre Kunden kennen, die Ihre Produkte kaufen, z. B.: „*Wir beliefern Kunden aus den Bereichen Werkzeug- und Formenbau, Automobilindustrie und Handel.*"

2. Produkte:
Hier treffen Sie Aussagen zu den Produkten und den Vorteilen für die Kunden, wenn sie Ihre Produkte nutzen. Dazu gehören auch die Einsatzgebiete des Kunden, für die Ihre Produkte genutzt werden können. Diese Aussagen zu treffen ist problemlos, da Sie die Einsatzgebiete und die Vorteile Ihrer Produkte kennen, z. B.: „*Ca. 90 % aller Zerspanungsaufgaben im Werkzeug- und Formenbau lassen sich nach unseren Erfahrungen mit unserem umfangreichen Standardsortiment lösen. Darüber hinaus fertigen wir für Ihre besonderen Anwendungsfälle Sonderwerkzeuge und Sonderaufnahmen nach Ihren Vorgaben. Unser technischer Außendienst berät Sie beim Einsatz unserer Produkte und ermöglicht Ihnen optimale Lösungen bei Ihren Produkten und Prozessoptimierungen im Fertigungsablauf.*"

3. Organisation:
Hier treffen Sie Aussagen zu Ihrer Organisation. Dazu gehören die Besonderheiten, wie Sie auf die Kundenanforderungen eingehen. Dies ist nicht ganz so problemlos, da manche Organisationen ihre eigenen Besonderheiten nicht kennen und für viele Organisationen dies eigentlich „Selbstverständlichkeiten" sind, z. B.: „*Unser Unternehmen zeichnet sich dadurch aus, dass wir flexibel auf die Anforderungen unserer Kunden reagieren. Die ausgewählten Materialien, die hoch spezialisierten Mitarbeiter, die in den Fertigungsablauf integrierten Lieferanten und die modernen Fertigungseinrichtungen ermöglichen eine hohe Genauigkeit im Fertigungsablauf und in den Produkten. Deshalb wurde das Handbuch prozessorientiert dargestellt und wurden Wechselwirkungen zwischen den Funktionsbereichen und Ebenen in den Betriebsabläufen berücksichtigt. Die Einhaltung der Kundentermine findet im Unternehmen eine, dem heutigen dynamischen Markt angepasste, besondere Beachtung. Als Dienstleistung bieten wir Schulungen mit unseren Produkten im Hause oder beim Kunden vor Ort an. Unser technischer Außendienst bespricht mit den Kunden das Problem und ermöglicht die optimale Lösung des Problems. Unser QM-System ist zertifiziert nach DIN EN ISO 9001:2015.*"

4. Mitarbeiter:
Hier treffen Sie Ihre Aussage, wie Sie die Mitarbeiter zur Qualitätspolitik verpflichtet haben, z. B.: „*In allen Funktionsbereichen und Ebenen sind Fehler vermeidbar, wenn ihre Ursachen konsequent beseitigt werden. Damit wird nicht nur die Kundenzufriedenheit gefördert, sondern auch die ständige Verbesserung innerhalb des Unternehmens umgesetzt. Die Sicherung und gezielte Verbesserung der Qualität ist eine Aufgabe für unser gesamtes Unternehmen. Unser Unternehmen fühlt sich verpflichtet, die Qualität der Abläufe, Produkte und Dienstleistungen zu sichern und ständig zu verbessern, um unserem Unternehmen eine sichere Zukunft zu verschaffen.*"

Jeder Mitarbeiter ist verpflichtet, die Anforderungen zu erfüllen und zur fortlaufenden Verbesserung der Wirksamkeit des Qualitätsmanagementsystems beizutragen.

Die Organisationsabläufe und Anforderungen an das Produkt und an die Dienstleistung werden mithilfe von messbaren Qualitätszielen für die entsprechenden Funktionsbereiche, Ebenen und Prozesse auf eine fortdauernde Angemessenheit bewertet.

Die Darstellung der Wechselwirkungen zwischen den Funktionsbereichen, Ebenen und Prozessen ermöglicht ein wirksames Leiten und Lenken der Betriebsabläufe zur Erreichung der messbaren Qualitätsziele.

*Für unser Unternehmen gibt es keine **externen** relevanten interessierten Parteien, für die die Qualitätspolitik verfügbar sein muss.*

Diese Qualitätspolitik wurde am TT.MM.JJJJ von der Geschäftsführung in Kraft gesetzt.

BILD 2.28 Formular: F_Qualitätspolitik

3. Organisation:

Hier treffen Sie die Aussagen zu Ihrer Organisation. Dazu gehören die Besonderheiten, wie Sie auf die Kundenanforderungen eingehen. Dies ist nicht ganz so problemlos, da manche Organisationen ihre eigenen Besonderheiten nicht kennen und für viele Organisationen dies eigentlich „Selbstverständlichkeiten" sind.

4. Mitarbeiter:

Hier treffen Sie Ihre Aussage, wie Sie die Mitarbeiter zur Qualitätspolitik verpflichtet haben.

Wenn Sie Ihre **bisherige Qualitätspolitik oder Ihr Leitbild** weiter nutzen wollen, dann müssen Sie eine Anpassung vornehmen. Dazu wurden die geänderten Anforderungen der DIN EN ISO 9001:2015, die Sie beachten müssen, **grau** hinterlegt. Sie können den Text kopieren und in Ihre eigene Qualitätspolitik einfügen.

2.9.2.2 Formular: F_Managementbewertung

Mit diesem Formular wird die Managementbewertung durchgeführt (Bild 2.29).

Es ist eine Anforderung der DIN EN ISO 9001:2015, dass die Managementbewertung von der **obersten Leitung = Geschäftsführung** in **geplanten Abständen durchgeführt** wird, um die *fortdauernde Eignung, Angemessenheit* und *Wirksamkeit* des Qualitätsmanagementsystems sowie deren *Angleichung an die strategische Ausrichtung der Organisation* sicherzustellen.

Die Managementbewertung ist eine Zusammenfassung der Leistung und Wirksamkeit des Qualitätsmanagementsystems durch die oberste Leitung.

Die Managementbewertung ist weiter eine **Zusammenfassung** über einen vorher **bestimmten Zeitraum**. Die Norm schreibt die Managementbewertung vor. Dazu gehören die **Eingaben** und die **Ergebnisse**. Sie schreibt jedoch **nicht vor**, **wie oft** Sie die Managementbewertung durchführen müssen. Sie können die Managementbewertung einmal pro Jahr durchführen oder auch öfters. Es bleibt daher Ihnen überlassen, wie Sie das umsetzen wollen.

Das Formular *F_Managementbewertung* enthält alle Anforderungen der Norm. Sie dürfen die **Inhalte der Tabellenspalten links nicht ändern**, sondern nur die **Antworten unter** *Informationen, Bewertung* und *Handlungsbedarf*.

Die *Informationen* erhalten Sie aus den aufgeführten Formularen, z. B. *F_Bewertung der Leistung*.

Die *Bewertungen* sind Beispiele als Multiple-Choice-Antworten, nur **eine** Antwort ist gültig. Also das löschen, was nicht zutrifft. Wenn Ihnen die Antworten zu „kurz" sind, dann können Sie auch ausführliche Texte schreiben.

Wenn Sie einen *Handlungsbedarf* feststellen, dann tragen Sie die Maßnahmen bitte ein und setzen sie um. Dazu nutzen Sie das Formular *F_Maßnahmen*.

Was passiert, wenn Sie als Ergebnis **keine** Verbesserung der Wirksamkeit des Qualitätsmanagementsystems und seiner Prozesse, keine Produktverbesserung in Bezug auf Kundenanforderungen oder keinen Bedarf an Ressourcen in diesem Jahr haben? Dann protokollieren Sie dies als Ergebnis, dass kein Bedarf besteht.

Ausführliche Hinweise zum **Begriff** *Managementbewertung* finden Sie in diesem Buch unter **Kapitel 1.6**.

F_Managementbewertung

MANAGEMENTBEWERTUNG FÜR DAS JAHR XXXX

Eingaben, Bewertung und Ergebnisse der Managementbewertung unter Erwägung nachfolgender Aspekte durch die oberste Leitung:		
Als Basis für die Managementbewertung wurden die bereits durchgeführten Analysen und Bewertungen der dokumentierten Informationen verwendet (siehe unter „Informationen:" in diesem Formular).		
Status von Maßnahmen vorheriger Managementbewertungen berücksichtigen	Informationen:	F_Managementbewertung (vorherige), F_Maßnahmen (vorherige)
	Bewertung:[1]	umgesetzt, zum Teil umgesetzt, noch offen, keine Maßnahmen vorhanden
	Handlungsbedarf:	
Veränderungen bei externen und internen Themen, die das Qualitätsmanagementsystem betreffen, berücksichtigen	Informationen:	F_Kontext Interne Externe Themen Risiken Chancen
	Bewertung:	keine Veränderungen notwendig, Veränderung notwendig
	Handlungsbedarf:	
Informationen über die Leistung und Wirksamkeit des Qualitätsmanagementsystems:		
Informationen zur Kundenzufriedenheit berücksichtigen	Informationen:	F_Bewertung der Leistung
	Bewertung:	gut, zufriedenstellend, nicht zufriedenstellend
	Handlungsbedarf:	
Informationen zur Rückmeldung von relevanten interessierten Parteien berücksichtigen	Informationen:	Rückmeldungen
	Bewertung:	keine Rückmeldungen vorhanden, Rückmeldungen vorhanden
	Handlungsbedarf:	
Informationen, in welchem Umfang die Qualitätsziele erfüllt wurden, berücksichtigen	Informationen:	F_Messbare Qualitätsziele
	Bewertung:	erfüllt, zum Teil erfüllt, nicht erfüllt
	Handlungsbedarf:	
Informationen zu Prozessleistung und Konformität von Produkten und Dienstleistungen berücksichtigen	Informationen:	F_Bewertung der Leistung
	Bewertung:	erfüllt, zum Teil erfüllt, nicht erfüllt
	Handlungsbedarf:	
Informationen zu Nichtkonformitäten und Korrekturmaßnahmen berücksichtigen	Informationen:	F_Maßnahmen
	Bewertung:	umgesetzt, zum Teil umgesetzt, noch offen
	Handlungsbedarf:	
Informationen über Ergebnisse von Überwachungen und Messungen	Informationen:	F_Bewertung der Leistung
	Bewertung:	erfüllt, zum Teil erfüllt, nicht erfüllt
	Handlungsbedarf:	
Informationen zu Ergebnissen von Audits berücksichtigen	Informationen:	F-Internes Audit_Plan_Bericht, Auditbericht der Zertifizierungsstelle
	Bewertung:	gut, zufriedenstellend, nicht zufriedenstellend
	Handlungsbedarf:	
Informationen zur Leistung von externen Anbietern berücksichtigen	Informationen:	F_Bewertung der Leistung
	Bewertung:	gut, zufriedenstellend, nicht zufriedenstellend
	Handlungsbedarf:	

In diesem Beispiel werden die Informationen aus dem vorher bewerteten Formular verwendet.

[1] Bewertung: nicht Zutreffendes entfernen

Dokumentierte Information aufbewahren: Bild 2.29(Seite1)_F_Managementbewertung.doc
Freigegeben: Klaus Mustermann, Datum: 06.01.2019, Fertigungsunternehmen 1
Seite 1 von 2

BILD 2.29 Formular: F_Managementbewertung (Ausschnitt)

2.9.2.3 Verantwortung und Befugnisse

Es ist eine Anforderung der DIN EN ISO 9001:2015, dass die Verantwortung und die Befugnisse in der **gesamten Organisation** *zugewiesen, bekannt gemacht* und *verstanden* werden.

Aus diesem Grund wurden zwei unterschiedliche Arten der Zuordnung von Verantwortung und Befugnissen erstellt:

1. F_Organigramm_Verantwortung (Word) als generelle Darstellung,
2. F_Mitarbeitermatrix (Verantwortung und Befugnisse) (Excel) als detaillierte Darstellung.

Sie müssen selbst entscheiden, ob Sie beide Formulare nutzen wollen oder ob für Sie das Formular *F_Organigramm_Verantwortung* ausreicht. Sollte dies so sein, dann können Sie das Formular *F_Mitarbeitermatrix (Verantwortung und Befugnisse)* **löschen**.

2.9.2.4 Formular: F_Organigramm_Verantwortung (Word) als generelle Darstellung

Mit diesem Formular wird die Verantwortung den einzelnen Funktionen und Ebenen zugeordnet. Das Formular wurde in **gesamte Organisation** und **Qualitätsmanagementsystem der Organisation** unterteilt (Bild 2.30).

ISO 9000:2015 AUSZUG AUS DER NORM

Begriff: Qualitätsmanagementsystem (3.5.4) = *Teil eines Managementsystems (3.5.3) bezüglich der Qualität (3.6.2).*

Aus diesem Grund sind zwei Tabellen vorhanden:

1. Die Zuordnung der Verantwortung in der *gesamten Organisation*,
2. die Zuordnung der Verantwortung im *Qualitätsmanagementsystem als Teil des Managementsystems der Organisation.*

Die Verantwortung für die gesamte Organisation: Hier müssen die Namen der obersten Leitung und die Namen der Mitarbeiter, die in der Organisation für die Funktionen, z. B. *Vertrieb, verantwortlich* sind, eingetragen werden.

Die Verantwortung für das Qualitätsmanagementsystem der Organisation: Hier müssen die Namen der obersten Leitung und die Namen der Mitarbeiter, die für *bestimmte Bereiche in der Organisation verantwortlich* sind, eingetragen werden.

Es können auch die gleichen Mitarbeiter sein bzw. wird bei sehr kleinen Organisationen vieles durch die oberste Leitung wahrgenommen. Somit wird deutlich, dass nicht nur ein Mitarbeiter für das Qualitätsmanagementsystem verantwortlich sein kann. Die oberste Leitung ist für das gesamte Qualitätsmanagementsystem verantwortlich und kann diese Verantwortung nicht delegieren. Ebenso wird klarer, dass auch die Mitarbeiter, die für *bestimmte Funktionen in der Organisation verantwortlich* sind, die Verantwortung für das Qualitätsmanagementsystem haben.

Ausführliche Hinweise zu den **Begriffen** *Qualitätsmanagementsystem* und *Qualität* finden Sie in diesem Buch unter den **Kapiteln 1.3.3** und **1.3.4**.

Weitere Hinweise zu den **Begriffen** *oberste Leitung* und *Organisation* finden Sie unter dem **Kapitel 2.9**.

2.9 7_Verantwortung der obersten Leitung und Organisation

F_Organigramm / Verantwortung

Gesamte Organisation[1]	
Geschäftsführung:	• ?????
	•
Vertrieb:	• ?????
	•
Einkauf:	• ?????
	•
Entwicklung:	• ?????
	•
Fertigung:	• ?????
	•
Wareneingang, Lager, Versand:	• ?????
	•
	•
	•

Qualitätsmanagementsystem[2] der Organisation[3] (Teil des Managementsystems der Organisation bezüglich Qualität)	
Oberste Leitung:	• ?????
	•
Organisation = Mitarbeiter, die für bestimmte Bereiche in der Organisation verantwortlich sind (7.1.2)	• Vertrieb: ????? • Einkauf: ????? • Entwicklung: ????? • Fertigung: ????? • Wareneingang, Lager, Versand: ?????

---

[1] DIN EN ISO 9000:2015: 3.2.1 Organisation
[2] DIN EN ISO 9000:2015: 3.5.4 Qualitätsmanagementsystem
[3] DIN EN ISO 9000:2015: 3.2.1 Organisation

Dokumentierte Information aufrechterhalten: Bild 2.30 F_Organigramm_Verantwortung.doc
Freigegeben: Klaus Mustermann, Datum: 06.01.2019, Fertigungsunternehmen 1
Seite 1 von 1

BILD 2.30 Formular: F_Organigramm_Verantwortung (Word) als generelle Darstellung

2.9.2.5 Formular: F_Mitarbeitermatrix (Verantwortung und Befugnisse) (Excel) als detaillierte Darstellung

Falls Sie der Ansicht sind, dass Sie eine genauere Aufteilung benötigen, dann finden Sie im Formular *F_Mitarbeitermatrix (Verantwortung und Befugnisse)* eine detailliertere Aufteilung (Bild 2.31).

Die Verantwortung für das Qualitätsmanagementsystem der Organisation: Hier müssen die „?????" gegen die Namen der *obersten Leitung* und die Namen der *Mitarbeiter*, die für *bestimmte Bereiche in der Organisation verantwortlich* sind, ausgetauscht werden.

Es können auch die gleichen Mitarbeiter sein bzw. wird bei sehr kleinen Organisationen vieles durch die oberste Leitung wahrgenommen.

2.9 7_Verantwortung der obersten Leitung und Organisation

F_Mitarbeitermatrix (Verantwortung und Befugnisse)

	OBERSTE LEITUNG	VERTRIEB	EINKAUF	ENTWICKLUNG	FERTIGUNG	WARENEINGANG / LAGER / VERSAND
Datum: ??.??.????	Geschäftsführung					
die Rechenschaftspflicht für die Wirksamkeit des Qualitätsmanagementsystems	x					
Personen, die zur Wirksamkeit des Qualitätsmanagementsystems beitragen, einsetzen, anleiten und unterstützen (5.1.1 h))	x					
Qualitätspolitik festlegen, umsetzen und aufrechterhalten	x					

Folgende Verantwortung und Befugnis wurde zugewiesen für: (5.3)

	OBERSTE LEITUNG	VERTRIEB	EINKAUF	ENTWICKLUNG	FERTIGUNG	WARENEINGANG / LAGER / VERSAND
	Geschäftsführung	Mitarbeiter ????	Mitarbeiter ????	Mitarbeiter ????	Mitarbeiter ????	Mitarbeiter ????
dass das Qualitätsmanagementsystem die Anforderungen der DIN EN ISO 9001:2015 erfüllt	(X)					
dass die Prozesse die beabsichtigten Ergebnisse liefern	(X)					
das Berichten über die Leistung des Qualitätsmanagementsystems und über Verbesserungsmöglichkeiten (siehe 10.1), insbesondere an die oberste Leitung	(X)					
das Sicherstellen der Förderung der Kundenorientierung innerhalb der gesamten Organisation	(X)					
das Sicherstellen, dass die Integrität des Qualitätsmanagementsystems aufrechterhalten bleibt, wenn Änderungen am Qualitätsmanagementsystem geplant und umgesetzt werden	(X)					

Folgende Verantwortung und Befugnis wurde zugewiesen für:

	OBERSTE LEITUNG	VERTRIEB	EINKAUF	ENTWICKLUNG	FERTIGUNG	WARENEINGANG / LAGER / VERSAND
	Geschäftsführung ????	Mitarbeiter ????	Mitarbeiter ????	Mitarbeiter ????	Mitarbeiter ????	Mitarbeiter ????
internes Audit	(X)					
Datenschutzbeauftragter	(X)					

Dokumentierte Information aufbewahren: Bild 2.31 F_Mitarbeitermatrix (Verantwortung und Befugnisse)
Freigegeben: Klaus Mustermann, **Datum:** 06.01.2019, Fertigungsunternehmen 1
Seite 1 von 3

BILD 2.31 Formular: F_Mitarbeitermatrix (Verantwortung und Befugnisse) (Ausschnitt – Excel) als detaillierte Darstellung

Die Verantwortung für die gesamte Organisation: Hier müssen die „?????" gegen die Namen der *obersten Leitung* und die *Namen der Mitarbeiter*, die in der Organisation für die Funktionen, z. B. *Vertrieb*, und Prozesse, z. B. *Angebot erstellen, ändern*, verantwortlich sind, ausgetauscht werden (Bild 2.32).

2.9 7_Verantwortung der obersten Leitung und Organisation

Folgende Verantwortung und Befugnis wurde zugewiesen für: (7.1.2)	Geschäftsführung / Vertriebsleitung	Mitarbeiter	Mitarbeiter	Mitarbeiter	Mitarbeiter	Mitarbeiter	Mitarbeiter	Mitarbeiter	Mitarbeiter	Mitarbeiter
VERTRIEB	?????	?????	?????	?????	?????	?????	?????	?????	?????	?????
Angebot erstellen, ändern	(X)	X	X	X	X	X	X	X	X	X
Angebot verfolgen	(X)	X	X	X	X	X	X	X	X	X
Auftrag erstellen	(X)	X	X	X	X	X	X	X	X	X
Auftrag ändern, stornieren	(X)	X	X	X	X	X	X	X	X	X
Reklamationen	(X)	X	X	X	X	X	X	X	X	X
EINKAUF	Geschäftsführung / Einkaufsleitung	Mitarbeiter	Mitarbeiter	Mitarbeiter	Mitarbeiter	Mitarbeiter	Mitarbeiter	Mitarbeiter	Mitarbeiter	Mitarbeiter
	?????	?????	?????	?????	?????	?????	?????	?????	?????	?????
Disposition, Anfrage, Preisvergleich, Bestellung	(X)	X	X	X	X	X	X	X	X	X
Bestellung verfolgen	(X)	X	X	X	X	X	X	X	X	X
Reklamationen, Falschlieferung	(X)	X	X	X	X	X	X	X	X	X
Lieferanten Auswahl, Beurteilung, Neubeurteilung	(X)	X	X	X	X	X	X	X	X	X
ENTWICKLUNG	Geschäftsführung / Entwicklungsleitung	Mitarbeiter	Mitarbeiter	Mitarbeiter	Mitarbeiter	Mitarbeiter	Mitarbeiter	Mitarbeiter	Mitarbeiter	Mitarbeiter
	?????	?????	?????	?????	?????	?????	?????	?????	?????	?????
	(X)	X	X	X	X	X	X	X	X	X
FERTIGUNG	Geschäftsführung / Betriebsleitung	Mitarbeiter	Mitarbeiter	Mitarbeiter	Mitarbeiter	Mitarbeiter	Mitarbeiter	Mitarbeiter	Mitarbeiter	Mitarbeiter
	?????	?????	?????	?????	?????	?????	?????	?????	?????	?????
Fertigungsablauf	(X)	X	X	X	X	X	X	X	X	X
Instandhaltung der Fertigungseinrichtungen	(X)	X	X	X	X	X	X	X	X	X
Überwachungs- und Messmittel verwalten	(X)	X	X	X	X	X	X	X	X	X
WARENEINGANG / LAGER / VERSAND	Geschäftsführung / Logistikleitung	Mitarbeiter	Mitarbeiter	Mitarbeiter	Mitarbeiter	Mitarbeiter	Mitarbeiter	Mitarbeiter	Mitarbeiter	Mitarbeiter
	?????	?????	?????	?????	?????	?????	?????	?????	?????	?????
Wareneingang extern	(X)	X	X	X	X	X	X	X	X	X
Wareneingang aus Service	(X)	X	X	X	X	X	X	X	X	X
Produkte ein- und auslagern	(X)	X	X	X	X	X	X	X	X	X
Produkte versenden	(X)	X	X	X	X	X	X	X	X	X
Inventur	(X)	X	X	X	X	X	X	X	X	X

BILD 2.32 Formular: F_Mitarbeitermatrix (Verantwortung und Befugnisse) (Ausschnitt – Excel) als detaillierte Darstellung

Dokumentierte Information aufbewahren: Bild 2.31 F_Mitarbeitermatrix (Verantwortung und Befugnisse)
Freigegeben: Klaus Mustermann, Datum: 06.01.2019, Fertigungsunternehmen 1
Seite 2 von 3

2.9.3 Was sind die Anforderungen an die Organisation?

Dazu zählen: *Kontext der Organisation, Zweck der Organisation, strategische Ausrichtung der Organisation, interne und externe Themen, interessierte Parteien, Maßnahmen zum Umgang mit Risiken und Chancen, messbare Qualitätsziele* und die *Bewertung der Leistung*.

2.9.3.1 Formular: F_Kontext Interne Externe Themen Risiken Chancen

Mit diesem Formular werden der *Zweck der Organisation*, die *strategische Ausrichtung der Organisation*, die *internen und externen Themen*, die *interessierten Parteien* und die *Risiken und Chancen* festgelegt (Bild 2.33).

Ausführliche Hinweise zu *Kontext der Organisation, interne und externe Themen* sowie *Risiken und Chancen* finden Sie in diesem Buch in den **Kapiteln 1.5 bis 1.5.9**.

Weitere Hinweise zum **Begriff** *Information* und zum *Dokumentationsumfang zum Kontext der Organisation* finden Sie in diesem Buch im **Kapitel 1.3.9**.

Zum besseren Verständnis haben wir Ihnen ein Beispiel ausgefüllt. Sie finden dieses im Ordner *11_Ausgefüllte Beispiele*.

HINWEIS: Bitte füllen Sie das Formular *F_Kontext Interne Externe Themen Risiken Chancen* auf **Basis Ihrer Organisation** und der Anforderungen des Tagesgeschäftes aus. Das korrekt ausgefüllte Formular ist **die Basis** für die Formulare *F_Messbare Qualitätsziele* und *F_Bewertung der Leistung*.

Wir haben uns überlegt, ob wir überhaupt ausgefüllte Beispiele veröffentlichen, da hier ein Problem vorhanden sein kann. Man sieht: Ach ja, es passt ja auch auf unsere Organisation, und genau **das** ist dann das Problem, da die Belange der eigenen Organisation in den Hintergrund geraten können. Diese Aussage bezieht sich auch auf die Tabellen in diesem Buch in den **Kapiteln 1.5 bis 1.5.9**. Die Inhalte der Tabellen sind als **Anregung** gedacht und zeigen die Vielfalt der Organisationen auf.

Wenn Sie das Formular *F_Kontext Interne Externe Themen Risiken Chancen* ausfüllen, dann betrifft dies die **Organisation**. Sie sollten als **oberste Leitung** daher **nicht** versuchen, das Formular allein auszufüllen, weil Sie unter Umständen nicht alles wissen können und die **Organisation** außen vor bleibt. Wie wollen Sie dann ein risikobasiertes Denken fördern? Ein Qualitätsmanagementsystem ist nicht für Einzelkämpfer und Herrschaftswissen gedacht, sondern bindet die Organisation mit ein.

Weitere Hinweise zum **Begriff** *Organisation* finden Sie unter dem **Kapitel 2.9**.

ISO 9001:2015 AUSZUG AUS DER NORM

0.4 Zusammenhang mit anderen Normen zu Managementsystemen

*... Diese Internationale Norm enthält **keine** spezifischen Anforderungen anderer Managementsysteme, z. B. Umweltmanagement, Arbeitsschutzmanagement oder Finanzmanagement ...*

A.4 Risikobasiertes Denken

... Diese Internationale Norm legt Anforderungen an die Organisation fest, dass sie ihren Kontext versteht (siehe 4.1) und die Risiken als Grundlage zur Planung (siehe 6.1) bestimmt. Dies verkörpert die Anwendung des risikobasierten Denkens bei der Planung und Verwirklichung von Prozessen des Qualitätsmanagementsystems (siehe 4.4) und hilft bei der Bestimmung des Umfangs von dokumentierten Informationen ...

*... Das in dieser Internationalen Norm angewendete risikobasierte Denken hat eine teilweise Reduzierung der vorschreibenden Anforderungen und deren Ersatz durch **leistungsorientierte Anforderungen** ermöglicht ...*

*... Obwohl in 6.1 festgelegt ist, dass die Organisation Maßnahmen zur Behandlung von Risiken planen muss, sind **keine formellen Methoden** für das Risikomanagement oder ein dokumentierter Risikomanagementprozess erforderlich. **Organisationen können entscheiden**, ob sie eine ausgedehntere Vorgehensweise für das Risikomanagement, als von dieser Internationalen Norm gefordert wird, entwickeln möchten oder nicht, z. B. durch die Anwendung anderer Leitlinien oder Normen ...*

2.9 7_Verantwortung der obersten Leitung und Organisation

F_Kontext Interne Externe Themen Risiken Chancen

Kontext der Organisation mit der Bestimmung der externen und internen Themen unter Berücksichtigung von Risiken und Chancen und interessierten Parteien	
Zweck und strategische Ausrichtung der Organisation: (4.1)[3]	Entwicklung, Herstellung und Handel von hochpräzisen Zerspanungswerkzeugen für die Bearbeitung von Werkstoffen als Serienprodukte und Sonderprodukte nach Kundenvorgabe. Wir beliefern Kunden aus den Bereichen: Werkzeugbau, Formenbau, Automobilindustrie, Handel.
Beabsichtigte Ergebnisse des Qualitätsmanagementsystems: Bedingungen, die von der **Organisation** festgelegt werden und von der Organisation erfüllt werden müssen (inhärente Merkmale) (0.1), (1), (4.1)	
Serienprodukt: Werkzeugtyp, Abmaße, Toleranzen, Beschichtung, Material	
Beabsichtigte Ergebnisse des Qualitätsmanagementsystems: Bedingungen, die vom **Kunden** festgelegt werden und von der Organisation erfüllt werden müssen (inhärente Merkmale) (0.1), (1), (4.1)	
Sonderprodukt: Zu bearbeitender Werkstoff, Bearbeitungsstrategie (mit oder ohne Beschichtung), Werkzeugtyp, Abmaße, Toleranzen	
EXTERNER Kontext – THEMEN bestimmen: (4.1)	Informationen über die externen Themen überwachen, überprüfen (4.1)
Gesetzliches Umfeld:	
Technisches Umfeld:	**Serienprodukt:** Betriebsauftrag, Datensatz / Zeichnung, Normen, technisches Datenblatt des Materiallieferanten, Normen **Sonderprodukt:** Anfrage, Angebot, Bestellung, Betriebsauftrag, Datensatz / Zeichnung des Kunden, technisches Datenblatt
Wettbewerbliches Umfeld:	Konkurrenzprodukte, technische Veränderungen, Verfügbarkeit, Beratung über den optimalen Einsatz der Produkte
Marktbezogenes Umfeld:	Verfügbarkeit der Materialien
Kulturelles Umfeld:	
Soziales Umfeld:	Code of Conduct des Kunden, es muss der Mindestlohn berücksichtigt werden, da dies von den Kunden gefordert wird, da sonst keine Lieferung erfolgen darf.
Wirtschaftliches Umfeld:	
Interessierte Parteien bestimmen: (4.2)	Kunde, Lieferant, regelsetzende Institutionen
Relevante Anforderungen der interessierten Parteien überwachen, überprüfen:	**Serienprodukt:** Werkzeugtyp, Abmaße, Toleranzen, Beschichtung, Material **Sonderprodukt:** Zu bearbeitender Werkstoff, Bearbeitungsstrategie (mit oder ohne Beschichtung), Werkzeugtyp, Abmaße,
Risiken bestimmen: (6.1.1)	Verfügbarkeit der Materialien, technische Umsetzbarkeit, Änderungen von Produktnormen, fehlerhafte Information
Chancen bestimmen: (6.1.1)	Alternativlieferant, Sortimentserweiterung, kundenindividuelle Sonderprodukte, Neuentwicklungen für einen bestimmten Einsatzzweck, Produktoptimierung
Planung der einzuleitenden Maßnahmen: (6.1.2)	Alternativlieferanten, Information vom Kunden
Betroffene Funktionen und Prozesse: (6.1.2)	(1) Lieferfähigkeit der Alternativlieferanten, (2) Information vom Kunden durch Kontakt mit Innen- / Außendienst Vertrieb Innen- / Außendienst, Einkauf, Fertigung
INTERNER Kontext – THEMEN bestimmen: (4.1)	Informationen über die internen Themen überwachen, überprüfen (4.1)
Werte der Organisation:	Flexibilität, Innovationsfähigkeit
Kultur der Organisation:	Tradition unseres Unternehmens seit mehr als 30 Jahren, langfristige Kunden- und Lieferantenbeziehungen, langjährige Mitarbeiter
Wissen der Organisation:	Technische Zeichnung, Fachwissen der Mitarbeiter, Betriebsblätter, technische Datenblätter des Materiallieferanten, Normen
Leistung der Organisation:[4]	(1) Anzahl Reklamationen Kunden
Interessierte Parteien bestimmen: (4.2)	Geschäftsleitung, Produktionsleiter, Außendienstmitarbeiter
Relevante Anforderungen der interessierten Parteien überwachen, überprüfen:	Einhaltung der inhärenten Merkmale der Produkte, um die Anforderungen der Kunden erfüllen zu können.
Risiken bestimmen: (6.1)	Fehlerhafte Produkte, interne Kommunikation
Chancen bestimmen: (6.1)	Keine oder geringe Anzahl von Reklamationen, Mitarbeiterqualifizierung
Planung der einzuleitenden Maßnahmen: (6.1.2)	Korrekturen, evtl. Korrekturmaßnahmen, Schulungen
	(1) Erfolgreiche Umsetzung der Korrekturen im Tagesgeschäft, (2) Bewertung von Schulungen, (3) Mitarbeiterbesprechung
Betroffene Funktionen und Prozesse: (6.1.2)	Vertrieb Innen- / Außendienst, Einkauf, Fertigung

Annotationen (rechte Spalte):
- Die **inhärenten Merkmale** übernehmen Sie in die Formulare: F_Messbare Qualitätsziele; F_Bewertung der Leistung.
- Die **Inhalte** übernehmen Sie in die Formulare: F_Messbare Qualitätsziele; F_Bewertung der Leistung, Punkt: Wirksamkeit durchgeführter Maßnahmen – Risiken und Chancen.
- Die **Inhalte** übernehmen Sie in die Formulare: F_Messbare Qualitätsziele; F_Bewertung der Leistung, Punkt: Grad der Kundenzufriedenheit. Die Leistung wird quantitativ bewertet.
- Die **Inhalte** übernehmen Sie in die Formulare: F_Bewertung der Leistung, Punkt: Wirksamkeit durchgeführter Maßnahmen – Risiken und Chancen.

[3] Die Zahlen in den Klammern, z. B. (0.1), (1), (4.1), (4.2), (6.1), beziehen sich auf die Normenkapitel der DIN EN ISO 9001:2015.
[4] **Duden quantitativ:** (die Quantität betreffend) = der Anzahl / Größe / Menge nach, mengenmäßig, zahlenmäßig, siehe zusätzlich DIN EN ISO 9000:2015 Begriff 3.7.8 Leistung

Dokumentierte Information aufrechterhalten: Bild 2.33(Seite2) F_Kontext Interne Externe Themen Risiken Chancen.doc
© BSBE European Business School for Business Excellence 2019.
Freigegeben: Klaus Mustermann, Datum: 06.01.2019, Fertigungsunternehmen 1

BILD 2.33 Formular: F_Kontext Interne Externe Themen Risiken Chancen (Ausschnitt)

2.9.3.2 Formular: F_Messbare Qualitätsziele

Mit diesem Formular werden die *messbaren Qualitätsziele* festgelegt (Bild 2.34).

Ausführliche Hinweise zu *messbaren Qualitätszielen* finden Sie in diesem Buch in den **Kapiteln 1.6** und **1.6.1**.

Wir haben ein Formular komplett für das *Fertigungsunternehmen 1* als Beispiel ausgefüllt. Sie finden das Beispiel im Ordner *11_Ausgefüllte Beispiele*. Hier können Sie erkennen, dass die Daten in diesem Formular **aus** dem Formular *F_Kontext Interne Externe Themen Risiken Chancen* **in** das Formular *F_Messbare Qualitätsziele* übernommen wurden.

2.9   7_Verantwortung der obersten Leitung und Organisation

F_Messbare Qualitätsziele

Planung zum Erreichen der messbaren Qualitätsziele für das Jahr 2019

HINWEIS: Folgendes ist bei der Planung der messbaren Qualitätsziele zu beachten: Einklang mit der Qualitätspolitik, messbar sein, zutreffende Anforderungen berücksichtigen, Konformität von Produkten und Dienstleistungen, Kundenzufriedenheit (6.2.1 a), b), c), d))

Funktionen, Ebenen und Prozesse (6.2.1) Inhärente Merkmale der Produkte und Dienstleistungen (6.2.1 a), c), d))	Messbares Qualitätsziel (6.2.1 b))	Was getan wird (6.2.2 a))	Welche Ressourcen (6.2.2 b))	Wer verantwortlich ist (6.2.2 c))	Wann es abgeschlossen wird (6.2.2 d))	Wie die Ergebnisse bewertet werden (6.2.2 e))
Funktionen: Vertrieb Innen-/Außendienst, Einkauf, Fertigung **Ebenen:** Geschäftsleitung, Produktionsleiter, Außendienstmitarbeiter **Prozesse:** • Reklamation **Inhärente Merkmale: Serienprodukt:** Werkzeugtyp, Abmaße, Toleranzen, Beschichtung, Material **Sonderprodukt:** Zu bearbeitender Werkstoff, Bearbeitungsstrategie (mit oder ohne Beschichtung), Werkzeugtyp, Abmaße, Toleranzen	(1) Anzahl Kundenreklamationen	Erfassen und analysieren der Reklamation, Gespräch mit den Mitarbeitern, ggf. Schulung	Fehlerbeschreibung des Kunden	Fertigung	Abgelehnt, Nacharbeit, Neufertigung	Bewertung: Kundenreklamationen pro Quartal
	Anzahl Lieferantenreklamationen	Erfassen und analysieren der Reklamation, Gespräch mit dem Lieferanten	Wareneingangsprüfung, Fehlerbeschreibung des Lieferanten	Fertigung	Abgelehnt, Nacharbeit, Neufertigung	Bewertung: Lieferantenreklamationen pro Quartal

Bei internen Audits, Korrekturen, Korrekturmaßnahmen, Verbesserungen überprüfen, ob messbare Qualitätsziele aktualisiert werden müssen (6.2.1 e), g))

Nach Durchführung des internen Audits, vor und nach Korrekturen, Korrekturmaßnahmen, Verbesserungen. Besprechung mit den Mitarbeitern. (6.2.1 f)

Dokumentierte Information aufbewahren
- Korrekturen, Korrekturmaßnahmen, Verbesserungen
- Internes Audit Plan Bericht
- Besprechungsprotokoll Mitarbeiter
-

Dokumentierte Information aufrechterhalten: Bild 2.34 F_Messbare Qualitätsziele.doc
© BSBE European Business School for Business Excellence 2019,
Freigegeben: Klaus Mustermann, Datum: 06.01.2019, Fertigungsunternehmen 1
Seite 1 von 1

BILD 2.34   Formular: F_Messbare Qualitätsziele

2.9.3.3 Formular: F_Bewertung der Leistung

Mit diesem Formular wird die *Bewertung der Leistung* durchgeführt (Bild 2.35).

Ausführliche Hinweise zur *Bewertung der Leistung* finden Sie in diesem Buch in den **Kapiteln 1.6**, **1.6.2** sowie **1.6.3**.

Zum besseren Verständnis haben wir Ihnen ein Beispiel ausgefüllt. Sie finden dieses im Ordner *11_Ausgefüllte Beispiele*.

2.9.4 Ordner: Jährlich durchzuführende Tätigkeiten

Im **Ordner** selbst ist ein Ordner mit dem Jahr der jährlich durchzuführenden Tätigkeiten vorhanden (2019). Die Nummerierung zeigt eine sinnvolle Vorgehensweise. Sie sollten daher die jährlichen Bewertungen in dieser Reihenfolge durchführen.

Im Ordner 2019 sind die nachfolgenden Ordner vorhanden.

Durch die **Organisation** durchzuführende Tätigkeiten:

1_Lieferantenbewertung

2_Internes Audit

3_Kontext der Organisation

4_Messbare Qualitätsziele

5_Bewertung der Leistung

Durch die **oberste Leitung** durchzuführende Tätigkeiten:

6_Managementbewertung

In diesen Ordnern können Sie dann die ausgefüllten dokumentierten Informationen aufbewahren.

F_Bewertung der Leistung

Bewertung der Leistung und Wirksamkeit des Qualitätsmanagementsystems Jahr 2019 (9.1.1)

Konformität der Produkte und Dienstleistungen (9.1.3 a)

Was wird überwacht und gemessen? (9.1.1 a)	Welche Methoden? (9.1.1 b)	Wann wird die Überwachung und Messung durchgeführt? (9.1.1 c)	Wann muss analysiert und bewertet werden? (9.1.1 d)	Wie wird analysiert? (9.1.3)
Inhärente Merkmale Produkte: **Serienprodukt**: Werkzeugtyp, Abmaße, Toleranzen, Beschichtung, Material	Sichtkontrolle, Maßkontrolle nach Fertigungszeichnung	Wareneingang, Fertigung, Warenausgang	Bei Abweichungen	Woher kommt die Abweichung? Wie wird die Abweichung behoben?
Inhärente Merkmale Produkte: **Sonderprodukt**: zu bearbeitender Werkstoff, Bearbeitungsstrategie (mit oder ohne Beschichtung), Werkzeugtyp, Abmaße, Toleranzen	Sichtkontrolle, Maßkontrolle nach Fertigungszeichnung	Wareneingang, Fertigung, Warenausgang	Bei Abweichungen	Woher kommt die Abweichung? Wie wird die Abweichung behoben?

Leistung[1] externer Anbieter (Lieferanten) (9.1.3 f)

Was wird überwacht und gemessen? (9.1.1 a)	Welche Methoden? (9.1.1 b)	Wann wird die Überwachung und Messung durchgeführt? (9.1.1 c)	Wann muss analysiert und bewertet werden? (9.1.1 d)	Wie wird analysiert? (9.1.3)
Inhärente Merkmale Serienprodukt (Handel): Werkzeugtyp, Abmaße, Toleranzen, Beschichtung, Material	Sichtkontrolle, Maßkontrolle nach Fertigungszeichnung	Wareneingang	Bei Abweichungen	Lieferantenbewertung; Ursache ermitteln und abstellen
Inhärente Merkmale Sonderprodukt (Handel): zu bearbeitender Werkstoff, Bearbeitungsstrategie (mit oder ohne Beschichtung), Werkzeugtyp, Abmaße, Toleranzen	Sichtkontrolle, Maßkontrolle nach Fertigungszeichnung	Wareneingang	Bei Abweichungen	Lieferantenbewertung; Ursache ermitteln und abstellen
Inhärente Merkmale Rohmaterial: Typ, Abmaße, Toleranzen	Sichtkontrolle, Maßkontrolle	Wareneingang	Bei Abweichungen	Lieferantenbewertung; Ursache ermitteln und abstellen
Inhärente Merkmale externe Bearbeitung: Beschichtung der Oberfläche, Toleranzen	Sichtkontrolle, Maßkontrolle	Wareneingang	Bei Abweichungen	Lieferantenbewertung; Ursache ermitteln und abstellen
Anzahl Lieferantenreklamationen	Erfassen und analysieren der Reklamation, Gespräch mit dem Lieferanten	Bei jeder Reklamation	Bei jeder Reklamation	Lieferantenbewertung; Woher kommt die Abweichung? Wie wird die Abweichung behoben?

Grad der Kundenzufriedenheit (9.1.2), (9.1.3 b)

Was wird überwacht und gemessen? (9.1.1 a)	Welche Methoden? (9.1.1 b)	Wann wird die Überwachung und Messung durchgeführt? (9.1.1 c)	Wann muss analysiert und bewertet werden? (9.1.1 d)	Wie wird analysiert? (9.1.3)
(1) Anzahl Kundenreklamationen	Tabellarische Erfassung	Pro Quartal	Pro Quartal	Vergleich von Quartal zu Quartal im Verhältnis der Reklamationsquote

[1] **Duden quantitativ:** (die Quantität betreffend) = der Anzahl / Größe / Menge nach; mengenmäßig, zahlenmäßig (Leistung externe Anbieter), siehe zusätzlich DIN EN ISO 9000:2015 Begriff 3.7.8 Leistung

Dokumentierte Information aufrechterhalten: Bild 2.35(Seite1) F_Bewertung der Leistung.doc
© BSBE European Business School for Business Excellence 2019,
Freigegeben: Klaus Mustermann, Datum: 06.01.2019, Fertigungsunternehmen 1
Seite 1 von 3

BILD 2.35 Formular: F_Bewertung der Leistung (Ausschnitt)

2.10 8_FORTLAUFENDE VERBESSERUNG DES QM-SYSTEMS

Für den Funktionsbereich **8_Fortlaufende Verbesserung des QM-Systems** werden folgende Prozessabläufe benötigt:

- Internes Audit
- Nichtkonformitäten und Korrekturmaßnahmen

2.10.1 QM: Internes Audit

Mit diesem Prozessablauf wird das interne Audit prozessorientiert beschrieben (Bild 2.36).

Es werden **zwei Arten** von internen Audits dargestellt.

AUDITPROGRAMM als Systemaudit:

Das Audit wird als **Systemaudit** durchgeführt, um die Organisationsabläufe auf Wirksamkeit zur Erfüllung der Kundenanforderungen zu überprüfen.

Auditziele: Ermittlung des Erfüllungsgrades der DIN EN ISO 9001:2015 und der Anforderungen der Organisation.

Auditkriterien: Als Bezugsgrundlage (Referenz) dient die DIN EN ISO 9001:2015. Das Formular *F_Internes Audit_Plan_Bericht* und der Prozess *QM: Oberste Leitung und Organisation* werden als Fragenkatalog genutzt, um einen Vergleich mit den Nachweisen zu erhalten.

Auditumfang: Erfüllung der Anforderungen der DIN EN ISO 9001:2015 und der Anforderungen der Organisation.

Audithäufigkeit: einmal pro Jahr.

Auditmethoden: Formular *F_Internes Audit_Plan_Bericht* und Prozess *QM: Oberste Leitung und Organisation* als Basis für das interne Audit (Systemaudit) nutzen. Es werden Mitarbeiter befragt, Tätigkeiten beobachtet und Dokumente und Aufzeichnungen überprüft. Die Norm erwartet eine Planung des Auditprogramms. Die Norm legt jedoch nicht fest, wie oft ein internes Audit durchgeführt werden muss. Es wird jedoch empfohlen, das interne Audit einmal pro Jahr durchzuführen.

AUDITPROGRAMM als Prozessaudit:

Prozessaudit: Das interne Audit kann auch als **Prozessaudit** zur Behebung von Problemen genutzt werden. **Auditkriterien:** Als Bezugsgrundlage (Referenz) dient das Formular *F_Maßnahmen*.

WECHSELWIRKUNG

Aus diesem Prozessablauf wird eventuell auf weitere Prozessabläufe verwiesen (Wechselwirkung). Eine detaillierte Beschreibung erfolgt in diesen Prozessabläufen.

KORREKTUREN, KORREKTURMASSNAHMEN, VERBESSERUNGSMASSNAHMEN

Es sind eventuell Korrekturen oder Korrekturmaßnahmen einzuleiten. Im Bedarfsfall ist das Formular *F_Maßnahmen* auszufüllen. In diesem Formular werden Korrektur, Korrekturmaßnahme und Verbesserungsmaßnahme zusammengefasst.

2.10 8_Fortlaufende Verbesserung des QM-Systems

QM: Internes Audit

Tätigkeit / Prozessschritte (Abfolge-Eingaben-Ergebnisse)	Führung	Organisation: Vertrieb Einkauf, Entwicklung, Fertigung, WE, Lager, Versand	Wechselwirkung, Checkliste (Wissen der Organisation), Kriterien, Verfahren, Ressourcen	Lenkung dokumentierter Information, Wissen der Organisation
STARTEREIGNIS: *internes Audit planen, festlegen und umsetzen*			1. Das interne Audit kann als **Systemaudit** zur Überprüfung der Organisationsabläufe und der Erfüllung der Wirksamkeit der Kundenanforderungen genutzt werden. 2. Das interne Audit kann als **Prozessaudit** zur Behebung von Problemen genutzt werden.	•
SYSTEMAUDIT				•
SYSTEMAUDIT: Auditprogramm planen, festlegen und als Vorgehensweise für das interne Audit nutzen	X		**Auditoren:** Es muss darauf geachtet werden, dass der Auditor seine eigene Tätigkeit nicht auditiert. **Auditziele:** Ermittlung des Erfüllungsgrades der DIN EN ISO 9001:2015 und der Anforderungen der Organisation. Das Audit wird als **Systemaudit** durchgeführt, um die Organisationsabläufe auf Wirksamkeit zur Erfüllung der Kundenanforderungen zu überprüfen. **Auditkriterien:** Als Bezugsgrundlage (Referenz) dient die DIN EN ISO 9001:2015. Das Formular *F_Internes Audit_Plan_Bericht* und der Prozess *QM: Oberste Leitung und Organisation* werden als Vorgehensweise genutzt, um einen Vergleich mit den Nachweisen zu erhalten. **Auditumfang:** Erfüllung der Anforderungen der DIN EN ISO 9001:2015 und der Anforderungen der Organisation **Audithäufigkeit:** einmal pro Jahr **Auditmethoden:** Formular *F_Internes Audit_Plan_Bericht*, Prozess *QM: Oberste Leitung und Organisation* und Formular *F_Dokumentierte Informationen-Matrix* als Basis für das interne Audit (**Systemaudit**) nutzen. Es werden Mitarbeiter befragt, Tätigkeiten beobachtet und dokumentierte Informationen überprüft.	• F_Internes Audit_Plan_Bericht • QM: Oberste Leitung und Organisation • F_Dokumentierte Informationen-Matrix
Ergebnisse von vorherigen Audits überprüfen und berücksichtigen	X		**Prüfen:** Anzahl der Audits ausreichend, Korrekturen, Korrekturmaßnahmen, Verbesserungen	• F_Internes Audit_Plan_Bericht (vorherige) • F_Maßnahmen (vorherige)
Formular: F_Internes Audit_Plan_Bericht erstellen, Prozess: QM: Oberste Leitung und Organisation überprüfen und evtl. ändern	X		Formular *F_Internes Audit_Plan_Bericht* und Prozess *QM: Oberste Leitung und Organisation* aus dem Vorjahr kopieren, mit neuem Datum versehen. Im Formular *F_Internes Audit_Plan_Bericht* den Umfang und die Auditoren festlegen.	• F_Internes Audit_Plan_Bericht • QM: Oberste Leitung und Organisation • F_Dokumentierte Informationen-Matrix
Audit durchführen	X	X	Die zu auditierenden Normenabschnitte sind im Prozess *QM: Oberste Leitung und Organisation* aufgeführt.	• F_Internes Audit_Plan_Bericht • QM: Oberste Leitung und Organisation • F_Dokumentierte Informationen-Matrix
ENDEREIGNIS: *internes Audit geplant, festgelegt und umgesetzt*				•
				•
Nachfolgende Tätigkeiten werden durchgeführt, wenn Abweichungen im internen Audit festgestellt wurden.				
Abweichungen im Audit festgestellt	X	X	Die für die auditierte **Funktion** verantwortliche Leitung muss sicherstellen, dass Maßnahmen ohne ungerechtfertigte Verzögerung zur Beseitigung erkannter Fehler und ihrer Ursachen ergriffen werden. **Wechselwirkung / Prozess:** QM: Nichtkonformität und Korrekturmaßnahmen	• F_Internes Audit_Plan_Bericht
				•

Dokumentierte Information aufrechterhalten: Bild 2.36(Seite1) QM_Internes Audit.doc
Freigegeben: Klaus Mustermann, Datum: 06.01.2019, Fertigungsunternehmen 1
Seite 1 von 2

BILD 2.36 QM: Internes Audit (Ausschnitt)

2.10.1.1 Formular: F_Internes Audit_Plan_Bericht (erste Seite)

Mit diesem Formular wird das interne Audit als Systemaudit geplant, durchgeführt und dokumentiert (Bild 2.37).

Die DIN EN ISO 9001:2015 erwartet, dass das Qualitätsmanagementsystem in geplanten Abständen auditiert wird, um Informationen darüber zu erhalten, ob das Qualitätsmanagementsystem wirksam verwirklicht und aufrechterhalten wird. Die Norm legt jedoch nicht fest, wie oft Sie das interne Audit durchführen müssen.

Das Formular berücksichtigt das komplette Auditprogramm von der Planung über die Vorgehensweise bis zum Auditbericht.

Als *Audithäufigkeit* wurde *einmal pro Jahr* festgelegt. **Sie müssen selbst entscheiden, wie oft Sie ein Audit durchführen.**

F_Internes Audit_Plan_Bericht

Auditplan

Datum:	•
Uhrzeit von / bis:	•
Auditor 1:	•
Auditor 2:	•
	• Es wurde darauf geachtet, dass der Auditor seine eigene Tätigkeit nicht auditiert.

Auditziele:	• Ermittlung des Erfüllungsgrades der DIN EN ISO 9001:2015 und der Anforderungen der Organisation. Das Audit wird durchgeführt, um die Organisationsabläufe auf Wirksamkeit zur Erfüllung der Kundenanforderungen zu überprüfen.
Auditkriterien:	• Als Bezugsgrundlage (Referenz) dient die DIN EN ISO 9001:2015. Das **Formular** *F_Internes Audit_Plan_Bericht* und der **Prozess** *QM: Oberste Leitung und Organisation* werden als Vorgehensweise genutzt, um einen Vergleich mit den Nachweisen zu erhalten.
Auditumfang:	• Erfüllung der Anforderungen der DIN EN ISO 9001:2015 und der Anforderungen der Organisation. Die zu auditierenden Normenabschnitte sind im **Prozess** *QM: Oberste Leitung und Organisation* aufgeführt.
Audithäufigkeit:	• Einmal pro Jahr.
Auditmethoden:	• **Formular** *F_Internes Audit_Plan_Bericht*, **Prozess** *QM: Oberste Leitung und Organisation* und **Formular** *F-Dokumentierte Informationen-Matrix* als Basis für das interne Audit nutzen. Es werden Mitarbeiter befragt, Tätigkeiten beobachtet und dokumentierte Informationen überprüft.
Abweichungen im Audit:	• **Formular** *F_Internes Audit_Plan_Bericht* und **Formular** *F-Maßnahmen* für die Dokumentation nutzen.

> Sie müssen selbst festlegen, wie häufig Sie das interne Audit durchführen wollen.

Vorgehensweise:

1. Den oder die Auditoren festlegen. Dabei ist darauf zu achten, dass der Auditor seine eigene Tätigkeit nicht auditiert.
2. Den **Prozess** *QM: Oberste Leitung und Organisation* als Checkliste für das interne Audit nutzen.
3. Wenn „Nichtkonformitäten" oder „Verbesserungen" aus dem <u>vorigen</u> Audit vorhanden sind, dann müssen diese berücksichtigt werden.
4. Die zu auditierenden Normenabschnitte sind im **Prozess** *QM: Oberste Leitung und Organisation* aufgeführt.
5. Im **Prozess** *QM: Oberste Leitung und Organisation* sind die Wechselwirkungen zu anderen Prozessen mit aufgeführt, um die Tätigkeiten hinterfragen zu können.
6. Wenn im Audit „Nichtkonformitäten" oder „Verbesserungen" vorhanden sind, dann ist das unter „Übersicht über die auditierten Kapitel" unter Bemerkung in diesem Dokument einzutragen und das **Formular** *F_Maßnahmen* zur Dokumentation der „Nichtkonformitäten" oder „Verbesserungen" zu nutzen. Die verantwortliche Leitung muss sicherstellen, dass Maßnahmen ohne ungerechtfertigte Verzögerung zur Beseitigung erkannter Nichtkonformitäten und ihrer Ursachen ergriffen werden.
7. Weiter muss überprüft werden, ob Daten in die messbaren Qualitätsziele übernommen werden müssen.

Auditbericht:

Festgestellte Nichtkonformitäten:	• Es wurden keine Nichtkonformitäten festgestellt. • Die ausgefüllten **Formulare** *F_Maßnahmen* zur Dokumentation der Nichtkonformitäten oder Verbesserungen sind an diesen Bericht angeheftet. • *****Nichtzutreffendes streichen**
Abschließendes Urteil über die Erfüllung der Norm:	gut, zufriedenstellend, nicht zufriedenstellend

<u>Dokumentierte Information aufbewahren:</u> Bild 2.37(Seite1) Bild 2.38 (Seite 2) F_Internes Audit_Plan_Bericht.doc
Freigegeben: Klaus Mustermann, Datum: 06.01.2019, Fertigungsunternehmen 1

BILD 2.37 Formular: F_Internes Audit_Plan_Bericht (Seite 1)

2.10.1.2 Formular: F_Internes Audit_Plan_Bericht (zweite Seite)

Wenn Sie das Audit durchführen, dann müssen Sie eine **Bewertung der einzelnen Normenkapitel** durchführen. Dies können Sie direkt parallel durchführen und die Ergebnisse eintragen. Also, immer wenn Sie das Audit durchführen, dann können Sie die Ergebnisse direkt eintragen (Bild 2.38).

Das Formular ist in drei Spalten unterteilt:

In **Spalte 1** wurden die zu *auditierenden Normenkapitel* als Überschriften eingetragen.

In **Spalte 2** wird der *BW-Schlüssel* 1, 2 oder 3 eingetragen.

In **Spalte 3** unter *Bemerkungen* können Sie Kommentare, z. B. über eine Abweichung oder durchzuführende Korrekturen, eintragen. Sie können die Spalte *Bemerkungen* auch *leer* lassen, wenn die *BW = 1* ist. Bei einer Bewertung von *BW = 2* oder *BW = 3* **muss** die Spalte *Bemerkung* ausgefüllt werden, und es **muss** eine **Maßnahme** eingeleitet werden, um eine Korrektur durchzuführen. Wenn die Spalte *BW* **grau** schraffiert ist, dann handelt es sich um **Überschriften in der Norm**, somit sind keine Fragen möglich.

Sie können das interne Audit über ein Jahr verteilen oder zusammenhängend durchführen.

Wenn Sie das interne Audit auf **mehrere Monate verteilen** wollen, dann tragen Sie unter *Bemerkung* einfach das Datum ein, an dem Sie das Audit durchgeführt haben. Sie müssen dann noch auf *Seite 1* unter *Datum* die entsprechenden Eintragungen vornehmen.

Als **Fragenkatalog** muss als Basis der Prozess *QM: Oberste Leitung und Organisation* genutzt werden. Der Prozess stellt die komplette Umsetzung der DIN EN ISO 9001:2015 dar. Der Prozess *QM: Oberste Leitung und Organisation* kann somit auch als Fragenkatalog für das interne Audit genutzt werden.

Hinweise zum **Prozess** *QM: Oberste Leitung und Organisation* finden Sie in diesem Buch im **Kapitel 1.4.3**.

F_Internes Audit_Plan_Bericht

Übersicht über die auditierten Kapitel	BW	Bemerkung
4 KONTEXT DER ORGANISATION		
4.1 Verstehen der Organisation und ihres Kontextes	1	
4.2 Verstehen der Erfordernisse und Erwartungen interessierter Parteien	1	
4.3 Festlegen des Anwendungsbereichs des Qualitätsmanagementsystems	1	
4.4 Qualitätsmanagementsystem und seine Prozesse	1	
5 FÜHRUNG		
5.1 Führung und Verpflichtung		
5.1.1 Allgemeines	1	
5.1.2 Kundenorientierung	1	
5.2 Politik		
5.2.1 Festlegung der Qualitätspolitik	1	
5.2.2 Bekanntmachung der Qualitätspolitik	1	
5.3 Rollen, Verantwortlichkeiten und Befugnisse in der Organisation	1	
8 BETRIEB		
8.1 Betriebliche Planung und Steuerung	1	
8.2 Anforderungen an Produkte und Dienstleistungen		Bedeutung der betroffenen Prozesse, Änderungen mit Einfluss auf die Organisation
8.2.1 Kommunikation mit den Kunden	1	
8.2.2 Bestimmen von Anforderungen für Produkte und Dienstleistungen	1	
8.2.3 Überprüfung der Anforderungen für Produkte und Dienstleistungen	1	
8.2.4 Änderungen von Anforderungen an Produkte und Dienstleistungen	1	
8.3 Entwicklung von Produkten und Dienstleistungen		
8.3.1 Allgemeines	1	
8.3.2 Entwicklungsplanung	1	
8.3.3 Entwicklungseingaben	1	
8.3.4 Steuerungsmaßnahmen für die Entwicklung	1	
8.3.5 Entwicklungsergebnisse	1	
8.3.6 Entwicklungsänderungen	1	
8.4 Steuerung von extern bereitgestellten Prozessen, Produkten und Dienstleistungen		
8.4.1 Allgemeines	1	
8.4.2 Art und Umfang der Steuerung	1	
8.4.3 Informationen für externe Anbieter	1	
8.5 Produktion und der Dienstleistungserbringung		
8.5.1 Steuerung der Produktion und der Dienstleistungserbringung	1	
8.5.2 Kennzeichnung und Rückverfolgbarkeit	1	
8.5.3 Eigentum der Kunden oder der externen Anbieter	1	
8.5.4 Erhaltung	1	
8.5.5 Tätigkeiten nach der Lieferung	1	
8.5.6 Überwachung von Änderungen	1	
8.6 Freigabe von Produkten und Dienstleistungen	1	
8.7 Steuerung nichtkonformer Ergebnisse	1	
9 BEWERTUNG DER LEISTUNG		
9.1 Überwachung, Messung, Analyse und Bewertung		
9.1.1 Allgemeines	1	
9.1.2 Kundenzufriedenheit	1	
9.1.3 Analyse und Bewertung	1	
9.2 Internes Audit	1	
9.3 Managementbewertung		
9.3.1 Allgemeines	1	
9.3.2 Eingaben für die Managementbewertung	1	
9.3.3 Ergebnisse der Managementbewertung	1	

Erläuterung der Abkürzungen in der Überschrift:
BW: = Bewertung
1 = erfüllt, 2 = zum Teil erfüllt, 3 = nicht erfüllt
Bei einer Bewertung von 2 oder 3 muss das Feld „Bemerkung" ausgefüllt und eine Maßnahme eingeleitet werden.

Dokumentierte Information aufbewahren: Bild 2.37(Seite1) Bild 2.38 (Seite 2) F_Internes Audit_Plan_Bericht.doc
Freigegeben: Klaus Mustermann, Datum: 06.01.2019, Fertigungsunternehmen 1

BILD 2.38 Formular: F_Internes Audit_Plan_Bericht (Seite 2 – verkürzt dargestellt)

2.10.2 QM: Nichtkonformität und Korrekturmaßnahmen

Mit diesem Prozessablauf wird die Nichtkonformität als Korrektur oder Korrekturmaßnahme prozessorientiert beschrieben (Bild 2.39).

Die Tätigkeiten sind als Prozess definiert und somit prozessorientiert dargestellt. Wenn es erforderlich wird, dass fehlerhafte Produkte oder fehlerhafte Dienstleistungen gelenkt werden müssen, **dann muss dies direkt in dem betroffenen Prozess erfolgen. Beispiel:** *VERTRIEB: Angebot erstellen/ändern* (Bild 2.3).

Die *Nichtkonformitäten, Korrekturen, Korrekturmaßnahmen* und *Verbesserungen* können in unterschiedlichen Prozessen vorkommen. Daher wird dieser Prozess aus unterschiedlichen Prozessen angesprochen. Die getrennte Darstellung hat den Vorteil, dass nicht in jedem Prozess die kompletten Prozessschritte aufgeführt werden müssen.

ISO 9000:2015
AUSZUG AUS DER NORM

Begriff: Nichtkonformität (3.6.9) = *Fehler; Nichterfüllung einer Anforderung (3.6.4).*

Begriff: Korrektur (3.12.3) = *Maßnahme zur Beseitigung einer erkannten Nichtkonformität (3.6.9).*

Begriff: Korrekturmaßnahme (3.12.2) = *Maßnahme zum Beseitigen der Ursache einer Nichtkonformität (3.6.9) und zum Verhindern des erneuten Auftretens.*

QM: Nichtkonformität und Korrekturmaßnahmen

Tätigkeit / Prozessschritte (Abfolge-Eingaben-Ergebnisse)	Füh-rung	Organisation: Vertrieb Einkauf, Entwicklung, Fertigung, WE, Lager, Versand	Wechselwirkung, Checkliste (Wissen der Organisation), Kriterien, Verfahren, Ressourcen	Lenkung dokumentierter Information, Wissen der Organisation
STARTEREIGNIS: Korrektur durchführen				•
Korrektur durch Wechselwirkung / Prozess auslösen	X	X		•
Bewertung der Nichtkonformität durchführen	X		**Bewerten:** Hat die Nichtkonformität Auswirkungen auf die Kundenzufriedenheit? Wichtung des Fehlers	• F_Maßnahmen
Ursachenanalyse der Nichtkonformität durchführen	X	X	**Prüfen:** In welcher Funktion ist das Problem aufgetreten? Wann und wo ist das Problem aufgetreten? Was für ein Problem ist aufgetreten? Was ist die Ursache des Problems? Kann das Problem noch an anderen Stellen auftreten? Welche Korrektur wurde durchgeführt?	• F_Maßnahmen
Korrektur durchführen und auf Wirksamkeit überprüfen	X	X	Aufgetretene Nichtkonformität ohne ungerechtfertigte Verzögerung beheben und Wirksamkeit überprüfen	• F_Maßnahmen
Beurteilung des Handlungsbedarfs, um das erneute Auftreten oder ein Auftreten der Nichtkonformität an anderer Stelle zu verhindern	X		**Prüfen:** Ist eine Korrekturmaßnahme erforderlich, um das erneute Auftreten zu verhindern?	• F_Maßnahmen
STARTEREIGNIS: Korrekturmaßnahmen planen, festlegen und umsetzen, um das erneute Auftreten zu verhindern				•
Ermittlung und Verwirklichung der erforderlichen Maßnahmen	X		**Prüfen:** Welche Maßnahmen sind erforderlich? Wer führt die Umsetzung durch? Bis wann soll die Umsetzung durchgeführt werden?	• F_Maßnahmen
Aufzeichnung der Ergebnisse der ergriffenen Maßnahmen	(X)	X	**Prüfen:** Die Ergebnisse werden im Formular F_Maßnahmen aufgezeichnet.	• F_Maßnahmen
Ergriffene Korrekturmaßnahmen überprüfen (Verifizierung)	(X)	X	**Prüfen:** Wer prüft die Umsetzung?	• F_Maßnahmen • Interne Audits
Messbare Qualitätsziele: Notwendigkeit einer Aktualisierung prüfen	X		**Prüfen:** Ob das Formular F_Messbare Qualitätsziele aktualisiert werden muss.	• F_Messbare Qualitätsziele
Risiken und Chancen: Notwendigkeit einer Aktualisierung prüfen	X		**Prüfen:** Ob das Formular F_Kontext Interne Externe Themen Risiken Chancen aktualisiert werden muss.	• F_Kontext Interne Externe Themen Risiken Chancen
Qualitätsmanagementsystem: Notwendigkeit einer Aktualisierung prüfen	X		**Prüfen:** Ob das Qualitätsmanagementsystem aktualisiert werden muss. **Wechselwirkung / Prozess:** QM_Internes Audit	•
ENDEREIGNIS: Korrekturmaßnahmen geplant, festgelegt und umgesetzt				•

Dokumentierte Information aufrechterhalten: Bild 2.39 QM_Nichtkonformität und Korrekturmaßnahmen.doc
Freigegeben: Klaus Mustermann, Datum: 06.01.2019, Fertigungsunternehmen 1

BILD 2.39 QM: Nichtkonformität und Korrekturmaßnahmen

2.10.3 Fortlaufende Verbesserung

Die Umsetzung der **fortlaufenden Verbesserung** erfolgt mit den Formularen *F_Kontext Interne Externe Themen Risiken Chancen, F_Messbare Qualitätsziele, F_Internes Audit_Plan_Bericht, F_Bewertung der Leistung* und *F_Managementbewertung* sowie *F_Maßnahmen*.

ISO 9000:2015
AUSZUG AUS DER NORM

Begriff: Verbesserung (3.3.1) = *Tätigkeit zum Steigern der Leistung (3.7.8).*

Anmerkung 1 zum Begriff: Die Tätigkeit kann wiederkehrend oder einmalig sein.

Begriff: fortlaufende Verbesserung (3.3.2) = *wiederkehrende Tätigkeit zum Steigern der Leistung (3.7.8).*

Anmerkung 1 zum Begriff: Der Prozess (3.4.1) zum Festlegen von Zielen (3.7.1) und Herausfinden von Chancen zur Verbesserung (3.3.1) stellt aufgrund der Nutzung von Auditfeststellungen (3.13.9) und Auditschlussfolgerungen (3.13.10), der Auswertung von Daten (3.8.1), Managementbewertungen (Management (3.3.3), Überprüfung (3.11.2) oder anderen Maßnahmen **einen fortlaufenden Prozess dar** *und führt zu Korrekturmaßnahmen (3.12.2) oder Vorbeugungsmaßnahmen (3.12.1).*

ISO 9001:2015
AUSZUG AUS DER NORM

A.4 Risikobasiertes Denken

... Es ist eine Kernaufgabe eines Qualitätsmanagementsystems, als vorbeugendes Instrument zu wirken. Aus diesem Grund enthält diese Internationale Norm **keinen separaten Abschnitt oder Unterabschnitt** *zu vorbeugenden Maßnahmen. Das Konzept der vorbeugenden Maßnahmen wird durch die Anwendung des risikobasierten Denkens bei der Formulierung von Anforderungen des Qualitätsmanagementsystems zum Ausdruck gebracht ...*

2.10.3.1 Formular: F_Maßnahmen

Mit diesem Formular werden unterschiedliche Maßnahmen durchgeführt und dokumentiert. **Verbesserung** des Qualitätsmanagementsystems (Bild 2.40).

Das Formular ist in **neun Teilbereiche** aufgeteilt. Es ist ein Universalformular, das für unterschiedliche Maßnahmen in den einzelnen Funktionen genutzt werden kann.

1. **Art der Maßnahme:** Hier ist die Maßnahme auszuwählen und sind die nicht zutreffenden Maßnahmen zu streichen (Pflichtfeld).

2. **Funktion:** Hier ist der Funktionsbereich auszuwählen und sind die nicht zutreffenden Funktionsbereiche zu streichen (Pflichtfeld).

3. **Wann und wo ist das Problem aufgetreten?** Hier ist das Datum einzutragen, wann und wo das Problem aufgetreten ist (Pflichtfeld).

4. **Was für ein Problem ist aufgetreten?** Hier ist das Problem einzutragen. Alle Angaben können stichpunktartig eingetragen werden. Ausformulierte Sätze sind nicht erforderlich (Pflichtfeld).

5. **Welche Korrektur wurde durchgeführt?** Hier ist einzutragen, ob bereits eine Korrektur durchgeführt wurde.

6. **Was ist die Ursache des Problems? Kann das Problem noch an anderen Stellen auftreten?** Hier ist die Ursache des Problems einzutragen. Alle Angaben können stichpunktartig eingetragen werden. Ausformulierte Sätze sind nicht erforderlich (Pflichtfeld).

7. **Welche Maßnahme ist erforderlich?** Hier ist die Maßnahme einzutragen. Alle Angaben können stichpunktartig eingetragen werden. Ausformulierte Sätze sind nicht erforderlich (Pflichtfeld).

2.10 8_Fortlaufende Verbesserung des QM-Systems

F_Maßnahmen

1 **Art der Maßnahme:** Korrektur, Korrekturmaßnahme, Verbesserungsmaßnahme
*Nichtzutreffendes streichen

2 **Funktion:** Vertrieb, Einkauf, Entwicklung, Fertigung, WE, Lager, Versand
*Nichtzutreffendes streichen

3 Wann und wo ist das Problem aufgetreten?

4 Was für ein Problem ist aufgetreten?

5 Welche Korrektur wurde durchgeführt?

6 Was ist die Ursache des Problems?
Kann das Problem noch an anderen Stellen auftreten?

7 Welche Maßnahme ist erforderlich?

8 Maßnahme zu erledigen bis:	Durch Mitarbeiter:	Wirksamkeit der Maßnahme überprüft durch / am:
9 Übernahme in die messbaren Qualitätsziele erforderlich: **JA / NEIN**	Risiken und Chancen: Aktualisierung erforderlich **JA / NEIN**	Änderung im Qualitätsmanagementsystem erforderlich: **JA / NEIN**

Alle Angaben können stichpunktartig eingetragen werden. Ausformulierte Sätze sind nicht erforderlich. Die für die auditierte **Funktion** verantwortliche Leitung muss sicherstellen, dass Maßnahmen ohne ungerechtfertigte Verzögerung zur Beseitigung erkannter Nichtkonformitäten und ihrer Ursachen ergriffen werden.

<u>Dokumentierte Information aufbewahren:</u> Bild 2.40 F_Maßnahmen.doc
Freigegeben: Klaus Mustermann, Datum: 06.01.2019, Fertigungsunternehmen 1
Seite 1 von 1

BILD 2.40 Formular: F_Maßnahmen

8. **Maßnahme zu erledigen bis:** Es muss ein Termin festgelegt werden, bis wann die Maßnahme erledigt wird. **Durch Mitarbeiter:** Es muss ein Mitarbeiter festgelegt werden, der die Umsetzung der Maßnahme durchführt oder die Durchführung veranlasst. **Wirksamkeit der Maßnahme überprüft durch/am:** Die für den betroffenen Funktionsbereich verantwortliche Leitung muss sicherstellen, dass Maßnahmen ohne ungerechtfertigte Verzögerung zur Beseitigung erkannter Fehler und ihrer Ursachen ergriffen werden und die Umsetzung kontrolliert wird (Pflichtfelder).

9. **Übernahme in die messbaren Qualitätsziele erforderlich:** Es kann überprüft werden, ob eine Veränderung in die messbaren Qualitätsziele erfolgen muss. **Risiken und Chancen:** Es kann überprüft werden, ob eine Veränderung bei den Risiken und Chancen erfolgen muss. **Änderung im Qualitätsmanagementsystem erforderlich:** Es kann überprüft werden, ob eine Veränderung im Qualitätsmanagementsystem erfolgen muss (Pflichtfelder).

■ 2.11 9_MITARBEITER

2.11.1 MITARBEITER: Ausbildung, Schulung, Fertigkeiten, Erfahrung, Kompetenz

Mit diesem Prozessablauf werden Ausbildung, Schulung, Fertigkeiten, Erfahrung und Kompetenz prozessorientiert beschrieben (Bild 2.41).

Die Mitarbeiter werden in den entsprechenden **Funktionsbereichen** und **Ebenen** eingesetzt. Daher ist es notwendig, Ausbildung, Schulungen, Fertigkeiten, Erfahrungen und Kompetenzen zu ermitteln.

Der Prozess ist in drei Teilbereiche unterteilt:

1. bestehendes Personal,
2. neues Personal,
3. Zeitarbeitskräfte.

Bei den **bestehenden Mitarbeitern** sollte auch in geplanten Abständen oder bei Bedarf eine Analyse durchgeführt werden.

Bei einer **Neueinstellung** wird ein Anforderungsprofil erstellt, dies kann auch eine Anzeige in einer Zeitung sein, und mit den Bewerbungsunterlagen verglichen. Damit ist die grundsätzliche Analyse erfüllt. Dazu gehören: die Tätigkeiten, die bei einer Einstellung neuer Mitarbeiter erforderlich sind; die Tätigkeiten, die bei einer Beschäftigung von Zeitarbeitskräften, die vom Personaldienstleister zur Verfügung gestellt werden, erforderlich sind; die Analyse der Mitarbeiter, deren Tätigkeiten die Erfüllung der Produktanforderungen beeinflussen.

Bei **Zeitarbeitskräften** wird ein Anforderungsprofil erstellt, dies kann auch eine Anzeige in einer Zeitung sein, und mit den Bewerbungsunterlagen verglichen. Damit ist die grundsätzliche Analyse erfüllt. Dazu gehören: die Tätigkeiten, die bei einer Einstellung neuer Mitarbeiter erforderlich sind; die Tätigkeiten, die bei einer Beschäftigung von Zeitarbeitskräften, die vom Personaldienstleister zur Verfügung gestellt werden, erforderlich sind; die Analyse der Mitarbeiter, deren Tätigkeiten die Erfüllung der Produktanforderungen beeinflussen.

KORREKTUREN, KORREKTURMASSNAHMEN, VERBESSERUNGSMASSNAHMEN

Es sind eventuell Korrekturen oder Korrekturmaßnahmen einzuleiten. Im Bedarfsfall ist das Formular *F_Maßnahmen Mitarbeiter* auszufüllen. In diesem Formular werden Korrektur, Korrekturmaßnahme und Verbesserungsmaßnahme **für die Mitarbeiter** zusammengefasst.

MITARBEITER: Ausbildung, Schulung, Fertigkeiten, Erfahrung, Kompetenz				
Tätigkeit / Prozessschritte (Abfolge-Eingaben-Ergebnisse) ↓	Füh-rung	Organisation: Vertrieb Einkauf, Entwicklung, Fertigung, WE, Lager, Versand	Wechselwirkung, Checkliste (Wissen der Organisation), Kriterien, Verfahren, Ressourcen	Lenkung dokumentierter Information, Wissen der Organisation
STARTEREIGNIS: *Analyse der Mitarbeiter, deren Tätigkeit die Erfüllung der Produkt- und Dienstleistungsanforderungen beeinflusst*			Dieser Prozess wird nur für bestehende Mitarbeiter durchgeführt.	•
Kompetenz ermitteln und festlegen (Beeinflussung der Mitarbeiter auf Produkt- und Dienstleistungsanforderungen)	X	(X)	Berücksichtigen: Ausbildung, Schulung, Fertigkeiten, Erfahrung, Kompetenz in den Funktionen, Ebenen und Prozessen 1. Qualitätspolitik vermitteln 2. relevante Qualitätsziele vermitteln 3. Beitrag zur Wirksamkeit des Qualitätsmanagementsystems einschließlich der Vorteile einer verbesserten Leistung vermitteln 4. Folgen einer Nichterfüllung der Anforderungen des Qualitätsmanagementsystems vermitteln 5. Sicherstellen der Förderung der Kundenorientierung innerhalb der gesamten Organisation vermitteln Normkapitel (5.1.1 h)) Wenn die Mitarbeiter zur Wirksamkeit des Qualitätsmanagementsystems beitragen sollen, dann müssen sie besonders angeleitet werden, damit sie die oberste Leitung dahin gehend unterstützen können.	• Lebenslauf mit bisher ausgeübten Tätigkeiten und Erfahrungen • Schulungen • Ausbildungen • F_Organigramm_ Verantwortung • F_Mitarbeitermatrix (Verantwortung und Befugnisse) • F_Qualitätspolitik • F_Bewertung der Leistung • Datenschutz
Maßnahmenbedarf planen und Maßnahmen durchführen, um die Kompetenz zu erreichen oder zu erhalten	X	(X)	Der Maßnahmenbedarf wird analysiert und geplant. Das Ergebnis der Planung kann sein: 1. Es ist kein Maßnahmenbedarf vorhanden. 2. Es ist Maßnahmenbedarf vorhanden. Es wird dann nach Wichtigkeit und internen oder externen Maßnahmen unterschieden: 1. Die Maßnahme hat direkten Einfluss auf die Produkt- und Dienstleistungsanforderungen. 2. Die Maßnahme hat keinen Einfluss auf die Produkt- und Dienstleistungsanforderungen. 3. Es muss sichergestellt sein, dass die Mitarbeiter sich der Bedeutung der Tätigkeit in den Funktionen, Ebenen und Prozessen bewusst sind und wissen, wie sie zu der Erreichung der messbaren Qualitätszeile beitragen können. Basis für die Entscheidungen sind die Funktionen, Ebenen und Prozesse und die Beeinflussung der Mitarbeiter auf die Produkt- und Dienstleistungsanforderungen. Weiter werden die Kosten der Schulung berücksichtigt sowie der Nutzen für das Unternehmen und den Kunden.	• F_Maßnahmen Mitarbeiter • externe Schulungsnachweise
Maßnahmen auf Wirksamkeit bewerten	X	(X)	Nach Durchführung der Maßnahme wird die Wirksamkeit bewertet.	• F_Maßnahmen Mitarbeiter • externe Schulungsnachweise
ENDEREIGNIS: *Analyse der Mitarbeiter, deren Tätigkeit die Erfüllung der Produkt- und Dienstleistungsanforderungen beeinflusst, durchgeführt*				•

BILD 2.41 MITARBEITER: Ausbildung, Schulung, Fertigkeiten, Erfahrung, Kompetenz (Ausschnitt)

2.11.1.1 Formular: F_Maßnahmen Mitarbeiter

Das Formular ist ein Universalformular, das für unterschiedliche Tätigkeiten eingesetzt werden kann. Für die Größe der hier dargestellten Organisation ist dies ausreichend (Bild 2.42).

Die Maßnahme berücksichtigt:

1. Die Art der Maßnahme: interne Schulung; externe Schulung; Unterweisung, Betriebsversammlung; Mitarbeiterbesprechung; Informationen, die zur Kenntnis abgezeichnet werden müssen.
2. Die betroffenen Funktionen.
3. Den Inhalt/das Thema der Maßnahme und die Information, die zur Kenntnis abgezeichnet werden müssen.
4. Die Beurteilung der Wirksamkeit der Maßnahme.
5. Die Mitarbeiter, die vom Personaldienstleister zur Verfügung gestellt werden, sind hier ebenfalls berücksichtigt.

Sie müssen dieses Formular nicht mit dem EDV-System ausfüllen, es ist auch möglich, das Formular von Hand auszufüllen. Der Aufwand ist überschaubar und sollte unbedingt genutzt werden. Die Norm erwartet jedoch, dass die Eintragungen lesbar sind. Sie sollten aber die Mitarbeiter vorher eintragen, damit Sie das Formular optimal nutzen können.

Weiter erwartet die Norm, dass die Wirksamkeit der Maßnahme kontrolliert wird, und dies sollten Sie unbedingt durchführen.

F_Maßnahmen Mitarbeiter

①	Art der Maßnahme:	• interne Schulung, externe Schulung, Unterweisung, Betriebsversammlung, Mitarbeiterbesprechung; Information zur Kenntnis *Nichtzutreffendes streichen
②	Funktionsbereiche:	• Vertrieb, Einkauf, Entwicklung, Fertigung, WE, Lager, Versand *Nichtzutreffendes streichen
	Ort, Datum, Uhrzeit von / bis:	•
	Nächste geplante Maßnahme:	•
③	Inhalt / Thema der Maßnahme: Information zur Kenntnis: *Nichtzutreffendes streichen	•
④	Wirksamkeit der Maßnahme beurteilt durch / am:	•

Name des Mitarbeiters der eigenen Organisation / des Personaldienstleisters:	Unterschrift des Mitarbeiters der eigenen Organisation / des Personaldienstleisters:	eigene Organisation	Personaldienstleister

⑤

Inhalt / Thema: Mit der Unterschrift bestätigt der Mitarbeiter / die Zeitarbeitskraft, dass er / sie teilgenommen und den Inhalt / das Thema der Maßnahme verstanden hat. Sollte der Inhalt / das Thema der Maßnahme nicht oder nur teilweise verstanden worden sein, dann ist unverzüglich der Vorgesetzte zu benachrichtigen.
Information zur Kenntnis: Mit der Unterschrift bestätigt der Mitarbeiter / die Zeitarbeitskraft, dass er / sie die Information gelesen und verstanden hat.

<u>Dokumentierte Information aufbewahren:</u> Bild 2.42 F_Maßnahmen Mitarbeiter.doc
Freigegeben: Klaus Mustermann, Datum: 06.01.2019, Fertigungsunternehmen 1
Seite 1 von 1

BILD 2.42 Formular: F_Maßnahmen Mitarbeiter

2.12 10_DOKUMENTIERTE INFORMATION FORMULARE

2.12.1 Wissen der Organisation

Das **Wissen der Organisation** besteht aus **Informationen**, die in der **gesamten Organisation** vorkommen, um die Prozesse durchführen und die Konformität von Produkten und Dienstleistungen erreichen zu können.

ISO 9001:2015 AUSZUG AUS DER NORM

7.1.6 Wissen der Organisation

ANMERKUNG 2 Das Wissen der Organisation kann auf Folgendem basieren:

a) auf internen Quellen (z. B. geistiges Eigentum, aus Erfahrungen gesammeltes Wissen, Lektionen aus Fehlern und erfolgreichen Projekten, Erfassen und Austausch von nicht dokumentiertem Wissen und Erfahrung, die Ergebnisse aus Verbesserungen von Prozessen, Produkten und Dienstleistungen);

b) auf externen Quellen (z. B. Normen, Hochschulen, Konferenzen, Wissenserwerb von Kunden oder externen Anbietern).

Dies macht nun deutlich, dass alle **Informationen** berücksichtigt werden können, auch Informationen, die **nicht dokumentiert** sind.

Auch wenn es die DIN EN ISO 9001:2015 ermöglicht, weniger zu dokumentieren, dann gelten trotzdem die gesetzlichen Anforderungen an die dokumentierte Information!

Weitere Hinweise zum **Begriff** *Information* und zum *Dokumentationsumfang* finden Sie in diesem Buch im **Kapitel 1.3.9**.

2.12.2 Lenkung dokumentierter Informationen aufrechterhalten

Es ist eine Anforderung der DIN EN ISO 9001:2015, dass die **dokumentierte Information gelenkt** werden muss. Die dokumentierte Information besteht aus Daten der Organisation und dokumentierter Information aus externer Herkunft oder von interessierten Parteien.

2.12.2.1 Formular: F_Dokumentierte Informationen-Matrix

Die DIN EN ISO 9001:2015 schreibt in mehreren Kapiteln eine dokumentierte Information vor, **nicht jedoch den Umfang**.

Die Lenkung der dokumentierten Information wurde in einer Matrix umgesetzt.

Dieser Teil der Matrix behandelt die **interne dokumentierte Information**, die **aufrechterhalten**, also **aktuell** gehalten werden muss.

Das Formular *F_Dokumentierte Informationen-Matrix* berücksichtigt die Anforderungen der Normenkapitel 7.5.3.1 und 7.5.3.2 der DIN EN ISO 9001:2015. Die Abbildung zeigt nur einen Ausschnitt aus der gesamten Tabelle (Bild 2.43).

Um die dokumentierten Informationen einfacher wiederfinden zu können, wurden sie den Funktionen der Organisation, z. B. *VERTRIEB*, zugeordnet.

Bei der hier betrachteten Organisationsgröße ist das Qualitätsmanagement **keine eigene** Funktionseinheit. Daher muss festgelegt werden, wer für die Aktualisierung verantwortlich ist.

In der Dokumentationsmatrix wird die von der Organisation zu der Sicherstellung der wirksamen Planung, Durchführung und Lenkung der Prozesse und Formulare als **notwendig eingestufte** dokumentierte Information eingetragen.

F_Dokumentierte Informationen-Matrix

ABKÜRZUNGEN:

Oberste Leitung (Geschäftsführung)	OL
Personen mit Verantwortung (Qualitätmanagementsystem)	PMV
Mitarbeiter	MA

DOKUMENTIERTE INFORMATIONEN AUFRECHTERHALTEN:

Von der Organisation als notwendig eingestuft

Kennzeichnung	Aufbewahrung	Schutz	Wiederauffindbarkeit	Aufbewahrungsfrist	Verfügung
Kennzeichnung: Name der dokumentierten Information **Freigabe:** Die Freigabe ist in den dokumentierten Informationen in der Fußzeile aufgeführt. Dies gilt sowohl für die Erstellung als auch für die Aktualisierung.	Ordner in Papierform in den **Funktionsbereichen** oder in der zentralen Ablage Elektronischer Ordner im EDV-System	Im Schrank, Regal (abschließbar – nicht abschließbar) EDV-System mit Kennwort (EKW)	Ordner in Papierform in den **Funktionsbereichen** oder in der zentralen Ablage Im EDV-System in elektronischen Ordnern	Gesetzliche Aufbewahrungsfrist Von der Organisation festgelegte Aufbewahrungsfrist	**Funktionsbereiche** Mitarbeiter
Anwendungsbereich des Qualitätsmanagementsystems					
A_START-Anwendungsbereich des Qualitätsmanagementsystems	EDV	EDV	EDV	Bis zur nächsten Aktualisierung	OL, PMV, MA
1_VERTRIEB					
VERTRIEB: Angebot erstellen / ändern	EDV	EDV	EDV	Bis zur nächsten Aktualisierung	OL, PMV, MA
VERTRIEB: Angebot verfolgen	EDV	EDV	EDV	Bis zur nächsten Aktualisierung	OL, PMV, MA
VERTRIEB: Auftrag erstellen	EDV	EDV	EDV	Bis zur nächsten Aktualisierung	OL, PMV, MA
VERTRIEB: Auftrag ändern / stornieren	EDV	EDV	EDV	Bis zur nächsten Aktualisierung	OL, PMV, MA
VERTRIEB: Reklamation	EDV	EDV	EDV	Bis zur nächsten Aktualisierung	OL, PMV, MA
2_EINKAUF					
EINKAUF: Disposition / Anfrage / Preisvergleich / Bestellung	EDV	EDV	EDV	Bis zur nächsten Aktualisierung	OL, PMV, MA
EINKAUF: Bestellung verfolgen	EDV	EDV	EDV	Bis zur nächsten Aktualisierung	OL, PMV, MA
EINKAUF: Lieferanten Auswahl / Beurteilung / Neubeurteilung	EDV	EDV	EDV	Bis zur nächsten Aktualisierung	OL, PMV, MA
EINKAUF: Reklamation / Falschlieferung	EDV	EDV	EDV	Bis zur nächsten Aktualisierung	OL, PMV, MA
3_ENTWICKLUNG					
ENTWICKLUNG: Änderung / Serienprodukt	EDV	EDV	EDV	Bis zur nächsten Aktualisierung	OL, PMV, MA
ENTWICKLUNG: Sonderprodukt	EDV	EDV	EDV	Bis zur nächsten Aktualisierung	OL, PMV, MA
Der Entwicklungsprozess ist im Formular **F_Entwicklung** zusammengefasst.	EDV	EDV	EDV	Bis zur nächsten Aktualisierung	OL, PMV, MA
4_FERTIGUNG					
FERTIGUNG: Fertigungsablauf Serienprodukte / Sonderprodukte	EDV	EDV	EDV	Bis zur nächsten Aktualisierung	OL, PMV, MA
FERTIGUNG: Instandhaltung der Fertigungseinrichtungen	EDV	EDV	EDV	Bis zur nächsten Aktualisierung	OL, PMV, MA
FERTIGUNG: Überwachungs- und Messmittel verwalten	EDV	EDV	EDV	Bis zur nächsten Aktualisierung	OL, PMV, MA
5_WARENEINGANG / LAGER / VERSAND					
WARENEINGANG: Wareneingang aus Fertigung	EDV	EDV	EDV	Bis zur nächsten Aktualisierung	OL, PMV, MA
WARENEINGANG: Wareneingang extern	EDV	EDV	EDV	Bis zur nächsten Aktualisierung	OL, PMV, MA
LAGER: Produkte einlagern oder auslagern	EDV	EDV	EDV	Bis zur nächsten Aktualisierung	OL, PMV, MA
LAGER: Inventur	EDV	EDV	EDV	Bis zur nächsten Aktualisierung	OL, PMV, MA
VERSAND: Produkte versenden	EDV	EDV	EDV	Bis zur nächsten Aktualisierung	OL, PMV, MA
7_Verantwortung der obersten Leitung und Organisation					
QM_Oberste Leitung und Organisation	EDV	EDV	EDV	Bis zur nächsten Aktualisierung	OL, PMV, MA

Dokumentierte Information aufrechterhalten: Bild 2.43(Seite1)Bild 2.44 (Seite2)Bild 2.45 (Seite3) F_Dokumentierte Informationen-Matrix.doc

Freigegeben: Klaus Mustermann, Datum: 06.01.2019, Fertigungsunternehmen 1

BILD 2.43 Formular: F_Dokumentierte Informationen-Matrix (dokumentierte Informationen aufrechterhalten) (Seite 1)

Die dokumentierte Information darf grundsätzlich keine handschriftlichen Änderungen enthalten. Entweder ist die dokumentierte Information ausgedruckt, ohne handschriftliche Änderungen, oder steht elektronisch zur Verfügung. Mit einer Mitteilung wird die neue gültige dokumentierte Information verteilt.

Weiter muss festgelegt werden, was mit der dokumentierten Information passieren muss, wenn sie nicht mehr gültig ist. Dies muss durch die Organisation festgelegt werden. Die Norm ermöglicht auch, dass die dokumentierte Information vernichtet wird, wenn sie nicht mehr gültig ist. Ansonsten ist die ungültige dokumentierte Information zu kennzeichnen, damit keine Verwechslung mit der aktuellen dokumentierten Information erfolgt. Deshalb sollten die Mitarbeiter darüber informiert werden, dass sie selbst keine eigenen Kopien erstellen dürfen, damit nicht aus Versehen die ungültige dokumentierte Information genutzt wird. Dies gilt für die Papierform und die elektronische Form.

Sie müssen die Inhalte der Tabelle überprüfen und an die Erfordernisse Ihrer Organisation anpassen.

2.12.3 Lenkung dokumentierter Informationen externer Herkunft

Es ist eine Anforderung der DIN EN ISO 9001:2015, dass die **dokumentierte Information gelenkt** werden muss. Die dokumentierte Information besteht aus Daten der Organisation und dokumentierter Information aus externer Herkunft oder von interessierten Parteien.

2.12.3.1 Formular: F_Dokumentierte Informationen-Matrix

Die DIN EN ISO 9001:2015 schreibt in mehreren Kapiteln eine dokumentierte Information vor, **nicht jedoch den Umfang**.

Die Lenkung der dokumentierten Information wurde in einer Matrix umgesetzt.

Dieser Teil der Matrix behandelt die **dokumentierte Information externer Herkunft**, die **aufrechterhalten**, also **aktuell** gehalten werden muss. Die Aktualisierung kann jedoch nur durch den **Ersteller** der *dokumentierten Information externer Herkunft* durchgeführt werden.

Das Formular *F_Dokumentierte Informationen-Matrix* berücksichtigt die Anforderungen der Normenkapitel 7.5.3.1 und 7.5.3.2 der DIN EN ISO 9001:2015. Die Abbildung zeigt nur einen Ausschnitt aus der gesamten Tabelle (Bild 2.44).

Um die dokumentierten Informationen einfacher wiederfinden zu können, wurden sie den Funktionen der Organisation, z. B. *Büro*, zugeordnet.

Bei der hier betrachteten Organisationsgröße ist das Qualitätsmanagement **keine eigene** Funktionseinheit. Daher muss festgelegt werden, wer für die Aktualisierung verantwortlich ist.

In der Dokumentationsmatrix wird die von der Organisation zu der Sicherstellung der wirksamen Planung, Durchführung und Lenkung der Prozesse und Formulare als **notwendig eingestufte** dokumentierte Information eingetragen.

Sie müssen die Inhalte der Tabelle überprüfen und an die Erfordernisse Ihrer Organisation anpassen.

2.12 10_Dokumentierte Information Formulare

F_Dokumentierte Informationen-Matrix

8_Fortlaufende Verbesserung des QM-Systems					
QM_Internes Audit	EDV	EDV	EDV	Bis zur nächsten Aktualisierung	OL, PMV, MA
QM_Nichtkonformität und Korrekturmaßnahmen	EDV	EDV	EDV	Bis zur nächsten Aktualisierung	OL, PMV, MA
9_Mitarbeiter					
MITARBEITER_Ausbildung_Schulung_Fertigkeiten_Erfahrung_Kompetenz	EDV	EDV	EDV	Bis zur nächsten Aktualisierung	OL, PMV, MA
10_Dokumentierte Information_Formulare					
F_Beurteilung Auswahl und Leistungsüberwachung von externen Anbietern	EDV	EDV	EDV	Bis zur nächsten Aktualisierung	OL, PMV, MA
F_Beurteilung Auswahl und Leistungsüberwachung von externen Anbietern_QFD	EDV	EDV	EDV	Bis zur nächsten Aktualisierung	OL, PMV, MA
F_Bewertung der Leistung	EDV	EDV	EDV	Bis zur nächsten Aktualisierung	OL, PMV, MA
F_Dokumentierte Informationen-Matrix	EDV	EDV	EDV	Bis zur nächsten Aktualisierung	OL, PMV, MA
F_Entwicklung	EDV	EDV	EDV	Bis zur nächsten Aktualisierung	OL, PMV, MA
F_Entwicklung_QFD	EDV	EDV	EDV	Bis zur nächsten Aktualisierung	OL, PMV, MA
F_Internes Audit_Plan_Bericht	EDV	EDV	EDV	Bis zur nächsten Aktualisierung	OL, PMV, MA
F_Kontext Interne Externe Themen Risiken Chancen	EDV	EDV	EDV	Bis zur nächsten Aktualisierung	OL, PMV, MA
F_Managementbewertung	EDV	EDV	EDV	Bis zur nächsten Aktualisierung	OL, PMV, MA
F_Maßnahmen Mitarbeiter	EDV	EDV	EDV	Bis zur nächsten Aktualisierung	OL, PMV, MA
F_Maßnahmen	EDV	EDV	EDV	Bis zur nächsten Aktualisierung	OL, PMV, MA
F_Messbare Qualitätsziele	EDV	EDV	EDV	Bis zur nächsten Aktualisierung	OL, PMV, MA
F_Organigramm_Verantwortung	EDV	EDV	EDV	Bis zur nächsten Aktualisierung	OL, PMV, MA
F_Mitarbeitermatrix (Verantwortung und Befugnisse)	EDV	EDV	EDV	Bis zur nächsten Aktualisierung	OL, PMV, MA
F_Qualitätspolitik	EDV	EDV	EDV	Bis zur nächsten Aktualisierung	OL, PMV, MA
F_Liste_Überwachungsmittel_Messmittel	EDV	EDV	EDV	Bis zur nächsten Aktualisierung	OL, PMV, MA

DOKUMENTIERTE INFORMATIONEN EXTERNER HERKUNFT:

Von der Organisation als notwendig eingestuft

Kennzeichnung	Aufbewahrung	Schutz	Wiederauffindbarkeit	Aufbewahrungsfrist	Verfügung
Kennzeichnung: Name der dokumentierten Information externer Herkunft **Freigabe:** Die Freigabe erfolgt durch den Ersteller.	Ordner in Papierform in den **Funktionsbereichen** oder in der zentralen Ablage Elektronischer Ordner im EDV-System	Im Schrank, Regal (abschließbar – nicht abschließbar) EDV-System mit Kennwort (EKW)	Ordner in Papierform in den **Funktionsbereichen** oder in der zentralen Ablage Im EDV-System in elektronischen Ordnern	Gesetzliche Aufbewahrungsfrist Von der Organisation festgelegte Aufbewahrungsfrist	**Funktionsbereiche** Mitarbeiter
Dokumentierte Informationen externer Herkunft					
DIN EN ISO 9001:2015	Büro	Papier/EDV	Büro	Bis zur nächsten Aktualisierung	OL, PMV
Sonstige Normen	Büro	Papier/EDV	Büro	Bis zur nächsten Aktualisierung	OL, PMV
Sicherheitsdatenblätter	Büro	Papier/EDV	Büro	Bis zur nächsten Aktualisierung	OL, PMV

Dokumentierte Information aufrechterhalten: Bild 2.43(Seite1)Bild 2.44 (Seite2)Bild 2.45 (Seite3) F_Dokumentierte Informationen-Matrix.doc
Freigegeben: Klaus Mustermann, Datum: 06.01.2019, Fertigungsunternehmen 1
Seite 2 von 5

BILD 2.44 Formular: F_Dokumentierte Informationen-Matrix (dokumentierte Informationen externer Herkunft) (Seite 2)

2.12.4 Lenkung dokumentierter Informationen aufbewahren als Nachweis der Konformität

Es ist eine Anforderung der DIN EN ISO 9001:2015, dass die **dokumentierte Information gelenkt** werden muss. Die dokumentierte Information besteht aus Daten der Organisation und dokumentierter Information aus externer Herkunft oder von interessierten Parteien.

2.12.4.1 Formular: F_Dokumentierte Informationen-Matrix

Die DIN EN ISO 9001:2015 schreibt in mehreren Kapiteln eine dokumentierte Information vor, **nicht jedoch den Umfang**.

Die Lenkung der dokumentierten Information wurde in einer Matrix umgesetzt.

Dieser Teil der Matrix behandelt die **interne dokumentierte Information**, die **aufbewahrt wird**, also **nicht mehr geändert** werden darf.

Das Formular *F_Dokumentierte Informationen-Matrix* berücksichtigt die Anforderungen der Normenkapitel 7.5.3.1 und 7.5.3.2 der DIN EN ISO 9001:2015. Die Abbildung zeigt nur einen Ausschnitt aus der gesamten Tabelle (Bild 2.45).

Um die dokumentierten Informationen einfacher wiederfinden zu können, wurden sie den Funktionen der Organisation, z. B. *VERTRIEB*, zugeordnet.

Bei der hier betrachteten Organisationsgröße ist das Qualitätsmanagement **keine eigene** Funktionseinheit. Daher muss festgelegt werden, wer für die Aktualisierung verantwortlich ist.

In der Dokumentationsmatrix wird die von der Organisation zu der Sicherstellung der wirksamen Planung, Durchführung und Lenkung der Prozesse und Formulare als **notwendig eingestufte** dokumentierte Information eingetragen.

Die dokumentierte Information, die als Nachweis der Konformität aufbewahrt werden muss, kann handschriftlich ausgefüllt werden. Die dokumentierte Information kann ausgedruckt und mit handschriftlichen Vermerken versehen werden oder steht elektronisch zur Verfügung. Alle handschriftlichen Vermerke müssen leicht lesbar sein.

Weiter muss festgelegt werden, was mit der dokumentierten Information passieren muss, wenn sie nicht mehr gültig ist. Dies muss durch die Organisation festgelegt werden. Die Norm ermöglicht auch, dass die dokumentierte Information vernichtet wird, wenn sie nicht mehr gültig ist. Ansonsten ist die ungültige dokumentierte Information zu kennzeichnen, damit keine Verwechslung mit der aktuellen dokumentierten Information erfolgt. Deshalb sollten die Mitarbeiter darüber informiert werden, dass sie selbst keine eigenen Kopien erstellen dürfen, damit nicht aus Versehen die ungültige dokumentierte Information genutzt wird. Dies gilt für die Papierform und die elektronische Form.

Sie müssen die Inhalte der Tabelle überprüfen und an die Erfordernisse Ihrer Organisation anpassen.

F_Dokumentierte Informationen-Matrix

DOKUMENTIERTE INFORMATIONEN AUFBEWAHREN:

Von der Organisation als notwendig eingestuft

Kennzeichnung	Aufbewahrung	Schutz	Wiederauffindbarkeit	Aufbewahrungsfrist	Verfügung
Die Kennzeichnung ist von der Art der Aufzeichnung abhängig. Kennzeichnungen sind der Name der Aufzeichnung: z. B. Zeichnung, Lieferschein, Rechnung, Service, Maschinenkarte, Prüfungsprotokoll. Kennzeichnung für die Zuordnung sind: z. B. Auftrags-Nr., Kunden-Nr., Artikel-Nr., Maschinen-Nr., Zeichnungs-Nr., Rechnungs-Nr., Lieferschein-Nr.	Ordner in Papierform in den **Funktionsbereichen** oder in der zentralen Ablage Elektronischer Ordner im EDV-System	Im Schrank, Regal (abschließbar – nicht abschließbar) EDV-System mit Kennwort (EKW)	Ordner in Papierform in den **Funktionsbereichen** oder in der zentralen Ablage Im EDV-System in elektronischen Ordnern	Gesetzliche Aufbewahrungsfrist Von der Organisation festgelegte Aufbewahrungsfrist	**Funktionsbereiche** Mitarbeiter
1_VERTRIEB					
Anfrage	Papier/EDV	Papier/EDV	Vertrieb/EDV	5 Jahre	Vertrieb
Kalkulation	Papier/EDV	Papier/EDV	Vertrieb/EDV	10 Jahre	Vertrieb
Angebot	Papier/EDV	Papier/EDV	Vertrieb/EDV	10 Jahre	Vertrieb
Zeichnung des Kunden	Papier/EDV	Papier/EDV	Vertrieb/EDV	10 Jahre	Vertrieb
Auftrag	Papier/EDV	Papier/EDV	Vertrieb/EDV	10 Jahre	Vertrieb
Auftragsbestätigung (bei Bedarf)	Papier/EDV	Papier/EDV	Vertrieb/EDV	10 Jahre	Vertrieb
Fax	Papier/EDV	Papier/EDV	Vertrieb/EDV	10 Jahre	Vertrieb
E-Mail	Papier/EDV	Papier/EDV	Vertrieb/EDV	10 Jahre	Vertrieb
Lieferschein	Papier/EDV	Papier/EDV	Vertrieb/EDV	10 Jahre	Vertrieb
Rechnung	Papier/EDV	Papier/EDV	Vertrieb/EDV	10 Jahre	Vertrieb
Gutschrift	Papier/EDV	Papier/EDV	Vertrieb/EDV	10 Jahre	Vertrieb
Reklamation	Papier/EDV	Papier/EDV	Vertrieb/EDV	10 Jahre	Vertrieb
Kostenaufstellung	Papier/EDV	Papier/EDV	Vertrieb/EDV	10 Jahre	Vertrieb
2_EINKAUF					
Lieferantenbewertung (externe Anbieter)	EDV	EDV	Einkauf/EDV	Bis zur Neuerstellung	Einkauf
Lieferantenbewertung (externe Anbieter) QFD	EDV	EDV	Einkauf/EDV	Bis zur Neuerstellung	Einkauf
Anschreiben Fehlerhäufigkeit	Papier/EDV	Papier/EDV	Einkauf/EDV	10 Jahre	Einkauf
Antwortschreiben Fehlerhäufigkeit	Papier/EDV	Papier/EDV	Einkauf/EDV	10 Jahre	Einkauf
Anfrage	Papier/EDV	Papier/EDV	Einkauf/EDV	10 Jahre	Einkauf
Angebot	Papier/EDV	Papier/EDV	Einkauf/EDV	10 Jahre	Einkauf
Bestellung / Rahmenauftrag	Papier/EDV	Papier/EDV	Einkauf/EDV	10 Jahre	Einkauf
Auftragsbestätigung	Papier/EDV	Papier/EDV	Einkauf/EDV	10 Jahre	Einkauf
Disposition / Statistik	EDV	EDV	EDV	Bis zur Aktualisierung	Einkauf
Fax	Papier/EDV	Papier/EDV	Einkauf/EDV	10 Jahre	Einkauf
E-Mail	Papier/EDV	Papier/EDV	Einkauf/EDV	10 Jahre	Einkauf
Lieferschein	Papier/EDV	Papier/EDV	Einkauf/EDV	10 Jahre	Einkauf
Lieferschein (Kundeneigentum)	Papier/EDV	Papier/EDV	Einkauf/EDV	10 Jahre	Einkauf
Lieferschein (Lieferant externe Bearbeitung)	Papier/EDV	Papier/EDV	Einkauf/EDV	10 Jahre	Einkauf
Materialprüfzertifikate	Papier/EDV	Papier/EDV	Einkauf/EDV	Bis zur Neuanforderung	Einkauf
Reklamation	Papier/EDV	Papier/EDV	Einkauf/EDV	10 Jahre	Einkauf
Kostenaufstellung	Papier/EDV	Papier/EDV	Einkauf/EDV	10 Jahre	Einkauf
Rechnung	Papier/EDV	Papier/EDV	Einkauf/EDV	10 Jahre	Einkauf
Gutschrift	Papier/EDV	Papier/EDV	Einkauf/EDV	10 Jahre	Einkauf
Unterlagen des Maschinenherstellers (Fertigung)	Papier/EDV	Papier/EDV	Einkauf/EDV	Bis zum Verkauf der Maschine	Einkauf
Inventurliste	Papier/EDV	Papier/EDV	Einkauf/EDV	10 Jahre	Einkauf
3_ENTWICKLUNG					
F_Entwicklung	Papier/EDV	Papier/EDV	?????	?????	OL, PMV
F_Entwicklung_QFD	EDV	EDV	Vertrieb/EDV	Bis zur Neuentwicklung	Vertrieb
Zeichnung / Skizze / Stückliste / Datenfile	Papier/EDV	Papier/EDV	Vertrieb/EDV	Bis zur Neuentwicklung	Vertrieb

Dokumentierte Information aufrechterhalten: Bild 2.43(Seite1)Bild 2.44 (Seite2)Bild 2.45 (Seite3) F_Dokumentierte Informationen-Matrix.doc
Freigegeben: Klaus Mustermann, Datum: 06.01.2019, Fertigungsunternehmen 1

BILD 2.45 Formular: F_Dokumentierte Informationen-Matrix (dokumentierte Informationen aufbewahren) (Seite 3)

2.12.5 Übersicht der Formulare

Im Ordner *10_Dokumentierte Information_Formulare* sind alle in diesem Buch beschriebenen Formulare vorhanden. Die Formulare werden in Tabelle 2.1 aufgeführt und kurz erläutert. Ausführliche Erläuterungen sind in den entsprechenden Kapiteln in diesem Buch vorhanden.

TABELLE 2.1 Übersicht der in diesem Kapitel beschriebenen Formulare

Formular	Beschreibung
	Sie müssen die Inhalte der Formulare an die Erfordernisse Ihres Unternehmens anpassen.
F_Beurteilung Auswahl und Leistungsüberwachung von externen Anbietern *(Als generelle Vorgehensweise.)*	Mit dem Formular führen Sie eine *Beurteilung, Auswahl und Leistungsüberwachung von externen Anbietern (Lieferanten)* durch.
F_Beurteilung Auswahl und Leistungsüberwachung von externen Anbietern_QFD *(Bei komplexen Produkten/ Dienstleistungen.)*	Mit dem Formular führen Sie eine *Beurteilung, Auswahl und Leistungsüberwachung von externen Anbietern (Lieferanten)* durch. Dieses Formular kann bei komplexen Produkten genutzt werden. **HINWEIS:** Sie müssen dieses Formular **nicht nutzen**, wenn Sie der Meinung sind, dass das Formular *F_Beurteilung Auswahl und Leistungsüberwachung von externen Anbietern* für Ihr Unternehmen ausreicht.
F_Bewertung der Leistung	In dem Formular sind die Anforderungen an die Bewertung zusammengefasst: *Konformität der Produkte und Dienstleistungen, Leistung externer Anbieter (Lieferanten), Grad der Kundenzufriedenheit, Wirksamkeit durchgeführter Maßnahmen zum Umgang mit Risiken und Chancen, Bedarf an Verbesserungen des Qualitätsmanagementsystems, Planung zum Qualitätsmanagementsystem, Kompetenz der Mitarbeiter*. **Bewerten** bedeutet **nicht zwangsläufig messen**! Beim Bewerten geht es grundsätzlich um eine möglichst objektive Analyse der Ist- und Sollsituation der erbrachten Leistung, eine Wahrnehmung eines Sachverhaltes.
F_Dokumentierte Informationen-Matrix	Das **Wissen der Organisation** besteht aus *Informationen*, die im *gesamten Unternehmen vorkommen*, um die Prozesse durchführen und die Konformität von Produkten und Dienstleistungen erreichen zu können. Das Formular ist eingeteilt in: Die *dokumentierte Information, die aufrechterhalten* (aktuell gehalten) werden muss. Die *dokumentierte Information externer Herkunft, die aufrechterhalten* (aktuell gehalten) werden muss. Die *dokumentierte Information, die aufbewahrt* werden muss als Nachweis der Konformität.
F_Entwicklung *(Als generelle Vorgehensweise.)*	Die DIN EN ISO 9001:2015 erwartet, dass ein Entwicklungsprozess erarbeitet, umgesetzt und aufrechterhalten wird, um die anschließende Produktion und Dienstleistungserbringung sicherzustellen. Da die DIN EN ISO 9001:2015 nicht vorschreibt, wie dieser Entwicklungsprozess aussehen muss, haben wir den Entwicklungsprozess in diesem Formular zusammengefasst.
F_Entwicklung_QFD-Produkt *(Bei komplexen Produkten/ Dienstleistungen.)*	Die DIN EN ISO 9001:2015 erwartet, dass ein Entwicklungsprozess erarbeitet, umgesetzt und aufrechterhalten wird, um die anschließende Produktion und Dienstleistungserbringung sicherzustellen. Da die DIN EN ISO 9001:2015 nicht vorschreibt, wie dieser Entwicklungsprozess aussehen muss, haben wir den Entwicklungsprozess in diesem Formular zusammengefasst. Dieses Formular kann bei *komplexen Produkten* und *Dienstleistungen* genutzt werden. **HINWEIS:** Sie müssen dieses Formular **nicht nutzen**, wenn Sie der Meinung sind, dass das Formular *F_Entwicklung* für Ihr Unternehmen ausreicht.
F_Internes Audit_Plan_Bericht	Mit diesem Formular führen Sie das interne Audit durch. Das Formular berücksichtigt das komplette Auditprogramm von der Planung über die Vorgehensweise bis zum Auditbericht. Als **Fragenkatalog** müssen Sie den Prozess *QM: Oberste Leitung und Organisation* nutzen.

Formular	Beschreibung
F_Kontext Interne Externe Themen Risiken Chancen	Das Formular berücksichtigt den *Zweck der Organisation*, die *strategische Ausrichtung*, die *Produkte und Dienstleistungen*, die *internen und externen Themen*, die *interessierten Parteien*, die *Risiken und Chancen*, die *betroffenen Funktionen und Prozesse*, die *Planung der einzuleitenden Maßnahmen* und die *Planung der Bewertung der Wirksamkeit der eingeleiteten Maßnahmen*. **Sie können die Umsetzung in einer Mitarbeiterbesprechung durchführen** und vielleicht noch weitere Vorschläge Ihrer Mitarbeiter erhalten.
F_Liste_Überwachungsmittel_Messmittel	In diesem Formular verwalten Sie die Überwachungs- und Messmittel. **HINWEIS:** Wenn Sie eine Software für die Verwaltung der Überwachungs- und Messmittel nutzen, dann benötigen Sie dieses Formular **nicht**.
F_Managementbewertung	Mit diesem Formular führen Sie die Managementbewertung durch. **Bewerten** bedeutet **nicht zwangsläufig messen**! Beim Bewerten geht es grundsätzlich um eine möglichst objektive Analyse der Ist- und Sollsituation der erbrachten Leistung, eine Wahrnehmung eines Sachverhaltes.
F_Maßnahmen Mitarbeiter	Hier dokumentieren Sie die *interne Schulung, externe Schulung, Unterweisung, Betriebsversammlung, Mitarbeiterbesprechung; Information zur Kenntnis*.
F_Maßnahmen	Hier dokumentieren Sie die **Art der Maßnahme**: *Korrektur, Korrekturmaßnahme, Verbesserungsmaßnahme*.
F_Messbare Qualitätsziele	Hier dokumentieren Sie die messbaren Qualitätsziele der Produkte und Dienstleistungen auf *Funktionen*, *Ebenen* und *Prozessen*.
F_Mitarbeitermatrix (Verantwortung und Befugnisse)	Die DIN EN ISO 9001:2015 überträgt die Verantwortung an die **oberste Leitung** = *Geschäftsführung* und an die **Organisation** = *Führungskräfte*, z. B. *Vertriebsleitung, Einkaufsleitung, Betriebsleitung, Versandleitung, QS-Leitung, Entwicklungsleitung*. In kleineren Organisationen wären dies **oberste Leitung** = *Geschäftsführung* und **Organisation** = *Mitarbeiter, die für bestimmte Bereiche in der Organisation verantwortlich sind*. In der Excel-Tabelle werden die Verantwortungen und Befugnisse für einzelne Tätigkeiten zugewiesen. **HINWEIS:** Sie müssen dieses Formular **nicht nutzen**, wenn Sie der Meinung sind, dass das Formular *F_Organigramm_Verantwortung* für Ihr Unternehmen ausreicht.
F_Organigramm_Verantwortung	Die DIN EN ISO 9001:2015 überträgt die Verantwortung an die **oberste Leitung** = *Geschäftsführung* und an die **Organisation** = *Führungskräfte*, z. B. *Vertriebsleitung, Einkaufsleitung, Betriebsleitung, Versandleitung, QS-Leitung, Entwicklungsleitung*. In kleineren Organisationen wären dies **oberste Leitung** = *Geschäftsführung* und **Organisation** = *Mitarbeiter, die für bestimmte Bereiche in der Organisation verantwortlich sind*. Sie definieren hier: ▪ **Die Verantwortung für die gesamte Organisation** **HINWEIS:** Hier müssen die Namen der *obersten Leitung* und die *Namen der Mitarbeiter*, die für die Funktionsbereiche, z. B. *Vertrieb*, verantwortlich sind, eingetragen werden. ▪ **Die Verantwortung für das Qualitätsmanagementsystem** **HINWEIS:** Hier müssen die Namen der *obersten Leitung* und die *Namen der Mitarbeiter*, die für *bestimmte Bereiche in der Organisation verantwortlich* sind, eingetragen werden. Es können auch die gleichen Mitarbeiter sein bzw. wird dies bei sehr kleinen Organisationen durch die oberste Leitung wahrgenommen.
F_Qualitätspolitik	Die Qualitätspolitik muss für den *Zweck*, den *Kontext*, die *strategische Ausrichtung*, für das *Festlegen von Qualitätszielen*, die *Verpflichtung zur Erfüllung zutreffender Anforderungen* und für die *Verpflichtung zur fortlaufenden Verbesserung des Qualitätsmanagementsystems* geeignet sein. Das Formular enthält eine allgemeine Qualitätspolitik. **HINWEIS:** Wenn Sie bereits eine Qualitätspolitik oder ein Leitbild in Ihrem Unternehmen definiert haben und weiter nutzen wollen, dann müssen sie **nur** die *grau hinterlegten Texte* in Ihre Version übernehmen.

3 FERTIGUNGSUNTERNEHMEN 2 (MECHANISCHE BEARBEITUNG)

■ 3.1 GRUNDSÄTZLICHES ZUM FERTIGUNGSUNTERNEHMEN 2

Das *Fertigungsunternehmen 2* produziert Präzisionsteile nach Zeichnung im Kundenauftrag (Wiederhol- und Einmalteile) für weltweit tätige Hightech-Unternehmen. Zusätzlich erfolgt eine externe Bearbeitung der Produkte. Es findet **keine** komplette Entwicklung statt, daher ist das *Normenkapitel 8.3 Entwicklung von Produkten und Dienstleistungen* nur bedingt zu erfüllen. Insgesamt sind zwölf Mitarbeiter in Verwaltung und Fertigung beschäftigt. Eine vorhandene EDV-Unterstützung wird den Abläufen zugrunde gelegt.

ANGABEN ZUM *FERTIGUNGS-UNTERNEHMEN 2*

Im Ordner **Modell_2_Fertigung** finden Sie die entsprechenden Ordner mit den Prozessabläufen für die einzelnen Funktionen im *Fertigungsunternehmen 2*, z. B. *1_VERTRIEB, 2_EINKAUF*, und die benötigten Formulare im Ordner *10_Dokumentierte Information_Formulare* sowie ausgefüllte Beispiele im Ordner *11_Ausgefüllte Beispiele*.

ISO 9001:2015 ORDNER FÜR DAS *FERTIGUNGS-UNTERNEHMEN 2*

Viele neue Anforderungen der DIN EN ISO 9001:2015 mussten berücksichtigt werden. Dazu zählen: *oberste Leitung; Organisation; Zweck der Organisation und strategische Ausrichtung; Kontext der Organisation; Qualitätsmanagementsystem; Qualität; inhärente Merkmale der Produkte und Dienstleistungen; interne und externe Themen bestimmen; interessierte Parteien bestimmen; Informationen überwachen und überprüfen; Chancen und Risiken bestimmen; Wissen der Organisation*. Um diese Ziele und Anforderungen zu erreichen, wird das *Fertigungsunternehmen 2* in **Prozessabläufe** aufgeteilt. Durch diese pragmatische Vorgehensweise wird die Norm für die Mitarbeiter transparent und leicht umsetzbar.

UMSETZUNG DER ISO 9001:2015 ALS PROZESSE

Die Organisation ist das QM-System!

Prozessorientierung bedeutet: *Nicht die Organisation ist der Norm anzupassen, sondern die Norm ist als Checkliste zu nutzen, um das Tagesgeschäft störungsfreier bewältigen und die Kundenanforderungen erfüllen zu können.* Hier liegt der große Nutzen der Norm, da die organisatorischen Schwachstellen gezielt analysiert werden können. Die Umsetzung der Norm in der eigenen Organisation erfolgt **nicht** nach den Normenkapiteln, sondern die Integration von Norm und Organisation wird schnell erreicht, indem die Normenkapitel in die Prozessabläufe im Sprachgebrauch der Organisation eingebunden sind und somit prozessorientiert definiert werden. So entsteht eine Übersicht über die eigene Organisation, die eigene Unternehmenslandkarte als Anwendungsbereich des QM-Systems zur gezielten Verbesserung der Organisation. Die erforderliche Zuordnung der Prozessabläufe zu den einzelnen Normenkapiteln der DIN EN ISO 9001:2015 wird mit dem Prozessablauf *QM: Oberste Leitung und Organisation* (Bild 3.24) erreicht.

ELIMINIEREN DER ORGANISATORISCHEN SCHWACHSTELLEN

0.1 Allgemeines

*Es ist **nicht** die Absicht dieser Internationalen Norm, die Notwendigkeit zu unterstellen für: die Vereinheitlichung der Struktur unterschiedlicher Qualitätsmanagementsysteme;* **die Angleichung der Dokumentation an die Gliederung dieser Internationalen Norm***; die Verwendung der speziellen Terminologie dieser Internationalen Norm innerhalb der Organisation.*

ISO 9001:2015 AUSZUG AUS DER NORM

■ 3.2 QUALITÄTSMANAGEMENTSYSTEM UND SEINE PROZESSE

DIE PROZESSABLÄUFE

Die einzelnen Tätigkeiten/Prozessschritte, die zur Erfüllung der Prozessabläufe benötigt werden, müssen von oben nach unten definiert werden. Die betroffenen Funktionen, die diese Tätigkeiten ausüben, werden mit einem **X** markiert. Dadurch entsteht eine Matrix, in der die Anteile jeder Ebene und jeder Funktion zur Erfüllung der Prozessabläufe leicht erkennbar sind. Ebenfalls werden die Wechselwirkungen zwischen den Funktionen und Ebenen deutlich.

Die Führungsebene ist rot markiert, die Funktionen/Mitarbeiterebenen sind blau markiert (Bild 3.1).

Mit diesem Prozessablauf wird das Erstellen oder das Ändern des Angebotes prozessorientiert beschrieben.

BEDEUTUNG DER ZUORDNUNG IN DEN PROZESSABLÄUFEN

1. **VERTRIEB:** grundsätzliche Zuordnung des Prozessablaufs in der Organisation zur Funktion.
2. **Angebot erstellen/ändern:** Definition des Prozessablaufs im Sprachgebrauch der Organisation.
3. **Führungsebene (rot):** Wie z. B. Inhaber, Geschäftsführung, Vertriebsleitung, Einkaufsleitung, Fertigungsleitung, alle Führungsentscheidungen im Arbeitsablauf werden unter dieser Ebene zusammengefasst.
4. **Funktionen/Mitarbeiterebene (blau):** Vertrieb, Einkauf usw. und die Mitarbeiterebene werden unter dieser Ebene zusammengefasst.
5. **Externe Bearbeitung:** Zum Beispiel externe Bearbeitung von Produkten, diese Tätigkeit wird einzeln betrachtet, da ein erhöhter logistischer Aufwand erforderlich ist.
6. **Wechselwirkung, Checkliste (Wissen der Organisation), Kriterien, Verfahren, Ressourcen:** Hier werden die Wechselwirkungen mit anderen Prozessabläufen oder die zu beachtenden Einzelheiten aufgeführt.
7. **Lenkung dokumentierter Information, Wissen der Organisation:** Alle benötigten Unterlagen zur Durchführung der Tätigkeit werden hier aufgeführt. Der blaue Text „Datenschutz" ist ein Hinweis auf die DSGVO bzw. das BDSG. Sie müssen selbst entscheiden, ob die Anforderungen auf Ihre Organisation zutreffen, und die entsprechenden Maßnahmen ergreifen.
8. **Tätigkeit/Prozessschritte (Abfolge-Eingaben-Ergebnisse):** Die durchzuführenden Tätigkeiten (einzelne Prozessschritte) werden immer in der erforderlichen Reihenfolge nacheinander durchgeführt.
9. **STARTEREIGNIS:** Die Eingaben werden bestimmt (Normenkapitel 4.4.1 a)). Mit dem Startereignis beginnt der Prozessablauf.
10. **Farbliche Erläuterung zu Tätigkeiten:** Tätigkeiten, die nicht immer ausgeführt werden oder nur für bestimmte Tätigkeiten Gültigkeit haben, sind farblich markiert und müssen erläutert werden. Die *farbliche Kennzeichnung der Tabellenspalte* zeigt den Beginn und das Ende an.
11. **ENDEREIGNIS:** Das Ergebnis wird bestimmt (Normenkapitel 4.4.1 a)). Mit dem Endereignis endet der Prozessablauf.
12. **Bewertung des Prozesses:** Hier *können* Methoden und Informationen aufgeführt werden, die zur fortlaufenden Verbesserung genutzt werden.
13. **Fortlaufende Verbesserung:** Hier *können* Methoden und Informationen zu Risiken und Chancen aufgeführt werden, die zur fortlaufenden Verbesserung genutzt werden.
14. **Dokumentierte Information aufrechterhalten:** der Name des Prozessablaufs.

3.2 Qualitätsmanagementsystem und seine Prozesse

VERTRIEB: Angebot erstellen / ändern

① ②

Tätigkeit / Prozessschritte (Abfolge-Eingaben-Ergebnisse) ⑧	Füh-rung ③	Ver-trieb ④	Ein-kauf ④	La-ger ④	Ferti-gung ④	WE, Ver-sand ④	④	Externe Bear-bei- ⑤	Wechselwirkung, Checkliste (Wissen der Organisation), Kriterien, Verfahren, Resso... ⑥	Lenkung dokumentierter Information, Wissen der Organisation ⑦
STARTEREIGNIS: Angebot erstellen / ändern ⑨										•
Kundenprodukte auf Herstellbarkeit prüfen	(X)	X			X				**Prüfen:** Artikel-Nr., Liefertermin, Preise, Rabatte, Vereinbarungen, Zeichnung, Datenfile, Muster, Material	• Anfrage • Datenschutz
Vom Kunden beizustellende Materialien und Unterlagen berücksichtigen	(X)	X			X				**Prüfen:** Vertraulichkeit der Zeichnung und des Datenfiles, Muster, Material, Lagerung, Rücksendung	• Anfrage
Fertigungsmöglichkeit prüfen	(X)	X			X				**Prüfen:** Halbfertigprodukte, Rohmaterialien: Mitarbeiter, Fertigungseinrichtung, Überwachungs- und Messmittel, Vorrichtungen, Werkzeuge, Rohmaterial, Lagerbestand, Liefertermin	• Anfrage
Einkaufsmöglichkeit prüfen	(X)	X	X						**Prüfen:** Handelsprodukte, Halbfertigprodukte, Rohmaterialien: Artikel-Nr., Lagerbestand, Liefertermin, Preise, Rabatte, Vereinbarungen **Wechselwirkung:** • EINKAUF_Disposition_ Anfrage _Preisvergleich_ Bestellung	• Anfrage
Externe Bearbeitung erforderlich prüfen	(X)	X	X		X			(X)	**Prüfen:** Liefertermin, Preise, Rabatte, Vereinbarungen **Wechselwirkung:** • EINKAUF_Disposition_ Anfrage _Preisvergleich_ Bestellung	• Anfrage
⑩										•
Angebot schreiben und versenden		X							**Prüfen:** Wiedervorlage erforderlich	• Anfrage • Kalkulation • Angebot
Angebot auf Wiedervorlage setzen		X							**Prüfen:** Wiedervorlagetermin in EDV-System eingeben **Wechselwirkung:** • VERTRIEB_Angebot verfolgen	• Anfrage • Kalkulation • Angebot
ENDEREIGNIS: Angebot erstellt / geändert ⑪										• •
Nachfolgende Tätigkeiten werden nur bei Bedarf durchgeführt ⑩										•
Korrekturmaßnahmen durchführen	X	X	X		X			X	**Wechselwirkung:** • QM: Nichtkonformität und Korrekturmaßnahmen	•
										•

Bewertung des Prozesses: ⑫	**Methode:** Rückmeldungen von Personal, internes Audit
Fortlaufende Verbesserung ⑬	**Methode:** Anfragen von Kunden **Informationen Risiken und Chancen:** Daten des Kunden, Entwicklungsaufwand, Fertigungsmöglichkeit, Beschaffungsmöglichkeit, Marktpreis des Wettbewerbs, Kundenanforderung, Verkaufsstückzahlen, neue oder leistungsfähigere Produkte der Wettbewerber, Kapazitätsauslastung der Fertigung, Lieferfähigkeit

Dokumentierte Information aufrechterhalten: Bild 3.1 VERTRIEB_Angebot erstellen_ändern.doc (...) ⑭ ⑮ ⑯
Freigegeben: Klaus Mustermann, Datum: 06.01.2019, Fertigungsunternehmen 2
Seite 1 von 1

BILD 3.1 Grundsätzliche Darstellung der Prozesse

15. **Freigegeben, Datum:** Diese Daten dokumentieren die Person, die für den Prozess verantwortlich ist, und die Aktualität des Prozessablaufs.
16. **Fertigungsunternehmen 2:** Hier kann der Name der Organisation eingetragen werden.

Zusätzliche Hinweise zu den Normenkapiteln der DIN EN ISO 9001:2015 **Qualitätsmanagementsystem und seine Prozesse** und wie diese umgesetzt wurden, finden Sie in diesem Buch im **Kapitel 1.4.2**.

■ 3.3 ANWENDUNGSBEREICH DES QM-SYSTEMS

Der Anwendungsbereich des QM-Systems besteht aus einer Seite *(A_START-Anwendungsbereich des Qualitätsmanagementsystems)* (Bild 3.2) und berücksichtigt die Prozessorientierung und den Anwendungsbereich des Qualitätsmanagementsystems der Organisation. Aus dieser Seite wird auf die Prozessabläufe verwiesen. Die Integration von Norm und Organisation wird schnell erreicht, indem die Prozessabläufe definiert werden. So entsteht eine Übersicht über die eigene Organisation, die eigene Unternehmenslandkarte zur gezielten Verbesserung (fortlaufenden Verbesserung) der Organisation. Der Anwendungsbereich enthält alle benötigten Prozessabläufe und die Formulare zur Umsetzung der Norm sowie weitere Ordner.

ISO 9001:2015 AUSZUG AUS DER NORM

0.1 Allgemeines

*Es ist **nicht** die Absicht dieser Internationalen Norm, die Notwendigkeit zu unterstellen für: die Vereinheitlichung der Struktur unterschiedlicher Qualitätsmanagementsysteme; die Angleichung der Dokumentation an die Gliederung dieser Internationalen Norm; die Verwendung der speziellen Terminologie dieser Internationalen Norm innerhalb der Organisation.*

Die in dieser Internationalen Norm festgelegten Anforderungen an ein Qualitätsmanagementsystem ergänzen die Anforderungen an Produkte und Dienstleistungen.

0.4 Zusammenhang mit anderen Normen zu Managementsystemen

*Diese Internationale Norm enthält **keine** spezifischen Anforderungen anderer Managementsysteme, z. B. Umweltmanagement, Arbeitsschutzmanagement oder Finanzmanagement.*

STRUKTUR FERTIGUNGSUNTERNEHMEN 2

Die Umsetzung der DIN EN ISO 9001:2015 erfolgt *prozessorientiert* mit den Prozessabläufen und den Formularen.

Die Organisation wird in folgende Funktionsbereiche aufgeteilt:

1_VERTRIEB

2_EINKAUF

3_ENTWICKLUNG

4_FERTIGUNG

5_WARENEINGANG/LAGER/VERSAND

7_Verantwortung der obersten Leitung und Organisation

8_Fortlaufende Verbesserung des QM-Systems

9_Mitarbeiter

10_Dokumentierte Information Formulare

Anwendungsbereich des Qualitätsmanagementsystems DIN EN ISO 9001:2015

1_VERTRIEB	2_EINKAUF	3_ENTWICKLUNG
• Angebot erstellen, ändern	• Disposition, Anfrage, Preisvergleich, Bestellung	• F_Entwicklung
• Angebot verfolgen	• Bestellung verfolgen	•
• Auftrag erstellen	• Reklamation, Falschlieferung	• **Ordner:** Durchgeführte Entwicklungen
• Auftrag ändern, stornieren	• Lieferanten Auswahl, Beurteilung, Neubeurteilung	•
• Reklamation	•	•

4_FERTIGUNG	5_WARENEINGANG / LAGER / VERSAND	
• Fertigungsablauf	• Wareneingang extern	•
• Instandhaltung der Fertigungseinrichtungen	• Wareneingang aus Fertigung	•
• Überwachungs- und Messmittel verwalten	• Produkte einlagern oder auslagern	•
•	• Produkte versenden	•
•	• Inventur	•

7_Verantwortung der obersten Leitung und Organisation	8_Fortlaufende Verbesserung des QM-Systems	9_Mitarbeiter
• Oberste Leitung und Organisation	• Internes Audit	• Ausbildung Schulung Fertigkeiten Erfahrung Kompetenz
• **Ordner:** Jährlich durchzuführende Tätigkeiten	• Nichtkonformitäten und Korrekturmaßnahmen	•

10_Dokumentierte Information Formulare		
• **Ordner:** Formulare	•	•
•	•	•
•	•	•

Zu den „nicht zutreffenden Anforderungen" gehören folgende Normenabschnitte:	Begründung:
• 8.4.1 b) Produkte und Dienstleistungen, die den Kunden direkt durch externe Anbieter im Auftrag der Organisation bereitgestellt werden.	• Unsere Produkte und Dienstleistungen erhält der Kunde nur durch uns direkt **(kein Streckengeschäft)**.
• 8.4.1 c) extern bereitgestellte Prozesse oder Teilprozesse, die von externen Anbietern bereitgestellt werden.	• Es werden von den externen Anbietern (Lieferanten) **keine** extern bereitgestellten Prozesse oder Teilprozesse bereitgestellt, **da alle Prozesse in unserem Hause stattfinden**.
• 8.5.1 f) Produkte und Dienstleistungen, die nicht durch Überwachung oder Messung verifiziert werden können.	• Unsere Produkte oder Dienstleistungen müssen durch Überwachung oder Messung verifiziert werden, um die Anforderung des Kunden erfüllen zu können.

Dokumentierte Information aufrechterhalten: Bild 3.2 A_START-Anwendungsbereich des Qualitätsmanagementsystems.doc
Freigegeben: Klaus Mustermann, Datum: 06.01.2019, Fertigungsunternehmen 2

BILD 3.2 Anwendungsbereich des QM-Systems

Bei den *nicht zutreffenden Anforderungen* wurden drei Beispiele aufgeführt. Sie müssen nun überprüfen, ob diese Beispiele auf Ihre Organisation zutreffen, und die Tabellenspalten eventuell löschen oder weitere *nicht zutreffende Anforderungen* hinzufügen.

Hinweis: Der Punkt 6 wurde frei gelassen. Hier können Sie eigene Prozessabläufe einfügen.

Die Aufteilung können Sie jederzeit ändern, wenn Ihre Organisation anders strukturiert ist. Die blauen, unterstrichenen Texte z. B. *Angebot erstellen, ändern* sind mit einem *Hyperlink* versehen. Sie verzweigen direkt aus dem Anwendungsbereich in die Prozessabläufe oder in die Formulare sowie in weitere Ordner.

Bitte beachten Sie Folgendes: Wenn Sie Word-Dokumente umbenennen oder neue Word-Dokumente in den Anwendungsbereich aufnehmen, dann müssen Sie auch den Hyperlink ändern oder neu hinzufügen.

Die **Namen der Ordner** entsprechen den **Überschriften**, z. B. *1_VERTRIEB, 2_EINKAUF*, um eine einfache Zuordnung zwischen dem Anwendungsbereich des QM-Systems und den Funktionen, Prozessen und Formularen zu ermöglichen.

Zusätzliche Hinweise zu den Normenkapiteln der DIN EN ISO 9001:2015 **Anwendungsbereich des Qualitätsmanagementsystems** und wie diese umgesetzt wurden, finden Sie in diesem Buch im **Kapitel 1.4.1**.

■ 3.4 1_VERTRIEB

Der Funktionsbereich **1_VERTRIEB** benötigt die Prozessabläufe:

- Angebot erstellen/ändern
- Angebot verfolgen
- Auftrag erstellen
- Auftrag ändern/stornieren
- Reklamation

3.4.1 VERTRIEB: Angebot erstellen/ändern

Mit diesem Prozessablauf wird das Erstellen oder das Ändern des Angebotes prozessorientiert beschrieben (Bild 3.3).

Die Anfragen der Kunden werden durch den Vertrieb bearbeitet. Es gibt zwei generelle Unterscheidungen:

Kundenprodukte (Wiederholteile): Präzisionsprodukte nach Zeichnung im Kundenauftrag, die in regelmäßigen Abständen gefertigt werden.

Kundenprodukte (Einmalteile): kundenspezifische Produkte nach Zeichnung oder Muster, die einmalig gefertigt werden.

Der Prozessablauf berücksichtigt diese Auftragsarten. Die Angaben des Kunden werden geprüft. Bei Kundenprodukten sind folgende Prüfungen notwendig: die Herstellungsmöglichkeit, die Genauigkeit der Zeichnung und die Materialqualität. Sollte Kundeneigentum vorhanden sein (Zeichnung, Muster oder Rohmaterial), ist es die Aufgabe der Fertigung, die Fertigungsmöglichkeit vorher abzuklären.

VERTRIEB: Angebot erstellen / ändern

Tätigkeit / Prozessschritte (Abfolge-Eingaben-Ergebnisse) ↓	Füh-rung	Ver-trieb	Ein-kauf	La-ger	Ferti-gung	WE, Ver-sand	Externe Bear-bei-tung	Wechselwirkung, Checkliste (Wissen der Organisation), Kriterien, Verfahren, Ressourcen	Lenkung dokumentierter Information, Wissen der Organi-sation
STARTEREIGNIS: *Angebot erstellen / ändern*									•
Kundenprodukte auf Herstellbarkeit prüfen	(X)	X			X			**Prüfen:** Artikel-Nr., Liefertermin, Preise, Rabatte, Vereinbarungen, Zeichnung, Datenfile, Muster, Material	• Anfrage • Datenschutz
Vom Kunden beizustellende Materialien und Unterlagen berücksichtigen	(X)	X			X			**Prüfen:** Vertraulichkeit der Zeichnung und des Datenfiles, Muster, Kundenmaterial, Lagerung, Rücksendung	• Anfrage
Fertigungsmöglichkeit prüfen	(X)	X			X			**Prüfen:** Halbfertigprodukte, Rohmaterialien Kundenmaterial: Mitarbeiter, Fertigungseinrichtung, Überwachungs- und Messmittel, Vorrichtungen, Werkzeuge, Lagerbestand, Liefertermin	• Anfrage
Einkaufsmöglichkeit prüfen	(X)	X	X					**Prüfen:** Halbfertigprodukte, Rohmaterialien: Artikel-Nr., Lagerbestand, Liefertermin, Preise, Rabatte, Vereinbarungen **Wechselwirkung:** • EINKAUF_Disposition_ Anfrage _Preisvergleich_ Bestellung	• Anfrage
Externe Bearbeitung erforderlich prüfen	(X)	X	X		X		(X)	**Prüfen:** Liefertermin, Preise, Rabatte, Vereinbarungen **Wechselwirkung:** • EINKAUF_Disposition_ Anfrage _Preisvergleich_ Bestellung	• Anfrage
Kalkulation durchführen	(X)	X						**Prüfen:** Fertigungskosten, Materialeinsatz, Umlagen	• Anfrage • Kalkulation
Terminierung berücksichtigen	(X)	X			X			**Prüfen:** Liefertermin	• Anfrage • Kalkulation
									•
Angebot schreiben und versenden		X						**Prüfen:** Wiedervorlage erforderlich	• Anfrage • Kalkulation • Angebot
Angebot auf Wiedervorlage setzen		X						**Prüfen:** Wiedervorlagetermin in EDV-System eingeben **Wechselwirkung:** • VERTRIEB_Angebot verfolgen	• Anfrage • Kalkulation • Angebot
ENDEREIGNIS: *Angebot erstellt / geändert*									•
Nachfolgende Tätigkeiten werden nur bei Bedarf durchgeführt.									•
Korrekturmaßnahmen durchführen	X	X	X		X		X	**Wechselwirkung:** • QM: Nichtkonformität und Korrekturmaßnahmen	•

Bewertung des Prozesses: **Methode:** Rückmeldungen von Personal, internes Audit

Dokumentierte Information aufrechterhalten: Bild 3.3 VERTRIEB_Angebot erstellen_ändern.doc
Freigegeben: Klaus Mustermann, Datum: 06.01.2019, Fertigungsunternehmen 2
Seite 1 von 2

BILD 3.3 VERTRIEB: Angebot erstellen/ändern (Ausschnitt)

Die Prüfung der Fertigungsmöglichkeit berücksichtigt: Mitarbeiter, Fertigungseinrichtungen, Überwachungs- und Messmittel, Vorrichtungen, Werkzeuge, Halbfertigprodukte, Rohmaterialien, Kundenmaterial, Musterteile.

Zum Schluss erfolgen die Kalkulation und die Klärung des Liefertermins.

Die Zuordnung der Verantwortung ist in kleineren Organisationen weiter gefasst. Ein Blick in das Formular *F_Organigramm_Verantwortung* zeigt dies deutlich.

WECHSELWIRKUNG Aus diesem Prozessablauf wird eventuell auf weitere Prozessabläufe verwiesen (Wechselwirkung). Eine detaillierte Beschreibung erfolgt in diesen Prozessabläufen.

KORREKTUREN, KORREKTURMASSNAHMEN, VERBESSERUNGSMASSNAHMEN Es sind eventuell Korrekturen oder Korrekturmaßnahmen einzuleiten. Im Bedarfsfall ist das Formular *F_Maßnahmen* auszufüllen. In diesem Formular werden Korrektur, Korrekturmaßnahme und Verbesserungsmaßnahme zusammengefasst.

3.4.2 VERTRIEB: Angebot verfolgen

Mit diesem Prozessablauf wird die Verfolgung des Angebotes prozessorientiert beschrieben (Bild 3.4).

Die Kundenangebote werden mit einem Wiedervorlagedatum versehen.

Der Vertrieb erhält in einer Übersicht alle Angebote und kann nun entscheiden, ob ein Nachfassen dieser Angebote zu diesem Zeitpunkt sinnvoll ist.

Kundenprodukte (Wiederholteile): Präzisionsprodukte nach Zeichnung im Kundenauftrag, die in regelmäßigen Abständen gefertigt werden.

Kundenprodukte (Einmalteile): kundenspezifische Produkte nach Zeichnung oder Muster, die einmalig gefertigt werden.

Es ist nicht wahrscheinlich, dass zu diesem Zeitpunkt eine völlig veränderte Vorgabe durch den Kunden erfolgt. Daher werden deutlich weniger Tätigkeiten benötigt als bei der Angebotserstellung. Sollte das in Ihrer Organisation anders sein, dann müssen Sie die benötigten Tätigkeiten hinzufügen oder ändern.

WECHSELWIRKUNG Aus diesem Prozessablauf wird eventuell auf weitere Prozessabläufe verwiesen (Wechselwirkung). Eine detaillierte Beschreibung erfolgt in diesen Prozessabläufen.

KORREKTUREN, KORREKTURMASSNAHMEN, VERBESSERUNGSMASSNAHMEN Es sind eventuell Korrekturen oder Korrekturmaßnahmen einzuleiten. Im Bedarfsfall ist das Formular *F_Maßnahmen* auszufüllen. In diesem Formular werden Korrektur, Korrekturmaßnahme und Verbesserungsmaßnahme zusammengefasst.

VERTRIEB: Angebot verfolgen

Tätigkeit / Prozessschritte (Abfolge-Eingaben-Ergebnisse)	Füh-rung	Ver-trieb	Ein-kauf	La-ger	Ferti-gung	WE, Ver-sand	Ex-terne Bear-bei-tung	Wechselwirkung, Checkliste (Wissen der Organisation), Kriterien, Verfahren, Ressourcen	Lenkung dokumentierter Information, Wissen der Organi-sation
STARTEREIGNIS: Angebot verfolgen									•
Angebot heraussuchen	(X)	X						**Klären:** Termin für Rückfrage erreicht **Wechselwirkung:** • VERTRIEB_Angebot erstellen_ändern	• Anfrage • Kalkulation • Angebot
Mit Kunden in Verbindung setzen	(X)	X						**Klären:** Angebot erhalten, Preise, Lieferzeit, Kunde hat sich noch nicht entschieden	• Anfrage • Kalkulation • Angebot
Nachfolgende Tätigkeiten werden nur bei Bedarf durchgeführt.									•
Angebot überarbeiten	(X)	X						**Wechselwirkung:** • VERTRIEB_Angebot erstellen_ändern	•
Angebot auf Wiedervorlage setzen		X						**Prüfen:** Wiedervorlagetermin in EDV-System eingeben	• Anfrage • Kalkulation • Angebot
ENDEREIGNIS: Angebot verfolgt									•
									•
Nachfolgende Tätigkeiten werden nur bei Bedarf durchgeführt.									•
Korrekturmaßnahmen durchführen	X	X						**Wechselwirkung:** • QM: Nichtkonformität und Korrekturmaßnahmen	•

Bewertung des Prozesses:	**Methode:** Rückmeldungen von Personal, internes Audit
Fortlaufende Verbesserung:	**Methode:** Rückmeldungen von Kunden **Informationen Risiken und Chancen:** nicht erhaltene Angebote, Korrektur der Angebote

BILD 3.4 VERTRIEB: Angebot verfolgen

3.4.3 VERTRIEB: Auftrag erstellen

Mit diesem Prozessablauf wird das Erstellen des Auftrags prozessorientiert beschrieben (Bild 3.5).

Es gibt zwei Kundenauftragsarten:

Kundenprodukte (Wiederholteile): Präzisionsprodukte nach Zeichnung im Kundenauftrag, die in regelmäßigen Abständen gefertigt werden.

Kundenprodukte (Einmalteile): kundenspezifische Produkte nach Zeichnung oder Muster, die einmalig gefertigt werden.

Bei den Kundenprodukten (Wiederhol- und Einmalteile) wird die Bestellung des Kunden mit dem Angebot verglichen, um letzte Widersprüche auszuräumen. Für Wiederholteile ist zusätzlich der Zeichnungsindex des Kunden zu prüfen.

Bei Kundenprodukten (Wiederhol- und Einmalteile) wird der Bestand im Lager und in der Fertigung berücksichtigt. Ein Lager ist nur zum Teil vorhanden, da das Material zum Fertigungszeitpunkt (JIT) angeliefert wird. Nur für Wiederholteile ist ein Minimalbestand vorhanden.

Der Einkauf hat bei der Terminierung

- die Fertigungszeit,
- die eventuelle Oberflächenveredelung,
- die Beschaffbarkeit

zu berücksichtigen.

Da nicht alle Kunden eine Auftragsbestätigung wünschen, wurde bei *Auftragsbestätigung schreiben* eine Erläuterung eingefügt.

Die Fertigungsaufträge für Kundenprodukte (Wiederhol- und Einmalteile) werden vom Vertrieb erstellt und in die Fertigung gegeben. Dies ist bei kleinen Organisationen üblich, da der Vertrieb den Anstoß für die Fertigungsaufträge übernimmt.

Die Fertigungspapiere wie Laufkarten, Stücklisten oder Arbeitspläne sind **nicht** vorhanden. Entscheidend ist die Zeichnung des Kunden, da dort alle benötigten Daten vorhanden sind:

- Menge, Material, Maße und Toleranzen.

Die Zeichnung des Kunden ist als Fertigungsauftrag oder Stückliste anzusehen, das CNC-PGM als Arbeitsplan mit Arbeitsgangreihenfolge. Die Zeichnung kennzeichnet die Präzisionsteile während der Fertigung.

Der Lieferschein für Kundenprodukte (Wiederholteile) wird ins Lager zur Kommissionierung weitergeleitet, um den schnellen Versand der Produkte zu gewährleisten.

WECHSELWIRKUNG — Aus diesem Prozessablauf wird eventuell auf weitere Prozessabläufe verwiesen (Wechselwirkung). Eine detaillierte Beschreibung erfolgt in diesen Prozessabläufen.

KORREKTUREN, KORREKTURMASSNAHMEN, VERBESSERUNGSMASSNAHMEN — Es sind eventuell Korrekturen oder Korrekturmaßnahmen einzuleiten. Im Bedarfsfall ist das Formular *F_Maßnahmen* auszufüllen. In diesem Formular werden Korrektur, Korrekturmaßnahme und Verbesserungsmaßnahme zusammengefasst.

VERTRIEB: Auftrag erstellen

Tätigkeit / Prozessschritte (Abfolge-Eingaben-Ergebnisse) ▼	Führung	Vertrieb	Einkauf	Lager	Fertigung	WE, Versand	Externe Bearbeitung	Wechselwirkung, Checkliste (Wissen der Organisation), Kriterien, Verfahren, Ressourcen	Lenkung dokumentierter Information, Wissen der Organisation
STARTEREIGNIS: *Auftrag erstellen*									•
Nachfolgende Tätigkeiten erfolgen nur bei Kundenprodukten, die bereits gefertigt sind und am Lager liegen.								**Kundenprodukt:** Wiederholteile, die ins Lager gelegt werden können	•
Angaben des Kunden prüfen	(X)	X	(X)					**Prüfen:** Kundenprodukt: Artikel-Nr., Lagerbestand, Liefertermin, Preise, Rabatte, Vereinbarungen	• Angebot • Kundenauftrag • Datenschutz
Nachfolgende Tätigkeiten erfolgen bei Kundenprodukten, die neu gefertigt werden.									•
Angebot vorhanden (bei Kundenprodukten zwingend)	(X)	X						**Prüfen:** Angebot mit Auftrag des Kunden vergleichen	• Angebot • Kundenauftrag
Vom Kunden beigestellte Materialien und Unterlagen berücksichtigen	(X)	X						**Prüfen:** Vertraulichkeit der Zeichnung, Datenfile, Muster, Kundenmaterial, Lagerung	• Angebot • Kundenauftrag
Sonderprodukte disponieren	(X)		X					**Wechselwirkung:** • EINKAUF_Disposition_ Anfrage_Preisvergleich_ Bestellung	•
Auftragsbestätigung schreiben		X						**Prüfen:** Eine Auftragsbestätigung ist nicht in jedem Fall erforderlich.	• Angebot • Kundenauftrag • Auftragsbestätigung
Nachfolgende Tätigkeiten erfolgen nur bei Kundenprodukten, die bereits gefertigt sind und am Lager liegen.								**Kundenprodukt:** Wiederholteile, die ins Lager gelegt werden können	•
Vorrätige Produkte für Kundenauftrag auslagern und versenden				X				**Wechselwirkung:** • LAGER_Produkte einlagern_auslagern	• Lieferschein
ENDEREIGNIS: *Auftrag erstellt*									•
Nachfolgende Tätigkeiten werden nur bei Bedarf durchgeführt.									•
Korrekturmaßnahmen durchführen	X	X	X	X				**Wechselwirkung:** • QM: Nichtkonformität und Korrekturmaßnahmen	•

Bewertung des Prozesses:	**Methode:** Rückmeldungen von Personal, internes Audit
Fortlaufende Verbesserung:	**Methode:** Rückmeldungen von Kunden, Einkauf, Lager **Informationen Risiken und Chancen:** Angebot an den Kunden, Auftrag des Kunden, Kundeneigentum, Kundenprodukte

Dokumentierte Information aufrechterhalten: Bild 3.5 VERTRIEB_Auftrag_erstellen.doc
Freigegeben: Klaus Mustermann, Datum: 06.01.2019, Fertigungsunternehmen 2
Seite 1 von 1

BILD 3.5 VERTRIEB: Auftrag erstellen

3.4.4 VERTRIEB: Auftrag ändern/stornieren

Mit diesem Prozessablauf wird das Ändern oder das Stornieren des Auftrags prozessorientiert beschrieben (Bild 3.6).

Es gibt vielfältige Gründe, die zu einer Auftragsänderung oder Stornierung führen können. Hier alle Gründe aufzuführen ist jedoch nicht möglich.

Beispiele, die zu einer Auftragsänderung oder Stornierung führen können:

- Der Kunde beschwert sich über eine Terminverzögerung und verlangt eine Teillieferung zu einem anderen Termin.
- Die Menge ist zu ändern.
- Der Einkauf kann das Material nicht rechtzeitig beschaffen.
- Das Lager meldet Fehlmengen.
- Die Fertigung kann zu dem gewünschten Zeitpunkt nicht liefern.
- Der Kunde hat das falsche Produkt bestellt oder keine aktuelle Zeichnung geschickt.
- Preisänderungen werden nicht berücksichtigt, da die Produktqualität sich ändert.

Bei Kundenprodukten (Wiederhol- und Einmalteile) sind Stornierungen unwahrscheinlich, da der Kunde die Produkte benötigt. Sollte das in Ihrer Organisation anders sein, dann müssen Sie die benötigten Tätigkeiten hinzufügen oder ändern.

Die Kurzklärung zwischen Führung, Vertrieb und Fertigung berücksichtigt alle Gründe, die zu einer Auftragsänderung führen. Die Entscheidung mit dem Kunden löst dann die weiteren Tätigkeiten aus.

Je nach Umfang der Änderung werden die einzelnen Tätigkeiten mehr oder weniger stark ausgeführt. Es kommt nicht darauf an, jede einzelne Tätigkeit bis ins Detail zu beschreiben, da bei der dargestellten Organisationsgröße dazu keine Notwendigkeit besteht.

WECHSELWIRKUNG Aus diesem Prozessablauf wird eventuell auf weitere Prozessabläufe verwiesen (Wechselwirkung). Eine detaillierte Beschreibung erfolgt in diesen Prozessabläufen.

KORREKTUREN, KORREKTURMASSNAHMEN, VERBESSERUNGSMASSNAHMEN Es sind eventuell Korrekturen oder Korrekturmaßnahmen einzuleiten. Im Bedarfsfall ist das Formular *F_Maßnahmen* auszufüllen. In diesem Formular werden Korrektur, Korrekturmaßnahme und Verbesserungsmaßnahme zusammengefasst.

3.4 1_VERTRIEB

VERTRIEB: Auftrag ändern / stornieren

Tätigkeit / Prozessschritte (Abfolge-Eingaben-Ergebnisse)	Führung	Vertrieb	Einkauf	Lager	Fertigung	WE, Versand	Externe Bearbeitung	Wechselwirkung, Checkliste (Wissen der Organisation), Kriterien, Verfahren, Ressourcen	Lenkung dokumentierter Information, Wissen der Organisation
STARTEREIGNIS: Auftrag ändern / stornieren durchführen									•
Kundenauftrag ändern / stornieren	(X)	X	X	X	X		(X)	**Prüfen:** Kurzklärung des Problems, Kosten ermitteln **Wechselwirkung:** • EINKAUF_Bestellung verfolgen • EINKAUF_Reklamation_Falschlieferung	• Kundenauftrag • Fertigungsauftrag • Bestellung • Lieferschein
Entscheidung mit Kunden durchführen		X						**Prüfen:** Wenn keine Änderung oder Stornierung erfolgt, dann müssen keine weiteren Tätigkeiten durchgeführt werden.	• Kundenauftrag
Nachfolgende Tätigkeiten werden nur bei Änderung oder Stornierung durchgeführt.									•
Halbfertigprodukte, Rohmaterialien bestellt			X					**Prüfen:** Bestellung ändern oder stornieren **Wechselwirkung:** • EINKAUF_Disposition_Anfrage_Preisvergleich_Bestellung	• Bestellung
Vom Kunden beigestellte Materialien und Unterlagen berücksichtigen und zurücksenden	(X)	X			X			**Prüfen:** Vertraulichkeit der Zeichnung, Datenfile, Muster, Kundenmaterial, Lagerung, Rücksendung **Wechselwirkung:** • VERSAND_Produkte versenden	• Kundenauftrag • Lieferschein
Fertigung benachrichtigen		X	X					**Prüfen:** Produkte verschrotten, ausliefern oder Fertigungsauftrag weiter fertigen, ändern, stornieren, externe Bearbeitung **Wechselwirkung:** • FERTIGUNG_Fertigungsablauf	• Fertigungsauftrag
Halbfertigprodukte, Rohmaterialien, Kundenmaterial Bestand prüfen			X					**Prüfen:** Halbfertigprodukt, Rohmaterialien, Kundenmaterial bestellen **Wechselwirkung:** • EINKAUF_Disposition_Anfrage_Preisvergleich_Bestellung	• Fertigungsauftrag
Kosten ermitteln / berechnen		X	X		X			**Prüfen:** Kostenübernahme durch den Kunden	• Kundenauftrag • Kostenaufstellung
Auftragsbestätigung schreiben		X						**Prüfen:** Eine Auftragsbestätigung ist nicht in jedem Fall erforderlich.	• Auftragsbestätigung
ENDEREIGNIS: Auftrag ändern / stornieren durchgeführt									•
Korrekturmaßnahmen durchführen	(X)	X	X	X	X		(X)	**Wechselwirkung:** • QM: Nichtkonformität und Korrekturmaßnahmen	•

Bewertung des Prozesses: **Methode:** Rückmeldungen von Personal, internes Audit

Dokumentierte Information aufrechterhalten: Bild 3.6 VERTRIEB_Auftrag_ändern_stornieren.doc
Freigegeben: Klaus Mustermann, Datum: 06.01.2019, Fertigungsunternehmen 2
Seite 1 von 2

BILD 3.6 VERTRIEB: Auftrag ändern / stornieren (Ausschnitt)

3.4.5 VERTRIEB: Reklamation

Mit diesem Prozessablauf wird die Durchführung der Reklamationsbearbeitung prozessorientiert beschrieben (Bild 3.7).

Auch bei der Reklamationsbearbeitung werden die Tätigkeiten in dem Prozessablauf nur abstrakt geschildert, da es nicht möglich und sinnvoll ist, alle Tätigkeiten aufzuzeigen.

Beispiele:

- Der Kunde hat die falsche Ware bekommen.
- Der Kunde hat defekte Ware bekommen.
- Die Reklamation ist im Wareneingang/Versand eingetroffen.
- Der Vertrieb bringt Ware vom Kunden mit.

Je nach Umfang der Reklamation werden die einzelnen Tätigkeiten mehr oder weniger stark ausgeführt. Es kommt nicht darauf an, jede einzelne Tätigkeit bis ins Detail zu beschreiben. Das ist bei den unterschiedlichen Kombinationsmöglichkeiten zu aufwendig. Wichtiger ist die Analyse der Reklamationsgründe.

Die reklamierten Produkte werden bis zur Klärung mit dem Begleitschreiben des Kunden oder einem Warenbegleitschein gekennzeichnet und ins Sperrlager eingeräumt bzw. verbleiben im Wareneingang. Die Fertigung prüft die reklamierten Produkte, da dort die nötige Fachkompetenz vorhanden ist.

Unberechtigte Reklamationen werden an den Kunden zurückgesandt oder auf seine Kosten entsorgt.

WECHSELWIRKUNG Aus diesem Prozessablauf wird eventuell auf weitere Prozessabläufe verwiesen (Wechselwirkung). Eine detaillierte Beschreibung erfolgt in diesen Prozessabläufen.

KORREKTUREN, KORREKTURMASSNAHMEN, VERBESSERUNGSMASSNAHMEN Es sind eventuell Korrekturen oder Korrekturmaßnahmen einzuleiten. Im Bedarfsfall ist das Formular *F_Maßnahmen* auszufüllen. In diesem Formular werden Korrektur, Korrekturmaßnahme und Verbesserungsmaßnahme zusammengefasst.

3.4 1_VERTRIEB

VERTRIEB: Reklamation

Tätigkeit / Prozessschritte (Abfolge-Eingaben-Ergebnisse)	Führung	Vertrieb	Einkauf	Lager	Fertigung	WE, Versand	Externe Bearbeitung	Wechselwirkung, Checkliste (Wissen der Organisation), Kriterien, Verfahren, Ressourcen	Lenkung dokumentierter Information, Wissen der Organisation
STARTEREIGNIS: Reklamation bearbeiten									•
Reklamation prüfen	(X)	X	X	X	X	X	(X)	**Prüfen:** Kurzklärung des Problems: Preis, Menge, Liefertermin, Reklamation im Wareneingang eingetroffen, Produkte im Versand sperren, Lieferant, eigene Fertigung, externe Bearbeitung **Wechselwirkung:** • WARENEINGANG_Wareneingang extern	• Reklamationsschreiben • E-Mail • Anschreiben • Sperrzettel • Fertigungsauftrag • Antwortschreiben Lieferant • Datenschutz
Lieferant benachrichtigen	(X)		X				(X)	**Klären:** Produkte: Halbfertigprodukt, Rohmaterial, externe Bearbeitung	• Bestellung • Auftragsbestätigung • Reklamationsschreiben
Fertigung benachrichtigen	(X)		X		X			**Klären:** Produkte: Kundenprodukt	• Bestellung • Auftragsbestätigung • Reklamationsschreiben • Zeichnung • Fertigungsauftrag
Reklamation ist abgelehnt	(X)	X	X		X	X	(X)	**Prüfen:** Kunden benachrichtigen, Termin, evtl. Rückversand zum Kunden **Wechselwirkung:** • VERSAND_Produkte versenden	• Begleitschreiben • Lieferschein
Nachfolgende Tätigkeiten werden nur bei berechtigter Reklamation mit Preisen, Mengen, Falschlieferung von Produkten durchgeführt.								**Kundenprodukt:** Wiederholteile, die ins Lager gelegt werden können.	•
Reklamation Preis	(X)	X						**Prüfen:** Gutschrift erstellen	• Gutschrift
Falsche Produkte ins Lager einlagern	(X)	X		X		X		**Prüfen:** Kundenprodukte, falscher Artikel, falsche Menge, keine Beschädigungen **Wechselwirkung:** • LAGER_Produkte einlagern_auslagern	• Einlagerungsschein
Neue Produkte auslagern und versenden		X		X		X		**Prüfen:** Kundenprodukte **Wechselwirkung:** • LAGER_Produkte einlagern_auslagern	• Lieferschein
Nachfolgende Tätigkeiten werden nur bei berechtigter Reklamation mit fehlerhaften Produkten durchgeführt.									•
Reklamation Lieferant		X	X			X	(X)	**Prüfen:** Produkte weiterleiten, Ersatzlieferung, Kostenübernahme, Termin, externe Bearbeitung, Produkte neu liefern **Wechselwirkung:** • EINKAUF: Reklamation / Falschlieferung	• Lieferschein • Antwortschreiben Lieferant

Dokumentierte Information aufrechterhalten: Bild 3.7 VERTRIEB_Reklamation.doc
Freigegeben: Klaus Mustermann, Datum: 06.01.2019, Fertigungsunternehmen 2
Seite 1 von 2

BILD 3.7 VERTRIEB: Reklamation (Ausschnitt)

■ 3.5 2_EINKAUF

Der Funktionsbereich **2_EINKAUF** benötigt die Prozessabläufe:

- Disposition/Anfrage/Preisvergleich/Bestellung
- Bestellung verfolgen
- Reklamation/Falschlieferung
- Lieferanten Auswahl/Beurteilung/Neubeurteilung

HINWEIS: Die in der DIN EN ISO 9001:2015 genannten *externen Anbieter* werden in diesem Buch auch als *Lieferanten* bezeichnet. Eine Erläuterung, wieso dies möglich ist, finden Sie in diesem Buch im *Kapitel 3.3* unter *0.1 Allgemeines*.

3.5.1 EINKAUF: Disposition/Anfrage/Preisvergleich/Bestellung

Mit diesem Prozessablauf werden Disposition, Anfrage, Preisvergleich und Bestellung prozessorientiert beschrieben (Bild 3.8).

Der Einkauf beschafft folgende relevante Produkte und Dienstleistungen:

- Halbfertigprodukte,
- Rohmaterialien,
- externe Bearbeitung,
- Überwachungs- und Messmittel,
- Wartung der Fertigungsmaschinen und Disposition der Standardverschleißteile.

Die Materialien für Halbfertigprodukte und Rohmaterialien werden durch den Kunden bestimmt. In der Praxis wird bei den Stammlieferanten angerufen, werden die Preise notiert und die Lieferzeiten festgehalten. Es wird ein Vergleich durchgeführt und dann anschließend per Fax, E-Mail, Online-Shop oder telefonisch bestellt. Wenn die Lieferanten eine Auftragsbestätigung senden, dann muss ein Vergleich mit der Bestellung auf Richtigkeit erfolgen.

Die Auswahl der externen Bearbeitung wird durch die Organisation mit Rücksprache des Kunden bestimmt. Die Auswahl der Lieferanten ist ein entscheidender Faktor. Deshalb wurde eine vereinfachte Excel-Arbeitsmappe *F_Beurteilung Auswahl und Leistungsüberwachung von externen Anbietern_QFD* entwickelt. Mit dieser Excel-Arbeitsmappe können gleichzeitig eine qualifizierte Lieferantenauswahl und eine Lieferantenbeurteilung durchgeführt werden. Da jedoch nicht jedes Mal eine Lieferantenbeurteilung sinnvoll oder erforderlich ist, wurde dies vermerkt.

Sie müssen diese Art der Bewertung nicht durchführen, wenn Sie eine andere Art anwenden.

In den Ablauf ist eine externe Bearbeitung integriert, da ein erhöhter logistischer Aufwand erforderlich ist.

Die Anfrage/Bestellung kann in einem Vorlageordner abgelegt oder elektronisch verwaltet werden.

WECHSELWIRKUNG Aus diesem Prozessablauf wird eventuell auf weitere Prozessabläufe verwiesen (Wechselwirkung). Eine detaillierte Beschreibung erfolgt in diesen Prozessabläufen.

KORREKTUREN, KORREKTURMASSNAHMEN, VERBESSERUNGSMASSNAHMEN Es sind eventuell Korrekturen oder Korrekturmaßnahmen einzuleiten. Im Bedarfsfall ist das Formular *F_Maßnahmen* auszufüllen. In diesem Formular werden Korrektur, Korrekturmaßnahme und Verbesserungsmaßnahme zusammengefasst.

EINKAUF: Disposition / Anfrage / Preisvergleich / Bestellung

Tätigkeit / Prozessschritte (Abfolge-Eingaben-Ergebnisse) ↓	Füh-rung	Ver-trieb	Ein-kauf	La-ger	Ferti-gung	WE, Ver-sand	Externe Bear-bei-tung	Wechselwirkung, Checkliste (Wissen der Organisation), Kriterien, Verfahren, Ressourcen	Lenkung dokumentierter Information, Wissen der Organisation
STARTEREIGNIS: Disposition / Anfrage / Preisvergleich / Bestellung durchführen									•
(Disposition) Mengen festlegen, ändern, stornieren	(X)	(X)	X					**Prüfen:** Verkaufsstückzahlen, Kundenauftrag, Rahmenauftrag, Konsilager, EDV-Vorschlag (Disposition) (Halbfertigprodukt, Rohmaterialien, externe Bearbeitung) **Wechselwirkung:** • VERTRIEB_Auftrag_erstellen • EINKAUF_Bestellung verfolgen • EINKAUF_Reklamation_Falschlieferung	• Statistik • Kundenauftrag • Rahmenauftrag • Datenschutz
Lieferanten auswählen		(X)	X					**Prüfen:** Hauptlieferanten im EDV-System hinterlegt **Wechselwirkung:** • EINKAUF_Lieferanten_Auswahl_Beurteilung_Neubeurteilung	• Statistik • Kundenauftrag • Rahmenauftrag
Nachfolgende Tätigkeiten erfolgen bei Kundenprodukten.									•
Fertigungsauftrag erstellen, ändern, stornieren			X					**Wechselwirkung:** • FERTIGUNG_Fertigungsablauf • VERTRIEB_Auftrag_ändern_stornieren • VERTRIEB_Reklamation	•
Nachfolgende Tätigkeiten erfolgen bei Halbfertigprodukten, Rohmaterialien.									•
Produkte anfragen			X					Die Anfrage kann telefonisch, schriftlich, per Fax, E-Mail, Online-Shop erfolgen. **Wechselwirkung:** • VERTRIEB_Angebot erstellen_ändern	• Anfrage • Angebot
Produkte bestellen, ändern oder stornieren			X					Die Bestellung kann telefonisch, schriftlich, per Fax, E-Mail, Online-Shop erfolgen. **Wechselwirkung:** • VERTRIEB_Auftrag_ändern_stornieren	• Angebot • Bestellung
Nachfolgende Tätigkeiten erfolgen bei externer Bearbeitung.									•
Produkte anfragen			X					Die Anfrage erfolgt schriftlich. **Wechselwirkung:** • VERTRIEB_Angebot erstellen_ändern	• Anfrage • Angebot
Produkte bestellen, ändern oder stornieren			X					Die Bestellung erfolgt schriftlich. **Wechselwirkung:** • VERTRIEB_Auftrag_ändern_stornieren	• Angebot • Bestellung
Lieferschein bei externer Bearbeitung erstellen.			X					Die Fertigung meldet dem Einkauf, dass eine externe Bearbeitung erfolgt. **Wechselwirkung:** • FERTIGUNG_Fertigungsablauf	• Fertigungsauftrag • Lieferschein
Lieferschein in den Versand geben.			X	X	X			**Wechselwirkung:** • VERSAND_Produkte versenden	•

Dokumentierte Information aufrechterhalten: Bild 3.8 EINKAUF_Disposition_Anfrage_Preisvergleich_Bestellung.doc
Freigegeben: Klaus Mustermann, Datum: 06.01.2019, Fertigungsunternehmen 2

BILD 3.8 EINKAUF: Disposition/Anfrage/Preisvergleich/Bestellung (Ausschnitt)

3.5.2 EINKAUF: Bestellung verfolgen

Mit diesem Prozessablauf wird die Verfolgung der Bestellung prozessorientiert beschrieben (Bild 3.9).

In vielen kleinen Organisationen wird die Bestellverfolgung über einen Vorlageordner durchgeführt. Eine elektronische Lösung scheidet oft aus, da Aufwand und Nutzen in keinem wirtschaftlichen Verhältnis stehen. Sonst erfolgt eine elektronische Verwaltung.

Täglich werden die Bestellungen des Lieferanten durchgesehen oder das EDV-System meldet über Wiedervorlage den Termin.

Sollte das in Ihrer Organisation anders sein, dann müssen Sie die benötigten Tätigkeiten hinzufügen oder ändern.

WECHSELWIRKUNG Aus diesem Prozessablauf wird eventuell auf weitere Prozessabläufe verwiesen (Wechselwirkung). Eine detaillierte Beschreibung erfolgt in diesen Prozessabläufen.

KORREKTUREN, KORREKTURMASSNAHMEN, VERBESSERUNGSMASSNAHMEN Es sind eventuell Korrekturen oder Korrekturmaßnahmen einzuleiten. Im Bedarfsfall ist das Formular *F_Maßnahmen* auszufüllen. In diesem Formular werden Korrektur, Korrekturmaßnahme und Verbesserungsmaßnahme zusammengefasst.

3.5 2_EINKAUF

EINKAUF: Bestellung verfolgen

Tätigkeit / Prozessschritte (Abfolge-Eingaben-Ergebnisse)	Führung	Vertrieb	Einkauf	Lager	Fertigung	WE, Versand	Externe Bearbeitung	Wechselwirkung, Checkliste (Wissen der Organisation), Kriterien, Verfahren, Ressourcen	Lenkung dokumentierter Information, Wissen der Organisation
STARTEREIGNIS: Bestellung verfolgen									•
Liefertermin erreicht / überschritten			X					**Prüfen:** Liefertermin im EDV-System erreicht, Liefertermin überschritten	• Bestellung • Auftragsbestätigung
Nachfolgende Tätigkeiten werden nur bei Bedarf durchgeführt.									•
Fertigung informieren	(X)		X		X			**Wechselwirkung:** • FERTIGUNG_ Fertigungsablauf	•
Lieferanten informieren	(X)		X					**Wechselwirkung:** • EINKAUF_Disposition_ Anfrage_Preisvergleich_ Bestellung	•
Kunden informieren	(X)	X	X					**Wechselwirkung:** • VERTRIEB_Auftrag_ ändern_stornieren	•
Bestellung überarbeiten			X					**Wechselwirkung:** • EINKAUF_Disposition_ Anfrage_Preisvergleich_ Bestellung	•
Fertigungsauftrag überarbeiten			X		X			**Wechselwirkung:** • FERTIGUNG_ Fertigungsablauf	•
									•
Bestellung auf Wiedervorlage legen			X					**Prüfen:** Der neue Liefertermin wird ins EDV-System eingetragen.	• Bestellung • Auftragsbestätigung • Fertigungsauftrag
ENDEREIGNIS: Bestellung verfolgt									•
Nachfolgende Tätigkeiten werden nur bei Bedarf durchgeführt.									•
Korrekturmaßnahmen durchführen	X	X	X		X			**Wechselwirkung:** • QM: Nichtkonformität und Korrekturmaßnahmen	•

Bewertung des Prozesses:	**Methode:** Rückmeldungen von Personal, internes Audit
Fortlaufende Verbesserung:	**Methode:** Rückmeldungen von Lieferanten, Kunden, Vertrieb, Fertigung **Informationen Risiken und Chancen:** Lieferverzug, Reklamationen, entstandene Fehler, nicht erhaltene Kundenaufträge, Stornierung Kundenaufträge, Probleme in der Fertigung

BILD 3.9 EINKAUF: Bestellung verfolgen

3.5.3 EINKAUF: Reklamation/Falschlieferung

Mit diesem Prozessablauf wird die Bearbeitung von Reklamationen und Falschlieferungen prozessorientiert beschrieben (Bild 3.10).

Bei den Kundenprodukten (Wiederhol- und Einmalteile) handelt es sich um die Kernkompetenz dieser Organisation. Reklamationen in der Beschaffung von Halbfertigprodukten, Rohmaterialien und externer Bearbeitung sind hier genauso vielfältig wie im Kundenbereich.

Beispiele:

- Schwankungen in der Materialqualität,
- ungenaue Rundlaufgenauigkeit,
- Überschreitung der Liefertermine,
- falsche Mengen,
- mangelhafte externe Bearbeitung.

Natürlich kann es auch bei sehr guten Lieferanten zu Materialschwankungen kommen. Diese Materialschwankungen können jedoch erst beim Einsatz des Endprodukts festgestellt werden. Für die Bewertung des Lieferanten ist also die gleichmäßige Materialqualität von entscheidender Bedeutung. Dies gilt auch sinngemäß für die externe Bearbeitung.

Ein messbares Qualitätsziel sollte hier die benötigte Transparenz bringen. Sie müssen jedoch das messbare Qualitätsziel selbst definieren.

Nach Rücksprache mit der Fertigung und dem Vertrieb wird nun mit dem Lieferanten gemeinsam nach einer Lösung gesucht, dabei ist auch die Kostenübernahme zu klären.

WECHSELWIRKUNG Aus diesem Prozessablauf wird eventuell auf weitere Prozessabläufe verwiesen (Wechselwirkung). Eine detaillierte Beschreibung erfolgt in diesen Prozessabläufen.

KORREKTUREN, KORREKTURMASSNAHMEN, VERBESSERUNGSMASSNAHMEN Es sind eventuell Korrekturen oder Korrekturmaßnahmen einzuleiten. Im Bedarfsfall ist das Formular *F_Maßnahmen* auszufüllen. In diesem Formular werden Korrektur, Korrekturmaßnahme und Verbesserungsmaßnahme zusammengefasst.

EINKAUF: Reklamation / Falschlieferung

Tätigkeit / Prozessschritte (Abfolge-Eingaben-Ergebnisse) ↓	Füh- rung	Ver- trieb	Ein- kauf	La- ger	Ferti- gung	WE, Ver- sand	Ex- terne Bear- bei- tung	Wechselwirkung, Checkliste (Wissen der Organisation), Kriterien, Verfahren, Ressourcen	Lenkung dokumentierter Information, Wissen der Organi- sation
STARTEREIGNIS: *Reklamation / Falschlieferung bearbeiten*									•
Reklamation prüfen			X	X	X		(X)	**Prüfen:** Kurzklärung des Prob- lems: Preis, Mengendif- ferenz, Termin über- schritten, falsche Pro- dukte, fehlerhafte Pro- dukte, Produkte im Versand sperren **Produkte:** Halbfertig- produkt, Rohmaterial, externe Bearbeitung **Wechselwirkung:** • WARENEINGANG_ Wareneingang extern • VERTRIEB_Reklamation • VERTRIEB_Auftrag_ ändern_stornieren	• Bestellung • Auftragsbestäti- gung • Lieferschein • Fertigungsauftrag • Sperrzettel • Datenschutz
Lieferant benachrichtigen	(X)		X					**Klären:** **Produkte:** Halbfertig- produkt, Rohmaterial, externe Bearbeitung	• Bestellung • Auftragsbestäti- gung • Lieferschein
Nachfolgende Tätigkeiten werden nur bei Bedarf durchgeführt.									•
Reklamation Preis	(X)		X					**Prüfen:** Gutschrift erstellen	• Gutschrift
Falsche oder fehlerhafte Produk- te zurücksenden			X		X		(X)	**Prüfen:** Halbfertigprodukt, Rohmaterial, externe Bearbeitung **Wechselwirkung:** • VERSAND_Produkte versenden	• Lieferschein
Fertigung informieren	(X)		X		X			**Wechselwirkung:** • FERTIGUNG_ Ferti- gungsablauf	•
Kunden informieren	(X)	X	X					**Wechselwirkung:** • VERTRIEB_Auftrag_ ändern_stornieren	•
Bestellung überarbeiten			X					**Wechselwirkung:** • EINKAUF_Disposition_ Anfrage_Preisvergleich_ Bestellung	•
Fertigungsauftrag überarbeiten			X					**Wechselwirkung:** • FERTIGUNG_ Ferti- gungsablauf	•
Kosten ermitteln / berechnen	(X)		X					**Prüfen:** Kostenübernahme durch den Lieferanten, Kostenübernahme externe Bearbeitung	• Lieferschein • Kostenaufstellung
Lieferanten bewerten	(X)		X					**Prüfen:** Es kann eine neue Lieferantenbewertung erforderlich sein.	• Lieferschein • F_Beurteilung Auswahl und Leis- tungsüberwachung von externen An- bietern • F_Beurteilung Auswahl und Leis- tungsüberwachung von externen An- bietern_QFD
ENDEREIGNIS: *Reklamation / Falschlieferung bearbeitet*									•
									•
Nachfolgende Tätigkeiten werden nur bei Bedarf durchgeführt.									•
Korrekturmaßnahmen durchfüh- ren	X	X	X		X	X	X	**Wechselwirkung:** • QM: Nichtkonformität und Korrekturmaßnahmen	•

Dokumentierte Information aufrechterhalten: Bild 3.10 EINKAUF_Reklamation_Falschlieferung.doc
Freigegeben: Klaus Mustermann, Datum: 06.01.2019, Fertigungsunternehmen 2
Seite 1 von 2

BILD 3.10 EINKAUF: Reklamation / Falschlieferung (Ausschnitt)

3.5.4 EINKAUF: Lieferanten Auswahl/Beurteilung/Neubeurteilung

Mit diesem Prozessablauf werden die Auswahl, Beurteilung und Neubeurteilung von Lieferanten prozessorientiert beschrieben (Bild 3.11).

In Organisationen dieser Größe gibt es keine 100 Lieferanten oder es ist ein ständiger Wechsel vorhanden. Dies hat mehrere Gründe. Zu viele Lieferanten bedeuten einen erheblichen logistischen Aufwand, und zudem werden die Bestellmengen auf mehrere Lieferanten verteilt, was letztendlich wieder Auswirkung auf die Preise hat. Im *Fertigungsunternehmen 2* kommt noch erschwerend hinzu, dass Rohmaterial bei maximal zehn Lieferanten eingekauft werden kann und die externe Oberflächenveredelung bei zwei Lieferanten.

Aus diesem Grund wurden zwei unterschiedliche Arten der Lieferantenbewertung erstellt:

1. Formular *F_Beurteilung Auswahl und Leistungsüberwachung von externen Anbietern_ QFD* (Excel) bei komplexen Produkten/Dienstleistungen,
2. Formular *F_Beurteilung Auswahl und Leistungsüberwachung von externen Anbietern* (Word) als generelle Vorgehensweise.

Beurteilung Auswahl und Leistungsüberwachung von externen Anbietern_ QFD bei komplexen Produkten/Dienstleistungen

Da Kundenprodukte (Wiederhol- und Einmalteile) hergestellt werden, ist die Auswahl der Halbfertigprodukte, der Rohmaterialien, der externen Bearbeitung und der Lieferanten ein entscheidender Faktor. Deshalb wurde eine vereinfachte Excel-Arbeitsmappe *F_Beurteilung Auswahl und Leistungsüberwachung von externen Anbietern_QFD* entwickelt. Mit dieser Excel-Arbeitsmappe können gleichzeitig eine qualifizierte Lieferantenauswahl und eine Lieferantenbeurteilung durchgeführt werden. Die Anforderung des Kunden wird mit den Möglichkeiten der Lieferanten verglichen, das benötigte Rohmaterial zu liefern. Da jedoch nicht für jedes Rohmaterial eine Lieferantenbeurteilung sinnvoll ist, wurde dies in dem Prozessablauf vermerkt. Die Excel-Arbeitsmappe *F_Beurteilung Auswahl und Leistungsüberwachung von externen Anbietern_QFD* ermöglicht, bei Produktänderungen die damaligen Entscheidungsgründe für diesen Lieferanten zu verfolgen.

Sollten Sie keine Bewertung mit der Excel-Arbeitsmappe *F_Beurteilung Auswahl und Leistungsüberwachung von externen Anbietern_QFD* durchführen wollen, dann müssen Sie die entsprechenden Tätigkeiten in dem Prozessablauf korrigieren.

Sie müssen diese Art der Bewertung nicht durchführen, wenn Sie eine andere Art anwenden.

WECHSELWIRKUNG

Aus diesem Prozessablauf wird eventuell auf weitere Prozessabläufe verwiesen (Wechselwirkung). Eine detaillierte Beschreibung erfolgt in diesen Prozessabläufen.

KORREKTUREN, KORREKTURMASSNAHMEN, VERBESSERUNGSMASSNAHMEN

Es sind eventuell Korrekturen oder Korrekturmaßnahmen einzuleiten. Im Bedarfsfall ist das Formular *F_Maßnahmen* auszufüllen. In diesem Formular werden Korrektur, Korrekturmaßnahme und Verbesserungsmaßnahme zusammengefasst.

ISO 9001:2015 AUSZUG AUS DER NORM

A.8 Steuerung von extern bereitgestellten Prozessen, Produkten und Dienstleistungen

Alle Formen von extern bereitgestellten Prozessen, Produkten und Dienstleistungen werden in 8.4 behandelt, egal ob durch beispielsweise:

- *Kauf von einem Lieferanten;*
- *Vereinbarungen mit einem Beteiligungsunternehmen;*
- *Ausgliedern von Prozessen an einen externen Anbieter.*

Das Ausgliedern hat stets den grundlegenden Charakter einer Dienstleistung, da mindestens eine Tätigkeit an der Schnittstelle zwischen dem Anbieter und der Organisation notwendig ist.

3.5 2_EINKAUF

EINKAUF: Lieferanten Auswahl / Beurteilung / Neubeurteilung

Tätigkeit / Prozessschritte (Abfolge-Eingaben-Ergebnisse) ↓	Füh-rung	Ver-trieb	Ein-kauf	La-ger	Ferti-gung	WE, Ver-sand	Externe Bear-bei-tung	Wechselwirkung, Checkliste (Wissen der Organisation), Kriterien, Verfahren, Ressourcen	Lenkung dokumentierter Information, Wissen der Organisation
STARTEREIGNIS: Lieferanten Auswahl / Beurteilung / Neubeurteilung durchführen									•
Lieferanten auswählen, beurteilen									•
Kriterien festlegen	(X)		X					**Prüfen:** Verkaufsstückzahlen, Kundenauftrag, Rahmenauftrag, Konsilager, Preis, Liefertermin (Halbfertigprodukt, Rohmaterial, externe Bearbeitung)	• Statistik • Kundenauftrag • Rahmenauftrag • F_Beurteilung Auswahl und Leistungsüberwachung von externen Anbietern • F_Beurteilung Auswahl und Leistungsüberwachung von externen Anbietern_QFD • Datenschutz
Lieferanten anfragen und beurteilen	(X)		X					**Prüfen:** Hauptlieferanten, Mengen, Liefertermin	• Anfrage • F_Beurteilung Auswahl und Leistungsüberwachung von externen Anbietern • F_Beurteilung Auswahl und Leistungsüberwachung von externen Anbietern_QFD
Lieferanten auswählen (freigeben)	(X)		X					**Prüfen:** Die Auswahl (Angebot) kann auch durch Kataloge, Online-Shop usw. bei den schon vorhandenen Hauptlieferanten erfolgen. Ausgewählten Lieferanten im EDV-System hinterlegen. **Wechselwirkung:** • EINKAUF_Disposition_Anfrage_Preisvergleich_Bestellung	• Anfrage • F_Beurteilung Auswahl und Leistungsüberwachung von externen Anbietern • F_Beurteilung Auswahl und Leistungsüberwachung von externen Anbietern_QFD • Angebot
Lieferanten neu beurteilen									•
Kriterien festlegen und bewerten	(X)		X			X		**Prüfen:** Fehlerhäufigkeit (Lieferschein) (Halbfertigprodukt, Rohmaterial, externe Bearbeitung). Die Bewertung erfolgt im Fehlerfall auf dem Lieferschein.	• F_Beurteilung Auswahl und Leistungsüberwachung von externen Anbietern • F_Beurteilung Auswahl und Leistungsüberwachung von externen Anbietern_QFD • Lieferschein
Lieferanten anschreiben	(X)		X					**Prüfen:** Hauptlieferanten, Fehlerhäufigkeit (Lieferschein)	• Fehlerhäufigkeit (Lieferschein)

Dokumentierte Information aufrechterhalten: Bild 3.11 EINKAUF_Lieferanten_Auswahl_Beurteilung_Neubeurteilung.doc
Freigegeben: Klaus Mustermann, Datum: 06.01.2019, Fertigungsunternehmen 2
Seite 1 von 2

BILD 3.11 EINKAUF: Lieferanten Auswahl/Beurteilung/Neubeurteilung

3 Fertigungsunternehmen 2 (mechanische Bearbeitung)

KORREKTUREN, KORREKTURMASSNAHMEN, VERBESSERUNGSMASSNAHMEN ISO 9001:2015 AUSZUG AUS DER NORM

Die Arten der Steuerung, die für die externe Bereitstellung erforderlich sind, können sich abhängig von der Art der Prozesse, Produkte und Dienstleistungen stark unterscheiden. Die Organisation kann das risikobasierte Denken anwenden, um die Art und den Umfang der Steuerung zu bestimmen, die/der für den jeweiligen externen Anbieter und die extern bereitgestellten Prozesse, Produkte und Dienstleistungen geeignet ist.

3.5.4.1 Formular: F_Beurteilung Auswahl und Leistungsüberwachung von externen Anbietern_QFD (Excel) bei komplexen Produkten/Dienstleistungen

Mit diesem Formular wird die Lieferantenbewertung durchgeführt (Bild 3.12).

Da Kundenprodukte (Wiederhol- und Einmalteile) hergestellt werden, ist die Auswahl der Halbfertigprodukte, der Rohmaterialien, der externen Bearbeitung und der Lieferanten ein entscheidender Faktor. Deshalb wurde eine vereinfachte Excel-Arbeitsmappe *F_Beurteilung Auswahl und Leistungsüberwachung von externen Anbietern_QFD* entwickelt. Mit dieser Excel-Arbeitsmappe können gleichzeitig eine qualifizierte Lieferantenauswahl und eine Lieferantenbeurteilung durchgeführt werden. Die Excel-Arbeitsmappe *F_Beurteilung Auswahl und Leistungsüberwachung von externen Anbietern_QFD* wurde für diese Organisationsgröße stark vereinfacht. Es ist jedoch ein effektives Mittel zur Beurteilung der Lieferanten. Der Einsatz dieser Excel-Arbeitsmappe ist denkbar einfach.

An dieser Stelle wird nur auf die **generelle Definition** eingegangen. Ausführliche Hinweise zu den **Excel-Arbeitsmappen** und deren Umsetzung finden Sie in diesem Buch im **Kapitel 1.7.2**.

INFORMATIONEN QFD-LIEFERANTENBEWERTUNG

1. Als Erstes sind das **Endprodukt** *XYZ*, das **Rohmaterial** *Aluminium Stangenprofil* und die **Zielgruppe** *optische Industrie*, an die das Endprodukt verkauft werden soll, einzutragen.
2. In die Spalte *Lieferanten (atM)* wird der Name des Lieferanten für das Rohmaterial eingetragen. Insgesamt können zehn Lieferanten verglichen werden. Die Spalte *eigenes Unternehmen* wurde eingeführt, falls ein Vergleich zwischen *eigener Herstellung und Fremdherstellung* erfolgen soll.
3. Als Nächstes sind die *Forderung an das Produkt (FdK)* zu ermitteln und einzutragen. Es sind auch die nicht definierten Forderungen des Kunden, wie z. B. Gesetze oder Normen, zu berücksichtigen. Da jedoch nicht jede Forderung gleich wichtig ist, muss eine Gewichtung von *1 = unwichtig bis 10 = sehr wichtig* in der Spalte *Gewichtung Forderung* erfolgen.
Sollte der Service des Lieferanten eine entscheidende Rolle spielen, dann ist in der Spalte *Gewichtung Service* ebenfalls eine Bewertung von *1 bis 10* durchzuführen. (**Hinweis**: Es erfolgt keine Berechnung.)
4. Nun ist die *Beziehungsmatrix (FdK) zu (atM)* mit größter Sorgfalt auszufüllen, da sonst die Gesamtbewertung verfälscht wird.

Weitere Hinweise finden Sie in den Tabellenspalten mit einem „roten Dreieck" als Kommentar in der Excel-Arbeitsmappe.

5. Der Erfüllungsgrad in Punkten und Prozenten ist das Ergebnis der Bewertung. Der Lieferant mit der größten Punkt- oder Prozentzahl ist der geeignete Lieferant für das Rohmaterial.

Ausführliche Hinweise zu den **Excel-Arbeitsmappen** und deren Umsetzung finden Sie in diesem Buch im **Kapitel 1.7.2**.

Sie müssen diese Art der Bewertung nicht durchführen, wenn Sie eine andere Art anwenden.

3.5 2_EINKAUF

Produkt: XYZ
Rohmaterial: Aluminium Stangenprofil
Zielgruppe: optische Industrie
Datum der Bewertung: TT.MM.JJJJ

①

QFD-Lieferantenbewertung

Lieferanten (atM) ②

Forderung an das Rohmaterial (FdK)		Gewichtung Forderung	eigenes Unternehmen	Müller	Meyer	Trautmann	Schmitz	Hartmann	Lieferant 6	Lieferant 7	Lieferant 8	Lieferant 9	Lieferant 10	Gewichtung Service
			\multicolumn{12}{l	}{Beziehungsmatrix (FdK) zu (atM)}	
Materialqualität	AlCuMgPb	10	0	3	3	3	3	3	0	0	0	0	0	
Oberfläche	gefräst	4	0	0	1	1	2	2	0	0	0	0	0	
Maße	80 x 40 mm	5	0	3	3	3	3	3	0	0	0	0	0	
Länge	1000 mm	5	0	2	1	3	3	3	0	0	0	0	0	
geschnitten		0	0	0	0	0	0	0	0	0	0	0	0	
Maßhaltigkeit	+/− 0,1 mm	5	0	0	1	1	3	3	0	0	0	0	0	
		0	0	0	0	0	0	0	0	0	0	0	0	
Normen	DIN 1770	0	0	0	0	0	0	0	0	0	0	0	0	
gesetzliche Bestimmungen	keine	0	0	0	0	0	0	0	0	0	0	0	0	
		0	0	0	0	0	0	0	0	0	0	0	0	
		0	0	0	0	0	0	0	0	0	0	0	0	
Termintreue		10	0	3	3	2	2	3	0	0	0	0	0	
Lieferzeit		8	0	3	3	3	3	3	0	0	0	0	0	
		0	0	0	0	0	0	0	0	0	0	0	0	
		0	0	0	0	0	0	0	0	0	0	0	0	
		0	0	0	0	0	0	0	0	0	0	0	0	
		0	0	0	0	0	0	0	0	0	0	0	0	
Erfüllungsgrad	Summe	599 abs.	0	109	113	113	127	137	0	0	0	0	0	
Erfüllungsgrad	Summe	100% rel.	0%	18%	19%	19%	21%	23%	0%	0%	0%	0%	0%	

③ ④ ⑤

Sie dürfen in die nachfolgenden Spalten keine Daten eintragen, da hier die zentrale Berechnung erfolgt und sonst die Formeln zerstört werden!

Summenbildung Beziehungsmatrix (FdK) zu (atM)

0	30	30	30	30	30	0	0	0	0	0
0	0	4	4	8	8	0	0	0	0	0
0	15	15	15	15	15	0	0	0	0	0
0	10	5	15	15	15	0	0	0	0	0
0	0	0	0	0	0	0	0	0	0	0
0	0	5	5	15	15	0	0	0	0	0
0	0	0	0	0	0	0	0	0	0	0
0	0	0	0	0	0	0	0	0	0	0
0	0	0	0	0	0	0	0	0	0	0
0	0	0	0	0	0	0	0	0	0	0
0	0	0	0	0	0	0	0	0	0	0
0	30	30	20	20	30	0	0	0	0	0
0	24	24	24	24	24	0	0	0	0	0
0	0	0	0	0	0	0	0	0	0	0
0	0	0	0	0	0	0	0	0	0	0
0	0	0	0	0	0	0	0	0	0	0
0	0	0	0	0	0	0	0	0	0	0
Summe 0	109	113	113	127	137	0	0	0	0	0

Dokumentierte Information aufbewahren: Bild 3.12 F_Beurteilung Auswahl und Leistungsüberwachung von externen Anbietern_QFD
Freigegeben: Klaus Mustermann, Datum: 06.01.2019, Fertigungsunternehmen 2
Seite 1 von 1

BILD 3.12 Formular: F_Beurteilung Auswahl und Leistungsüberwachung von externen Anbietern_QFD (Excel) bei komplexen Produkten/Dienstleistungen

3.5.4.2 Formular: F_Beurteilung Auswahl und Leistungsüberwachung von externen Anbietern (Word) als generelle Vorgehensweise

Mit diesem Formular wird die Lieferantenbewertung durchgeführt. Die Beurteilung ist wesentlich einfacher als im vorigen Excel-Formular. Hier ist zu beachten, dass nur die Hauptlieferanten bewertet werden müssen. Sie können jedoch auch weitere Lieferanten einfügen (Bild 3.13).

Die *Kriterien für die Beurteilung, Auswahl und Leistungsüberwachung* müssen Sie nur ändern, wenn dies erforderlich wird. Sie können *unterschiedliche Kriterien* pro externen Anbieter festlegen.

Die *Neubeurteilung* der *Kriterien* kann im internen Audit oder dann durchgeführt werden, wenn Sie dies für erforderlich halten. Anschließend führen Sie unter *Ergebnis* eine Beurteilung durch. Wenn die Kriterien weiter Gültigkeit haben, dann müssen Sie die Kriterien nicht anpassen oder Maßnahmen durchführen.

Unter *Maßnahme* führen Sie auf, welche Maßnahmen erforderlich sind oder ob keine Maßnahmen erforderlich sind.

ISO 9001:2015 AUSZUG AUS DER NORM

8.4.1 Allgemeines

Die Organisation muss sicherstellen, dass extern bereitgestellte Prozesse, Produkte und Dienstleistungen den Anforderungen entsprechen.

Die Organisation muss Kriterien für die Beurteilung, Auswahl, Leistungsüberwachung und Neubeurteilung externer Anbieter bestimmen und anwenden, die auf deren Fähigkeit beruhen, Prozesse oder Produkte und Dienstleistungen in Übereinstimmung mit den Anforderungen bereitzustellen.

Definition der „Leistungsüberwachung" durch die Herausgeber auf Basis der Begriffe der DIN EN ISO 9000:2015:

Leistungsüberwachung = Überwachung der Leistung.

ISO 9000:2015 AUSZUG AUS DER NORM

Begriff: Überwachung (3.11.3) = *Bestimmung (3.11.1) des Zustands eines Systems (3.5.1), eines Prozesses (3.4.1), eines Produkts (3.7.6), einer Dienstleistung (3.7.7) oder einer Tätigkeit.*

Anmerkung 1 zum Begriff: Bei der Bestimmung des Zustands kann es erforderlich sein, zu prüfen, zu beaufsichtigen oder kritisch zu beobachten.

Anmerkung 2 zum Begriff: Überwachung ist üblicherweise eine Bestimmung des Zustands eines Objekts (3.6.1), die in verschiedenen Stufen oder zu verschiedenen Zeiten durchgeführt wird.

Begriff: Leistung (3.7.8) = *messbares Ergebnis.*

Anmerkung 1 zum Begriff: Leistung kann sich entweder auf quantitative oder qualitative Feststellungen beziehen.

Anmerkung 2 zum Begriff: Leistung kann sich auf das Management (3.3.3) von Tätigkeiten (3.3.11), Prozessen (3.4.1), Produkten (3.7.6), Dienstleistungen (3.7.7), Systemen (3.5.1) oder Organisationen (3.2.1) beziehen.

3.5 2_EINKAUF

F_Beurteilung Auswahl und Leistungsüberwachung von externen Anbietern

EXTERNE ANBIETER (LIEFERANTEN)

Beurteilung, Auswahl und Leistungsüberwachung von externen Anbietern:
ZWECK Lieferantenoptimierung: 1. Systematische Überprüfung zum Erkennen von Verbesserungspotenzial. 2. Die **Informationen** für die **Leistungsüberwachung** werden durch die **Geschäftsführung** und die **Mitarbeiter** sowie durch das **EDV-System** zur Verfügung gestellt.

Kriterien für die Beurteilung, Auswahl und Leistungsüberwachung:					
Lieferant:	Termin:[1]	Qualität:			
Stahl-Mustermann GmbH	2	1			
Ergebnis:	zufriedenstellend		Hauptlieferant für Edelstahl		
Neubeurteilung der Kriterien am 07.01.2019, nächste Neubeurteilung im internen Audit am 30.03.2019					
Maßnahme:	16.11.2018, Telefonat über Termineinhaltung mit Frau Maier geführt. 22.11.2018, 30.11.2018, Liefertermineinhaltung nach Telefonat deutlich besser.				

Das Beispiel zeigt eine Bewertung des externen Anbieters.

Kriterien für die Beurteilung, Auswahl und Leistungsüberwachung:					
Lieferant:	Termin:	Qualität:			
Alu-Maier GmbH	2	2			
Ergebnis:	gut		Hauptlieferant für Aluminium		
Neubeurteilung der Kriterien im internen Audit am 30.03.2019					
Maßnahme:	Es sind keine Maßnahmen erforderlich.				

Das Beispiel zeigt eine Bewertung des externen Anbieters.

Kriterien für die Beurteilung, Auswahl und Leistungsüberwachung:					
Lieferant:	Termin:	Qualität:	?????:	?????:	?????:
?????	?	?	?	?	?
Ergebnis:	gut, zufriedenstellend, nicht zufriedenstellend		Hauptlieferant		
Neubeurteilung der Kriterien im internen Audit am XX.XX.XXXX					
Maßnahme:	Es sind keine Maßnahmen erforderlich.				

Kriterien für die Beurteilung, Auswahl und Leistungsüberwachung:					
Lieferant:	Termin:	Qualität:	?????:	?????:	?????:
?????	?	?	?	?	?
Ergebnis:	gut, zufriedenstellend, nicht zufriedenstellend		Hauptlieferant		
Neubeurteilung der Kriterien im internen Audit am XX.XX.XXXX					
Maßnahme:	Es sind keine Maßnahmen erforderlich.				

HINWEIS: Es müssen nur die Lieferanten beurteilt werden, wenn Fehler aufgetreten sind oder es sich um Hauptlieferanten handelt. Basis für die Auswahl der Hauptlieferanten sind die inhärenten Merkmale der Produkte und Dienstleistungen zur Erfüllung der Kundenanforderungen.

---

[1] Bewertung: Die Bewertung erfolgt nach Schulnoten von 1–3 oder A-, B-, C-Lieferant.
Dokumentierte Information aufbewahren: Bild 3.13_F_Beurteilung Auswahl und Leistungsüberwachung von externen Anbietern.doc
Freigegeben: Klaus Mustermann, Datum: 06.01.2019, Fertigungsunternehmen 2
Seite 1 von 1

BILD 3.13 Formular: F_Beurteilung Auswahl und Leistungsüberwachung von externen Anbietern (Word) als generelle Vorgehensweise

■ 3.6 3_ENTWICKLUNG

Der Funktionsbereich **3_ENTWICKLUNG** benötigt die Prozessabläufe:

- F_Entwicklung
- Ordner *Durchgeführte Entwicklungen*, in diesem Ordner können Sie, wenn Sie es für richtig halten, die durchgeführten Entwicklungen abspeichern.

3.6.1 Formular: F_Entwicklung als generelle Vorgehensweise

Mit diesem Formular wird die Entwicklung von konformen Dienstleistungen zur Fertigung von Produkten nach Kundenvorgabe durchgeführt (Bild 3.14).

Die DIN EN ISO 9001:2015 erwartet, dass ein **Entwicklungsprozess erarbeitet, umgesetzt und aufrechterhalten** wird, um die **anschließende Produktion oder Dienstleistungserbringung** sicherzustellen. Die DIN EN ISO 9001:2015 schreibt nicht vor, wie dieser *Entwicklungsprozess* aussehen soll. Es werden praktisch nur die Eckpunkte festgehalten, die bei einem sinnvollen Entwicklungsprozess zu beachten sind.

Eine Entwicklung als **nicht zutreffend** zu bezeichnen ist problematisch, da jede Organisation eine Entwicklung hat oder hatte. Es kann jedoch zutreffend sein, dass *im Moment* keine Entwicklung durchgeführt wird oder erforderlich ist.

Rückschluss 1: Wenn die Dienstleistung bereits vorhanden ist und unverändert bleibt, dann muss normalerweise **kein** Entwicklungsprozess durchgeführt werden.

Rückschluss 2: Wenn die Dienstleistung neu erstellt oder signifikant geändert wird, dann **muss ein** Entwicklungsprozess durchgeführt werden.

Nur, benötigt man dann einen komplexen Entwicklungsprozess? Dies kann an dieser Stelle nicht beantwortet werden, da dies vom Produkt oder von der Dienstleistung abhängig ist.

Das *Fertigungsunternehmen 2* führt *Dienstleistungen zur Fertigung von Produkten nach Kundenvorgabe* durch. Es ist somit ein **Dienstleister**. Wenn Sie sich dafür entscheiden, eine *neue Dienstleistung* anzubieten, z. B. *3-D-Druck für Kunden*, oder eine *Dienstleistung signifikant zu ändern*, dann führen Sie unterschiedliche Analysen durch und überlegen, was Sie alles berücksichtigen müssen und welche Chancen und Risiken bestehen. Dieser Grundgedanke wurde im Formular *F_Entwicklung* aufgegriffen, um Ihnen eine pragmatische Vorgehensweise zu ermöglichen.

Da die DIN EN ISO 9001:2015 nicht vorschreibt, wie dieser Entwicklungsprozess aussehen muss, wurde der Entwicklungsprozess in dem Formular *F_Entwicklung* zusammengefasst.

Die Reihenfolge der *Entwicklungsschritte* ist in diesem Formular festgelegt, geht also auch einfach. Damit wird der Entwicklungsprozess erarbeitet, umgesetzt und aufrechterhalten.

In der linken Spalte wurden die einzelnen *Prozessschritte*, z. B. *Ideenfindung*, mit dem Verweis auf die Normenkapitel der DIN EN ISO 9001:2015 dargestellt, z. B. *(8.3.2)*. In der rechten Spalte wurden die Grundgedanken aufgeführt, die zu Entwicklungen führen können. Die *blauen Texte* stellen eine *Sammlung* von möglichen Erfordernissen dar, die zu Entwicklungen führen können. Sie müssen das Formular im Entwicklungsfall an Ihre Organisation anpassen.

F_Entwicklung

Rückschluss 1: Wenn die Dienstleistung bereits vorhanden ist und <u>unverändert</u> bleibt, dann muss normalerweise <u>kein</u> Entwicklungsprozess durchgeführt werden.

Rückschluss 2: Wenn die Dienstleistung neu erstellt oder signifikant geändert wird, dann <u>muss ein</u> Entwicklungsprozess durchgeführt werden.

Begründung, warum keine Entwicklungstätigkeit durchgeführt werden muss	Zurzeit werden keine neuen Dienstleistungen durchgeführt. Daher ist zurzeit keine Entwicklungstätigkeit erforderlich.

Die nachfolgenden Schritte legen den Entwicklungsprozess fest.

Ideenfindung: (8.3.2)[1]	**Anlässe:** Hier den Text eintragen. **Zielgruppe:** Hier den Text eintragen. **Wettbewerber:** Hier den Text eintragen. **Kunden:** Hier den Text eintragen.
Ist die Dienstleistung bereits vorhanden oder muss sie geändert / angepasst werden? (8.3.3 / 8.3.6)	Hier den Text eintragen.
Dienstleistung: (8.3.2)	**Fertigung:** Reklamationen, entstandene Fehler, Maschinenausfall, Überwachungs- und Messmittel, Materialprobleme, Kapazitätsauslastung, Lieferfähigkeit, erhöhte Fertigungsmengen, Vorrichtungen, Produkterhaltung, neue oder leistungsfähigere Fertigungsmethoden der Wettbewerber, neue Fertigungsmaschinen, nicht erhaltene Kundenaufträge, Stornierung Kundenaufträge, keine Folgeaufträge, Kennzeichnung und Rückverfolgbarkeit, Transporthilfsmittel, Verpackungsmaterial, Versender, Kundenvorschriften, Kundenumverpackung, Füllmaterial **Prüfungen:** Erstkontrolle, Zwischenkontrolle, Inprozesskontrolle, Werkerselbstkontrolle, Endkontrolle, Schichtwechsel **Mitarbeiter der eigenen Organisation:** Anforderungen an die Qualifikation **Leihmitarbeiter:** Anforderungen an die Qualifikation, Zeitraum der Beschaffung **Gesetzliche und behördliche Anforderungen:** an Produkte und Dienstleistungen **Wettbewerber:** erhöhter Dienstleistungsumfang gegenüber den Kunden **Kunden:** Nachfragen der Kunden
Lieferanten: (8.3.2)	**Externe Bearbeitung:** Kapazitäten, Entfernung zum eigenen Unternehmen, Reklamationen, entstandene Fehler, Kostenübernahme, Produkterhaltung, Kundenvorschriften **Material:** Materialbeschaffung – Menge – Zeit – Qualität, Probleme in der Fertigung, neuer Lieferant, mehrere Lieferanten, Produkterhaltung, Kennzeichnung und Rückverfolgbarkeit, Betriebsmittel **Reklamationen:** Termin überschritten, falscher Artikel, falsche Mengen, fehlerhafte Artikel
Ressourcen: (8.3.2)	**Material:** Hier den Text eintragen. **Lieferanten:** Hier den Text eintragen. **Mitarbeiter der Organisation:** Hier den Text eintragen. **Leihmitarbeiter:** Hier den Text eintragen. **Produktionseinrichtungen:** Hier den Text eintragen. **Prüfungen:** Hier den Text eintragen. **Gesetzliche und behördliche Anforderungen:** Hier den Text eintragen. **Konsequenzen aus Fehlern:** Hier den Text eintragen. **Tätigkeiten nach der Lieferung:** Hier den Text eintragen. **Zeitraum bis zur Umsetzung des Entwicklungsprozesses:** Hier den Text eintragen.
Wurde der Auftrag bereits durchgeführt und muss der Auftrag geändert werden? (8.3.3 / 8.3.6)	Hier den Text eintragen.

---

[1] Die Zahlen in den Klammern, z. B. (8.3.2), (8.3.3), beziehen sich auf die Normenkapitel der DIN EN ISO 9001:2015.

Dokumentierte Information aufbewahren: Bild 3.14 F_Entwicklung.doc
Freigegeben: Klaus Mustermann, Datum: 06.01.2019, Fertigungsunternehmen 2

BILD 3.14 Formular: F_Entwicklung als generelle Vorgehensweise (Ausschnitt)

■ 3.7 4_FERTIGUNG

Der Funktionsbereich **4_FERTIGUNG** benötigt die Prozessabläufe:

- Fertigungsablauf
- Instandhaltung der Fertigungseinrichtungen
- Überwachungs- und Messmittel verwalten

3.7.1 FERTIGUNG: Fertigungsablauf

Mit diesem Prozessablauf wird der Fertigungsablauf von Kundenprodukten (Wiederhol- und Einmalteile) prozessorientiert beschrieben (Bild 3.15).

Der Fertigungsablauf ist für Kundenprodukte (Wiederhol- und Einmalteile) identisch.

An vorher definierten Punkten im Fertigungsablauf werden die benötigten Zwischen- und Endprüfungen durchgeführt.

Die Fertigungspapiere wie Laufkarten, Stücklisten oder Arbeitspläne sind **nicht** vorhanden. Entscheidend ist die Zeichnung des Kunden, da dort alle benötigten Daten vorhanden sind:

- Menge, Material, Maße, Oberfläche und Toleranzen.

Die Zeichnung des Kunden ist als Fertigungsauftrag oder Stückliste anzusehen, das CNC-PGM als Arbeitsplan mit Arbeitsgangreihenfolge.

In den Prozessablauf ist eine externe Bearbeitung integriert, da ein erhöhter logistischer Aufwand erforderlich ist.

Da die Fertigung mit modernen CNC-Fertigungsmaschinen durchgeführt wird, ist durch das CNC-PGM eine sehr hohe Wiederholgenauigkeit gegeben. Die Zeichnung kennzeichnet die Präzisionsteile während der Fertigung. Auf der Zeichnung werden die Ergebnisse eingetragen. Bei Kundenprodukten (Wiederhol- und Einmalteile) ist ein Abgleich mit der Zeichnung während der Fertigung zwingend.

Fehlerhafte Kundenprodukte (Wiederhol- und Einmalteile) werden aus dem Fertigungsablauf ausgesondert und gesperrt.

WECHSELWIRKUNG — Aus diesem Prozessablauf wird eventuell auf weitere Prozessabläufe verwiesen (Wechselwirkung). Eine detaillierte Beschreibung erfolgt in diesen Prozessabläufen.

KORREKTUREN, KORREKTURMASSNAHMEN, VERBESSERUNGSMASSNAHMEN — Es sind eventuell Korrekturen oder Korrekturmaßnahmen einzuleiten. Im Bedarfsfall ist das Formular *F_Maßnahmen* auszufüllen. In diesem Formular werden Korrektur, Korrekturmaßnahme und Verbesserungsmaßnahme zusammengefasst.

3.7 4_FERTIGUNG

FERTIGUNG: Fertigungsablauf

Tätigkeit / Prozessschritte (Abfolge-Eingaben-Ergebnisse) ↓	Füh-rung	Ver-trieb	Ein-kauf	La-ger	Ferti-gung	WE, Ver-sand	Externe Be-ar-bei-tung	Wechselwirkung, Checkliste (Wissen der Organisation), Kriterien, Verfahren, Ressourcen	Lenkung dokumentierter Information, Wissen der Organisation
STARTEREIGNIS: *Fertigungsablauf durchführen*									•
Kapazitätsplanung durchführen	X				X			**Prüfen:** Liefertermin, Kapazitätsauslastung der Fertigung, Mitarbeiter, Fertigungseinrichtung, Überwachungs- und Messmittel, Vorrichtungen, Werkzeuge, Liefertermin, Halbfertigprodukte, Rohmaterialien, externe Bearbeitung **Wechselwirkung:** • EINKAUF_Disposition_ Anfrage_Preisvergleich_ Bestellung • EINKAUF_Bestellung verfolgen • EINKAUF_Reklamation_ Falschlieferung	• Zeichnung • Fertigungsauftrag
Vom Kunden beigestellte Materialien und Unterlagen berücksichtigen				X		X		**Prüfen:** Vertraulichkeit der Zeichnung, Muster, Kundenmaterial, Lagerung, Rücksendung **Wechselwirkung:** • WARENEINGANG_ Wareneingang extern	• Zeichnung • Kundenlieferschein
Halbfertigprodukte, Rohmaterialien, Kundenmaterial vom Lager auslagern				X	X			**Prüfen:** Fertigungsauftrag, Halbfertigprodukte, Rohmaterialien, Kundenmaterial Anzahl, Beschädigung vermeiden, Transporthilfsmittel nutzen **Wechselwirkung:** • LAGER_Produkte einlagern_auslagern	• Fertigungsauftrag
Fertigungsauftrag der Maschine zuordnen					X			**Prüfen:** Zeichnung, Fertigungsauftrag, Halbfertigprodukte, Rohmaterialien, Kundenmaterial, Anzahl, Überwachungs- und Messmittel, Vorrichtung, Beschädigung vermeiden, Transporthilfsmittel nutzen. CNC-Programm, erstellen, zuordnen, ändern.	• Zeichnung • Fertigungsauftrag • CNC-Programm
Fertigungsauftrag Zwischenprüfung durchführen (die Zwischenprüfung erfolgt bei jedem Arbeitsgang als Werkerselbstprüfung)					X			**Prüfen:** Zeichnung, Fertigungsauftrag, Maße, Anzahl, Überwachungs- und Messmittel, Vorrichtung, Oberfläche, Ansicht, Beschädigung vermeiden, Transporthilfsmittel nutzen. Fehlerhafte Produkte sperren.	• Zeichnung • Fertigungsauftrag CNC-Programm • Sperrkarte
Nachfolgende Tätigkeiten erfolgen bei externer Bearbeitung.									•
Lieferschein bei externer Bearbeitung vom Einkauf erstellen lassen.			X		X			Der Lieferschein wird erstellt. **Wechselwirkung:** • EINKAUF_Disposition_ Anfrage_Preisvergleich_ Bestellung	• Fertigungsauftrag • Lieferschein

<u>Dokumentierte Information aufrechterhalten:</u> Bild 3.15 FERTIGUNG_Fertigungsablauf.doc
Freigegeben: Klaus Mustermann, Datum: 06.01.2019, Fertigungsunternehmen 2
Seite 1 von 2

BILD 3.15 FERTIGUNG: Fertigungsablauf (Ausschnitt)

3.7.2 FERTIGUNG: Instandhaltung der Fertigungseinrichtungen

Mit diesem Prozessablauf wird die Instandhaltung der Fertigungseinrichtungen prozessorientiert beschrieben (Bild 3.16).

Die Instandhaltung von Fertigungseinrichtungen benötigt die Prozessabläufe:

1. **Planung der Instandhaltung für Fertigungseinrichtungen, z. B. CNC-Maschinen.**

Die CNC-Maschinen sind wartungsfrei. Es ist lediglich die Anzeige im Display zu beachten. Die Zentralschmierung ermöglicht diese erweiterte Wartungsfreiheit.

Zu planen sind weiter die Ersatz- oder Verschleißteile. Hier wird wiederum die Flexibilität der Fertigungseinrichtungen nutzbar, die ein Ausweichen auf andere Maschinen zulässt. Je nach Art des Kühlmittels ist das Kühlmittel täglich mit einem Handrefraktometer zu messen. In diesem Fall wird jedoch Schleiföl genutzt.

Die Instandhaltungskriterien richten sich nach unterschiedlichen Gesichtspunkten:

- Zustand der Fertigungsmaschine,
- Genauigkeit des Endprodukts,
- Verfügbarkeit,
- Art der Verschleißteile,
- Kaufpreis der Maschine,
- Wartungsvorschriften der Hersteller.

2. **Planung der Instandhaltung für Hilfsaggregate.**

Für die Wartungsintervalle gelten die Vorschriften der Hersteller. Bei Pumpen wird z. B. keine Wartung durchgeführt, sondern nur bei Ausfall ein Austausch der Pumpe vorgenommen.

Sie müssen nun in Ihrer Organisation die Fertigungseinrichtungen nach der gewünschten Verfügbarkeit einschätzen und den Prozessablauf modifizieren.

WECHSELWIRKUNG Aus diesem Prozessablauf wird eventuell auf weitere Prozessabläufe verwiesen (Wechselwirkung). Eine detaillierte Beschreibung erfolgt in diesen Prozessabläufen.

KORREKTUREN, KORREKTURMASSNAHMEN, VERBESSERUNGSMASSNAHMEN Es sind eventuell Korrekturen oder Korrekturmaßnahmen einzuleiten. Im Bedarfsfall ist das Formular *F_Maßnahmen* auszufüllen. In diesem Formular werden Korrektur, Korrekturmaßnahme und Verbesserungsmaßnahme zusammengefasst.

3.7 4_FERTIGUNG

FERTIGUNG: Instandhaltung der Fertigungseinrichtungen

Tätigkeit / Prozessschritte (Abfolge-Eingaben-Ergebnisse)	Füh-rung	Ver-trieb	Ein-kauf	La-ger	Ferti-gung	WE, Ver-sand	Externe Be-ar-bei-tung	Wechselwirkung, Checkliste (Wissen der Organisation), Kriterien, Verfahren, Ressourcen	Lenkung dokumentierter Information, Wissen der Organisation
STARTEREIGNIS: Instandhaltung der Fertigungs-einrichtungen durchführen									•
Nachfolgende Tätigkeiten werden nur bei Fertigungsmaschinen durchgeführt.									•
Kriterien für Fertigungsmaschi-nen festlegen	X				X			**Prüfen:** Garantiezeit des Her-stellers, Wartungsvor-schriften, Kaufpreis der Maschine, Einfluss auf den Fertigungsablauf oder das Endprodukt, Zustand der Ferti-gungseinrichtung, Verfügbarkeit und benötigte Mindestan-zahl der Verschleißteile, eigene Wartung, Fremdwartung oder keine Wartung, evtl. Lieferanten festlegen	• Wartungsplan
Fertigungsmaschinen in War-tungsplan aufnehmen				X				**Prüfen:** eigene Wartung, Fremdwartung oder keine Wartung	• Wartungsplan
Nachfolgende Tätigkeiten werden nur bei Hilfsaggregaten durchge-führt.									•
Kriterien für Hilfsaggregate fest-legen	X				X			**Prüfen:** Garantiezeit des Her-stellers, Wartungsvor-schriften, Kaufpreis der Hilfsaggregate, Einfluss auf den Fertigungsab-lauf oder das Endpro-dukt, Zustand der Hilfs-aggregate, Verfügbar-keit und benötigte Mindestanzahl der Verschleißteile, eigene Wartung, Fremdwartung oder keine Wartung, evtl. Lieferanten festle-gen	• Wartungsplan
Hilfsaggregate in Wartungsplan aufnehmen				X				**Prüfen:** eigene Wartung, Fremdwartung oder keine Wartung	• Wartungsplan
									•
Wartungstermin für Fertigungs-maschinen oder Hilfsaggregate überwachen			X		X			**Prüfen:** Fremdwartung: Einkauf benachrichtigen, wenn Termin erreicht **Wechselwirkung:** • EINKAUF_Disposition_ Anfrage _Preisvergleich_ Bestellung Eigene Wartung: Ferti-gung benachrichtigen, wenn Termin erreicht	• Wartungsplan

Dokumentierte Information aufrechterhalten: Bild 3.16 FERTIGUNG_Instandhaltung der Fertigungseinrichtungen.doc
Freigegeben: Klaus Mustermann, Datum: 06.01.2019, Fertigungsunternehmen 2
Seite 1 von 2

BILD 3.16 FERTIGUNG: Instandhaltung der Fertigungseinrichtungen (Ausschnitt)

3.7.3 FERTIGUNG: Überwachungs- und Messmittel verwalten

Mit diesem Prozessablauf wird die Verwaltung von Überwachungs- und Messmitteln prozessorientiert beschrieben (Bild 3.17).

Je nach geforderter Präzision der Kundenprodukte sind die Überwachungs- und Messmittel schon kalibriert. Zunächst werden alle Überwachungs- und Messmittel nach vier Kriterien begutachtet:

1. Werden die Überwachungs- und Messmittel für die Prüfung der Serienprodukte und Sonderprodukte genutzt?
2. Ist die benötigte Genauigkeit vorhanden (im Normalfall trifft dies jetzt schon zu, sonst würden die Produkte vom Kunden nicht abgenommen)?
3. Sind die Überwachungs- und Messmittel zu kalibrieren, anderweitig noch nutzbar oder sollten sie entsorgt werden?
4. Können die Überwachungs- und Messmittel selbst verifiziert werden?

Die Kalibrierung stellt nur den Zustand der Überwachungs- und Messmittel fest. In vielen Fällen können die Überwachungs- und Messmittel nicht aufgearbeitet werden. Deshalb sollte man vorher überlegen, ob ein Neukauf preiswerter ist.

EINFACHE VERWALTUNG DER ÜBERWACHUNGS- UND MESSMITTEL

Der Prozessablauf zeigt den Ablauf der Überwachungs- und Messmittelverwaltung. Mit dem Kalibrierer kann eine erweiterte Vereinbarung getroffen werden. Der Kalibrierer übernimmt die Verwaltung der Überwachungs- und Messmittel, da er die Daten sowieso im EDV-System gespeichert hat. Dies erspart die Verwaltungsarbeit in der eigenen Organisation, wie z. B. das Erstellen der Überwachungs- und Messmittellisten, die Kontrolle des Datums usw. Die Organisation erhält vom Kalibrierer eine Sammelliste der Überwachungs- und Messmittel, um so jederzeit eine Übersicht über die vorhandenen Überwachungs- und Messmittel zu bekommen.

Das Kalibrierintervall wird von der Organisation mit dem Kalibrierer festgelegt. Dabei spielen Nutzungshäufigkeit und Genauigkeit der Prüfung eine weitere Rolle.

MITARBEITER ÜBERNEHMEN DIE VERANTWORTUNG

Wenn möglich, werden die Mitarbeiter festgelegt, die die Verantwortung für die Überwachungs- und Messmittel übernommen haben. Die Mitarbeiter bestätigen das mit ihrer Unterschrift.

Nach erfolgter Kalibrierung erhalten die Überwachungs- und Messmittel eine Plakette, die eine erfolgreiche Kalibrierung bestätigt.

Nach dieser Radikalkur gibt es nur noch zwei Arten von Überwachungs- und Messmitteln:

1. Überwachungs- und Messmittel, die zur Prüfung von Serienprodukten und Sonderprodukten genutzt werden dürfen (mit Plakette).
2. Überwachungs- und Messmittel, die zu einfacheren Messungen herangezogen werden, jedoch nicht zur Prüfung von Serienprodukten und Sonderprodukten (ohne Plakette).

Sollte bei Überwachungs- und Messmitteln unter Punkt 1 die Plakette verloren gehen, dann tritt automatisch Punkt 2 in Kraft.

WECHSELWIRKUNG

Aus diesem Prozessablauf wird eventuell auf weitere Prozessabläufe verwiesen (Wechselwirkung). Eine detaillierte Beschreibung erfolgt in diesen Prozessabläufen.

KORREKTUREN, KORREKTURMASSNAHMEN, VERBESSERUNGSMASSNAHMEN

Es sind eventuell Korrekturen oder Korrekturmaßnahmen einzuleiten. Im Bedarfsfall ist das Formular *F_Maßnahmen* auszufüllen. In diesem Formular werden Korrektur, Korrekturmaßnahme und Verbesserungsmaßnahme zusammengefasst.

FERTIGUNG: Überwachungs- und Messmittel verwalten

Tätigkeit / Prozessschritte (Abfolge-Eingaben-Ergebnisse)	Füh-rung	Ver-trieb	Ein-kauf	La-ger	Ferti-gung	WE, Ver-sand	Externe Bearbeitung	Wechselwirkung, Checkliste (Wissen der Organisation), Kriterien, Verfahren, Ressourcen	Lenkung dokumentierter Information, Wissen der Organisation
STARTEREIGNIS: Überwachungs- und Messmittel verwalten durchführen									•
Kriterien für Überwachungs- und Messmittel festlegen	X				X			**Prüfen:** Garantiezeit des Herstellers, Kalibriervorschriften, Kaufpreis der Überwachungs- und Messmittel, Einfluss auf den Fertigungsablauf oder das Endprodukt, Verfügbarkeit, eigene Kalibrierung, Fremdkalibrierung, eigene Verifizierung oder grundsätzlich Neukauf, evtl. Lieferanten festlegen **1. mit Plakette:** zur Prüfung von Kundenprodukten mit Einfluss auf die Produktqualität **2. ohne Plakette:** für sonstige Messungen	• Liste Überwachungsmittel, Messmittel
Überwachungs- und Messmittel in Überwachungs- und Messmittelliste aufnehmen					X			**Prüfen:** eigene Kalibrierung, Fremdkalibrierung, eigene Verifizierung oder grundsätzlich Neukauf	• Liste Überwachungsmittel, Messmittel
Kalibriertermine für Überwachungs- und Messmittel überwachen			X		X			**Prüfen:** Neukauf: Einkauf benachrichtigen, wenn Termin erreicht Fremdkalibrierung: Einkauf benachrichtigen, wenn Termin erreicht Wechselwirkung: • EINKAUF_Disposition_ Anfrage _Preisvergleich_ Bestellung Eigene Verifizierung: Fertigung benachrichtigen, wenn Termin erreicht	• Liste Überwachungsmittel, Messmittel
Nachfolgende Tätigkeiten werden nur bei eigener Verifizierung durchgeführt.									•
Verifizierung von Überwachungs- und Messmitteln durchführen					X			**Prüfen:** Die Verifizierung erfolgt mit dem kalibrierten Endmaßkasten Nr. 34. **1. mit Plakette:** zur Prüfung von Kundenprodukten mit Einfluss auf die Produktqualität **2. ohne Plakette:** für sonstige Messungen	• Liste Überwachungsmittel, Messmittel
									•

Dokumentierte Information aufrechterhalten: Bild 3.17 FERTIGUNG_Überwachungs- und Messmittel verwalten.doc
Freigegeben: Klaus Mustermann, Datum: 06.01.2019, Fertigungsunternehmen 2
Seite 1 von 2

BILD 3.17 FERTIGUNG: Überwachungs- und Messmittel verwalten (Ausschnitt)

3.7.3.1 Formular: F_Überwachungs- und Messmittel verwalten

Mit diesem Formular werden die Überwachungs- und Messmittel festgelegt, die die Organisation als notwendig eingestuft hat (Bild 3.18).

Das Formular ermöglicht die einfache Verwaltung von Überwachungs- und Messmitteln, wenn dies nicht durch den Kalibrierer durchgeführt werden soll. Es wird von ca. 30 Überwachungs- und Messmitteln ausgegangen.

Das Formular ist von einem verantwortlichen Mitarbeiter auszufüllen und auf dem aktuellen Stand zu halten.

1. Die Seriennummer oder eine sonstige vorhandene Nummer ist hier einzutragen.
2. Das Überwachungs- oder Messmittel muss eindeutig identifizierbar sein, dies ist besonders wichtig, wenn vom gleichen Typ mehrere Überwachungs- und Messmittel vorhanden sind.
3. Die Funktionseinheit und der verantwortliche Mitarbeiter, der das Überwachungs- oder Messmittel nutzt, sind hier einzutragen. Der Mitarbeiter kann unterschreiben, dass er das Überwachungs- oder Messmittel erhalten hat oder dafür verantwortlich ist.
4. Hier muss vermerkt werden, ob die Überwachungs- und Messmittel *kalibriert* oder *verifiziert* werden *(kalibriert = extern, verifiziert = intern)*.
5. Der nächste Termin muss festgelegt werden.
6. Das Anschaffungsjahr ist hier einzutragen.
7. Das Aussonderungsjahr ist hier einzutragen.
8. Unter *Bemerkungen* können alle zu den Überwachungs- und Messmitteln notwendigen Hinweise vermerkt werden.

VERANTWORTUNG DER MITARBEITER

Die Zuordnung des Mitarbeiters (Punkt 3) wirkt oft Wunder, da die Verantwortung festgelegt wird. In festgelegten Abständen, z. B. alle vier Wochen, muss der Mitarbeiter *sein* Überwachungs- oder Messmittel dem Vorgesetzten zeigen. Diese Vorgehensweise hat sich als sehr nützlich herausgestellt, wenn angeblich keiner das Überwachungs- oder Messmittel beschädigt oder verloren hat.

F_Überwachungs- und Messmittel verwalten

Nr. ①	Überwachungsmittel, Messmittel ②	Abteilung ③	Verantwortung Mitarbeiter ③	Kalibrieren, verifizieren ④	Nächster Termin ⑤	Anschaffung Jahr ⑥	Aussonderung Jahr ⑦	Bemerkungen ⑧
01	Bügelmessschr. 0–25 mm	Fräsen	Schulz	**Kalibrieren**	15.03.2019	2015		• **Kalibrieren** = Fremdkalibrierung • **Verifizieren** = eigene Verifizierung durch den Service • Die **Fremdkalibrierung** erfolgt bei Meier & Schulze. • Neue Überwachungs- und Messmittel werden bei Meier & Schulze beschafft. • Die **Verifizierung** von Überwachungs- und Messmitteln mit Plakette erfolgt mit dem kalibrierten Endmaßkasten. • **Mit Plakette** • Messprotokoll Nr. 23486, 12.03.2017 • **Ohne Plakette** • **Mit Plakette** • Die Verifizierung erfolgt vor jeder Messung. • Neukauf, wenn nicht mehr im Toleranzbereich • **Mit Plakette** • Messprotokoll Nr. 23487, 13.03.2015 • Der Endmaßkasten darf nur zur Verifizierung von Überwachungs- und Messmitteln genutzt werden. • **Mit Plakette** • Das Messmittel ist Eigentum des Kunden. • Das Messmittel ist Eigentum des externen Anbieters (Lieferanten). • • • • • •
02	Bügelmessschr. 25–50 mm	Fräsen	Schulz	Verifizieren	15.03.2019	2015		
23	Messschieber 150 mm	Fräsen	Schulz	Verifizieren	Vor jeder Messung durch Mitarbeiter	2013 Garantie 2 Jahre		
34	**Endmaßkasten Mauser Gen. 1**	Qualitätssicherung	Günther	**Kalibrieren**	15.03.2022	2015		
22	Zählwaage	Wareneingang / Versand		**Kalibrieren / eichen**	????	????		
Ausgeliehene Messmittel	Messschieber 300 mm	Fräsen	Schulz	Verifizieren	Vor jeder Messung durch Mitarbeiter	-------	-------	

Dokumentierte Information aufrechterhalten: Bild 3.18 F_Liste_Überwachungsmittel_Messmittel.doc
Freigegeben: Klaus Mustermann, Datum: 06.01.2019, Fertigungsunternehmen 2

BILD 3.18 Formular: F_Überwachungs- und Messmittel verwalten

3.8 5_WARENEINGANG/LAGER/VERSAND

Für den Funktionsbereich **5_WARENEINGANG/LAGER/VERSAND** werden folgende Prozessabläufe benötigt:

- Wareneingang extern
- Wareneingang aus Fertigung
- Produkte einlagern oder auslagern
- Produkte versenden
- Inventur

3.8.1 WARENEINGANG: Wareneingang extern

Mit diesem Prozessablauf wird der externe Wareneingang prozessorientiert beschrieben (Bild 3.19).

Im Wareneingang werden unterschiedliche Produkte angeliefert und müssen gelenkt werden:

- Halbfertigprodukte, Rohmaterial, das zur Fertigung benötigt wird,
- Ersatzteile, Hilfs- und Betriebsstoffe, Verschleißteile, Überwachungs- und Messmittel,
- Kunden- und Lieferantenreklamation,
- Kundenmaterial,
- externe Bearbeitung.

Eine Kennzeichnung von Halbfertigprodukten oder Rohmaterialien wird durch den Lieferanten durchgeführt und ist eindeutig. Eine eigene Kennzeichnung entfällt.

WECHSELWIRKUNG — Aus diesem Prozessablauf wird eventuell auf weitere Prozessabläufe verwiesen (Wechselwirkung). Eine detaillierte Beschreibung erfolgt in diesen Prozessabläufen.

KORREKTUREN, KORREKTURMASSNAHMEN, VERBESSERUNGSMASSNAHMEN — Es sind eventuell Korrekturen oder Korrekturmaßnahmen einzuleiten. Im Bedarfsfall ist das Formular *F_Maßnahmen* auszufüllen. In diesem Formular werden Korrektur, Korrekturmaßnahme und Verbesserungsmaßnahme zusammengefasst.

3.8 5_WARENEINGANG/LAGER/VERSAND

WARENEINGANG: Wareneingang extern

Tätigkeit / Prozessschritte (Abfolge-Eingaben-Ergebnisse)	Führung	Vertrieb	Einkauf	Lager	Fertigung	WE, Versand	Externe Bearbeitung	Wechselwirkung, Checkliste (Wissen der Organisation), Kriterien, Verfahren, Ressourcen	Lenkung dokumentierter Information, Wissen der Organisation
STARTEREIGNIS: Wareneingang extern durchführen									•
Sichtprüfung der Verpackung durchführen						X		**Prüfen:** Beschädigung, Anzahl oder Transporteinheiten, Lieferadresse	•
Lieferschein und Bestellung mit gelieferten Produkten vergleichen, evtl. Maßprüfung, Oberflächenprüfung durchführen						X		**Prüfen:** Beschädigung, Anzahl, Artikel, evtl. Maßprüfung, Oberflächenprüfung	• Lieferschein • Bestellung
Nachfolgende Tätigkeiten erfolgen bei Halbfertigprodukten, Rohmaterialien.									•
Lieferschein (Lieferant) Produkte als geliefert melden (Halbfertigprodukt, Rohmaterial)		(X)				X		**Prüfen:** Lagerort: Neuer Lagerplatz oder bestehender Lagerplatz wird lt. EDV-System zugeordnet.	• Lieferschein (Lieferant) • Einlagerungsschein
Produkte nach Vorgabe kennzeichnen (Halbfertigprodukt, Rohmaterial)						X		**Prüfen:** • nicht kennzeichnen (Hinweis im EDV-System), • nach Katalog kennzeichnen (Hinweis im EDV-System), • nach Kundenvorschrift kennzeichnen (Hinweis auf Lieferschein) Beschädigung vermeiden, Transporthilfsmittel nutzen	• Lieferschein (Kunde)
Produkte nach Vorgabe konservieren oder verpacken (Halbfertigprodukt, Rohmaterial)						X		**Prüfen:** • nicht konservieren, nicht verpacken (Hinweis im EDV-System), • nach eigenen Vorschriften konservieren, verpacken (Hinweis im EDV-System), • nach Kundenvorschrift konservieren, verpacken (Hinweis auf Lieferschein) Beschädigung vermeiden, Transporthilfsmittel nutzen	• Lieferschein (Kunde)
Produkte ans Lager übergeben (Halbfertigprodukt, Rohmaterial)				X		X		**Wechselwirkung:** • LAGER_Produkte einlagern_auslagern	•
Nachfolgende Tätigkeiten erfolgen bei externer Bearbeitung.									•
Auftrag heraussuchen und Fertigung benachrichtigen				X	X		X	**Wechselwirkung:** • FERTIGUNG_Fertigungsablauf	•
Nachfolgende Tätigkeiten erfolgen bei vom Kunden beigestellten Materialien.									•
Produkte nach Vorgabe kennzeichnen (Kundenmaterial)						X		**Prüfen:** Die Kennzeichnung erfolgt durch den Lieferschein des Kunden. Beschädigung vermeiden, Transporthilfsmittel nutzen	• Lieferschein (Kunde)

Dokumentierte Information aufrechterhalten: Bild 3.19 WARENEINGANG_Wareneingang extern.doc
Freigegeben: Klaus Mustermann, Datum: 06.01.2019, Fertigungsunternehmen 2
Seite 1 von 2

BILD 3.19 WARENEINGANG: Wareneingang extern (Ausschnitt)

3.8.2 WARENEINGANG: Wareneingang aus Fertigung

Mit diesem Prozessablauf wird der Wareneingang aus Fertigung prozessorientiert beschrieben (Bild 3.20).

Der Wareneingang ist auch für Kundenprodukte (Wiederhol- und Einmalteile) zuständig.

Im Wareneingang erfolgt nur eine Sichtprüfung auf Übereinstimmung von Menge und Produkt mit dem Wareneingangsschein. Die Kundenprodukte (Wiederhol- und Einmalteile) werden direkt einem Kundenauftrag zugeordnet, die restlichen Kundenprodukte (Wiederholteile) werden eingelagert.

Die Ware wird gekennzeichnet, verteilt, verpackt, konserviert, eingelagert oder dem Kunden gesandt.

Die Kennzeichnung wird nach folgenden Kriterien durchgeführt:

- nicht kennzeichnen,
- nach Kundenvorschrift kennzeichnen.

Wenn eine Kennzeichnung nicht direkt auf den Produkten durchgeführt wird, dann ist der Lagerplatz entsprechend beschriftet.

WECHSELWIRKUNG Aus diesem Prozessablauf wird eventuell auf weitere Prozessabläufe verwiesen (Wechselwirkung). Eine detaillierte Beschreibung erfolgt in diesen Prozessabläufen.

KORREKTUREN, KORREKTURMASSNAHMEN, VERBESSERUNGSMASSNAHMEN Es sind eventuell Korrekturen oder Korrekturmaßnahmen einzuleiten. Im Bedarfsfall ist das Formular *F_Maßnahmen* auszufüllen. In diesem Formular werden Korrektur, Korrekturmaßnahme und Verbesserungsmaßnahme zusammengefasst.

3.8 5_WARENEINGANG/LAGER/VERSAND

WARENEINGANG: Wareneingang aus Fertigung

Tätigkeit / Prozessschritte (Abfolge-Eingaben-Ergebnisse)	Füh-rung	Ver-trieb	Ein-kauf	La-ger	Ferti-gung	WE, Ver-sand	Externe Bear-beitung	Wechselwirkung, Checkliste (Wissen der Organisation), Kriterien, Verfahren, Ressourcen	Lenkung dokumentierter Information, Wissen der Organisation
STARTEREIGNIS: *Wareneingang aus Fertigung durchführen*									•
Wareneingangsschein mit gelieferten Produkten vergleichen (Kundenprodukte)					X	X		**Prüfen:** Beschädigung, Anzahl, Artikel, Mitteilung an Einkauf **Wechselwirkung:** • FERTIGUNG_ Fertigungsablauf	• Wareneingangs-schein
Produkte auf Kundenaufträge verteilen (Kundenprodukte)		(X)				X		**Prüfen:** Kundenprodukte auf Kundenaufträge verteilen, Lieferschein, restliche Kundenprodukte einlagern	• Lieferschein
Produkte nach Vorgabe kennzeichnen (Kundenprodukte)						X		**Prüfen:** • nicht kennzeichnen (Hinweis im EDV-System) • nach Kundenvorschrift kennzeichnen (Hinweis auf Lieferschein) Beschädigung vermeiden, Transporthilfsmittel nutzen	• Einlagerungsschein • Lieferschein
Produkte nach Vorgabe konservieren und / oder verpacken (Kundenprodukte)						X		**Prüfen:** • nicht konservieren, nicht verpacken (Hinweis im EDV-System) • nach eigenen Vorschriften konservieren, verpacken (Hinweis im EDV-System) • nach Kundenvorschrift konservieren, verpacken (Hinweis auf Lieferschein) Beschädigung vermeiden, Transporthilfsmittel nutzen	• Einlagerungsschein • Lieferschein
Auf Kundenaufträge verteilte Produkte versenden (Kundenprodukte)						X		**Wechselwirkung:** • VERSAND_Produkte versenden	•
								Kundenprodukt: Wiederholteile, die ans Lager gelegt werden können	•
Produkte ans Lager übergeben (Kundenprodukte)				X		X		**Wechselwirkung:** • LAGER_Produkte einlagern_auslagern	•
ENDEREIGNIS: *Wareneingang aus Fertigung durchgeführt*									•
Nachfolgende Tätigkeiten werden nur bei Bedarf durchgeführt.									•
Korrekturmaßnahmen durchführen		X		X	X	X		**Wechselwirkung:** • QM: Nichtkonformität und Korrekturmaßnahmen	•
Bewertung des Prozesses:	**Methode:** Rückmeldungen von Personal, internes Audit									
Fortlaufende Verbesserung:	**Methode:** Rückmeldungen von Fertigung, Lager **Informationen Risiken und Chancen:** Fertigungsauftrag, Hinweise für Kennzeichnung, Konservierung, Verpacken									

Dokumentierte Information aufrechterhalten: Bild 3.20 WARENEINGANG_Wareneingang aus Fertigung.doc
Freigegeben: Klaus Mustermann, Datum: 06.01.2019, Fertigungsunternehmen 2

BILD 3.20 WARENEINGANG: Wareneingang aus Fertigung (Ausschnitt)

3.8.3 LAGER: Produkte einlagern oder auslagern

Mit diesem Prozessablauf wird die Einlagerung oder Auslagerung der Produkte aus dem Lager prozessorientiert beschrieben (Bild 3.21).

Die Ware wird im Rohmateriallager, dem Endproduktlager oder im Sperrlager eingelagert oder ausgelagert.

Dazu zählen folgende Produkte:

- Halbfertigprodukte, Rohmaterial,
- Kundenprodukte (Wiederholteile),
- Kunden- und Lieferantenreklamation.

Die Ware wird eventuell konserviert und einem bestimmten Lagerplatz zugeordnet. Die Einlagerung erfolgt nach FIFO *(First in, First out)*, ebenso die Auslagerung.

WECHSELWIRKUNG Aus diesem Prozessablauf wird eventuell auf weitere Prozessabläufe verwiesen (Wechselwirkung). Eine detaillierte Beschreibung erfolgt in diesen Prozessabläufen.

KORREKTUREN, KORREKTURMASSNAHMEN, VERBESSERUNGSMASSNAHMEN Es sind eventuell Korrekturen oder Korrekturmaßnahmen einzuleiten. Im Bedarfsfall ist das Formular *F_Maßnahmen* auszufüllen. In diesem Formular werden Korrektur, Korrekturmaßnahme und Verbesserungsmaßnahme zusammengefasst.

3.8 5_WARENEINGANG/LAGER/VERSAND

LAGER: Produkte einlagern oder auslagern

Tätigkeit / Prozessschritte (Abfolge-Eingaben-Ergebnisse) ↓	Füh-rung	Ver-trieb	Ein-kauf	La-ger	Ferti-gung	WE, Ver-sand	Externe Bearbeitung	Wechselwirkung, Checkliste (Wissen der Organisation), Kriterien, Verfahren, Ressourcen	Lenkung dokumentierter Information, Wissen der Organisation
STARTEREIGNIS: Produkte einlagern oder auslagern durchführen									•
Nachfolgende Tätigkeiten erfolgen bei der _Einlagerung_ von Halbfertigprodukten, Rohmaterialien, Kundeneigentum.									•
Produkte einlagern				X		X		**Wechselwirkung:** • WARENEINGANG_ Wareneingang extern • VERTRIEB_Reklamation **Prüfen:** **Lagerort Halbfertigprodukte:** neuer Lagerplatz oder bestehender Lagerplatz, Einlagerung nach FIFO, Beschädigung vermeiden, Transporthilfsmittel nutzen **Lagerort Rohmaterial:** neuer Lagerplatz oder bestehender Lagerplatz, Einlagerung nach FIFO, Beschädigung vermeiden, Transporthilfsmittel nutzen **Lagerort Kundenmaterial:** Kundeneigentum neuer Lagerplatz oder bestehender Lagerplatz, Einlagerung nach FIFO, Beschädigung vermeiden, Transporthilfsmittel nutzen	• Einlagerungsschein
Nachfolgende Tätigkeiten erfolgen bei der _Einlagerung_ von Kundenprodukten aus der Fertigung.								**Kundenprodukt:** Wiederholteile, die ins Lager gelegt werden können	•
Produkte einlagern				X		X		**Wechselwirkung:** • WARENEINGANG_ Wareneingang aus Fertigung • VERTRIEB_Reklamation **Prüfen:** **Lagerort Kundenprodukte:** neuer Lagerplatz oder bestehender Lagerplatz, Einlagerung nach FIFO, Beschädigung vermeiden, Transporthilfsmittel nutzen	• Einlagerungsschein
									•

BILD 3.21 LAGER: Produkte einlagern oder auslagern (Ausschnitt)

3.8.4 VERSAND: Produkte versenden

Mit diesem Prozessablauf wird der Versand der Produkte prozessorientiert beschrieben (Bild 3.22).

Der Versand verschickt unterschiedliche Produkte mit Versender, Bahn, Spediteur usw.

Dazu zählen folgende Produkte:

- Kundenprodukte (Wiederhol- und Einmalteile),
- Kunden- und Lieferantenreklamation,
- externe Bearbeitung.

Es erfolgt nur eine Sichtprüfung, um die unterschiedlichen Produkte dem jeweiligen Empfänger korrekt zuzuordnen.

Die Ware wird gekennzeichnet, verpackt und versandfertig vorbereitet.

WECHSELWIRKUNG Aus diesem Prozessablauf wird eventuell auf weitere Prozessabläufe verwiesen (Wechselwirkung). Eine detaillierte Beschreibung erfolgt in diesen Prozessabläufen.

KORREKTUREN, KORREKTURMASSNAHMEN, VERBESSERUNGSMASSNAHMEN Es sind eventuell Korrekturen oder Korrekturmaßnahmen einzuleiten. Im Bedarfsfall ist das Formular *F_Maßnahmen* auszufüllen. In diesem Formular werden Korrektur, Korrekturmaßnahme und Verbesserungsmaßnahme zusammengefasst.

3.8 5_WARENEINGANG/LAGER/VERSAND

VERSAND: Produkte versenden

Tätigkeit / Prozessschritte (Abfolge-Eingaben-Ergebnisse) ↓	Füh-rung	Ver-trieb	Ein-kauf	La-ger	Ferti-gung	WE, Ver-sand	Externe Be-arbei-tung	Wechselwirkung, Checkliste (Wissen der Organisation), Kriterien, Verfahren, Ressourcen	Lenkung dokumentierter Information, Wissen der Organisation
STARTEREIGNIS: *Produkte versenden*									•
Nachfolgende Tätigkeiten erfolgen beim Versand von Kundenprodukten.								**Kundenprodukt:** Wiederholteile, die ans Lager gelegt werden können.	•
Produkte aus dem Lager zum Versand erhalten				X		X		**Wechselwirkung:** • LAGER_Produkte einlagern_auslagern	•
Produkte aus dem Wareneingang zum Versand erhalten (Fertigung)						X		**Wechselwirkung:** • WARENEINGANG_Wareneingang aus Fertigung	•
Produkte mit Lieferschein vergleichen						X		**Prüfen:** Anzahl, Artikel-Nr., Lieferadresse, Beschädigung	• Lieferschein
Produkte versandfertig verpacken						X		**Prüfen:** Karton, Kiste, Kundenwunsch, Kundenverpackung, Füllmaterial, Empfindlichkeit für Beschädigungen berücksichtigen, Gefahrensymbole	• Lieferschein
Versender wählen						X		**Prüfen:** Länge, Breite, Höhe, Gewicht, Versandart, Kundenwunsch, Empfindlichkeit für Beschädigungen berücksichtigen, Gefahrensymbole	• Lieferschein
Versandbelege erstellen und buchen						X		**Prüfen:** Versender hat eigene Vordrucke, Standardvordrucke. Versand im EDV-System buchen	• Lieferschein • Versandbelege
Versandbelege abheften						X		**Prüfen:** Versandbelege archivieren	• Lieferschein • Versandbelege
Nachfolgende Tätigkeiten erfolgen: • *bei Rücksendung von vom Kunden beigestellten Materialien und Unterlagen,* • *bei abgelehnter Kundenreklamation.*									•
Produkte mit Lieferschein vergleichen		X				X		**Prüfen:** Anzahl, Artikel-Nr., Lieferadresse, Beschädigung **Wechselwirkung:** • VERTRIEB_Auftrag_ändern_stornieren • VERTRIEB_Reklamation	• Lieferschein
Produkte versandfertig verpacken						X		**Prüfen:** Karton, Kiste, Kundenwunsch, Kundenverpackung, Füllmaterial, Empfindlichkeit für Beschädigungen berücksichtigen, Gefahrensymbole	• Lieferschein
Versender wählen						X		**Prüfen:** Länge, Breite, Höhe, Gewicht, Versandart, Kundenwunsch, Empfindlichkeit für Beschädigungen berücksichtigen	• Lieferschein

Dokumentierte Information aufrechterhalten: Bild 3.22 VERSAND_Produkte versenden.doc
Freigegeben: Klaus Mustermann, Datum: 06.01.2019, Fertigungsunternehmen 2

BILD 3.22 VERSAND: Produkte versenden (Ausschnitt)

3.8.5 LAGER: Inventur

Mit diesem Prozessablauf wird die permanente Inventur prozessorientiert beschrieben (Bild 3.23).

Die Jahresinventur dient gleichzeitig der Produktbeurteilung nach folgenden Kriterien:

- Lagerhüter,
- zu große Materialmengen,
- zu viele Materialmengen,
- zu viele Endstücke,
- Beschädigung an den Produkten.
- korrekter Lagerort/Lagerplatz.

Die Produkte werden durch Sichtprüfung beurteilt. Die Inventurlisten werden durch ein EDV-Programm erstellt und mit dem Bestand abgeglichen.

WECHSELWIRKUNG Aus diesem Prozessablauf wird eventuell auf weitere Prozessabläufe verwiesen (Wechselwirkung). Eine detaillierte Beschreibung erfolgt in diesen Prozessabläufen.

KORREKTUREN, KORREKTURMASSNAHMEN, VERBESSERUNGSMASSNAHMEN Es sind eventuell Korrekturen oder Korrekturmaßnahmen einzuleiten. Im Bedarfsfall ist das Formular *F_Maßnahmen* auszufüllen. In diesem Formular werden Korrektur, Korrekturmaßnahme und Verbesserungsmaßnahme zusammengefasst.

3.8 5_WARENEINGANG/LAGER/VERSAND

LAGER: Inventur

Tätigkeit / Prozessschritte (Abfolge-Eingaben-Ergebnisse)	Führung	Vertrieb	Einkauf	Lager	Fertigung	WE, Versand	Externe Bearbeitung	Wechselwirkung, Checkliste (Wissen der Organisation), Kriterien, Verfahren, Ressourcen	Lenkung dokumentierter Information, Wissen der Organisation
STARTEREIGNIS: Inventur durchführen									•
Nachfolgende Tätigkeiten erfolgen bei der Inventur von Kundenprodukten, Kundeneigentum.								**Kundenprodukt:** Wiederholteile, die ans Lager gelegt werden können	•
Lagerliste ausdrucken	(X)		X					**Prüfen:** nach Lagerort: Kundenprodukte, Kundeneigentum ausdrucken	• Inventurliste
Inventur durchführen	(X)		X	X				**Prüfen:** Es darf während der Inventur keine physische Bewegung der Produkte erfolgen. Produkterhaltung überprüfen (Sichtkontrolle)	• Inventurliste
Bestandskorrekturen durchführen	(X)		X					**Prüfen:** Die Bestandskorrektur ist im EDV-System zu begründen.	• Inventurliste
Inventur bewerten	(X)		X					**Prüfen:** Die Bewertung der Inventur muss kurzfristig erfolgen. Es erfolgt eine Mengen- und Preisbewertung mit dem EDV-System.	• Inventurliste
Nachfolgende Tätigkeiten erfolgen bei der Inventur von Halbfertigprodukten, Rohmaterialien.									•
Lagerliste ausdrucken	(X)		X		X			**Prüfen:** nach Lagerort: Halbfertigprodukt (in Fertigung befindlich), Rohmaterial, ausdrucken	• Inventurliste
Inventur durchführen	(X)		X	X	X			**Prüfen:** Es darf während der Inventur keine physische Bewegung der Produkte erfolgen. Produkterhaltung überprüfen (Sichtkontrolle)	• Inventurliste
Bestandskorrekturen durchführen	(X)		X		X			**Prüfen:** Die Bestandskorrektur ist im EDV-System zu begründen.	• Inventurliste
Inventur bewerten	(X)		X		X			**Prüfen:** Die Bewertung der Inventur muss kurzfristig erfolgen. Es erfolgt eine Mengen- und Preisbewertung mit dem EDV-System.	• Inventurliste
ENDEREIGNIS: Inventur durchgeführt									•
									•
Nachfolgende Tätigkeiten werden nur bei Bedarf durchgeführt.									•
Korrekturmaßnahmen durchführen	X		X	X	X			**Wechselwirkung:** • QM: Nichtkonformität und Korrekturmaßnahmen	•

Bewertung des Prozesses:	**Methode:** Rückmeldungen von Personal, internes Audit
Fortlaufende Verbesserung:	**Methode:** Rückmeldungen von Lager, Einkauf, Fertigung **Informationen Risiken und Chancen:** Produkterhaltung, Kennzeichnung und Rückverfolgbarkeit, Mengendifferenzen

Dokumentierte Information aufrechterhalten: Bild 3.23 LAGER_Inventur.doc
Freigegeben: Klaus Mustermann, Datum: 06.01.2019, Fertigungsunternehmen 2
Seite 1 von 1

BILD 3.23 LAGER: Inventur

3.9 7_VERANTWORTUNG DER OBERSTEN LEITUNG UND ORGANISATION

Für den Funktionsbereich **7_Verantwortung der obersten Leitung und Organisation** werden folgende Prozessabläufe benötigt:

- Oberste Leitung und Organisation
- Ordner *Jährlich durchzuführende Tätigkeiten*, in diesem Ordner werden die jährlich durchzuführenden Tätigkeiten zusammengefasst.

Die DIN EN ISO 9001:2015 teilt die Verantwortung für das Qualitätsmanagementsystem in *oberste Leitung* und *Organisation* auf.

ISO 9000:2015 AUSZUG AUS DER NORM

Begriff: oberste Leitung (3.1.1) = *Person oder Personengruppe, die eine Organisation (3.2.1) auf der obersten Ebene führt und steuert.*

Begriff: Organisation (3.2.1) = *Person oder Personengruppe, die eigene Funktionen mit Verantwortlichkeiten, Befugnissen und Beziehungen hat, um ihre Ziele (3.7.1) zu erreichen.*

In der DIN EN ISO 9001:2015 gibt es somit nur noch die *oberste Leitung (3.1.1)* und die *Organisation (3.2.1)*.

Weitere Hinweise zu den **Begriffen** *oberste Leitung* und *Organisation* finden Sie in diesem Buch unter **Kapitel 1.3.2**.

OBERSTE LEITUNG UND ORGANISATION

Die DIN EN ISO 9001:2015 überträgt die Verantwortung an die:

oberste Leitung = Geschäftsführung,

Organisation = Führungskräfte wie Vertriebsleitung, Einkaufsleitung, Betriebsleitung, Versandleitung, QS-Leitung, Entwicklungsleitung.

In kleineren Organisationen wären folgende Verantwortungen möglich:

oberste Leitung = Geschäftsführung,

Organisation = Mitarbeiter, die für bestimmte Bereiche in der Organisation verantwortlich sind.

3.9.1 QM: Oberste Leitung und Organisation

Mit diesem Prozessablauf wird die *Verantwortung der obersten Leitung* **und** der *Organisation* prozessorientiert beschrieben (Bild 3.24).

WAS MUSS DIE OBERSTE LEITUNG DENN ALLES DURCHFÜHREN?

Die oberste Leitung **muss** in Bezug auf das Qualitätsmanagementsystem Führung und Verpflichtung zeigen.

Im **Inhaltsverzeichnis** wird dies deutlich. Hier erkennt man die Zuordnung der **Verantwortung** an die *oberste Leitung* und an die *Organisation*.

QM: Oberste Leitung und Organisation

Tätigkeit / Prozessschritte (Abfolge-Eingaben-Ergebnisse)	Führung	Organisation: Vertrieb Einkauf, Entwicklung, Fertigung, WE, Lager, Versand	Wechselwirkung, Checkliste (Wissen der Organisation), Kriterien, Verfahren, Ressourcen	Lenkung dokumentierter Information, Wissen der Organisation

OBERSTE LEITUNG = Geschäftsführung 2
Normenkapitel 5.1.1 *Allgemeines* 2
Normenkapitel 5.1.2 *Kundenorientierung* 3
Normenkapitel 5.2.1 *Festlegung der Qualitätspolitik* 3
Normenkapitel 5.2.2 *Bekanntmachung der Qualitätspolitik* 3
Normenkapitel 5.3 *Rollen, Verantwortlichkeiten und Befugnisse in der Organisation* 4
Normenkapitel 9.3.1, 9.3.2, 9.3.3 *Managementbewertung* 4
ORGANISATION = Führungskräfte / Mitarbeiter mit eigener Verantwortung für bestimmte Bereiche 5
Normenkapitel 4.1 *Verstehen der Organisation und ihres Kontextes* 5
Normenkapitel 4.2 *Verstehen der Erfordernisse und Erwartungen interessierter Parteien* 5
Normenkapitel 4.3 *Festlegen des Anwendungsbereichs des Qualitätsmanagementsystems* 5
Normenkapitel 4.4 *Qualitätsmanagementsystem und seine Prozesse* 6
Normenkapitel 6.1 *Maßnahmen zum Umgang mit Risiken und Chancen* 7
Normenkapitel 6.2 *Qualitätsziele* 7
Normenkapitel 6.3 *Planung von Änderungen* 7
Normenkapitel 7.1.1 *Ressourcen Allgemeines* 8
Normenkapitel 7.1.2 *Personen* 8
Normenkapitel 7.1.3 *Infrastruktur* 8
Normenkapitel 7.1.4 *Prozessumgebung* 8
Normenkapitel 7.1.5.1 *Ressourcen zur Überwachung und Messung* 8
Normenkapitel 7.1.5.2 *Messtechnische Rückführbarkeit* 9
Normenkapitel 7.1.6 *Wissen der Organisation* 9
Normenkapitel 7.2 *Kompetenz* 9
Normenkapitel 7.3 *Bewusstsein* 9
Normenkapitel 7.4 *Kommunikation* 9
Normenkapitel 7.5.1 *Dokumentierte Information* 10
Normenkapitel 7.5.2 *Erstellen und Aktualisieren* 10
Normenkapitel 7.5.3 *Lenkung dokumentierter Information* 10
Normenkapitel 8.1 *Betriebliche Planung und Steuerung* 11
Normenkapitel 8.2.1 *Kommunikation mit dem Kunden* 11
Normenkapitel 8.2.2 *Bestimmen von Anforderungen für Produkte und Dienstleistungen* 11
Normenkapitel 8.2.3 *Überprüfung der Anforderungen für Produkte und Dienstleistungen* 12
Normenkapitel 8.2.4 *Änderungen von Anforderungen an Produkte und Dienstleistungen* 12
Normenkapitel 8.3.1, 8.3.2, 8.3.3, 8.3.4, 8.3.5, 8.3.6 *Entwicklung von Produkten und Dienstleistungen* ... 13
Normenkapitel 8.4.1 *Steuerung von extern bereitgestellten Prozessen, Produkten und Dienstleistungen* ... 14
Normenkapitel 8.4.2 *Art und Umfang der Steuerung* 15
Normenkapitel 8.4.3 *Informationen für externe Anbieter* 15
Normenkapitel 8.5.1 *Steuerung der Produktion und der Dienstleistungserbringung* 16
Normenkapitel 8.5.2 *Kennzeichnung und Rückverfolgbarkeit* 16
Normenkapitel 8.5.3 *Eigentum der Kunden oder der externen Anbieter* 17
Normenkapitel 8.5.4 *Erhaltung* 17
Normenkapitel 8.5.5 *Tätigkeiten nach der Lieferung* 18
Normenkapitel 8.5.6 *Überwachung von Änderungen* 18
Normenkapitel 8.6 *Freigabe von Produkten und Dienstleistungen* 19
Normenkapitel 8.7.1 + 8.7.2 *Steuerung nichtkonformer Ergebnisse* 19
Normenkapitel 9.1 + 9.1.1 *Überwachung, Messung, Analyse und Bewertung* 20
Normenkapitel 9.1.2 *Kundenzufriedenheit* 20
Normenkapitel 9.1.3 *Analyse und Bewertung* 20
Normenkapitel 9.2 *Internes Audit* 20
Normenkapitel 10.1 *Verbesserungen* 21
Normenkapitel 10.2 *Nichtkonformitäten und Korrekturmaßnahmen* 21
Normenkapitel 10.3 *Fortlaufende Verbesserung* 21

Dokumentierte Information aufrechterhalten: Bild 3.24 QM_Oberste Leitung und Organisation.doc
Freigegeben: Klaus Mustermann, Datum: 06.01.2019, Fertigungsunternehmen 2
Seite 1 von 1

BILD 3.24 QM: Oberste Leitung und Organisation – Inhaltsverzeichnis (Ausschnitt)

3.9.2 Was sind die Anforderungen an die oberste Leitung?

Nun werden Sie sich vielleicht fragen: Muss die oberste Leitung die Normenkapitel 5.1.1 bis 5.3 und 9.3.1 bis 9.3.3 alle selbst durchführen?

Dies ist jedoch **nicht** generell der Fall. In den Normenkapiteln 5.1.1 bis 5.3 muss die oberste Leitung: die Rechenschaftspflicht übernehmen und kann diese nicht delegieren; sicherstellen; fördern; vermitteln; Personen einsetzen, anleiten und unterstützen; festlegen, umsetzen, aufrechterhalten. Die Normenkapitel sind daher **einzeln** zu betrachten.

Hier bedeutet z. B. *sicherstellen*, dass die oberste Leitung sicherstellen muss, dass die Normenkapitel 5.1.1 bis 5.3 auch umgesetzt werden, dafür sorgen, dass etwas sicher vorhanden ist oder getan werden kann; gewährleisten, garantieren, sie muss es jedoch **nicht** selbst durchführen. Es ist aber darauf zu achten, dass *sicherstellen* nicht aus dem Sinnzusammenhang gerissen wird. So hat der Begriff *sicherstellen* in Verbindung mit *muss* und *bewerten* eine andere Auswirkung. Daher muss der Normentext genau interpretiert werden.

Im Normenkapitel 5.1.1 muss die oberste Leitung *sicherstellen*, dass z. B. messbare Qualitätsziele *festgelegt* und Verbesserungen, die Anwendung des prozessorientierten Ansatzes sowie das risikobasierte Denken *gefördert* werden.

Im Normenkapitel 5.2.1 **muss** die oberste Leitung die Qualitätspolitik *festlegen, umsetzen* und *aufrechterhalten*. Im Normenkapitel 5.3 muss die oberste Leitung *sicherstellen*, dass die Verantwortlichkeiten und Befugnisse für relevante Rollen innerhalb der gesamten Organisation zugewiesen, bekannt gemacht und verstanden werden, und Verantwortlichkeiten und Befugnisse *zuweisen*. In den Normenkapiteln 9.3.1 bis 9.3.3 **muss** die oberste Leitung die *Managementbewertung* **selbst** durchführen.

3.9.2.1 Formular: F_Qualitätspolitik

Mit diesem Formular wird die Qualitätspolitik festgelegt (Bild 3.25).

ISO 9000:2015 AUSZUG AUS DER NORM

Begriff: Qualitätspolitik (3.5.9) = *Politik (3.5.8) bezüglich Qualität (3.6.2)*.

Nun wird deutlich, dass hier **nicht** Aussagen zur **Politik der Organisation** getroffen werden, sondern Aussagen (Politik) zur **Qualität** und wie diese in der eigenen Organisation umgesetzt werden.

Es ist eine Anforderung der DIN EN ISO 9001:2015, dass die Qualitätspolitik von der **obersten Leitung = Geschäftsführung** *festgelegt, umgesetzt* und *aufrechterhalten* wird.

Die Qualitätspolitik muss für den Zweck, den Kontext, die strategische Ausrichtung, für das Festlegen von Qualitätszielen, die Verpflichtung zur Erfüllung zutreffender Anforderungen und für die Verpflichtung zur fortlaufenden Verbesserung des Qualitätsmanagementsystems geeignet sein.

Wenn Sie die Qualitätspolitik in **vier Punkte** einteilen, erhalten Sie eine Struktur der Qualitätspolitik für Ihre Organisation.

HINWEIS: Den Text im Formular **vor** den Punkten 1 bis 4 müssen Sie löschen, da er nur zur Erläuterung dient. Den *kursiv geschriebenen Text* **dahinter** müssen Sie an Ihre Organisation anpassen.

1. Kunden:

Hier treffen Sie Aussagen zu den Kunden, die Sie beliefern. Diese Aussagen zu treffen ist problemlos, da Sie Ihre Kunden kennen, die Ihre Produkte kaufen.

2. Produkte/Dienstleistungen:

Hier treffen Sie die Aussagen zu den Produkten, Dienstleistungen und Vorteilen für die Kunden, wenn sie Ihre Produkte nutzen. Dazu gehören auch die Einsatzgebiete des Kunden, für die Ihre Produkte genutzt werden können. Diese Aussagen zu treffen ist problemlos, da Sie die Einsatzgebiete und Vorteile Ihrer Produkte kennen.

3.9 7_Verantwortung der obersten Leitung und Organisation

F_Qualitätspolitik

1. Kunden:
Hier treffen Sie Aussagen zu den Kunden, die Sie beliefern. Diese Aussagen zu treffen ist problemlos, da Sie Ihre Kunden kennen, die Ihre Produkte kaufen, z. B.: *„Wir beliefern Kunden aus den Bereichen Industrie und Handwerk, wie Fassaden-, Apparate-, Fahrzeug- und Maschinenbau."*

2. Produkte / Dienstleistungen:
Hier treffen Sie Aussagen zu den Dienstleistungen und Vorteilen für die Kunden, wenn sie Ihre Dienstleistungen nutzen. Diese Aussagen zu treffen ist problemlos, da Sie die Möglichkeiten Ihrer Fertigungseinrichtungen und die Vorteile Ihrer Dienstleistungen kennen, z. B.: *„Mit unseren modernen CNC-gesteuerten Dreh-, Schleif- und Fräsmaschinen sowie einer Vielzahl von manuellen Bearbeitungsmaschinen sind wir in der Lage, die unterschiedlichsten Produkte in hoher Qualität und Präzision zu fertigen. Unser Leistungsspektrum umfasst: Drehtechnik CNC und konventionell; Frästechnik CNC und konventionell; Bohren und Gewindeschneiden; Flachschleifen; Gleitschleifen. Auf Wunsch können wir ihre Teile durch Pulverbeschichtung oder galvanisches Verzinken mit anschließender Chromatierung eloxieren, polieren, härten, weiterveredeln. Wir verarbeiten Kunststoffe, NE-Metalle und Stähle jeglicher Art."*

3. Organisation:
Hier treffen Sie Aussagen zu Ihrer Organisation. Dazu gehören die Besonderheiten, wie Sie auf die Kundenanforderungen eingehen. Dies ist nicht ganz so problemlos, da manche Organisationen ihre eigenen Besonderheiten nicht kennen und für viele Organisationen dies eigentlich „Selbstverständlichkeiten" sind, z. B.: *„Unser Unternehmen zeichnet sich dadurch aus, dass wir flexibel auf die Anforderungen unserer Kunden reagieren. Die ausgewählten Materialien, die hoch spezialisierten Mitarbeiter, die modernen Fertigungseinrichtungen und Präzisionsmessmittel ermöglichen eine hohe Genauigkeit im Fertigungsablauf und in den Produkten. Deshalb wurde das Handbuch prozessorientiert dargestellt und wurden Wechselwirkungen zwischen den Funktionsbereichen und Ebenen in den Betriebsabläufen berücksichtigt. Die Einhaltung der Kundentermine findet im Unternehmen eine, dem heutigen dynamischen Markt angepasste, besondere Beachtung. Unser QM-System ist zertifiziert nach DIN EN ISO 9001:2015."*

4. Mitarbeiter:
Hier treffen Sie Ihre Aussage, wie Sie die Mitarbeiter zur Qualitätspolitik verpflichtet haben, z. B.: *„In allen Funktionsbereichen, Ebenen und Prozessen sind Fehler vermeidbar, wenn ihre Ursachen konsequent beseitigt werden. Damit wird nicht nur die Kundenzufriedenheit gefördert, sondern auch die ständige Verbesserung innerhalb des Unternehmens umgesetzt. Die Sicherung und gezielte Verbesserung der Qualität ist eine Aufgabe für unser gesamtes Unternehmen. Unser Unternehmen fühlt sich verpflichtet, die Qualität der Abläufe und Dienstleistungen zu sichern und ständig zu verbessern, um unserem Unternehmen eine sichere Zukunft zu verschaffen.*

Jeder Mitarbeiter ist verpflichtet, die Anforderungen zu erfüllen und zur fortlaufenden Verbesserung der Wirksamkeit des Qualitätsmanagementsystems beizutragen.

Die Organisationsabläufe und Anforderungen an die Dienstleistung werden mithilfe von messbaren Qualitätszielen für die entsprechenden Funktionsbereiche, Ebenen und Prozesse auf eine fortdauernde Angemessenheit bewertet.

Die Darstellung der Wechselwirkungen zwischen den Funktionsbereichen, Ebenen und Prozessen ermöglicht ein wirksames Leiten und Lenken der Betriebsabläufe zur Erreichung der messbaren Qualitätsziele.

*Für unser Unternehmen gibt es keine **externen** relevanten interessierten Parteien, für die die Qualitätspolitik verfügbar sein muss.*

Diese Qualitätspolitik wurde am TT.MM.JJJJ von der Geschäftsführung in Kraft gesetzt.

BILD 3.25 Formular: F_Qualitätspolitik

3. Organisation:

Hier treffen Sie die Aussagen zu Ihrer Organisation. Dazu gehören die Besonderheiten, wie Sie auf die Kundenanforderungen eingehen. Dies ist nicht ganz so problemlos, da manche Organisationen ihre eigenen Besonderheiten nicht kennen und für viele Organisationen dies eigentlich „Selbstverständlichkeiten" sind.

4. Mitarbeiter:

Hier treffen Sie Ihre Aussage, wie Sie die Mitarbeiter zur Qualitätspolitik verpflichtet haben.

Wenn Sie Ihre **bisherige Qualitätspolitik oder Ihr Leitbild** weiter nutzen wollen, dann müssen Sie eine Anpassung vornehmen. Dazu wurden die geänderten Anforderungen der DIN EN ISO 9001:2015, die Sie beachten müssen, **grau** hinterlegt. Sie können den Text kopieren und in Ihre eigene Qualitätspolitik einfügen.

3.9.2.2 Formular: F_Managementbewertung

Mit diesem Formular wird die Managementbewertung durchgeführt (Bild 3.26).

Es ist eine Anforderung der DIN EN ISO 9001:2015, dass die Managementbewertung von der **obersten Leitung = Geschäftsführung** in **geplanten Abständen durchgeführt** wird, um die *fortdauernde Eignung, Angemessenheit* und *Wirksamkeit* des Qualitätsmanagementsystems sowie deren *Angleichung an die strategische Ausrichtung der Organisation* sicherzustellen.

Die Managementbewertung ist eine Zusammenfassung der Leistung und Wirksamkeit des Qualitätsmanagementsystems durch die oberste Leitung.

Die Managementbewertung ist weiter eine **Zusammenfassung** über einen vorher **bestimmten Zeitraum**. Die Norm schreibt die Managementbewertung vor. Dazu gehören die **Eingaben** und die **Ergebnisse**. Sie schreibt jedoch **nicht vor**, **wie oft** Sie die Managementbewertung durchführen müssen. Sie können die Managementbewertung einmal pro Jahr durchführen oder auch öfters. Es bleibt daher Ihnen überlassen, wie Sie das umsetzen wollen.

Das Formular *F_Managementbewertung* enthält alle Anforderungen der Norm. Sie dürfen die **Inhalte der Tabellenspalten links nicht ändern**, sondern nur die **Antworten unter** *Informationen*, *Bewertung* und *Handlungsbedarf*.

Die *Informationen* erhalten Sie aus den aufgeführten Formularen, z. B. *F_Bewertung der Leistung*.

Die *Bewertungen* sind Beispiele als Multiple-Choice-Antworten, nur **eine** Antwort ist gültig. Also das löschen, was nicht zutrifft. Wenn Ihnen die Antworten zu „kurz" sind, dann können Sie auch ausführliche Texte schreiben.

Wenn Sie einen *Handlungsbedarf* feststellen, dann tragen Sie die Maßnahmen bitte ein und setzen sie um. Dazu nutzen Sie das Formular *F_Maßnahmen*.

Was passiert, wenn Sie als Ergebnis **keine** Verbesserung der Wirksamkeit des Qualitätsmanagementsystems und seiner Prozesse, keine Produktverbesserung in Bezug auf Kundenanforderungen oder keinen Bedarf an Ressourcen in diesem Jahr haben? Dann protokollieren Sie dies als Ergebnis, dass kein Bedarf besteht.

Ausführliche Hinweise zum **Begriff** *Managementbewertung* finden Sie in diesem Buch unter **Kapitel 1.6**.

F_Managementbewertung

MANAGEMENTBEWERTUNG FÜR DAS JAHR XXXX

Eingaben, Bewertung und Ergebnisse der Managementbewertung unter Erwägung nachfolgender Aspekte durch die oberste Leitung:		
Als Basis für die Managementbewertung wurden die bereits durchgeführten Analysen und Bewertungen der dokumentierten Informationen verwendet (siehe unter „Informationen:" in diesem Formular).		
Status von Maßnahmen vorheriger Managementbewertungen berücksichtigen	Informationen:	F_Managementbewertung (vorherige), F_Maßnahmen (vorherige)
	Bewertung:[1]	umgesetzt, zum Teil umgesetzt, noch offen, keine Maßnahmen vorhanden
	Handlungsbedarf:	
Veränderungen bei externen und internen Themen, die das Qualitätsmanagementsystem betreffen, berücksichtigen	Informationen:	F_Kontext Interne Externe Themen Risiken Chancen
	Bewertung:	keine Veränderungen notwendig, Veränderung notwendig
	Handlungsbedarf:	
Informationen über die Leistung und Wirksamkeit des Qualitätsmanagementsystems:		
Informationen zur Kundenzufriedenheit berücksichtigen	Informationen:	F_Bewertung der Leistung
	Bewertung:	gut, zufriedenstellend, nicht zufriedenstellend
	Handlungsbedarf:	
Informationen zur Rückmeldung von relevanten interessierten Parteien berücksichtigen	Informationen:	Rückmeldungen
	Bewertung:	keine Rückmeldungen vorhanden, Rückmeldungen vorhanden
	Handlungsbedarf:	
Informationen, in welchem Umfang die Qualitätsziele erfüllt wurden, berücksichtigen	Informationen:	F_Messbare Qualitätsziele
	Bewertung:	erfüllt, zum Teil erfüllt, nicht erfüllt
	Handlungsbedarf:	
Informationen zu Prozessleistung und Konformität von Produkten und Dienstleistungen berücksichtigen	Informationen:	F_Bewertung der Leistung
	Bewertung:	erfüllt, zum Teil erfüllt, nicht erfüllt
	Handlungsbedarf:	
Informationen zu Nichtkonformitäten und Korrekturmaßnahmen berücksichtigen	Informationen:	F_Maßnahmen
	Bewertung:	umgesetzt, zum Teil umgesetzt, noch offen
	Handlungsbedarf:	
Informationen über Ergebnisse von Überwachungen und Messungen	Informationen:	F_Bewertung der Leistung
	Bewertung:	erfüllt, zum Teil erfüllt, nicht erfüllt
	Handlungsbedarf:	
Informationen zu Ergebnissen von Audits berücksichtigen	Informationen:	F_Internes Audit_Plan_Bericht, Auditbericht der Zertifizierungsstelle
	Bewertung:	gut, zufriedenstellend, nicht zufriedenstellend
	Handlungsbedarf:	
Informationen zur Leistung von externen Anbietern berücksichtigen	Informationen:	F_Bewertung der Leistung
	Bewertung:	gut, zufriedenstellend, nicht zufriedenstellend
	Handlungsbedarf:	

Anmerkung: In diesem Beispiel werden die Informationen aus dem vorher bewerteten Formular verwendet.

[1] Bewertung: nicht Zutreffendes entfernen

Dokumentierte Information aufbewahren: Bild 3.26 F_Managementbewertung.doc
Freigegeben: Klaus Mustermann, Datum: 06.01.2019, Fertigungsunternehmen 2

BILD 3.26 Formular: F_Managementbewertung (Ausschnitt)

3.9.2.3 Verantwortung und Befugnisse

Es ist eine Anforderung der DIN EN ISO 9001:2015, dass die Verantwortung und die Befugnisse in der **gesamten Organisation** *zugewiesen, bekannt gemacht* und *verstanden* werden.

Aus diesem Grund wurden zwei unterschiedliche Arten der Zuordnung von Verantwortung und Befugnissen erstellt:

1. F_Organigramm_Verantwortung (Word) als generelle Darstellung,
2. F_Mitarbeitermatrix (Verantwortung und Befugnisse) (Excel) als detaillierte Darstellung.

Sie müssen selbst entscheiden, ob Sie beide Formulare nutzen wollen oder ob für Sie das Formular *F_Organigramm_Verantwortung* ausreicht. Sollte dies so sein, dann können Sie das Formular *F_Mitarbeitermatrix (Verantwortung und Befugnisse)* **löschen**.

3.9.2.4 Formular: F_Organigramm_Verantwortung (Word) als generelle Darstellung

Mit diesem Formular wird die Verantwortung den einzelnen Funktionen und Ebenen zugeordnet. Das Formular wurde in **gesamte Organisation** und **Qualitätsmanagementsystem der Organisation** unterteilt (Bild 3.27).

ISO 9000:2015
AUSZUG AUS DER NORM

Begriff: Qualitätsmanagementsystem (3.5.4) = *Teil eines Managementsystems (3.5.3) bezüglich der Qualität (3.6.2).*

Aus diesem Grund sind zwei Tabellen vorhanden:

1. die Zuordnung der Verantwortung in der *gesamten Organisation*,
2. die Zuordnung der Verantwortung im *Qualitätsmanagementsystem als Teil des Managementsystems der Organisation*.

Die Verantwortung für die gesamte Organisation: Hier müssen die Namen der obersten Leitung und die Namen der Mitarbeiter, die in der Organisation für die Funktionen, z. B. *Vertrieb, verantwortlich* sind, eingetragen werden.

Die Verantwortung für das Qualitätsmanagementsystem der Organisation: Hier müssen die Namen der obersten Leitung und die Namen der Mitarbeiter, die für *bestimmte Bereiche in der Organisation verantwortlich* sind, eingetragen werden.

Es können auch die gleichen Mitarbeiter sein bzw. wird bei sehr kleinen Organisationen vieles durch die oberste Leitung wahrgenommen. Somit wird deutlich, dass nicht nur ein Mitarbeiter für das Qualitätsmanagementsystem verantwortlich sein kann. Die oberste Leitung ist für das gesamte Qualitätsmanagementsystem verantwortlich und kann diese Verantwortung nicht delegieren. Ebenso wird klarer, dass auch die Mitarbeiter, die für bestimmte *Funktionen in der Organisation verantwortlich* sind, die Verantwortung für das Qualitätsmanagementsystem haben.

Ausführliche Hinweise zu den **Begriffen** *Qualitätsmanagementsystem* und *Qualität* finden Sie in diesem Buch unter den **Kapiteln 1.3.3** und **1.3.4**.

Weitere Hinweise zu den **Begriffen** *oberste Leitung* und *Organisation* finden Sie unter dem **Kapitel 3.9**.

3.9 7_Verantwortung der obersten Leitung und Organisation

F_Organigramm / Verantwortung

Gesamte Organisation[1]	
Geschäftsführung:	• ?????
	•
Vertrieb:	• ?????
	•
Einkauf:	• ?????
	•
Entwicklung:	• ?????
	•
Fertigung:	• ?????
	•
Wareneingang, Lager, Versand:	• ?????
	•
	•
	•

Qualitätsmanagementsystem[2] der Organisation[3] (Teil des Managementsystems der Organisation bezüglich Qualität)	
Oberste Leitung:	• ?????
	•
Organisation = Mitarbeiter, die für <u>bestimmte Bereiche in der Organisation verantwortlich</u> sind (7.1.2)	• Vertrieb: ????? • Einkauf: ????? • Entwicklung: ????? • Fertigung: ????? • Wareneingang, Lager, Versand: ?????

---

[1] DIN EN ISO 9000:2015: 3.2.1 Organisation
[2] DIN EN ISO 9000:2015: 3.5.4 Qualitätsmanagementsystem
[3] DIN EN ISO 9000:2015: 3.2.1 Organisation

Dokumentierte Information aufrechterhalten: Bild 3.27 F_Organigramm_Verantwortung.doc
Freigegeben: Klaus Mustermann, Datum: 06.01.2019, Fertigungsunternehmen 2
Seite 1 von 1

BILD 3.27 Formular: F_Organigramm_Verantwortung (Word) als generelle Darstellung

3.9.2.5 Formular: F_Mitarbeitermatrix (Verantwortung und Befugnisse) (Excel) als detaillierte Darstellung

Falls Sie der Ansicht sind, dass Sie eine genauere Aufteilung benötigen, dann finden Sie im Formular *F_Mitarbeitermatrix (Verantwortung und Befugnisse)* eine detailliertere Aufteilung (Bild 3.28).

Die Verantwortung für das Qualitätsmanagementsystem der Organisation: Hier müssen die „?????" gegen die Namen der *obersten Leitung* und die Namen der *Mitarbeiter, die für bestimmte Bereiche in der Organisation verantwortlich* sind, ausgetauscht werden.

Es können auch die gleichen Mitarbeiter sein bzw. wird bei sehr kleinen Organisationen vieles durch die oberste Leitung wahrgenommen.

3.9 7_Verantwortung der obersten Leitung und Organisation

F_Mitarbeitermatrix (Verantwortung und Befugnisse)	OBERSTE LEITUNG	VERTRIEB	EINKAUF	ENTWICKLUNG	FERTIGUNG	WARENEINGANG / LAGER / VERSAND
Datum: ??.??.????	?????					
die Rechenschaftspflicht für die Wirksamkeit des Qualitätsmanagementsystems	X					
Personen, die zur Wirksamkeit des Qualitätsmanagementsystems beitragen, einsetzen, anleiten und unterstützen (5.1.1 h))	X					
Qualitätspolitik festlegen, umsetzen und aufrechterhalten	X					
Folgende Verantwortung und Befugnis wurde zugewiesen für: (5.3)	Geschäftsführung	Mitarbeiter ?????	Mitarbeiter ?????	Mitarbeiter ?????	Mitarbeiter ?????	Mitarbeiter ?????
dass das Qualitätsmanagementsystem die Anforderungen der DIN EN ISO 9001:2015 erfüllt	(X)					
dass die Prozesse die beabsichtigten Ergebnisse liefern	(X)					
das Berichten über die Leistung des Qualitätsmanagementsystems und über Verbesserungsmöglichkeiten (siehe 10.1), insbesondere an die oberste Leitung	(X)					
das Sicherstellen der Förderung der Kundenorientierung innerhalb der gesamten Organisation	(X)					
das Sicherstellen, dass die Integrität des Qualitätsmanagementsystems aufrechterhalten bleibt, wenn Änderungen am Qualitätsmanagementsystem geplant und umgesetzt werden	(X)					
Folgende Verantwortung und Befugnis wurde zugewiesen für:	Geschäftsführung ?????	Mitarbeiter ?????	Mitarbeiter ?????	Mitarbeiter ?????	Mitarbeiter ?????	Mitarbeiter ?????
internes Audit	(X)					
Datenschutz / Beauftragter für den Datenschutz	(X)					

BILD 3.28 Formular: F_Mitarbeitermatrix (Verantwortung und Befugnisse) (Ausschnitt – Excel) als detaillierte Darstellung

Dokumentierte Information aufbewahren: Bild 3.28 F_Mitarbeitermatrix (Verantwortung und Befugnisse)
Freigegeben: Klaus Mustermann, Datum: 06.01.2019, Fertigungsunternehmen 2
Seite 1 von 3

Die Verantwortung für die gesamte Organisation: Hier müssen die „?????" gegen die Namen der *obersten Leitung* und die *Namen der Mitarbeiter*, die in der Organisation für die Funktionen, z. B. *Vertrieb*, und Prozesse, z. B. *Angebot erstellen, ändern*, verantwortlich sind, ausgetauscht werden (Bild 3.29).

3.9 7_Verantwortung der obersten Leitung und Organisation

Folgende Verantwortung und Befugnis wurde zugewiesen für: (7.1.2)											
VERTRIEB	Geschäftsführung / Vertriebsleitung	Mitarbeiter ?????	Mitarbeiter ?????	Mitarbeiter ?????	Mitarbeiter ?????	Mitarbeiter ?????	Mitarbeiter ?????	Mitarbeiter ?????	Mitarbeiter ?????	Mitarbeiter ?????	Mitarbeiter ?????
Angebot erstellen, ändern	(X)	X	X	X	X	X	X	X	X	X	X
Angebot verfolgen	(X)	X	X	X	X	X	X	X	X	X	X
Auftrag erstellen	(X)	X	X	X	X	X	X	X	X	X	X
Auftrag ändern, stornieren	(X)	X	X	X	X	X	X	X	X	X	
Reklamationen	(X)	X	X	X	X	X	X	X	X		
EINKAUF	Geschäftsführung / Einkaufsleitung	Mitarbeiter ?????	Mitarbeiter ?????	Mitarbeiter ?????	Mitarbeiter ?????	Mitarbeiter ?????	Mitarbeiter ?????	Mitarbeiter ?????	Mitarbeiter ?????	Mitarbeiter ?????	Mitarbeiter ?????
Disposition, Anfrage, Preisvergleich, Bestellung											
Bestellung verfolgen	(X)	X	X	X	X	X	X	X	X	X	X
Reklamationen, Falschlieferung	(X)	X	X	X	X	X	X	X	X	X	X
Lieferanten Auswahl, Beurteilung, Neubeurteilung	(X)	X	X	X	X	X	X	X	X	X	X
ENTWICKLUNG	Geschäftsführung / Entwicklungsleitung	Mitarbeiter ?????	Mitarbeiter ?????	Mitarbeiter ?????	Mitarbeiter ?????	Mitarbeiter ?????	Mitarbeiter ?????	Mitarbeiter ?????	Mitarbeiter ?????	Mitarbeiter ?????	Mitarbeiter ?????
	(X)	X	X	X	X	X	X	X	X	X	X
FERTIGUNG	Geschäftsführung / Fertigungsleitung	Mitarbeiter ?????	Mitarbeiter ?????	Mitarbeiter ?????	Mitarbeiter ?????	Mitarbeiter ?????	Mitarbeiter ?????	Mitarbeiter ?????	Mitarbeiter ?????	Mitarbeiter ?????	Mitarbeiter ?????
Fertigungsablauf	(X)	X	X	X	X	X	X	X	X	X	X
Instandhaltung der Fertigungseinrichtungen	(X)	X	X	X	X	X	X	X	X	X	X
Überwachungs- und Messmittel verwalten	(X)	X	X	X	X	X	X	X	X	X	X
WARENEINGANG / LAGER / VERSAND	Geschäftsführung / Logistikleitung	Mitarbeiter ?????	Mitarbeiter ?????	Mitarbeiter ?????	Mitarbeiter ?????	Mitarbeiter ?????	Mitarbeiter ?????	Mitarbeiter ?????	Mitarbeiter ?????	Mitarbeiter ?????	Mitarbeiter ?????
Wareneingang extern	(X)	X	X	X	X	X	X	X	X	X	X
Wareneingang aus Service	(X)	X	X	X	X	X	X	X	X	X	X
Produkte ein- und auslagern	(X)	X	X	X	X	X	X	X	X	X	X
Produkte versenden	(X)	X	X	X	X	X	X	X	X	X	X
Inventur	(X)	X	X	X	X	X	X	X	X	X	X

Dokumentierte Information aufbewahren: Bild 3.28 F_Mitarbeitermatrix (Verantwortung und Befugnisse)
Freigegeben: Klaus Mustermann, Datum: 06.01.2019, Fertigungsunternehmen 2

BILD 3.29 Formular: F_Mitarbeitermatrix (Verantwortung und Befugnisse) (Ausschnitt – Excel) als detaillierte Darstellung

3.9.3 Was sind die Anforderungen an die Organisation?

Dazu zählen: *Kontext der Organisation, Zweck der Organisation, strategische Ausrichtung der Organisation, interne und externe Themen, interessierte Parteien, Maßnahmen zum Umgang mit Risiken und Chancen, messbare Qualitätsziele* und die *Bewertung der Leistung.*

3.9.3.1 Formular: F_Kontext Interne Externe Themen Risiken Chancen

Mit diesem Formular werden der *Zweck der Organisation*, die *strategische Ausrichtung der Organisation*, die *internen und externen Themen*, die *interessierten Parteien* und die *Risiken und Chancen* festgelegt (Bild 3.30).

Ausführliche Hinweise zu *Kontext der Organisation, interne und externe Themen* sowie *Risiken und Chancen* finden Sie in diesem Buch in den **Kapiteln 1.5 bis 1.5.9**.

Weitere Hinweise zum **Begriff** *Information* und zum *Dokumentationsumfang zum Kontext der Organisation* finden Sie in diesem Buch im **Kapitel 1.3.9**.

Zum besseren Verständnis haben wir Ihnen ein Beispiel ausgefüllt. Sie finden dieses im Ordner *11_Ausgefüllte Beispiele.*

HINWEIS: Bitte füllen Sie das Formular *F_Kontext Interne Externe Themen Risiken Chancen* auf **Basis Ihrer Organisation** und der Anforderungen des Tagesgeschäftes aus. Das korrekt ausgefüllte Formular ist **die Basis** für die Formulare *F_Messbare Qualitätsziele* und *F_Bewertung der Leistung.*

Wir haben uns überlegt, ob wir überhaupt ausgefüllte Beispiele veröffentlichen, da hier ein Problem vorhanden sein kann. Man sieht: Ach ja, es passt ja auch auf unsere Organisation, und genau **das** ist dann das Problem, da die Belange der eigenen Organisation in den Hintergrund geraten können. Diese Aussage bezieht sich auch auf die Tabellen in diesem Buch in den **Kapiteln 1.5 bis 1.5.9**. Die Inhalte der Tabellen sind als **Anregung** gedacht und zeigen die Vielfalt der Organisationen auf.

Wenn Sie das Formular *F_Kontext Interne Externe Themen Risiken Chancen* ausfüllen, dann betrifft dies die **Organisation**. Sie sollten als **oberste Leitung** daher **nicht** versuchen, das Formular allein auszufüllen, weil Sie unter Umständen nicht alles wissen können und die **Organisation** außen vor bleibt. Wie wollen Sie dann ein risikobasiertes Denken fördern? Ein Qualitätsmanagementsystem ist nicht für Einzelkämpfer und Herrschaftswissen gedacht, sondern bindet die Organisation mit ein.

Weitere Hinweise zum **Begriff** *Organisation* finden Sie unter dem **Kapitel 1.3.2**.

ISO 9001:2015
AUSZUG AUS DER NORM

0.4 Zusammenhang mit anderen Normen zu Managementsystemen

... Diese Internationale Norm enthält **keine** *spezifischen Anforderungen anderer Managementsysteme, z. B. Umweltmanagement, Arbeitsschutzmanagement oder Finanzmanagement ...*

A.4 Risikobasiertes Denken

... Diese Internationale Norm legt Anforderungen an die Organisation fest, dass sie ihren Kontext versteht (siehe 4.1) und die Risiken als Grundlage zur Planung (siehe 6.1) bestimmt. Dies verkörpert die Anwendung des risikobasierten Denkens bei der Planung und Verwirklichung von Prozessen des Qualitätsmanagementsystems (siehe 4.4) und hilft bei der Bestimmung des Umfangs von dokumentierten Informationen ...

... Das in dieser Internationalen Norm angewendete risikobasierte Denken hat eine teilweise Reduzierung der vorschreibenden Anforderungen und deren Ersatz durch **leistungsorientierte Anforderungen** *ermöglicht ...*

... Obwohl in 6.1 festgelegt ist, dass die Organisation Maßnahmen zur Behandlung von Risiken planen muss, sind **keine formellen Methoden** *für das Risikomanagement oder ein dokumentierter Risikomanagementprozess erforderlich.* **Organisationen können entscheiden**, *ob sie eine ausgedehntere Vorgehensweise für das Risikomanagement, als von dieser Internationalen Norm gefordert wird, entwickeln möchten oder nicht, z. B. durch die Anwendung anderer Leitlinien oder Normen ...*

3.9 7_Verantwortung der obersten Leitung und Organisation

F_Kontext Interne Externe Themen Risiken Chancen

Kontext der Organisation mit der Bestimmung der externen und internen Themen unter Berücksichtigung von Risiken und Chancen und interessierten Parteien	
Zweck und strategische Ausrichtung der Organisation: (4.1)[3]	
Spanende Fertigung unterschiedlicher Materialien nach Kundenvorgabe. Industrielle Kunden unterschiedlicher Branchen.	
Beabsichtigte Ergebnisse des Qualitätsmanagementsystems: Bedingungen, die von der Organisation festgelegt werden und von der Organisation erfüllt werden müssen (inhärente Merkmale) (0.1), (1), (4.1)	
Beabsichtigte Ergebnisse des Qualitätsmanagementsystems: Bedingungen, die vom Kunden festgelegt werden und von der Organisation erfüllt werden müssen (inhärente Merkmale) (0.1), (1), (4.1)	
Spanende Fertigung unterschiedlicher Materialien nach Kundenvorgabe: Form, Maße, Genauigkeit, Werkstoff, Oberflächenbehandlung	Die inhärenten Merkmale übernehmen Sie in das Formular: F_Messbare Qualitätsziele; F_Bewertung der Leistung.
EXTERNER Kontext – THEMEN bestimmen: (4.1) Informationen über die externen Themen überwachen, überprüfen (4.1)	
Gesetzliches Umfeld:	
Technisches Umfeld: Kundenzeichnung, technische Machbarkeit, Arbeitsanweisung des Kunden, Arbeitsplan, DIN-Normen	
Wettbewerbliches Umfeld: Lieferzeit, Preis	
Marktbezogenes Umfeld:	Inhärente Merkmale: Form, Maße, Genauigkeit, Werkstoff, Oberflächenbehandlung
Kulturelles Umfeld:	
Soziales Umfeld: Mindestlohn	
Wirtschaftliches Umfeld:	
Interessierte Parteien bestimmen: (4.2) Kunde, Lieferant, regelsetzende Institutionen	
Relevante Anforderungen der interessierten Parteien überwachen, überprüfen: Einhaltung der: Form, Maße, Genauigkeit, Werkstoff, Oberflächenbehandlung	
Risiken bestimmen: (6.1.1) Verfügbarkeit von Rohmaterialien, Zeitfaktor Oberflächenbehandlung	
Chancen bestimmen: (6.1.1) Alternativlieferant	
Planung der einzuleitenden Maßnahmen: (6.1.2) Verfügbarkeit von Rohmaterialien mit der Angebotserstellung prüfen	
Planung der Bewertung der Wirksamkeit der Maßnahmen: (6.1.2) (1) Tagesgeschäft: Es werden keine Angebote erstellt, die nicht realisiert werden können. (2) Auswahl und Bewertung neuer Lieferanten durchführen	Die Inhalte übernehmen Sie in die Formulare: F_Messbare Qualitätsziele; F_Bewertung der Leistung, Punkt: Wirksamkeit durchgeführter Maßnahmen – Risiken und Chancen.
Betroffene Funktionen und Prozesse: (6.1.2) Verkauf, Einkauf	
INTERNER Kontext – THEMEN bestimmen: (4.1) Informationen über die internen Themen überwachen, überprüfen (4.1)	
Werte der Organisation: Nutzen für den Kunden, Qualität der Produkte und Dienstleistungen	
Kultur der Organisation:	
Wissen der Organisation: Kundenzeichnung, Arbeitsplan, Fachwissen der Mitarbeiter, Normen	
Leistung der Organisation:[4] (1) Anzahl Reklamationen INTERN, (2) Anzahl Kundenreklamationen, (3) Bewertung durch den Kunden	Die Inhalte übernehmen Sie in die Formulare: F_Messbare Qualitätsziele; F_Bewertung der Leistung, Punkt: Grad der Kundenzufriedenheit. Die Leistung wird quantitativ bewertet.
Interessierte Parteien bestimmen: (4.2) Geschäftsführer, Qualitätssicherung	
Relevante Anforderungen der interessierten Parteien überwachen, überprüfen: Einhaltung der inhärenten Merkmale der Kundenprodukte, Kundenzeichnung, technische Machbarkeit	
Risiken bestimmen: (6.1) Fehlerhafte Produkte	
Chancen bestimmen: (6.1) Keine oder geringe Anzahl von Reklamationen	
Planung der einzuleitenden Maßnahmen: (6.1.2) Messintervalle der Notwendigkeit anpassen, Mitarbeiterschulungen	
Planung der Bewertung der Wirksamkeit der Maßnahmen: (6.1.2) (1) Die Messintervalle werden im Arbeitsplan überprüft und in den Arbeitsgängen im Tagesgeschäft umgesetzt. (2) Die Mitarbeiterschulungen werden an der internen Reklamationsquote überprüft.	Die Inhalte übernehmen Sie in das Formular: F_Bewertung der Leistung, Punkt: Wirksamkeit durchgeführter Maßnahmen – Risiken und Chancen.
Betroffene Funktionen und Prozesse: (6.1.2) Fertigung, QS	

Maßnahmen zum Umgang mit Risiken und Chancen müssen proportional zur möglichen Auswirkung auf die Konformität von Produkten und Dienstleistungen sein.

Dokumentierte Information aufrechterhalten: Bild 3.30(Seite2) F_Kontext Interne Externe Themen Risiken Chancen.doc

[3] Die Zahlen in den Klammern, z. B. (0.1), (1), (4.1), (4.2), (6.1), beziehen sich auf die Normenkapitel der DIN EN ISO 9001:2015.
[4] **Duden quantitativ:** (die Quantität betreffend) = der Anzahl/Größe/Menge nach, mengenmäßig, zahlenmäßig; siehe zusätzlich DIN EN ISO 9000:2015 Begriff 3.7.8 Leistung

© BSBE European Business School for Business Excellence 2019,
Freigegeben: Klaus Mustermann, Datum: 06.01.2019, Fertigungsunternehmen 2

BILD 3.30 Formular: F_Kontext Interne Externe Themen Risiken Chancen (Ausschnitt)

3.9.3.2 Formular: F_Messbare Qualitätsziele

Mit diesem Formular werden die *messbaren Qualitätsziele* festgelegt (Bild 3.31).

Ausführliche Hinweise zu *messbaren Qualitätszielen* finden Sie in diesem Buch in den **Kapiteln 1.6** und **1.6.1**.

Zum besseren Verständnis haben wir Ihnen ein Beispiel ausgefüllt. Sie finden dieses im Ordner *11_Ausgefüllte Beispiele*.

3.9 7_Verantwortung der obersten Leitung und Organisation

F_Messbare Qualitätsziele

Planung zum Erreichen der messbaren Qualitätsziele für das Jahr 2019

HINWEIS: Folgendes ist bei der Planung der messbaren Qualitätsziele zu beachten: Einklang mit der Qualitätspolitik, messbar sein, zutreffende Anforderungen berücksichtigen, Konformität von Produkten und Dienstleistungen, Kundenzufriedenheit (6.2.1 a), b), c), d))

Funktionen, Ebenen und Prozesse Inhärente Merkmale der Produkte und Dienstleistungen (6.2.1 a), c), d))	Messbares Qualitätsziel (6.2.1 b))	Was getan wird (6.2.2 a))	Welche Ressourcen (6.2.2 b))	Wer verantwortlich ist (6.2.2 c))	Wann es abgeschlossen wird (6.2.2 d))	Wie die Ergebnisse bewertet werden (6.2.2 e))
(6.2.1) **Funktion:** Vertrieb **Ebene:** Geschäftsleitung **Prozesse:** • Angebot erstellen • Reklamation **Inhärente Merkmale:** Form, Maße, Genauigkeit, Rohmaterialien, Oberflächenbehandlung	**(2) Anzahl Kundenreklamationen**	Erfassen und analysieren der Reklamation, Gespräch mit den Mitarbeitern, ggf. Schulung	Fehlerbeschreibung des Kunden, Kundenzeichnung	Vertrieb	Ablehnung, Nacharbeit, Neufertigung der Reklamation	Bewertung: Reklamationsquote
	(3) Bewertung durch den Kunden	ABC-Analyse der Kundenbewertung	Vierteljährlich durch den Kunden, Zeitfenster des Kunden	Vertrieb	Nach Klärung des Sachverhaltes mit dem Kunden	Bewertung: ABC-Analyse, Ratingveränderung
(6.2.1) **Funktionen:** Einkauf **Ebenen:** Mitarbeiter **Prozesse:** • Anfrage / Bestellung • Reklamation **Inhärente Merkmale:** Form, Maße, Genauigkeit, Rohmaterialien, Oberflächenbehandlung	**Anzahl Lieferantenreklamationen**	Erfassen und analysieren der Reklamation	Kundenzeichnung	Einkauf	Ablehnung, Nacharbeit, Neufertigung der Reklamation	Bewertung: Reklamationsquote
(6.2.1) **Funktionen:** Fertigung **Ebenen:** Betriebsleiter **Prozesse:** • Fertigungsablauf **Inhärente Merkmale:** Form, Maße, Genauigkeit	**(1) Anzahl Reklamationen intern**	Erfassen und analysieren der Reklamation	Kundenzeichnung	Fertigung	Nacharbeit, Neufertigung der Reklamation	Bewertung: Reklamationsquote

Dokumentierte Information aufrechterhalten: Bild 3.31 F_Messbare Qualitätsziele.doc
© BSBE European Business School for Business Excellence 2019,
Freigegeben: Klaus Mustermann, Datum: 06.01.2019, Fertigungsunternehmen 2
Seite 1 von 2

BILD 3.31 Formular: F_Messbare Qualitätsziele

3.9.3.3 Formular: F_Bewertung der Leistung

Mit diesem Formular wird die *Bewertung der Leistung* durchgeführt (Bild 3.32).

Ausführliche Hinweise zur *Bewertung der Leistung* finden Sie in diesem Buch in den **Kapiteln 1.6, 1.6.2** sowie **1.6.3**.

Zum besseren Verständnis haben wir Ihnen ein Beispiel ausgefüllt. Sie finden dieses im Ordner *11_Ausgefüllte Beispiele*.

3.9.4 Ordner: Jährlich durchzuführende Tätigkeiten

Im **Ordner** selbst ist ein Ordner mit dem Jahr der jährlich durchzuführenden Tätigkeiten vorhanden (2019). Die Nummerierung zeigt eine sinnvolle Vorgehensweise. Sie sollten daher die jährlichen Bewertungen in dieser Reihenfolge durchführen.

Im Ordner 2019 sind die nachfolgenden Ordner vorhanden.

Durch die **Organisation** durchzuführende Tätigkeiten:

1_Lieferantenbewertung

2_Internes Audit

3_Kontext der Organisation

4_Messbare Qualitätsziele

5_Bewertung der Leistung

Durch die **oberste Leitung** durchzuführende Tätigkeiten:

6_Managementbewertung

In diesen Ordnern können Sie dann die ausgefüllten dokumentierten Informationen aufbewahren.

3.9 7_Verantwortung der obersten Leitung und Organisation

F_Bewertung der Leistung

Bewertung der Leistung und Wirksamkeit des Qualitätsmanagementsystems Jahr 2019 (9.1.1)

Konformität der Produkte und Dienstleistungen (9.1.3 a))

Was wird überwacht und gemessen? (9.1.1 a))	Welche Methoden? (9.1.1 b))	Wann wird die Überwachung und Messung durchgeführt? (9.1.1 c))	Wann muss analysiert und bewertet werden? (9.1.1 d))	Wie wird analysiert? (9.1.3)
Inhärente Merkmale Produkte / Dienstleistungen: Form, Maße, Genauigkeit, Werkstoff, Oberflächenbehandlung	Maßkontrolle, optische Kontrolle	Wareneingang, Fertigung, Warenausgang	Bei Abweichungen	Bewertung: Woher kommt die Abweichung? Bewertung: Wie wird die Abweichung behoben?

Leistung¹ externer Anbieter (Lieferanten) (9.1.3 f))

Was wird überwacht und gemessen? (9.1.1 a))	Welche Methoden? (9.1.1 b))	Wann wird die Überwachung und Messung durchgeführt? (9.1.1 c))	Wann muss analysiert und bewertet werden? (9.1.1 d))	Wie wird analysiert? (9.1.3)
Inhärente Merkmale Produkte / Dienstleistungen: Form, Maße, Werkstoff	Sichtkontrolle, Maßkontrolle, Mengenkontrolle (Materialzusammensetzung durch Werkszeugnis)	Bei Wareneingang	Bei Abweichungen	Lieferantenbewertung: Fehleranalyse
Inhärente Merkmale externe Bearbeitung: Maße, Oberflächenbehandlung	Sichtkontrolle, Schichtdickenkontrolle, Mengenkontrolle	Bei Wareneingang	Bei Abweichungen	Lieferantenbewertung: Fehleranalyse

Grad der Kundenzufriedenheit (9.1.2), (9.1.3 b))

Was wird überwacht und gemessen? (9.1.1 a))	Welche Methoden? (9.1.1 b))	Wann wird die Überwachung und Messung durchgeführt? (9.1.1 c))	Wann muss analysiert und bewertet werden? (9.1.1 d))	Wie wird analysiert? (9.1.3)
(1) Anzahl Reklamationen intern	Reklamationsquote	Bei jeder Reklamation	Bei Abweichungen	Bewertung: Fehleranalyse, Reklamationsquote
(2) Anzahl Kundenreklamationen	Reklamationsquote	Bei jeder Reklamation	Bei Abweichungen	Bewertung: Fehleranalyse, Reklamationsquote
(3) Bewertung durch den Kunden	ABC-Analyse der Kundenbewertung	Vierteljährlich durch den Kunden, Zeitfenster des Kunden	Bei Erhalt der Kundenbewertung	Bewertung: ABC-Analyse, Ratingveränderung

Die Anzahl Reklamationen intern wurde aufgeführt, da evtl. der Kundentermin nicht gehalten werden kann.

¹ **Duden quantitativ:** (die Quantität betreffend) = der Anzahl / Größe / Menge nach, mengenmäßig, zahlenmäßig (Leistung externe Anbieter), siehe zusätzlich DIN EN ISO 9000:2015 Begriff 3.7.8 Leistung
Dokumentierte Information aufrechterhalten: Bild 3.32 F_Bewertung der Leistung.doc
© BSBE European Business School for Business Excellence 2019,
Freigegeben: Klaus Mustermann, Datum: 06.01.2019, Fertigungsunternehmen 2
Seite 1 von 3

BILD 3.32 Formular: F_Bewertung der Leistung (Ausschnitt)

3.10 8_FORTLAUFENDE VERBESSERUNG DES QM-SYSTEMS

Für den Funktionsbereich **8_Fortlaufende Verbesserung des QM-Systems** werden folgende Prozessabläufe benötigt:
- Internes Audit
- Nichtkonformitäten und Korrekturmaßnahmen

3.10.1 QM: Internes Audit

Mit diesem Prozessablauf wird das interne Audit prozessorientiert beschrieben (Bild 3.33).

Es werden **zwei Arten** von internen Audits dargestellt.

AUDITPROGRAMM als Systemaudit:

Das Audit wird als **Systemaudit** durchgeführt, um die Organisationsabläufe auf Wirksamkeit zur Erfüllung der Kundenanforderungen zu überprüfen.

Auditziele: Ermittlung des Erfüllungsgrades der DIN EN ISO 9001:2015 und der Anforderungen der Organisation.

Auditkriterien: Als Bezugsgrundlage (Referenz) dient die DIN EN ISO 9001:2015. Das Formular *F_Internes Audit_Plan_Bericht* und der Prozess *QM: Oberste Leitung und Organisation* werden als Fragenkatalog genutzt, um einen Vergleich mit den Nachweisen zu erhalten.

Auditumfang: Erfüllung der Anforderungen der DIN EN ISO 9001:2015 und der Anforderungen der Organisation.

Audithäufigkeit: einmal pro Jahr.

Auditmethoden: Formular *F_Internes Audit_Plan_Bericht* und Prozess *QM: Oberste Leitung und Organisation* als Basis für das interne Audit (Systemaudit) nutzen. Es werden Mitarbeiter befragt, Tätigkeiten beobachtet und Dokumente und Aufzeichnungen überprüft. Die Norm erwartet eine Planung des Auditprogramms. Die Norm legt jedoch nicht fest, wie oft ein internes Audit durchgeführt werden muss. Es wird jedoch empfohlen, das interne Audit einmal pro Jahr durchzuführen.

AUDITPROGRAMM als Prozessaudit:

Prozessaudit: Das interne Audit kann auch als **Prozessaudit** zur Behebung von Problemen genutzt werden. **Auditkriterien:** Als Bezugsgrundlage (Referenz) dient das Formular *F_Maßnahmen*.

WECHSELWIRKUNG

Aus diesem Prozessablauf wird eventuell auf weitere Prozessabläufe verwiesen (Wechselwirkung). Eine detaillierte Beschreibung erfolgt in diesen Prozessabläufen.

KORREKTUREN, KORREKTURMASSNAHMEN, VERBESSERUNGSMASSNAHMEN

Es sind eventuell Korrekturen oder Korrekturmaßnahmen einzuleiten. Im Bedarfsfall ist das Formular *F_Maßnahmen* auszufüllen. In diesem Formular werden Korrektur, Korrekturmaßnahme und Verbesserungsmaßnahme zusammengefasst.

3.10 8_Fortlaufende Verbesserung des QM-Systems

QM: Internes Audit

Tätigkeit / Prozessschritte (Abfolge-Eingaben-Ergebnisse)	Führung	Organisation: Vertrieb Einkauf, Entwicklung, Fertigung, WE, Lager, Versand	Wechselwirkung, Checkliste (Wissen der Organisation), Kriterien, Verfahren, Ressourcen	Lenkung dokumentierter Information, Wissen der Organisation
STARTEREIGNIS: *Nachfolgende Tätigkeiten werden bei fehlerhaften Produkten und Dienstleistungen durchgeführt, um das Problem zu beheben.* **PROZESSAUDIT**				•
PROZESSAUDIT: Abweichung festgestellt		X X	**Wechselwirkung / Prozess:** QM: Nichtkonformität und Korrekturmaßnahmen **Auditoren:** Es muss darauf geachtet werden, dass der Auditor seine eigene Tätigkeit nicht auditiert. **Auditziele:** Ermittlung der Ursachen und Behebung des Problems. Das Audit wird als **Prozessaudit** durchgeführt, um die Organisationsabläufe zu überprüfen und die Abweichung zu beheben. **Auditkriterien:** Als Bezugsgrundlage (Referenz) dient das Formular *F_Maßnahmen*. Das Formular *F_Maßnahmen* wird als Vorgehensweise genutzt, um einen Vergleich mit den Nachweisen zu erhalten. **Auditumfang:** Behebung des Problems **Audithäufigkeit:** beim Auftreten des Problems **Auditmethoden:** Formular *F_Maßnahmen* als Basis für das **Prozessaudit** nutzen. Es werden Mitarbeiter befragt, Tätigkeiten beobachtet und dokumentierte Informationen überprüft.	• F_Maßnahmen
Abweichungen beheben		X X	Die für die auditierte **Funktion** verantwortliche Leitung muss sicherstellen, dass Maßnahmen ohne ungerechtfertigte Verzögerung zur Beseitigung erkannter Fehler und ihrer Ursachen ergriffen werden. **Wechselwirkung / Prozess:** QM: Nichtkonformität und Korrekturmaßnahmen	• F_Maßnahmen
ENDEREIGNIS: Abweichung behoben				•

Fortlaufende Verbesserung:	**Methode:** internes Audit **Informationen Risiken und Chancen:** internes Audit Plan Bericht, internes Audit Fragenkatalog, Korrekturen und Korrekturmaßnahmen, Managementbewertung, messbare Qualitätsziele

Dokumentierte Information aufrechterhalten: Bild 3.33(Seite2) QM_Internes Audit.doc
Freigegeben: Klaus Mustermann, Datum: 06.01.2019, Fertigungsunternehmen 2
Seite 2 von 2

BILD 3.33 QM: Internes Audit (Ausschnitt)

3.10.1.1 Formular: F_Internes Audit_Plan_Bericht (erste Seite)

Mit diesem Formular wird das interne Audit als Systemaudit geplant, durchgeführt und dokumentiert (Bild 3.34).

Die DIN EN ISO 9001:2015 erwartet, dass das Qualitätsmanagementsystem in geplanten Abständen auditiert wird, um Informationen darüber zu erhalten, ob das Qualitätsmanagementsystem wirksam verwirklicht und aufrechterhalten wird. Die Norm legt jedoch nicht fest, wie oft Sie das interne Audit durchführen müssen.

Das Formular berücksichtigt das komplette Auditprogramm von der Planung über die Vorgehensweise bis zum Auditbericht.

Als *Audithäufigkeit* wurde *einmal pro Jahr* festgelegt. **Sie müssen selbst entscheiden, wie oft Sie ein Audit durchführen**.

F_Internes Audit_Plan_Bericht

Auditplan

Datum:	•
Uhrzeit von / bis:	•
Auditor 1:	•
Auditor 2:	•
	• Es wurde darauf geachtet, dass der Auditor seine eigene Tätigkeit nicht auditiert.

Auditziele:	• Ermittlung des Erfüllungsgrades der DIN EN ISO 9001:2015 und der Anforderungen der Organisation. Das Audit wird durchgeführt, um die Organisationsabläufe auf Wirksamkeit zur Erfüllung der Kundenanforderungen zu überprüfen.
Auditkriterien:	• Als Bezugsgrundlage (Referenz) dient die DIN EN ISO 9001:2015. Das **Formular** *F_Internes Audit_Plan_Bericht* und der **Prozess** *QM: Oberste Leitung und Organisation* werden als Vorgehensweise genutzt, um einen Vergleich mit den Nachweisen zu erhalten.
Auditumfang:	• Erfüllung der Anforderungen der DIN EN ISO 9001:2015 und der Anforderungen der Organisation. Die zu auditierenden Normenabschnitte sind im **Prozess** *QM: Oberste Leitung und Organisation* aufgeführt.
Audithäufigkeit:	• Einmal pro Jahr.
Auditmethoden:	• **Formular** *F_Internes Audit_Plan_Bericht*, **Prozess** *QM: Oberste Leitung und Organisation* und **Formular** *F_Dokumentierte Informationen-Matrix* als Basis für das interne Audit nutzen. Es werden Mitarbeiter befragt, Tätigkeiten beobachtet und dokumentierte Informationen überprüft.
Abweichungen im Audit:	• **Formular** *F_Internes Audit_Plan_Bericht* und **Formular** *F_Maßnahmen* für die Dokumentation nutzen.

> Sie müssen selbst festlegen, wie häufig Sie das interne Audit durchführen wollen.

Vorgehensweise:

1. Den oder die Auditoren festlegen. Dabei ist darauf zu achten, dass der Auditor seine eigene Tätigkeit nicht auditiert.
2. Den **Prozess** *QM: Oberste Leitung und Organisation* als Checkliste für das interne Audit nutzen.
3. Wenn „Nichtkonformitäten" oder „Verbesserungen" aus dem <u>vorigen</u> Audit vorhanden sind, dann müssen diese berücksichtigt werden.
4. Die zu auditierenden Normenabschnitte sind im **Prozess** *QM: Oberste Leitung und Organisation* aufgeführt.
5. Im **Prozess** *QM: Oberste Leitung und Organisation* sind die Wechselwirkungen zu anderen Prozessen mit aufgeführt, um die Tätigkeiten hinterfragen zu können.
6. Wenn im Audit „Nichtkonformitäten" oder „Verbesserungen" vorhanden sind, dann ist das unter „Übersicht über die auditierten Kapitel" unter Bemerkung in diesem Dokument einzutragen und das **Formular** *F_Maßnahmen* zur Dokumentation der „Nichtkonformitäten" oder „Verbesserungen" zu nutzen. Die verantwortliche Leitung muss sicherstellen, dass Maßnahmen ohne ungerechtfertigte Verzögerung zur Beseitigung erkannter Nichtkonformitäten und ihrer Ursachen ergriffen werden.
7. Weiter muss überprüft werden, ob Daten in die messbaren Qualitätsziele übernommen werden müssen.

Auditbericht:

Festgestellte Nichtkonformitäten:	• Es wurden keine Nichtkonformitäten festgestellt. • Die ausgefüllten **Formulare** *F_Maßnahmen* zur Dokumentation der Nichtkonformitäten oder Verbesserungen sind an diesen Bericht angeheftet. • *Nichtzutreffendes streichen
Abschließendes Urteil über die Erfüllung der Norm:	gut, zufriedenstellend, nicht zufriedenstellend

<u>Dokumentierte Information aufbewahren:</u> Bild 3.35(Seite2) F_Internes Audit_Plan_Bericht.doc
Freigegeben: Klaus Mustermann, Datum: 06.01.2019, Fertigungsunternehmen 2

BILD 3.34 Formular: F_Internes Audit_Plan_Bericht (Ausschnitt)

3.10.1.2 Formular: F_Internes Audit_Plan_Bericht (zweite Seite)

Wenn Sie das Audit durchführen, dann müssen Sie eine **Bewertung der einzelnen Normenkapitel** durchführen. Dies können Sie direkt parallel durchführen und die Ergebnisse eintragen. Also, immer wenn Sie das Audit durchführen, dann können Sie die Ergebnisse direkt eintragen (Bild 3.35).

Das Formular ist in drei Spalten unterteilt:

In **Spalte 1** wurden die zu *auditierenden Normenkapitel* als Überschriften eingetragen.

In **Spalte 2** wird der *BW-Schlüssel* 1, 2 oder 3 eingetragen.

In **Spalte 3** unter *Bemerkungen* können Sie Kommentare, z. B. über eine Abweichung oder durchzuführende Korrekturen, eintragen. Sie können die Spalte *Bemerkungen* auch *leer* lassen, wenn die *BW = 1* ist. Bei einer Bewertung von *BW = 2* oder *BW = 3* **muss** die Spalte *Bemerkung* ausgefüllt werden, und es **muss** eine **Maßnahme** eingeleitet werden, um eine Korrektur durchzuführen. Wenn die Spalte *BW* **grau** schraffiert ist, dann handelt es sich um **Überschriften in der Norm**, somit sind keine Fragen möglich.

Sie können das interne Audit über ein Jahr verteilen oder zusammenhängend durchführen.

Wenn Sie das interne Audit auf **mehrere Monate verteilen** wollen, dann tragen Sie unter *Bemerkung* einfach das Datum ein, an dem Sie das Audit durchgeführt haben. Sie müssen dann noch auf *Seite 1* unter *Datum* die entsprechenden Eintragungen vornehmen.

Als **Fragenkatalog** muss als Basis der Prozess *QM: Oberste Leitung und Organisation* genutzt werden. Der Prozess stellt die komplette Umsetzung der DIN EN ISO 9001:2015 dar. Der Prozess *QM: Oberste Leitung und Organisation* kann somit auch als Fragenkatalog für das interne Audit genutzt werden.

Hinweise zum **Prozess** *QM: Oberste Leitung und Organisation* finden Sie in diesem Buch im **Kapitel 1.4.3**.

3.10 8_Fortlaufende Verbesserung des QM-Systems

F_Internes Audit_Plan_Bericht

Übersicht über die auditierten Kapitel	BW	Bemerkung
4 KONTEXT DER ORGANISATION		
4.1 Verstehen der Organisation und ihres Kontextes	1	
4.2 Verstehen der Erfordernisse und Erwartungen interessierter Parteien	1	
4.3 Festlegen des Anwendungsbereichs des Qualitätsmanagementsystems	1	
4.4 Qualitätsmanagementsystem und seine Prozesse	1	
5 FÜHRUNG		
5.1 Führung und Verpflichtung		
5.1.1 Allgemeines	1	
5.1.2 Kundenorientierung	1	
5.2 Politik		
5.2.1 Festlegung der Qualitätspolitik	1	
5.2.2 Bekanntmachung der Qualitätspolitik	1	
5.3 Rollen, Verantwortlichkeiten und Befugnisse in der Organisation	1	
8 BETRIEB		
8.1 Betriebliche Planung und Steuerung	1	
8.2 Anforderungen an Produkte und Dienstleistungen		Bedeutung der betroffenen Prozesse, Änderungen mit Einfluss auf die Organisation
8.2.1 Kommunikation mit den Kunden	1	
8.2.2 Bestimmen von Anforderungen für Produkte und Dienstleistungen	1	
8.2.3 Überprüfung der Anforderungen für Produkte und Dienstleistungen	1	
8.2.4 Änderungen von Anforderungen an Produkte und Dienstleistungen	1	
8.3 Entwicklung von Produkten und Dienstleistungen		
8.3.1 Allgemeines	1	
8.3.2 Entwicklungsplanung	1	
8.3.3 Entwicklungseingaben	1	
8.3.4 Steuerungsmaßnahmen für die Entwicklung	1	
8.3.5 Entwicklungsergebnisse	1	
8.3.6 Entwicklungsänderungen	1	
8.4 Steuerung von extern bereitgestellten Prozessen, Produkten und Dienstleistungen		
8.4.1 Allgemeines	1	
8.4.2 Art und Umfang der Steuerung	1	
8.4.3 Informationen für externe Anbieter	1	
8.5 Produktion und der Dienstleistungserbringung		
8.5.1 Steuerung der Produktion und der Dienstleistungserbringung	1	
8.5.2 Kennzeichnung und Rückverfolgbarkeit	1	
8.5.3 Eigentum der Kunden oder der externen Anbieter	1	
8.5.4 Erhaltung	1	
8.5.5 Tätigkeiten nach der Lieferung	1	
8.5.6 Überwachung von Änderungen	1	
8.6 Freigabe von Produkten und Dienstleistungen	1	
8.7 Steuerung nichtkonformer Ergebnisse	1	
9 BEWERTUNG DER LEISTUNG		
9.1 Überwachung, Messung, Analyse und Bewertung		
9.1.1 Allgemeines	1	
9.1.2 Kundenzufriedenheit	1	
9.1.3 Analyse und Bewertung	1	
9.2 Internes Audit	1	
9.3 Managementbewertung		
9.3.1 Allgemeines	1	
9.3.2 Eingaben für die Managementbewertung	1	
9.3.3 Ergebnisse der Managementbewertung	1	

Erläuterung der Abkürzungen in der Überschrift:
BW: = Bewertung
1 = erfüllt, 2 = zum Teil erfüllt, 3 = nicht erfüllt
Bei einer Bewertung von 2 oder 3 muss das Feld „Bemerkung" ausgefüllt und eine Maßnahme eingeleitet werden.

Dokumentierte Information aufbewahren: Bild 3.35(Seite2) F_Internes Audit_Plan_Bericht.doc
Freigegeben: Klaus Mustermann, Datum: 06.01.2019, Fertigungsunternehmen 2
Seite 2 von 2

BILD 3.35 Formular: F_Internes Audit_Plan_Bericht (zweite Seite) (verkürzt dargestellt)

3.10.2 QM: Nichtkonformität und Korrekturmaßnahmen

Mit diesem Prozessablauf wird die Nichtkonformität als Korrektur oder Korrekturmaßnahme prozessorientiert beschrieben (Bild 3.36).

Die Tätigkeiten sind als Prozess definiert und somit prozessorientiert dargestellt. Wenn es erforderlich wird, dass fehlerhafte Produkte oder fehlerhafte Dienstleistungen gelenkt werden müssen, **dann muss dies direkt in dem betroffenen Prozess erfolgen**. Beispiel: *VERTRIEB: Angebot erstellen/ändern* (Bild 3.1).

Die *Nichtkonformitäten, Korrekturen, Korrekturmaßnahmen* und *Verbesserungen* können in unterschiedlichen Prozessen vorkommen. Daher wird dieser Prozess aus unterschiedlichen Prozessen angesprochen. Die getrennte Darstellung hat den Vorteil, dass nicht in jedem Prozess die kompletten Prozessschritte aufgeführt werden müssen.

ISO 9000:2015 AUSZUG AUS DER NORM

Begriff: Nichtkonformität (3.6.9) = *Fehler; Nichterfüllung einer Anforderung (3.6.4).*

Begriff: Korrektur (3.12.3) = *Maßnahme zur Beseitigung einer erkannten Nichtkonformität (3.6.9).*

Begriff: Korrekturmaßnahme (3.12.2) = *Maßnahme zum Beseitigen der Ursache einer Nichtkonformität (3.6.9) und zum Verhindern des erneuten Auftretens.*

3.10 8_Fortlaufende Verbesserung des QM-Systems

QM: Nichtkonformität und Korrekturmaßnahmen

Tätigkeit / Prozessschritte (Abfolge-Eingaben-Ergebnisse)	Führung	Organisation: Vertrieb, Einkauf, Entwicklung, Fertigung, WE, Lager, Versand	Wechselwirkung, Checkliste (Wissen der Organisation), Kriterien, Verfahren, Ressourcen	Lenkung dokumentierter Information, Wissen der Organisation
STARTEREIGNIS: Korrektur durchführen				•
Korrektur durch Wechselwirkung / Prozess auslösen	X	X		•
Bewertung der Nichtkonformität durchführen	X		**Bewerten:** Hat die Nichtkonformität Auswirkungen auf die Kundenzufriedenheit? Wichtung des Fehlers	• F_Maßnahmen
Ursachenanalyse der Nichtkonformität durchführen	X	X	**Prüfen:** In welcher Funktion ist das Problem aufgetreten? Wann und wo ist das Problem aufgetreten? Was für ein Problem ist aufgetreten? Was ist die Ursache des Problems? Kann das Problem noch an anderen Stellen auftreten? Welche Korrektur wurde durchgeführt?	• F_Maßnahmen
Korrektur durchführen und auf Wirksamkeit überprüfen	X	X	Aufgetretene Nichtkonformität ohne ungerechtfertigte Verzögerung beheben und Wirksamkeit überprüfen	• F_Maßnahmen
Beurteilung des Handlungsbedarfs, um das erneute Auftreten oder ein Auftreten der Nichtkonformität an anderer Stelle zu verhindern	X		**Prüfen:** Ist eine Korrekturmaßnahme erforderlich, um das erneute Auftreten zu verhindern?	• F_Maßnahmen
STARTEREIGNIS: Korrekturmaßnahmen planen, festlegen und umsetzen, um das erneute Auftreten zu verhindern				•
Ermittlung und Verwirklichung der erforderlichen Maßnahmen	X		**Prüfen:** Welche Maßnahmen sind erforderlich? Wer führt die Umsetzung durch? Bis wann soll die Umsetzung durchgeführt werden?	• F_Maßnahmen
Aufzeichnung der Ergebnisse der ergriffenen Maßnahmen	(X)	X	**Prüfen:** Die Ergebnisse werden im Formular F_Maßnahmen aufgezeichnet.	• F_Maßnahmen
Ergriffene Korrekturmaßnahmen überprüfen (Verifizierung)	(X)	X	**Prüfen:** Wer prüft die Umsetzung?	• F_Maßnahmen • Interne Audits
Messbare Qualitätsziele: Notwendigkeit einer Aktualisierung prüfen	X		**Prüfen:** Ob das Formular F_Messbare Qualitätsziele aktualisiert werden muss.	• F_Messbare Qualitätsziele
Risiken und Chancen: Notwendigkeit einer Aktualisierung prüfen	X		**Prüfen:** Ob das Formular F_Kontext Interne Externe Themen Risiken Chancen aktualisiert werden muss.	• F_Kontext Interne Externe Themen Risiken Chancen
Qualitätsmanagementsystem: Notwendigkeit einer Aktualisierung prüfen	X		**Prüfen:** Ob das Qualitätsmanagementsystem aktualisiert werden muss. **Wechselwirkung/Prozess:** QM_Internes Audit	•
ENDEREIGNIS: Korrekturmaßnahmen geplant, festgelegt und umgesetzt				•

Dokumentierte Information aufrechterhalten: Bild 3.36 QM_Nichtkonformität und Korrekturmaßnahmen.doc
Freigegeben: Klaus Mustermann, Datum: 06.01.2019, Fertigungsunternehmen 2
Seite 1 von 1

BILD 3.36 QM: Nichtkonformität und Korrekturmaßnahmen

3.10.3 Fortlaufende Verbesserung

Die Umsetzung der **fortlaufenden Verbesserung** erfolgt mit den Formularen *F_Kontext Interne Externe Themen Risiken Chancen*, *F_Messbare Qualitätsziele*, *F_Internes Audit_Plan_Bericht*, *F_Bewertung der Leistung* und *F_Managementbewertung* sowie *F_Maßnahmen*.

ISO 9000:2015 AUSZUG AUS DER NORM

Begriff: Verbesserung (3.3.1) = *Tätigkeit zum Steigern der Leistung (3.7.8).*

Anmerkung 1 zum Begriff: Die Tätigkeit kann wiederkehrend oder einmalig sein.

Begriff: fortlaufende Verbesserung (3.3.2) = *wiederkehrende Tätigkeit zum Steigern der Leistung (3.7.8).*

Anmerkung 1 zum Begriff: Der Prozess (3.4.1) zum Festlegen von Zielen (3.7.1) und Herausfinden von Chancen zur Verbesserung (3.3.1) stellt aufgrund der Nutzung von Auditfeststellungen (3.13.9) und Auditschlussfolgerungen (3.13.10), der Auswertung von Daten (3.8.1), Managementbewertungen (Management 3.3.3), Überprüfung (3.11.2) oder anderen Maßnahmen **einen fortlaufenden Prozess dar** *und führt zu Korrekturmaßnahmen (3.12.2) oder Vorbeugungsmaßnahmen (3.12.1).*

ISO 9001:2015 AUSZUG AUS DER NORM

A.4 Risikobasiertes Denken

... Es ist eine Kernaufgabe eines Qualitätsmanagementsystems, als vorbeugendes Instrument zu wirken. Aus diesem Grund enthält diese Internationale Norm **keinen separaten Abschnitt oder Unterabschnitt** *zu vorbeugenden Maßnahmen. Das Konzept der vorbeugenden Maßnahmen wird durch die Anwendung des risikobasierten Denkens bei der Formulierung von Anforderungen des Qualitätsmanagementsystems zum Ausdruck gebracht ...*

3.10.3.1 Formular: F_Maßnahmen

Mit diesem Formular werden unterschiedliche Maßnahmen durchgeführt und dokumentiert. **Korrektur**, **Korrekturmaßnahme** und **Verbesserungsmaßnahme** als **fortlaufende Verbesserung** des Qualitätsmanagementsystems (Bild 3.37).

Das Formular ist in **neun Teilbereiche** aufgeteilt. Es ist ein Universalformular, das für unterschiedliche Maßnahmen in den einzelnen Funktionen genutzt werden kann.

1. **Art der Maßnahme:** Hier ist die Maßnahme auszuwählen und sind die nicht zutreffenden Maßnahmen zu streichen (Pflichtfeld).
2. **Funktion:** Hier ist der Funktionsbereich auszuwählen und sind die nicht zutreffenden Funktionsbereiche zu streichen (Pflichtfeld).
3. **Wann und wo ist das Problem aufgetreten?** Hier ist das Datum einzutragen, wann und wo das Problem aufgetreten ist (Pflichtfeld).
4. **Was für ein Problem ist aufgetreten?** Hier ist das Problem einzutragen. Alle Angaben können stichpunktartig eingetragen werden. Ausformulierte Sätze sind nicht erforderlich (Pflichtfeld).
5. **Welche Korrektur wurde durchgeführt?** Hier ist einzutragen, ob bereits eine Korrektur durchgeführt wurde.
6. **Was ist die Ursache des Problems? Kann das Problem noch an anderen Stellen auftreten?** Hier ist die Ursache des Problems einzutragen. Alle Angaben können stichpunktartig eingetragen werden. Ausformulierte Sätze sind nicht erforderlich (Pflichtfeld).
7. **Welche Maßnahme ist erforderlich?** Hier ist die Maßnahme einzutragen. Alle Angaben können stichpunktartig eingetragen werden. Ausformulierte Sätze sind nicht erforderlich (Pflichtfeld).

3.10 8_Fortlaufende Verbesserung des QM-Systems

F_Maßnahmen

1 **Art der Maßnahme:** Korrektur, Korrekturmaßnahme, Verbesserungsmaßnahme
*Nichtzutreffendes streichen

2 **Funktion:** Vertrieb, Einkauf, Entwicklung, Fertigung, WE, Lager, Versand
*Nichtzutreffendes streichen

3 Wann und wo ist das Problem aufgetreten?

4 Was für ein Problem ist aufgetreten?

5 Welche Korrektur wurde durchgeführt?

6 Was ist die Ursache des Problems?
Kann das Problem noch an anderen Stellen auftreten?

7 Welche Maßnahme ist erforderlich?

8
Maßnahme zu erledigen bis:	Durch Mitarbeiter:	Wirksamkeit der Maßnahme überprüft durch / am:

9
Übernahme in die messbaren Qualitätsziele erforderlich: **JA / NEIN**	Risiken und Chancen: Aktualisierung erforderlich **JA / NEIN**	Änderung im Qualitätsmanagementsystem erforderlich: **JA / NEIN**

Alle Angaben können stichpunktartig eingetragen werden. Ausformulierte Sätze sind nicht erforderlich. Die für die auditierte **Funktion** verantwortliche Leitung muss sicherstellen, dass Maßnahmen ohne ungerechtfertigte Verzögerung zur Beseitigung erkannter Nichtkonformitäten und ihrer Ursachen ergriffen werden.

Dokumentierte Information aufbewahren: Bild 3.37 F_Maßnahmen.doc
Freigegeben: Klaus Mustermann, Datum: 06.01.2019, Fertigungsunternehmen 2
Seite 1 von 1

BILD 3.37 Formular: F_Maßnahmen

8. **Maßnahme zu erledigen bis:** Es muss ein Termin festgelegt werden, bis wann die Maßnahme erledigt wird. **Durch Mitarbeiter:** Es muss ein Mitarbeiter festgelegt werden, der die Umsetzung der Maßnahme durchführt oder die Durchführung veranlasst. **Wirksamkeit der Maßnahme überprüft durch/am:** Die für den betroffenen Funktionsbereich verantwortliche Leitung muss sicherstellen, dass Maßnahmen ohne ungerechtfertigte Verzögerung zur Beseitigung erkannter Fehler und ihrer Ursachen ergriffen werden und die Umsetzung kontrolliert wird (Pflichtfelder).

9. **Übernahme in die messbaren Qualitätsziele erforderlich:** Es kann überprüft werden, ob eine Veränderung in die messbaren Qualitätsziele erfolgen muss. **Risiken und Chancen:** Es kann überprüft werden, ob eine Veränderung bei den Risiken und Chancen erfolgen muss. **Änderung im Qualitätsmanagementsystem erforderlich:** Es kann überprüft werden, ob eine Veränderung im Qualitätsmanagementsystem erfolgen muss (Pflichtfelder).

■ 3.11 9_MITARBEITER

3.11.1 MITARBEITER: Ausbildung, Schulung, Fertigkeiten, Erfahrung, Kompetenz

Mit diesem Prozessablauf werden Ausbildung, Schulung, Fertigkeiten, Erfahrung und Kompetenz prozessorientiert beschrieben (Bild 3.38).

Die Mitarbeiter werden in den entsprechenden **Funktionsbereichen** und **Ebenen** eingesetzt. Daher ist es notwendig, Ausbildung, Schulungen, Fertigkeiten, Erfahrungen und Kompetenzen zu ermitteln.

Der Prozess ist in drei Teilbereiche unterteilt:

1. bestehendes Personal,
2. neues Personal,
3. Zeitarbeitskräfte.

Bei den **bestehenden Mitarbeitern** sollte auch in geplanten Abständen oder bei Bedarf eine Analyse durchgeführt werden.

Bei einer **Neueinstellung** wird ein Anforderungsprofil erstellt, dies kann auch eine Anzeige in einer Zeitung sein, und mit den Bewerbungsunterlagen verglichen. Damit ist die grundsätzliche Analyse erfüllt. Dazu gehören: die Tätigkeiten, die bei einer Einstellung neuer Mitarbeiter erforderlich sind; die Tätigkeiten, die bei einer Beschäftigung von Zeitarbeitskräften, die vom Personaldienstleister zur Verfügung gestellt werden, erforderlich sind; die Analyse der Mitarbeiter, deren Tätigkeiten die Erfüllung der Produktanforderungen beeinflussen.

Bei **Zeitarbeitskräften** wird ein Anforderungsprofil erstellt, dies kann auch eine Anzeige in einer Zeitung sein, und mit den Bewerbungsunterlagen verglichen. Damit ist die grundsätzliche Analyse erfüllt. Dazu gehören: die Tätigkeiten, die bei einer Einstellung neuer Mitarbeiter erforderlich sind; die Tätigkeiten, die bei einer Beschäftigung von Zeitarbeitskräften, die vom Personaldienstleister zur Verfügung gestellt werden, erforderlich sind; die Analyse der Mitarbeiter, deren Tätigkeiten die Erfüllung der Produktanforderungen beeinflussen.

KORREKTUREN, KORREKTURMASSNAHMEN, VERBESSERUNGSMASSNAHMEN

Es sind eventuell Korrekturen oder Korrekturmaßnahmen einzuleiten. Im Bedarfsfall ist das Formular *F_Maßnahmen Mitarbeiter* auszufüllen. In diesem Formular werden Korrektur, Korrekturmaßnahme und Verbesserungsmaßnahme **für die Mitarbeiter** zusammengefasst.

MITARBEITER: Ausbildung, Schulung, Fertigkeiten, Erfahrung, Kompetenz

Tätigkeit / Prozessschritte (Abfolge-Eingaben-Ergebnisse) ↓	Füh-rung	Organisation: Vertrieb, Einkauf, Entwicklung, Fertigung, WE, Lager, Versand	Wechselwirkung, Checkliste (Wissen der Organisation), Kriterien, Verfahren, Ressourcen	Lenkung dokumentierter Information, Wissen der Organisation
STARTEREIGNIS: *Analyse der Mitarbeiter, deren Tätigkeit die Erfüllung der Produkt- und Dienstleistungsanforderungen beeinflusst*			Dieser Prozess wird nur für bestehende Mitarbeiter durchgeführt.	•
Kompetenz ermitteln und festlegen (Beeinflussung der Mitarbeiter auf Produkt- und Dienstleistungsanforderungen)	X	(X)	**Berücksichtigen:** Ausbildung, Schulung, Fertigkeiten, Erfahrung, Kompetenz in den Funktionen, Ebenen und Prozessen 1. Qualitätspolitik vermitteln 2. relevante Qualitätsziele vermitteln 3. Beitrag zur Wirksamkeit des Qualitätsmanagementsystems einschließlich der Vorteile einer verbesserten Leistung vermitteln 4. Folgen einer Nichterfüllung der Anforderungen des Qualitätsmanagementsystems vermitteln 5. Sicherstellen der Förderung der Kundenorientierung innerhalb der gesamten Organisation vermitteln **Normkapitel (5.1.1 h))** Wenn die Mitarbeiter zur Wirksamkeit des Qualitätsmanagementsystems beitragen sollen, dann müssen sie besonders angeleitet werden, damit sie die oberste Leitung dahin gehend unterstützen können.	• Lebenslauf mit bisher ausgeübten Tätigkeiten und Erfahrungen • Schulungen • Ausbildungen • F_Organigramm_Verantwortung • F_Mitarbeitermatrix (Verantwortung und Befugnisse) • F_Qualitätspolitik • F_Bewertung der Leistung • Datenschutz
Maßnahmenbedarf planen und Maßnahmen durchführen, um die Kompetenz zu erreichen oder zu erhalten	X	(X)	Der Maßnahmenbedarf wird analysiert und geplant. Das Ergebnis der Planung kann sein: 1. Es ist kein Maßnahmenbedarf vorhanden. 2. Es ist Maßnahmenbedarf vorhanden. Es wird dann nach Wichtigkeit und internen oder externen Maßnahmen unterschieden: 1. Die Maßnahme hat direkten Einfluss auf die Produkt- und Dienstleistungsanforderungen. 2. Die Maßnahme hat keinen Einfluss auf die Produkt- und Dienstleistungsanforderungen. 3. Es muss sichergestellt sein, dass die Mitarbeiter sich der Bedeutung der Tätigkeit in den Funktionen, Ebenen und Prozessen bewusst sind und wissen, wie sie zu der Erreichung der messbaren Qualitätsziele beitragen können. Basis für die Entscheidungen sind die Funktionen, Ebenen und Prozesse und die Beeinflussung der Mitarbeiter auf die Produkt- und Dienstleistungsanforderungen. Weiter werden die Kosten der Schulung berücksichtigt sowie der Nutzen für das Unternehmen und den Kunden.	• F_Maßnahmen Mitarbeiter • externe Schulungsnachweise
Maßnahmen auf Wirksamkeit bewerten	X	(X)	Nach Durchführung der Maßnahme wird die Wirksamkeit bewertet.	• F_Maßnahmen Mitarbeiter • externe Schulungsnachweise
ENDEREIGNIS: *Analyse der Mitarbeiter, deren Tätigkeit die Erfüllung der Produkt- und Dienstleistungsanforderungen beeinflusst, durchgeführt*				•

Dokumentierte Information aufrechterhalten: Bild 3.38 MITARBEITER_Ausbildung_Schulung_Fertigkeiten_Erfahrung_Kompetenz.doc
© BSBE European Business School for Business Excellence 2019,
Freigegeben: Klaus Mustermann, Datum: 06.01.2019, Fertigungsunternehmen 2
Seite 1 von 3

BILD 3.38 MITARBEITER: Ausbildung, Schulung, Fertigkeiten, Erfahrung, Kompetenz (Ausschnitt)

3.11.1.1 Formular: F_Maßnahmen Mitarbeiter

Das Formular ist ein Universalformular, das für unterschiedliche Tätigkeiten eingesetzt werden kann. Für die Größe der hier dargestellten Organisation ist dies ausreichend (Bild 3.39).

Die Maßnahme berücksichtigt:

1. Die Art der Maßnahme: interne Schulung; externe Schulung; Unterweisung, Betriebsversammlung; Mitarbeiterbesprechung; Informationen, die zur Kenntnis abgezeichnet werden müssen.
2. Die betroffenen Funktionen.
3. Den Inhalt/das Thema der Maßnahme und die Information, die zur Kenntnis abgezeichnet werden müssen.
4. Die Beurteilung der Wirksamkeit der Maßnahme.
5. Die Mitarbeiter, die vom Personaldienstleister zur Verfügung gestellt werden, sind hier ebenfalls berücksichtigt.

Sie müssen dieses Formular nicht mit dem EDV-System ausfüllen, es ist auch möglich, das Formular von Hand auszufüllen. Der Aufwand ist überschaubar und sollte unbedingt genutzt werden. Die Norm erwartet jedoch, dass die Eintragungen lesbar sind. Sie sollten aber die Mitarbeiter vorher eintragen, damit Sie das Formular optimal nutzen können.

Weiter erwartet die Norm, dass die Wirksamkeit der Maßnahme kontrolliert wird, und dies sollten Sie unbedingt durchführen.

F_Maßnahmen Mitarbeiter

① Art der Maßnahme:
- interne Schulung, externe Schulung, Unterweisung, Betriebsversammlung, Mitarbeiterbesprechung; Information zur Kenntnis
  *Nichtzutreffendes streichen

② Funktionsbereiche:
- Vertrieb, Einkauf, Entwicklung, Fertigung, WE, Lager, Versand
  *Nichtzutreffendes streichen

Ort, Datum, Uhrzeit von / bis:
-

Nächste geplante Maßnahme:
-

③ Inhalt / Thema der Maßnahme:

Information zur Kenntnis:
*Nichtzutreffendes streichen
-

④ Wirksamkeit der Maßnahme beurteilt durch / am:
-

⑤

Name des Mitarbeiters der eigenen Organisation / des Personaldienstleisters:	Unterschrift des Mitarbeiters der eigenen Organisation / des Personaldienstleisters:	eigene Organisation	Personaldienstleister

Inhalt / Thema: Mit der Unterschrift bestätigt der Mitarbeiter / die Zeitarbeitskraft, dass er / sie teilgenommen und den Inhalt / das Thema der Maßnahme verstanden hat. Sollte der Inhalt / das Thema der Maßnahme nicht oder nur teilweise verstanden worden sein, dann ist unverzüglich der Vorgesetzte zu benachrichtigen.
Information zur Kenntnis: Mit der Unterschrift bestätigt der Mitarbeiter / die Zeitarbeitskraft, dass er /sie die Information gelesen und verstanden hat.

Dokumentierte Information aufbewahren: Bild 3.39 F_Maßnahmen Mitarbeiter.doc
Freigegeben: Klaus Mustermann, Datum: 06.01.2019, Fertigungsunternehmen 2
Seite 1 von 1

BILD 3.39 Formular: F_Maßnahmen Mitarbeiter

■ 3.12 10_DOKUMENTIERTE INFORMATION FORMULARE

3.12.1 Wissen der Organisation

Das **Wissen der Organisation** besteht aus **Informationen**, die in der **gesamten Organisation** vorkommen, um die Prozesse durchführen und die Konformität von Produkten und Dienstleistungen erreichen zu können.

**ISO 9001:2015
AUSZUG AUS DER NORM**

7.1.6 Wissen der Organisation

ANMERKUNG 2 Das Wissen der Organisation kann auf Folgendem basieren:

a) auf internen Quellen (z. B. geistiges Eigentum, aus Erfahrungen gesammeltes Wissen, Lektionen aus Fehlern und erfolgreichen Projekten, Erfassen und Austausch von nicht dokumentiertem Wissen und Erfahrung, die Ergebnisse aus Verbesserungen von Prozessen, Produkten und Dienstleistungen);

b) auf externen Quellen (z. B. Normen, Hochschulen, Konferenzen, Wissenserwerb von Kunden oder externen Anbietern).

Dies macht nun deutlich, dass alle **Informationen** berücksichtigt werden können, auch Informationen, die **nicht dokumentiert** sind.

Auch wenn es die DIN EN ISO 9001:2015 ermöglicht, weniger zu dokumentieren, dann gelten trotzdem die gesetzlichen Anforderungen an die dokumentierte Information!

Weitere Hinweise zum **Begriff** *Information* und zum *Dokumentationsumfang* finden Sie in diesem Buch im **Kapitel 1.3.9**.

3.12.2 Lenkung dokumentierter Informationen aufrechterhalten

Es ist eine Anforderung der DIN EN ISO 9001:2015, dass die **dokumentierte Information gelenkt** werden muss. Die dokumentierte Information besteht aus Daten der Organisation und dokumentierter Information aus externer Herkunft oder von interessierten Parteien.

3.12.2.1 Formular: F_Dokumentierte Informationen-Matrix

Die DIN EN ISO 9001:2015 schreibt in mehreren Kapiteln eine dokumentierte Information vor, **nicht jedoch den Umfang.**

Die Lenkung der dokumentierten Information wurde in einer Matrix umgesetzt.

Dieser Teil der Matrix behandelt die **interne dokumentierte Information**, die **aufrechterhalten**, also **aktuell** gehalten werden muss.

Das Formular *F_Dokumentierte Informationen-Matrix* berücksichtigt die Anforderungen der Normenkapitel 7.5.3.1 und 7.5.3.2 der DIN EN ISO 9001:2015. Die Abbildung zeigt nur einen Ausschnitt aus der gesamten Tabelle (Bild 3.40).

Um die dokumentierten Informationen einfacher wiederfinden zu können, wurden sie den Funktionen der Organisation, z. B. *VERTRIEB*, zugeordnet.

Bei der hier betrachteten Organisationsgröße ist das Qualitätsmanagement **keine eigene** Funktionseinheit. Daher muss festgelegt werden, wer für die Aktualisierung verantwortlich ist.

In der Dokumentationsmatrix wird die von der Organisation zu der Sicherstellung der wirksamen Planung, Durchführung und Lenkung der Prozesse und Formulare als **notwendig eingestufte** dokumentierte Information eingetragen.

| F_Dokumentierte Informationen-Matrix |

ABKÜRZUNGEN:

Oberste Leitung (Geschäftsführung)	OL
Personen mit Verantwortung (Qualitätmanagementsystem)	PMV
Mitarbeiter	MA

DOKUMENTIERTE INFORMATIONEN AUFRECHTERHALTEN:

Von der Organisation als notwendig eingestuft

Kennzeichnung	Aufbewahrung	Schutz	Wiederauffindbarkeit	Aufbewahrungsfrist	Verfügung
Kennzeichnung: Name der dokumentierten Information **Freigabe:** Die Freigabe ist in den dokumentierten Informationen in der Fußzeile aufgeführt. Dies gilt sowohl für die Erstellung als auch für die Aktualisierung.	Ordner in Papierform in den **Funktionsbereichen** oder in der zentralen Ablage Elektronischer Ordner im EDV-System	Im Schrank, Regal (abschließbar – nicht abschließbar) EDV-System mit Kennwort (EKW)	Ordner in Papierform in den **Funktionsbereichen** oder in der zentralen Ablage Im EDV-System in elektronischen Ordnern	Gesetzliche Aufbewahrungsfrist Von der Organisation festgelegte Aufbewahrungsfrist	**Funktionsbereiche** Mitarbeiter
Anwendungsbereich des Qualitätsmanagementsystems					
A_START-Anwendungsbereich des Qualitätsmanagementsystems	EDV	EDV	EDV	Bis zur nächsten Aktualisierung	OL, PMV, MA
1_VERTRIEB					
VERTRIEB: Angebot erstellen / ändern	EDV	EDV	EDV	Bis zur nächsten Aktualisierung	OL, PMV, MA
VERTRIEB: Angebot verfolgen	EDV	EDV	EDV	Bis zur nächsten Aktualisierung	OL, PMV, MA
VERTRIEB: Auftrag erstellen	EDV	EDV	EDV	Bis zur nächsten Aktualisierung	OL, PMV, MA
VERTRIEB: Auftrag ändern / stornieren	EDV	EDV	EDV	Bis zur nächsten Aktualisierung	OL, PMV, MA
VERTRIEB: Reklamation	EDV	EDV	EDV	Bis zur nächsten Aktualisierung	OL, PMV, MA
2_EINKAUF					
EINKAUF: Disposition / Anfrage / Preisvergleich / Bestellung	EDV	EDV	EDV	Bis zur nächsten Aktualisierung	OL, PMV, MA
EINKAUF: Bestellung verfolgen	EDV	EDV	EDV	Bis zur nächsten Aktualisierung	OL, PMV, MA
EINKAUF: Lieferanten Auswahl / Beurteilung / Neubeurteilung	EDV	EDV	EDV	Bis zur nächsten Aktualisierung	OL, PMV, MA
EINKAUF: Reklamation / Falschlieferung	EDV	EDV	EDV	Bis zur nächsten Aktualisierung	OL, PMV, MA
3_ENTWICKLUNG					
Der Entwicklungsprozess ist im Formular **F_Entwicklung** zusammengefasst.					
4_FERTIGUNG					
FERTIGUNG: Fertigungsablauf	EDV	EDV	EDV	Bis zur nächsten Aktualisierung	OL, PMV, MA
FERTIGUNG: Instandhaltung der Fertigungseinrichtungen	EDV	EDV	EDV	Bis zur nächsten Aktualisierung	OL, PMV, MA
FERTIGUNG: Überwachungs- und Messmittel verwalten	EDV	EDV	EDV	Bis zur nächsten Aktualisierung	OL, PMV, MA
5_WARENEINGANG / LAGER / VERSAND					
WARENEINGANG: Wareneingang aus Fertigung	EDV	EDV	EDV	Bis zur nächsten Aktualisierung	OL, PMV, MA
WARENEINGANG: Wareneingang extern	EDV	EDV	EDV	Bis zur nächsten Aktualisierung	OL, PMV, MA
LAGER: Produkte einlagern oder auslagern	EDV	EDV	EDV	Bis zur nächsten Aktualisierung	OL, PMV, MA
LAGER: Inventur	EDV	EDV	EDV	Bis zur nächsten Aktualisierung	OL, PMV, MA
VERSAND: Produkte versenden	EDV	EDV	EDV	Bis zur nächsten Aktualisierung	OL, PMV, MA
7_Verantwortung der obersten Leitung und Organisation					
QM_Oberste Leitung und Organisation	EDV	EDV	EDV	Bis zur nächsten Aktualisierung	OL, PMV, MA
8_Fortlaufende Verbesserung des QM-Systems					
QM_Internes Audit	EDV	EDV	EDV	Bis zur nächsten Aktualisierung	OL, PMV, MA

Dokumentierte Information aufrechterhalten: Bild 3.40(Seite1) Bild 3.41(Seite2) Bild3.42(Seite3) F_Dokumentierte Informationen-Matrix.doc
Freigegeben: Klaus Mustermann, Datum: 06.01.2019, Fertigungsunternehmen 2

BILD 3.40 Formular: F_Dokumentierte Informationen-Matrix (dokumentierte Informationen aufrechterhalten) (Ausschnitt 1)

Die dokumentierte Information darf grundsätzlich keine handschriftlichen Änderungen enthalten. Entweder ist die dokumentierte Information ausgedruckt, ohne handschriftliche Änderungen, oder steht elektronisch zur Verfügung. Mit einer Mitteilung wird die neue gültige dokumentierte Information verteilt.

Weiter muss festgelegt werden, was mit der dokumentierten Information passieren muss, wenn sie nicht mehr gültig ist. Dies muss durch die Organisation festgelegt werden. Die Norm ermöglicht auch, dass die dokumentierte Information vernichtet wird, wenn sie nicht mehr gültig ist. Ansonsten ist die ungültige dokumentierte Information zu kennzeichnen, damit keine Verwechslung mit der aktuellen dokumentierten Information erfolgt. Deshalb sollten die Mitarbeiter darüber informiert werden, dass sie selbst keine eigenen Kopien erstellen dürfen, damit nicht aus Versehen die ungültige dokumentierte Information genutzt wird. Dies gilt für die Papierform und die elektronische Form.

Sie müssen die Inhalte der Tabelle überprüfen und an die Erfordernisse Ihrer Organisation anpassen.

3.12.3 Lenkung dokumentierter Informationen externer Herkunft

Es ist eine Anforderung der DIN EN ISO 9001:2015, dass die **dokumentierte Information gelenkt** werden muss. Die dokumentierte Information besteht aus Daten der Organisation und dokumentierter Information aus externer Herkunft oder von interessierten Parteien.

3.12.3.1 Formular: F_Dokumentierte Informationen-Matrix

Die DIN EN ISO 9001:2015 schreibt in mehreren Kapiteln eine dokumentierte Information vor, **nicht jedoch den Umfang.**

Die Lenkung der dokumentierten Information wurde in einer Matrix umgesetzt.

Dieser Teil der Matrix behandelt die **dokumentierte Information externer Herkunft**, die **aufrechterhalten**, also **aktuell** gehalten werden muss. Die Aktualisierung kann jedoch nur durch den **Ersteller** der *dokumentierten Information externer Herkunft* durchgeführt werden.

Das Formular *F_Dokumentierte Informationen-Matrix* berücksichtigt die Anforderungen der Normenkapitel 7.5.3.1 und 7.5.3.2 der DIN EN ISO 9001:2015. Die Abbildung zeigt nur einen Ausschnitt aus der gesamten Tabelle (Bild 3.41).

Um die dokumentierten Informationen einfacher wiederfinden zu können, wurden sie den Funktionen der Organisation, z. B. *Büro*, zugeordnet.

Bei der hier betrachteten Organisationsgröße ist das Qualitätsmanagement **keine eigene** Funktionseinheit. Daher muss festgelegt werden, wer für die Aktualisierung verantwortlich ist.

In der Dokumentationsmatrix wird die von der Organisation zu der Sicherstellung der wirksamen Planung, Durchführung und Lenkung der Prozesse und Formulare als **notwendig eingestufte** dokumentierte Information eingetragen.

Sie müssen die Inhalte der Tabelle überprüfen und an die Erfordernisse Ihrer Organisation anpassen.

3.12 10_Dokumentierte Information Formulare

F_Dokumentierte Informationen-Matrix

QM_Nichtkonformität und Korrekturmaßnahmen	EDV	EDV	EDV	Bis zur nächsten Aktualisierung	OL, PMV, MA
9_Mitarbeiter					
MITARBEITER_Ausbildung_Schulung_Fertigkeiten_Erfahrung_Kompetenz	EDV	EDV	EDV	Bis zur nächsten Aktualisierung	OL, PMV, MA
10_Dokumentierte Information_Formulare					
F_Beurteilung Auswahl und Leistungsüberwachung von externen Anbietern	EDV	EDV	EDV	Bis zur nächsten Aktualisierung	OL, PMV, MA
F_Beurteilung Auswahl und Leistungsüberwachung von externen Anbietern_QFD	EDV	EDV	EDV	Bis zur nächsten Aktualisierung	OL, PMV, MA
F_Bewertung der Leistung	EDV	EDV	EDV	Bis zur nächsten Aktualisierung	OL, PMV, MA
F_Dokumentierte Informationen-Matrix	EDV	EDV	EDV	Bis zur nächsten Aktualisierung	OL, PMV, MA
F_Entwicklung	EDV	EDV	EDV	Bis zur nächsten Aktualisierung	OL, PMV, MA
F_Internes Audit_Plan_Bericht	EDV	EDV	EDV	Bis zur nächsten Aktualisierung	OL, PMV, MA
F_Kontext Interne Externe Themen Risiken Chancen	EDV	EDV	EDV	Bis zur nächsten Aktualisierung	OL, PMV, MA
F_Managementbewertung	EDV	EDV	EDV	Bis zur nächsten Aktualisierung	OL, PMV, MA
F_Maßnahmen Mitarbeiter	EDV	EDV	EDV	Bis zur nächsten Aktualisierung	OL, PMV, MA
F_Maßnahmen	EDV	EDV	EDV	Bis zur nächsten Aktualisierung	OL, PMV, MA
F_Messbare Qualitätsziele	EDV	EDV	EDV	Bis zur nächsten Aktualisierung	OL, PMV, MA
F_Organigramm_Verantwortung	EDV	EDV	EDV	Bis zur nächsten Aktualisierung	OL, PMV, MA
F_Mitarbeitermatrix (Verantwortung und Befugnisse)	EDV	EDV	EDV	Bis zur nächsten Aktualisierung	OL, PMV, MA
F_Qualitätspolitik	EDV	EDV	EDV	Bis zur nächsten Aktualisierung	OL, PMV, MA
F_Liste_Überwachungsmittel_Messmittel	EDV	EDV	EDV	Bis zur nächsten Aktualisierung	OL, PMV, MA

DOKUMENTIERTE INFORMATIONEN EXTERNER HERKUNFT:

Von der Organisation als notwendig eingestuft

Kennzeichnung	Aufbewahrung	Schutz	Wiederauffindbarkeit	Aufbewahrungsfrist	Verfügung
Kennzeichnung: Name der dokumentierten Information externer Herkunft **Freigabe:** Die Freigabe erfolgt durch den Ersteller.	Ordner in Papierform in den **Funktionsbereichen** oder in der zentralen Ablage Elektronischer Ordner im EDV-System	Im Schrank, Regal (abschließbar – nicht abschließbar) EDV-System mit Kennwort (EKW)	Ordner in Papierform in den **Funktionsbereichen** oder in der zentralen Ablage Im EDV-System in elektronischen Ordnern	Gesetzliche Aufbewahrungsfrist Von der Organisation festgelegte Aufbewahrungsfrist	**Funktionsbereiche** Mitarbeiter
Dokumentierte Informationen externer Herkunft					
DIN EN ISO 9001:2015	Büro	Papier/EDV	Büro	Bis zur nächsten Aktualisierung	OL, PMV
Sonstige Normen	Büro	Papier/EDV	Büro	Bis zur nächsten Aktualisierung	OL, PMV
Sicherheitsdatenblätter	Büro	Papier/EDV	Büro	Bis zur nächsten Aktualisierung	OL, PMV

<u>Dokumentierte Information aufrechterhalten:</u> Bild 3.40(Seite1) Bild 3.41(Seite2) Bild3.42(Seite3) F_Dokumentierte Informationen-Matrix.doc
Freigegeben: Klaus Mustermann, Datum: 06.01.2019, Fertigungsunternehmen 2
Seite 2 von 4

BILD 3.41 Formular: F_Dokumentierte Informationen-Matrix (dokumentierte Informationen externer Herkunft) (Ausschnitt 2)

3.12.4 Lenkung dokumentierter Informationen aufbewahren als Nachweis der Konformität

Es ist eine Anforderung der DIN EN ISO 9001:2015, dass die **dokumentierte Information gelenkt** werden muss. Die dokumentierte Information besteht aus Daten der Organisation und dokumentierter Information aus externer Herkunft oder von interessierten Parteien.

3.12.4.1 Formular: F_Dokumentierte Informationen-Matrix

Die DIN EN ISO 9001:2015 schreibt in mehreren Kapiteln eine dokumentierte Information vor, **nicht jedoch den Umfang.**

Die Lenkung der dokumentierten Information wurde in einer Matrix umgesetzt.

Dieser Teil der Matrix behandelt die **interne dokumentierte Information**, die **aufbewahrt wird**, also **nicht mehr geändert** werden darf.

Das Formular *F_Dokumentierte Informationen-Matrix* berücksichtigt die Anforderungen der Normenkapitel 7.5.3.1 und 7.5.3.2 der DIN EN ISO 9001:2015. Die Abbildung zeigt nur einen Ausschnitt aus der gesamten Tabelle (Bild 3.42).

Um die dokumentierten Informationen einfacher wiederfinden zu können, wurden sie den Funktionen der Organisation, z. B. *VERTRIEB*, zugeordnet.

Bei der hier betrachteten Organisationsgröße ist das Qualitätsmanagement **keine eigene** Funktionseinheit. Daher muss festgelegt werden, wer für die Aktualisierung verantwortlich ist.

In der Dokumentationsmatrix wird die von der Organisation zu der Sicherstellung der wirksamen Planung, Durchführung und Lenkung der Prozesse und Formulare als **notwendig eingestufte** dokumentierte Information eingetragen.

Die dokumentierte Information, die als Nachweis der Konformität aufbewahrt werden muss, kann handschriftlich ausgefüllt werden. Die dokumentierte Information kann ausgedruckt und mit handschriftlichen Vermerken versehen werden oder steht elektronisch zur Verfügung. Alle handschriftlichen Vermerke müssen leicht lesbar sein.

Weiter muss festgelegt werden, was mit der dokumentierten Information passieren muss, wenn sie nicht mehr gültig ist. Dies muss durch die Organisation festgelegt werden. Die Norm ermöglicht auch, dass die dokumentierte Information vernichtet wird, wenn sie nicht mehr gültig ist. Ansonsten ist die ungültige dokumentierte Information zu kennzeichnen, damit keine Verwechslung mit der aktuellen dokumentierten Information erfolgt. Deshalb sollten die Mitarbeiter darüber informiert werden, dass sie selbst keine eigenen Kopien erstellen dürfen, damit nicht aus Versehen die ungültige dokumentierte Information genutzt wird. Dies gilt für die Papierform und die elektronische Form.

Sie müssen die Inhalte der Tabelle überprüfen und an die Erfordernisse Ihrer Organisation anpassen.

3.12 10_Dokumentierte Information Formulare

F_Dokumentierte Informationen-Matrix

DOKUMENTIERTE INFORMATIONEN AUFBEWAHREN:

Von der Organisation als notwendig eingestuft

Kennzeichnung	Aufbewahrung	Schutz	Wiederauffindbarkeit	Aufbewahrungsfrist	Verfügung
Die Kennzeichnung ist von der Art der Aufzeichnung abhängig. Kennzeichnungen sind der Name der Aufzeichnung: z. B. Zeichnung, Lieferschein, Rechnung, Service, Maschinenkarte, Prüfungsprotokoll. Kennzeichnung für die Zuordnung sind: z. B. Auftrags-Nr., Kunden-Nr., Artikel-Nr., Maschinen-Nr., Zeichnungs-Nr., Rechnungs-Nr., Lieferschein-Nr.	Ordner in Papierform in den **Funktionsbereichen** oder in der zentralen Ablage Elektronischer Ordner im EDV-System	Im Schrank, Regal (abschließbar – nicht abschließbar) EDV-System mit Kennwort (EKW)	Ordner in Papierform in den **Funktionsbereichen** oder in der zentralen Ablage Im EDV-System in elektronischen Ordnern	Gesetzliche Aufbewahrungsfrist Von der Organisation festgelegte Aufbewahrungsfrist	**Funktionsbereiche** Mitarbeiter
1_VERTRIEB					
Anfrage	Papier/EDV	Papier/EDV	Vertrieb/EDV	5 Jahre	Vertrieb
Kalkulation	Papier/EDV	Papier/EDV	Vertrieb/EDV	10 Jahre	Vertrieb
Angebot	Papier/EDV	Papier/EDV	Vertrieb/EDV	10 Jahre	Vertrieb
Zeichnung des Kunden	Papier/EDV	Papier/EDV	Vertrieb/EDV	10 Jahre	Vertrieb
Auftrag	Papier/EDV	Papier/EDV	Vertrieb/EDV	10 Jahre	Vertrieb
Auftragsbestätigung (bei Bedarf)	Papier/EDV	Papier/EDV	Vertrieb/EDV	10 Jahre	Vertrieb
Fax	Papier/EDV	Papier/EDV	Vertrieb/EDV	10 Jahre	Vertrieb
E-Mail	Papier/EDV	Papier/EDV	Vertrieb/EDV	10 Jahre	Vertrieb
Lieferschein	Papier/EDV	Papier/EDV	Vertrieb/EDV	10 Jahre	Vertrieb
Rechnung	Papier/EDV	Papier/EDV	Vertrieb/EDV	10 Jahre	Vertrieb
Gutschrift	Papier/EDV	Papier/EDV	Vertrieb/EDV	10 Jahre	Vertrieb
Reklamation	Papier/EDV	Papier/EDV	Vertrieb/EDV	10 Jahre	Vertrieb
Kostenaufstellung	Papier/EDV	Papier/EDV	Vertrieb/EDV	10 Jahre	Vertrieb
2_EINKAUF					
F_Beurteilung Auswahl und Leistungsüberwachung von externen Anbietern	EDV	EDV	Einkauf/EDV	Bis zur Neuerstellung	Einkauf
F_Beurteilung Auswahl und Leistungsüberwachung von externen Anbietern_QFD	EDV	EDV	Einkauf/EDV	Bis zur Neuerstellung	Einkauf
Anschreiben Fehlerhäufigkeit	Papier/EDV	Papier/EDV	Einkauf/EDV	10 Jahre	Einkauf
Antwortschreiben Fehlerhäufigkeit	Papier/EDV	Papier/EDV	Einkauf/EDV	10 Jahre	Einkauf
Anfrage	Papier/EDV	Papier/EDV	Einkauf/EDV	10 Jahre	Einkauf
Angebot	Papier/EDV	Papier/EDV	Einkauf/EDV	10 Jahre	Einkauf
Bestellung / Rahmenauftrag	Papier/EDV	Papier/EDV	Einkauf/EDV	10 Jahre	Einkauf
Auftragsbestätigung	Papier/EDV	Papier/EDV	Einkauf/EDV	10 Jahre	Einkauf
Disposition / Statistik	EDV	EDV	EDV	Bis zur Aktualisierung	Einkauf
Fax	Papier/EDV	Papier/EDV	Einkauf/EDV	10 Jahre	Einkauf
E-Mail	Papier/EDV	Papier/EDV	Einkauf/EDV	10 Jahre	Einkauf
Lieferschein	Papier/EDV	Papier/EDV	Einkauf/EDV	10 Jahre	Einkauf
Lieferschein (Kundeneigentum)	Papier/EDV	Papier/EDV	Einkauf/EDV	10 Jahre	Einkauf
Lieferschein (Lieferant externe Bearbeitung)	Papier/EDV	Papier/EDV	Einkauf/EDV	10 Jahre	Einkauf
Materialprüfzertifikate	Papier/EDV	Papier/EDV	Einkauf/EDV	Bis zur Neuanforderung	Einkauf
Reklamation	Papier/EDV	Papier/EDV	Einkauf/EDV	10 Jahre	Einkauf
Kostenaufstellung	Papier/EDV	Papier/EDV	Einkauf/EDV	10 Jahre	Einkauf
Rechnung	Papier/EDV	Papier/EDV	Einkauf/EDV	10 Jahre	Einkauf
Gutschrift	Papier/EDV	Papier/EDV	Einkauf/EDV	10 Jahre	Einkauf
Unterlagen des Maschinenherstellers (Fertigung)	Papier/EDV	Papier/EDV	Einkauf/EDV	Bis zum Verkauf der Maschine	Einkauf
Inventurliste	Papier/EDV	Papier/EDV	Einkauf/EDV	10 Jahre	Einkauf
3_ENTWICKLUNG					
F_Entwicklung	Papier/EDV	Papier/EDV	?????	?????	OL, PMV
4_FERTIGUNG					

Dokumentierte Information aufrechterhalten: Bild 3.40(Seite1) Bild 3.41(Seite2) Bild3.42(Seite3) F_Dokumentierte Informationen-Matrix.doc
Freigegeben: Klaus Mustermann, Datum: 06.01.2019, Fertigungsunternehmen 2
Seite 3 von 4

BILD 3.42 Formular: F_Dokumentierte Informationen-Matrix (dokumentierte Informationen aufbewahren) (Ausschnitt 3)

3.12.5 Übersicht der Formulare

Im Ordner *10_Dokumentierte Information_Formulare* sind alle in diesem Buch beschriebenen Formulare vorhanden. Die Formulare werden in Tabelle 3.1 aufgeführt und kurz erläutert. Ausführliche Erläuterungen sind in den entsprechenden Kapiteln in diesem Buch vorhanden.

TABELLE 3.1 Übersicht der in diesem Kapitel beschriebenen Formulare

Formular	Beschreibung
	Sie müssen die Inhalte der Formulare an die Erfordernisse Ihres Unternehmens anpassen.
F_Beurteilung Auswahl und Leistungsüberwachung von externen Anbietern *(Als generelle Vorgehensweise.)*	Mit dem Formular führen Sie eine *Beurteilung, Auswahl und Leistungsüberwachung von externen Anbietern (Lieferanten)* durch.
F_Beurteilung Auswahl und Leistungsüberwachung von externen Anbietern_QFD *(Bei komplexen Produkten/ Dienstleistungen.)*	Mit dem Formular führen Sie eine *Beurteilung, Auswahl und Leistungsüberwachung von externen Anbietern (Lieferanten)* durch. Dieses Formular kann bei komplexen Produkten genutzt werden. **HINWEIS:** Sie müssen dieses Formular **nicht nutzen**, wenn Sie der Meinung sind, dass das Formular *F_Beurteilung Auswahl und Leistungsüberwachung von externen Anbietern* für Ihr Unternehmen ausreicht.
F_Bewertung der Leistung	In dem Formular sind die Anforderungen an die Bewertung zusammengefasst: *Konformität der Produkte und Dienstleistungen, Leistung externer Anbieter (Lieferanten), Grad der Kundenzufriedenheit, Wirksamkeit durchgeführter Maßnahmen zum Umgang mit Risiken und Chancen, Bedarf an Verbesserungen des Qualitätsmanagementsystems, Planung zum Qualitätsmanagementsystem, Kompetenz der Mitarbeiter.* **Bewerten** bedeutet **nicht zwangsläufig messen**! Beim Bewerten geht es grundsätzlich um eine möglichst objektive Analyse der Ist- und Sollsituation der erbrachten Leistung, eine Wahrnehmung eines Sachverhaltes.
F_Dokumentierte Informationen-Matrix	Das **Wissen der Organisation** besteht aus *Informationen*, die im *gesamten Unternehmen vorkommen*, um die Prozesse durchführen und die Konformität von Produkten und Dienstleistungen erreichen zu können. Das Formular ist eingeteilt in: Die *dokumentierte Information, die aufrechterhalten* (aktuell gehalten) werden muss. Die *dokumentierte Information externer Herkunft, die aufrechterhalten* (aktuell gehalten) werden muss. Die *dokumentierte Information, die aufbewahrt* werden muss als Nachweis der Konformität.
F_Entwicklung *(Als generelle Vorgehensweise.)*	Die DIN EN ISO 9001:2015 erwartet, dass ein Entwicklungsprozess erarbeitet, umgesetzt und aufrechterhalten wird, um die anschließende Produktion und Dienstleistungserbringung sicherzustellen. Da die DIN EN ISO 9001:2015 nicht vorschreibt, wie dieser Entwicklungsprozess aussehen muss, haben wir den Entwicklungsprozess in diesem Formular zusammengefasst.

3.12 10_Dokumentierte Information Formulare

Formular	Beschreibung
F_Internes Audit_Plan_Bericht	Mit diesem Formular führen Sie das interne Audit durch. Das Formular berücksichtigt das komplette Auditprogramm von der Planung über die Vorgehensweise bis zum Auditbericht. Als **Fragenkatalog** müssen Sie den Prozess *QM: Oberste Leitung und Organisation* nutzen.
F_Kontext Interne Externe Themen Risiken Chancen	Das Formular berücksichtigt den *Zweck der Organisation*, die *strategische Ausrichtung*, die *Produkte und Dienstleistungen*, die *internen und externen Themen*, die *interessierten Parteien*, die *Risiken und Chancen*, die *betroffenen Funktionen und Prozesse*, die *Planung der einzuleitenden Maßnahmen* und die *Planung der Bewertung der Wirksamkeit der eingeleiteten Maßnahmen*. **Sie können die Umsetzung in einer Mitarbeiterbesprechung durchführen** und vielleicht noch weitere Vorschläge Ihrer Mitarbeiter erhalten.
F_Liste_Überwachungsmittel_Messmittel	In diesem Formular verwalten Sie die Überwachungs- und Messmittel. **HINWEIS:** Wenn Sie eine Software für die Verwaltung der Überwachungs- und Messmittel nutzen, dann benötigen Sie dieses Formular **nicht**.
F_Managementbewertung	Mit diesem Formular führen Sie die Managementbewertung durch. **Bewerten** bedeutet **nicht zwangsläufig messen**! Beim Bewerten geht es grundsätzlich um eine möglichst objektive Analyse der Ist- und Sollsituation der erbrachten Leistung, eine Wahrnehmung eines Sachverhaltes.
F_Maßnahmen Mitarbeiter	Hier dokumentieren Sie die *interne Schulung, externe Schulung, Unterweisung, Betriebsversammlung, Mitarbeiterbesprechung; Information zur Kenntnis*.
F_Maßnahmen	Hier dokumentieren Sie die **Art der Maßnahme**: *Korrektur, Korrekturmaßnahme, Verbesserungsmaßnahme*.
F_Messbare Qualitätsziele	Hier dokumentieren Sie die messbaren Qualitätsziele der Produkte und Dienstleistungen auf *Funktionen, Ebenen* und *Prozessen*.
F_Mitarbeitermatrix (Verantwortung und Befugnisse)	Die DIN EN ISO 9001:2015 überträgt die Verantwortung an die **oberste Leitung** = *Geschäftsführung* und an die **Organisation** = *Führungskräfte*, z. B. *Vertriebsleitung, Einkaufsleitung, Betriebsleitung, Versandleitung, QS-Leitung, Entwicklungsleitung*. In kleineren Organisationen wären dies **oberste Leitung** = *Geschäftsführung* und **Organisation** = *Mitarbeiter, die für bestimmte Bereiche in der Organisation verantwortlich sind*. In der Excel-Tabelle werden die Verantwortungen und Befugnisse für einzelne Tätigkeiten zugewiesen. **HINWEIS:** Sie müssen dieses Formular **nicht nutzen**, wenn Sie der Meinung sind, dass das Formular *F_Organigramm_Verantwortung* für Ihr Unternehmen ausreicht.

TABELLE 3.1 Übersicht der in diesem Kapitel beschriebenen Formulare (*Fortsetzung*)

Formular	Beschreibung
F_Organigramm_Verantwortung	Die DIN EN ISO 9001:2015 überträgt die Verantwortung an die **oberste Leitung** = *Geschäftsführung* und an die **Organisation** = *Führungskräfte*, z. B. *Vertriebsleitung, Einkaufsleitung, Betriebsleitung, Versandleitung, QS-Leitung, Entwicklungsleitung*. In kleineren Organisationen wären dies **oberste Leitung** = *Geschäftsführung* und **Organisation** = *Mitarbeiter, die für bestimmte Bereiche in der Organisation verantwortlich sind*. Sie definieren hier: - **Die Verantwortung für die gesamte Organisation** **HINWEIS:** Hier müssen die Namen der *obersten Leitung* und die *Namen der Mitarbeiter*, die für die Funktionsbereiche, z. B. *Vertrieb*, verantwortlich sind, eingetragen werden. - **Die Verantwortung für das Qualitätsmanagementsystem** **HINWEIS:** Hier müssen die Namen der *obersten Leitung* und die *Namen der Mitarbeiter*, die für *bestimmte Bereiche in der Organisation verantwortlich* sind, eingetragen werden. Es können auch die gleichen Mitarbeiter sein bzw. wird dies bei sehr kleinen Organisationen durch die oberste Leitung wahrgenommen.
F_Qualitätspolitik	Die Qualitätspolitik muss für den *Zweck*, den *Kontext*, die *strategische Ausrichtung*, für das *Festlegen von Qualitätszielen*, die *Verpflichtung zur Erfüllung zutreffender Anforderungen* und für die *Verpflichtung zur fortlaufenden Verbesserung des Qualitätsmanagementsystems* geeignet sein. Das Formular enthält eine allgemeine Qualitätspolitik. **HINWEIS:** Wenn Sie bereits eine Qualitätspolitik oder ein Leitbild in Ihrem Unternehmen definiert haben und weiter nutzen wollen, dann müssen sie **nur** die *grau hinterlegten Texte* in Ihre Version übernehmen.

4 DIENSTLEISTUNGSUNTERNEHMEN (SOFTWAREHAUS/ BERATUNGSUNTERNEHMEN)

■ 4.1 GRUNDSÄTZLICHES ZUM DIENSTLEISTUNGSUNTERNEHMEN

Das *Dienstleistungsunternehmen* unterstützt die Unternehmen bei der Einführung von betriebswirtschaftlicher Standardsoftware, übernimmt das Projektmanagement, modifiziert die Standardsoftware nach Kundenwunsch und führt Beratungen für unterschiedliche Bereiche durch. Es findet keine komplette Entwicklung statt, daher ist die Entwicklung unter den Prozessen *Projektplan* und *Projektmanagement* zusammengefasst. Insgesamt sind 18 Mitarbeiter in der Organisation beschäftigt. Eine vorhandene EDV-Unterstützung wird den Abläufen zugrunde gelegt.

ANGABEN ZUM DIENSTLEISTUNGSUNTERNEHMEN

Im Ordner **Modell_3_Beratung** finden Sie die entsprechenden Ordner mit den Prozessabläufen für die einzelnen Funktionen im *Dienstleistungsunternehmen*, z. B. *1_VERTRIEB-BERATUNG*, *4_SERVICE*, und die benötigten Formulare im Ordner *10_Dokumentierte Information_Formulare* sowie ausgefüllte Beispiele im Ordner *11_Ausgefüllte Beispiele*.

ISO 9001:2015 ORDNER FÜR DAS DIENSTLEISTUNGSUNTERNEHMEN

Viele neue Anforderungen der DIN EN ISO 9001:2015 mussten berücksichtigt werden. Dazu zählen: oberste Leitung; Organisation; Zweck der Organisation und strategische Ausrichtung; Kontext der Organisation; Qualitätsmanagementsystem; Qualität; inhärente Merkmale der Produkte und Dienstleistungen; interne und externe Themen bestimmen; interessierte Parteien bestimmen; Informationen überwachen und überprüfen; Chancen und Risiken bestimmen; Wissen der Organisation. Um diese Ziele und Anforderungen zu erreichen, wird das *Dienstleistungsunternehmen* in **Prozessabläufe** aufgeteilt. Durch diese pragmatische Vorgehensweise wird die Norm für die Mitarbeiter transparent und leicht umsetzbar.

UMSETZUNG DER ISO 9001:2015 ALS PROZESSE

Die Organisation ist das QM-System!

Prozessorientierung bedeutet: *Nicht die Organisation ist der Norm anzupassen, sondern die Norm ist als Checkliste zu nutzen, um das Tagesgeschäft störungsfreier bewältigen und die Kundenanforderungen erfüllen zu können.* Hier liegt der große Nutzen der Norm, da die organisatorischen Schwachstellen gezielt analysiert werden können. Die Umsetzung der Norm in der eigenen Organisation erfolgt **nicht** nach den Normenkapiteln, sondern die Integration von Norm und Organisation wird schnell erreicht, indem die Normenkapitel in die Prozessabläufe im Sprachgebrauch der Organisation eingebunden sind und somit prozessorientiert definiert werden. So entsteht eine Übersicht über die eigene Organisation, die eigene Unternehmenslandkarte als Anwendungsbereich des QM-Systems zur gezielten Verbesserung der Organisation. Die erforderliche Zuordnung der Prozessabläufe zu den einzelnen Normenkapiteln der DIN EN ISO 9001:2015 wird mit dem Prozessablauf *QM: Oberste Leitung und Organisation* (Bild 4.21) erreicht.

ELIMINIEREN DER ORGANISATORISCHEN SCHWACHSTELLEN

0.1 Allgemeines

*Es ist **nicht** die Absicht dieser Internationalen Norm, die Notwendigkeit zu unterstellen für: die Vereinheitlichung der Struktur unterschiedlicher Qualitätsmanagementsysteme;* **die Angleichung der Dokumentation an die Gliederung dieser Internationalen Norm***; die Verwendung der speziellen Terminologie dieser Internationalen Norm innerhalb der Organisation.*

ISO 9001:2015 AUSZUG AUS DER NORM

4.2 QUALITÄTSMANAGEMENTSYSTEM UND SEINE PROZESSE

DIE PROZESSABLÄUFE

Die einzelnen Tätigkeiten/Prozessschritte, die zur Erfüllung der Prozessabläufe benötigt werden, müssen von oben nach unten definiert werden. Die betroffenen Funktionen, die diese Tätigkeiten ausüben, werden mit einem **X** markiert. Dadurch entsteht eine Matrix, in der die Anteile jeder Ebene und jeder Funktion zur Erfüllung der Prozessabläufe leicht erkennbar sind. Ebenfalls werden die Wechselwirkungen zwischen den Funktionen und Ebenen deutlich.

Die Führungsebene ist rot markiert, die Funktionen/Mitarbeiterebenen sind blau markiert (Bild 4.1).

Mit diesem Prozessablauf wird das Erstellen oder das Ändern des Angebotes prozessorientiert beschrieben.

BEDEUTUNG DER ZUORDNUNG IN DEN PROZESSABLÄUFEN

1. **VERTRIEB:** grundsätzliche Zuordnung des Prozessablaufs in der Organisation zur Funktion.
2. **Angebot erstellen/ändern:** Definition des Prozessablaufs im Sprachgebrauch der Organisation.
3. **Führungsebene (rot):** Wie z. B. Inhaber, Geschäftsführung, Vertriebsleitung, Einkaufsleitung, Fertigungsleitung usw., alle Führungsentscheidungen im Arbeitsablauf werden unter dieser Ebene zusammengefasst.
4. **Funktionen/Mitarbeiterebene (blau):** Vertrieb, Einkauf usw. und die Mitarbeiterebene werden unter dieser Ebene zusammengefasst.
5. **Externe Bearbeitung:** Zum Beispiel externe Bearbeitung von Produkten, diese Tätigkeit wird einzeln betrachtet, da ein erhöhter logistischer Aufwand erforderlich ist.
6. **Wechselwirkung, Checkliste (Wissen der Organisation), Kriterien, Verfahren, Ressourcen:** Hier werden die Wechselwirkungen mit anderen Prozessabläufen oder die zu beachtenden Einzelheiten aufgeführt.
7. **Lenkung dokumentierter Information, Wissen der Organisation:** Alle benötigten Unterlagen zur Durchführung der Tätigkeit werden hier aufgeführt. Der blaue Text „Datenschutz" ist ein Hinweis auf die DSGVO bzw. das BDSG. Sie müssen selbst entscheiden, ob die Anforderungen auf Ihre Organisation zutreffen, und die entsprechenden Maßnahmen ergreifen.
8. **Tätigkeit/Prozessschritte (Abfolge-Eingaben-Ergebnisse):** Die durchzuführenden Tätigkeiten (einzelne Prozessschritte) werden immer in der erforderlichen Reihenfolge nacheinander durchgeführt.
9. **STARTEREIGNIS:** Die Eingaben werden bestimmt (Normenkapitel 4.4.1 a). Mit dem Startereignis beginnt der Prozessablauf.
10. **Farbliche Erläuterung zu Tätigkeiten:** Tätigkeiten, die nicht immer ausgeführt werden oder nur für bestimmte Tätigkeiten Gültigkeit haben, sind farblich markiert und müssen erläutert werden. Die *farbliche Kennzeichnung der Tabellenspalte* zeigt den Beginn und das Ende an.
11. **ENDEREIGNIS:** Das Ergebnis wird bestimmt (Normenkapitel 4.4.1 a). Mit dem Endereignis endet der Prozessablauf.
12. **Bewertung des Prozesses:** Hier *können* Methoden und Informationen aufgeführt werden, die zur fortlaufenden Verbesserung genutzt werden.
13. **Fortlaufende Verbesserung:** Hier *können* Methoden und Informationen zu Risiken und Chancen aufgeführt werden, die zur fortlaufenden Verbesserung genutzt werden.
14. **Dokumentierte Information aufrechterhalten:** der Name des Prozessablaufs.

4.2 Qualitätsmanagementsystem und seine Prozesse

VERTRIEB-BERATUNG: Angebot erstellen / ändern

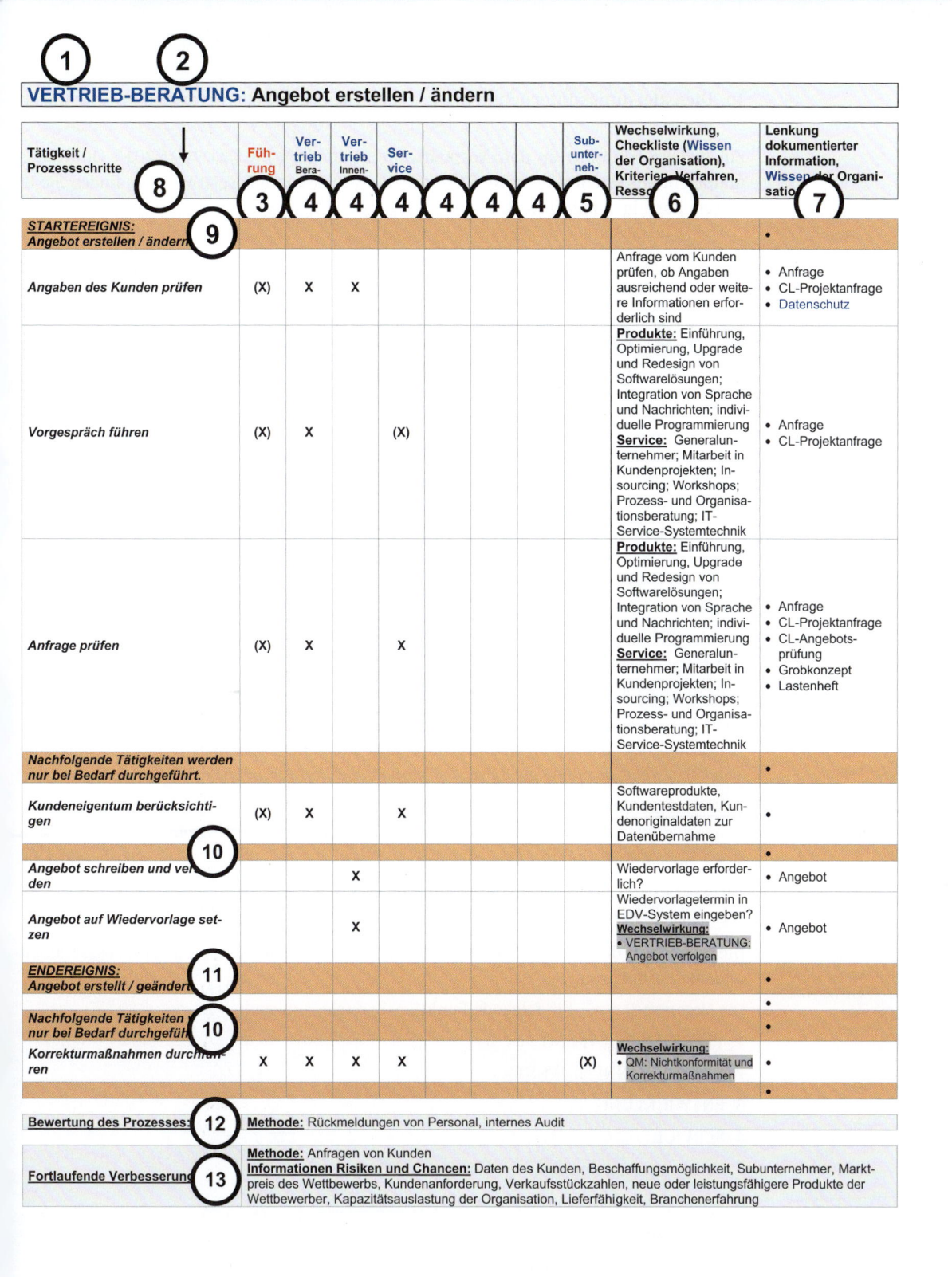

Tätigkeit / Prozessschritte	Führung	Vertrieb Beratung	Vertrieb Innen	Service				Subunterneh	Wechselwirkung, Checkliste (Wissen der Organisation), Kriterien, Verfahren, Ressourcen	Lenkung dokumentierter Information, Wissen der Organisation
STARTEREIGNIS: Angebot erstellen / ändern										•
Angaben des Kunden prüfen	(X)	X	X						Anfrage vom Kunden prüfen, ob Angaben ausreichend oder weitere Informationen erforderlich sind	• Anfrage • CL-Projektanfrage • Datenschutz
Vorgespräch führen	(X)	X		(X)					**Produkte:** Einführung, Optimierung, Upgrade und Redesign von Softwarelösungen; Integration von Sprache und Nachrichten; individuelle Programmierung **Service:** Generalunternehmer; Mitarbeit in Kundenprojekten; Insourcing; Workshops; Prozess- und Organisationsberatung; IT-Service-Systemtechnik	• Anfrage • CL-Projektanfrage
Anfrage prüfen	(X)	X		X					**Produkte:** Einführung, Optimierung, Upgrade und Redesign von Softwarelösungen; Integration von Sprache und Nachrichten; individuelle Programmierung **Service:** Generalunternehmer; Mitarbeit in Kundenprojekten; Insourcing; Workshops; Prozess- und Organisationsberatung; IT-Service-Systemtechnik	• Anfrage • CL-Projektanfrage • CL-Angebotsprüfung • Grobkonzept • Lastenheft
Nachfolgende Tätigkeiten werden nur bei Bedarf durchgeführt.										•
Kundeneigentum berücksichtigen	(X)	X		X					Softwareprodukte, Kundentestdaten, Kundenoriginaldaten zur Datenübernahme	•
Angebot schreiben und versenden			X						Wiedervorlage erforderlich?	• Angebot
Angebot auf Wiedervorlage setzen			X						Wiedervorlagetermin in EDV-System eingeben? **Wechselwirkung:** • VERTRIEB-BERATUNG: Angebot verfolgen	• Angebot
ENDEREIGNIS: Angebot erstellt / geändert										•
Nachfolgende Tätigkeiten nur bei Bedarf durchgeführt										•
Korrekturmaßnahmen durchführen	X	X	X	X				(X)	**Wechselwirkung:** • QM: Nichtkonformität und Korrekturmaßnahmen	•

Bewertung des Prozesses:	**Methode:** Rückmeldungen von Personal, internes Audit
Fortlaufende Verbesserung	**Methode:** Anfragen von Kunden **Informationen Risiken und Chancen:** Daten des Kunden, Beschaffungsmöglichkeit, Subunternehmer, Marktpreis des Wettbewerbs, Kundenanforderung, Verkaufsstückzahlen, neue oder leistungsfähigere Produkte der Wettbewerber, Kapazitätsauslastung der Organisation, Lieferfähigkeit, Branchenerfahrung

Dokumentierte Information aufrechterhalten: Bild 4.1 VERTRIEB_BERATUNG_Angebot erstellen_ändern
Freigegeben: Klaus Mustermann, Datum: 06.01.2019, Dienstleistungsunternehmen
Seite 1 von 1

BILD 4.1 Grundsätzliche Darstellung der Prozesse

15. **Freigegeben, Datum:** Diese Daten dokumentieren die Person, die für den Prozess verantwortlich ist, und die Aktualität des Prozessablaufs.
16. **Dienstleistungsunternehmen:** Hier kann der Name der Organisation eingetragen werden.

Zusätzliche Hinweise zu den Normenkapiteln der DIN EN ISO 9001:2015 **Qualitätsmanagementsystem und seine Prozesse** und wie diese umgesetzt wurden, finden Sie in diesem Buch im **Kapitel 1.4.2**.

■ 4.3 ANWENDUNGSBEREICH DES QM-SYSTEMS

Der Anwendungsbereich des QM-Systems besteht aus einer Seite *(A_START-Anwendungsbereich des Qualitätsmanagementsystems)* (Bild 4.2) und berücksichtigt die Prozessorientierung und den Anwendungsbereich des Qualitätsmanagementsystems der Organisation. Aus dieser Seite wird auf die Prozessabläufe verwiesen. Die Integration von Norm und Organisation wird schnell erreicht, indem die Prozessabläufe definiert werden. So entsteht eine Übersicht über die eigene Organisation, die eigene Unternehmenslandkarte zur gezielten Verbesserung (fortlaufenden Verbesserung) der Organisation. Der Anwendungsbereich enthält alle benötigten Prozessabläufe und die Formulare zur Umsetzung der Norm sowie weitere Ordner.

ISO 9001:2015 AUSZUG AUS DER NORM

0.1 Allgemeines

*Es ist **nicht** die Absicht dieser Internationalen Norm, die Notwendigkeit zu unterstellen für: die Vereinheitlichung der Struktur unterschiedlicher Qualitätsmanagementsysteme; die Angleichung der Dokumentation an die Gliederung dieser Internationalen Norm; die Verwendung der speziellen Terminologie dieser Internationalen Norm innerhalb der Organisation.*

Die in dieser Internationalen Norm festgelegten Anforderungen an ein Qualitätsmanagementsystem ergänzen die Anforderungen an Produkte und Dienstleistungen.

0.4 Zusammenhang mit anderen Normen zu Managementsystemen

*Diese Internationale Norm enthält **keine** spezifischen Anforderungen anderer Managementsysteme, z. B. Umweltmanagement, Arbeitsschutzmanagement oder Finanzmanagement.*

STRUKTUR DIENSTLEISTUNGS- UNTERNEHMEN

Die Umsetzung der DIN EN ISO 9001:2015 erfolgt *prozessorientiert* mit den Prozessabläufen und den Formularen.

Die Organisation wird in folgende Funktionsbereiche aufgeteilt:

1_VERTRIEB-BERATUNG

2_VERTRIEB-INNENDIENST

3_ENTWICKLUNG

4_SERVICE

7_Verantwortung der obersten Leitung und Organisation

8_Fortlaufende Verbesserung des QM-Systems

9_Mitarbeiter

10_Dokumentierte Information Formulare

Bei den *nicht zutreffenden Anforderungen* wurden drei Beispiele aufgeführt. Sie müssen nun überprüfen, ob diese Beispiele auf Ihre Organisation zutreffen, und die Tabellenspalten eventuell löschen oder weitere *nicht zutreffende Anforderungen* hinzufügen.

Hinweis: Die Punkte 5 bis 6 wurde frei gelassen. Hier können Sie eigene Prozessabläufe einfügen.

4.3 Anwendungsbereich des QM-Systems

Anwendungsbereich des Qualitätsmanagementsystems DIN EN ISO 9001:2015

1_VERTRIEB-BERATUNG	2_VERTRIEB-INNENDIENST	3_ENTWICKLUNG
• Angebotsmarketing	• Disposition, Anfrage, Preisvergleich, Bestellung	• Projektplan
• Angebot erstellen, ändern	• Bestellung verfolgen	• Projektmanagement
• Angebot verfolgen	• Lieferanten Auswahl, Beurteilung, Neubeurteilung	• **Ordner:** Durchgeführte Entwicklungen
• Vertrag erstellen	•	•
• Vertrag ändern, stornieren	•	•
• Reklamation	•	•

4_SERVICE		
• DV-Projekte	•	•
• Mitarbeit in Kunden-DV-Projekten	•	•
• Individuelle Programmierung	•	•
• Betriebsanalyse	•	•
•	•	•

7_Verantwortung der obersten Leitung und Organisation	8_Fortlaufende Verbesserung des QM-Systems	9_Mitarbeiter
• Oberste Leitung und Organisation	• Internes Audit	• Ausbildung Schulung Fertigkeiten Erfahrung Kompetenz
• **Ordner:** Jährlich durchzuführende Tätigkeiten	• Nichtkonformitäten und Korrekturmaßnahmen	•

10_Dokumentierte Information Formulare		
• **Ordner:** Formulare	•	•
•	•	•
•	•	•

Zu den „nicht zutreffenden Anforderungen" gehören folgende Normenabschnitte:	Begründung:
• 8.4.1 b) Produkte und Dienstleistungen, die den Kunden direkt durch externe Anbieter im Auftrag der Organisation bereitgestellt werden.	• Unsere Produkte und Dienstleistungen erhält der Kunde nur durch uns direkt **(kein Streckengeschäft)**.
• 8.4.1 c) extern bereitgestellte Prozesse oder Teilprozesse, die von externen Anbietern bereitgestellt werden.	• Es werden von den externen Anbietern (Lieferanten) **keine** extern bereitgestellten Prozesse oder Teilprozesse bereitgestellt, **da alle Prozesse in unserem Hause stattfinden.**
• 8.5.1 f) Produkte und Dienstleistungen, die nicht durch Überwachung oder Messung verifiziert werden können.	• Unsere Produkte oder Dienstleistungen müssen durch Überwachung oder Messung verifiziert werden, um die Anforderung des Kunden erfüllen zu können.

Dokumentierte Information aufrechterhalten: Bild 4.2 A_START-Anwendungsbereich des Qualitätsmanagementsystems.doc
Freigegeben: Klaus Mustermann, Datum: 06.01.2019, Dienstleistungsunternehmen

BILD 4.2 Anwendungsbereich des QM-Systems

Die Aufteilung können Sie jederzeit ändern, wenn Ihre Organisation anders strukturiert ist. Die blauen, unterstrichenen Texte, z. B. *Angebot erstellen, ändern*, sind mit einem *Hyperlink* versehen. Sie verzweigen direkt aus dem Anwendungsbereich in die Prozessabläufe oder in die Formulare sowie in weitere Ordner.

Bitte beachten Sie Folgendes: Wenn Sie Word-Dokumente umbenennen oder neue Word-Dokumente in den Anwendungsbereich aufnehmen, dann müssen Sie auch den Hyperlink ändern oder neu hinzufügen.

Die **Namen der Ordner** entsprechen den **Überschriften**, z. B. *1_VERTRIEB-BERATUNG*, *4_SERVICE*, um eine einfache Zuordnung zwischen dem Anwendungsbereich des QM-Systems und den Funktionen, Prozessen und Formularen zu ermöglichen.

Zusätzliche Hinweise zu den Normenkapiteln der DIN EN ISO 9001:2015 **Anwendungsbereich des Qualitätsmanagementsystems** und wie diese umgesetzt wurden, finden Sie in diesem Buch im **Kapitel 1.4.1**.

4.4 1_VERTRIEB-BERATUNG

Der Funktionsbereich **1_VERTRIEB-BERATUNG** benötigt die Prozessabläufe:

- Angebotsmarketing
- Angebot erstellen/ändern
- Angebot verfolgen
- Vertrag erstellen
- Vertrag ändern/stornieren
- Reklamation

HINWEIS: Die Bezeichnungen *Produkte/Service* werden in diesem Kapitel genutzt, um eine Trennung zwischen *Software/Programmierung* und *Dienstleistung* durchzuführen. Eine Erläuterung, wieso dies möglich ist, finden Sie in diesem Buch im *Kapitel 4.3* unter *0.1 Allgemeines*.

4.4.1 VERTRIEB-BERATUNG: Angebotsmarketing

Mit diesem Prozessablauf wird das Angebotsmarketing prozessorientiert beschrieben (Bild 4.3).

Produkte: Einführung, Optimierung, Upgrade und Redesign von Softwarelösungen; Integration von Sprache und Nachrichten; individuelle Programmierung.

Service: Generalunternehmer; Mitarbeit in Kundenprojekten; Insourcing; Workshops; Prozess- und Organisationsberatung; IT-Service-Systemtechnik.

Die Kunden werden durch den Funktionsbereich *Vertrieb-Beratung* bearbeitet. Ziel ist es, das Potenzial des Kunden zu ermitteln. Es gibt zwei generelle Unterscheidungen in den Kundenbeziehungen:

Stammkunde/sporadischer Kunde: Diese Kunden besitzen bereits einen Vertrag oder einen Servicevertrag. Hier sollen durch gezielte Informationen und einen Abgleich mit den Produkten und den Serviceangeboten dem Kunden die weiteren Möglichkeiten der Organisation aufgezeigt werden. Durch eine Informationsveranstaltung können diese Kunden ebenfalls informiert werden.

VERTRIEB-BERATUNG: Angebotsmarketing

Tätigkeit / Prozessschritte	Führung	Vertrieb Beratung	Vertrieb Innendienst	Service			Subunternehmer	Wechselwirkung, Checkliste (Wissen der Organisation), Kriterien, Verfahren, Ressourcen	Lenkung dokumentierter Information, Wissen der Organisation
STARTEREIGNIS: *Angebotsmarketing durchführen*									•
STAMMKUNDE / SPORADISCHER KUNDE									•
Potenzialermittlung durchführen	(X)	X		(X)				**Produkte:** Einführung, Optimierung, Upgrade und Redesign von Softwarelösungen; Integration von Sprache und Nachrichten; individuelle Programmierung **Service:** Generalunternehmer; Mitarbeit in Kundenprojekten; Insourcing; Workshops; Prozess- und Organisationsberatung; IT-Service-Systemtechnik	• Vertrag • Servicevertrag • Subunternehmervertrag
Gespräch führen	(X)	X		(X)				**Produkte:** Einführung, Optimierung, Upgrade und Redesign von Softwarelösungen; Integration von Sprache und Nachrichten; individuelle Programmierung **Service:** Generalunternehmer; Mitarbeit in Kundenprojekten; Insourcing; Workshops; Prozess- und Organisationsberatung; IT-Service-Systemtechnik	• Vertrag • Servicevertrag • Subunternehmervertrag • CL-Projektanfrage
Fachlichen Kontakt halten	(X)	X		(X)				**Produkte:** Einführung, Optimierung, Upgrade und Redesign von Softwarelösungen; Integration von Sprache und Nachrichten; individuelle Programmierung **Service:** Generalunternehmer; Mitarbeit in Kundenprojekten; Insourcing; Workshops; Prozess- und Organisationsberatung; IT-Service-Systemtechnik	• Vertrag • Servicevertrag • Subunternehmervertrag • CL-Projektanfrage
NEUKUNDE									•
Potenzialermittlung durchführen	(X)	X		(X)				**Produkte:** Einführung, Optimierung, Upgrade und Redesign von Softwarelösungen; Integration von Sprache und Nachrichten; individuelle Programmierung **Service:** Generalunternehmer; Mitarbeit in Kundenprojekten; Insourcing; Workshops; Prozess- und Organisationsberatung; IT-Service-Systemtechnik	• Flyer • Adressdatenbank • Empfehlungen von Kunden • Empfehlungen von Partnern • Anzeigenauswertung • Informationsmappe • Internet • Messeveranstaltung • Anzeigenschaltung • Mailing

Dokumentierte Information aufrechterhalten: Bild 4.3 VERTRIEB_BERATUNG_Angebotsmarketing.doc
Freigegeben: Klaus Mustermann, Datum: 06.01.2019, Dienstleistungsunternehmen
Seite 1 von 2

BILD 4.3 VERTRIEB-BERATUNG: Angebotsmarketing (Ausschnitt)

4 Dienstleistungsunternehmen (Softwarehaus/Beratungsunternehmen)

Neukunde: Diese Kunden kennen die Organisation noch nicht. Die Organisation erhält Neukunden zumeist durch Empfehlungen.

WECHSELWIRKUNG — Aus diesem Prozessablauf wird eventuell auf weitere Prozessabläufe verwiesen (Wechselwirkung). Eine detaillierte Beschreibung erfolgt in diesen Prozessabläufen.

KORREKTUREN, KORREKTURMASSNAHMEN, VERBESSERUNGSMASSNAHMEN — Es sind eventuell Korrekturen oder Korrekturmaßnahmen einzuleiten. Im Bedarfsfall ist das Formular *F_Maßnahmen* auszufüllen. In diesem Formular werden Korrektur, Korrekturmaßnahme und Verbesserungsmaßnahme zusammengefasst.

4.4.2 VERTRIEB-BERATUNG: Angebot erstellen/ändern

Mit diesem Prozessablauf wird das Erstellen oder das Ändern des Angebotes prozessorientiert beschrieben (Bild 4.4).

Die Anfragen der Kunden werden durch den Funktionsbereich *Vertrieb-Beratung* bearbeitet.

Produkte: Einführung, Optimierung, Upgrade und Redesign von Softwarelösungen; Integration von Sprache und Nachrichten; individuelle Programmierung.

Service: Generalunternehmer; Mitarbeit in Kundenprojekten; Insourcing; Workshops; Prozess- und Organisationsberatung; IT-Service-Systemtechnik.

Die Angaben des Kunden werden geprüft. Der *Prüfungsumfang* richtet sich nach dem *Projektumfang*. In diesem Prozessablauf werden alle Produkte und der Service berücksichtigt. Der individuellen Anfrage werden die benötigten Dokumente zugeordnet. Sollte Kundeneigentum vorhanden sein (Softwareprodukte, Kundentestdaten, Kundenoriginaldaten zur Datenübernahme), ist es die Aufgabe des Service, die Nutzung vorher abzuklären.

Das *Grobkonzept* oder *Lastenheft* ist Kundeneigentum. Im *Feinkonzept* oder *Pflichtenheft* beschreibt die Organisation, wie sie die Umsetzung der Anforderungen realisieren will. Das *Feinkonzept* oder *Pflichtenheft* ist Eigentum der Organisation.

Da *Insourcing* als Service angeboten wird, ist die Auswahl der Software, der Hardware und der Mitarbeiter ein entscheidender Faktor. Deshalb wurde eine vereinfachte Excel-Arbeitsmappe *F_QFD-Insourcing* entwickelt. Mit dieser Excel-Arbeitsmappe können gleichzeitig eine qualifizierte Auswahl und eine Beurteilung durchgeführt werden.

Zum Schluss erfolgen die Kalkulation und die Klärung der Liefertermine für die Hardware und Software sowie ein möglicher Starttermin und Endtermin des Projekts für den Service.

In den Ablauf ist ein Subunternehmereinsatz integriert, da ein erhöhter logistischer Aufwand erforderlich ist.

Die Zuordnung der Verantwortung ist in kleineren Organisationen weiter gefasst. Ein Blick in das Formular *F_Organigramm_Verantwortung* zeigt dies deutlich.

WECHSELWIRKUNG — Aus diesem Prozessablauf wird eventuell auf weitere Prozessabläufe verwiesen (Wechselwirkung). Eine detaillierte Beschreibung erfolgt in diesen Prozessabläufen.

KORREKTUREN, KORREKTURMASSNAHMEN, VERBESSERUNGSMASSNAHMEN — Es sind eventuell Korrekturen oder Korrekturmaßnahmen einzuleiten. Im Bedarfsfall ist das Formular *F_Maßnahmen* auszufüllen. In diesem Formular werden Korrektur, Korrekturmaßnahme und Verbesserungsmaßnahme zusammengefasst.

4.4 1_VERTRIEB-BERATUNG

VERTRIEB-BERATUNG: Angebot erstellen / ändern

Tätigkeit / Prozessschritte	Führung	Vertrieb Beratung	Vertrieb Innendienst	Service			Subunternehmer	Wechselwirkung, Checkliste (Wissen der Organisation), Kriterien, Verfahren, Ressourcen	Lenkung dokumentierter Information, Wissen der Organisation
STARTEREIGNIS: Angebot erstellen / ändern									•
Angaben des Kunden prüfen	(X)	X	X					Anfrage vom Kunden prüfen, ob Angaben ausreichend oder weitere Informationen erforderlich sind	• Anfrage • CL-Projektanfrage • Datenschutz
Vorgespräch führen	(X)	X		(X)				**Produkte:** Einführung, Optimierung, Upgrade und Redesign von Softwarelösungen; Integration von Sprache und Nachrichten; individuelle Programmierung **Service:** Generalunternehmer; Mitarbeit in Kundenprojekten; Insourcing; Workshops; Prozess- und Organisationsberatung; IT-Service-Systemtechnik	• Anfrage • CL-Projektanfrage
Anfrage prüfen	(X)	X		X				**Produkte:** Einführung, Optimierung, Upgrade und Redesign von Softwarelösungen; Integration von Sprache und Nachrichten; individuelle Programmierung **Service:** Generalunternehmer; Mitarbeit in Kundenprojekten; Insourcing; Workshops; Prozess- und Organisationsberatung; IT-Service-Systemtechnik	• Anfrage • CL-Projektanfrage • CL-Angebotsprüfung • Grobkonzept • Lastenheft
Nachfolgende Tätigkeiten werden nur bei Bedarf durchgeführt.									•
Kundeneigentum berücksichtigen	(X)	X		X				Softwareprodukte, Kundentestdaten, Kundenoriginaldaten zur Datenübernahme	•
									•
Projektumfang: Produkte und Service technische Umsetzung prüfen	(X)	X		X			(X)	**Projektumfang:** Generalunternehmer, Projektmanagement, Software, Hardware, Betriebssystem, Datenbanken, Kundentestdaten, Kundenoriginaldaten zur Datenübernahme; Personal, Kapazität, Subunternehmer; Workshop-Räume	• Anfrage • CL-Projektanfrage • CL-Angebotsprüfung • Grobkonzept • Lastenheft • Feinkonzept • Pflichtenheft • CL-Projektbeschreibung • Projektplan • CL-Projekt-Review • F_QFD-Insourcing
Projektumfang: Produkte und Service kaufmännische Umsetzung prüfen	(X)	X		X			(X)	**Projektumfang:** Generalunternehmer, Projektmanagement, Software, Hardware, Betriebssystem, Datenbanken, Kundentestdaten, Kundenoriginaldaten zur Datenübernahme; Personal, Kapazität, Subunternehmer; Workshop-Räume	• Anfrage • CL-Projektanfrage • CL-Angebotsprüfung • Grobkonzept • Lastenheft • Feinkonzept • Pflichtenheft • CL-Projektbeschreibung • Projektplan • CL-Projekt-Review • F_QFD-Insourcing

Dokumentierte Information aufrechterhalten: Bild 4.4 VERTRIEB_BERATUNG_Angebot erstellen_ändern.doc
Freigegeben: Klaus Mustermann, Datum: 06.01.2019, Dienstleistungsunternehmen
Seite 1 von 2

BILD 4.4 VERTRIEB-BERATUNG: Angebot erstellen/ändern (Ausschnitt)

4.4.3 Formular: F_QFD-Insourcing

Mit diesem Formular wird der Umfang des Insourcing festgelegt (Bild 4.5).

Da *Insourcing* als Service angeboten wird, ist die Auswahl der Software, der Hardware und der Mitarbeiter ein entscheidender Faktor. Deshalb wurde eine vereinfachte Excel-Arbeitsmappe *F_QFD-Insourcing* entwickelt. Mit dieser Excel-Arbeitsmappe können gleichzeitig eine qualifizierte Auswahl und eine Beurteilung durchgeführt werden. Die Excel-Arbeitsmappe *F_QFD-Insourcing* wurde für diese Organisationsgröße stark vereinfacht. Es ist jedoch ein effektives Mittel zur Beurteilung des Umfangs des Insourcing. Der Einsatz dieser Excel-Arbeitsmappe ist denkbar einfach.

An dieser Stelle wird nur auf die **generelle Definition** eingegangen. Ausführliche Hinweise zu den **Excel-Arbeitsmappen** und deren Umsetzung finden Sie in diesem Buch im **Kapitel 1.7.2**.

INFORMATIONEN QFD-INSOURCING

1. Als Erstes sind die **Dienstleistung** *Insourcing von EDV-Dienstleitungen*, das **Ziel** *Kosteneinsparung und hohe Verfügbarkeit* und die **Zielgruppe** *Automobilzulieferer*, für die das Insourcing einen Nutzen darstellt, einzutragen.

2. Als Nächstes sind die *Forderungen des Kunden (FdK)* zu beschreiben. Es sind auch die nicht definierten Anforderungen der Kunden und Gesetze, Normen usw. zu berücksichtigen. Da jedoch nicht jede Anforderung gleich wichtig ist, muss eine Gewichtung von *1 = unwichtig bis 10 = sehr wichtig* in der Spalte *Gewichtung Forderung* erfolgen. Sollte der Service für den Kunden eine entscheidende Rolle spielen, dann ist in der Spalte *Gewichtung Service* ebenfalls eine Bewertung von *1 bis 10* durchzuführen. (**Hinweis**: Es erfolgt keine Berechnung.)

3. Die Anforderungen des Kunden oder des Marktes sind nun bekannt und gewichtet. Als Nächstes sind die *allgemeinen technischen Merkmale (atM)* und die *spezifischen technischen Merkmale (stM)* zu spezifizieren.

4. Nun ist die Beziehungsmatrix mit größter Sorgfalt auszufüllen, da sonst die Gesamtbewertung verfälscht wird.

5. Die *Marketingbedeutung* am Insourcing wird sofort sichtbar. Die wichtigen Kundenanforderungen können nun gezielt entwickelt werden. Die Daten werden zusätzlich in einer Tortengrafik dargestellt. Die Grafik kann jederzeit gegen eine andere Darstellungsform ausgetauscht werden.

6. Die Daten für den Vergleich werden hier eingegeben und grafisch dargestellt. Die Grafik kann jederzeit gegen eine andere Darstellungsform ausgetauscht werden.

Weitere Hinweise finden Sie in den Tabellenspalten mit einem „roten Dreieck" als Kommentar in der Excel-Arbeitsmappe.

An dieser Stelle wird nur auf die **generelle Definition** eingegangen. Ausführliche Hinweise zu den **Excel-Arbeitsmappen** und deren Umsetzung finden Sie in diesem Buch im **Kapitel 1.7.2**.

Sie müssen dieses Formular nicht nutzen, wenn Sie eine andere Art anwenden.

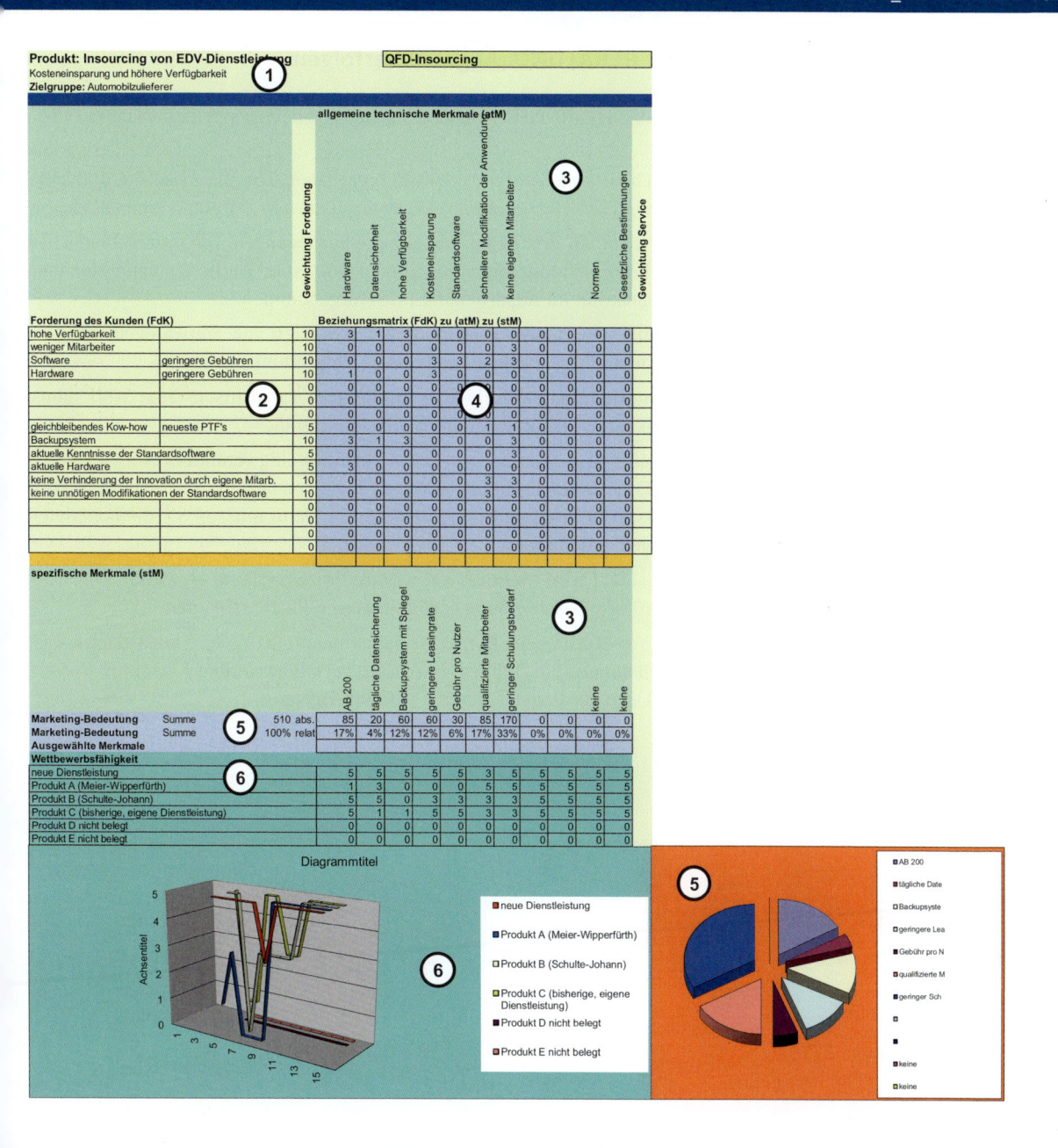

4.4 1_VERTRIEB-BERATUNG

Produkt: Insourcing von EDV-Dienstleistung — **QFD-Insourcing**
Kosteneinsparung und höhere Verfügbarkeit
Zielgruppe: Automobilzulieferer

allgemeine technische Merkmale (atM)

Spalten: Gewichtung Forderung | Hardware | Datensicherheit | hohe Verfügbarkeit | Kosteneinsparung | Standardsoftware | schnellere Modifikation der Anwendung | keine eigenen Mitarbeiter | Normen | Gesetzliche Bestimmungen | Gewichtung Service

Forderung des Kunden (FdK) — Beziehungsmatrix (FdK) zu (atM) zu (stM)

Forderung	Detail	Gew.	Hw	DS	hV	KE	Std	Mod	kMA	Nrm	GB	GS
hohe Verfügbarkeit		10	3	1	3	0	0	0	0	0	0	0
weniger Mitarbeiter		10	0	0	0	0	0	0	3	0	0	0
Software	geringere Gebühren	10	0	0	0	3	3	2	3	0	0	0
Hardware	geringere Gebühren	10	1	0	0	3	0	0	0	0	0	0
		0	0	0	0	0	0	0	0	0	0	0
		0	0	0	0	0	0	0	0	0	0	0
		0	0	0	0	0	0	0	0	0	0	0
gleichbleibendes Know-how	neueste PTF's	5	0	0	0	0	0	1	1	0	0	0
Backupsystem		10	3	1	3	0	0	0	3	0	0	0
aktuelle Kenntnisse der Standardsoftware		5	0	0	0	0	0	0	3	0	0	0
aktuelle Hardware		5	3	0	0	0	0	0	0	0	0	0
keine Verhinderung der Innovation durch eigene Mitarb.		10	0	0	0	0	0	3	3	0	0	0
keine unnötigen Modifikationen der Standardsoftware		10	0	0	0	0	0	3	3	0	0	0
		0	0	0	0	0	0	0	0	0	0	0
		0	0	0	0	0	0	0	0	0	0	0
		0	0	0	0	0	0	0	0	0	0	0

spezifische Merkmale (stM)

Spalten: AB 200 | tägliche Datensicherung | Backupsystem mit Spiegel | geringere Leasingrate | Gebühr pro Nutzer | qualifizierte Mitarbeiter | geringer Schulungsbedarf | | | keine | keine

			AB200	tägl	Backup	Leas	Gebühr	qual	Schul			keine	keine
Marketing-Bedeutung	Summe	510 abs.	85	20	60	60	30	85	170	0	0	0	0
Marketing-Bedeutung	Summe	100% relat	17%	4%	12%	12%	6%	17%	33%	0%	0%	0%	0%

Ausgewählte Merkmale — Wettbewerbsfähigkeit

	AB200	tägl	Backup	Leas	Gebühr	qual	Schul			keine	keine
neue Dienstleistung	5	5	5	5	5	3	5	5	5	5	5
Produkt A (Meier-Wipperfürth)	1	3	0	0	0	5	5	5	5	5	5
Produkt B (Schulte-Johann)	5	5	0	3	3	3	3	5	5	5	5
Produkt C (bisherige, eigene Dienstleistung)	5	1	1	5	5	3	3	5	5	5	5
Produkt D nicht belegt	0	0	0	0	0	0	0	0	0	0	0
Produkt E nicht belegt	0	0	0	0	0	0	0	0	0	0	0

Summenbildung Beziehungsmatrix (FdK) zu (atM) zu (stM)

Hw	DS	hV	KE	Std	Mod	kMA	Nrm	GB	GS	
30	10	30	0	0	0	0	0	0	0	
0	0	0	0	0	0	30	0	0	0	
0	0	0	30	30	20	30	0	0	0	
10	0	0	30	0	0	0	0	0	0	
0	0	0	0	0	0	0	0	0	0	
0	0	0	0	0	0	0	0	0	0	
0	0	0	0	0	0	0	0	0	0	
0	0	0	0	0	5	5	0	0	0	
30	10	30	0	0	0	30	0	0	0	
0	0	0	0	0	0	15	0	0	0	
15	0	0	0	0	0	0	0	0	0	
0	0	0	0	0	30	30	0	0	0	
0	0	0	0	0	30	30	0	0	0	
0	0	0	0	0	0	0	0	0	0	
0	0	0	0	0	0	0	0	0	0	
0	0	0	0	0	0	0	0	0	0	
Summe 85	20	60	60	30	85	170	0	0	0	

Sie dürfen in die nachfolgenden Spalten keine Daten eintragen, da hier die zentrale Berechnung erfolgt und sonst die Formeln zerstört werden!

Dokumentierte Information aufrechterhalten: Bild 4.5 F_QFD-Insourcing,
Freigegeben: Klaus Mustermann, Datum: 06.01.2019, Dienstleistungsunternehmen 1

BILD 4.5 Formular: F_QFD-Insourcing

4.4.4 VERTRIEB-BERATUNG: Angebot verfolgen

Mit diesem Prozessablauf wird die Verfolgung des Angebotes prozessorientiert beschrieben (Bild 4.6).

Der Funktionsbereich *Vertrieb-Beratung* erhält in einer Übersicht alle Angebote und kann nun entscheiden, ob ein Nachfassen dieser Angebote zu diesem Zeitpunkt sinnvoll ist.

Bei den Angeboten wird von Produkten und Service ausgegangen. Die unterschiedlichen Produkte bedingen Entscheidungszeiten des Kunden von einer Woche bis neun Monaten. Deshalb wird eine Selektion im Ausdruck der Liste vorgenommen.

Produkte: Einführung, Optimierung, Upgrade und Redesign von Softwarelösungen; Integration von Sprache und Nachrichten; individuelle Programmierung.

Service: Generalunternehmer; Mitarbeit in Kundenprojekten; Insourcing; Workshops; Prozess- und Organisationsberatung; IT-Service-Systemtechnik.

Es ist nicht wahrscheinlich, dass zu diesem Zeitpunkt eine völlig veränderte Vorgabe durch den Kunden erfolgt. Daher werden deutlich weniger Tätigkeiten benötigt als bei der Angebotserstellung. Sollte das in Ihrer Organisation anders sein, dann müssen Sie die benötigten Tätigkeiten hinzufügen oder ändern.

WECHSELWIRKUNG Aus diesem Prozessablauf wird eventuell auf weitere Prozessabläufe verwiesen (Wechselwirkung). Eine detaillierte Beschreibung erfolgt in diesen Prozessabläufen.

KORREKTUREN, KORREKTURMASSNAHMEN, VERBESSERUNGSMASSNAHMEN Es sind eventuell Korrekturen oder Korrekturmaßnahmen einzuleiten. Im Bedarfsfall ist das Formular *F_Maßnahmen* auszufüllen. In diesem Formular werden Korrektur, Korrekturmaßnahme und Verbesserungsmaßnahme zusammengefasst.

VERTRIEB-BERATUNG: Angebot verfolgen

Tätigkeit / Prozessschritte	Führung	Vertrieb Beratung	Vertrieb Innendienst	Service			Subunternehmer	Wechselwirkung, Checkliste (Wissen der Organisation), Kriterien, Verfahren, Ressourcen	Lenkung dokumentierter Information, Wissen der Organisation
STARTEREIGNIS: *Angebot verfolgen*									•
Angebot heraussuchen	(X)	X	X					**Klären:** Termin für Rückfrage erreicht **Wechselwirkung:** • VERTRIEB-BERATUNG: Angebot erstellen / ändern	• Angebot
Mit Kunden in Verbindung setzen	(X)	X		(X)				**Klären:** Angebot erhalten, Preise, Lieferzeit, Kunde hat sich noch nicht entschieden.	• Angebot
Nachfolgende Tätigkeiten werden nur bei Bedarf durchgeführt.									•
Angebot überarbeiten	(X)	X						**Wechselwirkung:** • VERTRIEB-BERATUNG: Angebot erstellen / ändern	•
Angebot auf Wiedervorlage setzen			X					Wiedervorlagetermin in EDV-System eingeben	• Angebot
ENDEREIGNIS: *Angebot verfolgt*									•
									•
Nachfolgende Tätigkeiten werden nur bei Bedarf durchgeführt.									•
Korrekturmaßnahmen durchführen	X	X	X	X				**Wechselwirkung:** • QM: Nichtkonformität und Korrekturmaßnahmen	•
									•

Bewertung des Prozesses:	**Methode:** Rückmeldungen von Personal, internes Audit

Fortlaufende Verbesserung:	**Methode:** Anfragen von Kunden **Informationen Risiken und Chancen:** nicht erhaltene Angebote, Korrektur der Angebote

Dokumentierte Information aufrechterhalten: Bild 4.6 VERTRIEB_BERATUNG_Angebot verfolgen.doc
Freigegeben: Klaus Mustermann, Datum: 06.01.2019, Dienstleistungsunternehmen

BILD 4.6 VERTRIEB-BERATUNG: Angebot verfolgen

4.4.5 VERTRIEB-BERATUNG: Vertrag erstellen

Mit diesem Prozessablauf wird das Erstellen des Vertrags prozessorientiert beschrieben (Bild 4.7).

Produkte: Einführung, Optimierung, Upgrade und Redesign von Softwarelösungen; Integration von Sprache und Nachrichten; individuelle Programmierung.

Service: Generalunternehmer; Mitarbeit in Kundenprojekten; Insourcing; Workshops; Prozess- und Organisationsberatung; IT-Service-Systemtechnik.

Die Angaben des Kunden werden geprüft. Der *Prüfungsumfang* richtet sich nach dem *Projektumfang*. In dieser Arbeitsaufgabe werden alle Produkte und der Service berücksichtigt. Es sind daher bei den Dokumenten die maximalen Notwendigkeiten dargestellt. Der individuellen Anfrage werden die benötigten Dokumente zugeordnet. Sollte Kundeneigentum vorhanden sein (Softwareprodukte, Kundentestdaten, Kundenoriginaldaten zur Datenübernahme), ist es die Aufgabe des Service, die Nutzung vorher abzuklären.

Da *Insourcing* als Service angeboten wird, ist die Auswahl der Software, der Hardware und der Mitarbeiter ein entscheidender Faktor. Deshalb wurde eine vereinfachte Excel-Arbeitsmappe *F_QFD-Insourcing* entwickelt. Mit dieser Excel-Arbeitsmappe können gleichzeitig eine qualifizierte Auswahl und eine Beurteilung durchgeführt werden.

Die Hardware und Software werden vom Funktionsbereich *Vertrieb-Innendienst* bestellt und in den Service gegeben. In der Checkliste *CL-Projektbeschreibung* sind die Anforderungen beschrieben. Die Lieferung erfolgt sofort an den Kunden.

Die Subunternehmer werden ebenfalls durch den *Vertrieb-Innendienst* vertraglich verpflichtet.

WECHSELWIRKUNG

Aus diesem Prozessablauf wird eventuell auf weitere Prozessabläufe verwiesen (Wechselwirkung). Eine detaillierte Beschreibung erfolgt in diesen Prozessabläufen.

KORREKTUREN, KORREKTURMASSNAHMEN, VERBESSERUNGSMASSNAHMEN

Es sind eventuell Korrekturen oder Korrekturmaßnahmen einzuleiten. Im Bedarfsfall ist das Formular *F_Maßnahmen* auszufüllen. In diesem Formular werden Korrektur, Korrekturmaßnahme und Verbesserungsmaßnahme zusammengefasst.

4.4 1_VERTRIEB-BERATUNG

VERTRIEB-BERATUNG: Vertrag erstellen

Tätigkeit / Prozessschritte	Führung	Vertrieb Beratung	Vertrieb Innendienst	Service			Subunternehmer	Wechselwirkung, Checkliste (Wissen der Organisation), Kriterien, Verfahren, Ressourcen	Lenkung dokumentierter Information, Wissen der Organisation
STARTEREIGNIS: *Vertrag erstellen*									•
Angebot vorhanden und vergleichen	(X)	X	X	X				**Produkte:** Einführung, Optimierung, Upgrade und Redesign von Softwarelösungen; Integration von Sprache und Nachrichten; individuelle Programmierung **Service:** Generalunternehmer; Mitarbeit in Kundenprojekten; Insourcing; Workshops; Prozess- und Organisationsberatung; IT-Service-Systemtechnik Angebot mit Auftrag des Kunden vergleichen **Projektumfang:** Generalunternehmer, Projektmanagement, Software, Hardware, Betriebssystem, Datenbanken, Kundentestdaten, Kundenoriginaldaten zur Datenübernahme; Personal, Kapazität, Subunternehmer; Workshop-Räume	• Angebot • Kundenauftrag • CL-Projektanfrage • CL-Angebotsprüfung • Grobkonzept • Lastenheft • Feinkonzept • Pflichtenheft • CL-Projektbeschreibung • Projektplan • CL-Projekt-Review • F_QFD-Insourcing • Datenschutz
Software, Hardware, Subunternehmer disponieren	(X)		X	X				**Wechselwirkung:** • VERTRIEB-INNENDIENST: Disposition / Anfrage / Preisvergleich / Bestellung	•
Vertrag / Servicevertrag / Subunternehmervertrag erstellen	(X)	X	X	X				Verträge erstellen **Projektumfang:** Generalunternehmer, Projektmanagement, Software, Hardware, Betriebssystem, Datenbanken, Kundentestdaten, Kundenoriginaldaten zur Datenübernahme; Personal, Kapazität, Subunternehmer; Workshop-Räume **Wechselwirkung:** • VERTRIEB-INNENDIENST: Disposition / Anfrage / Preisvergleich / Bestellung	• Angebot • Kundenauftrag • CL-Projektanfrage • CL-Angebotsprüfung • Grobkonzept • Lastenheft • Feinkonzept • Pflichtenheft • CL-Projektbeschreibung • Projektplan • CL-Projekt-Review • F_QFD-Insourcing • Vertrag • Servicevertrag • Subunternehmervertrag
ENDEREIGNIS: *Vertrag erstellt*									•
Nachfolgende Tätigkeiten werden nur bei Bedarf durchgeführt.									•
Korrekturmaßnahmen durchführen	X	X	X	X				**Wechselwirkung:** • QM: Nichtkonformität und Korrekturmaßnahmen	•

Bewertung des Prozesses:	**Methode:** Rückmeldungen von Personal, internes Audit
Fortlaufende Verbesserung:	**Methode:** Rückmeldungen von Kunden, Service, Lieferanten, Subunternehmern **Informationen Risiken und Chancen:** Angebot an den Kunden, Terminänderungen, Vertrag des Kunden, Kundeneigentum, Projektumfang

Dokumentierte Information aufrechterhalten: Bild 4.7 VERTRIEB_BERATUNG_Vertrag_erstellen.doc
Freigegeben: Klaus Mustermann, Datum: 06.01.2019, Dienstleistungsunternehmen
Seite 1 von 1

BILD 4.7 VERTRIEB-BERATUNG: Vertrag erstellen

4.4.6 VERTRIEB-BERATUNG: Vertrag ändern/stornieren (Ausschnitt)

Mit diesem Prozessablauf wird das Ändern oder das Stornieren des Vertrags prozessorientiert beschrieben (Bild 4.8).

Es gibt vielfältige Gründe, die zu einer Vertragsänderung oder Stornierung führen können. Hier alle Gründe aufzuführen ist jedoch nicht möglich.

Beispiele, die zu einer Vertragsänderung oder Stornierung führen können:

- Es haben sich im Umfeld des Kunden neue Anforderungen ergeben.
- Im Lastenheft wurden nicht alle Anforderungen beschrieben.
- Der Kunde benötigt ein größeres EDV-System.
- Der Funktionsbereich *Vertrieb-Innendienst* kann die Produkte nicht rechtzeitig beschaffen.
- Der Service kann den gewünschten Start- oder Endzeitpunkt nicht einhalten.
- Preisänderungen von Software- oder Hardwarehersteller wurden nicht berücksichtigt.
- Der Subunternehmer hat keinen Mitarbeiter verfügbar.

Die Kurzklärung zwischen Führung, *Vertrieb-Beratung*, Service und Subunternehmer berücksichtigt alle Gründe, die zu einer Auftragsänderung führen. Die Entscheidung mit dem Kunden löst dann die weiteren Tätigkeiten aus.

Je nach Umfang der Änderung werden die einzelnen Tätigkeiten mehr oder weniger stark ausgeführt. Es kommt nicht darauf an, jede einzelne Tätigkeit bis ins Detail zu beschreiben, da bei der dargestellten Organisationsgröße dazu keine Notwendigkeit besteht.

WECHSELWIRKUNG   Aus diesem Prozessablauf wird eventuell auf weitere Prozessabläufe verwiesen (Wechselwirkung). Eine detaillierte Beschreibung erfolgt in diesen Prozessabläufen.

KORREKTUREN, KORREKTURMASSNAHMEN, VERBESSERUNGSMASSNAHMEN   Es sind eventuell Korrekturen oder Korrekturmaßnahmen einzuleiten. Im Bedarfsfall ist das Formular *F_Maßnahmen* auszufüllen. In diesem Formular werden Korrektur, Korrekturmaßnahme und Verbesserungsmaßnahme zusammengefasst.

VERTRIEB-BERATUNG: Vertrag ändern / stornieren

Tätigkeit / Prozessschritte	Führung	Vertrieb Beratung	Vertrieb Innendienst	Service			Subunternehmer	Wechselwirkung, Checkliste (Wissen der Organisation), Kriterien, Verfahren, Ressourcen	Lenkung dokumentierter Information, Wissen der Organisation
STARTEREIGNIS: *Auftrag ändern / stornieren durchführen*									•
Vertrag / Servicevertrag / Subunternehmervertrag ändern / stornieren	(X)	X	X	X			(X)	Kurzklärung des Problems, Kosten ermitteln **Projektumfang:** Generalunternehmer, Projektmanagement, Software, Hardware, Betriebssystem, Datenbanken; Kundentestdaten, Kundenoriginaldaten zur Datenübernahme; Personal, Kapazität, Subunternehmer; Workshop-Räume **Wechselwirkung:** • VERTRIEB-INNENDIENST: Bestellung verfolgen	• Angebot • Kundenauftrag • CL-Projektanfrage • CL-Angebotsprüfung • Grobkonzept • Lastenheft • Feinkonzept • Pflichtenheft • CL-Projektbeschreibung • Projektplan • CL-Projekt-Review • F_QFD-Insourcing • Vertrag • Servicevertrag • Subunternehmervertrag • Datenschutz
Entscheidung mit Kunden durchführen	(X)	X		(X)				Wenn keine Änderung oder Stornierung erfolgt, dann müssen keine weiteren Tätigkeiten durchgeführt werden.	• Angebot • Kundenauftrag • CL-Projektanfrage • CL-Angebotsprüfung • Grobkonzept • Lastenheft • Feinkonzept • Pflichtenheft • CL-Projektbeschreibung • Projektplan • CL-Projekt-Review • F_QFD-Insourcing • Vertrag • Servicevertrag • Subunternehmervertrag
Nachfolgende Tätigkeiten werden nur bei Änderung oder Stornierung durchgeführt.									•
Vertrag / Servicevertrag / Subunternehmervertrag ändern / stornieren	(X)	X		(X)				Verträge ändern / stornieren **Projektumfang:** Generalunternehmer, Projektmanagement, Software, Hardware, Betriebssystem, Datenbanken; Kundentestdaten, Kundenoriginaldaten zur Datenübernahme; Personal, Kapazität, Subunternehmer; Workshop-Räume	• Angebot • Kundenauftrag • CL-Projektanfrage • CL-Angebotsprüfung • Grobkonzept • Lastenheft • Feinkonzept • Pflichtenheft • CL-Projektbeschreibung • Projektplan • CL-Projekt-Review • F_QFD-Insourcing • Vertrag • Servicevertrag • Subunternehmervertrag
Software, Hardware, Subunternehmer ändern / stornieren	(X)		X	X				**Wechselwirkung:** • VERTRIEB-INNENDIENST: Disposition / Anfrage / Preisvergleich / Bestellung	•
Nachfolgende Tätigkeiten werden nur bei Bedarf durchgeführt.									•

Dokumentierte Information aufrechterhalten: Bild 4.8 VERTRIEB_BERATUNG_Vertrag_ändern_stornieren.doc
Freigegeben: Klaus Mustermann, Datum: 06.01.2019, Dienstleistungsunternehmen
Seite 1 von 2

BILD 4.8 VERTRIEB-BERATUNG: Vertrag ändern/stornieren (Ausschnitt)

4.4.7 VERTRIEB-BERATUNG: Reklamation

Mit diesem Prozessablauf wird die Durchführung der Reklamationsbearbeitung prozessorientiert beschrieben (Bild 4.9).

Während und nach der Projektdurchführung kann es zu unterschiedlichen Störungen kommen. Auch bei der Reklamationsbearbeitung werden die Tätigkeiten in dem Prozessablauf nur abstrakt geschildert, da es nicht möglich und sinnvoll ist, alle Tätigkeiten aufzuzeigen.

Beispiele:

- fehlende Updates für die Programme,
- fehlende Informationen,
- unkorrektes Arbeiten des Subunternehmers,
- schlecht abgestimmte Termine,
- fehlende Testdaten,
- fehlerhafte Hardware,
- fehlerhafte Software.

Je nach Umfang der Reklamation werden die einzelnen Tätigkeiten mehr oder weniger stark ausgeführt. Es kommt nicht darauf an, jede einzelne Tätigkeit bis ins Detail zu beschreiben. Das ist bei den unterschiedlichen Kombinationsmöglichkeiten zu aufwendig. Wichtiger ist die Analyse der Reklamationsgründe. Es wird weiter unterschieden, ob ein Servicevertrag vorhanden ist. Ansonsten ist die Kostenübernahme vorher mit dem Kunden abzuklären.

Der Service prüft die Reklamation oder Fehlermeldung, da dort die nötige Fachkompetenz vorhanden ist. Es wird versucht, den zuständigen Mitarbeiter zu erreichen, damit er innerhalb von zehn Minuten den Kunden zurückrufen kann.

WECHSELWIRKUNG Aus diesem Prozessablauf wird eventuell auf weitere Prozessabläufe verwiesen (Wechselwirkung). Eine detaillierte Beschreibung erfolgt in diesen Prozessabläufen.

KORREKTUREN, KORREKTURMASSNAHMEN, VERBESSERUNGSMASSNAHMEN Es sind eventuell Korrekturen oder Korrekturmaßnahmen einzuleiten. Im Bedarfsfall ist das Formular *F_Maßnahmen* auszufüllen. In diesem Formular werden Korrektur, Korrekturmaßnahme und Verbesserungsmaßnahme zusammengefasst.

VERTRIEB-BERATUNG: Reklamation

Tätigkeit / Prozessschritte	Führung	Vertrieb Beratung	Vertrieb Innendienst	Service			Subunternehmer	Wechselwirkung, Checkliste (Wissen der Organisation), Kriterien, Verfahren, Ressourcen	Lenkung dokumentierter Information, Wissen der Organisation
STARTEREIGNIS: Reklamation bearbeiten									•
Problem annehmen			X					Kurzklärung des Problems: Servicevertrag vorhanden, Problemschilderung	• Servicevertrag • CL-Problem • Datenschutz
Zuständigen Mitarbeiter benachrichtigen		(X)	X	X				Servicevertrag vorhanden, Problemschilderung Ziel: Kunde wird innerhalb von 10 Minuten vom zuständigen Mitarbeiter zurückgerufen	• Servicevertrag • CL-Problem
Problembehandlung festlegen		(X)	X				(X)	Problem / Fehler: Wählleitung zum Kunden; PTF vorhanden; Änderungsstand, Version, Release	• Servicevertrag • CL-Problem
Lösung mit Kunden erarbeiten	(X)	(X)	X				(X)	Problem / Fehler: Wählleitung zum Kunden; PTF vorhanden; Änderungsstand, Version, Release. Kostenübernahme klären.	• Servicevertrag • CL-Problem • Kundenauftrag
Nachfolgende Tätigkeiten werden nur bei Bedarf durchgeführt.									•
Hersteller der Software benachrichtigen				X				Problem / Fehler: Rücksprache mit Softwarehersteller, ob Problem bekannt. Problem schildern und dokumentieren. Kostenübernahme klären.	• Servicevertrag • CL-Problem • Kundenauftrag • Projektplan • CL-Projekt-Review
Subunternehmer benachrichtigen			X					Problem / Fehler: Problem schildern und dokumentieren. Kostenübernahme klären.	• Servicevertrag • Subunternehmervertrag • CL-Problem • Kundenauftrag • Projektplan • CL-Projekt-Review
Problemlösung mit eigenen Mitarbeitern durchführen				X				Problem / Fehler: beheben, Aufwand protokollieren, Kulanz, Servicevertrag, Kosten berechnen	• Servicevertrag • CL-Problem • Kundenauftrag • Projektplan • CL-Projekt-Review
ENDEREIGNIS: Reklamation bearbeitet									• •
Nachfolgende Tätigkeiten werden nur bei Bedarf durchgeführt.									•
Korrekturmaßnahmen durchführen	(X)	X	X	X			(X)	Wechselwirkung: • QM: Nichtkonformität und Korrekturmaßnahmen	•

Bewertung des Prozesses:	**Methode:** Rückmeldungen von Personal, internes Audit
Fortlaufende Verbesserung:	**Methode:** Rückmeldungen von Kunden, Service, Lieferanten, Subunternehmern **Informationen Risiken und Chancen:** Reklamationen, entstandene Fehler, Kulanzen, Garantieleistungen, Beratereinsatz Stunden berechnet – Stunden geleistet, Programmiereinsatz Stunden berechnet – Stunden geleistet, Kosten Reklamation externe Dienstleistung durch Subunternehmer

<u>Dokumentierte Information aufrechterhalten:</u> Bild 4.9 VERTRIEB_BERATUNG_Reklamation.doc
Freigegeben: Klaus Mustermann, Datum: 06.01.2019, Dienstleistungsunternehmen
Seite 1 von 1

BILD 4.9 VERTRIEB-BERATUNG: Reklamation

■ 4.5 2_VERTRIEB-INNENDIENST

Der Funktionsbereich **2_VERTRIEB_INNENDIENST** benötigt die Prozessabläufe:

- Disposition/Anfrage/Preisvergleich/Bestellung
- Bestellung verfolgen
- Lieferanten Auswahl/Beurteilung/Neubeurteilung

HINWEIS: Die in der DIN EN ISO 9001:2015 genannten *externen Anbieter* werden in diesem Buch auch als *Lieferanten* bezeichnet. Eine Erläuterung, wieso dies möglich ist, finden Sie in diesem Buch im *Kapitel 4.3* unter *0.1 Allgemeines*.

4.5.1 VERTRIEB-INNENDIENST: Disposition/Anfrage/Preisvergleich/Bestellung

Mit diesem Prozessablauf werden Disposition, Anfrage, Preisvergleich und Bestellung prozessorientiert beschrieben (Bild 4.10).

Der Funktionsbereich *Vertrieb-Innendienst* beschafft folgende relevante Produkte und Dienstleistungen:

- Standardsoftware,
- Hardware,
- Subunternehmer.

Die Produkte wurden mit dem Kunden abgestimmt und vertraglich geregelt. In der Praxis wird bei den Stammlieferanten angerufen, werden die Preise notiert und die Lieferzeiten festgehalten. Es wird ein Vergleich durchgeführt und dann anschließend per Fax, E-Mail, Online-Shop oder telefonisch bestellt. Wenn die Lieferanten eine Auftragsbestätigung senden, dann muss ein Vergleich mit der Bestellung auf Richtigkeit erfolgen.

Die Bestellung erfolgt immer projektbezogen.

In den Ablauf ist ein Subunternehmereinsatz integriert, da ein erhöhter logistischer Aufwand erforderlich ist.

Da Subunternehmer beauftragt werden, ist die Auswahl der Subunternehmer ein entscheidender Faktor. Deshalb wurde eine vereinfachte Excel-Arbeitsmappe *F_Beurteilung Auswahl und Leistungsüberwachung von externen Anbietern_QFD* entwickelt. Mit dieser Excel-Arbeitsmappe können gleichzeitig eine qualifizierte Subunternehmerauswahl und eine Beurteilung durchgeführt werden.

Sie müssen diese Art der Bewertung nicht durchführen, wenn Sie eine andere Art anwenden.

Die Anfrage/Bestellung wird elektronisch verwaltet.

WECHSELWIRKUNG Aus diesem Prozessablauf wird eventuell auf weitere Prozessabläufe verwiesen (Wechselwirkung). Eine detaillierte Beschreibung erfolgt in diesen Prozessabläufen.

KORREKTUREN, KORREKTURMASSNAHMEN, VERBESSERUNGSMASSNAHMEN Es sind eventuell Korrekturen oder Korrekturmaßnahmen einzuleiten. Im Bedarfsfall ist das Formular *F_Maßnahmen* auszufüllen. In diesem Formular werden Korrektur, Korrekturmaßnahme und Verbesserungsmaßnahme zusammengefasst.

4.5 2_VERTRIEB-INNENDIENST

VERTRIEB-INNENDIENST: Disposition / Anfrage / Preisvergleich / Bestellung

Tätigkeit / Prozessschritte	Führung	Vertrieb Beratung	Vertrieb Innendienst	Service			Subunternehmer	Wechselwirkung, Checkliste (Wissen der Organisation), Kriterien, Verfahren, Ressourcen	Lenkung dokumentierter Information, Wissen der Organisation
STARTEREIGNIS: Disposition / Anfrage / Preisvergleich / Bestellung durchführen									•
(Disposition) Mengen festlegen, ändern, stornieren	(X)		(X)	X				**Projekt:** **Wechselwirkung:** • VERTRIEB-BERATUNG: Auftrag erstellen • VERTRIEB-INNENDIENST: Bestellung verfolgen	• CL-Projektbeschreibung • Projektplan • CL-Projekt-Review • Vertrag • Datenschutz
Lieferanten auswählen	(X)		(X)	X				Hauptlieferanten im EDV-System hinterlegt.	• CL-Projektbeschreibung • Projektplan • CL-Projekt-Review • Vertrag
Subunternehmer auswählen	(X)		(X)	X			(X)	Hauptlieferanten im EDV-System hinterlegt. **Wechselwirkung:** • VERTRIEB-INNENDIENST: Lieferanten Auswahl / Beurteilung / Neubeurteilung	• CL-Projektbeschreibung • Projektplan • CL-Projekt-Review • Subunternehmervertrag
Nachfolgende Tätigkeiten erfolgen bei Subunternehmern.									•
Dienstleistung bestellen, ändern oder stornieren	(X)		X					Die Bestellung erfolgt schriftlich. **Wechselwirkung:** • VERTRIEB-BERATUNG: Auftrag erstellen • VERTRIEB-BERATUNG: Auftrag ändern / stornieren	• Angebot • Subunternehmervertrag
Nachfolgende Tätigkeiten erfolgen bei Software, Hardware.									•
Produkte bestellen, ändern oder stornieren	(X)		X					Die Bestellung kann telefonisch, schriftlich, per Fax, E-Mail, Online-Shop erfolgen. **Wechselwirkung:** • VERTRIEB-BERATUNG: Auftrag erstellen • VERTRIEB-BERATUNG: Auftrag ändern / stornieren	• Angebot • Bestellung
Auftragsbestätigung des Lieferanten mit Bestellung vergleichen			X					Auftragsbestätigung mit der Bestellung vergleichen	• Bestellung • Auftragsbestätigung
Bestellung auf Wiedervorlage legen			X					Der Termin wird ins EDV-System eingetragen.	• Bestellung • Auftragsbestätigung
ENDEREIGNIS: Disposition / Anfrage / Preisvergleich / Bestellung durchgeführt									•
Nachfolgende Tätigkeiten werden nur bei Bedarf durchgeführt.									•
Korrekturmaßnahmen durchführen	X		X	X			(X)	**Wechselwirkung:** • QM: Nichtkonformität und Korrekturmaßnahmen	•

Bewertung des Prozesses:	**Methode:** Rückmeldungen von Personal, internes Audit
Fortlaufende Verbesserung:	**Methode:** Rückmeldungen von Kunden, Service, Lieferanten, Subunternehmern **Informationen Risiken und Chancen:** Lieferverzug, Reklamationen, entstandene Fehler, nicht erhaltene Kundenaufträge, Stornierung Kundenaufträge, Probleme mit den Subunternehmern

Dokumentierte Information aufrechterhalten: Bild 4.10 VERTRIEB_INNENDIENST_Disposition_Anfrage_Preisvergleich_Bestellung.doc
Freigegeben: Klaus Mustermann, Datum: 06.01.2019, Dienstleistungsunternehmen

BILD 4.10 VERTRIEB-INNENDIENST: Disposition / Anfrage / Preisvergleich / Bestellung

4.5.2 VERTRIEB-INNENDIENST: Bestellung verfolgen

Mit diesem Prozessablauf wird die Verfolgung der Bestellung prozessorientiert beschrieben. Dies betrifft auch die Subunternehmer (Bild 4.11).

In vielen kleinen Organisationen wird die Bestellverfolgung über einen Vorlageordner durchgeführt. Eine elektronische Lösung scheidet oft aus, da Aufwand und Nutzen in keinem wirtschaftlichen Verhältnis stehen. Sonst erfolgt eine elektronische Verwaltung. **Die Bestellung erfolgt immer projektbezogen.**

Die Bestellungen des Lieferanten werden durchgesehen oder das EDV-System meldet über Wiedervorlage den Termin. Es muss mit dem Service die Problematik durchgesprochen werden, ob Probleme mit dem Projektplan entstehen können.

Bei Bedarf wird der Kunde informiert.

Sollte das in Ihrer Organisation anders sein, dann müssen Sie die benötigten Tätigkeiten hinzufügen oder ändern.

WECHSELWIRKUNG Aus diesem Prozessablauf wird eventuell auf weitere Prozessabläufe verwiesen (Wechselwirkung). Eine detaillierte Beschreibung erfolgt in diesen Prozessabläufen.

KORREKTUREN, KORREKTURMASSNAHMEN, VERBESSERUNGSMASSNAHMEN Es sind eventuell Korrekturen oder Korrekturmaßnahmen einzuleiten. Im Bedarfsfall ist das Formular *F_Maßnahmen* auszufüllen. In diesem Formular werden Korrektur, Korrekturmaßnahme und Verbesserungsmaßnahme zusammengefasst.

VERTRIEB-INNENDIENST: Bestellung verfolgen

Tätigkeit / Prozessschritte		Führung	Vertrieb Beratung	Vertrieb Innendienst	Service			Subunternehmer	Wechselwirkung, Checkliste (Wissen der Organisation), Kriterien, Verfahren, Ressourcen	Lenkung dokumentierter Information, Wissen der Organisation
STARTEREIGNIS: *Bestellung verfolgen*										•
Termin erreicht / überschritten				X					**Prüfen:** Termin im EDV-System erreicht, Termine überschritten	• Bestellung • Auftragsbestätigung
Nachfolgende Tätigkeiten werden nur bei Bedarf durchgeführt.										•
Service informieren		(X)		X	X				**Wechselwirkung:** • SERVICE: DV-Projekte • SERVICE: Individuelle Programmierung	•
Lieferanten informieren		(X)		X					**Wechselwirkung:** • VERTRIEB-INNENDIENST: Disposition / Anfrage / Preisvergleich / Bestellung	•
Kunden informieren		(X)	X	X	X				**Wechselwirkung:** • VERTRIEB-BERATUNG: Auftrag ändern / stornieren	•
Bestellung überarbeiten				X					**Wechselwirkung:** • VERTRIEB-INNENDIENST: Disposition / Anfrage / Preisvergleich / Bestellung	•
Service überarbeiten					X				**Wechselwirkung:** • SERVICE: DV-Projekte • SERVICE: Individuelle Programmierung	•
										•
Bestellung auf Wiedervorlage legen				X					**Prüfen:** Der neue Termin wird ins EDV-System eingetragen.	• Bestellung • Auftragsbestätigung
ENDEREIGNIS: *Bestellung verfolgt*										•
										•
Nachfolgende Tätigkeiten werden nur bei Bedarf durchgeführt.										•
Korrekturmaßnahmen durchführen		X	X	X	X				**Wechselwirkung:** • QM: Nichtkonformität und Korrekturmaßnahmen	•
										•

Bewertung des Prozesses:	**Methode:** Rückmeldungen von Personal, internes Audit
Fortlaufende Verbesserung:	**Methode:** Anfragen von Kunden **Informationen Risiken und Chancen:** Lieferverzug, Reklamationen, entstandene Fehler, nicht erhaltene Kundenaufträge, Stornierung Kundenaufträge, Probleme mit den Subunternehmern

Dokumentierte Information aufrechterhalten: Bild 4.11 VERTRIEB_INNENDIENST_Bestellung verfolgen.doc
Freigegeben: Klaus Mustermann, Datum: 06.01.2019, Dienstleistungsunternehmen
Seite 1 von 1

BILD 4.11 VERTRIEB-INNENDIENST: Bestellung verfolgen

4.5.3 VERTRIEB-INNENDIENST: Lieferanten Auswahl/Beurteilung/ Neubeurteilung

Mit diesem Prozessablauf werden die Auswahl, Beurteilung und Neubeurteilung von Lieferanten prozessorientiert beschrieben (Bild 4.12).

HINWEIS: Der Prozessablauf berücksichtigt die Lieferanten. Die Subunternehmer werden getrennt betrachtet und im Prozessablauf berücksichtigt.

In Organisationen dieser Größe gibt es keine 100 Lieferanten oder es ist ein ständiger Wechsel vorhanden. Im *Dienstleistungsunternehmen* kommt noch erschwerend hinzu, dass die Hardware und Software bei maximal acht Lieferanten eingekauft werden können.

Aus diesem Grund wurden zwei unterschiedliche Arten der Lieferantenbewertung erstellt:

1. Formular *F_Beurteilung Auswahl und Leistungsüberwachung von externen Anbietern_QFD* (Excel) bei komplexen Produkten/Dienstleistungen,
2. Formular *F_Beurteilung Auswahl und Leistungsüberwachung von externen Anbietern* (Word) als generelle Vorgehensweise.

Beurteilung Auswahl und Leistungsüberwachung von externen Anbietern_ QFD bei komplexen Produkten/Dienstleistungen

Die Auswahl der Lieferanten ist ein entscheidender Faktor. Deshalb wurde eine vereinfachte Excel-Arbeitsmappe *F_Beurteilung Auswahl und Leistungsüberwachung von externen Anbietern_QFD* entwickelt. Mit dieser Excel-Arbeitsmappe können gleichzeitig eine qualifizierte Lieferantenauswahl und eine Lieferantenbeurteilung durchgeführt werden. Die Anforderung des Kunden wird mit den Möglichkeiten der Lieferanten verglichen, die benötigten Produkte zu liefern. Da jedoch nicht für jedes Produkt eine Lieferantenbeurteilung sinnvoll ist, wurde dies in dem Prozessablauf vermerkt. Die Excel-Arbeitsmappe *F_Beurteilung Auswahl und Leistungsüberwachung von externen Anbietern_QFD* ermöglicht, bei Änderungen die damaligen Entscheidungsgründe für diesen Lieferanten zu verfolgen. Da Subunternehmer beauftragt werden, ist die Auswahl der Subunternehmer ein entscheidender Faktor.

Sollten Sie keine Bewertung mit der Excel-Arbeitsmappe *F_Beurteilung Auswahl und Leistungsüberwachung von externen Anbietern_QFD* durchführen wollen, dann müssen Sie die entsprechenden Tätigkeiten in dem Prozessablauf korrigieren.

Sie müssen diese Art der Bewertung nicht durchführen, wenn Sie eine andere Art anwenden.

WECHSELWIRKUNG

Aus diesem Prozessablauf wird eventuell auf weitere Prozessabläufe verwiesen (Wechselwirkung). Eine detaillierte Beschreibung erfolgt in diesen Prozessabläufen.

KORREKTUREN, KORREKTURMASSNAHMEN, VERBESSERUNGSMASSNAHMEN

Es sind eventuell Korrekturen oder Korrekturmaßnahmen einzuleiten. Im Bedarfsfall ist das Formular *F_Maßnahmen* auszufüllen. In diesem Formular werden Korrektur, Korrekturmaßnahme und Verbesserungsmaßnahme zusammengefasst.

ISO 9001:2015 AUSZUG AUS DER NORM

A.8 Steuerung von extern bereitgestellten Prozessen, Produkten und Dienstleistungen

Alle Formen von extern bereitgestellten Prozessen, Produkten und Dienstleistungen werden in 8.4 behandelt, egal ob durch beispielsweise:

- *Kauf von einem Lieferanten;*
- *Vereinbarungen mit einem Beteiligungsunternehmen;*
- *Ausgliedern von Prozessen an einen externen Anbieter.*

Das Ausgliedern hat stets den grundlegenden Charakter einer Dienstleistung, da mindestens eine Tätigkeit an der Schnittstelle zwischen dem Anbieter und der Organisation notwendig ist.

4.5 2_VERTRIEB-INNENDIENST

VERTRIEB-INNENDIENST: Lieferanten Auswahl / Beurteilung / Neubeurteilung

Tätigkeit / Prozessschritte	↓	Führung	Vertrieb Beratung	Vertrieb Innendienst	Service			Subunternehmer	Wechselwirkung, Checkliste (Wissen der Organisation), Kriterien, Verfahren, Ressourcen	Lenkung dokumentierter Information, Wissen der Organisation
STARTEREIGNIS: Lieferanten auswählen, beurteilen										•
Kriterien festlegen		(X)		X					**Prüfen:** Termin, Preis, technische Beratung, Service	• Statistik • CL-Projektbeschreibung • Projektplan • F_Beurteilung Auswahl und Leistungsüberwachung von externen Anbietern • <mark>F_Beurteilung Auswahl und Leistungsüberwachung von externen Anbietern_QFD</mark>
Lieferanten anfragen und beurteilen		(X)		X					**Prüfen:** Hauptlieferanten, Mengen, Liefertermin	• Anfrage • CL-Projektbeschreibung • Projektplan
Lieferanten auswählen (freigeben)		(X)		X					**Prüfen:** Die Auswahl der Software und Hardware erfolgt bei anerkannten Herstellern. Ausgewählten Lieferanten im EDV-System hinterlegen. **Wechselwirkung:** • VERTRIEB-INNENDIENST: Disposition / Anfrage / Preisvergleich / Bestellung	• Anfrage • CL-Projektbeschreibung • Projektplan • Angebot
ENDEREIGNIS: Lieferanten ausgewählt, beurteilt										• •
STARTEREIGNIS: Subunternehmer auswählen, beurteilen										•
Kriterien festlegen		(X)		X					**Prüfen:** Termin, Preis, Projekterfahrung, Branchenerfahrung, bereits für uns gearbeitet	• CL-Projektbeschreibung • Projektplan • F_Beurteilung Auswahl und Leistungsüberwachung von externen Anbietern • <mark>F_Beurteilung Auswahl und Leistungsüberwachung von externen Anbietern_QFD</mark>
Subunternehmer anfragen und beurteilen		(X)		X					**Prüfen:** Subunternehmervertrag vorhanden	• Anfrage • Subunternehmervertrag • CL-Projektbeschreibung • Projektplan • F_Beurteilung Auswahl und Leistungsüberwachung von externen Anbietern • <mark>F_Beurteilung Auswahl und Leistungsüberwachung von externen Anbietern_QFD</mark>

Dokumentierte Information aufrechterhalten: Bild 4.12 VERTRIEB_INNENDIENST_Lieferanten_Auswahl_Beurteilung_Neubeurteilung.doc
Freigegeben: Klaus Mustermann, Datum: 06.01.2019, Dienstleistungsunternehmen
Seite 1 von 3

BILD 4.12 VERTRIEB-INNENDIENST: Lieferanten Auswahl/Beurteilung/Neubeurteilung (Ausschnitt)

KORREKTUREN, KORREKTURMASSNAHMEN, VERBESSERUNGSMASSNAHMEN ISO 9001:2015 AUSZUG AUS DER NORM

Die Arten der Steuerung, die für die externe Bereitstellung erforderlich sind, können sich abhängig von der Art der Prozesse, Produkte und Dienstleistungen stark unterscheiden. Die Organisation kann das risikobasierte Denken anwenden, um die Art und den Umfang der Steuerung zu bestimmen, die/der für den jeweiligen externen Anbieter und die extern bereitgestellten Prozesse, Produkte und Dienstleistungen geeignet ist.

4.5.3.1 Formular: F_Beurteilung Auswahl und Leistungsüberwachung von externen Anbietern_QFD (Excel) bei komplexen Produkten/Dienstleistungen

Mit diesem Formular wird die Lieferantenbewertung für Lieferanten/Subunternehmer durchgeführt (Bild 4.13).

Da Subunternehmer beauftragt werden, ist die Auswahl der Subunternehmer ein entscheidender Faktor. Es ist ein Vergleich zwischen den Anforderungen an die eigenen Mitarbeiter und Subunternehmer möglich. Die Anforderung des Projekts wird mit den Möglichkeiten des Subunternehmers verglichen, das benötigte Know-how bereitzustellen. Die QFD-Subunternehmerbewertung ermöglicht, bei Projektproblemen die damaligen Entscheidungsgründe für diesen Subunternehmer zu verfolgen. Deshalb wurde eine vereinfachte Excel-Arbeitsmappe *F_Beurteilung Auswahl und Leistungsüberwachung von externen Anbietern_QFD* entwickelt. Mit dieser Excel-Arbeitsmappe können eine qualifizierte Subunternehmerauswahl und gleichzeitig eine Beurteilung durchgeführt werden. Die Excel-Arbeitsmappe *F_Beurteilung Auswahl und Leistungsüberwachung von externen Anbietern_QFD* wurde für diese Organisationsgröße stark vereinfacht. Es ist jedoch ein effektives Mittel zur Beurteilung der Subunternehmer. Der Einsatz dieser Excel-Arbeitsmappe ist denkbar einfach.

An dieser Stelle wird nur auf die **generelle Definition** eingegangen. Ausführliche Hinweise zu den **Excel-Arbeitsmappen** und deren Umsetzung finden Sie in diesem Buch im **Kapitel 1.7.2**.

INFORMATIONEN QFD-LIEFERANTENBEWERTUNG

1. Als Erstes sind die **Dienstleistung** *Anpassung von Druckbildern*, die **Standardsoftware** *PAS* und die **Zielgruppe** *Automobilzulieferer*, an die die Dienstleistung verkauft werden soll, einzutragen.

2. In die Spalte *Subunternehmer* wird der Name des Subunternehmers für die Dienstleistung eingetragen. Insgesamt können 10 Subunternehmer verglichen werden. Die Spalte *eigenes Unternehmen* wurde eingeführt, falls ein Vergleich zwischen *eigener Durchführung und Fremddurchführung* erfolgen soll.

3. Als Nächstes sind die *Forderung an die Dienstleistung (FdK)* zu ermitteln und einzutragen. Es sind auch die nicht definierten Forderungen des Kunden, wie z. B. Gesetze oder Normen, zu berücksichtigen. Da jedoch nicht jede Forderung gleich wichtig ist, muss eine Gewichtung von *1 = unwichtig bis 10 = sehr wichtig* in der Spalte *Gewichtung Forderung* erfolgen.

   Sollte der Service des Subunternehmers eine entscheidende Rolle spielen, dann ist in der Spalte *Gewichtung Service* ebenfalls eine Bewertung von *1 bis 10* durchzuführen. (**Hinweis:** Es erfolgt keine Berechnung.)

4. Nun ist die *Beziehungsmatrix (FdK) zu (atM)* mit größter Sorgfalt auszufüllen, da sonst die Gesamtbewertung verfälscht wird.

Weitere Hinweise finden Sie in den Tabellenspalten mit einem „roten Dreieck" als Kommentar in der Excel-Arbeitsmappe.

5. Der Erfüllungsgrad in Punkten und Prozenten ist das Ergebnis der Bewertung. Der Lieferant mit der größten Punkt- oder Prozentzahl ist der geeignete Lieferant für das Rohmaterial.

Ausführliche Hinweise zu den **Excel**-**Arbeitsmappen** und deren Umsetzung finden Sie in diesem Buch im **Kapitel 1.7.2**.

Sie müssen diese Art der Bewertung nicht durchführen, wenn Sie eine andere Art anwenden.

4.5 2_VERTRIEB-INNENDIENST

Dienstleistung: Anpassung von Druckbildern
Standardsoftware: PAS
Zielgruppe: Automobilzulieferer

QFD-Subunternehmerbewertung

Lieferanten (atM)

Forderung an die Dienstleistung (FdK)		Gewichtung Forderung	eigenes Unternehmen	Meier	Müller	Schmitz	Subunternehmer 4	Subunternehmer 5	Subunternehmer 6	Subunternehmer 7	Subunternehmer 8	Subunternehmer 9	Subunternehmer 10	Gewichtung Service
Softwarekenntnisse:		0	0	0	0	0	0	0	0	0	0	0	0	
Standardsoftware	PAS	10	3	3	2	2	0	0	0	0	0	0	0	
Programmiertool	TABAC	10	3	2	1	3	0	0	0	0	0	0	0	
		0	0	0	0	0	0	0	0	0	0	0	0	
durchgeführte Projekte	gleicher Art	5	1	3	1	1	0	0	0	0	0	0	0	
Branchenkenntniss	erforderlich	1	1	1	1	3	0	0	0	0	0	0	0	
Mitarbeiter:		0	0	0	0	0	0	0	0	0	0	0	0	
Auftreten	UNDAG-Richtlinie	3	3	1	1	2	0	0	0	0	0	0	0	
Arbeitsdurchführung	selbständig	10	2	3	1	2	0	0	0	0	0	0	0	
	Flexibilität	10	3	1	2	2	0	0	0	0	0	0	0	
	Termineinhaltung	10	2	3	2	1	0	0	0	0	0	0	0	
	gute Erreichbarkeit	5	3	3	1	3	0	0	0	0	0	0	0	
Kundenschutz:		0	0	0	0	0	0	0	0	0	0	0	0	
	Rückgabe der Unterlagen	5	3	3	3	3	0	0	0	0	0	0	0	
	Verpflichtung auf QM-Ziele	10	3	2	1	2	0	0	0	0	0	0	0	
	Gewährleistung	10	3	3	3	3	0	0	0	0	0	0	0	
	Datenschutz/Wettbewerb	10	3	1	1	2	0	0	0	0	0	0	0	
Erfüllungsgrad	Summe	867 abs.	265	229	159	214	0	0	0	0	0	0	0	
Erfüllungsgrad	Summe	100% rel.	31%	26%	18%	25%	0%	0%	0%	0%	0%	0%	0%	

Sie dürfen in die nachfolgenden Spalten keine Daten eintragen, da hier die zentrale Berechnung erfolgt und sonst die Formeln zerstört werden!

Summenbildung Beziehungsmatrix (FdK) zu (atM)

0	0	0	0	0	0	0	0	0	0	0
30	30	20	20	0	0	0	0	0	0	0
30	20	10	30	0	0	0	0	0	0	0
0	0	0	0	0	0	0	0	0	0	0
5	15	5	5	0	0	0	0	0	0	0
1	1	1	3	0	0	0	0	0	0	0
0	0	0	0	0	0	0	0	0	0	0
9	3	3	6	0	0	0	0	0	0	0
20	30	10	20	0	0	0	0	0	0	0
30	10	20	20	0	0	0	0	0	0	0
20	30	20	10	0	0	0	0	0	0	0
15	15	5	15	0	0	0	0	0	0	0
0	0	0	0	0	0	0	0	0	0	0
15	15	15	15	0	0	0	0	0	0	0
30	20	10	20	0	0	0	0	0	0	0
30	30	30	30	0	0	0	0	0	0	0
30	10	10	20	0	0	0	0	0	0	0
Summe 265	229	159	214	0	0	0	0	0	0	0

Dokumentierte Information aufbewahren: Bild 4.13 F_Beurteilung Auswahl und Leistungsüberwachung von externen Anbietern_QFD
Freigegeben: Klaus Mustermann, Datum: 06.01.2019, Dienstleistungsunternehmen 1

BILD 4.13 Formular: F_Beurteilung Auswahl und Leistungsüberwachung von externen Anbietern_QFD (Excel) bei komplexen Produkten/Dienstleistungen

4.5.3.2 Formular: F_Beurteilung Auswahl und Leistungsüberwachung von externen Anbietern (Word) als generelle Vorgehensweise

Mit diesem Formular wird die Lieferantenbewertung durchgeführt. Die Beurteilung ist wesentlich einfacher als im vorigen Excel-Formular. Hier ist zu beachten, dass nur die Hauptlieferanten bewertet werden müssen. Sie können jedoch auch weitere Lieferanten einfügen (Bild 4.14).

Die *Kriterien für die Beurteilung, Auswahl und Leistungsüberwachung* müssen Sie nur ändern, wenn dies erforderlich wird. Sie können *unterschiedliche Kriterien* pro externen Anbieter festlegen.

Die *Neubeurteilung* der *Kriterien* kann im internen Audit oder dann durchgeführt werden, wenn Sie dies für erforderlich halten. Anschließend führen Sie unter *Ergebnis* eine Beurteilung durch. Wenn die Kriterien weiter Gültigkeit haben, dann müssen Sie die Kriterien nicht anpassen oder Maßnahmen durchführen.

Unter *Maßnahme* führen Sie auf, welche Maßnahmen erforderlich sind oder ob keine Maßnahmen erforderlich sind.

ISO 9001:2015 AUSZUG AUS DER NORM

8.4.1 Allgemeines

Die Organisation muss sicherstellen, dass extern bereitgestellte Prozesse, Produkte und Dienstleistungen den Anforderungen entsprechen.

Die Organisation muss Kriterien für die Beurteilung, Auswahl, Leistungsüberwachung und Neubeurteilung externer Anbieter bestimmen und anwenden, die auf deren Fähigkeit beruhen, Prozesse oder Produkte und Dienstleistungen in Übereinstimmung mit den Anforderungen bereitzustellen.

Definition der „Leistungsüberwachung" durch die Herausgeber auf Basis der Begriffe der DIN EN ISO 9000:2015:

Leistungsüberwachung = Überwachung der Leistung.

ISO 9000:2015 AUSZUG AUS DER NORM

Begriff: Überwachung (3.11.3) = *Bestimmung (3.11.1) des Zustands eines Systems (3.5.1), eines Prozesses (3.4.1), eines Produkts (3.7.6), einer Dienstleistung (3.7.7) oder einer Tätigkeit.*

Anmerkung 1 zum Begriff: Bei der Bestimmung des Zustands kann es erforderlich sein, zu prüfen, zu beaufsichtigen oder kritisch zu beobachten.

Anmerkung 2 zum Begriff: Überwachung ist üblicherweise eine Bestimmung des Zustands eines Objekts (3.6.1), die in verschiedenen Stufen oder zu verschiedenen Zeiten durchgeführt wird.

Begriff: Leistung (3.7.8) = *messbares Ergebnis.*

Anmerkung 1 zum Begriff: Leistung kann sich entweder auf quantitative oder qualitative Feststellungen beziehen.

Anmerkung 2 zum Begriff: Leistung kann sich auf das Management (3.3.3) von Tätigkeiten (3.3.11), Prozessen (3.4.1), Produkten (3.7.6), Dienstleistungen (3.7.7), Systemen (3.5.1) oder Organisationen (3.2.1) beziehen.

4.5 2_VERTRIEB-INNENDIENST

F_Beurteilung Auswahl und Leistungsüberwachung von externen Anbietern

EXTERNE ANBIETER (LIEFERANTEN)

Beurteilung, Auswahl und Leistungsüberwachung von externen Anbietern:						
ZWECK Lieferantenoptimierung: 1. Systematische Überprüfung zum Erkennen von Verbesserungspotenzial. 2. Die **Informationen** für die **Leistungsüberwachung** werden durch die **Geschäftsführung** und die **Mitarbeiter** sowie durch das **EDV-System** zur Verfügung gestellt.						

Kriterien für die Beurteilung, Auswahl und Leistungsüberwachung:						
Lieferant:	Termin:[1]	Qualität:[1]	Preis:[1]			
Hardware / Software	1	1	2			
Ergebnis:	gut		Hauptlieferant für Hardware / Software			
Neubeurteilung der Kriterien am 07.01.2019, nächste Neubeurteilung im internen Audit am 30.03.2019						
Maßnahme:	16.11.2018, Telefonat über Termineinhaltung mit Frau Maier geführt. 22.11.2018, 30.11.2018, Liefertermineinhaltung nach Telefonat deutlich besser.					

Das Beispiel zeigt eine Bewertung des externen Anbieters.

Kriterien für die Beurteilung, Auswahl und Leistungsüberwachung:						
Lieferant:	Termin:[1]	Qualität:[1]	Preis:[1]			
Subunternehmer – Anpassung von Druckbildern: Meier	1	1	1			
Ergebnis:	Sehr gut		Hauptlieferant Anpassung von Druckbildern			
Neubeurteilung der Kriterien im internen Audit am 30.03.2019						
Maßnahme:	Es sind keine Maßnahmen erforderlich.					

Das Beispiel zeigt eine Bewertung des externen Anbieters.

Kriterien für die Beurteilung, Auswahl und Leistungsüberwachung:						
Lieferant:	Termin:[1]	Qualität:[1]	?????:[1]	?????:[1]	?????:[1]	
?????	?	?	?	?	?	
Ergebnis:	gut, zufriedenstellend, nicht zufriedenstellend		Hauptlieferant			
Neubeurteilung der Kriterien im internen Audit am XX.XX.XXXX						
Maßnahme:	Es sind keine Maßnahmen erforderlich.					

Kriterien für die Beurteilung, Auswahl und Leistungsüberwachung:						
Lieferant:	Termin:[1]	Qualität:[1]	?????:[1]	?????:[1]	?????:[1]	
?????	?	?	?	?	?	
Ergebnis:	gut, zufriedenstellend, nicht zufriedenstellend		Hauptlieferant			
Neubeurteilung der Kriterien im internen Audit am XX.XX.XXXX						
Maßnahme:	Es sind keine Maßnahmen erforderlich.					

HINWEIS: Es müssen nur die Lieferanten beurteilt werden, wenn Fehler aufgetreten sind oder es sich um Hauptlieferanten handelt.

---

[1] Bewertung: Die Bewertung erfolgt nach Schulnoten von 1–3.
Dokumentierte Information aufbewahren: Bild 4.14 F_Beurteilung Auswahl und Leistungsüberwachung von externen Anbietern.doc
Freigegeben: Klaus Mustermann, Datum: 06.01.2019, Dienstleistungsunternehmen
Seite 1 von 1

BILD 4.14 Formular: F_Beurteilung Auswahl und Leistungsüberwachung von externen Anbietern (Word) als generelle Vorgehensweise

■ 4.6 3_ENTWICKLUNG

Der Funktionsbereich **3_ENTWICKLUNG** benötigt die Prozessabläufe:

- Projektplan
- Projektmanagement
- Ordner *Durchgeführte Entwicklungen*, in diesem Ordner können Sie, wenn Sie es für richtig halten, die durchgeführten Entwicklungen abspeichern.

4.6.1 ENTWICKLUNG: Projektplan

Mit diesem Prozessablauf wird die Erstellung eines Projektplans prozessorientiert beschrieben (Bild 4.15).

Produkte: Einführung, Optimierung, Upgrade und Redesign von Softwarelösungen; Integration von Sprache und Nachrichten; individuelle Programmierung.

Service: Generalunternehmer; Mitarbeit in Kundenprojekten; Insourcing; Workshops; Prozess- und Organisationsberatung; IT-Service-Systemtechnik.

In diesem Prozessablauf werden der *Projektumfang* und die benötigten *Daten* beschrieben. Es sind daher bei den Dokumenten die maximalen Notwendigkeiten dargestellt. Sollte Kundeneigentum vorhanden sein (Softwareprodukte, Kundentestdaten, Kundenoriginaldaten zur Datenübernahme), ist es die Aufgabe des Service, die Nutzung vorher abzuklären.

Das *Grobkonzept* oder *Lastenheft* ist Kundeneigentum. Im *Feinkonzept* oder *Pflichtenheft* beschreibt die Organisation, wie sie die Umsetzung der Anforderungen realisieren will. Das *Feinkonzept* oder *Pflichtenheft* ist Eigentum der Organisation.

Da *Insourcing* als Service angeboten wird, ist die Auswahl der Software, der Hardware und der Mitarbeiter ein entscheidender Faktor. Deshalb wurde eine vereinfachte Excel-Arbeitsmappe *F_QFD-Insourcing* entwickelt. Mit dieser Excel-Arbeitsmappe können gleichzeitig eine qualifizierte Auswahl und eine Beurteilung durchgeführt werden.

In den Ablauf ist ein Subunternehmereinsatz integriert, da ein erhöhter logistischer Aufwand erforderlich ist.

WECHSELWIRKUNG Aus diesem Prozessablauf wird eventuell auf weitere Prozessabläufe verwiesen (Wechselwirkung). Eine detaillierte Beschreibung erfolgt in diesen Prozessabläufen.

KORREKTUREN, KORREKTURMASSNAHMEN, VERBESSERUNGSMASSNAHMEN Es sind eventuell Korrekturen oder Korrekturmaßnahmen einzuleiten. Im Bedarfsfall ist das Formular *F_Maßnahmen* auszufüllen. In diesem Formular werden Korrektur, Korrekturmaßnahme und Verbesserungsmaßnahme zusammengefasst.

ENTWICKLUNG: Projektplan

Tätigkeit / Prozessschritte	↓	Füh-rung	Ver-trieb Beratung	Ver-trieb Innendienst	Ser-vice			Sub-unter-nehmer	Wechselwirkung, Checkliste (Wissen der Organisation), Kriterien, Verfahren, Ressourcen	Lenkung dokumentierter Information, Wissen der Organisation
STARTEREIGNIS: *Projektplan erstellen / abstimmen (8.3.1)*										•
Projektplan zusammenstellen (8.3.2), (8.3.3)		(X)		X				(X)	**Produkte:** Einführung, Optimierung, Upgrade und Redesign von Softwarelösungen; Integration von Sprache und Nachrichten; individuelle Programmierung **Service:** Generalunternehmer; Mitarbeit in Kundenprojekten; Insourcing; Workshops; Prozess- und Organisationsberatung; IT-Service-Systemtechnik **Projektumfang:** Generalunternehmer, Projektmanagement, Software, Hardware, Betriebssystem, Datenbanken; Kundentestdaten, Kundenoriginaldaten zur Datenübernahme; Personal, Kapazität, Subunternehmer; Workshop-Räume **Umfang:** Beschreibung, Ziel, Struktur bzw. Phasen, Tätigkeiten und Ergebnisse, Verantwortlichkeiten, Projektorganisationsmanagement, Meeting, Prüfungen, Tests, Zeitplan, Kosten, Aufwand, Personalplan, Abnahmekriterien **Daten:** Testbibliotheken, Testfälle und Szenarien, Nachbildungen von realen Umgebungen, Testfirma, Testsystem **Wechselwirkung:** • SERVICE: Betriebsanalyse • SERVICE: DV-Projekte • SERVICE: Individuelle Programmierung	• Grobkonzept • Feinkonzept • Pflichtenheft • CL-Projektbeschreibung • CL-Projekt-Review • F_QFD-Insourcing • Vertrag • Servicevertrag • Subunternehmervertrag • Projektplan
Kundeneigentum berücksichtigen (8.3.2)		(X)		X					Softwareprodukte, Kundentestdaten, Kundenoriginaldaten zur Datenübernahme	• Grobkonzept • Feinkonzept • Pflichtenheft • CL-Projektbeschreibung • CL-Projekt-Review • F_QFD-Insourcing • Vertrag • Servicevertrag • Subunternehmervertrag • Projektplan

Dokumentierte Information aufrechterhalten: Bild 4.15 ENTWICKLUNG_Projektplan.doc
Freigegeben: Klaus Mustermann, Datum: 06.01.2019, Dienstleistungsunternehmen
Seite 1 von 2

BILD 4.15 ENTWICKLUNG: Projektplan (Ausschnitt)

4.6.2 ENTWICKLUNG: Projektmanagement

Mit diesem Prozessablauf wird die Durchführung des Projektmanagements prozessorientiert beschrieben (Bild 4.16).

Produkte: Einführung, Optimierung, Upgrade und Redesign von Softwarelösungen; Integration von Sprache und Nachrichten; individuelle Programmierung.

Service: Generalunternehmer; Mitarbeit in Kundenprojekten; Insourcing; Workshops; Prozess- und Organisationsberatung; IT-Service-Systemtechnik.

In diesem Prozessablauf werden der *Projektumfang* und die benötigten *Daten* beschrieben. Es sind daher bei den Dokumenten die maximalen Notwendigkeiten dargestellt. Sollte Kundeneigentum vorhanden sein (Softwareprodukte, Kundentestdaten, Kundenoriginaldaten zur Datenübernahme), ist es die Aufgabe des Service, die Nutzung vorher abzuklären.

Das *Grobkonzept* oder *Lastenheft* ist Kundeneigentum. Im *Feinkonzept* oder *Pflichtenheft* beschreibt die Organisation, wie sie die Umsetzung der Anforderungen realisieren will. Das *Feinkonzept* oder *Pflichtenheft* ist Eigentum der Organisation.

Da *Insourcing* als Service angeboten wird, ist die Auswahl der Software, der Hardware und der Mitarbeiter ein entscheidender Faktor. Deshalb wurde eine vereinfachte Excel-Arbeitsmappe *F_QFD-Insourcing* entwickelt. Mit dieser Excel-Arbeitsmappe können gleichzeitig eine qualifizierte Auswahl und eine Beurteilung durchgeführt werden.

In den Ablauf ist ein Subunternehmereinsatz integriert, da ein erhöhter logistischer Aufwand erforderlich ist.

WECHSELWIRKUNG — Aus diesem Prozessablauf wird eventuell auf weitere Prozessabläufe verwiesen (Wechselwirkung). Eine detaillierte Beschreibung erfolgt in diesen Prozessabläufen.

KORREKTUREN, KORREKTURMASSNAHMEN, VERBESSERUNGSMASSNAHMEN — Es sind eventuell Korrekturen oder Korrekturmaßnahmen einzuleiten. Im Bedarfsfall ist das Formular *F_Maßnahmen* auszufüllen. In diesem Formular werden Korrektur, Korrekturmaßnahme und Verbesserungsmaßnahme zusammengefasst.

ENTWICKLUNG: Projektmanagement

Tätigkeit / Prozessschritte	↓	Füh-rung	Vertrieb Beratung	Vertrieb Innendienst	Service			Subunternehmer	Wechselwirkung, Checkliste (Wissen der Organisation), Kriterien, Verfahren, Ressourcen	Lenkung dokumentierter Information, Wissen der Organisation
STARTEREIGNIS: *Projektmanagement planen / durchführen (8.3.1)*										•
Projektmanagement planen (8.3.2), (8.3.3)		(X)		X				(X)	**Produkte:** Einführung, Optimierung, Upgrade und Redesign von Softwarelösungen; Integration von Sprache und Nachrichten; individuelle Programmierung **Service:** Generalunternehmer; Mitarbeit in Kundenprojekten; Insourcing; Workshops; Prozess- und Organisationsberatung; IT-Service-Systemtechnik **Projektumfang:** Generalunternehmer, Projektmanagement, Software, Hardware, Betriebssystem, Datenbanken; Kundentestdaten, Kundenoriginaldaten zur Datenübernahme; Personal, Kapazität, Subunternehmer; Workshop-Räume **Umfang:** Beschreibung, Ziel, Struktur bzw. Phasen, Tätigkeiten und Ergebnisse, Verantwortlichkeiten, Projektorganisationsmanagement, Meeting, Prüfungen, Tests, Zeitplan, Kosten, Aufwand, Personalplan, Abnahmekriterien **Daten:** Testbibliotheken, Testfälle und Szenarien, Nachbildungen von realen Umgebungen, Testfirma, Testsystem **Wechselwirkung:** • SERVICE: Betriebsanalyse • SERVICE: DV-Projekte • SERVICE: Individuelle Programmierung	• Grobkonzept • Feinkonzept • Pflichtenheft • CL-Projektbeschreibung • CL-Projekt-Review • F_QFD-Insourcing • Vertrag • Servicevertrag • Subunternehmervertrag • Projektplan
Kundeneigentum berücksichtigen (8.3.2)		(X)		X					Softwareprodukte, Kundentestdaten, Kundenoriginaldaten zur Datenübernahme	• Grobkonzept • Feinkonzept • Pflichtenheft • CL-Projektbeschreibung • CL-Projekt-Review • F_QFD-Insourcing • Vertrag • Servicevertrag • Subunternehmervertrag • Projektplan

Dokumentierte Information aufrechterhalten: Bild 4.16 ENTWICKLUNG_Projektmanagement.doc
Freigegeben: Klaus Mustermann, Datum: 06.01.2019, Dienstleistungsunternehmen
Seite 1 von 2

BILD 4.16 ENTWICKLUNG: Projektmanagement (Ausschnitt)

4 Dienstleistungsunternehmen (Softwarehaus/Beratungsunternehmen)

■ 4.7 4_SERVICE

Der Funktionsbereich **4_SERVICE** benötigt die Prozessabläufe:

- DV-Projekte
- Mitarbeit in Kunden-DV-Projekten
- Individuelle Programmierung
- Betriebsanalyse

4.7.1 SERVICE: DV-Projekte

Mit diesem Prozessablauf wird die Durchführung von DV-Projekten prozessorientiert beschrieben (Bild 4.17).

Produkte: Einführung, Optimierung, Upgrade und Redesign von Softwarelösungen; Integration von Sprache und Nachrichten; individuelle Programmierung.

Service: Generalunternehmer; Mitarbeit in Kundenprojekten; Insourcing; Workshops; Prozess- und Organisationsberatung; IT-Service-Systemtechnik.

DV-Projekte werden mit einer Laufzeit von bis zu eineinhalb Jahren geplant. Die einzelnen Schritte werden sicherlich mehrmals mit unterschiedlichem Aufwand durchlaufen.

Der Prozessablauf ist für unterschiedliche Laufzeiten und Größen eines DV-Projekts als schnelle Übersicht des Projektverlaufes einsetzbar. Die Wiederholungen wurden bewusst nicht eingezeichnet, da nur der generelle Ablauf festgehalten wird.

Die Erstellung des *Projektplans* und das *Projektmanagement* werden in weiteren Prozessabläufen prozessorientiert beschrieben.

Mit einer Checkliste erfolgt die Kalkulation und Kostenverfolgung Soll/Ist des Projekts.

WECHSELWIRKUNG Aus diesem Prozessablauf wird eventuell auf weitere Prozessabläufe verwiesen (Wechselwirkung). Eine detaillierte Beschreibung erfolgt in diesen Prozessabläufen.

KORREKTUREN, KORREKTURMASSNAHMEN, VERBESSERUNGSMASSNAHMEN Es sind eventuell Korrekturen oder Korrekturmaßnahmen einzuleiten. Im Bedarfsfall ist das Formular *F_Maßnahmen* auszufüllen. In diesem Formular werden Korrektur, Korrekturmaßnahme und Verbesserungsmaßnahme zusammengefasst.

SERVICE: DV-Projekte

Tätigkeit / Prozessschritte	Führung	Vertrieb Beratung	Vertrieb Innendienst	Service			Subunternehmer	Wechselwirkung, Checkliste (Wissen der Organisation), Kriterien, Verfahren, Ressourcen	Lenkung dokumentierter Information, Wissen der Organisation
STARTEREIGNIS: DV-Projekte durchführen									•
Projektplan erstellen	(X)			X			(X)	Wechselwirkung: • SERVICE: Projektplan	•
Projektmanagement festlegen	(X)			X				Wechselwirkung: • SERVICE: Projektmanagement	•
Projekt durchführen	(X)			X			(X)	Projekt mit dem Kunden durchführen Kontrolle Projektfortschritt, Projektziele, Subunternehmer Wechselwirkung: • VERTRIEB-INNENDIENST: Bestellung verfolgen	• Projektplan • CL-Projektbeschreibung • CL-Projekt-Review
DV-Projekt									•
Realisierung, Codierung, Customizing durchführen	(X)			X			(X)	Kontrolle Projektfortschritt, Projektziele, Subunternehmer Programmierung, Implementierung, Richtlinien, Kunden-Geschäftspartner-spezifische Vereinbarungen	• Projektplan • CL-Projektbeschreibung • CL-Projekt-Review • CL-Planungsdurchführung Tests
Programmtest durchführen	(X)			X			(X)	Kontrolle Projektfortschritt, Projektziele, Subunternehmer Prüfungen, Personal, Testdaten, Hardware und Software, Testdokumentation im Programm Test mit **Kunden** durchführen, Änderungswünsche protokollieren	• Projektplan • CL-Projektbeschreibung • CL-Projekt-Review • CL-Planungsdurchführung Tests
Projektplan bei Projektfortschritt aktualisieren				X				Projektfortschritt dokumentieren	• CL-Projektbeschreibung • CL-Planungsdurchführung Tests • CL-Projekt-Review • Projektplan
Projektmeetings durchführen	(X)	(X)		X			(X)	Projektmeeting für das Projekt wird mit dem Kunden abgestimmt Kontrolle Projektfortschritt, Projektziele, Subunternehmer	• Projektplan • CL-Projektbeschreibung • CL-Projekt-Review • CL-Planungsdurchführung Tests
Systemtest Integration durchführen	(X)			X			(X)	Kontrolle Projektfortschritt, Projektziele, Subunternehmer Prüfungen, Personal, Testdaten, Hardware und Software, Testdokumentation im Programm Einbindung der Programme in die Echtumgebung Test mit **Kunden** durchführen, Änderungswünsche protokollieren	• Projektplan • CL-Projektbeschreibung • CL-Projekt-Review • CL-Planungsdurchführung Tests
									•

Dokumentierte Information aufrechterhalten: Bild 4.17 SERVICE_DV_Projekte.doc
Freigegeben: Klaus Mustermann, Datum: 06.01.2019, Dienstleistungsunternehmen
Seite 1 von 2

BILD 4.17 SERVICE: DV-Projekte (Ausschnitt)

4.7.2 SERVICE: Mitarbeit in Kunden-DV-Projekten

Mit diesem Prozessablauf wird die Durchführung der Mitarbeit in Kunden-DV-Projekten prozessorientiert beschrieben (Bild 4.18).

Produkte: Einführung, Optimierung, Upgrade und Redesign von Softwarelösungen; Integration von Sprache und Nachrichten; individuelle Programmierung.

Service: Generalunternehmer; Mitarbeit in Kundenprojekten; Insourcing; Workshops; Prozess- und Organisationsberatung; IT-Service-Systemtechnik.

Die Mitarbeit in Kundenprojekten wird mit einer Laufzeit von maximal sechs Monaten geplant. Die einzelnen Schritte werden sicherlich mehrmals mit unterschiedlichem Aufwand durchlaufen.

Die Arbeitsaufgabe ist für unterschiedliche Laufzeiten und Größen eines DV-Projekts als schnelle Übersicht des Projektverlaufes einsetzbar. Die Wiederholungen wurden bewusst nicht eingezeichnet, da nur der generelle Ablauf festgehalten wird.

Die Erstellung des *Projektplans* und das *Projektmanagement* werden durch den **Kunden** durchgeführt.

Mit der Checkliste *CL-Projekt-Review* erfolgt die Kalkulation und Kostenverfolgung Soll/Ist des Projekts. (Hinweis: Die Checkliste gibt es nicht als Download.)

WECHSELWIRKUNG Aus diesem Prozessablauf wird eventuell auf weitere Prozessabläufe verwiesen (Wechselwirkung). Eine detaillierte Beschreibung erfolgt in diesen Prozessabläufen.

KORREKTUREN, KORREKTURMASSNAHMEN, VERBESSERUNGSMASSNAHMEN Es sind eventuell Korrekturen oder Korrekturmaßnahmen einzuleiten. Im Bedarfsfall ist das Formular *F_Maßnahmen* auszufüllen. In diesem Formular werden Korrektur, Korrekturmaßnahme und Verbesserungsmaßnahme zusammengefasst.

SERVICE: Mitarbeit in Kunden-DV-Projekten

Tätigkeit / Prozessschritte	Führung	Vertrieb Beratung	Vertrieb Innendienst	Service			Subunternehmer	Wechselwirkung, Checkliste (Wissen der Organisation), Kriterien, Verfahren, Ressourcen	Lenkung dokumentierter Information, Wissen der Organisation
STARTEREIGNIS: Mitarbeit in Kunden-DV-Projekten durchführen									•
Projektplan erstellen	(X)			X				Der **Projektplan** wird durch den **Kunden** erstellt.	• Kundenfeinkonzept • Kundenprojektplan
Projektmanagement festlegen	(X)			X				Das **Projektmanagement** wird durch den **Kunden** durchgeführt.	• Kundenfeinkonzept • Kundenprojektplan
Projekt durchführen	(X)			X				Projekt mit dem Kunden durchführen Kontrolle Projektfortschritt, Projektziele	• Servicevertrag • Kundenfeinkonzept • Kundenprojektplan • CL-Projekt-Review
DV-Projekt									•
Realisierung, Codierung, Customizing durchführen	(X)			X				Programmierung, Implementierung, Richtlinien, Kunden-Geschäftspartner-spezifische Vereinbarungen	• Kundenfeinkonzept • Kundenprojektplan • CL-Projekt-Review • CL-Planungsdurchführung Tests
Programmtest durchführen	(X)			X				Prüfungen, Personal, Testdaten, Hardware und Software, Testdokumentation im Programm Test mit **Kunden** durchführen, Änderungswünsche protokollieren	• Kundenfeinkonzept • Kundenprojektplan • CL-Projekt-Review • CL-Planungsdurchführung Tests
Projektplan bei Projektfortschritt aktualisieren				X				Der **Projektfortschritt** wird durch den **Kunden** dokumentiert.	• Kundenprojektplan
Systemtest Integration durchführen	(X)			X				Prüfungen, Personal, Testdaten, Hardware und Software, Testdokumentation im Programm Einbindung der Programme in die Echtumgebung Test mit **Kunden** durchführen, Änderungswünsche protokollieren	• Kundenfeinkonzept • Kundenprojektplan CL-Projekt-Review • CL-Planungsdurchführung Tests
									•
Projektabnahme durchführen	(X)	(X)		X				Abnahmeprotokoll durch den Kunden abzeichnen.	• Kundenfeinkonzept • Kundenprojektplan • CL-Projekt-Review • Abnahmeprotokoll
ENDEREIGNIS: Mitarbeit in Kunden-DV-Projekten durchgeführt									•
Nachfolgende Tätigkeiten werden nur bei Bedarf durchgeführt.									•
Korrekturmaßnahmen durchführen	(X)	(X)		X				**Wechselwirkung:** • QM: Nichtkonformität und Korrekturmaßnahmen	•

Bewertung des Prozesses:	**Methode:** Rückmeldungen von Personal, internes Audit
Fortlaufende Verbesserung:	**Methode:** Rückmeldungen von Kunden, Service **Informationen Risiken und Chancen:** Reklamationen, entstandene Fehler, Kulanzen, Garantieleistungen, Programmiereinsatz Stunden berechnet – Stunden geleistet

Dokumentierte Information aufrechterhalten: Bild 4.18 SERVICE_Mitarbeit Kunden-DV_Projekte.doc
Freigegeben: Klaus Mustermann, Datum: 06.01.2019, Dienstleistungsunternehmen

BILD 4.18 SERVICE: Mitarbeit in Kunden-DV-Projekten

4.7.3 SERVICE: Individuelle Programmierung

Mit diesem Prozessablauf wird die Durchführung der individuellen Programmierung prozessorientiert beschrieben (Bild 4.19).

Produkte: Einführung, Optimierung, Upgrade und Redesign von Softwarelösungen; Integration von Sprache und Nachrichten; individuelle Programmierung.

Service: Generalunternehmer; Mitarbeit in Kundenprojekten; Insourcing; Workshops; Prozess- und Organisationsberatung; IT-Service-Systemtechnik.

Nach Abschluss eines größeren DV-Projekts sind immer kleinere Projekte durch die weiteren Wünsche des Kunden notwendig. Der Kunde wünscht diese Dienstleistung zu einem Festpreis, um die Kosten kalkulieren zu können.

Der Prozessablauf ist für unterschiedliche Laufzeiten und Größen einer individuellen Programmierung als schnelle Übersicht des Projektverlaufes einsetzbar. Die Wiederholungen wurden bewusst nicht eingezeichnet, da nur der generelle Ablauf festgehalten wird.

Die Erstellung des *Projektplans* und das *Projektmanagement* werden in weiteren Arbeitsaufgaben prozessorientiert beschrieben.

Mit der Checkliste *CL-Projekt-Review* erfolgt die Kalkulation und Kostenverfolgung Soll/Ist des Projekts. (Hinweis: Die Checkliste gibt es nicht als Download.)

EINFACHE VERWALTUNG DES PROJEKTS

Bei **kleineren Projekten** können Sie den Prozessablauf zur Dokumentation und Verfolgung des Projekts einsetzen.

Um dies zu erreichen, gehen Sie folgendermaßen vor:

1. Kopieren Sie den Prozessablauf und fügen Sie die Projektbezeichnung hinzu.
2. Tragen Sie in der von Ihnen bestimmten Tabellenzeile unter *Wechselwirkung, Checkliste* das **Startdatum** und unter *Projektabnahme* das **Enddatum** ein.
3. Sie können die dazwischen liegenden Tätigkeiten jeweils mit einem Datum versehen und erhalten eine grobe Übersicht des Projektverlaufes. Unter *Wechselwirkung, Checkliste* können Sie mit entsprechenden Kommentaren die aufgetretenen Probleme festhalten.

Sollten Sie eine Tätigkeit **mehrmals** durchlaufen, dann:

4. Kopieren Sie die Tätigkeiten, die mehrmals durchlaufen werden, indem Sie die Tabellenzeile kopieren und darunter einfügen.
5. Kommentieren Sie unter *Wechselwirkung, Checkliste* den Grund, warum dies notwendig wurde. Vergessen Sie nicht, das Datum einzutragen.

Der Kunde und der Projektleiter erhalten eine Übersicht und eine einfache Kontrolle des Projektverlaufes. Unstimmigkeiten können am aktuellen Projektverlauf diskutiert werden.

WECHSELWIRKUNG

Aus diesem Prozessablauf wird eventuell auf weitere Prozessabläufe verwiesen (Wechselwirkung). Eine detaillierte Beschreibung erfolgt in diesen Prozessabläufen.

KORREKTUREN, KORREKTURMASSNAHMEN, VERBESSERUNGSMASSNAHMEN

Es sind eventuell Korrekturen oder Korrekturmaßnahmen einzuleiten. Im Bedarfsfall ist das Formular *F_Maßnahmen* auszufüllen. In diesem Formular werden Korrektur, Korrekturmaßnahme und Verbesserungsmaßnahme zusammengefasst.

SERVICE: Individuelle Programmierung

Tätigkeit / Prozessschritte	Führung	Vertrieb Beratung	Vertrieb Innendienst	Service			Subunternehmer	Wechselwirkung, Checkliste (Wissen der Organisation), Kriterien, Verfahren, Ressourcen	Lenkung dokumentierter Information, Wissen der Organisation
STARTEREIGNIS: *Individuelle Programmierung durchführen*									•
Projektplan erstellen	(X)			X			(X)	**Wechselwirkung:** • SERVICE: Projektplan	•
Projektmanagement festlegen	(X)			X				**Wechselwirkung:** • SERVICE: Projektmanagement	•
Projekt durchführen	(X)			X			(X)	Projekt mit dem Kunden durchführen Kontrolle Projektfortschritt, Projektziele, Subunternehmer **Wechselwirkung:** • VERTRIEB-INNENDIENST: Bestellung verfolgen	• Projektplan • CL-Projektbeschreibung • CL-Projekt-Review
DV-Projekt									•
Realisierung, Codierung, Customizing durchführen	(X)			X			(X)	Kontrolle Projektfortschritt, Projektziele, Subunternehmer Programmierung, Implementierung, Richtlinien, Kunden-Geschäftspartner-spezifische Vereinbarungen	• Projektplan • CL-Projektbeschreibung • CL-Projekt-Review • CL-Planungsdurchführung Tests
Programmtest durchführen	(X)			X			(X)	Kontrolle Projektfortschritt, Projektziele, Subunternehmer Prüfungen, Personal, Testdaten, Hardware und Software, Testdokumentation im Programm Test mit **Kunden** durchführen, Änderungswünsche protokollieren	• Projektplan • CL-Projektbeschreibung • CL-Projekt-Review • CL-Planungsdurchführung Tests
Projektplan bei Projektfortschritt aktualisieren				X				Projektfortschritt dokumentieren	• CL-Projektbeschreibung • CL-Planungsdurchführung Tests • CL-Projekt-Review • Projektplan
Systemtest Integration durchführen	(X)			X			(X)	Kontrolle Projektfortschritt, Projektziele, Subunternehmer Prüfungen, Personal, Testdaten, Hardware und Software, Testdokumentation im Programm Einbindung der Programme in die Echtumgebung Test mit **Kunden** durchführen, Änderungswünsche protokollieren	• Projektplan • CL-Projektbeschreibung • CL-Projekt-Review • CL-Planungsdurchführung Tests
									•
Projektabnahme durchführen	(X)	(X)		X			(X)	Abnahmeprotokoll durch den Kunden abzeichnen	• Projektplan • CL-Projekt-Review • Abnahmeprotokoll
ENDEREIGNIS: *Individuelle Programmierung durchgeführt*									• •

Dokumentierte Information aufrechterhalten: Bild 4.19 SERVICE_Individuelle Programmierung.doc
Freigegeben: Klaus Mustermann, Datum: 06.01.2019, Dienstleistungsunternehmen
Seite 1 von 2

BILD 4.19 SERVICE: Individuelle Programmierung (Ausschnitt)

4.7.4 SERVICE: Betriebsanalyse

Mit diesem Prozessablauf wird die Durchführung der Betriebsanalyse prozessorientiert beschrieben (Bild 4.20).

Service: Generalunternehmer; Mitarbeit in Kundenprojekten; Insourcing; Workshops; Prozess- und Organisationsberatung; IT-Service-Systemtechnik.

Vor einem Start eines größeren DV-Projekts kann es sinnvoll sein, eine Betriebsanalyse durchzuführen. Dies ermöglicht einen Soll-Ist-Vergleich, ob eine Kostensenkung durch den Einsatz der Software erfolgt ist.

Es sind oft die unproduktiven Tätigkeiten in Fertigung und Verwaltung, die es zu finden gibt. Hier bietet die Verwaltung sicherlich noch Einsparpotenziale.

Die Arbeitsaufgabe ist für unterschiedliche Laufzeiten und Größen einer Betriebsanalyse als schnelle Übersicht des Projektverlaufes einsetzbar. Die Wiederholungen wurden bewusst nicht eingezeichnet, da nur der generelle Ablauf festgehalten wird.

Die Erstellung des *Projektplans* und das *Projektmanagement* werden in weiteren Arbeitsaufgaben prozessorientiert beschrieben.

Mit der Checkliste *CL-Projekt-Review* erfolgt die Kalkulation und Kostenverfolgung Soll/Ist des Projekts. (Hinweis: Die Checkliste gibt es nicht als Download.)

WECHSELWIRKUNG

Aus diesem Prozessablauf wird eventuell auf weitere Prozessabläufe verwiesen (Wechselwirkung). Eine detaillierte Beschreibung erfolgt in diesen Prozessabläufen.

KORREKTUREN, KORREKTURMASSNAHMEN, VERBESSERUNGSMASSNAHMEN

Es sind eventuell Korrekturen oder Korrekturmaßnahmen einzuleiten. Im Bedarfsfall ist das Formular *F_Maßnahmen* auszufüllen. In diesem Formular werden Korrektur, Korrekturmaßnahme und Verbesserungsmaßnahme zusammengefasst.

4.7 4_SERVICE

SERVICE: Betriebsanalyse

Tätigkeit / Prozessschritte	Führung	Vertrieb Beratung	Vertrieb Innendienst	Service			Subunternehmer	Wechselwirkung, Checkliste (Wissen der Organisation), Kriterien, Verfahren, Ressourcen	Lenkung dokumentierter Information, Wissen der Organisation
STARTEREIGNIS: Betriebsanalyse durchführen									•
Projektplan erstellen	(X)			X				**Wechselwirkung:** • SERVICE: Projektplan	•
Projektmanagement festlegen	(X)			X				**Wechselwirkung:** • SERVICE: Projektmanagement	•
Projekt durchführen	(X)			X				Projekt mit dem Kunden durchführen Kontrolle Projektfortschritt, Projektziele	• Projektplan • CL-Projektbeschreibung • CL-Projekt-Review
Betriebsanalyse									
Unternehmerinterview durchführen	(X)			X				Aufnahme Zahlen, Daten, Fakten	• Projektplan • CL-Projektbeschreibung • CL-Fragebogen-Betriebsdaten
Ist-Zahlen in Analysetool einstellen	(X)			X				Analyse Zahlen, Daten, Fakten	• CL-Fragebogen-Betriebsdaten • Analysetool
Unternehmensdaten auswerten	(X)			X				Auswertung aus Zahlen, Daten, Fakten erstellen	• CL-Fragebogen-Betriebsdaten • Analysetool
Projektplan bei Projektfortschritt aktualisieren				X				Projektfortschritt dokumentieren	• CL-Projekt-Review • Projektplan
Bericht erstellen	(X)		(X)	X				Bericht aus Zahlen, Daten, Fakten erstellen	• CL-Projekt-Review • Analysetool • Bericht
Maßnahmenplan erstellen	(X)		(X)	X				Maßnahmenplan erstellen	• CL-Maßnahmenplan
Bericht mit Kunde besprechen	(X)	(X)		X				Bericht aus Zahlen, Daten, Fakten erstellen, Maßnahmenplan erstellen	• Projektplan • CL-Projektbeschreibung • Bericht • CL-Maßnahmenplan
ENDEREIGNIS: Betriebsanalyse durchgeführt									•
									•
Nachfolgende Tätigkeiten werden nur bei Bedarf durchgeführt.									•
Korrekturmaßnahmen durchführen	(X)	(X)	(X)	X				**Wechselwirkung:** • QM: Nichtkonformität und Korrekturmaßnahmen	•
									•

Bewertung des Prozesses:	**Methode:** Rückmeldungen von Personal, internes Audit
Fortlaufende Verbesserung:	**Methode:** Rückmeldungen von Kunden, Service **Informationen Risiken und Chancen:** Reklamationen, entstandene Fehler, Kulanzen, Garantieleistungen, Beratereinsatz Stunden berechnet – Stunden geleistet

Dokumentierte Information aufrechterhalten: Bild 4.20 SERVICE_Betriebsanalyse.doc
Freigegeben: Klaus Mustermann, Datum: 06.01.2019, Dienstleistungsunternehmen 1
Seite 1 von 1

BILD 4.20 SERVICE: Betriebsanalyse

4 Dienstleistungsunternehmen (Softwarehaus/Beratungsunternehmen)

■ 4.8 7_VERANTWORTUNG DER OBERSTEN LEITUNG UND ORGANISATION

Für den Funktionsbereich **7_Verantwortung der obersten Leitung und Organisation** werden folgende Prozessabläufe benötigt:

- Oberste Leitung und Organisation
- Ordner *Jährlich durchzuführende Tätigkeiten*, in diesem Ordner werden die jährlich durchzuführenden Tätigkeiten zusammengefasst.

Die DIN EN ISO 9001:2015 teilt die Verantwortung für das Qualitätsmanagementsystem in *oberste Leitung* und *Organisation* auf.

ISO 9000:2015 AUSZUG AUS DER NORM

Begriff: oberste Leitung (3.1.1) = *Person oder Personengruppe, die eine Organisation (3.2.1) auf der obersten Ebene führt und steuert.*

Begriff: Organisation (3.2.1) = *Person oder Personengruppe, die eigene Funktionen mit Verantwortlichkeiten, Befugnissen und Beziehungen hat, um ihre Ziele (3.7.1) zu erreichen.*

In der DIN EN ISO 9001:2015 gibt es somit nur noch die *oberste Leitung (3.1.1)* und die *Organisation (3.2.1)*.

Weitere Hinweise zu den **Begriffen** *obersten Leitung* und *Organisation* finden Sie in diesem Buch unter **Kapitel 1.3.2**.

OBERSTE LEITUNG UND ORGANISATION

Die DIN EN ISO 9001:2015 überträgt die Verantwortung an die:

oberste Leitung = Geschäftsführung,

Organisation = Führungskräfte wie Vertriebsleitung, Einkaufsleitung, Betriebsleitung, Versandleitung, QS-Leitung, Entwicklungsleitung.

In kleineren Organisationen wären folgende Verantwortungen möglich:

oberste Leitung = Geschäftsführung,

Organisation = Mitarbeiter, die für bestimmte Bereiche in der Organisation verantwortlich sind.

4.8.1 QM: Oberste Leitung und Organisation

Mit diesem Prozessablauf wird die *Verantwortung der obersten Leitung* **und** der *Organisation* prozessorientiert beschrieben (Bild 4.21).

WAS MUSS DIE OBERSTE LEITUNG DENN ALLES DURCHFÜHREN?

Die oberste Leitung **muss** in Bezug auf das Qualitätsmanagementsystem Führung und Verpflichtung zeigen.

Im **Inhaltsverzeichnis** wird dies deutlich. Hier erkennt man die Zuordnung der **Verantwortung** an die *oberste Leitung* und an die *Organisation*.

4.8 7_Verantwortung der obersten Leitung und Organisation

QM: Oberste Leitung und Organisation

Tätigkeit / Prozessschritte (Abfolge-Eingaben-Ergebnisse) ↓	Füh-rung	Organisation: Vertrieb (Innendienst, Beratung) Service Subunternehmer	Wechselwirkung, Checkliste (Wissen der Organisation), Kriterien, Verfahren, Ressourcen	Lenkung dokumentierter Information, Wissen der Organisation

Inhaltsverzeichnis

OBERSTE LEITUNG = Geschäftsführung 2
Normenkapitel 5.1.1 *Allgemeines* 2
Normenkapitel 5.1.2 *Kundenorientierung* 3
Normenkapitel 5.2.1 *Festlegung der Qualitätspolitik* 3
Normenkapitel 5.2.2 *Bekanntmachung der Qualitätspolitik* 3
Normenkapitel 5.3 *Rollen, Verantwortlichkeiten und Befugnisse in der Organisation* 4
Normenkapitel 9.3.1, 9.3.2, 9.3.3 *Managementbewertung* 4
ORGANISATION = Führungskräfte / Mitarbeiter mit eigener Verantwortung für bestimmte Bereiche 5
Normenkapitel 4.1 *Verstehen der Organisation und ihres Kontextes* 5
Normenkapitel 4.2 *Verstehen der Erfordernisse und Erwartungen interessierter Parteien* 5
Normenkapitel 4.3 *Festlegen des Anwendungsbereichs des Qualitätsmanagementsystems* 5
Normenkapitel 4.4 *Qualitätsmanagementsystem und seine Prozesse* 6
Normenkapitel 6.1 *Maßnahmen zum Umgang mit Risiken und Chancen* 7
Normenkapitel 6.2 *Qualitätsziele* 7
Normenkapitel 6.3 *Planung von Änderungen* 7
Normenkapitel 7.1.1 *Ressourcen Allgemeines* 8
Normenkapitel 7.1.2 *Personen* 8
Normenkapitel 7.1.3 *Infrastruktur* 8
Normenkapitel 7.1.4 *Prozessumgebung* 8
Normenkapitel 7.1.5.1 *Ressourcen zur Überwachung und Messung* 8
Normenkapitel 7.1.5.2 *Messtechnische Rückführbarkeit* 9
Normenkapitel 7.1.6 *Wissen der Organisation* 9
Normenkapitel 7.2 *Kompetenz* 9
Normenkapitel 7.3 *Bewusstsein* 9
Normenkapitel 7.4 *Kommunikation* 9
Normenkapitel 7.5.1 *Dokumentierte Information* 10
Normenkapitel 7.5.2 *Erstellen und Aktualisieren* 10
Normenkapitel 7.5.3 *Lenkung dokumentierter Information* 10
Normenkapitel 8.1 *Betriebliche Planung und Steuerung* 11
Normenkapitel 8.2.1 *Kommunikation mit dem Kunden* 11
Normenkapitel 8.2.2 *Bestimmen von Anforderungen für Produkte und Dienstleistungen* 11
Normenkapitel 8.2.3 *Überprüfung der Anforderungen für Produkte und Dienstleistungen* 12
Normenkapitel 8.2.4 *Änderungen von Anforderungen an Produkte und Dienstleistungen* 12
Normenkapitel 8.3.1, 8.3.2, 8.3.3, 8.3.4, 8.3.5, 8.3.6 *Entwicklung von Produkten und Dienstleistungen* .. 13
Normenkapitel 8.4.1 *Steuerung von extern bereitgestellten Prozessen, Produkten und Dienstleistungen* 14
Normenkapitel 8.4.2 *Art und Umfang der Steuerung* 15
Normenkapitel 8.4.3 *Informationen für externe Anbieter* 15
Normenkapitel 8.5.1 *Steuerung der Produktion und der Dienstleistungserbringung* 16
Normenkapitel 8.5.2 *Kennzeichnung und Rückverfolgbarkeit* 16
Normenkapitel 8.5.3 *Eigentum der Kunden oder der externen Anbieter* 17
Normenkapitel 8.5.4 *Erhaltung* 17
Normenkapitel 8.5.5 *Tätigkeiten nach der Lieferung* 18
Normenkapitel 8.5.6 *Überwachung von Änderungen* 18
Normenkapitel 8.6 *Freigabe von Produkten und Dienstleistungen* 19
Normenkapitel 8.7.1 + 8.7.2 *Steuerung nichtkonformer Ergebnisse* 19
Normenkapitel 9.1 + 9.1.1 *Überwachung, Messung, Analyse und Bewertung* 20
Normenkapitel 9.1.2 *Kundenzufriedenheit* 20
Normenkapitel 9.1.3 *Analyse und Bewertung* 20
Normenkapitel 9.2 *Internes Audit* 20
Normenkapitel 10.1 *Verbesserungen* 21
Normenkapitel 10.2 *Nichtkonformitäten und Korrekturmaßnahmen* 21
Normenkapitel 10.3 *Fortlaufende Verbesserung* 21

Dokumentierte Information aufrechterhalten: Bild 4.21 QM_Oberste Leitung und Organisation.doc
Freigegeben: Klaus Mustermann, Datum: 06.01.2019, Dienstleistungsunternehmen
Seite 1 von 1

BILD 4.21 QM: Oberste Leitung und Organisation – Inhaltsverzeichnis (Ausschnitt)

4.8.2 Was sind die Anforderungen an die oberste Leitung?

Nun werden Sie sich vielleicht fragen: Muss die oberste Leitung die Normenkapitel 5.1.1 bis 5.3 und 9.3.1 bis 9.3.3 alle selbst durchführen?

Dies ist jedoch **nicht** generell der Fall. In den Normenkapiteln 5.1.1 bis 5.3 muss die oberste Leitung: die Rechenschaftspflicht übernehmen und kann diese nicht delegieren; sicherstellen; fördern; vermitteln; Personen einsetzen, anleiten und unterstützen; festlegen, umsetzen, aufrechterhalten. Die Normenkapitel sind daher **einzeln** zu betrachten.

Hier bedeutet z. B. *sicherstellen*, dass die oberste Leitung sicherstellen muss, dass die Normenkapitel 5.1.1 bis 5.3 auch umgesetzt werden, dafür sorgen, dass etwas sicher vorhanden ist oder getan werden kann; gewährleisten, garantieren, sie muss es jedoch **nicht** selbst durchführen. Es ist aber darauf zu achten, dass *sicherstellen* nicht aus dem Sinnzusammenhang gerissen wird. So hat der Begriff *sicherstellen* in Verbindung mit *muss* und *bewerten* eine andere Auswirkung. Daher muss der Normentext genau interpretiert werden.

Im Normenkapitel 5.1.1 muss die oberste Leitung *sicherstellen*, dass z. B. messbare Qualitätsziele *festgelegt* und Verbesserungen, die Anwendung des prozessorientierten Ansatzes sowie das risikobasierte Denken *gefördert* werden.

Im Normenkapitel 5.2.1 **muss** die oberste Leitung die Qualitätspolitik *festlegen, umsetzen* und *aufrechterhalten*. Im Normenkapitel 5.3 muss die oberste Leitung *sicherstellen*, dass die Verantwortlichkeiten und Befugnisse für relevante Rollen innerhalb der gesamten Organisation zugewiesen, bekannt gemacht und verstanden werden, und Verantwortlichkeiten und Befugnisse *zuweisen*. In den Normenkapiteln 9.3.1 bis 9.3.3 **muss** die oberste Leitung die *Managementbewertung* **selbst** durchführen.

4.8.2.1 Formular: F_Qualitätspolitik

Mit diesem Formular wird die Qualitätspolitik festgelegt (Bild 4.22).

ISO 9000:2015 AUSZUG AUS DER NORM

Begriff: Qualitätspolitik (3.5.9) = *Politik (3.5.8) bezüglich Qualität (3.6.2)*.

Nun wird deutlich, dass hier **nicht** Aussagen zur **Politik der Organisation** getroffen werden, sondern Aussagen (Politik) zur **Qualität** und wie diese in der eigenen Organisation umgesetzt werden.

Es ist eine Anforderung der DIN EN ISO 9001:2015, dass die Qualitätspolitik von der **obersten Leitung = Geschäftsführung** *festgelegt, umgesetzt* und *aufrechterhalten* wird.

Die Qualitätspolitik muss für den Zweck, den Kontext, die strategische Ausrichtung, für das Festlegen von Qualitätszielen, die Verpflichtung zur Erfüllung zutreffender Anforderungen und für die Verpflichtung zur fortlaufenden Verbesserung des Qualitätsmanagementsystems geeignet sein.

Wenn Sie die Qualitätspolitik in **vier Punkte** einteilen, erhalten Sie eine Struktur der Qualitätspolitik für Ihre Organisation.

HINWEIS: Den Text im Formular **vor** den Punkten 1 bis 4 müssen Sie löschen, da er nur zur Erläuterung dient. Den *kursiv geschriebenen Text* **dahinter** müssen Sie an Ihre Organisation anpassen.

1. Kunden:

Hier treffen Sie Aussagen zu den Kunden, die Sie beliefern. Diese Aussagen zu treffen ist problemlos, da Sie Ihre Kunden kennen, die Ihre Produkte kaufen.

2. Produkte/Dienstleistungen:

Hier treffen Sie die Aussagen zu den Produkten, Dienstleistungen und Vorteilen für die Kunden, wenn sie Ihre Produkte und Dienstleistungen nutzen. Dazu gehören auch die Einsatzgebiete des Kunden, für die Ihre Produkte und Dienstleistungen genutzt werden können. Diese Aussagen zu treffen ist problemlos, da Sie die Einsatzgebiete und Vorteile Ihrer Produkte und Dienstleistungen kennen.

4.8 7_Verantwortung der obersten Leitung und Organisation

F_Qualitätspolitik

1. Kunden:
Hier treffen Sie Aussagen zu den Kunden, die Sie beliefern. Diese Aussagen zu treffen ist problemlos, da Sie Ihre Kunden kennen, die Ihre Produkte kaufen, z. B.: „Wir optimieren Geschäftsprozesse Ihrer Organisation aus den Bereichen Handel, Maschinen- und Anlagenbau, Metall- und Kunststoffverarbeitung."

2. Produkte / Dienstleistungen:
Hier treffen Sie Aussagen zu den Produkten, Dienstleistungen und Vorteilen für die Kunden, wenn sie Ihre Produkte und Dienstleistungen nutzen. Diese Aussagen zu treffen ist problemlos, da Sie die Möglichkeiten Ihrer Produkte und Dienstleistungen kennen, z. B.: „Zu den Produkten zählen: Einführung, Optimierung, Upgrade und Redesign von Softwarelösungen; Integration von Sprache und Nachrichten; individuelle Programmierung. Als Service ermöglichen wir: Generalunternehmer; Mitarbeit in Kundenprojekten; Insourcing; Workshops; Prozess- und Organisationsberatung; IT-Service-Systemtechnik."

3. Organisation:
Hier treffen Sie Aussagen zu Ihrer Organisation. Dazu gehören die Besonderheiten, wie Sie auf die Kundenanforderungen eingehen. Dies ist nicht ganz so problemlos, da manche Organisationen ihre eigenen Besonderheiten nicht kennen und für viele Organisationen dies eigentlich „Selbstverständlichkeiten" sind z. B.: „Wir optimieren Geschäftsprozesse Ihrer Organisation. Aufgrund unserer Spezialisierung reichen unsere Fähigkeiten über die Einführung einer Branchenlösung hinaus. Wir sind insbesondere in der Lage, unternehmerische Prozesse mit unseren Kunden zu konzipieren und diese auch zu integrieren. Als Generalunternehmer bieten wir für die jeweiligen Bedürfnisse unserer Kunden exakt zugeschnittene Lösungen an. Auf Wunsch auch inklusive IT-Service, Insourcing und Systemtechnik. Unsere Lösungen und unsere Kundennähe sichern unseren Kunden auch künftig die nötige Produktivität, transparente Prozesse und entscheidende Wettbewerbsvorteile. Dadurch stellen wir sicher, dass Ihre Organisation jederzeit Ihre Geschäftsstrategien anpassen und umsetzen kann. Es sind unsere Berater, die durch ihre fachlich exzellente Ausbildung, das umfassende Branchenwissen sowie die fundierte technische und betriebswirtschaftliche Praxiserfahrung die Basis für zielgerichtete, kompakte und wirtschaftliche Lösungen bilden. Unsere Mitarbeiter haben ihr Know-how bereits bei vielen durchgeführten Beratungen und Implementierungsprojekten erfolgreich unter Beweis gestellt. Unser QM-System ist zertifiziert nach DIN EN ISO 9001:2015."

4. Mitarbeiter:
Hier treffen Sie Ihre Aussage, wie Sie die Mitarbeiter zur Qualitätspolitik verpflichtet haben, z. B.: „In allen *Funktionsbereichen*, *Ebenen* und Prozessen sind Fehler vermeidbar, wenn ihre Ursachen konsequent beseitigt werden. Damit wird nicht nur die Kundenzufriedenheit gefördert, sondern auch die fortlaufende Verbesserung innerhalb des Unternehmens umgesetzt. Die Sicherung und gezielte Verbesserung der Qualität ist eine Aufgabe für unser gesamtes Unternehmen. Unser Unternehmen fühlt sich verpflichtet, die Qualität der Abläufe, Produkte und Dienstleistungen zu sichern und ständig zu verbessern, um unserem Unternehmen eine sichere Zukunft zu verschaffen."

Jeder Mitarbeiter ist verpflichtet, die Anforderungen zu erfüllen und zur fortlaufenden Verbesserung der Wirksamkeit des Qualitätsmanagementsystems beizutragen.

Die Organisationsabläufe und Anforderungen an das Produkt und an die Dienstleistung werden mithilfe von messbaren Qualitätszielen für die entsprechenden Funktionsbereiche, Ebenen und Prozesse auf eine fortdauernde Angemessenheit bewertet.

Die Darstellung der Wechselwirkungen zwischen den Funktionsbereichen, Ebenen und Prozessen ermöglicht ein wirksames Leiten und Lenken der Betriebsabläufe zur Erreichung der messbaren Qualitätsziele.

*Für unser Unternehmen gibt es keine **externen** relevanten interessierten Parteien, für die die Qualitätspolitik verfügbar sein muss.*

Diese Qualitätspolitik wurde am TT.MM.JJJJ von der Geschäftsführung in Kraft gesetzt.

BILD 4.22 Formular: F_Qualitätspolitik

3. Organisation:

Hier treffen Sie die Aussagen zu Ihrer Organisation. Dazu gehören die Besonderheiten, wie Sie auf die Kundenanforderungen eingehen. Dies ist nicht ganz so problemlos, da manche Organisationen ihre eigenen Besonderheiten nicht kennen und für viele Organisationen dies eigentlich „Selbstverständlichkeiten" sind.

4. Mitarbeiter:

Hier treffen Sie Ihre Aussage, wie Sie die Mitarbeiter zur Qualitätspolitik verpflichtet haben.

Wenn Sie Ihre **bisherige Qualitätspolitik oder Ihr Leitbild** weiter nutzen wollen, dann müssen Sie eine Anpassung vornehmen. Dazu wurden die geänderten Anforderungen der DIN EN ISO 9001:2015, die Sie beachten müssen, **grau** hinterlegt. Sie können den Text kopieren und in Ihre eigene Qualitätspolitik einfügen.

4.8.2.2 Formular: F_Managementbewertung

Mit diesem Formular wird die Managementbewertung durchgeführt (Bild 4.23).

Es ist eine Anforderung der DIN EN ISO 9001:2015, dass die Managementbewertung von der **obersten Leitung = Geschäftsführung** in **geplanten Abständen durchgeführt** wird, um die *fortdauernde Eignung, Angemessenheit* und *Wirksamkeit* des Qualitätsmanagementsystems sowie deren *Angleichung an die strategische Ausrichtung der Organisation* sicherzustellen.

Die Managementbewertung ist eine Zusammenfassung der Leistung und Wirksamkeit des Qualitätsmanagementsystems durch die oberste Leitung.

Die Managementbewertung ist weiter eine **Zusammenfassung** über einen vorher **bestimmten Zeitraum**. Die Norm schreibt die Managementbewertung vor. Dazu gehören die **Eingaben** und die **Ergebnisse**. Sie schreibt jedoch **nicht vor**, **wie oft** Sie die Managementbewertung durchführen müssen. Sie können die Managementbewertung einmal pro Jahr durchführen oder auch öfters. Es bleibt daher Ihnen überlassen, wie Sie das umsetzen wollen.

Das Formular *F_Managementbewertung* enthält alle Anforderungen der Norm. Sie dürfen die **Inhalte der Tabellenspalten links nicht ändern**, sondern nur die **Antworten unter** *Informationen, Bewertung* und *Handlungsbedarf*.

Die *Informationen* erhalten Sie aus den aufgeführten Formularen, z. B. *F_Bewertung der Leistung*.

Die *Bewertungen* sind Beispiele als Multiple-Choice-Antworten, nur **eine** Antwort ist gültig. Also das löschen, was nicht zutrifft. Wenn Ihnen die Antworten zu „kurz" sind, dann können Sie auch ausführliche Texte schreiben.

Wenn Sie einen *Handlungsbedarf* feststellen, dann tragen Sie die Maßnahmen bitte ein und setzen sie um. Dazu nutzen Sie das Formular *F_Maßnahmen*.

Was passiert, wenn Sie als Ergebnis **keine** Verbesserung der Wirksamkeit des Qualitätsmanagementsystems und seiner Prozesse, keine Produktverbesserung in Bezug auf Kundenanforderungen oder keinen Bedarf an Ressourcen in diesem Jahr haben? Dann protokollieren Sie dies als Ergebnis, dass kein Bedarf besteht.

Ausführliche Hinweise zum **Begriff:** *Managementbewertung* finden Sie in diesem Buch unter **Kapitel 1.6**.

F_Managementbewertung

MANAGEMENTBEWERTUNG FÜR DAS JAHR XXXX

Eingaben, Bewertung und Ergebnisse der Managementbewertung unter Erwägung nachfolgender Aspekte durch die oberste Leitung:		
Als Basis für die Managementbewertung wurden die bereits durchgeführten Analysen und Bewertungen der dokumentierten Informationen verwendet (siehe unter „Informationen:" in diesem Formular).		
Status von Maßnahmen vorheriger Managementbewertungen berücksichtigen	Informationen:	F_Managementbewertung (vorherige), F_Maßnahmen (vorherige)
	Bewertung:[1]	umgesetzt, zum Teil umgesetzt, noch offen, keine Maßnahmen vorhanden
	Handlungsbedarf:	
Veränderungen bei externen und internen Themen, die das Qualitätsmanagementsystem betreffen, berücksichtigen	Informationen:	F_Kontext Interne Externe Themen Risiken Chancen
	Bewertung:	keine Veränderungen notwendig, Veränderung notwendig
	Handlungsbedarf:	
Informationen über die Leistung und Wirksamkeit des Qualitätsmanagementsystems:		
Informationen zur Kundenzufriedenheit berücksichtigen	Informationen:	F_Bewertung der Leistung
	Bewertung:	gut, zufriedenstellend, nicht zufriedenstellend
	Handlungsbedarf:	
Informationen zur Rückmeldung von relevanten interessierten Parteien berücksichtigen	Informationen:	Rückmeldungen
	Bewertung:	keine Rückmeldungen vorhanden, Rückmeldungen vorhanden
	Handlungsbedarf:	
Informationen, in welchem Umfang die Qualitätsziele erfüllt wurden, berücksichtigen	Informationen:	F_Messbare Qualitätsziele
	Bewertung:	erfüllt, zum Teil erfüllt, nicht erfüllt
	Handlungsbedarf:	
Informationen zu Prozessleistung und Konformität von Produkten und Dienstleistungen berücksichtigen	Informationen:	F_Bewertung der Leistung
	Bewertung:	erfüllt, zum Teil erfüllt, nicht erfüllt
	Handlungsbedarf:	
Informationen zu Nichtkonformitäten und Korrekturmaßnahmen berücksichtigen	Informationen:	F_Maßnahmen
	Bewertung:	umgesetzt, zum Teil umgesetzt, noch offen
	Handlungsbedarf:	
Informationen über Ergebnisse von Überwachungen und Messungen	Informationen:	F_Bewertung der Leistung
	Bewertung:	erfüllt, zum Teil erfüllt, nicht erfüllt
	Handlungsbedarf:	
Informationen zu Ergebnissen von Audits berücksichtigen	Informationen:	F_Internes Audit_Plan_Bericht, Auditbericht der Zertifizierungsstelle
	Bewertung:	gut, zufriedenstellend, nicht zufriedenstellend
	Handlungsbedarf:	
Informationen zur Leistung von externen Anbietern berücksichtigen	Informationen:	F_Bewertung der Leistung
	Bewertung:	gut, zufriedenstellend, nicht zufriedenstellend
	Handlungsbedarf:	

In diesem Beispiel werden die Informationen aus dem vorher bewerteten Formular verwendet.

[1] Bewertung: nicht Zutreffendes entfernen

Dokumentierte Information aufbewahren: Bild 4.23_F_Managementbewertung.doc
Freigegeben: Klaus Mustermann, Datum: 06.01.2019, Dienstleistungsunternehmen
Seite 1 von 2

BILD 4.23 Formular: F_Managementbewertung (Ausschnitt)

4.8.2.3 Verantwortung und Befugnisse

Es ist eine Anforderung der DIN EN ISO 9001:2015, dass die Verantwortung und die Befugnisse in der **gesamten Organisation** *zugewiesen, bekannt gemacht* und *verstanden* werden.

Aus diesem Grund wurden zwei unterschiedliche Arten der Zuordnung von Verantwortung und Befugnissen erstellt:

1. F_Organigramm_Verantwortung (Word) als generelle Darstellung,
2. F_Mitarbeitermatrix (Verantwortung und Befugnisse) (Excel) als detaillierte Darstellung.

Sie müssen selbst entscheiden, ob Sie beide Formulare nutzen wollen oder ob für Sie das Formular *F_Organigramm_Verantwortung* ausreicht. Sollte dies so sein, dann können Sie das Formular *F_Mitarbeitermatrix (Verantwortung und Befugnisse)* **löschen**.

4.8.2.4 Formular: F_Organigramm_Verantwortung (Word) als generelle Darstellung

Mit diesem Formular wird die Verantwortung den einzelnen Funktionen und Ebenen zugeordnet. Das Formular wurde in **gesamte Organisation** und **Qualitätsmanagementsystem der Organisation** unterteilt (Bild 4.24).

ISO 9000:2015 AUSZUG AUS DER NORM

Begriff: Qualitätsmanagementsystem (3.5.4) = *Teil eines Managementsystems (3.5.3) bezüglich der Qualität (3.6.2).*

Aus diesem Grund sind zwei Tabellen vorhanden:

1. die Zuordnung der Verantwortung in der *gesamten Organisation*,
2. die Zuordnung der Verantwortung im *Qualitätsmanagementsystem als Teil des Managementsystems der Organisation.*

Die Verantwortung für die gesamte Organisation: Hier müssen die Namen der obersten Leitung und die Namen der Mitarbeiter, die in der Organisation für die Funktionen, z. B. *Vertrieb, verantwortlich* sind, eingetragen werden.

Die Verantwortung für das Qualitätsmanagementsystem der Organisation: Hier müssen die Namen der obersten Leitung und die Namen der Mitarbeiter, die für *bestimmte Bereiche in der Organisation verantwortlich* sind, eingetragen werden.

Es können auch die gleichen Mitarbeiter sein bzw. wird bei sehr kleinen Organisationen vieles durch die oberste Leitung wahrgenommen. Somit wird deutlich, dass nicht nur ein Mitarbeiter für das Qualitätsmanagementsystem verantwortlich sein kann. Die oberste Leitung ist für das gesamte Qualitätsmanagementsystem verantwortlich und kann diese Verantwortung nicht delegieren. Ebenso wird klarer, dass auch die Mitarbeiter, die für bestimmte *Funktionen in der Organisation verantwortlich* sind, die Verantwortung für das Qualitätsmanagementsystem haben.

Ausführliche Hinweise zu den **Begriffen** *Qualitätsmanagementsystem* und *Qualität* finden Sie in diesem Buch unter den **Kapiteln 1.3.3** und **1.3.4**.

Weitere Hinweise zu den **Begriffen** *oberste Leitung* und *Organisation* finden Sie unter dem **Absatz 4.8**.

4.8 7_Verantwortung der obersten Leitung und Organisation

F_Organigramm / Verantwortung

Gesamte Organisation[1]	
Geschäftsführung:	• ?????
	•
Vertrieb (Beratung):	• ?????
	•
Vertrieb (Innendienst):	• ?????
	•
Entwicklung:	• ?????
	•
Service:	• ?????
	•
	•
	•
	•

Qualitätsmanagementsystem[2] der Organisation[3] (Teil des Managementsystems der Organisation bezüglich Qualität)	
Oberste Leitung:	• ?????
	•
Organisation = Mitarbeiter, die für bestimmte Bereiche in der Organisation verantwortlich sind (7.1.2)	• Vertrieb (Beratung): ????? • Vertrieb (Innendienst): ????? • Entwicklung: ????? • Service: ?????

---

[1] DIN EN ISO 9000:2015: 3.2.1 Organisation
[2] DIN EN ISO 9000:2015: 3.5.4 Qualitätsmanagementsystem
[3] DIN EN ISO 9000:2015: 3.2.1 Organisation

Dokumentierte Information aufrechterhalten: Bild 4.24 F_Organigramm_Verantwortung.doc
Freigegeben: Klaus Mustermann, Datum: 06.01.2019, Dienstleistungsunternehmen
Seite 1 von 1

BILD 4.24 Formular: F_Organigramm_Verantwortung (Word) als generelle Darstellung

4.8.2.5 Formular: F_Mitarbeitermatrix (Verantwortung und Befugnisse) (Excel) als detaillierte Darstellung

Falls Sie der Ansicht sind, dass Sie eine genauere Aufteilung benötigen, dann finden Sie im Formular *F_Mitarbeitermatrix (Verantwortung und Befugnisse)* eine detailliertere Aufteilung (Bild 4.25).

Die Verantwortung für das Qualitätsmanagementsystem der Organisation: Hier müssen die „?????" gegen die Namen der *obersten Leitung* und die Namen der *Mitarbeiter, die für bestimmte Bereiche in der Organisation verantwortlich* sind, ausgetauscht werden.

Es können auch die gleichen Mitarbeiter sein bzw. wird bei sehr kleinen Organisationen vieles durch die oberste Leitung wahrgenommen.

F_Mitarbeitermatrix (Verantwortung und Befugnisse)	OBERSTE LEITUNG	VERTRIEB / BERATUNG	VERTRIEB / INNENDIENST	ENTWICKLUNG	SERVICE
	Geschäftsführung	Mitarbeiter	Mitarbeiter	Mitarbeiter	Mitarbeiter
Datum: ??.??.????	????	????	????	????	????
die Rechenschaftspflicht für die Wirksamkeit des Qualitätsmanagementsystems	x				
Personen, die zur Wirksamkeit des Qualitätsmanagementsystems beitragen, einsetzen, anleiten und unterstützen (5.1.1 h))	x				
Qualitätspolitik festlegen, umsetzen und aufrechterhalten	x				

Folgende Verantwortung und Befugnis wurde zugewiesen für: (5.3)	OBERSTE LEITUNG	VERTRIEB / BERATUNG	VERTRIEB / INNENDIENST	ENTWICKLUNG	SERVICE
	Geschäftsführung	Mitarbeiter	Mitarbeiter	Mitarbeiter	Mitarbeiter
	????	????	????	????	????
dass das Qualitätsmanagementsystem die Anforderungen der DIN EN ISO 9001:2015 erfüllt	(X)				
dass die Prozesse die beabsichtigten Ergebnisse liefern	(X)				
das Berichten über die Leistung des Qualitätsmanagementsystems und über Verbesserungsmöglichkeiten (siehe 10.1), insbesondere an die oberste Leitung	(X)				
das Sicherstellen der Förderung der Kundenorientierung innerhalb der gesamten Organisation	(X)				
das Sicherstellen, dass die Integrität des Qualitätsmanagementsystems aufrechterhalten bleibt, wenn Änderungen am Qualitätsmanagementsystem geplant und umgesetzt werden	(X)				

Folgende Verantwortung und Befugnis wurde zugewiesen für:	OBERSTE LEITUNG	VERTRIEB / BERATUNG	VERTRIEB / INNENDIENST	ENTWICKLUNG	SERVICE
	Geschäftsführung	Mitarbeiter	Mitarbeiter	Mitarbeiter	Mitarbeiter
internes Audit	(X)				
Datenschutz / Beauftragter für den Datenschutz	(X)				

BILD 4.25 Formular: F_Mitarbeitermatrix (Verantwortung und Befugnisse) Seite 1 (Ausschnitt – Excel) als detaillierte Darstellung

Die Verantwortung für die gesamte Organisation: Hier müssen die „?????" gegen die Namen der *obersten Leitung* und die *Namen der Mitarbeiter*, die in der Organisation für die Funktionen, z. B. *Vertrieb*, und Prozesse, z. B. *Angebot erstellen, ändern*, verantwortlich sind, ausgetauscht werden (Bild 4.26).

4.8 7_Verantwortung der obersten Leitung und Organisation

Folgende Verantwortung und Befugnis wurde zugewiesen für: (7.1.2)		Mitarbeiter	Mitarbeiter	Mitarbeiter	Mitarbeiter	Mitarbeiter	Mitarbeiter	Mitarbeiter	Mitarbeiter	Mitarbeiter
VERTRIEB-BERATUNG	Geschäftsführung / Vertriebsleitung	?????	?????	?????	?????	?????	?????	?????	?????	?????
Angebotsmarketing	(X)									
Angebot erstellen, ändern	(X)	x	x	x	x	x	x	x	x	x
Angebot verfolgen	(X)	x	x	x	x	x	x	x	x	x
Vertrag erstellen	(X)	x	x	x	x	x	x	x	x	x
Vertrag ändern, stornieren	(X)	x	x	x	x	x	x	x	x	x
Reklamationen	(X)	x	x	x	x	x	x	x	x	x
VERTRIEB-INNENDIENST	Geschäftsführung / Vertriebsleitung	?????	?????	?????	?????	?????	?????	?????	?????	?????
Disposition, Anfrage, Preisvergleich, Bestellung	(X)	x	x	x	x	x	x	x	x	x
Bestellung verfolgen	(X)	x	x	x	x	x	x	x	x	x
Lieferanten Auswahl, Beurteilung, Neubeurteilung	(X)	x	x	x	x	x	x	x	x	x
ENTWICKLUNG	Geschäftsführung / Entwicklungsleitung	?????	?????	?????	?????	?????	?????	?????	?????	?????
Projektplan	(X)	x	x	x	x	x	x	x	x	x
Projektmanagement	(X)	x	x	x	x	x	x	x	x	x
F_Entwicklung	(X)	x	x	x	x	x	x	x	x	x
SERVICE	Geschäftsführung / Serviceleitung	?????	?????	?????	?????	?????	?????	?????	?????	?????
DV-Projekte	(X)	x	x	x	x	x	x	x	x	x
Mitarbeit in Kunden-DV-Projekten	(X)	x	x	x	x	x	x	x	x	x
individuelle Programmierung	(X)	x	x	x	x	x	x	x	x	x
Betriebsanalyse										

BILD 4.26 Formular: F_Mitarbeitermatrix (Verantwortung und Befugnisse) (Ausschnitt – Excel) als detaillierte Darstellung

Dokumentierte Information aufbewahren: Bild 4.25 F_Mitarbeitermatrix (Verantwortung und Befugnisse)
Freigegeben: Klaus Mustermann, Datum: 06.01.2019, Dienstleistungsunternehmen

4.8.3 Was sind die Anforderungen an die Organisation?

Dazu zählen: *Kontext der Organisation, Zweck der Organisation, strategische Ausrichtung der Organisation, interne und externe Themen, interessierte Parteien, Maßnahmen zum Umgang mit Risiken und Chancen, messbare Qualitätsziele* und die *Bewertung der Leistung*.

4.8.3.1 Formular: F_Kontext Interne Externe Themen Risiken Chancen

Mit diesem Formular werden der *Zweck der Organisation*, die *strategische Ausrichtung der Organisation*, die *internen und externen Themen*, die *interessierten Parteien* und die *Risiken und Chancen* festgelegt (Bild 4.27).

Ausführliche Hinweise zu *Kontext der Organisation, interne und externe Themen* sowie *Risiken und Chancen* finden Sie in diesem Buch in den **Kapiteln 1.5 bis 1.5.9**.

Weitere Hinweise zum **Begriff** *Information* und zum *Dokumentationsumfang zum Kontext der Organisation* finden Sie in diesem Buch im **Kapitel 1.3.9**.

Zum besseren Verständnis haben wir Ihnen ein Beispiel ausgefüllt. Sie finden dieses im Ordner *11_Ausgefüllte Beispiele*.

HINWEIS: Bitte füllen Sie das Formular *F_Kontext Interne Externe Themen Risiken Chancen* auf **Basis Ihrer Organisation** und der Anforderungen des Tagesgeschäftes aus. Das korrekt ausgefüllte Formular ist **die Basis** für die Formulare *F_Messbare Qualitätsziele* und *F_Bewertung der Leistung*.

Wir haben uns überlegt, ob wir überhaupt ausgefüllte Beispiele veröffentlichen, da hier ein Problem vorhanden sein kann. Man sieht: Ach ja, es passt ja auch auf unsere Organisation, und genau **das** ist dann das Problem, da die Belange der eigenen Organisation in den Hintergrund geraten können. Diese Aussage bezieht sich auch auf die Tabellen in diesem Buch in den **Kapiteln 1.5 bis 1.5.9**. Die Inhalte der Tabellen sind als **Anregung** gedacht und zeigen die Vielfalt der Organisationen auf.

Wenn Sie das Formular *F_Kontext Interne Externe Themen Risiken Chancen* ausfüllen, dann betrifft dies die **Organisation**. Sie sollten als **oberste Leitung** daher **nicht** versuchen, das Formular allein auszufüllen, weil Sie unter Umständen nicht alles wissen können und die **Organisation** außen vor bleibt. Wie wollen Sie dann ein risikobasiertes Denken fördern? Ein Qualitätsmanagementsystem ist nicht für Einzelkämpfer und Herrschaftswissen gedacht, sondern bindet die Organisation mit ein.

Weitere Hinweise zum **Begriff** *Organisation* finden Sie unter dem **Kapitel 3.9**.

ISO 9001:2015
AUSZUG AUS DER NORM

0.4 Zusammenhang mit anderen Normen zu Managementsystemen

... Diese Internationale Norm enthält **keine** *spezifischen Anforderungen anderer Managementsysteme, z. B. Umweltmanagement, Arbeitsschutzmanagement oder Finanzmanagement ...*

A.4 Risikobasiertes Denken

... Diese Internationale Norm legt Anforderungen an die Organisation fest, dass sie ihren Kontext versteht (siehe 4.1) und die Risiken als Grundlage zur Planung (siehe 6.1) bestimmt. Dies verkörpert die Anwendung des risikobasierten Denkens bei der Planung und Verwirklichung von Prozessen des Qualitätsmanagementsystems (siehe 4.4) und hilft bei der Bestimmung des Umfangs von dokumentierten Informationen ...

... Das in dieser Internationalen Norm angewendete risikobasierte Denken hat eine teilweise Reduzierung der vorschreibenden Anforderungen und deren Ersatz durch **leistungsorientierte Anforderungen** *ermöglicht ...*

... Obwohl in 6.1 festgelegt ist, dass die Organisation Maßnahmen zur Behandlung von Risiken planen muss, sind **keine formellen Methoden** *für das Risikomanagement oder ein dokumentierter Risikomanagementprozess erforderlich.* **Organisationen können entscheiden**, *ob sie eine ausgedehntere Vorgehensweise für das Risikomanagement, als von dieser Internationalen Norm gefordert wird, entwickeln möchten oder nicht, z. B. durch die Anwendung anderer Leitlinien oder Normen ...*

4.8 7_Verantwortung der obersten Leitung und Organisation

F_Kontext Interne Externe Themen Risiken Chancen

Kontext der Organisation mit der Bestimmung der externen und internen Themen unter Berücksichtigung von Risiken und Chancen und interessierten Parteien	
Zweck und strategische Ausrichtung der Organisation: (4.1)[3]	
Management auf Zeit. Bereiche: Basisberatung (Analyse), Unternehmenssanierung mit Unternehmensrestrukturierung.	
Beabsichtigte Ergebnisse des Qualitätsmanagementsystems: Bedingungen, die vom **Kunden** festgelegt werden und von der **Organisation** festgelegt werden und von der Organisation erfüllt werden müssen (inhärente Merkmale) (0.1), (1), (4.1)	Die **inhärenten Merkmale** übernehmen Sie in die Formulare: F_Messbare Qualitätsziele; F_Bewertung der Leistung.
Management auf Zeit: Sanierungsgutachten, § 15 Insolvenzordnung (InsO), Projektkontrolle, Auftragskontrolle, Analysetool, Fortführungsprognosetool	
EXTERNER Kontext – THEMEN bestimmen: (4.1) Informationen über die externen Themen überwachen, überprüfen (4.1)	
Gesetzliches Umfeld:	Insolvenzordnung (InsO), BAFA-Richtlinie
Technisches Umfeld:	Bilanzen, BWA, der letzten 3 Jahre, Personalstammdaten, Lohnjournale, OP-Listen, Eingangs- und Ausgangsrechnung auftragsbezogen, Analysetool, Fortführungsprognosetool, Projektkontrolle, Auftragskontrolle
Wettbewerbliches Umfeld:	DATEV-Auswertungen durch das Steuerbüro
Marktbezogenes Umfeld:	
Kulturelles Umfeld:	
Soziales Umfeld:	
Wirtschaftliches Umfeld:	
Interessierte Parteien bestimmen: (4.2)	Kunde, Gesetzgeber, externer Berater, Kreditgeber
Relevante Anforderungen der interessierten Parteien überwachen, überprüfen:	Einhaltung der gesetzlichen Vorschriften, Einhaltung der Kundenforderung
Risiken bestimmen: (6.1.1)	Keine Verfügbarkeit von aktuellen betriebswirtschaftlichen Auswertungen und Kundendaten, BAFA-Richtlinien werden nicht eingehalten
Chancen bestimmen: (6.1.1)	Weiterentwicklung der Tools: Projektkontrolle, Auftragskontrolle, Erhöhung der Kundenzufriedenheit
Planung der einzuleitenden Maßnahmen: (6.1.2)	Monatliche Kontaktaufnahme des Beraters, Basisberatungsvertrag, Vertrag Projektkontrolle, „Management auf Zeit"-Vertrag
Planung der Bewertung der Wirksamkeit der Maßnahmen: (6.1.2)	(1) Wochenberichte, (2) Beratungsberichte
Betroffene Funktionen und Prozesse: (6.1.2)	SERVICE Betriebsanalyse
INTERNER Kontext – THEMEN bestimmen: (4.1)	Informationen über die internen Themen überwachen, überprüfen (4.1)
Werte der Organisation:	Qualität der Dienstleistung als Nutzen für den Kunden
Kultur der Organisation:	Partner des Auftraggebers, der ihm bei der Planung und Umsetzung seiner Aktivitäten hilfreich zur Seite steht. Enge persönliche Meetings mit Mitarbeitern und externen Beratern, Überzeugung des Kundenumfeldes
Wissen der Organisation:	Tools: Projektkontrolle, Auftragskontrolle, Fachwissen der Mitarbeiter und Berater, Insolvenzordnung (InsO), BAFA-Richtlinie
Leistung der Organisation:[4]	(1) Laufzeit der Beratung, (2) Beratereinsatz Stunden berechnet – Stunden geleistet
Interessierte Parteien bestimmen: (4.2)	Geschäftsleitung, Mitarbeiter
Relevante Anforderungen der interessierten Parteien überwachen, überprüfen:	Ziel der Beratung: Einhaltung der gesetzlichen Vorschriften, Einhaltung der Kundenforderung
Risiken bestimmen: (6.1)	Kunden- und gesetzliche und Rechtsprechungsvorschriften werden nicht eingehalten
Chancen bestimmen: (6.1)	Keine Reklamationen, Zielerreichung
Planung der einzuleitenden Maßnahmen: (6.1.2)	Einbeziehung des Kunden in die Vorgehensweise, regelmäßige Meetings mit Mitarbeitern und externen Beratern, Überzeugung des Kundenumfeldes
Planung der Bewertung der Wirksamkeit der Maßnahmen: (6.1.2)	(1) Unterschriebene Protokolle, (2) Erfahrungsaustausch mit Mitarbeitern und externen Beratern, (3) schriftliche Zustimmung des Kundenumfeldes
Betroffene Funktionen und Prozesse: (6.1.2)	SERVICE Betriebsanalyse

Annotations (highlighted callouts):
- Die **Inhalte** übernehmen Sie in das Formular: F_Bewertung der Leistung, Punkt: Wirksamkeit durchgeführt Maßnahmen – Risiken und Chancen.
- Die **Inhalte** übernehmen Sie in die Formulare: F_Messbare Qualitätsziele; F_Bewertung der Leistung, Punkt: Grad der Kundenzufriedenheit. Die Leistung wird quantitativ bewertet.
- Die **Inhalte** übernehmen Sie in das Formular: F_Bewertung der Leistung, Punkt: Wirksamkeit durchgeführt Maßnahmen – Risiken und Chancen.

[3] Die Zahlen in den Klammern, z. B. (0.1), (1), (4.1), (4.2), (6.1), beziehen sich auf die Normenkapitel der DIN EN ISO 9001:2015.
[4] **Duden quantitativ:** (die Quantität betreffend) = der Anzahl/Größe/Menge nach, mengenmäßig, zahlenmäßig; siehe zusätzlich DIN EN ISO 9000:2015 Begriff 3.7.8 Leistung

Dokumentierte Information aufrechterhalten: Bild 4.27 F_Kontext Interne Externe Themen Risiken Chancen.doc
© BSBE European Business School for Business Excellence 2019,
Freigegeben: Klaus Mustermann, Datum: 06.01.2019, Dienstleistungsunternehmen

BILD 4.27 Formular: F_Kontext Interne Externe Themen Risiken Chancen (Ausschnitt)

4.8.3.2 Formular: F_Messbare Qualitätsziele

Mit diesem Formular werden die *messbaren Qualitätsziele* festgelegt (Bild 4.28).

Ausführliche Hinweise zu *messbaren Qualitätszielen* finden Sie in diesem Buch in den **Kapiteln 1.6** und **1.6.1**.

Zum besseren Verständnis haben wir Ihnen ein Beispiel ausgefüllt. Sie finden dieses im Ordner *11_Ausgefüllte Beispiele*.

F_Messbare Qualitätsziele

Planung zum Erreichen der messbaren Qualitätsziele für das Jahr 2019

HINWEIS: Folgendes ist bei der Planung der messbaren Qualitätsziele zu beachten: Einklang mit der Qualitätspolitik, messbar sein, zutreffende Anforderungen berücksichtigen, Konformität von Produkten und Dienstleistungen, Kundenzufriedenheit (6.2.1 a), b), c), d))

Funktionen, Ebenen und Prozesse (6.2.1) Inhärente Merkmale der Produkte und Dienstleistungen (6.2.1 a), c), d))	Messbares Qualitätsziel (6.2.1 b)	Was getan wird (6.2.2 a))	Welche Ressourcen (6.2.2 b))	Wer verantwortlich ist (6.2.2 c))	Wann es abgeschlossen wird (6.2.2 d))	Wie die Ergebnisse bewertet werden (6.2.2 e))
	(1) Laufzeit der Beratung	Analyse der Honorartage Mind. 20 % > 30 Honorartage Mind. 20 % > 20 Honorartage Mind. 60 % > 15 Honorartage	Kundendatenbank	Geschäftsleitung, Mitarbeiter, externer Berater	Nach Abschluss des Projekts	Bewertung: definierte Zielerreichung
Funktionen: Service **Ebenen:** Geschäftsführung, Berater **Prozesse:** • SERVICE Betriebsanalyse **Inhärente Merkmale:** Sanierungsgutachten, § 15 Insolvenzordnung (InsO), Projektkontrolle, Auftragskontrolle, Analysetool, Fortführungsprognosetool	(2) Beratereinsatz Stunden berechnet – Stunden geleistet, eigene Mitarbeiter	Analyse des Verhältnisses der geleisteten Stunden zu berechneten Stunden pro Projekt, pro Berater	Wochenberichte, unterschriebene Protokolle	Geschäftsleitung, Mitarbeiter	Nach jedem Abschluss des Projekts; alle Projekte Dezember des laufenden Jahres	Bewertung: Verhältnis der geleisteten Stunden zu berechneten Stunden pro Projekt, pro Berater im Vergleich laufendes Jahr / Vorjahr
	Externe Berater Abweichung in den Wochenberichten und Beratungsberichten	Erfassen und analysieren der Abweichungen in den Wochenberichten und Beratungsberichten	Wochenberichte, Beratungsberichte	Geschäftsleitung, externer Berater	Am Anfang als erster Schritt und am Ende der Beratung	Bewertung: Woher kommen die Abweichungen?
	Externe Berater Stunden berechnet – Stunden geleistet	Analyse des Verhältnisses der geleisteten Stunden zu berechneten Stunden pro Projekt, pro Berater	Wochenberichte, unterschriebene Protokolle	Geschäftsleitung, externer Berater	Nach jedem Abschluss des Projekts; alle Projekte Dezember des laufenden Jahres	Bewertung: Verhältnis der geleisteten Stunden zu berechneten Stunden pro Projekt, pro Berater im Vergleich laufendes Jahr / Vorjahr

Dokumentierte Information aufbewahren
• Korrekturen, Korrekturmaßnahmen, Verbesserungen
• Internes Audit Plan Bericht
• Besprechungsprotokoll Mitarbeiter

Bei internen Audits, Korrekturen, Korrekturmaßnahmen, Verbesserungen überprüfen, ob messbare Qualitätsziele aktualisiert werden müssen (6.2.1 e), g))

Nach Durchführung des internen Audits, vor und nach Korrekturen, Korrekturmaßnahmen, Verbesserungen.
Besprechung mit den Mitarbeitern. (6.2.1 f))

Dokumentierte Information aufrechterhalten: Bild 4.28 F_Messbare Qualitätsziele.doc
© BSBE European Business School for Business Excellence 2019,
Freigegeben: Klaus Mustermann, Datum: 06.01.2019, Dienstleistungsunternehmen

BILD 4.28 Formular: F_Messbare Qualitätsziele

4.8.3.3 Formular: F_Bewertung der Leistung

Mit diesem Formular wird die *Bewertung der Leistung* durchgeführt (Bild 4.29).

Ausführliche Hinweise zur *Bewertung der Leistung* finden Sie in diesem Buch in den **Kapiteln 1.6**, **1.6.2** sowie **1.6.3**.

Zum besseren Verständnis haben wir Ihnen ein Beispiel ausgefüllt. Sie finden dieses im Ordner *11_Ausgefüllte Beispiele*.

F_Bewertung der Leistung

Bewertung der Leistung und Wirksamkeit des Qualitätsmanagementsystems Jahr 2019 (9.1.1)

Konformität der Produkte und Dienstleistungen (9.1.3 a))

Was wird überwacht und gemessen? (9.1.1 a))	Welche Methoden? (9.1.1 b))	Wann wird die Überwachung und Messung durchgeführt? (9.1.1 c))	Wann muss analysiert und bewertet werden? (9.1.1 d))	Wie wird analysiert? (9.1.3)
Inhärente Merkmale Produkte: Sanierungsgutachten, § 15 Insolvenzordnung (InsO), Projektkontrolle, Auftragskontrolle, Analysetool, Fortführungsprognosetool	Wochenberichte, Beratungsberichte, Auswertung Projektkontrolle und Auftragskontrolle	Monatlich mit dem Kunden	Laufend	Bewertung: Woher kommen die Abweichungen?

Leistung[1] externer Anbieter (Lieferanten) (9.1.3 f)

Was wird überwacht und gemessen? (9.1.1 a))	Welche Methoden? (9.1.1 b))	Wann wird die Überwachung und Messung durchgeführt? (9.1.1 c))	Wann muss analysiert und bewertet werden? (9.1.1 d))	Wie wird analysiert? (9.1.3)
Inhärente Merkmale Produkte: Sanierungsgutachten, § 15 Insolvenzordnung (InsO), Projektkontrolle, Auftragskontrolle, Analysetool, Fortführungsprognosetool	Wochenberichte, Beratungsberichte	Wöchentlich, nach Etappen	Am Anfang als erster Schritt	Lieferantenbewertung: Woher kommen die Abweichungen?
Externe Berater	Erfassen und analysieren der Abweichungen in den Wochenberichten und Beratungsberichten	Wöchentlich, nach Etappen	Am Anfang als erster Schritt	Lieferantenbewertung: Woher kommen die Abweichungen?
Externe Berater	Analyse des Verhältnisses der geleisteten Stunden zu berechneten Stunden pro Projekt, pro Berater	Wöchentlich	Bei Abweichungen	Lieferantenbewertung: Woher kommen die Abweichungen?

Grad der Kundenzufriedenheit (9.1.2), (9.1.3 b)

Was wird überwacht und gemessen? (9.1.1 a))	Welche Methoden? (9.1.1 b))	Wann wird die Überwachung und Messung durchgeführt? (9.1.1 c))	Wann muss analysiert und bewertet werden? (9.1.1 d))	Wie wird analysiert? (9.1.3)
(1) Laufzeit der Beratung	Analyse der Honorartage Mind. 20 % > 30 Honorartage Mind. 20 % > 20 Honorartage Mind. 60 % > 15 Honorartage	Permanent	Am Anfang als erster Schritt	Bewertung: Ursachen und Höhe der Abweichungen?
(2) Beratereinsatz Stunden berechnet – Stunden geleistet, eigene Mitarbeiter	Analyse des Verhältnisses der geleisteten Stunden zu berechneten Stunden pro Projekt, pro Berater	Wöchentlich	Bei Abweichungen	Bewertung: Ursachen und Höhe der Abweichungen?

[1] **Duden quantitativ:** (die Quantität betreffend) = der Anzahl / Größe / Menge nach, mengenmäßig, zahlenmäßig (Leistung externe Anbieter), siehe zusätzlich DIN EN ISO 9000:2015 Begriff 3.7.8 Leistung

Dokumentierte Information aufrechterhalten: Bild 4.29 F_Bewertung der Leistung.doc
© BSBE European Business School for Business Excellence 2019,
Freigegeben: Klaus Mustermann, Datum: 06.01.2019, Dienstleistungsunternehmen
Seite 1 von 3

BILD 4.29 Formular: F_Bewertung der Leistung (Ausschnitt)

4.8.4 Ordner: Jährlich durchzuführende Tätigkeiten

Im **Ordner** selbst ist ein Ordner mit dem Jahr der jährlich durchzuführenden Tätigkeiten vorhanden (2019). Die Nummerierung zeigt eine sinnvolle Vorgehensweise. Sie sollten daher die jährlichen Bewertungen in dieser Reihenfolge durchführen.

Im Ordner 2019 sind die nachfolgenden Ordner vorhanden.

Durch die **Organisation** durchzuführende Tätigkeiten:

1_Lieferantenbewertung

2_Internes Audit

3_Kontext der Organisation

4_Messbare Qualitätsziele

5_Bewertung der Leistung

Durch die **oberste Leitung** durchzuführende Tätigkeiten:

6_Managementbewertung

In diesen Ordnern können Sie dann die ausgefüllten dokumentierten Informationen aufbewahren.

■ 4.9 8_FORTLAUFENDE VERBESSERUNG DES QM-SYSTEMS

Für den Funktionsbereich **8_Fortlaufende Verbesserung des QM-Systems** werden folgende Prozessabläufe benötigt:

- Internes Audit
- Nichtkonformitäten und Korrekturmaßnahmen

4.9.1 QM: Internes Audit

Mit diesem Prozessablauf wird das interne Audit prozessorientiert beschrieben (Bild 4.30).

Es werden **zwei Arten** von internen Audits dargestellt.

AUDITPROGRAMM als Systemaudit:

Das Audit wird als **Systemaudit** durchgeführt, um die Organisationsabläufe auf Wirksamkeit zur Erfüllung der Kundenanforderungen zu überprüfen.

Auditziele: Ermittlung des Erfüllungsgrades der DIN EN ISO 9001:2015 und der Anforderungen der Organisation.

Auditkriterien: Als Bezugsgrundlage (Referenz) dient die DIN EN ISO 9001:2015. Das Formular *F_Internes Audit_Plan_Bericht* und der Prozess *QM: Oberste Leitung und Organisation* werden als Fragenkatalog genutzt, um einen Vergleich mit den Nachweisen zu erhalten.

Auditumfang: Erfüllung der Anforderungen der DIN EN ISO 9001:2015 und der Anforderungen der Organisation.

Audithäufigkeit: einmal pro Jahr.

QM: Internes Audit

Tätigkeit / Prozessschritte (Abfolge-Eingaben-Ergebnisse)	Führung	Organisation: Vertrieb (Innendienst, Beratung) Service Subunternehmer	Wechselwirkung, Checkliste (Wissen der Organisation), Kriterien, Verfahren, Ressourcen	Lenkung dokumentierter Information, Wissen der Organisation
STARTEREIGNIS: *internes Audit planen, festlegen und umsetzen*			1. Das interne Audit kann als **Systemaudit** zur Überprüfung der Organisationsabläufe und der Erfüllung der Wirksamkeit der Kundenanforderungen genutzt werden. 2. Das interne Audit kann als **Prozessaudit** zur Behebung von Problemen genutzt werden.	• •
SYSTEMAUDIT				
SYSTEMAUDIT: Auditprogramm planen, festlegen und als Vorgehensweise für das interne Audit nutzen	X		**Auditoren:** Es muss darauf geachtet werden, dass der Auditor seine eigene Tätigkeit nicht auditiert. **Auditziele:** Ermittlung des Erfüllungsgrades der DIN EN ISO 9001:2015 und der Anforderungen der Organisation. Das Audit wird als **Systemaudit** durchgeführt, um die Organisationsabläufe auf Wirksamkeit zur Erfüllung der Kundenanforderungen zu überprüfen. **Auditkriterien:** Als Bezugsgrundlage (Referenz) dient die DIN EN ISO 9001:2015. Das Formular *F_Internes Audit_Plan_Bericht* und der Prozess *QM: Oberste Leitung und Organisation* werden als Vorgehensweise genutzt, um einen Vergleich mit den Nachweisen zu erhalten. **Auditumfang:** Erfüllung der Anforderungen der DIN EN ISO 9001:2015 und der Anforderungen der Organisation **Audithäufigkeit:** einmal pro Jahr **Auditmethoden:** Formular *F_Internes Audit_Plan_Bericht*, Prozess *QM: Oberste Leitung und Organisation* und Formular *F_Dokumentierte Informationen-Matrix* als Basis für das interne Audit **(Systemaudit)** nutzen. Es werden Mitarbeiter befragt, Tätigkeiten beobachtet und dokumentierte Informationen überprüft.	• F_Internes Audit_Plan_Bericht • QM: Oberste Leitung und Organisation • F_Dokumentierte Informationen-Matrix
Ergebnisse von vorherigen Audits überprüfen und berücksichtigen	X		**Prüfen:** Anzahl der Audits ausreichend, Korrekturen, Korrekturmaßnahmen, Verbesserungen	• F_Internes Audit_Plan_Bericht (vorherige) • F_Maßnahmen (vorherige)
Formular: F_Internes Audit_Plan_Bericht erstellen, Prozess: QM: Oberste Leitung und Organisation überprüfen und evtl. ändern	X		Formular *F_Internes Audit_Plan_Bericht* und Prozess *QM: Oberste Leitung und Organisation* aus dem Vorjahr kopieren, mit neuem Datum versehen. Im Formular *F_Internes Audit_Plan_Bericht* den Umfang und die Auditoren festlegen.	• F_Internes Audit_Plan_Bericht • QM: Oberste Leitung und Organisation • F_Dokumentierte Informationen-Matrix
Audit durchführen	X	X	Die zu auditierenden Normenabschnitte sind im Prozess *QM: Oberste Leitung und Organisation* aufgeführt.	• F_Internes Audit_Plan_Bericht • QM: Oberste Leitung und Organisation • F_Dokumentierte Informationen-Matrix
ENDEREIGNIS: *internes Audit geplant, festgelegt und umgesetzt*				• •
Nachfolgende Tätigkeiten werden durchgeführt, wenn Abweichungen im internen Audit festgestellt wurden.				•
Abweichungen im Audit festgestellt	X	X	Die für die auditierte **Funktion** verantwortliche Leitung muss sicherstellen, dass Maßnahmen ohne ungerechtfertigte Verzögerung zur Beseitigung erkannter Fehler und ihrer Ursachen ergriffen werden. **Wechselwirkung / Prozess:** QM: Nichtkonformität und Korrekturmaßnahmen	• F_Internes Audit_Plan_Bericht •

Dokumentierte Information aufrechterhalten: Bild 4.30 QM_Internes Audit.doc
Freigegeben: Klaus Mustermann, Datum: 06.01.2019, Dienstleistungsunternehmen

BILD 4.30 QM: Internes Audit (Ausschnitt)

Auditmethoden: Formular *F_Internes Audit_Plan_Bericht* und Prozess *QM: Oberste Leitung und Organisation* als Basis für das interne Audit (Systemaudit) nutzen. Es werden Mitarbeiter befragt, Tätigkeiten beobachtet und Dokumente und Aufzeichnungen überprüft. Die Norm erwartet eine Planung des Auditprogramms. Die Norm legt jedoch nicht fest, wie oft ein internes Audit durchgeführt werden muss. Es wird jedoch empfohlen, das interne Audit einmal pro Jahr durchzuführen.

AUDITPROGRAMM als Prozessaudit:

Prozessaudit: Das interne Audit kann auch als **Prozessaudit** zur Behebung von Problemen genutzt werden. **Auditkriterien:** Als Bezugsgrundlage (Referenz) dient das Formular *F_Maßnahmen*.

WECHSELWIRKUNG

Aus diesem Prozessablauf wird eventuell auf weitere Prozessabläufe verwiesen (Wechselwirkung). Eine detaillierte Beschreibung erfolgt in diesen Prozessabläufen.

KORREKTUREN, KORREKTURMASSNAHMEN, VERBESSERUNGSMASSNAHMEN

Es sind eventuell Korrekturen oder Korrekturmaßnahmen einzuleiten. Im Bedarfsfall ist das Formular *F_Maßnahmen* auszufüllen. In diesem Formular werden Korrektur, Korrekturmaßnahme und Verbesserungsmaßnahme zusammengefasst.

4.9.1.1 Formular: F_Internes Audit_Plan_Bericht (erste Seite)

Mit diesem Formular wird das interne Audit als Systemaudit geplant, durchgeführt und dokumentiert (Bild 4.31).

Die DIN EN ISO 9001:2015 erwartet, dass das Qualitätsmanagementsystem in geplanten Abständen auditiert wird, um Informationen darüber zu erhalten, ob das Qualitätsmanagementsystem wirksam verwirklicht und aufrechterhalten wird. Die Norm legt jedoch nicht fest, wie oft Sie das interne Audit durchführen müssen.

Das Formular berücksichtigt das komplette Auditprogramm von der Planung über die Vorgehensweise bis zum Auditbericht.

Als *Audithäufigkeit* wurde *einmal pro Jahr* festgelegt. **Sie müssen selbst entscheiden, wie oft Sie ein Audit durchführen.**

4.9 8_Fortlaufende Verbesserung des QM-Systems

F_Internes Audit_Plan_Bericht

Auditplan

Datum:	•
Uhrzeit von / bis:	•
Auditor 1:	•
Auditor 2:	•
	• Es wurde darauf geachtet, dass der Auditor seine eigene Tätigkeit nicht auditiert.

Auditziele:	• Ermittlung des Erfüllungsgrades der DIN EN ISO 9001:2015 und der Anforderungen der Organisation. Das Audit wird durchgeführt, um die Organisationsabläufe auf Wirksamkeit zur Erfüllung der Kundenanforderungen zu überprüfen.
Auditkriterien:	• Als Bezugsgrundlage (Referenz) dient die DIN EN ISO 9001:2015. Das **Formular** *F_Internes Audit_Plan_Bericht* und der **Prozess** *QM: Oberste Leitung und Organisation* werden als Vorgehensweise genutzt, um einen Vergleich mit den Nachweisen zu erhalten.
Auditumfang:	• Erfüllung der Anforderungen der DIN EN ISO 9001:2015 und der Anforderungen der Organisation. Die zu auditierenden Normenabschnitte sind im **Prozess** *QM: Oberste Leitung und Organisation* aufgeführt.
Audithäufigkeit:	• Einmal pro Jahr.
Auditmethoden:	• **Formular** *F_Internes Audit_Plan_Bericht*, **Prozess** *QM: Oberste Leitung und Organisation* und **Formular** *F-Dokumentierte Informationen-Matrix* als Basis für das interne Audit nutzen. Es werden Mitarbeiter befragt, Tätigkeiten beobachtet und dokumentierte Informationen überprüft.
Abweichungen im Audit:	• **Formular** *F_Internes Audit_Plan_Bericht* und **Formular** *F-Maßnahmen* für die Dokumentation nutzen.

> Sie müssen selbst festlegen, wie häufig Sie das interne Audit durchführen wollen.

Vorgehensweise:

1. Den oder die Auditoren festlegen. Dabei ist darauf zu achten, dass der Auditor seine eigene Tätigkeit nicht auditiert.
2. Den **Prozess** *QM: Oberste Leitung und Organisation* als Checkliste für das interne Audit nutzen.
3. Wenn „Nichtkonformitäten" oder „Verbesserungen" aus dem **vorigen** Audit vorhanden sind, dann müssen diese berücksichtigt werden.
4. Die zu auditierenden Normenabschnitte sind im **Prozess** *QM: Oberste Leitung und Organisation* aufgeführt.
5. Im **Prozess** *QM: Oberste Leitung und Organisation* sind die Wechselwirkungen zu anderen Prozessen mit aufgeführt, um die Tätigkeiten hinterfragen zu können.
6. Wenn im Audit „Nichtkonformitäten" oder „Verbesserungen" vorhanden sind, dann ist das unter „Übersicht über die auditierten Kapitel" unter Bemerkung in diesem Dokument einzutragen und das **Formular** *F-Maßnahmen* zur Dokumentation der „Nichtkonformitäten" oder „Verbesserungen" zu nutzen. Die verantwortliche Leitung muss sicherstellen, dass Maßnahmen ohne ungerechtfertigte Verzögerung zur Beseitigung erkannter Nichtkonformitäten und ihrer Ursachen ergriffen werden.
7. Weiter muss überprüft werden, ob Daten in die messbaren Qualitätsziele übernommen werden müssen.

Auditbericht:

Festgestellte Nichtkonformitäten:	• Es wurden keine Nichtkonformitäten festgestellt. • Die ausgefüllten **Formulare** *F-Maßnahmen* zur Dokumentation der Nichtkonformitäten oder Verbesserungen sind an diesen Bericht angeheftet. • *****Nichtzutreffendes streichen**
Abschließendes Urteil über die Erfüllung der Norm:	**gut, zufriedenstellend, nicht zufriedenstellend**

Dokumentierte Information aufbewahren: Bild 4.31(Seite 1) Bild 4.32(Seite2) F_Internes Audit_Plan_Bericht.doc
Freigegeben: Klaus Mustermann, Datum: 06.01.2019, Dienstleistungsunternehmen
Seite 1 von 2

BILD 4.31 Formular: F_Internes Audit_Plan_Bericht (erste Seite)

4.9.1.2 Formular: F_Internes Audit_Plan_Bericht (zweite Seite)

Wenn Sie das Audit durchführen, dann müssen Sie eine **Bewertung der einzelnen Normenkapitel** durchführen. Dies können Sie direkt parallel durchführen und die Ergebnisse eintragen. Also, immer wenn Sie das Audit durchführen, dann können Sie die Ergebnisse direkt eintragen (Bild 4.32).

Das Formular ist in drei Spalten unterteilt:

In **Spalte 1** wurden die zu *auditierenden Normenkapitel* als Überschriften eingetragen.

In **Spalte 2** wird der *BW-Schlüssel* 1, 2 oder 3 eingetragen.

In **Spalte 3** unter *Bemerkungen* können Sie Kommentare, z. B. über eine Abweichung oder durchzuführende Korrekturen, eintragen. Sie können die Spalte *Bemerkungen* auch *leer* lassen, wenn die *BW = 1* ist. Bei einer Bewertung von *BW = 2* oder *BW = 3* **muss** die Spalte *Bemerkung* ausgefüllt werden, und es **muss** eine **Maßnahme** eingeleitet werden, um eine Korrektur durchzuführen. Wenn die Spalte *BW* **grau** schraffiert ist, dann handelt es sich um **Überschriften in der Norm**, somit sind keine Fragen möglich.

Sie können das interne Audit über ein Jahr verteilen oder zusammenhängend durchführen.

Wenn Sie das interne Audit auf **mehrere Monate verteilen** wollen, dann tragen Sie unter *Bemerkung* einfach das Datum ein, an dem Sie das Audit durchgeführt haben. Sie müssen dann noch auf *Seite 1* unter *Datum* die entsprechenden Eintragungen vornehmen.

Als **Fragenkatalog** muss als Basis der Prozess *QM: Oberste Leitung und Organisation* genutzt werden. Der Prozess stellt die komplette Umsetzung der DIN EN ISO 9001:2015 dar. Der Prozess *QM: Oberste Leitung und Organisation* kann somit auch als Fragenkatalog für das interne Audit genutzt werden.

Hinweise zum **Prozess** *QM: Oberste Leitung und Organisation* finden Sie in diesem Buch im **Kapitel 1.4.3**.

4.9 8_Fortlaufende Verbesserung des QM-Systems

F_Internes Audit_Plan_Bericht

Übersicht über die auditierten Kapitel	BW	Bemerkung
4 KONTEXT DER ORGANISATION		
4.1 Verstehen der Organisation und ihres Kontextes	1	
4.2 Verstehen der Erfordernisse und Erwartungen interessierter Parteien	1	
4.3 Festlegen des Anwendungsbereichs des Qualitätsmanagementsystems	1	
4.4 Qualitätsmanagementsystem und seine Prozesse	1	
5 FÜHRUNG		
5.1 Führung und Verpflichtung		
5.1.1 Allgemeines	1	
5.1.2 Kundenorientierung	1	
5.2 Politik		
5.2.1 Festlegung der Qualitätspolitik	1	
5.2.2 Bekanntmachung der Qualitätspolitik	1	
5.3 Rollen, Verantwortlichkeiten und Befugnisse in der Organisation	1	
8 BETRIEB		
8.1 Betriebliche Planung und Steuerung	1	
8.2 Anforderungen an Produkte und Dienstleistungen		Bedeutung der betroffenen Prozesse, Änderungen mit Einfluss auf die Organisation
8.2.1 Kommunikation mit den Kunden	1	
8.2.2 Bestimmen von Anforderungen für Produkte und Dienstleistungen	1	
8.2.3 Überprüfung der Anforderungen für Produkte und Dienstleistungen	1	
8.2.4 Änderungen von Anforderungen an Produkte und Dienstleistungen	1	
8.3 Entwicklung von Produkten und Dienstleistungen		
8.3.1 Allgemeines	1	
8.3.2 Entwicklungsplanung	1	
8.3.3 Entwicklungseingaben	1	
8.3.4 Steuerungsmaßnahmen für die Entwicklung	1	
8.3.5 Entwicklungsergebnisse	1	
8.3.6 Entwicklungsänderungen	1	
8.4 Steuerung von extern bereitgestellten Prozessen, Produkten und Dienstleistungen		
8.4.1 Allgemeines	1	
8.4.2 Art und Umfang der Steuerung	1	
8.4.3 Informationen für externe Anbieter	1	
8.5 Produktion und der Dienstleistungserbringung		
8.5.1 Steuerung der Produktion und der Dienstleistungserbringung	1	
8.5.2 Kennzeichnung und Rückverfolgbarkeit	1	
8.5.3 Eigentum der Kunden oder der externen Anbieter	1	
8.5.4 Erhaltung	1	
8.5.5 Tätigkeiten nach der Lieferung	1	
8.5.6 Überwachung von Änderungen	1	
8.6 Freigabe von Produkten und Dienstleistungen	1	
8.7 Steuerung nichtkonformer Ergebnisse	1	
9 BEWERTUNG DER LEISTUNG		
9.1 Überwachung, Messung, Analyse und Bewertung		
9.1.1 Allgemeines	1	
9.1.2 Kundenzufriedenheit	1	
9.1.3 Analyse und Bewertung	1	
9.2 Internes Audit	1	
9.3 Managementbewertung		
9.3.1 Allgemeines	1	
9.3.2 Eingaben für die Managementbewertung	1	
9.3.3 Ergebnisse der Managementbewertung	1	

Erläuterung der Abkürzungen in der Überschrift:
BW: = Bewertung
1 = erfüllt, 2 = zum Teil erfüllt, 3 = nicht erfüllt
Bei einer Bewertung von 2 oder 3 muss das Feld „Bemerkung" ausgefüllt und eine Maßnahme eingeleitet werden.

Dokumentierte Information aufbewahren: Bild 4.31(Seite 1) Bild 4.32(Seite2) F_Internes Audit_Plan_Bericht.doc
Freigegeben: Klaus Mustermann, Datum: 06.01.2019, Dienstleistungsunternehmen

BILD 4.32 Formular: F_Internes Audit_Plan_Bericht (zweite Seite – verkürzt dargestellt)

4 Dienstleistungsunternehmen (Softwarehaus/Beratungsunternehmen)

4.9.2 QM: Nichtkonformität und Korrekturmaßnahmen

Mit diesem Prozessablauf wird die Nichtkonformität als Korrektur oder Korrekturmaßnahme prozessorientiert beschrieben (Bild 4.33).

Die Tätigkeiten sind als Prozess definiert und somit prozessorientiert dargestellt. Wenn es erforderlich wird, dass fehlerhafte Produkte oder fehlerhafte Dienstleistungen gelenkt werden müssen, **dann muss dies direkt in dem betroffenen Prozess erfolgen**. Beispiel: *VERTRIEB-BERATUNG: Angebot erstellen/ändern* (Bild 4.1).

Die *Nichtkonformitäten, Korrekturen, Korrekturmaßnahmen* und *Verbesserungen* können in unterschiedlichen Prozessen vorkommen. Daher wird dieser Prozess aus unterschiedlichen Prozessen angesprochen. Die getrennte Darstellung hat den Vorteil, dass nicht in jedem Prozess die kompletten Prozessschritte aufgeführt werden müssen.

ISO 9000:2015 AUSZUG AUS DER NORM

Begriff: Nichtkonformität (3.6.9) = *Fehler; Nichterfüllung einer Anforderung (3.6.4).*

Begriff: Korrektur (3.12.3) = *Maßnahme zur Beseitigung einer erkannten Nichtkonformität (3.6.9).*

Begriff: Korrekturmaßnahme (3.12.2) = *Maßnahme zum Beseitigen der Ursache einer Nichtkonformität (3.6.9) und zum Verhindern des erneuten Auftretens.*

4.9 8_Fortlaufende Verbesserung des QM-Systems

QM: Nichtkonformität und Korrekturmaßnahmen

Tätigkeit / Prozessschritte (Abfolge-Eingaben-Ergebnisse)	Führung	Organisation: Vertrieb (Innendienst, Beratung) Service Subunternehmer	Wechselwirkung, Checkliste (Wissen der Organisation), Kriterien, Verfahren, Ressourcen	Lenkung dokumentierter Information, Wissen der Organisation
STARTEREIGNIS: *Korrektur durchführen*				•
Korrektur durch Wechselwirkung / Prozess auslösen	X	X		•
Bewertung der Nichtkonformität durchführen	X		**Bewerten:** Hat die Nichtkonformität Auswirkungen auf die Kundenzufriedenheit? Wichtung des Fehlers	• F_Maßnahmen
Ursachenanalyse der Nichtkonformität durchführen	X	X	**Prüfen:** In welcher Funktion ist das Problem aufgetreten? Wann und wo ist das Problem aufgetreten? Was für ein Problem ist aufgetreten? Was ist die Ursache des Problems? Kann das Problem noch an anderen Stellen auftreten? Welche Korrektur wurde durchgeführt?	• F_Maßnahmen
Korrektur durchführen und auf Wirksamkeit überprüfen	X	X	Aufgetretene Nichtkonformität ohne ungerechtfertigte Verzögerung beheben und Wirksamkeit überprüfen	• F_Maßnahmen
Beurteilung des Handlungsbedarfs, um das erneute Auftreten oder ein Auftreten der Nichtkonformität an anderer Stelle zu verhindern	X		**Prüfen:** Ist eine Korrekturmaßnahme erforderlich, um das erneute Auftreten zu verhindern?	• F_Maßnahmen
STARTEREIGNIS: *Korrekturmaßnahmen planen, festlegen und umsetzen, um das erneute Auftreten zu verhindern*				•
Ermittlung und Verwirklichung der erforderlichen Maßnahmen	X		**Prüfen:** Welche Maßnahmen sind erforderlich? Wer führt die Umsetzung durch? Bis wann soll die Umsetzung durchgeführt werden?	• F_Maßnahmen
Aufzeichnung der Ergebnisse der ergriffenen Maßnahmen	(X)	X	**Prüfen:** Die Ergebnisse werden im Formular F_Maßnahmen aufgezeichnet.	• F_Maßnahmen
Ergriffene Korrekturmaßnahmen überprüfen (Verifizierung)	(X)	X	**Prüfen:** Wer prüft die Umsetzung?	• F_Maßnahmen • Interne Audits
Messbare Qualitätsziele: Notwendigkeit einer Aktualisierung prüfen	X		**Prüfen:** Ob das Formular F_Messbare Qualitätsziele aktualisiert werden muss.	• F_Messbare Qualitätsziele
Risiken und Chancen: Notwendigkeit einer Aktualisierung prüfen	X		**Prüfen:** Ob das Formular F_Kontext Interne Externe Themen Risiken Chancen aktualisiert werden muss.	• F_Kontext Interne Externe Themen Risiken Chancen
Qualitätsmanagementsystem: Notwendigkeit einer Aktualisierung prüfen	X		**Prüfen:** Ob das Qualitätsmanagementsystem aktualisiert werden muss. **Wechselwirkung / Prozess:** QM_Internes Audit	•
ENDEREIGNIS: *Korrekturmaßnahmen geplant, festgelegt und umgesetzt*				•

Dokumentierte Information aufrechterhalten: Bild 4.33 QM_Nichtkonformität und Korrekturmaßnahmen.doc
Freigegeben: Klaus Mustermann, Datum: 06.01.2019, Dienstleistungsunternehmen

BILD 4.33 QM: Nichtkonformität und Korrekturmaßnahmen

4.9.3 Fortlaufende Verbesserung

Die Umsetzung der **fortlaufenden Verbesserung** erfolgt mit den Formularen *F_Kontext Interne Externe Themen Risiken Chancen, F_Messbare Qualitätsziele, F_Internes Audit_Plan_Bericht, F_Bewertung der Leistung* und *F_Managementbewertung* sowie *F_Maßnahmen.*

ISO 9000:2015
AUSZUG AUS DER NORM

Begriff: Verbesserung (3.3.1) = *Tätigkeit zum Steigern der Leistung (3.7.8).*

Anmerkung 1 zum Begriff: Die Tätigkeit kann wiederkehrend oder einmalig sein.

Begriff: fortlaufende Verbesserung (3.3.2) = *wiederkehrende Tätigkeit zum Steigern der Leistung (3.7.8).*

Anmerkung 1 zum Begriff: Der Prozess (3.4.1) zum Festlegen von Zielen (3.7.1) und Herausfinden von Chancen zur Verbesserung (3.3.1) stellt aufgrund der Nutzung von Auditfeststellungen (3.13.9) und Auditschlussfolgerungen (3.13.10), der Auswertung von Daten (3.8.1), Managementbewertungen (Management (3.3.3), Überprüfung (3.11.2) oder anderen Maßnahmen **einen fortlaufenden Prozess dar** *und führt zu Korrekturmaßnahmen (3.12.2) oder Vorbeugungsmaßnahmen (3.12.1).*

ISO 9001:2015
AUSZUG AUS DER NORM

A.4 Risikobasiertes Denken

... Es ist eine Kernaufgabe eines Qualitätsmanagementsystems, als vorbeugendes Instrument zu wirken. Aus diesem Grund enthält diese Internationale Norm **keinen separaten Abschnitt oder Unterabschnitt** *zu vorbeugenden Maßnahmen. Das Konzept der vorbeugenden Maßnahmen wird durch die Anwendung des risikobasierten Denkens bei der Formulierung von Anforderungen des Qualitätsmanagementsystems zum Ausdruck gebracht ...*

4.9.3.1 Formular: F_Maßnahmen

Mit diesem Formular werden unterschiedliche Maßnahmen durchgeführt und dokumentiert. **Korrektur, Korrekturmaßnahme** und **Verbesserungsmaßnahme** als **fortlaufende Verbesserung** des Qualitätsmanagementsystems (Bild 4.34).

Das Formular ist in **neun Teilbereiche** aufgeteilt. Es ist ein Universalformular, das für unterschiedliche Maßnahmen in den einzelnen Funktionen genutzt werden kann.

1. **Art der Maßnahme:** Hier ist die Maßnahme auszuwählen und sind die nicht zutreffenden Maßnahmen zu streichen (Pflichtfeld).
2. **Funktion:** Hier ist der Funktionsbereich auszuwählen und sind die nicht zutreffenden Funktionsbereiche zu streichen (Pflichtfeld).
3. **Wann und wo ist das Problem aufgetreten?** Hier ist das Datum einzutragen, wann und wo das Problem aufgetreten ist (Pflichtfeld).
4. **Was für ein Problem ist aufgetreten?** Hier ist das Problem einzutragen. Alle Angaben können stichpunktartig eingetragen werden. Ausformulierte Sätze sind nicht erforderlich (Pflichtfeld).
5. **Welche Korrektur wurde durchgeführt?** Hier ist einzutragen, ob bereits eine Korrektur durchgeführt wurde.
6. **Was ist die Ursache des Problems? Kann das Problem noch an anderen Stellen auftreten?** Hier ist die Ursache des Problems einzutragen. Alle Angaben können stichpunktartig eingetragen werden. Ausformulierte Sätze sind nicht erforderlich (Pflichtfeld).
7. **Welche Maßnahme ist erforderlich?** Hier ist die Maßnahme einzutragen. Alle Angaben können stichpunktartig eingetragen werden. Ausformulierte Sätze sind nicht erforderlich (Pflichtfeld).

4.9 8_Fortlaufende Verbesserung des QM-Systems

F_Maßnahmen

1 **Art der Maßnahme:** Korrektur, Korrekturmaßnahme, Verbesserungsmaßnahme
*Nichtzutreffendes streichen

2 **Funktion:** Vertrieb, Einkauf, Entwicklung, Fertigung, WE, Lager, Versand
*Nichtzutreffendes streichen

3 Wann und wo ist das Problem aufgetreten?

4 Was für ein Problem ist aufgetreten?

5 Welche Korrektur wurde durchgeführt?

6 Was ist die Ursache des Problems?
Kann das Problem noch an anderen Stellen auftreten?

7 Welche Maßnahme ist erforderlich?

8
Maßnahme zu erledigen bis:	Durch Mitarbeiter:	Wirksamkeit der Maßnahme überprüft durch / am:

9
Übernahme in die messbaren Qualitätsziele erforderlich: JA / NEIN	Risiken und Chancen: Aktualisierung erforderlich JA / NEIN	Änderung im Qualitätsmanagementsystem erforderlich: JA / NEIN

Alle Angaben können stichpunktartig eingetragen werden. Ausformulierte Sätze sind nicht erforderlich. Die für die auditierte **Funktion** verantwortliche Leitung muss sicherstellen, dass Maßnahmen ohne ungerechtfertigte Verzögerung zur Beseitigung erkannter Nichtkonformitäten und ihrer Ursachen ergriffen werden.

<u>Dokumentierte Information aufbewahren:</u> Bild 4.34 F_Maßnahmen.doc
Freigegeben: Klaus Mustermann, Datum: 06.01.2019, Dienstleistungsunternehmen
Seite 1 von 1

BILD 4.34 Formular: F_Maßnahmen

8. **Maßnahme zu erledigen bis:** Es muss ein Termin festgelegt werden, bis wann die Maßnahme erledigt wird. **Durch Mitarbeiter:** Es muss ein Mitarbeiter festgelegt werden, der die Umsetzung der Maßnahme durchführt oder die Durchführung veranlasst. **Wirksamkeit der Maßnahme überprüft durch/am:** Die für den betroffenen Funktionsbereich verantwortliche Leitung muss sicherstellen, dass Maßnahmen ohne ungerechtfertigte Verzögerung zur Beseitigung erkannter Fehler und ihrer Ursachen ergriffen werden und die Umsetzung kontrolliert wird (Pflichtfelder).

9. **Übernahme in die messbaren Qualitätsziele erforderlich:** Es kann überprüft werden, ob eine Veränderung in die messbaren Qualitätsziele erfolgen muss. **Risiken und Chancen:** Es kann überprüft werden, ob eine Veränderung bei den Risiken und Chancen erfolgen muss. **Änderung im Qualitätsmanagementsystem erforderlich:** Es kann überprüft werden, ob eine Veränderung im Qualitätsmanagementsystem erfolgen muss (Pflichtfelder).

4.10 9_MITARBEITER

4.10.1 MITARBEITER: Ausbildung, Schulung, Fertigkeiten, Erfahrung, Kompetenz

Mit diesem Prozessablauf werden Ausbildung, Schulung, Fertigkeiten, Erfahrung und Kompetenz prozessorientiert beschrieben (Bild 4.35).

Die Mitarbeiter werden in den entsprechenden **Funktionsbereichen** und **Ebenen** eingesetzt. Daher ist es notwendig, Ausbildung, Schulungen, Fertigkeiten, Erfahrungen und Kompetenzen zu ermitteln.

Der Prozess ist in drei Teilbereiche unterteilt:

1. bestehendes Personal,
2. neues Personal,
3. Zeitarbeitskräfte.

Bei den **bestehenden Mitarbeitern** sollte auch in geplanten Abständen oder bei Bedarf eine Analyse durchgeführt werden.

Bei einer **Neueinstellung** wird ein Anforderungsprofil erstellt, dies kann auch eine Anzeige in einer Zeitung sein, und mit den Bewerbungsunterlagen verglichen. Damit ist die grundsätzliche Analyse erfüllt. Dazu gehören: die Tätigkeiten, die bei einer Einstellung neuer Mitarbeiter erforderlich sind; die Tätigkeiten, die bei einer Beschäftigung von Zeitarbeitskräften, die vom Personaldienstleister zur Verfügung gestellt werden, erforderlich sind; die Analyse der Mitarbeiter, deren Tätigkeiten die Erfüllung der Produktanforderungen beeinflussen.

Bei **Zeitarbeitskräften** wird ein Anforderungsprofil erstellt, dies kann auch eine Anzeige in einer Zeitung sein, und mit den Bewerbungsunterlagen verglichen. Damit ist die grundsätzliche Analyse erfüllt. Dazu gehören: die Tätigkeiten, die bei einer Einstellung neuer Mitarbeiter erforderlich sind; die Tätigkeiten, die bei einer Beschäftigung von Zeitarbeitskräften, die vom Personaldienstleister zur Verfügung gestellt werden, erforderlich sind; die Analyse der Mitarbeiter, deren Tätigkeiten die Erfüllung der Produktanforderungen beeinflussen.

KORREKTUREN, KORREKTURMASSNAHMEN, VERBESSERUNGSMASSNAHMEN

Es sind eventuell Korrekturen oder Korrekturmaßnahmen einzuleiten. Im Bedarfsfall ist das Formular *F_Maßnahmen Mitarbeiter* auszufüllen. In diesem Formular werden Korrektur, Korrekturmaßnahme und Verbesserungsmaßnahme **für die Mitarbeiter** zusammengefasst.

MITARBEITER: Ausbildung, Schulung, Fertigkeiten, Erfahrung, Kompetenz				
Tätigkeit / Prozessschritte (Abfolge-Eingaben-Ergebnisse)	Füh-rung	Organisation: Vertrieb Einkauf, Entwicklung, Fertigung, WE, Lager, Versand	Wechselwirkung, Checkliste (Wissen der Organisation), Kriterien, Verfahren, Ressourcen	Lenkung dokumentierter Information, Wissen der Organisation
STARTEREIGNIS: *Analyse der Mitarbeiter, deren Tätigkeit die Erfüllung der Produkt- und Dienstleistungsanforderungen beeinflussen.*			Dieser Prozess wird nur für <u>bestehende</u> Mitarbeiter durchgeführt.	•
Kompetenz ermitteln und festlegen (Beeinflussung der Mitarbeiter auf Produkt- und Dienstleistungsanforderungen)	X	(X)	Berücksichtigen: Ausbildung, Schulung, Fertigkeiten, Erfahrung, Kompetenz in den Funktionen, Ebenen und Prozessen 1. Qualitätspolitik vermitteln 2. relevante Qualitätsziele vermitteln 3. Beitrag zur Wirksamkeit des Qualitätsmanagementsystems einschließlich der Vorteile einer verbesserten Leistung vermitteln 4. Folgen einer Nichterfüllung der Anforderungen des Qualitätsmanagementsystems vermitteln 5. Sicherstellen der Förderung der Kundenorientierung innerhalb der gesamten Organisation vermitteln Normkapitel (5.1.1 h)) Wenn die Mitarbeiter zur Wirksamkeit des Qualitätsmanagementsystems beitragen sollen, dann müssen sie besonders angeleitet werden, damit sie die oberste Leitung dahin gehend unterstützen können.	• Lebenslauf mit bisher ausgeübten Tätigkeiten und Erfahrungen • Schulungen • Ausbildungen • F_Organigramm_ Verantwortung • F_Mitarbeitermatrix (Verantwortung und Befugnisse) • F_Qualitätspolitik • F_Bewertung der Leistung • Datenschutz
Maßnahmenbedarf planen und Maßnahmen durchführen, um die Kompetenz zu erreichen oder zu erhalten	X	(X)	Der Maßnahmenbedarf wird analysiert und geplant. Das Ergebnis der Planung kann sein: 1. Es ist kein Maßnahmenbedarf vorhanden. 2. Es ist Maßnahmenbedarf vorhanden. Es wird dann nach Wichtigkeit und internen oder externen Maßnahmen unterschieden: 1. Die Maßnahme hat direkten Einfluss auf die Produkt- und Dienstleistungsanforderungen. 2. Die Maßnahme hat keinen Einfluss auf die Produkt- und Dienstleistungsanforderungen. 3. Es muss sichergestellt sein, dass die Mitarbeiter sich der Bedeutung der Tätigkeit in den Funktionen, Ebenen und Prozessen bewusst sind und wissen, wie sie zu der Erreichung der messbaren Qualitätsziele beitragen können. Basis für die Entscheidungen sind die Funktionen, Ebenen und Prozesse und die Beeinflussung der Mitarbeiter auf die Produkt- und Dienstleistungsanforderungen. Weiter werden die Kosten der Schulung berücksichtigt sowie der Nutzen für das Unternehmen und den Kunden.	• F_Maßnahmen Mitarbeiter • externe Schulungsnachweise
Maßnahmen auf Wirksamkeit bewerten	X	(X)	Nach Durchführung der Maßnahme wird die Wirksamkeit bewertet.	• F_Maßnahmen Mitarbeiter • externe Schulungsnachweise
ENDEREIGNIS: *Analyse der Mitarbeiter, deren Tätigkeit die Erfüllung der Produkt- und Dienstleistungsanforderungen beeinflusst, durchgeführt*				•

Dokumentierte Information aufrechterhalten: Bild 4.35 MITARBEITER_Ausbildung_Schulung_Fertigkeiten_Erfahrung_Kompetenz.doc
© BSBE European Business School for Business Excellence 2019,
Freigegeben: Klaus Mustermann, Datum: 06.01.2019, Dienstleistungsunternehmen
Seite 1 von 3

BILD 4.35 MITARBEITER: Ausbildung, Schulung, Fertigkeiten, Erfahrung, Kompetenz (erste Seite)

4.10.1.1 Formular: F_Maßnahmen Mitarbeiter

Das Formular ist ein Universalformular, das für unterschiedliche Tätigkeiten eingesetzt werden kann. Für die Größe der hier dargestellten Organisation ist dies ausreichend (Bild 4.36).

Die Maßnahme berücksichtigt:

1. Die Art der Maßnahme: interne Schulung; externe Schulung; Unterweisung, Betriebsversammlung; Mitarbeiterbesprechung; Informationen, die zur Kenntnis abgezeichnet werden müssen.
2. Die betroffenen Funktionen.
3. Den Inhalt/das Thema der Maßnahme und die Information, die zur Kenntnis abgezeichnet werden müssen.
4. Die Beurteilung der Wirksamkeit der Maßnahme.
5. Die Mitarbeiter, die vom Personaldienstleister zur Verfügung gestellt werden, sind hier ebenfalls berücksichtigt.

Sie müssen dieses Formular nicht mit dem EDV-System ausfüllen, es ist auch möglich, das Formular von Hand auszufüllen. Der Aufwand ist überschaubar und sollte unbedingt genutzt werden. Die Norm erwartet jedoch, dass die Eintragungen lesbar sind. Sie sollten aber die Mitarbeiter vorher eintragen, damit Sie das Formular optimal nutzen können.

Weiter erwartet die Norm, dass die Wirksamkeit der Maßnahme kontrolliert wird, und dies sollten Sie unbedingt durchführen.

4.10 9_Mitarbeiter

F_Maßnahmen Mitarbeiter

①	**Art der Maßnahme:**	• interne Schulung, externe Schulung, Unterweisung, Betriebsversammlung, Mitarbeiterbesprechung; Information zur Kenntnis **Nichtzutreffendes streichen**
②	**Funktionsbereiche:**	• **Vertrieb, Einkauf, Entwicklung, Fertigung, WE, Lager, Versand** **Nichtzutreffendes streichen**
	Ort, Datum, Uhrzeit von / bis:	•
	Nächste geplante Maßnahme:	•
③	**Inhalt / Thema der Maßnahme:** **Information zur Kenntnis:** *Nichtzutreffendes streichen	•
④	**Wirksamkeit der Maßnahme beurteilt durch / am:**	•

		eigene Organisation	Personaldienstleister
Name des Mitarbeiters der eigenen Organisation / des Personaldienstleisters:	**Unterschrift des Mitarbeiters der eigenen Organisation / des Personaldienstleisters:**		
⑤			

Inhalt / Thema: Mit der Unterschrift bestätigt der Mitarbeiter / die Zeitarbeitskraft, dass er /sie teilgenommen und den Inhalt / das Thema der Maßnahme verstanden hat. Sollte der Inhalt / das Thema der Maßnahme nicht oder nur teilweise verstanden worden sein, dann ist unverzüglich der Vorgesetzte zu benachrichtigen.
Information zur Kenntnis: Mit der Unterschrift bestätigt der Mitarbeiter / die Zeitarbeitskraft, dass er / sie die Information gelesen und verstanden hat.

Dokumentierte Information aufbewahren: Bild 4.36 F_Maßnahmen Mitarbeiter.doc
Freigegeben: Klaus Mustermann, Datum: 06.01.2019, Dienstleistungsunternehmen
Seite 1 von 1

BILD 4.36 Formular: F_Maßnahmen Mitarbeiter

■ 4.11 10_DOKUMENTIERTE INFORMATION FORMULARE

4.11.1 Wissen der Organisation

Das **Wissen der Organisation** besteht aus **Informationen**, die in der **gesamten Organisation** vorkommen, um die Prozesse durchführen und die Konformität von Produkten und Dienstleistungen erreichen zu können.

ISO 9001:2015 AUSZUG AUS DER NORM

7.1.6 Wissen der Organisation

ANMERKUNG 2 Das Wissen der Organisation kann auf Folgendem basieren:

a) auf internen Quellen (z. B. geistiges Eigentum, aus Erfahrungen gesammeltes Wissen, Lektionen aus Fehlern und erfolgreichen Projekten, Erfassen und Austausch von nicht dokumentiertem Wissen und Erfahrung, die Ergebnisse aus Verbesserungen von Prozessen, Produkten und Dienstleistungen);

b) auf externen Quellen (z. B. Normen, Hochschulen, Konferenzen, Wissenserwerb von Kunden oder externen Anbietern).

Dies macht nun deutlich, dass alle **Informationen** berücksichtigt werden können, auch Informationen, die **nicht dokumentiert** sind.

Auch wenn es die DIN EN ISO 9001:2015 ermöglicht, weniger zu dokumentieren, dann gelten trotzdem die gesetzlichen Anforderungen an die dokumentierte Information!

Weitere Hinweise zum **Begriff** *Information* und zum *Dokumentationsumfang* finden Sie in diesem Buch im **Kapitel 1.3.9**.

4.11.2 Lenkung dokumentierter Informationen aufrechterhalten

Es ist eine Anforderung der DIN EN ISO 9001:2015, dass die **dokumentierte Information gelenkt** werden muss. Die dokumentierte Information besteht aus Daten der Organisation und dokumentierter Information aus externer Herkunft oder von interessierten Parteien.

4.11.2.1 Formular: F_Dokumentierte Informationen-Matrix

Die DIN EN ISO 9001:2015 schreibt in mehreren Kapiteln eine dokumentierte Information vor, **nicht jedoch den Umfang.**

Die Lenkung der dokumentierten Information wurde in einer Matrix umgesetzt.

Dieser Teil der Matrix behandelt die **interne dokumentierte Information**, die **aufrechterhalten**, also **aktuell** gehalten werden muss.

Das Formular *F_Dokumentierte Informationen-Matrix* berücksichtigt die Anforderungen der Normenkapitel 7.5.3.1 und 7.5.3.2 der DIN EN ISO 9001:2015. Die Abbildung zeigt nur einen Ausschnitt aus der gesamten Tabelle (Bild 4.37).

Um die dokumentierten Informationen einfacher wiederfinden zu können, wurden sie den Funktionen der Organisation, z. B. *VERTRIEB-BERATUNG*, zugeordnet.

Bei der hier betrachteten Organisationsgröße ist das Qualitätsmanagement **keine eigene** Funktionseinheit. Daher muss festgelegt werden, wer für die Aktualisierung verantwortlich ist.

In der Dokumentationsmatrix wird die von der Organisation zu der Sicherstellung der wirksamen Planung, Durchführung und Lenkung der Prozesse und Formulare als **notwendig eingestufte** dokumentierte Information eingetragen.

4.11 10_Dokumentierte Information Formulare

F_Dokumentierte Informationen-Matrix

ABKÜRZUNGEN:

Oberste Leitung (Geschäftsführung)	OL
Personen mit Verantwortung (Qualitätmanagementsystem)	PMV
Mitarbeiter	MA

DOKUMENTIERTE INFORMATIONEN AUFRECHTERHALTEN:

Von der Organisation als notwendig eingestuft

Kennzeichnung	Aufbewahrung	Schutz	Wiederauffindbarkeit	Aufbewahrungsfrist	Verfügung
Kennzeichnung: Name der dokumentierten Information **Freigabe:** Die Freigabe ist in den dokumentierten Informationen in der Fußzeile aufgeführt. Dies gilt sowohl für die Erstellung als auch für die Aktualisierung.	Ordner in Papierform in den **Funktionsbereichen** oder in der zentralen Ablage Elektronischer Ordner im EDV-System	Im Schrank, Regal (abschließbar – nicht abschließbar) EDV-System mit Kennwort (EKW)	Ordner in Papierform in den **Funktionsbereichen** oder in der zentralen Ablage Im EDV-System in elektronischen Ordnern	Gesetzliche Aufbewahrungsfrist Von der Organisation festgelegte Aufbewahrungsfrist	**Funktionsbereiche** Mitarbeiter
Anwendungsbereich des Qualitätsmanagementsystems					
A_START-Anwendungsbereich des Qualitätsmanagementsystems	EDV	EDV	EDV	Bis zur nächsten Aktualisierung	OL, PMV, MA
1_VERTRIEB-BERATUNG					
VERTRIEB-BERATUNG: Angebotsmarketing	EDV	EDV	EDV	Bis zur nächsten Aktualisierung	OL, PMV, MA
VERTRIEB-BERATUNG: Angebot erstellen / ändern	EDV	EDV	EDV	Bis zur nächsten Aktualisierung	OL, PMV, MA
VERTRIEB-BERATUNG: Angebot verfolgen	EDV	EDV	EDV	Bis zur nächsten Aktualisierung	OL, PMV, MA
VERTRIEB-BERATUNG: Vertrag erstellen	EDV	EDV	EDV	Bis zur nächsten Aktualisierung	OL, PMV, MA
VERTRIEB-BERATUNG: Vertrag ändern / stornieren	EDV	EDV	EDV	Bis zur nächsten Aktualisierung	OL, PMV, MA
VERTRIEB-BERATUNG: Reklamation	EDV	EDV	EDV	Bis zur nächsten Aktualisierung	OL, PMV, MA
2_VERTRIEB-INNENDIENST					
VERTRIEB-INNENDIENST: Disposition / Anfrage / Preisvergleich / Bestellung	EDV	EDV	EDV	Bis zur nächsten Aktualisierung	OL, PMV, MA
VERTRIEB-INNENDIENST: Bestellung verfolgen	EDV	EDV	EDV	Bis zur nächsten Aktualisierung	OL, PMV, MA
VERTRIEB-INNENDIENST: Lieferanten Auswahl / Beurteilung / Neubeurteilung	EDV	EDV	EDV	Bis zur nächsten Aktualisierung	OL, PMV, MA
3_ENTWICKLUNG					
ENTWICKLUNG: Projektplan	EDV	EDV	EDV	Bis zur nächsten Aktualisierung	OL, PMV, MA
ENTWICKLUNG: Projektmanagement	EDV	EDV	EDV	Bis zur nächsten Aktualisierung	OL, PMV, MA
4_SERVICE					
SERVICE: DV_Projekte	EDV	EDV	EDV	Bis zur nächsten Aktualisierung	OL, PMV, MA
SERVICE: Mitarbeit Kunden-DV_Projekte	EDV	EDV	EDV	Bis zur nächsten Aktualisierung	OL, PMV, MA
SERVICE: Individuelle Programmierung	EDV	EDV	EDV	Bis zur nächsten Aktualisierung	OL, PMV, MA
SERVICE: Betriebsanalyse	EDV	EDV	EDV	Bis zur nächsten Aktualisierung	OL, PMV, MA
7_Verantwortung der obersten Leitung und Organisation					
QM_Oberste Leitung und Organisation	EDV	EDV	EDV	Bis zur nächsten Aktualisierung	OL, PMV, MA
8_Fortlaufende Verbesserung des QM-Systems					
QM_Internes Audit	EDV	EDV	EDV	Bis zur nächsten Aktualisierung	OL, PMV, MA
QM_Nichtkonformität und Korrekturmaßnahmen	EDV	EDV	EDV	Bis zur nächsten Aktualisierung	OL, PMV, MA
9_Mitarbeiter					
MITARBEITER_Ausbildung_Schulung_Fertigkeiten_Erfahrung_Kompetenz	EDV	EDV	EDV	Bis zur nächsten Aktualisierung	OL, PMV, MA
10_Dokumentierte Information_Formulare					

Dokumentierte Information aufrechterhalten: Bild 4.37(Seite1) Bild 4.38(Seite2) Bild 4.39(Seite3) F_Dokumentierte Info.doc
© BSBE European Business School for Business Excellence 2019,
Freigegeben: Klaus Mustermann, Datum: 06.01.2019, Dienstleistungsunternehmen

BILD 4.37 Formular: F_Dokumentierte Informationen-Matrix (Dokumentierte Information aufrechterhalten) (Ausschnitt 1)

Die dokumentierte Information darf grundsätzlich keine handschriftlichen Änderungen enthalten. Entweder ist die dokumentierte Information ausgedruckt, ohne handschriftliche Änderungen, oder steht elektronisch zur Verfügung. Mit einer Mitteilung wird die neue gültige dokumentierte Information verteilt.

Weiter muss festgelegt werden, was mit der dokumentierten Information passieren muss, wenn sie nicht mehr gültig ist. Dies muss durch die Organisation festgelegt werden. Die Norm ermöglicht auch, dass die dokumentierte Information vernichtet wird, wenn sie nicht mehr gültig ist. Ansonsten ist die ungültige dokumentierte Information zu kennzeichnen, damit keine Verwechslung mit der aktuellen dokumentierten Information erfolgt. Deshalb sollten die Mitarbeiter darüber informiert werden, dass sie selbst keine eigenen Kopien erstellen dürfen, damit nicht aus Versehen die ungültige dokumentierte Information genutzt wird. Dies gilt für die Papierform und die elektronische Form.

Sie müssen die Inhalte der Tabelle überprüfen und an die Erfordernisse Ihrer Organisation anpassen.

4.11.3 Lenkung dokumentierter Informationen externer Herkunft

Es ist eine Anforderung der DIN EN ISO 9001:2015, dass die **dokumentierte Information gelenkt** werden muss. Die dokumentierte Information besteht aus Daten der Organisation und dokumentierter Information aus externer Herkunft oder von interessierten Parteien.

4.11.3.1 Formular: F_Dokumentierte Informationen-Matrix

Die DIN EN ISO 9001:2015 schreibt in mehreren Kapiteln eine dokumentierte Information vor, **nicht jedoch den Umfang**.

Die Lenkung der dokumentierten Information wurde in einer Matrix umgesetzt.

Dieser Teil der Matrix behandelt die **dokumentierte Information externer Herkunft**, die **aufrechterhalten**, also **aktuell** gehalten werden muss. Die Aktualisierung kann jedoch nur durch den **Ersteller** der *dokumentierten Information externer Herkunft* durchgeführt werden.

Das Formular *F_Dokumentierte Informationen-Matrix* berücksichtigt die Anforderungen der Normenkapitel 7.5.3.1 und 7.5.3.2 der DIN EN ISO 9001:2015. Die Abbildung zeigt nur einen Ausschnitt aus der gesamten Tabelle (Bild 4.38).

Um die dokumentierten Informationen einfacher wiederfinden zu können, wurde die dokumentierte Information den Funktionen der Organisation, z. B. *Büro*, zugeordnet.

Bei der hier betrachteten Organisationsgröße ist das Qualitätsmanagement **keine eigene** Funktionseinheit. Daher muss festgelegt werden, wer für die Aktualisierung verantwortlich ist.

In der Dokumentationsmatrix wird die von der Organisation zu der Sicherstellung der wirksamen Planung, Durchführung und Lenkung der Prozesse und Formulare als **notwendig eingestufte** dokumentierte Information eingetragen.

Sie müssen die Inhalte der Tabelle überprüfen und an die Erfordernisse Ihrer Organisation anpassen.

F_Dokumentierte Informationen-Matrix

F_Beurteilung Auswahl und Leistungsüberwachung von externen Anbietern	EDV	EDV	EDV	Bis zur nächsten Aktualisierung	OL, PMV, MA
F_Beurteilung Auswahl und Leistungsüberwachung von externen Anbietern_QFD	EDV	EDV	EDV	Bis zur nächsten Aktualisierung	OL, PMV, MA
F_Bewertung der Leistung	EDV	EDV	EDV	Bis zur nächsten Aktualisierung	OL, PMV, MA
F_Dokumentierte Informationen-Matrix	EDV	EDV	EDV	Bis zur nächsten Aktualisierung	OL, PMV, MA
F_Internes Audit_Plan_Bericht	EDV	EDV	EDV	Bis zur nächsten Aktualisierung	OL, PMV, MA
F_Kontext Interne Externe Themen Risiken Chancen	EDV	EDV	EDV	Bis zur nächsten Aktualisierung	OL, PMV, MA
F_Managementbewertung	EDV	EDV	EDV	Bis zur nächsten Aktualisierung	OL, PMV, MA
F_Maßnahmen Mitarbeiter	EDV	EDV	EDV	Bis zur nächsten Aktualisierung	OL, PMV, MA
F_Maßnahmen	EDV	EDV	EDV	Bis zur nächsten Aktualisierung	OL, PMV, MA
F_Messbare Qualitätsziele	EDV	EDV	EDV	Bis zur nächsten Aktualisierung	OL, PMV, MA
F_Organigramm_Verantwortung	EDV	EDV	EDV	Bis zur nächsten Aktualisierung	OL, PMV, MA
F_Mitarbeitermatrix (Verantwortung und Befugnisse)	EDV	EDV	EDV	Bis zur nächsten Aktualisierung	OL, PMV, MA
F_QFD-Insourcing	EDV	EDV	EDV	Bis zur nächsten Aktualisierung	OL, PMV, MA
F_Qualitätspolitik	EDV	EDV	EDV	Bis zur nächsten Aktualisierung	OL, PMV, MA

DOKUMENTIERTE INFORMATIONEN EXTERNER HERKUNFT:

Von der Organisation als notwendig eingestuft

Kennzeichnung	Aufbewahrung	Schutz	Wiederauffindbarkeit	Aufbewahrungsfrist	Verfügung
Kennzeichnung: Name der dokumentierten Information externer Herkunft **Freigabe:** Die Freigabe erfolgt durch den Ersteller.	Ordner in Papierform in den **Funktionsbereichen** oder in der zentralen Ablage Elektronischer Ordner im EDV-System	Im Schrank, Regal (abschließbar – nicht abschließbar) EDV-System mit Kennwort (EKW)	Ordner in Papierform in den **Funktionsbereichen** oder in der zentralen Ablage Im EDV-System in elektronischen Ordnern	Gesetzliche Aufbewahrungsfrist Von der Organisation festgelegte Aufbewahrungsfrist	**Funktionsbereiche** Mitarbeiter
Dokumentierte Informationen externer Herkunft					
DIN EN ISO 9001:2015	Büro	Papier/EDV	Büro	Bis zur nächsten Aktualisierung	OL, PMV
Grobkonzept (Eigentum des Kunden)	Büro	Papier/EDV	Büro	Bis zur nächsten Aktualisierung	OL, PMV
Lastenheft (Eigentum des Kunden)	Büro	Papier/EDV	Büro	Bis zur nächsten Aktualisierung	OL, PMV
Kunden-Feinkonzept (Eigentum des Kunden)	Büro	Papier/EDV	Büro	Bis zur nächsten Aktualisierung	OL, PMV
Kunden-Projektplan (Eigentum des Kunden)	Büro	Papier/EDV	Büro	Bis zur nächsten Aktualisierung	OL, PMV
Unterlagen des Softwareherstellers	Büro	Papier/EDV	Büro	Bis zur nächsten Aktualisierung	OL, PMV

BILD 4.38 Formular: F_Dokumentierte Informationen-Matrix (Dokumentierte Information externer Herkunft) (Ausschnitt 2)

4.11.4 Lenkung dokumentierter Informationen aufbewahren als Nachweis der Konformität

Es ist eine Anforderung der DIN EN ISO 9001:2015, dass die **dokumentierte Information gelenkt** werden muss. Die dokumentierte Information besteht aus Daten der Organisation und dokumentierter Information aus externer Herkunft oder von interessierten Parteien.

4.11.4.1 Formular: F_Dokumentierte Informationen-Matrix

Die DIN EN ISO 9001:2015 schreibt in mehreren Kapiteln eine dokumentierte Information vor, **nicht jedoch den Umfang.**

Die Lenkung der dokumentierten Information wurde in einer Matrix umgesetzt.

Dieser Teil der Matrix behandelt die **interne dokumentierte Information**, die **aufbewahrt wird**, also **nicht mehr geändert** werden darf.

Das Formular *F_Dokumentierte Informationen-Matrix* berücksichtigt die Anforderungen der Normenkapitel 7.5.3.1 und 7.5.3.2 der DIN EN ISO 9001:2015. Die Abbildung zeigt nur einen Ausschnitt aus der gesamten Tabelle (Bild 4.39).

Um die dokumentierten Informationen einfacher wiederfinden zu können, wurden sie den Funktionen der Organisation, z. B. *VERTRIEB-BERATUNG*, zugeordnet.

Bei der hier betrachteten Organisationsgröße ist das Qualitätsmanagement **keine eigene** Funktionseinheit. Daher muss festgelegt werden, wer für die Aktualisierung verantwortlich ist.

In der Dokumentationsmatrix wird die von der Organisation zu der Sicherstellung der wirksamen Planung, Durchführung und Lenkung der Prozesse und Formulare als **notwendig eingestufte** dokumentierte Information eingetragen.

Die dokumentierte Information, die als Nachweis der Konformität aufbewahrt werden muss, kann handschriftlich ausgefüllt werden. Die dokumentierte Information kann ausgedruckt und mit handschriftlichen Vermerken versehen werden oder steht elektronisch zur Verfügung. Alle handschriftlichen Vermerke müssen leicht lesbar sein.

Weiter muss festgelegt werden, was mit der dokumentierten Information passieren muss, wenn sie nicht mehr gültig ist. Dies muss durch die Organisation festgelegt werden. Die Norm ermöglicht auch, dass die dokumentierte Information vernichtet wird, wenn sie nicht mehr gültig ist. Ansonsten ist die ungültige dokumentierte Information zu kennzeichnen, damit keine Verwechslung mit der aktuellen dokumentierten Information erfolgt. Deshalb sollten die Mitarbeiter darüber informiert werden, dass sie selbst keine eigenen Kopien erstellen dürfen, damit nicht aus Versehen die ungültige dokumentierte Information genutzt wird. Dies gilt für die Papierform und die elektronische Form.

Sie müssen die Inhalte der Tabelle überprüfen und an die Erfordernisse Ihrer Organisation anpassen.

F_Dokumentierte Informationen-Matrix

DOKUMENTIERTE INFORMATIONEN AUFBEWAHREN:

Von der Organisation als notwendig eingestuft

Kennzeichnung	Aufbewahrung	Schutz	Wiederauffindbarkeit	Aufbewahrungsfrist	Verfügung
Die Kennzeichnung ist von der Art der Aufzeichnung abhängig. Kennzeichnungen sind der Name der Aufzeichnung: z. B. Zeichnung, Lieferschein, Rechnung, Service, Maschinenkarte, Prüfungsprotokoll. Kennzeichnung für die Zuordnung sind: z. B. Auftrags-Nr., Kunden-Nr., Artikel-Nr., Maschinen-Nr., Zeichnungs-Nr., Rechnungs-Nr., Lieferschein-Nr.	Ordner in Papierform in den **Funktionsbereichen** oder in der zentralen Ablage Elektronischer Ordner im EDV-System	Im Schrank, Regal (abschließbar – nicht abschließbar) EDV-System mit Kennwort (EKW)	Ordner in Papierform in den **Funktionsbereichen** oder in der zentralen Ablage Im EDV-System in elektronischen Ordnern	Gesetzliche Aufbewahrungsfrist Von der Organisation festgelegte Aufbewahrungsfrist	**Funktionsbereiche** Mitarbeiter
1_VERTRIEB-BERATUNG					
Anfrage	Papier/EDV	Papier/EDV	Vertrieb/EDV	5 Jahre	Vertrieb
CL-Projektanfrage	Papier/EDV	Papier/EDV	Vertrieb/EDV	5 Jahre	Vertrieb
CL-Angebotsprüfung	Papier/EDV	Papier/EDV	Vertrieb/EDV	5 Jahre	Vertrieb
Grobkonzept (Eigentum des Kunden)	Papier/EDV	Papier/EDV	Vertrieb/EDV	10 Jahre	Vertrieb
Lastenheft (Eigentum des Kunden)	Papier/EDV	Papier/EDV	Vertrieb/EDV	10 Jahre	Vertrieb
Feinkonzept (Eigentum der Organisation)	Papier/EDV	Papier/EDV	Vertrieb/EDV	10 Jahre	Vertrieb
Pflichtenheft (Eigentum der Organisation)	Papier/EDV	Papier/EDV	Vertrieb/EDV	10 Jahre	Vertrieb
CL-Projektbeschreibung	Papier/EDV	Papier/EDV	Vertrieb/EDV	10 Jahre	Vertrieb
Projektplan	Papier/EDV	Papier/EDV	Vertrieb/EDV	10 Jahre	Vertrieb
CL-Projekt-Review (Kalkulation und Kostenverfolgung Soll/Ist)	Papier/EDV	Papier/EDV	Vertrieb/EDV	10 Jahre	Vertrieb
F_QFD-Insourcing	Papier/EDV	Papier/EDV	Vertrieb/EDV	10 Jahre	Vertrieb
Angebot	Papier/EDV	Papier/EDV	Vertrieb/EDV	10 Jahre	Vertrieb
Fax	Papier/EDV	Papier/EDV	Vertrieb/EDV	10 Jahre	Vertrieb
E-Mail	Papier/EDV	Papier/EDV	Vertrieb/EDV	10 Jahre	Vertrieb
Kundenauftrag	Papier/EDV	Papier/EDV	Vertrieb/EDV	10 Jahre	Vertrieb
Vertrag	Papier/EDV	Papier/EDV	Vertrieb/EDV	10 Jahre	Vertrieb
Servicevertrag	Papier/EDV	Papier/EDV	Vertrieb/EDV	10 Jahre	Vertrieb
Subunternehmervertrag	Papier/EDV	Papier/EDV	Vertrieb/EDV	10 Jahre	Vertrieb
CL-Problem	Papier/EDV	Papier/EDV	Vertrieb/EDV	10 Jahre	Vertrieb
Lieferschein	Papier/EDV	Papier/EDV	Vertrieb/EDV	10 Jahre	Vertrieb
Rechnung	Papier/EDV	Papier/EDV	Vertrieb/EDV	10 Jahre	Vertrieb
Gutschrift	Papier/EDV	Papier/EDV	Vertrieb/EDV	10 Jahre	Vertrieb
Reklamation	Papier/EDV	Papier/EDV	Vertrieb/EDV	10 Jahre	Vertrieb
2_VERTRIEB-INNENDIENST					
CL-Projektbeschreibung	Papier/EDV	Papier/EDV	Vertrieb/EDV	10 Jahre	Vertrieb
Projektplan	Papier/EDV	Papier/EDV	Vertrieb/EDV	10 Jahre	Vertrieb
CL-Projekt-Review (Kalkulation und Kostenverfolgung Soll/Ist)	Papier/EDV	Papier/EDV	Vertrieb/EDV	10 Jahre	Vertrieb
Vertrag	Papier/EDV	Papier/EDV	Vertrieb/EDV	10 Jahre	Vertrieb
Subunternehmervertrag	Papier/EDV	Papier/EDV	Vertrieb/EDV	10 Jahre	Vertrieb
Anfrage	Papier/EDV	Papier/EDV	Vertrieb/EDV	10 Jahre	Vertrieb
Angebot	Papier/EDV	Papier/EDV	Vertrieb/EDV	10 Jahre	Vertrieb
Bestellung / Rahmenauftrag	Papier/EDV	Papier/EDV	Vertrieb/EDV	10 Jahre	Vertrieb
Auftragsbestätigung	Papier/EDV	Papier/EDV	Vertrieb/EDV	10 Jahre	Vertrieb
Disposition / Statistik	EDV	EDV	Vertrieb/EDV	Bis zur Aktualisierung	Vertrieb
Fax	Papier/EDV	Papier/EDV	Vertrieb/EDV	10 Jahre	Vertrieb
E-Mail	Papier/EDV	Papier/EDV	Vertrieb/EDV	10 Jahre	Vertrieb
Lieferschein	Papier/EDV	Papier/EDV	Vertrieb/EDV	10 Jahre	Vertrieb
F_Beurteilung Auswahl und Leistungsüberwachung von externen Anbietern_QFD	EDV	EDV	Vertrieb/EDV	Bis zur Neuerstellung	Vertrieb
Abnahmeprotokoll			Vertrieb/EDV		Vertrieb
Reklamation	Papier/EDV	Papier/EDV	Vertrieb/EDV	10 Jahre	Vertrieb

Dokumentierte Information aufrechterhalten: Bild 4.37(Seite1) Bild 4.38(Seite2) Bild 4.39(Seite3) F_Dokumentierte Info.doc
© BSBE European Business School for Business Excellence 2019,
Freigegeben: Klaus Mustermann, Datum: 06.01.2019, Dienstleistungsunternehmen

BILD 4.39 Formular: F_Dokumentierte Informationen-Matrix (Dokumentierte Information aufbewahren) (Ausschnitt 3)

4.11.5 Übersicht der Formulare

Im Ordner *10_Dokumentierte Information_Formulare* sind alle in diesem Buch beschriebenen Formulare vorhanden. Die Formulare werden in Tabelle 4.1 aufgeführt und kurz erläutert. Ausführliche Erläuterungen sind in den entsprechenden Kapiteln in diesem Buch vorhanden.

TABELLE 4.1 Übersicht der in diesem Kapitel beschriebenen Formulare

Formular	Beschreibung
	Sie müssen die Inhalte der Formulare an die Erfordernisse Ihres Unternehmens anpassen.
F_Beurteilung Auswahl und Leistungsüberwachung von externen Anbietern *(Als generelle Vorgehensweise.)*	Mit dem Formular führen Sie eine *Beurteilung, Auswahl und Leistungsüberwachung von externen Anbietern (Lieferanten)* durch.
F_Beurteilung Auswahl und Leistungsüberwachung von externen Anbietern_QFD *(Bei komplexen Produkten/Dienstleistungen.)*	Mit dem Formular führen Sie eine *Beurteilung, Auswahl und Leistungsüberwachung von externen Anbietern (Lieferanten)* durch. Dieses Formular kann bei komplexen Produkten genutzt werden. **HINWEIS:** Sie müssen dieses Formular **nicht nutzen**, wenn Sie der Meinung sind, dass das Formular *F_Beurteilung Auswahl und Leistungsüberwachung von externen Anbietern* für Ihr Unternehmen ausreicht.
F_Bewertung der Leistung	In dem Formular sind die Anforderungen an die Bewertung zusammengefasst: *Konformität der Produkte und Dienstleistungen, Leistung externer Anbieter (Lieferanten), Grad der Kundenzufriedenheit, Wirksamkeit durchgeführter Maßnahmen zum Umgang mit Risiken und Chancen, Bedarf an Verbesserungen des Qualitätsmanagementsystems, Planung zum Qualitätsmanagementsystem, Kompetenz der Mitarbeiter.* **Bewerten** bedeutet **nicht zwangsläufig messen**! Beim Bewerten geht es grundsätzlich um eine möglichst objektive Analyse der Ist- und Sollsituation der erbrachten Leistung, eine Wahrnehmung eines Sachverhaltes.
F_Dokumentierte Informationen-Matrix	Das **Wissen der Organisation** besteht aus *Informationen*, die im *gesamten Unternehmen vorkommen*, um die Prozesse durchführen und die Konformität von Produkten und Dienstleistungen erreichen zu können. Das Formular ist eingeteilt in: Die *dokumentierte Information, die aufrechterhalten* (aktuell gehalten) werden muss. Die *dokumentierte Information externer Herkunft, die aufrechterhalten* (aktuell gehalten) werden muss. Die *dokumentierte Information, die aufbewahrt* werden muss als Nachweis der Konformität.
F_Internes Audit_Plan_Bericht	Mit diesem Formular führen Sie das interne Audit durch. Das Formular berücksichtigt das komplette Auditprogramm von der Planung über die Vorgehensweise bis zum Auditbericht. Als **Fragenkatalog** müssen Sie den Prozess *QM: Oberste Leitung und Organisation* nutzen.

4.11 10_Dokumentierte Information Formulare

Formular	Beschreibung
F_Kontext Interne Externe Themen Risiken Chancen	Das Formular berücksichtigt den *Zweck der Organisation*, die *strategische Ausrichtung*, die *Produkte und Dienstleistungen*, die *internen und externen Themen*, die *interessierten Parteien*, die *Risiken und Chancen*, die *betroffenen Funktionen und Prozesse*, die *Planung der einzuleitenden Maßnahmen* und die *Planung der Bewertung der Wirksamkeit der eingeleiteten Maßnahmen*. **Sie können die Umsetzung in einer Mitarbeiterbesprechung durchführen** und vielleicht noch weitere Vorschläge Ihrer Mitarbeiter erhalten.
F_Managementbewertung	Mit diesem Formular führen Sie die Managementbewertung durch. **Bewerten** bedeutet **nicht zwangsläufig messen**! Beim Bewerten geht es grundsätzlich um eine möglichst objektive Analyse der Ist- und Sollsituation der erbrachten Leistung, eine Wahrnehmung eines Sachverhaltes.
F_Maßnahmen Mitarbeiter	Hier dokumentieren Sie die *interne Schulung, externe Schulung, Unterweisung, Betriebsversammlung, Mitarbeiterbesprechung; Information zur Kenntnis*.
F_Maßnahmen	Hier dokumentieren Sie die **Art der Maßnahme**: *Korrektur, Korrekturmaßnahme, Verbesserungsmaßnahme*.
F_Messbare Qualitätsziele	Hier dokumentieren Sie die messbaren Qualitätsziele der Produkte und Dienstleistungen auf *Funktionen*, *Ebenen* und *Prozessen*.
F_Mitarbeitermatrix (Verantwortung und Befugnisse)	Die DIN EN ISO 9001:2015 überträgt die Verantwortung an die **oberste Leitung** = *Geschäftsführung* und an die **Organisation** = *Führungskräfte, z. B. Vertriebsleitung, Einkaufsleitung, Betriebsleitung, Versandleitung, QS-Leitung, Entwicklungsleitung*. In kleineren Organisationen wären dies **oberste Leitung** = *Geschäftsführung* und **Organisation** = *Mitarbeiter, die für bestimmte Bereiche in der Organisation verantwortlich sind*. In der Excel-Tabelle werden die Verantwortungen und Befugnisse für einzelne Tätigkeiten zugewiesen. **HINWEIS:** Sie müssen dieses Formular **nicht nutzen**, wenn Sie der Meinung sind, dass das Formular *F_Organigramm_Verantwortung* für Ihr Unternehmen ausreicht.
F_Organigramm_Verantwortung	Die DIN EN ISO 9001:2015 überträgt die Verantwortung an die **oberste Leitung** = *Geschäftsführung* und an die **Organisation** = *Führungskräfte, z. B. Vertriebsleitung, Einkaufsleitung, Betriebsleitung, Versandleitung, QS-Leitung, Entwicklungsleitung*. In kleineren Organisationen wären dies **oberste Leitung** = *Geschäftsführung* und **Organisation** = *Mitarbeiter, die für bestimmte Bereiche in der Organisation verantwortlich sind*. Sie definieren hier: • **Die Verantwortung für die gesamte Organisation** **HINWEIS:** Hier müssen die Namen der *obersten Leitung* und die *Namen der Mitarbeiter*, die für die Funktionsbereiche, z. B. *Vertrieb*, verantwortlich sind, eingetragen werden. • **Die Verantwortung für das Qualitätsmanagementsystem** **HINWEIS:** Hier müssen die Namen der *obersten Leitung* und die *Namen der Mitarbeiter*, die für *bestimmte Bereiche in der Organisation verantwortlich* sind, eingetragen werden. Es können auch die gleichen Mitarbeiter sein bzw. wird dies bei sehr kleinen Organisationen durch die oberste Leitung wahrgenommen.

TABELLE 4.1 Übersicht der in diesem Kapitel beschriebenen Formulare (*Fortsetzung*)

Formular	Beschreibung
F_QFD-Insourcing *(Bei komplexen Produkten/Dienstleistungen.)*	Da *Insourcing* als Service angeboten wird, ist die Auswahl der Software, der Hardware und der Mitarbeiter ein entscheidender Faktor. Mit der Excel-Arbeitsmappe *F_QFD-Insourcing* können gleichzeitig eine qualifizierte Auswahl und eine Beurteilung durchgeführt werden. **HINWEIS:** Sie müssen dieses Formular **nicht nutzen**, wenn Sie eine andere Vorgehensweise durchführen wollen.
F_Qualitätspolitik	Die Qualitätspolitik muss für den *Zweck*, den *Kontext*, die *strategische Ausrichtung*, für das *Festlegen von Qualitätszielen*, die *Verpflichtung zur Erfüllung zutreffender Anforderungen* und für die *Verpflichtung zur fortlaufenden Verbesserung des Qualitätsmanagementsystems* geeignet sein. Das Formular enthält eine allgemeine Qualitätspolitik. **HINWEIS:** Wenn Sie bereits eine Qualitätspolitik oder ein Leitbild in Ihrem Unternehmen definiert haben und weiter nutzen wollen, dann müssen sie **nur** die *grau hinterlegten Texte* in Ihre Version übernehmen.

5 HANDELSUNTERNEHMEN (MASCHINEN, GERÄTE, ANLAGEN, SERVICE)

■ 5.1 GRUNDSÄTZLICHES ZUM HANDELSUNTERNEHMEN

Das *Handelsunternehmen* handelt mit Maschinen, Geräten, Anlagen, Zubehör und Ersatzteilen. Zum Service gehören Montage, Wartung und Reparatur beim Kunden vor Ort oder in der eigenen Werkstatt, Modernisierungen, Erweiterungen, Leih- und Mietgeräte. Es findet **keine** komplette Entwicklung statt, daher ist das *Normenkapitel 8.3 Entwicklung von Produkten und Dienstleistungen* nur bedingt zu erfüllen. Insgesamt sind 15 Mitarbeiter in Verwaltung und Fertigung beschäftigt. Eine vorhandene EDV-Unterstützung wird den Abläufen zugrunde gelegt.

ANGABEN ZUM *HANDELSUNTERNEHMEN*

Im Ordner **Modell_4_Handel** finden Sie die entsprechenden Ordner mit den Prozessabläufen für die einzelnen Funktionen im *Handelsunternehmen*, z. B. *1_VERTRIEB, 2_EINKAUF*, und die benötigten Formulare im Ordner *10_Dokumentierte Information_Formulare* sowie ausgefüllte Beispiele im Ordner *11_Ausgefüllte Beispiele*.

ISO 9001:2015 ORDNER FÜR DAS *HANDELSUNTERNEHMEN*

Viele neue Anforderungen der DIN EN ISO 9001:2015 mussten berücksichtigt werden. Dazu zählen: *oberste Leitung; Organisation; Zweck der Organisation und strategische Ausrichtung; Kontext der Organisation; Qualitätsmanagementsystem; Qualität; inhärente Merkmale der Produkte und Dienstleistungen; interne und externe Themen bestimmen; interessierte Parteien bestimmen; Informationen überwachen und überprüfen; Chancen und Risiken bestimmen; Wissen der Organisation*. Um diese Ziele und Anforderungen zu erreichen, wird das *Handelsunternehmen* in **Prozessabläufe** aufgeteilt. Durch diese pragmatische Vorgehensweise wird die Norm für die Mitarbeiter transparent und leicht umsetzbar.

UMSETZUNG DER ISO 9001:2015 ALS PROZESSE

Die Organisation ist das QM-System!

Prozessorientierung bedeutet: *Nicht die Organisation ist der Norm anzupassen, sondern die Norm ist als Checkliste zu nutzen, um das Tagesgeschäft störungsfreier bewältigen und die Kundenanforderungen erfüllen zu können.* Hier liegt der große Nutzen der Norm, da die organisatorischen Schwachstellen gezielt analysiert werden können. Die Umsetzung der Norm in der eigenen Organisation erfolgt **nicht** nach den Normenkapiteln, sondern die Integration von Norm und Organisation wird schnell erreicht, indem die Normenkapitel in die Prozessabläufe im Sprachgebrauch der Organisation eingebunden sind und somit prozessorientiert definiert werden. So entsteht eine Übersicht über die eigene Organisation, die eigene Unternehmenslandkarte als Anwendungsbereich des QM-Systems zur gezielten Verbesserung der Organisation. Die erforderliche Zuordnung der Prozessabläufe zu den einzelnen Normenkapiteln der DIN EN ISO 9001:2015 wird mit dem Prozessablauf *QM: Oberste Leitung und Organisation* (Bild 5.24) erreicht.

ELIMINIEREN DER ORGANISATORISCHEN SCHWACHSTELLEN

ISO 9001:2015 AUSZUG AUS DER NORM

0.1 Allgemeines

*Es ist **nicht** die Absicht dieser Internationalen Norm, die Notwendigkeit zu unterstellen für: die Vereinheitlichung der Struktur unterschiedlicher Qualitätsmanagementsysteme;* **die Angleichung der Dokumentation an die Gliederung dieser Internationalen Norm***; die Verwendung der speziellen Terminologie dieser Internationalen Norm innerhalb der Organisation.*

■ 5.2 QUALITÄTSMANAGEMENTSYSTEM UND SEINE PROZESSE

DIE PROZESSABLÄUFE

Die einzelnen Tätigkeiten/Prozessschritte, die zur Erfüllung der Prozessabläufe benötigt werden, müssen von oben nach unten definiert werden. Die betroffenen Funktionen, die diese Tätigkeiten ausüben, werden mit einem **X** markiert. Dadurch entsteht eine Matrix, in der die Anteile jeder Ebene und jeder Funktion zur Erfüllung der Prozessabläufe leicht erkennbar sind. Ebenfalls werden die Wechselwirkungen zwischen den Funktionen und Ebenen deutlich.

Die Führungsebene ist rot markiert, die Funktionen/Mitarbeiterebenen sind blau markiert (Bild 5.1).

Mit diesem Prozessablauf wird das Erstellen oder das Ändern des Angebotes prozessorientiert beschrieben.

BEDEUTUNG DER ZUORDNUNG IN DEN PROZESSABLÄUFEN

1. **VERTRIEB:** grundsätzliche Zuordnung des Prozessablaufs in der Organisation zur Funktion.
2. **Angebot erstellen/ändern:** Definition des Prozessablaufs im Sprachgebrauch der Organisation.
3. **Führungsebene (rot):** Wie z. B. Inhaber, Geschäftsführung, Vertriebsleitung, Einkaufsleitung, Fertigungsleitung, alle Führungsentscheidungen im Arbeitsablauf werden unter dieser Ebene zusammengefasst.
4. **Funktionen/Mitarbeiterebene (blau):** Vertrieb, Einkauf usw. und die Mitarbeiterebene werden unter dieser Ebene zusammengefasst.
5. **Externe Bearbeitung:** Zum Beispiel externe Bearbeitung von Produkten, diese Tätigkeit wird einzeln betrachtet, da ein erhöhter logistischer Aufwand erforderlich ist.
6. **Wechselwirkung, Checkliste (Wissen der Organisation), Kriterien, Verfahren, Ressourcen:** Hier werden die Wechselwirkungen mit anderen Prozessabläufen oder die zu beachtenden Einzelheiten aufgeführt.
7. **Lenkung dokumentierter Information, Wissen der Organisation:** Alle benötigten Unterlagen zur Durchführung der Tätigkeit werden hier aufgeführt. Der blaue Text „Datenschutz" ist ein Hinweis auf die DSGVO bzw. das BDSG. Sie müssen selbst entscheiden, ob die Anforderungen auf Ihre Organisation zutreffen, und die entsprechenden Maßnahmen ergreifen.
8. **Tätigkeit/Prozessschritte (Abfolge-Eingaben-Ergebnisse):** Die durchzuführenden Tätigkeiten (einzelne Prozessschritte) werden immer in der erforderlichen Reihenfolge nacheinander durchgeführt.
9. **STARTEREIGNIS:** Die Eingaben werden bestimmt (Normenkapitel 4.4.1 a)). Mit dem Startereignis beginnt der Prozessablauf.

5.2 Qualitätsmanagementsystem und seine Prozesse

VERTRIEB: Angebot erstellen / ändern

Tätigkeit / Prozessschritte (Abfolge-Eingaben-Ergebnisse) ↓	Füh-rung	Ver-trieb Innen-	Ver-trieb Tech-	Ver-trieb Außen-	Ein-kauf, Logis-tik, Auf-	Ser-vice	WE, La-ger, V-	Ex-tern	Wechselwirkung, Checkliste (Wissen der Organisation), Kriterien, Verfahren, Ressourcen	Lenkung dokumentierter Information, Wissen der Organisation
STARTEREIGNIS: Angebot erstellen / ändern. Nachfolgende Tätigkeiten erfolgen bei Maschinen, Geräten, Zubehör, Ersatzteilen, Leihgeräten, Service _als Standardprodukt_.										• •
Angaben des Kunden prüfen	(X)	X	X			X			**Produkte:** Maschinen, Geräte, Zubehör, Ersatzteile, Leihgeräte: Artikel-Nr., Termin, Preise, Rabatte, Vereinbarungen, Einsatzbedingung, Leistung **Service:** Montage, Wartung, Reparatur: Artikel-Nr., Termin, Preise, Rabatte, Vereinbarungen, Einsatzbedingung, Leistung	• Anfrage • Datenschutz
Lagerbestand prüfen	(X)	X							Maschinen, Geräte, Zubehör, Ersatzteile: Artikel-Nr., Lagerbestand	• Anfrage
Einkaufsmöglichkeit prüfen	(X)	X	X		X			(X)	**Produkte:** Maschinen, Geräte, Zubehör, Ersatzteile, Leihgeräte: Artikel-Nr., Termin, Preise, Rabatte, Vereinbarungen, Einsatzbedingung, Leistung **Service:** Montage, Wartung, Reparatur: Artikel-Nr., Termin, Preise, Rabatte, Vereinbarungen, Einsatzbedingung, Leistung, Subunternehmer **Wechselwirkung:** • EINKAUF_Disposition_Anfrage_Preisvergleich_Bestellung	• Anfrage
Kalkulation durchführen	(X)	X	X						Artikel, Mengen, Servicebedarf, Versandkosten, Subunternehmer	• Anfrage • Kalkulation
Terminierung berücksichtigen	(X)	X				X	(X)	(X)	Termin	• Anfrage • Kalkulation
Angebot schreiben und versenden		X							Wiedervorlage erforderlich?	• • Anfrage • Kalkulation • Pflichtenheft • Angebot
Angebot auf Wiedervorlage setzen		X							Wiedervorlagetermin in EDV-System eingeben? **Wechselwirkung:** • VERTRIEB_Angebot verfolgen	• Angebot
ENDEREIGNIS: Angebot erstellt / geändert.										• •
Nachfolgende Tätigkeiten werden nur bei Bedarf durchgeführt.										•
Korrekturmaßnahmen durchführen	X	X	X	X	X	X		X	**Wechselwirkung:** • QM: Nichtkonformität und Korrekturmaßnahmen	•

Bewertung des Prozesses: **Methode:** Rückmeldungen von Personal, internes Audit

Dokumentierte Information aufrechterhalten: Bild 5.01 VERTRIEB_Angebot erstellen / ändern
Freigegeben: Klaus Mustermann, Datum: 06.01.2019, Handelsunternehmen
Seite 1 von 2

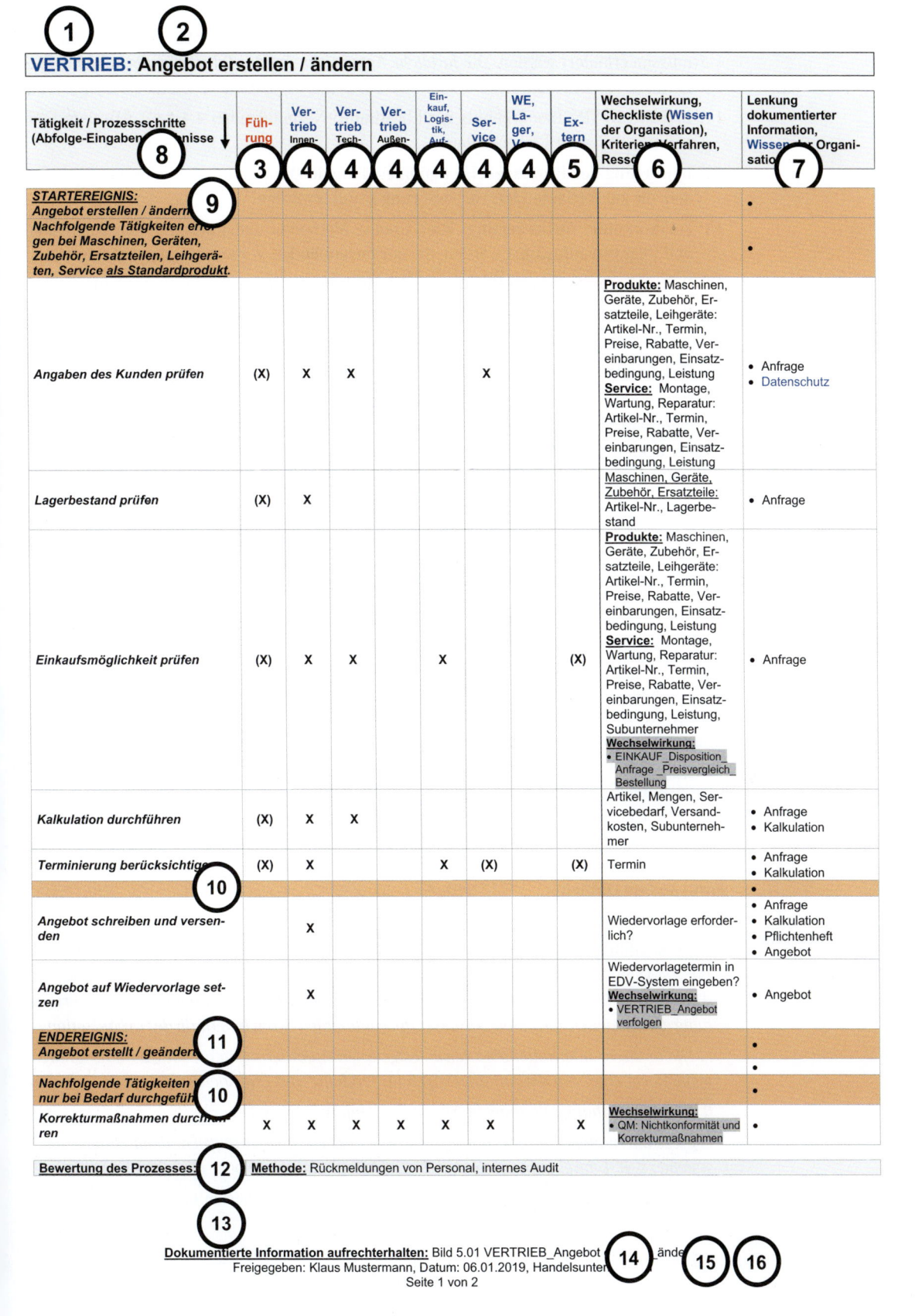

BILD 5.1 Grundsätzliche Darstellung der Prozesse

10. **Farbliche Erläuterung zu Tätigkeiten:** Tätigkeiten, die nicht immer ausgeführt werden oder nur für bestimmte Tätigkeiten Gültigkeit haben, sind farblich markiert und müssen erläutert werden. Die *farbliche Kennzeichnung der Tabellenspalte* zeigt den Beginn und das Ende an.
11. **ENDEREIGNIS:** Das Ergebnis wird bestimmt (Normenkapitel 4.4.1 a)). Mit dem Endereignis endet der Prozessablauf.
12. **Bewertung des Prozesses:** Hier *können* Methoden und Informationen aufgeführt werden, die zur fortlaufenden Verbesserung genutzt werden.
13. **Fortlaufende Verbesserung:** Hier *können* Methoden und Informationen zu Risiken und Chancen aufgeführt werden, die zur fortlaufenden Verbesserung genutzt werden.
14. **Dokumentierte Information aufrechterhalten:** der Name des Prozessablaufs.
15. **Freigegeben, Datum:** Diese Daten dokumentieren die Person, die für den Prozess verantwortlich ist, und die Aktualität des Prozessablaufs.
16. **Handelsunternehmen:** Hier kann der Name der Organisation eingetragen werden.

Zusätzliche Hinweise zu den Normenkapiteln der DIN EN ISO 9001:2015 **Qualitätsmanagementsystem und seine Prozesse** und wie diese umgesetzt wurden, finden Sie in diesem Buch im **Kapitel 1.4.2**.

■ 5.3 ANWENDUNGSBEREICH DES QM-SYSTEMS

Der Anwendungsbereich des QM-Systems besteht aus einer Seite *(A_START-Anwendungsbereich des Qualitätsmanagementsystems)* (Bild 5.2) und berücksichtigt die Prozessorientierung und den Anwendungsbereich des Qualitätsmanagementsystems der Organisation. Aus dieser Seite wird auf die Prozessabläufe verwiesen. Die Integration von Norm und Organisation wird schnell erreicht, indem die Prozessabläufe definiert werden. So entsteht eine Übersicht über die eigene Organisation, die eigene Unternehmenslandkarte zur gezielten Verbesserung (fortlaufenden Verbesserung) der Organisation. Der Anwendungsbereich enthält alle benötigten Prozessabläufe und die Formulare zur Umsetzung der Norm sowie weitere Ordner.

ISO 9001:2015 AUSZUG AUS DER NORM

0.1 Allgemeines

*… Es ist **nicht** die Absicht dieser Internationalen Norm, die Notwendigkeit zu unterstellen für: die Vereinheitlichung der Struktur unterschiedlicher Qualitätsmanagementsysteme; die Angleichung der Dokumentation an die Gliederung dieser Internationalen Norm; die Verwendung der speziellen Terminologie dieser Internationalen Norm innerhalb der Organisation …*

… Die in dieser Internationalen Norm festgelegten Anforderungen an ein Qualitätsmanagementsystem ergänzen die Anforderungen an Produkte und Dienstleistungen …

0.4 Zusammenhang mit anderen Normen zu Managementsystemen

*… Diese Internationale Norm enthält **keine** spezifischen Anforderungen anderer Managementsysteme, z. B. Umweltmanagement, Arbeitsschutzmanagement oder Finanzmanagement …*

STRUKTUR HANDELSUNTERNEHMEN

Die Umsetzung der DIN EN ISO 9001:2015 erfolgt *prozessorientiert* mit den Prozessabläufen und den Formularen.

5.3 Anwendungsbereich des QM-Systems

Anwendungsbereich des Qualitätsmanagementsystems DIN EN ISO 9001:2015

1_VERTRIEB	2_EINKAUF	3_ENTWICKLUNG
• Angebot erstellen, ändern	• Disposition, Anfrage, Preisvergleich, Bestellung	• F_Entwicklung
• Angebot verfolgen	• Bestellung verfolgen	•
• Auftrag erstellen	• Reklamation, Falschlieferung	**Ordner:** Durchgeführte Entwicklungen
• Auftrag ändern, stornieren	• Lieferanten Auswahl, Beurteilung, Neubeurteilung	•
• Reklamation	•	•

4_SERVICE	5_WARENEINGANG / LAGER / VERSAND	
• Montage / Wartung / Reparatur / Reklamation in der Werkstatt	• Wareneingang extern	•
• Montage / Wartung / Reparatur / Reklamation beim Kunden vor Ort	• Wareneingang aus Service	•
• Überwachungs- und Messmittel	• Produkte einlagern oder auslagern	•
	• Produkte versenden	•
	• Inventur	•

> Wenn Sie **keinen** Service (Montage, Wartung usw.) durchführen, dann können Sie die Prozesse löschen. Sie müssen dann ebenfalls die „Wechselwirkungen" aus den betroffenen Prozessen entfernen.

7_Verantwortung der obersten Leitung und Organisation	8_Fortlaufende Verbesserung des QM-Systems	9_Mitarbeiter
• Oberste Leitung und Organisation	• Internes Audit	• Ausbildung Schulung Fertigkeiten Erfahrung Kompetenz
• **Ordner:** Jährlich durchzuführende Tätigkeiten	• Nichtkonformitäten und Korrekturmaßnahmen	•

10_Dokumentierte Information Formulare		
• **Ordner:** Formulare	•	•
	•	•
	•	•

Zu den „nicht zutreffenden Anforderungen" gehören folgende Normenabschnitte:	Begründung:
• 8.4.1 b) Produkte und Dienstleistungen, die den Kunden direkt durch externe Anbieter im Auftrag der Organisation bereitgestellt werden.	• Unsere Produkte und Dienstleistungen erhält der Kunde nur durch uns direkt **(kein Streckengeschäft)**.
• 8.4.1 c) extern bereitgestellte Prozesse oder Teilprozesse, die von externen Anbietern bereitgestellt werden.	• Es werden von den externen Anbietern (Lieferanten) **keine** extern bereitgestellten Prozesse oder Teilprozesse bereitgestellt, **da alle Prozesse in unserem Hause stattfinden**.
• 8.5.1 f) Produkte und Dienstleistungen, die nicht durch Überwachung oder Messung verifiziert werden können.	• Unsere Produkte oder Dienstleistungen müssen durch Überwachung oder Messung verifiziert werden, um die Anforderung des Kunden erfüllen zu können.

Dokumentierte Information aufrechterhalten: Bild 5.02 A_START-Anwendungsbereich des Qualitätsmanagementsystems.doc
Freigegeben: Klaus Mustermann, Datum: 06.01.2019, Handelsunternehmen
Seite 1 von 1

BILD 5.2 Anwendungsbereich des QM-Systems

Die Organisation wird in folgende Funktionsbereiche aufgeteilt:

1_VERTRIEB

2_EINKAUF

3_ENTWICKLUNG

4_SERVICE

5_WARENEINGANG/LAGER/VERSAND

7_Verantwortung der obersten Leitung und Organisation

8_Fortlaufende Verbesserung des QM-Systems

9_Mitarbeiter

10_Dokumentierte Information Formulare

Bei den *nicht zutreffenden Anforderungen* wurden drei Beispiele aufgeführt. Sie müssen nun überprüfen, ob diese Beispiele auf Ihre Organisation zutreffen, und die Tabellenspalten eventuell löschen oder weitere *nicht zutreffende Anforderungen* hinzufügen.

Hinweis: Der Punkt 6 wurde frei gelassen. Hier können Sie eigene Prozessabläufe einfügen.

Die Aufteilung können Sie jederzeit ändern, wenn Ihre Organisation anders strukturiert ist. Die blauen, unterstrichenen Texte, z. B. *Angebot erstellen, ändern*, sind mit einem *Hyperlink* versehen. Sie verzweigen direkt aus dem Anwendungsbereich in die Prozessabläufe oder in die Formulare sowie in weitere Ordner.

Bitte beachten Sie Folgendes: Wenn Sie Word-Dokumente umbenennen oder neue Word-Dokumente in den Anwendungsbereich aufnehmen, dann müssen Sie auch den Hyperlink ändern oder neu hinzufügen.

Die **Namen der Ordner** entsprechen den **Überschriften**, z. B. *1_VERTRIEB, 2_EINKAUF,* um eine einfache Zuordnung zwischen dem Anwendungsbereich des QM-Systems und den Funktionen, Prozessen und Formularen zu ermöglichen.

Zusätzliche Hinweise zu den Normenkapiteln der DIN EN ISO 9001:2015 **Anwendungsbereich des Qualitätsmanagementsystems** und wie diese umgesetzt wurden, finden Sie in diesem Buch im **Kapitel 1.4.1.**

■ 5.4 1_VERTRIEB

Der Funktionsbereich **1_VERTRIEB** benötigt die Prozessabläufe:

- Angebot erstellen/ändern
- Angebot verfolgen
- Auftrag erstellen
- Auftrag ändern/stornieren
- Reklamation

5.4.1 VERTRIEB: Angebot erstellen/ändern

Mit diesem Prozessablauf wird das Erstellen oder das Ändern des Angebotes prozessorientiert beschrieben (Bild 5.3).

Die Anfragen der Kunden werden durch den Vertrieb (Innendienst, Technik, Außendienst) bearbeitet. Es gibt zwei generelle Unterscheidungen:

VERTRIEB: Angebot erstellen / ändern

Tätigkeit / Prozessschritte (Abfolge-Eingaben-Ergebnisse) ↓	Füh-rung	Ver-trieb Innen-dienst	Ver-trieb Tech-nik	Ver-trieb Außen-dienst	Ein-kauf	Ser-vice	WE, La-ger, Ver-sand	Ex-tern	Wechselwirkung, Checkliste (Wissen der Organisation), Kriterien, Verfahren, Ressourcen	Lenkung dokumentierter Information, Wissen der Organisation
STARTEREIGNIS: Angebot erstellen / ändern Nachfolgende Tätigkeiten erfolgen bei Maschinen, Geräten, Zubehör, Ersatzteilen, Leihgeräten, Service **als Standardprodukt**.										• •
Angaben des Kunden prüfen	(X)	X	X			X			**Produkte:** Maschinen, Geräte, Zubehör, Ersatzteile, Leihgeräte: Artikel-Nr., Termin, Preise, Rabatte, Vereinbarungen, Einsatzbedingung, Leistung **Service:** Montage, Wartung, Reparatur: Artikel-Nr., Termin, Preise, Rabatte, Vereinbarungen, Einsatzbedingung, Leistung	• Anfrage • Datenschutz
Lagerbestand prüfen	(X)	X							Maschinen, Geräte, Zubehör, Ersatzteile: Artikel-Nr., Lagerbestand	• Anfrage
Einkaufsmöglichkeit prüfen	(X)	X	X		X			(X)	**Produkte:** Maschinen, Geräte, Zubehör, Ersatzteile, Leihgeräte: Artikel-Nr., Termin, Preise, Rabatte, Vereinbarungen, Einsatzbedingung, Leistung **Service:** Montage, Wartung, Reparatur: Artikel-Nr., Termin, Preise, Rabatte, Vereinbarungen, Einsatzbedingung, Leistung, Subunternehmer **Wechselwirkung:** • EINKAUF_Disposition_ Anfrage _Preisvergleich_ Bestellung	• Anfrage
Kalkulation durchführen	(X)	X	X						Artikel, Mengen, Servicebedarf, Versandkosten, Subunternehmer	• Anfrage • Kalkulation
Terminierung berücksichtigen	(X)	X			X	(X)		(X)	Termin	• Anfrage • Kalkulation
Nachfolgende Tätigkeiten erfolgen bei Maschinen, Geräten, Anlagen, Zubehör, Ersatzteilen, Service **als Sonderprodukt**.										•
Anfrage prüfen	(X)	X	X	X		(X)			**Produkte:** Maschinen, Geräte, Anlagen, Zubehör, Ersatzteile, Leihgeräte: Artikel-Nr., Termin, Preise, Rabatte, Vereinbarungen, Einsatzbedingung, Leistung **Service:** Montage, Wartung, Reparatur: Artikel-Nr., Termin, Preise, Rabatte, Vereinbarungen, Einsatzbedingung, Leistung	• Anfrage • Lastenheft
Vom Kunden beizustellende Anbauten und Unterlagen berücksichtigen	(X)	X	X	X	X	X			Vertraulichkeit der Zeichnung, Muster, Kundenanbauten, Lagerung, Rücksendung	• Anfrage • Lastenheft

Dokumentierte Information aufrechterhalten: Bild 5.03 VERTRIEB_Angebot erstellen_ändern.doc
Freigegeben: Klaus Mustermann, Datum: 06.01.2019, Handelsunternehmen
Seite 1 von 2

BILD 5.3 VERTRIEB: Angebot erstellen/ändern (Ausschnitt)

Standardprodukt: Maschinen, Geräte, Zubehör, Ersatzteile, Leihgeräte, Service. Es handelt sich um Standardprodukte, die ab Lager ohne oder mit Modifikationen geliefert werden.

Sonderprodukt: Maschinen, Geräte, Anlagen, Zubehör, Ersatzteile, Service. Es wird eine komplette Planung der Produkte auf Basis der Lasten- und Pflichtenhefte durchgeführt. Dazu zählt auch die Koordinierung der Subunternehmer für den Anschluss der Produkte vor Ort.

Service: Montage, Wartung, Reparatur beim Kunden vor Ort oder in der Werkstatt.

Der Prozessablauf berücksichtigt diese Auftragsarten. Die Angaben des Kunden werden geprüft. Bei Produkten und Service sind folgende Prüfungen notwendig: Artikelnummer, Termin, Preise, Rabatte, Vereinbarungen, Einsatzbedingung. Sollte Kundeneigentum vorhanden sein (Vertraulichkeit der Zeichnung, Muster, Kundenanbauten, Lagerung, Rücksendung), ist es die Aufgabe des Service, die Nutzung vorher abzuklären.

Die Prüfung des erweiterten technischen Bedarfs berücksichtigt: Servicebedarf, Überwachungs- und Messmittel, Kundenanbauten, Werkzeuge, Lagerbestand, Termin, Subunternehmer. Zum Schluss erfolgen die Kalkulation und die Klärung der Liefertermine für den Einkauf und den Service.

Die Zuordnung der Verantwortung ist in kleineren Organisationen weiter gefasst. Ein Blick in das Formular *F_Organigramm_Verantwortung* zeigt dies deutlich.

WECHSELWIRKUNG Aus diesem Prozessablauf wird eventuell auf weitere Prozessabläufe verwiesen (Wechselwirkung). Eine detaillierte Beschreibung erfolgt in diesen Prozessabläufen.

KORREKTUREN, KORREKTURMASSNAHMEN, VERBESSERUNGSMASSNAHMEN Es sind eventuell Korrekturen oder Korrekturmaßnahmen einzuleiten. Im Bedarfsfall ist das Formular *F_Maßnahmen* auszufüllen. In diesem Formular werden Korrektur, Korrekturmaßnahme und Verbesserungsmaßnahme zusammengefasst.

5.4.2 VERTRIEB: Angebot verfolgen

Mit diesem Prozessablauf wird die Verfolgung des Angebotes prozessorientiert beschrieben (Bild 5.4).

Der Vertrieb (Innendienst, Technik, Außendienst) erhält in einer Übersicht alle Angebote und kann nun entscheiden, ob ein Nachfassen dieser Angebote zu diesem Zeitpunkt sinnvoll ist.

Bei den Angeboten wird von Maschinen, Maschinenzubehör, Werkzeugen, Betriebs- und Verbrauchsstoffen und Ersatzteilen ausgegangen. Die unterschiedlichen Produkte bedingen Entscheidungszeiten des Kunden von einer Woche bis neun Monaten. Deshalb wird eine Selektion im Ausdruck der Liste vorgenommen.

Standardprodukt: Maschinen, Geräte, Zubehör, Ersatzteile, Leihgeräte, Service. Es handelt sich um Standardprodukte, die ab Lager ohne oder mit Modifikationen geliefert werden.

Sonderprodukt: Maschinen, Geräte, Anlagen, Zubehör, Ersatzteile, Service. Es wird eine komplette Planung der Produkte auf Basis der Lasten- und Pflichtenhefte durchgeführt. Dazu zählt auch die Koordinierung der Subunternehmer für den Anschluss der Produkte vor Ort.

Service: Montage, Wartung, Reparatur beim Kunden vor Ort oder in der Werkstatt.

Es ist nicht wahrscheinlich, dass zu diesem Zeitpunkt eine völlig veränderte Vorgabe durch den Kunden erfolgt. Daher werden deutlich weniger Tätigkeiten benötigt als bei der Angebotserstellung. Sollte das in Ihrer Organisation anders sein, dann müssen Sie die benötigten Tätigkeiten hinzufügen oder ändern.

WECHSELWIRKUNG Aus diesem Prozessablauf wird eventuell auf weitere Prozessabläufe verwiesen (Wechselwirkung). Eine detaillierte Beschreibung erfolgt in diesen Prozessabläufen.

KORREKTUREN, KORREKTURMASSNAHMEN, VERBESSERUNGSMASSNAHMEN Es sind eventuell Korrekturen oder Korrekturmaßnahmen einzuleiten. Im Bedarfsfall ist das Formular *F_Maßnahmen* auszufüllen. In diesem Formular werden Korrektur, Korrekturmaßnahme und Verbesserungsmaßnahme zusammengefasst.

VERTRIEB: Angebot verfolgen

Tätigkeit / Prozessschritte (Abfolge-Eingaben-Ergebnisse)	Füh-rung	Ver-trieb Innen-dienst	Ver-trieb Tech-nik	Ver-trieb Außen-dienst	Ein-kauf	Ser-vice	WE, La-ger, Ver-sand	Ex-tern	Wechselwirkung, Checkliste (Wissen der Organisation), Kriterien, Verfahren, Ressourcen	Lenkung dokumentierter Information, Wissen der Organisation
STARTEREIGNIS: *Angebot verfolgen*										•
Angebot heraussuchen	(X)	X							**Klären:** Termin für Rückfrage erreicht **Wechselwirkung:** • VERTRIEB_Angebot erstellen_ändern	• Angebot
Mit Kunden in Verbindung setzen	(X)	X		(X)					**Klären:** Angebot erhalten, Preise, Lieferzeit, Kunde hat sich noch nicht entschieden	• Angebot
Nachfolgende Tätigkeiten werden nur bei Bedarf durchgeführt.										•
Angebot überarbeiten	(X)	X							**Wechselwirkung:** • VERTRIEB_Angebot erstellen_ändern	•
Angebot auf Wiedervorlage setzen		X							Wiedervorlagetermin in EDV-System eingeben	• Angebot
ENDEREIGNIS: *Angebot verfolgt*										•
										•
Nachfolgende Tätigkeiten werden nur bei Bedarf durchgeführt.										•
Korrekturmaßnahmen durchführen	X	X		X					**Wechselwirkung:** • QM: Nichtkonformität und Korrekturmaßnahmen	•

Bewertung des Prozesses:	**Methode:** Rückmeldungen von Personal, internes Audit
Fortlaufende Verbesserung:	**Methode:** Rückmeldungen von Kunden **Informationen Risiken und Chancen:** nicht erhaltene Angebote, Korrektur der Angebote

Dokumentierte Information aufrechterhalten: Bild 5.04 VERTRIEB_Angebot verfolgen.doc
Freigegeben: Klaus Mustermann, Datum: 06.01.2019, Handelsunternehmen

BILD 5.4 VERTRIEB: Angebot verfolgen

5.4.3 VERTRIEB: Auftrag erstellen

Mit diesem Prozessablauf wird das Erstellen des Auftrags prozessorientiert beschrieben (Bild 5.5).

Es gibt drei Kundenauftragsarten:

Standardprodukt: Maschinen, Geräte, Zubehör, Ersatzteile, Leihgeräte, Service. Es handelt sich um Standardprodukte, die ab Lager ohne oder mit Modifikationen geliefert werden.

Sonderprodukt: Maschinen, Geräte, Anlagen, Zubehör, Ersatzteile, Service. Es wird eine komplette Planung der Produkte auf Basis der Lasten- und Pflichtenhefte durchgeführt. Dazu zählt auch die Koordinierung der Subunternehmer für den Anschluss der Produkte vor Ort.

Service: Montage, Wartung, Reparatur beim Kunden vor Ort oder in der Werkstatt.

Bei den Sonderprodukten wird die Bestellung des Kunden mit dem Angebot verglichen, um letzte Widersprüche auszuräumen.

Bei Standard- und Sonderprodukten wird der Bestand im Lager berücksichtigt.

Der Einkauf übernimmt die Logistik und die Auftragsabwicklung:

- Disponierung,
- Subunternehmer,
- Erstellung des Serviceauftrags,
- Berücksichtigung der Beschaffbarkeit,
- Lieferung mit Ladebühne.

Die Serviceaufträge für Sonderprodukte werden vom Einkauf erstellt und in den Service gegeben. Dies ist bei kleinen Organisationen üblich, da der Einkauf den Anstoß für die Serviceaufträge übernimmt. Bei kleineren Produkten muss kein Monteureinsatz geplant werden. Das Kundeneigentum, wie Anbauteile, die bei einem Produktwechsel weiter genutzt werden können, ist gesondert durch den Service zu prüfen. Die Verfügbarkeit ist bei Maschinen, Geräten, Anlagen und Zubehör genau zu klären, da der Kunde die Maschinen, Geräte und Anlagen ohne Zubehör nicht einsetzen kann.

Im Lastenheft hat der Kunde seine Anforderungen beschrieben. Das Lastenheft ist Kundeneigentum. Im Pflichtenheft beschreibt die Organisation, wie sie die Umsetzung der Anforderungen realisieren will. Das Pflichtenheft ist Eigentum der Organisation.

WECHSELWIRKUNG

Aus diesem Prozessablauf wird eventuell auf weitere Prozessabläufe verwiesen (Wechselwirkung). Eine detaillierte Beschreibung erfolgt in diesen Prozessabläufen.

KORREKTUREN, KORREKTURMASSNAHMEN, VERBESSERUNGSMASSNAHMEN

Es sind eventuell Korrekturen oder Korrekturmaßnahmen einzuleiten. Im Bedarfsfall ist das Formular *F_Maßnahmen* auszufüllen. In diesem Formular werden Korrektur, Korrekturmaßnahme und Verbesserungsmaßnahme zusammengefasst.

VERTRIEB: Auftrag erstellen

Tätigkeit / Prozessschritte (Abfolge-Eingaben-Ergebnisse)	Füh-rung	Vertrieb Innendienst	Vertrieb Technik	Vertrieb Außendienst	Einkauf	Service	WE, Lager, Versand	Extern	Wechselwirkung, Checkliste (Wissen der Organisation), Kriterien, Verfahren, Ressourcen	Lenkung dokumentierter Information, Wissen der Organisation
STARTEREIGNIS: *Auftrag erstellen*										•
Nachfolgende Tätigkeiten erfolgen bei Maschinen, Geräten, Zubehör, Ersatzteilen, Leihgeräten, Service als Standardprodukt.										•
Angaben des Kunden prüfen	(X)	X	X		X	(X)			**Produkte:** Maschinen, Geräte, Zubehör, Ersatzteile, Leihgeräte: Artikel-Nr., Termin, Preise, Rabatte, Vereinbarungen, Einsatzbedingung, Leistung **Service:** Montage, Wartung, Reparatur: Artikel-Nr., Termin, Preise, Rabatte, Vereinbarungen, Einsatzbedingung, Leistung **Wechselwirkung:** • EINKAUF_Disposition_Anfrage_Preisvergleich_Bestellung	• Angebot • Kundenauftrag • Maschinenkarte • Datenschutz
Nachfolgende Tätigkeiten erfolgen bei Maschinen, Geräten, Anlagen, Zubehör, Ersatzteilen, Service als Sonderprodukt.										•
Angebot vorhanden und vergleichen (bei Sonderprodukten zwingend)	(X)	X	X		X				Angebot mit Auftrag des Kunden vergleichen	• Kalkulation • Lastenheft • Pflichtenheft • Angebot • Kundenauftrag • Maschinenkarte
Vom Kunden beigestellte Anbauten und Unterlagen berücksichtigen	(X)	X	X		X				Vertraulichkeit der Zeichnung, Muster, Kundenanbauten, Lagerung	• Kalkulation • Lastenheft • Pflichtenheft • Angebot • Kundenauftrag • Maschinenkarte
Sonderprodukte disponieren	(X)	X		X					**Wechselwirkung:** • EINKAUF_Disposition_Anfrage_Preisvergleich_Bestellung	•
Auftragsbestätigung schreiben		X							Eine Auftragsbestätigung ist in jedem Fall erforderlich.	• Kalkulation • Lastenheft • Pflichtenheft • Angebot • Kundenauftrag • Auftragsbestätigung
Nachfolgende Tätigkeiten erfolgen bei Maschinen, Geräten, Zubehör, Ersatzteilen, Leihgeräten, Service als Standardprodukt.										•
Vorrätige Produkte für Kundenauftrag auslagern und versenden			X						**Wechselwirkung:** • LAGER_Produkte einlagern_auslagern	• Lieferschein
ENDEREIGNIS: *Auftrag erstellt*										•
Nachfolgende Tätigkeiten werden nur bei Bedarf durchgeführt.										•
Korrekturmaßnahmen durchführen	X	X	X	X	X	X			**Wechselwirkung:** • QM: Nichtkonformität und Korrekturmaßnahmen	•

Bewertung des Prozesses: **Methode:** Rückmeldungen von Personal, internes Audit

Dokumentierte Information aufrechterhalten: Bild 5.05 VERTRIEB_Auftrag_erstellen.doc
Freigegeben: Klaus Mustermann, Datum: 06.01.2019, Handelsunternehmen
Seite 1 von 2

BILD 5.5 VERTRIEB: Auftrag erstellen

5.4.4 VERTRIEB: Auftrag ändern/stornieren

Mit diesem Prozessablauf wird das Ändern oder das Stornieren des Auftrags prozessorientiert beschrieben (Bild 5.6).

Es gibt vielfältige Gründe, die zu einer Auftragsänderung oder Stornierung führen können. Hier alle Gründe aufzuführen ist jedoch nicht möglich.

Beispiele, die zu einer Auftragsänderung oder Stornierung führen können:

- Es haben sich im Umfeld des Kunden neue Anforderungen ergeben.
- Im Lastenheft wurden nicht alle Anforderungen beschrieben.
- Der Kunde benötigt ein größeres Leihgerät.
- Der Einkauf kann die Produkte nicht rechtzeitig beschaffen.
- Das Lager meldet Fehlmengen.
- Der Service kann den gewünschten Zeitpunkt nicht einhalten.
- Preisänderungen werden nicht berücksichtigt, da die Produktqualität sich ändert.

Die Kurzklärung zwischen Führung, Einkauf und Service berücksichtigt alle Gründe, die zu einer Auftragsänderung führen. Die Entscheidung mit dem Kunden löst dann die weiteren Tätigkeiten aus.

Je nach Umfang der Änderung werden die einzelnen Tätigkeiten mehr oder weniger stark ausgeführt. Es kommt nicht darauf an, jede einzelne Tätigkeit bis ins Detail zu beschreiben, da bei der dargestellten Organisationsgröße dazu keine Notwendigkeit besteht.

WECHSELWIRKUNG

Aus diesem Prozessablauf wird eventuell auf weitere Prozessabläufe verwiesen (Wechselwirkung). Eine detaillierte Beschreibung erfolgt in diesen Prozessabläufen.

KORREKTUREN, KORREKTURMASSNAHMEN, VERBESSERUNGSMASSNAHMEN

Es sind eventuell Korrekturen oder Korrekturmaßnahmen einzuleiten. Im Bedarfsfall ist das Formular *F_Maßnahmen* auszufüllen. In diesem Formular werden Korrektur, Korrekturmaßnahme und Verbesserungsmaßnahme zusammengefasst.

VERTRIEB: Auftrag ändern / stornieren

Tätigkeit / Prozessschritte (Abfolge-Eingaben-Ergebnisse) ↓	Füh-rung	Vertrieb Innendienst	Vertrieb Technik	Vertrieb Außendienst	Einkauf	Service	WE, Lager, Versand	Extern	Wechselwirkung, Checkliste (Wissen der Organisation), Kriterien, Verfahren, Ressourcen	Lenkung dokumentierter Information, Wissen der Organisation
STARTEREIGNIS: Auftrag ändern / stornieren durchführen										•
Kundenauftrag ändern / stornieren	(X)	X	X	X	X	X		(X)	Kurzklärung des Problems, Kosten ermitteln **Wechselwirkung:** • EINKAUF_Bestellung verfolgen • EINKAUF_Reklamation_Falschlieferung	• Lastenheft • Pflichtenheft • Kundenauftrag • Maschinenkarte • Bestellung • Lieferschein
Entscheidung mit Kunden durchführen		X							Wenn keine Änderung oder Stornierung erfolgt, dann müssen keine weiteren Tätigkeiten durchgeführt werden.	• Lastenheft • Pflichtenheft • Kundenauftrag
Nachfolgende Tätigkeiten werden nur bei Änderung oder Stornierung durchgeführt.										•
Nachfolgende Tätigkeiten erfolgen bei Maschinen, Geräten, Zubehör, Ersatzteilen, Leihgeräten, Service als Standardprodukt bestellt.					X	X			Bestellung ändern oder stornieren **Wechselwirkung:** • EINKAUF_Disposition_Anfrage_Preisvergleich_Bestellung	• Bestellung • Maschinenkarte
Nachfolgende Tätigkeiten erfolgen bei Maschinen, Geräten, Anlagen, Zubehör, Ersatzteilen, Service als Sonderprodukt bestellt.					X	X			Bestellung ändern oder stornieren **Wechselwirkung:** • EINKAUF_Disposition_Anfrage_Preisvergleich_Bestellung	• Bestellung • Maschinenkarte
Vom Kunden beigestellte Anbauten und Unterlagen berücksichtigen und zurücksenden	(X)	X			X	X	X		Vertraulichkeit der Zeichnung, Muster, Kundenanbauten, Lagerung, Rücksendung **Wechselwirkung:** • VERSAND_Produkte versenden	• Kundenauftrag • Lieferschein • Maschinenkarte
Tätigkeiten erfolgen bei Maschinen, Geräten, Anlagen, Zubehör, Ersatzteilen, Leihgeräten, Service Bestand prüfen.		X	X		X			(X)	**Wechselwirkung:** • EINKAUF_Disposition_Anfrage_Preisvergleich_Bestellung	•
Kosten ermitteln / berechnen	(X)	X	X		X	X		(X)	**Prüfen:** Kostenübernahme durch den Kunden	• Kundenauftrag • Kostenaufstellung
Auftragsbestätigung schreiben		X							**Prüfen:** Eine Auftragsbestätigung ist in jedem Fall erforderlich.	• Auftragsbestätigung
ENDEREIGNIS: Auftrag ändern / stornieren durchgeführt										•
										•
Korrekturmaßnahmen durchführen	(X)	X	X	X	X	X	X	(X)	**Wechselwirkung:** • QM: Nichtkonformität und Korrekturmaßnahmen	•

Bewertung des Prozesses:	**Methode:** Rückmeldungen von Personal, internes Audit
Fortlaufende Verbesserung:	**Methode:** Rückmeldungen von Kunden, Einkauf, Service, Versand **Informationen Risiken und Chancen:** Preisänderung, Falschlieferung, Mengenänderung, Terminänderung, Kundeneigentum

Dokumentierte Information aufrechterhalten: Bild 5.06 VERTRIEB_Auftrag_ändern_stornieren.doc
Freigegeben: Klaus Mustermann, Datum: 06.01.2019, Handelsunternehmen

BILD 5.6 VERTRIEB: Auftrag ändern / stornieren (Ausschnitt)

5.4.5 VERTRIEB: Reklamation

Mit diesem Prozessablauf wird die Durchführung der Reklamationsbearbeitung prozessorientiert beschrieben (Bild 5.7).

Auch bei der Reklamationsbearbeitung werden die Tätigkeiten in dem Prozessablauf nur abstrakt geschildert, da es nicht möglich und sinnvoll ist, alle Tätigkeiten aufzuzeigen.

Beispiele:

- Der Kunde hat die falsche Ware bekommen.
- Der Kunde hat defekte Ware bekommen.
- Die Reklamation ist im Wareneingang/Versand eingetroffen.
- Der Vertrieb bringt Ware vom Kunden mit.

Je nach Umfang der Reklamation werden die einzelnen Tätigkeiten mehr oder weniger stark ausgeführt. Es kommt nicht darauf an, jede einzelne Tätigkeit bis ins Detail zu beschreiben. Das ist bei den unterschiedlichen Kombinationsmöglichkeiten zu aufwendig. Wichtiger ist die Analyse der Reklamationsgründe.

Die reklamierten Produkte werden bis zur Klärung mit dem Begleitschreiben des Kunden oder einem Warenbegleitschein gekennzeichnet und ins Sperrlager eingeräumt bzw. verbleiben im Wareneingang. Der Service prüft die reklamierten Produkte, da dort die nötige Fachkompetenz vorhanden ist. Sollte das Ersatzteil nicht kurzfristig verfügbar sein, dann wird ein Ausbau eines Neuteils aus einer Lagermaschine ermöglicht.

Unberechtigte Reklamationen werden an den Kunden zurückgesandt oder auf seine Kosten entsorgt.

WECHSELWIRKUNG Aus diesem Prozessablauf wird eventuell auf weitere Prozessabläufe verwiesen (Wechselwirkung). Eine detaillierte Beschreibung erfolgt in diesen Prozessabläufen.

KORREKTUREN, KORREKTURMASSNAHMEN, VERBESSERUNGSMASSNAHMEN Es sind eventuell Korrekturen oder Korrekturmaßnahmen einzuleiten. Im Bedarfsfall ist das Formular *F_Maßnahmen* auszufüllen. In diesem Formular werden Korrektur, Korrekturmaßnahme und Verbesserungsmaßnahme zusammengefasst.

VERTRIEB: Reklamation

Tätigkeit / Prozessschritte (Abfolge-Eingaben-Ergebnisse)	Führung	Vertrieb Innendienst	Vertrieb Technik	Vertrieb Außendienst	Einkauf	Service	WE, Lager, Versand	Extern	Wechselwirkung, Checkliste (Wissen der Organisation), Kriterien, Verfahren, Ressourcen	Lenkung dokumentierter Information, Wissen der Organisation
STARTEREIGNIS: Reklamation bearbeiten										•
Reklamation prüfen	(X)	X	X	X	X	X	X	(X)	Kurzklärung des Problems: Preis, Menge, Liefertermin, Reklamation im Wareneingang eingetroffen, Produkte im Versand sperren, Lieferant, externe Bearbeitung Wechselwirkung: • WARENEINGANG_ Wareneingang extern • SERVICE_Montage_ Wartung_Reparatur_ Reklamation_Kunde vor Ort	• Reklamationsschreiben • Lastenheft • Pflichtenheft • Maschinenkarte • E-Mail • Anschreiben • Sperrzettel • Antwortschreiben Lieferant • Datenschutz
Lieferant benachrichtigen	(X)			X				(X)	Produkte: Maschinen, Geräte, Anlagen, Zubehör, Ersatzteile, Subunternehmer	• Pflichtenheft • Maschinenkarte • Bestellung • Auftragsbestätigung • Reklamationsschreiben
Reklamation ist abgelehnt	(X)	X	X		X	X		(X)	Kunden benachrichtigen, Termin, evtl. Rückversand zum Kunden Wechselwirkung: • VERSAND_Produkte versenden	• Pflichtenheft • Maschinenkarte • Begleitschreiben • Lieferschein
Nachfolgende Tätigkeiten werden nur bei berechtigter Reklamation mit Preisen, Mengen, Falschlieferung von Produkten durchgeführt.										•
Reklamation Preis	(X)	X							Gutschrift erstellen	• Gutschrift
Falsche Produkte ins Lager einlagern	(X)	X		X		X	X		Produkte: Maschinen, Geräte, Anlagen, Zubehör, Ersatzteile, falscher Artikel, falsche Menge, keine Beschädigungen Wechselwirkung: • LAGER_Produkte einlagern_auslagern	• Einlagerungsschein • Maschinenkarte
Neue Produkte auslagern und versenden		X		X		X	X		Produkte: Maschinen, Geräte, Anlagen, Zubehör, Ersatzteile Wechselwirkung: • LAGER_Produkte einlagern_auslagern	• Lieferschein • Maschinenkarte
Nachfolgende Tätigkeiten werden nur bei berechtigter Reklamation mit fehlerhaften Produkten durchgeführt.										•
Reklamation Lieferant		X			X	X		(X)	Produkte weiterleiten, Ersatzlieferung, Kostenübernahme, Termin, Subunternehmer, Produkte neu liefern Wechselwirkung: • EINKAUF_Reklamation_ Falschlieferung	• Lieferschein • Antwortschreiben Lieferant • Maschinenkarte
Reklamation durch eigene Organisation verursacht		X			X	X		(X)	Produkte, Service, Subunternehmer, Termin Wechselwirkung: • EINKAUF_Disposition_ Anfrage_Preisvergleich_ Bestellung	• Lieferschein • Maschinenkarte
Entscheidung mit Kunden durchführen	(X)	X							Weitere Vorgehensweise abklären, Termin, Teillieferung, Gutschrift, Ersatzlieferung	• Reklamationsschreiben • Antwortschreiben Lieferant

Dokumentierte Information aufrechterhalten: Bild 5.07 VERTRIEB_Reklamation.doc
Freigegeben: Klaus Mustermann, Datum: 06.01.2019, Handelsunternehmen
Seite 1 von 2

BILD 5.7 VERTRIEB: Reklamation (Ausschnitt)

5.5　2_EINKAUF

Der Funktionsbereich **2_EINKAUF** benötigt die Prozessabläufe:

- Disposition/Anfrage/Preisvergleich/Bestellung
- Bestellung verfolgen
- Reklamation/Falschlieferung
- Lieferanten Auswahl/Beurteilung/Neubeurteilung

HINWEIS: Die in der DIN EN ISO 9001:2015 genannten *externen Anbieter* werden in diesem Buch auch als *Lieferanten* bezeichnet. Eine Erläuterung, wieso dies möglich ist, finden Sie in diesem Buch im *Kapitel 5.3* unter *0.1 Allgemeines*.

5.5.1　EINKAUF: Disposition/Anfrage/Preisvergleich/Bestellung

Mit diesem Prozessablauf werden Disposition, Anfrage, Preisvergleich und Bestellung prozessorientiert beschrieben (Bild 5.8).

Der Einkauf beschafft folgende relevante Produkte und Dienstleistungen:

- Maschinen, Geräte, Anlagen, Zubehör, Ersatzteile, Leihgeräte,
- Subunternehmer,
- Montage, Wartung, Reparatur beim Kunden vor Ort oder in der Werkstatt,
- Überwachungs- und Messmittel.

Die Produkte werden durch den Kunden mit dem Lastenheft und dem Pflichtenheft bestimmt. In der Praxis wird bei den Stammlieferanten angerufen, werden die Preise notiert und die Lieferzeiten festgehalten. Es wird ein Vergleich durchgeführt und dann anschließend per Fax, E-Mail, Online-Shop oder telefonisch bestellt. Wenn die Lieferanten eine Auftragsbestätigung senden, dann muss ein Vergleich mit der Bestellung auf Richtigkeit erfolgen.

Da Maschinen, Geräte, Anlagen, Zubehör und Ersatzteile unterschiedlicher Größe und Einsatzzwecke mit unterschiedlichem Zubehör beschafft werden, ist die Auswahl der Lieferanten ein entscheidender Faktor. Deshalb wurde eine vereinfachte Excel-Arbeitsmappe *F_Beurteilung Auswahl und Leistungsüberwachung von externen Anbietern_QFD* entwickelt. Mit dieser Excel-Arbeitsmappe können gleichzeitig eine qualifizierte Lieferantenauswahl und eine Lieferantenbeurteilung durchgeführt werden. Da jedoch nicht jedes Mal eine Lieferantenbeurteilung sinnvoll oder erforderlich ist, wurde dies vermerkt.

Sie müssen diese Art der Bewertung nicht durchführen, wenn Sie eine andere Art anwenden.

In den Ablauf ist ein Subunternehmereinsatz integriert, da ein erhöhter logistischer Aufwand erforderlich ist.

Die Anfrage/Bestellung kann in einem Vorlageordner abgelegt oder elektronisch verwaltet werden.

WECHSELWIRKUNG Aus diesem Prozessablauf wird eventuell auf weitere Prozessabläufe verwiesen (Wechselwirkung). Eine detaillierte Beschreibung erfolgt in diesen Prozessabläufen.

KORREKTUREN, KORREKTURMASSNAHMEN, VERBESSERUNGSMASSNAHMEN Es sind eventuell Korrekturen oder Korrekturmaßnahmen einzuleiten. Im Bedarfsfall ist das Formular *F_Maßnahmen* auszufüllen. In diesem Formular werden Korrektur, Korrekturmaßnahme und Verbesserungsmaßnahme zusammengefasst.

EINKAUF: Disposition / Anfrage / Preisvergleich / Bestellung

Tätigkeit / Prozessschritte (Abfolge-Eingaben-Ergebnisse)	Führung	Vertrieb Innendienst	Vertrieb Technik	Vertrieb Außendienst	Einkauf	Service	WE, Lager, Versand	Extern	Wechselwirkung, Checkliste (Wissen der Organisation), Kriterien, Verfahren, Ressourcen	Lenkung dokumentierter Information, Wissen der Organisation
STARTEREIGNIS: *Disposition / Anfrage / Preisvergleich / Bestellung durchführen*										•
(Disposition) Mengen festlegen, ändern, stornieren	(X)	X	(X)		X	X			**Prüfen:** Verkaufsstückzahlen, Kundenauftrag, Rahmenauftrag, Konsilager, EDV-Vorschlag (Disposition) (Maschinen, Geräte, Anlagen, Zubehör, Ersatzteile, Subunternehmer) **Wechselwirkung:** • VERTRIEB_Auftrag_erstellen • EINKAUF_Bestellung verfolgen • EINKAUF_Reklamation_Falschlieferung	• Statistik • Kundenauftrag • Rahmenauftrag • Datenschutz
Lieferanten auswählen	(X)				X				Hauptlieferanten im EDV-System hinterlegt **Wechselwirkung:** • EINKAUF_Lieferanten_Auswahl_Beurteilung_Neubeurteilung	• Statistik • Kundenauftrag • Rahmenauftrag
Nachfolgende Tätigkeiten erfolgen bei Maschinen, Geräten, Anlagen, Zubehör, Ersatzteilen, Service.										•
Maschinenkarte erstellen, ändern, stornieren					X	X			**Wechselwirkung:** • SERVICE_Montage_Wartung_Reparatur_Reklamation_Werkstatt • SERVICE_Montage_Wartung_Reparatur_Reklamation_Kunde vor Ort • VERTRIEB_Auftrag_ändern_stornieren • VERTRIEB_Reklamation	•
Nachfolgende Tätigkeiten erfolgen bei Maschinen, Geräten, Anlagen, Zubehör, Ersatzteilen.										•
Produkte anfragen					X				Die Anfrage kann telefonisch, schriftlich, per Fax, E-Mail, Online-Shop erfolgen. **Wechselwirkung:** • VERTRIEB_Angebot_erstellen_ändern	• Anfrage • Angebot
Produkte bestellen, ändern oder stornieren					X				Die Bestellung kann telefonisch, schriftlich, per Fax, E-Mail, Online-Shop erfolgen. **Wechselwirkung:** • VERTRIEB_Auftrag_ändern_stornieren	• Angebot • Bestellung
Nachfolgende Tätigkeiten erfolgen bei Subunternehmern.										•
Dienstleistung anfragen					X				Die Anfrage erfolgt schriftlich. **Wechselwirkung:** • VERTRIEB_Angebot_erstellen_ändern	• Anfrage • Angebot
Dienstleistung bestellen, ändern oder stornieren					X				Die Bestellung erfolgt schriftlich. **Wechselwirkung:** • VERTRIEB_Auftrag_ändern_stornieren	• Angebot • Bestellung
Nachfolgende Tätigkeiten erfolgen bei Fremdkalibrierungen von Überwachungs- und Messmitteln.										•

Dokumentierte Information aufrechterhalten: Bild 5.08 EINKAUF_Disposition_Anfrage_Preisvergleich_Bestellung.doc
Freigegeben: Klaus Mustermann, Datum: 06.01.2019, Handelsunternehmen
Seite 1 von 2

BILD 5.8 EINKAUF: Disposition/Anfrage/Preisvergleich/Bestellung (Ausschnitt)

5.5.2 EINKAUF: Bestellung verfolgen

Mit diesem Prozessablauf wird die Verfolgung der Bestellung prozessorientiert beschrieben (Bild 5.9).

In vielen kleinen Organisationen wird die Bestellverfolgung über einen Vorlageordner durchgeführt. Eine elektronische Lösung scheidet oft aus, da Aufwand und Nutzen in keinem wirtschaftlichen Verhältnis stehen. Sonst erfolgt eine elektronische Verwaltung.

Täglich werden die Bestellungen des Lieferanten durchgesehen oder das EDV-System meldet über Wiedervorlage den Termin.

Sollte das in Ihrer Organisation anders sein, dann müssen Sie die benötigten Tätigkeiten hinzufügen oder ändern.

WECHSELWIRKUNG Aus diesem Prozessablauf wird eventuell auf weitere Prozessabläufe verwiesen (Wechselwirkung). Eine detaillierte Beschreibung erfolgt in diesen Prozessabläufen.

KORREKTUREN, KORREKTURMASSNAHMEN, VERBESSERUNGSMASSNAHMEN Es sind eventuell Korrekturen oder Korrekturmaßnahmen einzuleiten. Im Bedarfsfall ist das Formular *F_Maßnahmen* auszufüllen. In diesem Formular werden Korrektur, Korrekturmaßnahme und Verbesserungsmaßnahme zusammengefasst.

EINKAUF: Bestellung verfolgen

Tätigkeit / Prozessschritte (Abfolge-Eingaben-Ergebnisse)	Füh-rung	Ver-trieb Innen-dienst	Ver-trieb Tech-nik	Ver-trieb Außen-dienst	Ein-kauf	Ser-vice	WE, La-ger, Ver-sand	Ex-tern	Wechselwirkung, Checkliste (Wissen der Organisation), Kriterien, Verfahren, Ressourcen	Lenkung dokumentierter Information, Wissen der Organisation
STARTEREIGNIS: *Bestellung verfolgen*										•
Termin erreicht / überschritten					X				**Prüfen:** Termin im EDV-System erreicht, Termin überschritten	• Bestellung • Auftragsbestätigung
Nachfolgende Tätigkeiten werden nur bei Bedarf durchgeführt.										•
Service informieren	(X)		X			X			**Wechselwirkung:** • SERVICE_Montage_ Wartung_ Reparatur_ Reklamation_ Werkstatt • SERVICE_Montage_ Wartung_Reparatur_ Reklamation_Kunde vor Ort	•
Lieferanten informieren	(X)				X				**Wechselwirkung:** • EINKAUF_Disposition_ Anfrage _Preisvergleich_ Bestellung	•
Kunden informieren	(X)	X	X	X					**Wechselwirkung:** • EINKAUF_Disposition_ Anfrage _Preisvergleich_ Bestellung • VERTRIEB_Auftrag_ ändern_stornieren	•
Bestellung überarbeiten					X				**Wechselwirkung:** • EINKAUF_Disposition_ Anfrage _Preisvergleich_ Bestellung	•
Service überarbeiten						X			**Wechselwirkung:** • SERVICE_Montage_ Wartung_ Reparatur_ Reklamation_ Werkstatt • SERVICE_Montage_ Wartung_Reparatur_ Reklamation_Kunde vor Ort	•
Bestellung auf Wiedervorlage legen					X				**Prüfen:** Der neue Termin wird ins EDV-System eingetragen.	• Bestellung • Auftragsbestätigung • Maschinenkarte
ENDEREIGNIS: *Bestellung verfolgt*										•
Nachfolgende Tätigkeiten werden nur bei Bedarf durchgeführt.										•
Korrekturmaßnahmen durchführen	X	X	X	X	X	X			**Wechselwirkung:** • QM: Nichtkonformität und Korrekturmaßnahmen	•

Bewertung des Prozesses:	**Methode:** Rückmeldungen von Personal, internes Audit
Fortlaufende Verbesserung:	**Methode:** Rückmeldungen von Lieferanten, Kunden, Vertrieb **Informationen Risiken und Chancen:** Lieferverzug, Reklamationen, entstandene Fehler, nicht erhaltene Kundenaufträge, Stornierung Kundenaufträge, Probleme mit dem Subunternehmern

Dokumentierte Information aufrechterhalten: Bild 5.09 EINKAUF_Bestellung verfolgen.doc
Freigegeben: Klaus Mustermann, Datum: 06.01.2019, Handelsunternehmen

BILD 5.9 EINKAUF: Bestellung verfolgen

5.5.3 EINKAUF: Reklamation/Falschlieferung

Mit diesem Prozessablauf wird die Bearbeitung von Reklamationen und Falschlieferungen prozessorientiert beschrieben (Bild 5.10).

Bei den nachfolgenden Produkten handelt es sich um die Kernkompetenz dieser Organisation.

Standardprodukt: Maschinen, Geräte, Zubehör, Ersatzteile, Leihgeräte, Service. Es handelt sich um Standardprodukte, die ab Lager ohne oder mit Modifikationen geliefert werden.

Sonderprodukt: Maschinen, Geräte, Anlagen, Zubehör, Ersatzteile, Service. Es wird eine komplette Planung der Produkte auf Basis der Lasten- und Pflichtenhefte durchgeführt. Dazu zählt auch die Koordinierung der Subunternehmer für den Anschluss der Produkte vor Ort.

Service: Montage, Wartung, Reparatur beim Kunden vor Ort oder in der Werkstatt.

Reklamationen im Einkauf sind hier genauso vielfältig wie im Kundenbereich.

Beispiele:

- Schwankungen in der Produktqualität,
- Probleme durch Modifikationen am Produkt durch den Hersteller,
- Überschreitung der Liefertermine,
- falsche Mengen,
- Probleme mit den Subunternehmern.

Natürlich kann es auch bei sehr guten Lieferanten zu Problemen kommen. Diese Probleme können jedoch erst beim Einsatz des Produkts festgestellt werden. Für die Bewertung des Lieferanten ist also die gleichmäßige Qualität von entscheidender Bedeutung. Dies gilt auch sinngemäß für die Subunternehmer.

Ein messbares Qualitätsziel sollte hier die benötigte Transparenz bringen. Sie müssen jedoch das messbare Qualitätsziel selbst definieren.

Nach Rücksprache mit dem Service und dem Vertrieb wird nun mit dem Lieferanten gemeinsam nach einer Lösung gesucht, dabei ist auch die Kostenübernahme zu klären.

WECHSELWIRKUNG Aus diesem Prozessablauf wird eventuell auf weitere Prozessabläufe verwiesen (Wechselwirkung). Eine detaillierte Beschreibung erfolgt in diesen Prozessabläufen.

KORREKTUREN, KORREKTURMASSNAHMEN, VERBESSERUNGSMASSNAHMEN Es sind eventuell Korrekturen oder Korrekturmaßnahmen einzuleiten. Im Bedarfsfall ist das Formular *F_Maßnahmen* auszufüllen. In diesem Formular werden Korrektur, Korrekturmaßnahme und Verbesserungsmaßnahme zusammengefasst.

EINKAUF: Reklamation / Falschlieferung

Tätigkeit / Prozessschritte (Abfolge-Eingaben-Ergebnisse)	Füh-rung	Vertrieb Innendienst	Vertrieb Technik	Vertrieb Außendienst	Einkauf	Service	WE, Lager, Versand	Extern	Wechselwirkung, Checkliste (Wissen der Organisation), Kriterien, Verfahren, Ressourcen	Lenkung dokumentierter Information, Wissen der Organisation
STARTEREIGNIS: Reklamation / Falschlieferung bearbeiten										•
Reklamation prüfen			X		X	X	X	(X)	Kurzklärung des Problems: Preis, Mengendifferenz, Termin überschritten, falsche Produkte, fehlerhafte Produkte, Produkte im Versand sperren Produkte: Maschinen, Geräte, Anlagen, Zubehör, Ersatzteile, Subunternehmer Wechselwirkung: • WARENEINGANG_ Wareneingang extern • VERTRIEB_Reklamation • VERTRIEB_Auftrag_ ändern_stornieren	• Bestellung • Auftragsbestätigung • Lieferschein • Maschinenkarte • Sperrzettel
Lieferant benachrichtigen	(X)				X				Produkte: Maschinen, Geräte, Anlagen, Zubehör, Ersatzteile, Subunternehmer	• Bestellung • Auftragsbestätigung • Lieferschein
Nachfolgende Tätigkeiten werden nur bei Bedarf durchgeführt.										•
Reklamation Preis	(X)				X				Gutschrift erstellen	• Gutschrift
Falsche oder fehlerhafte Produkte zurücksenden					X	X	X	(X)	Produkte: Maschinen, Geräte, Anlagen, Zubehör, Ersatzteile, Subunternehmer Wechselwirkung: • VERSAND_Produkte versenden	• Lieferschein
Service informieren	(X)		X		X	X			Wechselwirkung: • SERVICE_Montage_ Wartung_Reparatur_ Reklamation_Werkstatt • SERVICE_Montage_ Wartung_Reparatur_ Reklamation_Kunde vor Ort	•
Kunden informieren	(X)	X	X						Wechselwirkung: • VERTRIEB_Auftrag_ ändern_stornieren	•
Bestellung überarbeiten					X				Wechselwirkung: • EINKAUF_Disposition_ Anfrage_Preisvergleich_ Bestellung	•
Service überarbeiten			X			X			Wechselwirkung: • SERVICE_Montage_ Wartung_Reparatur_ Reklamation_Werkstatt • SERVICE_Montage_ Wartung_Reparatur_ Reklamation_Kunde vor Ort	•
Kosten ermitteln / berechnen	(X)				X				Kostenübernahme durch den Lieferanten, Kostenübernahme Subunternehmer	• Lieferschein • Kostenaufstellung
Lieferanten bewerten	(X)				X				Es kann eine neue Lieferantenbewertung erforderlich sein.	• Lieferschein • F_Beurteilung Auswahl und Leistungsüberwachung von externen Anbietern • F_Beurteilung Auswahl und Leistungsüberwachung von externen Anbietern_QFD

Dokumentierte Information aufrechterhalten: Bild 5.10 EINKAUF_Reklamation_Falschlieferung.doc
Freigegeben: Klaus Mustermann, Datum: 06.01.2019, Handelsunternehmen
Seite 1 von 2

BILD 5.10 EINKAUF: Reklamation/Falschlieferung (Ausschnitt)

5.5.4 EINKAUF: Lieferanten Auswahl/Beurteilung/Neubeurteilung

Mit diesem Prozessablauf werden die Auswahl, Beurteilung und Neubeurteilung von Lieferanten prozessorientiert beschrieben (Bild 5.11).

In Organisationen dieser Größe gibt es keine 100 Lieferanten als Hauptlieferanten oder es ist ein ständiger Wechsel vorhanden. Dies hat mehrere Gründe. Zu viele Lieferanten bedeuten einen erheblichen logistischen Aufwand, und zudem werden die Bestellmengen auf mehrere Lieferanten verteilt, was letztendlich wieder Auswirkung auf die Preise hat. Im *Handelsunternehmen* kommt noch erschwerend hinzu, dass manche Produkte oder Dienstleistungen nur bei bestimmten Lieferanten eingekauft werden können.

Aus diesem Grund wurden zwei unterschiedliche Arten der Lieferantenbewertung erstellt:

1. Formular *F_Beurteilung Auswahl und Leistungsüberwachung von externen Anbietern_QFD* (Excel) bei komplexen Produkten/Dienstleistungen,
2. Formular *F_Beurteilung Auswahl und Leistungsüberwachung von externen Anbietern* (Word) als generelle Vorgehensweise.

Beurteilung Auswahl und Leistungsüberwachung von externen Anbietern_ QFD bei komplexen Produkten/Dienstleistungen

Da Maschinen, Geräte, Anlagen, Zubehör und Ersatzteile unterschiedlicher Größe und Einsatzzwecke mit unterschiedlichem Zubehör beschafft werden, ist die Auswahl der Lieferanten ein entscheidender Faktor. Deshalb wurde eine vereinfachte Excel-Arbeitsmappe *F_Beurteilung Auswahl und Leistungsüberwachung von externen Anbietern_QFD* entwickelt. Mit dieser Excel-Arbeitsmappe können gleichzeitig eine qualifizierte Lieferantenauswahl und eine Lieferantenbeurteilung durchgeführt werden. Die Anforderung des Kunden wird mit den Möglichkeiten der Lieferanten verglichen, die benötigten Produkte zu liefern. Da jedoch nicht für jedes Produkt eine Lieferantenbeurteilung sinnvoll ist, wurde dies in der Arbeitsaufgabe vermerkt. Die Excel-Arbeitsmappe *F_Beurteilung Auswahl und Leistungsüberwachung von externen Anbietern_QFD* ermöglicht, bei Produktänderungen die damaligen Entscheidungsgründe für diesen Lieferanten zu verfolgen.

Sollten Sie keine Bewertung mit der Excel-Arbeitsmappe *F_Beurteilung Auswahl und Leistungsüberwachung von externen Anbietern_QFD* durchführen wollen, dann müssen Sie die entsprechenden Tätigkeiten in dem Prozessablauf korrigieren.

Sie müssen diese Art der Bewertung nicht durchführen, wenn Sie eine andere Art anwenden.

WECHSELWIRKUNG

Aus diesem Prozessablauf wird eventuell auf weitere Prozessabläufe verwiesen (Wechselwirkung). Eine detaillierte Beschreibung erfolgt in diesen Prozessabläufen.

KORREKTUREN, KORREKTURMASSNAHMEN, VERBESSERUNGSMASSNAHMEN

Es sind eventuell Korrekturen oder Korrekturmaßnahmen einzuleiten. Im Bedarfsfall ist das Formular *F_Maßnahmen* auszufüllen. In diesem Formular werden Korrektur, Korrekturmaßnahme und Verbesserungsmaßnahme zusammengefasst.

ISO 9001:2015 AUSZUG AUS DER NORM

A.8 Steuerung von extern bereitgestellten Prozessen, Produkten und Dienstleistungen

Alle Formen von extern bereitgestellten Prozessen, Produkten und Dienstleistungen werden in 8.4 behandelt, egal ob durch beispielsweise:

- *Kauf von einem Lieferanten;*
- *Vereinbarungen mit einem Beteiligungsunternehmen;*
- *Ausgliedern von Prozessen an einen externen Anbieter.*

Das Ausgliedern hat stets den grundlegenden Charakter einer Dienstleistung, da mindestens eine Tätigkeit an der Schnittstelle zwischen dem Anbieter und der Organisation notwendig ist.

EINKAUF: Lieferanten Auswahl / Beurteilung / Neubeurteilung

Tätigkeit / Prozessschritte (Abfolge-Eingaben-Ergebnisse)	Führung	Vertrieb Innendienst	Vertrieb Technik	Vertrieb Außendienst	Einkauf	Service	WE, Lager, Versand	Extern	Wechselwirkung, Checkliste (Wissen der Organisation), Kriterien, Verfahren, Ressourcen	Lenkung dokumentierter Information, Wissen der Organisation
STARTEREIGNIS: Lieferanten Auswahl / Beurteilung / Neubeurteilung durchführen										•
Lieferanten auswählen, beurteilen										•
Kriterien festlegen	(X)				X				**Prüfen:** Verkaufsstückzahlen, Kundenauftrag, Rahmenauftrag, Konsilager, Preis, Termin (Maschinen, Geräte, Anlagen, Zubehör, Ersatzteile, Subunternehmer)	• Statistik • Kundenauftrag • Rahmenauftrag • F_Beurteilung Auswahl und Leistungsüberwachung von externen Anbietern • **F_Beurteilung Auswahl und Leistungsüberwachung von externen Anbietern_QFD** • Datenschutz
Lieferanten anfragen und beurteilen	(X)				X				**Prüfen:** Hauptlieferanten, Mengen, Liefertermin	• Anfrage • F_Beurteilung Auswahl und Leistungsüberwachung von externen Anbietern • **F_Beurteilung Auswahl und Leistungsüberwachung von externen Anbietern_QFD**
Lieferanten auswählen (freigeben)	(X)				X				**Prüfen:** Die Auswahl (Angebot) kann auch durch Kataloge, Online-Shop usw. bei den schon vorhandenen Hauptlieferanten erfolgen. Ausgewählten Lieferanten im EDV-System hinterlegen. **Wechselwirkung:** • EINKAUF_Disposition_Anfrage_Preisvergleich_Bestellung	• Anfrage • F_Beurteilung Auswahl und Leistungsüberwachung von externen Anbietern • **F_Beurteilung Auswahl und Leistungsüberwachung von externen Anbietern_QFD** • Angebot
Lieferanten neu beurteilen										
Kriterien festlegen und bewerten	(X)	X			X	X			**Prüfen:** Fehlerhäufigkeit (Lieferschein) (Maschinen, Geräte, Anlagen, Zubehör, Ersatzteile, Subunternehmer). Die Bewertung erfolgt im Fehlerfall auf dem Lieferschein.	• F_Beurteilung Auswahl und Leistungsüberwachung von externen Anbietern • **F_Beurteilung Auswahl und Leistungsüberwachung von externen Anbietern_QFD** • Lieferschein
Lieferanten anschreiben	(X)				X				**Prüfen:** Hauptlieferanten, Fehlerhäufigkeit (Lieferschein)	• Fehlerhäufigkeit (Lieferschein)

Dokumentierte Information aufrechterhalten: Bild 5.11 EINKAUF_Lieferanten_Auswahl_Beurteilung_Neubeurteilung.doc
Freigegeben: Klaus Mustermann, Datum: 06.01.2019, Handelsunternehmen
Seite 1 von 2

BILD 5.11 EINKAUF: Lieferanten Auswahl/Beurteilung/Neubeurteilung

KORREKTUREN, KORREK-TURMASSNAHMEN, VERBESSERUNGS-MASSNAHMEN ISO 9001:2015 AUSZUG AUS DER NORM

Die Arten der Steuerung, die für die externe Bereitstellung erforderlich sind, können sich abhängig von der Art der Prozesse, Produkte und Dienstleistungen stark unterscheiden. Die Organisation kann das risikobasierte Denken anwenden, um die Art und den Umfang der Steuerung zu bestimmen, die/der für den jeweiligen externen Anbieter und die extern bereitgestellten Prozesse, Produkte und Dienstleistungen geeignet ist.

5.5.4.1 Formular: F_Beurteilung Auswahl und Leistungsüberwachung von externen Anbietern_QFD (Excel) bei komplexen Produkten/Dienstleistungen

Mit diesem Formular wird die Lieferantenbewertung durchgeführt (Bild 5.12).

Da Maschinen, Geräte, Anlagen, Zubehör und Ersatzteile unterschiedlicher Größe und Einsatzzwecke mit unterschiedlichem Zubehör beschafft werden, ist die Auswahl der Lieferanten ein entscheidender Faktor. Deshalb wurde eine vereinfachte Excel-Arbeitsmappe *F_Beurteilung Auswahl und Leistungsüberwachung von externen Anbietern_QFD* entwickelt. Mit dieser Excel-Arbeitsmappe können gleichzeitig eine qualifizierte Lieferantenauswahl und eine Lieferantenbeurteilung durchgeführt werden. Die Excel-Arbeitsmappe *F_Beurteilung Auswahl und Leistungsüberwachung von externen Anbietern_QFD* wurde für diese Organisationsgröße stark vereinfacht. Es ist jedoch ein effektives Mittel zur Beurteilung der Lieferanten. Der Einsatz der Excel-Arbeitsmappe ist denkbar einfach.

An dieser Stelle wird nur auf die **generelle Definition** eingegangen. Ausführliche Hinweise zu den **Excel-Arbeitsmappen** und deren Umsetzung finden Sie in diesem Buch im **Kapitel 1.7.2**.

INFORMATIONEN QFD-LIEFERANTEN-BEWERTUNG

1. Als Erstes sind das **Produkt** *Maschine für Nischenanwendungen*, das **Rohmaterial** *Aluminium Stangenprofil* und die **Zielgruppe** *Rohrverarbeiter, Stahlbau*, an die das Endprodukt verkauft werden soll, einzutragen.

2. In die Spalte *Lieferanten (atM)* wird der Name des Lieferanten für das Produkt eingetragen. Insgesamt können zehn Lieferanten verglichen werden.

3. Als Nächstes sind die *Forderung an das Produkt (FdK)* zu ermitteln und einzutragen. Es sind auch die nicht definierten Forderungen des Kunden, wie z. B. Gesetze, Normen, zu berücksichtigen. Da jedoch nicht jede Forderung gleich wichtig ist, muss eine Gewichtung von *1 = unwichtig bis 10 = sehr wichtig* in der Spalte *Gewichtung Forderung* erfolgen. Sollte der Service des Lieferanten eine entscheidende Rolle spielen, dann ist in der Spalte *Gewichtung Service* ebenfalls eine Bewertung von *1 bis 10* durchzuführen. (**Hinweis**: Es erfolgt keine Berechnung.)

4. Nun ist die *Beziehungsmatrix (FdK) zu (atM)* mit größter Sorgfalt auszufüllen, da sonst die Gesamtbewertung verfälscht wird.

Weitere Hinweise finden Sie in den Tabellenspalten mit einem „roten Dreieck" als Kommentar in der Excel-Arbeitsmappe.

5. Der Erfüllungsgrad in Punkten und Prozenten ist das Ergebnis der Bewertung. Der Lieferant mit der größten Punkt- oder Prozentzahl ist der geeignete Lieferant für das Rohmaterial.

Ausführliche Hinweise zu den **Excel-Arbeitsmappen** und deren Umsetzung finden Sie in diesem Buch im **Kapitel 1.7.2**.

Sie müssen diese Art der Bewertung nicht durchführen, wenn Sie eine andere Art anwenden.

Produkt: Maschine für Nischenanwendungen
Rohmaterial: Aluminium Stangenprofil
Zielgruppe: Rohrverarbeiter, Stahlbau
Datum der Bewertung: TT.MM.JJJJ

QFD-Lieferantenbewertung ①

Lieferanten (atM) ②

Forderung an das Produkt (FdK)		Gewichtung Forderung	Meier	Schulze	Altmann	Müller	Schulte	Neumann	123 Produkte	Normen	gesetzliche Bestimmungen	Gewichtung Service
			\multicolumn{10}{c	}{Beziehungsmatrix (FdK) zu (atM)}	
Produktivität	Stück/Std.	10	3	3	2	2	3	3	3	0	0	0	0
Flexibilität	Kommissionsfertigung	5	3	1	2	2	2	3	2	0	0	0	0
Anwendungsbereich	Abschnittlänge	5	0	0	0	0	0	0	0	0	0	0	0
	Abmessung des Materials	5	0	0	0	0	0	0	0	0	0	0	0
Anschaffungskosten	günstig	3	1	3	1	1	2	2	3	0	0	0	0
Folgekosten	Werkzeug (günstig)	7	3	3	2	2	3	3	2	0	0	0	0
	Betriebs- u. Hilfsmittel	3	0	0	0	0	0	0	0	0	0	0	0
Platzbedarf		2	0	0	0	0	0	0	0	0	0	0	0
Genauigkeit	hohe ③	10	3	2	3	3 ④	2	3	0	0	0	0
		0	0	0	0	0	0	0	0	0	0	0	0
		0	0	0	0	0	0	0	0	0	0	0	0
Angebot vor Peripherieger.	Qualitätskontrolle	7	0	0	0	0	0	0	0	0	0	0	0
	SPC-Daten	7	0	0	0	0	0	0	0	0	0	0	0
		0	0	0	0	0	0	0	0	0	0	0	0
		0	0	0	0	0	0	0	0	0	0	0	0
		0	0	0	0	0	0	0	0	0	0	0	0
		0	0	0	0	0	0	0	0	0	0	0	0
Erfüllungsgrad	Summe ⑤	620 abs.	99	85	77	77	97	92	93	0	0	0	0
Erfüllungsgrad	Summe	100% rel.	16%	14%	12%	12%	16%	15%	15%	0%	0%	0%	0%

Sie dürfen in die nachfolgenden Spalten keine Daten eintragen, da hier die zentrale Berechnung erfolgt und sonst die Formeln zerstört werden!

Summenbildung Beziehungsmatrix (FdK) zu (atM)

	Meier	Schulze	Altmann	Müller	Schulte	Neumann	123 Produkte	Normen	ges. Best.	Service
	30	30	20	20	30	30	30	0	0	0	0
	15	5	10	10	10	15	10	0	0	0	0
	0	0	0	0	0	0	0	0	0	0	0
	0	0	0	0	0	0	0	0	0	0	0
	3	9	3	3	6	6	9	0	0	0	0
	21	21	14	14	21	21	14	0	0	0	0
	0	0	0	0	0	0	0	0	0	0	0
	0	0	0	0	0	0	0	0	0	0	0
	30	20	30	30	30	20	30	0	0	0	0
	0	0	0	0	0	0	0	0	0	0	0
	0	0	0	0	0	0	0	0	0	0	0
	0	0	0	0	0	0	0	0	0	0	0
	0	0	0	0	0	0	0	0	0	0	0
	0	0	0	0	0	0	0	0	0	0	0
	0	0	0	0	0	0	0	0	0	0	0
	0	0	0	0	0	0	0	0	0	0	0
	0	0	0	0	0	0	0	0	0	0	0
Summe	99	85	77	77	97	92	93	0	0	0	0

Dokumentierte Information aufbewahren: Bild 5.12 F_Beurteilung Auswahl und Leistungsüberwachung von externen Anbietern
Freigegeben: Klaus Mustermann, Datum: 06.01.2019, Handelsunternehmen 1
Seite 1 von 1

BILD 5.12 Formular: F_Beurteilung Auswahl und Leistungsüberwachung von externen Anbietern_QFD (Excel) bei komplexen Produkten/Dienstleistungen

5.5.4.2 Formular: F_Beurteilung Auswahl und Leistungsüberwachung von externen Anbietern (Word) als generelle Vorgehensweise

Mit diesem Formular wird die Lieferantenbewertung durchgeführt. Die Beurteilung ist wesentlich einfacher als im vorigen Excel-Formular. Hier ist zu beachten, dass nur die Hauptlieferanten bewertet werden müssen. Sie können jedoch auch weitere Lieferanten einfügen (Bild 5.13).

Die *Kriterien für die Beurteilung, Auswahl und Leistungsüberwachung* müssen Sie nur ändern, wenn dies erforderlich wird. Sie können *unterschiedliche Kriterien* pro externen Anbieter festlegen.

Die *Neubeurteilung* der *Kriterien* kann im internen Audit oder dann durchgeführt werden, wenn Sie dies für erforderlich halten. Anschließend führen Sie unter *Ergebnis* eine Beurteilung durch. Wenn die Kriterien weiter Gültigkeit haben, dann müssen Sie die Kriterien nicht anpassen oder Maßnahmen durchführen.

Unter *Maßnahme* führen Sie auf, welche Maßnahmen erforderlich sind oder ob keine Maßnahmen erforderlich sind.

ISO 9001:2015 AUSZUG AUS DER NORM

8.4.1 Allgemeines

Die Organisation muss sicherstellen, dass extern bereitgestellte Prozesse, Produkte und Dienstleistungen den Anforderungen entsprechen.

Die Organisation muss Kriterien für die Beurteilung, Auswahl, Leistungsüberwachung und Neubeurteilung externer Anbieter bestimmen und anwenden, die auf deren Fähigkeit beruhen, Prozesse oder Produkte und Dienstleistungen in Übereinstimmung mit den Anforderungen bereitzustellen.

Definition der „Leistungsüberwachung" durch die Herausgeber auf Basis der Begriffe der DIN EN ISO 9000:2015:

Leistungsüberwachung = Überwachung der Leistung.

ISO 9000:2015 AUSZUG AUS DER NORM

Begriff: Überwachung (3.11.3) = *Bestimmung (3.11.1) des Zustands eines Systems (3.5.1), eines Prozesses (3.4.1), eines Produkts (3.7.6), einer Dienstleistung (3.7.7) oder einer Tätigkeit.*

Anmerkung 1 zum Begriff: Bei der Bestimmung des Zustands kann es erforderlich sein, zu prüfen, zu beaufsichtigen oder kritisch zu beobachten.

Anmerkung 2 zum Begriff: Überwachung ist üblicherweise eine Bestimmung des Zustands eines Objekts (3.6.1), die in verschiedenen Stufen oder zu verschiedenen Zeiten durchgeführt wird.

Begriff: Leistung (3.7.8) = *messbares Ergebnis.*

Anmerkung 1 zum Begriff: Leistung kann sich entweder auf quantitative oder qualitative Feststellungen beziehen.

Anmerkung 2 zum Begriff: Leistung kann sich auf das Management (3.3.3) von Tätigkeiten (3.3.11), Prozessen (3.4.1), Produkten (3.7.6), Dienstleistungen (3.7.7), Systemen (3.5.1) oder Organisationen (3.2.1) beziehen.

5.5 2_EINKAUF

F_Beurteilung Auswahl und Leistungsüberwachung von externen Anbietern

EXTERNE ANBIETER (LIEFERANTEN)

Beurteilung, Auswahl und Leistungsüberwachung von externen Anbietern:					
ZWECK Lieferantenoptimierung: 1. Systematische Überprüfung zum Erkennen von Verbesserungspotenzial. 2. Die **Informationen** für die **Leistungsüberwachung** werden durch die **Geschäftsführung** und die **Mitarbeiter** sowie durch das **EDV-System** zur Verfügung gestellt.					

Kriterien für die Beurteilung, Auswahl und Leistungsüberwachung:					
Lieferant:	Termin:[1]	Qualität:			
Stahl-Mustermann GmbH	2	1			
Ergebnis:	zufriedenstellend		Hauptlieferant für Edelstahl		
Neubeurteilung der Kriterien am 07.01.2019, nächste Neubeurteilung im internen Audit am 30.03.2019					
Maßnahme:	16.11.2018, Telefonat über Termineinhaltung mit Frau Maier geführt. 22.11.2018, 30.11.2018, Liefertermineinhaltung nach Telefonat deutlich besser.				

Das Beispiel zeigt eine Bewertung des externen Anbieters.

Kriterien für die Beurteilung, Auswahl und Leistungsüberwachung:					
Lieferant:	Termin:	Qualität:			
Alu-Maier GmbH	2	2			
Ergebnis:	gut		Hauptlieferant für Aluminium		
Neubeurteilung der Kriterien im internen Audit am 30.03.2019					
Maßnahme:	Es sind keine Maßnahmen erforderlich.				

Das Beispiel zeigt eine Bewertung des externen Anbieters.

Kriterien für die Beurteilung, Auswahl und Leistungsüberwachung:					
Lieferant:	Termin:	Qualität:	?????:	?????:	?????:
?????	?	?	?	?	?
Ergebnis:	gut, zufriedenstellend, nicht zufriedenstellend			Hauptlieferant	
Neubeurteilung der Kriterien im internen Audit am XX.XX.XXXX					
Maßnahme:	Es sind keine Maßnahmen erforderlich.				

Kriterien für die Beurteilung, Auswahl und Leistungsüberwachung:					
Lieferant:	Termin:	Qualität:	?????:	?????:	?????:
?????	?	?	?	?	?
Ergebnis:	gut, zufriedenstellend, nicht zufriedenstellend			Hauptlieferant	
Neubeurteilung der Kriterien im internen Audit am XX.XX.XXXX					
Maßnahme:	Es sind keine Maßnahmen erforderlich.				

HINWEIS: Es müssen nur die Lieferanten beurteilt werden, wenn Fehler aufgetreten sind oder es sich um Hauptlieferanten handelt. Basis für die Auswahl der Hauptlieferanten sind die inhärenten Merkmale der Produkte und Dienstleistungen zur Erfüllung der Kundenanforderungen.

---

[1] **Bewertung:** Die Bewertung erfolgt nach Schulnoten von 1–3 oder A-, B-, C-Lieferant.
Dokumentierte Information aufbewahren: Bild 5.13_F_Beurteilung Auswahl und Leistungsüberwachung von externen Anbietern.doc
Freigegeben: Klaus Mustermann, Datum: 06.01.2019, Handelsunternehmen
Seite 1 von 1

BILD 5.13 Formular: F_Beurteilung Auswahl und Leistungsüberwachung von externen Anbietern (Word) als generelle Vorgehensweise

5.6 3_ENTWICKLUNG

Der Funktionsbereich **3_ENTWICKLUNG** benötigt die Prozessabläufe:

- F_Entwicklung
- Ordner *Durchgeführte Entwicklungen*, in diesem Ordner können Sie, wenn Sie es für richtig halten, die durchgeführten Entwicklungen abspeichern.

5.6.1 Formular: F_Entwicklung als generelle Vorgehensweise

Mit diesem Formular wird die Entwicklung von konformen Dienstleistungen mit dem Handel von Maschinen, Geräten, Anlagen, Zubehör und Ersatzteilen durchgeführt. Zum Service gehören: Montage, Wartung, Reparatur beim Kunden vor Ort oder in der eigenen Werkstatt; Modernisierung, Erweiterungen, Leih- und Mietgeräte (Bild 5.14).

Die DIN EN ISO 9001:2015 erwartet, dass ein **Entwicklungsprozess erarbeitet, umgesetzt und aufrechterhalten** wird, um die **anschließende Produktion oder Dienstleistungserbringung sicherzustellen**. Die DIN EN ISO 9001:2015 schreibt nicht vor, wie dieser *Entwicklungsprozess* aussehen soll. Es werden praktisch nur die Eckpunkte festgehalten, die bei einem sinnvollen Entwicklungsprozess zu beachten sind.

Eine Entwicklung als **nicht zutreffend** zu bezeichnen ist problematisch, da jede Organisation eine Entwicklung hat oder hatte. Es kann jedoch zutreffend sein, dass *im Moment* keine Entwicklung durchgeführt wird oder erforderlich ist.

Rückschluss 1: Wenn die Dienstleistung bereits vorhanden ist und unverändert bleibt, dann muss normalerweise **kein** Entwicklungsprozess durchgeführt werden.

Rückschluss 2: Wenn die Dienstleistung neu erstellt oder signifikant geändert wird, dann **muss ein** Entwicklungsprozess durchgeführt werden.

Nur, benötigt man dann einen komplexen Entwicklungsprozess? Dies kann an dieser Stelle nicht beantwortet werden, da dies vom Produkt oder von der Dienstleistung abhängig ist.

Das *Handelsunternehmen* handelt mit *Maschinen, Geräten, Anlagen, Zubehör und Ersatzteilen* und hat einen eigenen Service für: *Montage, Wartung, Reparatur beim Kunden vor Ort oder in der eigenen Werkstatt; Modernisierung, Erweiterungen, Leih- und Mietgeräte*. Es ist somit ein **Dienstleister**. Wenn Sie sich dafür entscheiden, eine *neue Dienstleistung* anzubieten oder eine *Dienstleistung signifikant zu ändern*, dann führen Sie unterschiedliche Analysen durch und überlegen, was Sie alles berücksichtigen müssen und welche Chancen und Risiken bestehen. Dieser Grundgedanke wurde im Formular *F_Entwicklung* aufgegriffen, um Ihnen eine pragmatische Vorgehensweise zu ermöglichen.

Da die DIN EN ISO 9001:2015 nicht vorschreibt, wie dieser Entwicklungsprozess aussehen muss, wurde der Entwicklungsprozess in dem Formular *F_Entwicklung* zusammengefasst.

Die Reihenfolge der *Entwicklungsschritte* ist in diesem Formular festgelegt, geht also auch einfach. Damit wird der Entwicklungsprozess erarbeitet, umgesetzt und aufrechterhalten.

In der linken Spalte wurden die einzelnen *Prozessschritte*, z. B. *Ideenfindung*, mit dem Verweis auf die Normenkapitel der DIN EN ISO 9001:2015 dargestellt, z. B. *(8.3.2)*. In der rechten Spalte wurden die Grundgedanken aufgeführt, die zu Entwicklungen führen können. Die *blauen Texte* stellen eine *Sammlung* von möglichen Erfordernissen dar, die zu Entwicklungen führen können. Sie müssen das Formular im Entwicklungsfall an Ihre Organisation anpassen.

F_Entwicklung

Rückschluss 1: Wenn das Produkt oder die Dienstleistung bereits vorhanden ist und <u>unverändert</u> bleibt, dann muss normalerweise <u>kein</u> Entwicklungsprozess durchgeführt werden.

Rückschluss 2: Wenn das Produkt oder die Dienstleistung neu erstellt bzw. signifikant geändert wird, dann <u>muss ein</u> Entwicklungsprozess durchgeführt werden.

Begründung, warum keine Entwicklungstätigkeit durchgeführt werden muss	Zurzeit werden keine neuen Produkte aufgenommen oder Dienstleistungen durchgeführt. Daher ist zurzeit keine Entwicklungstätigkeit erforderlich.

Die nachfolgenden Schritte legen den Entwicklungsprozess fest.

Ideenfindung: (8.3.2)[1]	**Anlässe:** Hier den Text eintragen. **Zielgruppe:** Hier den Text eintragen. **Wettbewerber:** Hier den Text eintragen. **Kunden:** Hier den Text eintragen.
Sind die Produkte / Dienstleistungen bereits vorhanden oder müssen sie geändert / angepasst werden? (8.3.3 / 8.3.6)	Hier den Text eintragen.
Produkte / Dienstleistungen: (8.3.2)	**Handel / Produktion:** Reklamationen, entstandene Fehler, Maschinenausfall, Überwachungs- und Messmittel, Materialprobleme, Kapazitätsauslastung, Lieferfähigkeit, erhöhte Fertigungsmengen, Vorrichtungen, Produkterhaltung, neue oder leistungsfähigere Fertigungsmethoden der Wettbewerber, neue Fertigungsmaschinen, nicht erhaltene Kundenaufträge, Stornierung Kundenaufträge, keine Folgeaufträge, Kennzeichnung und Rückverfolgbarkeit, Transporthilfsmittel, Verpackungsmaterial, Versender, Kundenvorschriften, Kundenumverpackung, Füllmaterial **Prüfungen:** Erstkontrolle, Zwischenkontrolle, Inprozesskontrolle, Werkerselbstkontrolle, Endkontrolle, Schichtwechsel **Mitarbeiter der eigenen Organisation:** Anforderungen an die Qualifikation **Leihmitarbeiter:** Anforderungen an die Qualifikation, Zeitraum der Beschaffung **Gesetzliche und behördliche Anforderungen:** an Produkte und Dienstleistungen **Wettbewerber:** erhöhter Dienstleistungsumfang gegenüber den Kunden **Kunden:** Nachfragen der Kunden
Lieferanten: (8.3.2)	**Externe Bearbeitung:** Kapazitäten, Entfernung zum eigenen Unternehmen, Reklamationen, entstandene Fehler, Kostenübernahme, Produkterhaltung, Kundenvorschriften **Material:** Materialbeschaffung – Menge – Zeit – Qualität, Probleme in der Fertigung, neuer Lieferant, mehrere Lieferanten, Produkterhaltung, Kennzeichnung und Rückverfolgbarkeit, Betriebsmittel **Reklamationen:** Termin überschritten, falscher Artikel, falsche Mengen, fehlerhafte Artikel
Ressourcen: (8.3.2)	**Material:** Hier den Text eintragen. **Lieferanten:** Hier den Text eintragen. **Mitarbeiter der Organisation:** Hier den Text eintragen. **Leihmitarbeiter:** Hier den Text eintragen. **Produktionseinrichtungen:** Hier den Text eintragen. **Prüfungen:** Hier den Text eintragen. **Gesetzliche und behördliche Anforderungen:** Hier den Text eintragen. **Konsequenzen aus Fehlern:** Hier den Text eintragen. **Tätigkeiten nach der Lieferung:** Hier den Text eintragen. **Zeitraum bis zur Umsetzung des Entwicklungsprozesse:** Hier den Text eintragen.

---

[1] Die Zahlen in den Klammern, z. B. (8.3.2), (8.3.3), beziehen sich auf die Normenkapitel der DIN EN ISO 9001:2015.

Dokumentierte Information aufbewahren: Bild 5.14 F_Entwicklung.doc
Freigegeben: Klaus Mustermann, Datum: 06.01.2019, Handelsunternehmen

BILD 5.14 Formular: F_Entwicklung als generelle Vorgehensweise (Ausschnitt)

■ 5.7 4_SERVICE

Der Funktionsbereich **4_SERVICE** benötigt die Prozessabläufe:

- Montage/Wartung/Reparatur/Reklamation in der Werkstatt
- Montage/Wartung/Reparatur/Reklamation beim Kunden vor Ort
- Überwachungs- und Messmittel verwalten

5.7.1 SERVICE: Montage/Wartung/Reparatur/Reklamation in der Werkstatt

Mit diesem Prozessablauf wird die Montage, Wartung, Reparatur, Reklamation in der Werkstatt prozessorientiert beschrieben (Bild 5.15).

Bei Montage, Wartung, Reparatur und Reklamation sind folgende Punkte abzuklären:

- technische Klärung,
- Ersatzmaschine stellen,
- Ersatzteile vorhanden,
- Maschinenzubehör komplett,
- Gebrauchtmaschinen aufbereiten.

Bei kleineren Maschinen, Geräten und Anlagen wird die Montage in der Werkstatt durchgeführt. Der Anbau des Zubehörs erfolgt ebenfalls in der Werkstatt.

Fehlerhafte Kundenprodukte werden ausgesondert und gesperrt.

Die Gebrauchtmaschine wird nicht direkt in einen betriebsfähigen Zustand versetzt, da eventuell erst ein potenzieller Kunde gefunden werden muss. Die Maschine kann auch als Ersatzteilspender verwendet werden, wenn die Verkaufschancen als komplette Maschine nicht mehr gegeben sind.

WECHSELWIRKUNG Aus diesem Prozessablauf wird eventuell auf weitere Prozessabläufe verwiesen (Wechselwirkung). Eine detaillierte Beschreibung erfolgt in diesen Prozessabläufen.

KORREKTUREN, KORREKTURMASSNAHMEN, VERBESSERUNGSMASSNAHMEN Es sind eventuell Korrekturen oder Korrekturmaßnahmen einzuleiten. Im Bedarfsfall ist das Formular *F_Maßnahmen* auszufüllen. In diesem Formular werden Korrektur, Korrekturmaßnahme und Verbesserungsmaßnahme zusammengefasst.

SERVICE: Montage / Wartung / Reparatur / Reklamation in der Werkstatt

Tätigkeit / Prozessschritte (Abfolge-Eingaben-Ergebnisse) ↓	Füh-rung	Ver-trieb Innen-dienst	Ver-trieb Tech-nik	Ver-trieb Außen-dienst	Ein-kauf	Ser-vice	WE, La-ger, Ver-sand	Ex-tern	Wechselwirkung, Checkliste (Wissen der Organisation), Kriterien, Verfahren, Ressourcen	Lenkung dokumentierter Information, Wissen der Organisation
STARTEREIGNIS: *Montage / Wartung / Reparatur / Reklamation in der Werkstatt durchführen*										•
Kapazitätsplanung durchführen	X				X	X			**Prüfen:** Termin, Kapazitätsauslastung, Mitarbeiter, Überwachungs- und Messmittel, Maschinen, Geräte, Anlagen, Zubehör, Ersatzteile, Subunternehmer **Wechselwirkung:** • EINKAUF_Disposition_Anfrage_Preisvergleich_Bestellung • EINKAUF_Bestellung verfolgen • EINKAUF_Reklamation_Falschlieferung	• Pflichtenheft • Kundenauftrag • Maschinenkarte
Vom Kunden beigestellte Anbauten und Unterlagen berücksichtigen						X	X		Vertraulichkeit der Zeichnung, Muster, Kundenanbauten, Lagerung, Lagerung, Rücksendung **Wechselwirkung:** • WARENEINGANG_Wareneingang extern	• Pflichtenheft • Kundenauftrag • Maschinenkarte • Kundenlieferschein
Monteureinsatz planen			X		X	X		X	Termin mit Kunden und Subunternehmer abstimmen	• Kundenauftrag • Maschinenkarte
Nachfolgende Tätigkeiten erfolgen bei *neuen* Maschinen, Geräten, Anlagen.										•
Maschinen, Geräte, Anlagen, Zubehör, Ersatzteile vom Lager auslagern						X	X		Maschinen, Geräte, Anlagen, Zubehör, Ersatzteile, Kundenanbauten, Beschädigung vermeiden, Transporthilfsmittel nutzen **Wechselwirkung:** • LAGER_Produkte einlagern_auslagern	• Kundenauftrag • Maschinenkarte
Maschinen, Geräte, Anlagen komplettieren			X			X			Komplettierung durchführen	• Kundenauftrag • Maschinenkarte
Nachfolgende Tätigkeiten erfolgen bei der *Wartung / Reparatur / Reklamation* von Maschinen, Geräten, Anlagen.										•
Bei Maschinen, Geräten, Anlagen technische Prüfung durchführen			X			X			Evtl. Kostenvoranschlag erstellen. Reparatur freigegeben. Fehlerhafte Produkte sperren.	• Kundenauftrag • Maschinenkarte
Maschinen, Geräte, Anlagen, Zubehör, Ersatzteile vom Lager auslagern						X	X		Maschinen, Geräte, Anlagen, Zubehör, Ersatzteile, Kundenanbauten, Beschädigung vermeiden, Transporthilfsmittel nutzen **Wechselwirkung:** • LAGER_Produkte einlagern_auslagern	• Kundenauftrag • Maschinenkarte
Maschinen, Geräte, Anlagen warten / reparieren			X			X			Reparatur freigegeben. Die Produkte werden repariert.	• Kundenauftrag • Maschinenkarte
Nachfolgende Tätigkeiten erfolgen bei *Gebrauchtmaschinen*.										•
Bei Maschinen, Geräten, Anlagen technische Prüfung durchführen			X			X			Evtl. Kostenvoranschlag erstellen. Reparatur freigegeben. Fehlerhafte Produkte sperren.	• Kundenauftrag • Maschinenkarte

Dokumentierte Information aufrechterhalten: Bild 5.15 SERVICE_Montage_Wartung_Reparatur_Reklamation_Werkstatt.doc
Freigegeben: Klaus Mustermann, Datum: 06.01.2019, Handelsunternehmen
Seite 1 von 2

BILD 5.15 SERVICE: Montage/Wartung/Reparatur/Reklamation in der Werkstatt (Ausschnitt)

5.7.2 SERVICE: Montage/Wartung/Reparatur/Reklamation beim Kunden vor Ort

Mit diesem Prozessablauf werden die Montage, Wartung, Reparatur und Reklamation beim Kunden vor Ort prozessorientiert beschrieben (Bild 5.16).

Bei Montage, Wartung, Reparatur, Reklamation sind folgende Punkte abzuklären:

- Vorabbesuch beim Kunden notwendig,
- Monteureinsatz planen,
- Kundenanbauteile berücksichtigen,
- Ersatzmaschine stellen,
- Ersatzteile vorhanden,
- Reklamationen berücksichtigen,
- nicht benötigte Teile wieder mitbringen,
- Zubehör komplett,
- Subunternehmer verfügbar.

Bei größeren Maschinen, Geräten oder Anlagen wird die Montage beim Kunden durchgeführt. Der Anbau des Zubehörs erfolgt ebenfalls direkt beim Kunden. Auf dem Fahrauftrag erfolgt die Bestätigung des Kunden mit der Abnahmeerklärung.

WECHSELWIRKUNG Aus diesem Prozessablauf wird eventuell auf weitere Prozessabläufe verwiesen (Wechselwirkung). Eine detaillierte Beschreibung erfolgt in diesen Prozessabläufen.

KORREKTUREN, KORREKTURMASSNAHMEN, VERBESSERUNGSMASSNAHMEN Es sind eventuell Korrekturen oder Korrekturmaßnahmen einzuleiten. Im Bedarfsfall ist das Formular *F_Maßnahmen* auszufüllen. In diesem Formular werden Korrektur, Korrekturmaßnahme und Verbesserungsmaßnahme zusammengefasst.

SERVICE: Montage / Wartung / Reparatur / Reklamation beim Kunden vor Ort

Tätigkeit / Prozessschritte (Abfolge-Eingaben-Ergebnisse)	Führung	Vertrieb Innendienst	Vertrieb Technik	Vertrieb Außendienst	Einkauf	Service	WE, Lager, Versand	Extern	Wechselwirkung, Checkliste (Wissen der Organisation), Kriterien, Verfahren, Ressourcen	Lenkung dokumentierter Information, Wissen der Organisation
STARTEREIGNIS: Montage / Wartung / Reparatur / Reklamation beim Kunden vor Ort durchführen										•
Kapazitätsplanung durchführen	X				X	X			**Prüfen:** Termin, Kapazitätsauslastung, Mitarbeiter, Überwachungs- und Messmittel, Maschinen, Geräte, Anlagen, Zubehör, Ersatzteile, Subunternehmer **Wechselwirkung:** • EINKAUF_Disposition_Anfrage_Preisvergleich_Bestellung • EINKAUF_Bestellung verfolgen • EINKAUF_Reklamation_Falschlieferung	• Pflichtenheft • Kundenauftrag • Maschinenkarte
Vom Kunden beigestellte Anbauten und Unterlagen berücksichtigen						X	X		Vertraulichkeit der Zeichnung, Muster, Kundenanbauten, Lagerung, Lagerung, Rücksendung	• Pflichtenheft • Kundenauftrag • Maschinenkarte
Monteureinsatz planen			X		X	X		X	Termin mit Kunden und Subunternehmer abstimmen	• Kundenauftrag • Maschinenkarte
Nachfolgende Tätigkeiten erfolgen bei *neuen* Maschinen, Geräten, Anlagen.										•
Maschinen, Geräte, Anlagen, Zubehör, Ersatzteile vom Lager auslagern						X	X		Maschinen, Geräte, Anlagen, Zubehör, Ersatzteile, Kundenanbauten, Beschädigung vermeiden, Transporthilfsmittel nutzen **Wechselwirkung:** • LAGER_Produkte einlagern_auslagern	• Kundenauftrag • Maschinenkarte
Maschinen, Geräte, Anlagen komplettieren			X			X			Komplettierung durchführen	• Kundenauftrag • Maschinenkarte
Nachfolgende Tätigkeiten erfolgen bei der *Wartung / Reparatur / Reklamation* von Maschinen, Geräten, Anlagen.										•
Bei Maschinen, Geräten, Anlagen technische Prüfung durchführen			X			X			Evtl. Kostenvoranschlag erstellen. Reparatur freigegeben. Fehlerhafte Produkte sperren.	• Kundenauftrag • Maschinenkarte
Maschinen, Geräte, Anlagen, Zubehör, Ersatzteile vom Lager auslagern						X	X		Maschinen, Geräte, Anlagen, Zubehör, Ersatzteile, Kundenanbauten, Beschädigung vermeiden, Transporthilfsmittel nutzen **Wechselwirkung:** • LAGER_Produkte einlagern_auslagern	• Kundenauftrag • Maschinenkarte
Maschinen, Geräte, Anlagen warten / reparieren			X			X			Reparatur freigegeben. Die Produkte werden repariert.	• Kundenauftrag • Maschinenkarte
									•	
Maschinen, Geräte, Anlagen Endprüfung						X			**Prüfen:** Produkte funktionsbereit, Oberfläche, Ansicht, Beschädigung vermeiden, Transporthilfsmittel nutzen. Fehlerhafte Produkte sperren.	• Kundenauftrag • Maschinenkarte

Dokumentierte Information aufrechterhalten: Bild 5.16 SERVICE_Montage_Wartung_Reparatur_Reklamation_Kunde vor Ort.doc
Freigegeben: Klaus Mustermann, Datum: 06.01.2019, Handelsunternehmen
Seite 1 von 2

BILD 5.16 SERVICE: Montage, Wartung, Reparatur, Reklamation beim Kunden, vor Ort (Ausschnitt)

5.7.3 SERVICE: Überwachungs- und Messmittel verwalten

Mit diesem Prozessablauf wird die Verwaltung von Überwachungs- und Messmitteln prozessorientiert beschrieben (Bild 5.17).

Je nach geforderter Präzision der Produkte sind die Überwachungs- und Messmittel schon kalibriert. Zunächst werden alle Überwachungs- und Messmittel nach vier Kriterien begutachtet:

1. Werden die Überwachungs- und Messmittel für die Prüfung der Produkte genutzt?
2. Ist die benötigte Genauigkeit vorhanden (im Normalfall trifft dies jetzt schon zu, sonst würden die Produkte vom Kunden nicht abgenommen)?
3. Sind die Überwachungs- und Messmittel zu kalibrieren, anderweitig noch nutzbar oder sollten sie entsorgt werden?
4. Können die Überwachungs- und Messmittel selbst verifiziert werden?

Die Kalibrierung stellt nur den Zustand der Überwachungs- und Messmittel fest. In vielen Fällen können die Überwachungs- und Messmittel nicht aufgearbeitet werden. Deshalb sollte man vorher überlegen, ob ein Neukauf preiswerter ist.

EINFACHE VERWALTUNG DER ÜBERWACHUNGS- UND MESSMITTEL

Der Prozessablauf zeigt den Ablauf der Überwachungs- und Messmittelverwaltung. Mit dem Kalibrierer kann eine erweiterte Vereinbarung getroffen werden. Der Kalibrierer übernimmt die Verwaltung der Überwachungs- und Messmittel, da er die Daten sowieso im EDV-System gespeichert hat. Dies erspart die Verwaltungsarbeit in der eigenen Organisation, wie z. B. das Erstellen der Überwachungs- und Messmittellisten, die Kontrolle des Datums. Die Organisation erhält vom Kalibrierer eine Sammelliste der Überwachungs- und Messmittel, um so jederzeit eine Übersicht über die vorhandenen Überwachungs- und Messmittel zu bekommen.

Das Kalibierintervall wird von der Organisation mit dem Kalibrierer festgelegt. Dabei spielen Nutzungshäufigkeit und Genauigkeit der Prüfung eine weitere Rolle.

MITARBEITER ÜBERNEHMEN DIE VERANTWORTUNG

Wenn möglich, werden die Mitarbeiter festgelegt, die die Verantwortung für die Überwachungs- und Messmittel übernommen haben. Die Mitarbeiter bestätigen das mit ihrer Unterschrift.

Nach erfolgter Kalibrierung erhalten die Überwachungs- und Messmittel eine Plakette, die eine erfolgreiche Kalibrierung bestätigt.

Nach dieser Radikalkur gibt es nur noch zwei Arten von Überwachungs- und Messmitteln:

1. Überwachungs- und Messmittel, die zur Prüfung von Serienprodukten und Sonderprodukten genutzt werden dürfen (mit Plakette),
2. Überwachungs- und Messmittel, die zu einfacheren Messungen herangezogen werden, jedoch nicht zu Prüfung von Serienprodukten und Sonderprodukten (ohne Plakette).

Sollte bei Überwachungs- und Messmitteln unter Punkt 1 die Plakette verloren gehen, dann tritt automatisch Punkt 2 in Kraft.

WECHSELWIRKUNG

Aus diesem Prozessablauf wird eventuell auf weitere Prozessabläufe verwiesen (Wechselwirkung). Eine detaillierte Beschreibung erfolgt in diesen Prozessabläufen.

KORREKTUREN, KORREKTURMASSNAHMEN, VERBESSERUNGSMASSNAHMEN

Es sind eventuell Korrekturen oder Korrekturmaßnahmen einzuleiten. Im Bedarfsfall ist das Formular F_Maßnahmen auszufüllen. In diesem Formular werden Korrektur, Korrekturmaßnahme und Verbesserungsmaßnahme zusammengefasst.

SERVICE: Überwachungs- und Messmittel verwalten

Tätigkeit / Prozessschritte (Abfolge-Eingaben-Ergebnisse) ↓	Füh-rung	Ver-trieb Innendienst	Ver-trieb Techn.	Ver-trieb Außendienst	Ein-kauf	Ser-vice	WE, Lager, Versand	Ex-tern	Wechselwirkung, Checkliste (Wissen der Organisation), Kriterien, Verfahren, Ressourcen	Lenkung dokumentierter Information, Wissen der Organisation
STARTEREIGNIS: Überwachungs- und Messmittel verwalten durchführen										•
Kriterien für Überwachungs- und Messmittel festlegen	X		X			X			**Prüfen:** Garantiezeit des Herstellers, Kalibriervorschriften, Kaufpreis der Überwachungs- und Messmittel, Einfluss auf den Service oder das Produkt, Verfügbarkeit, eigene Kalibrierung, Fremdkalibrierung, eigene Verifizierung oder grundsätzlich Neukauf, evtl. Lieferanten festlegen **1. mit Plakette:** zur Prüfung von Serien- und Sonderprodukten mit Einfluss auf die Produktqualität **2. ohne Plakette:** für sonstige Messungen	• Liste Überwachungsmittel, Messmittel
Überwachungs- und Messmittel in Überwachungs- und Messmittelliste aufnehmen						X			**Prüfen:** eigene Kalibrierung, Fremdkalibrierung, eigene Verifizierung oder grundsätzlich Neukauf	• Liste Überwachungsmittel, Messmittel
Kalibriertermine für Überwachungs- und Messmittel überwachen					X	X			**Prüfen:** <u>Neukauf:</u> Einkauf benachrichtigen, wenn Termin erreicht <u>Fremdkalibrierung:</u> Einkauf benachrichtigen, wenn Termin erreicht <u>Wechselwirkung:</u> • EINKAUF_Disposition_ Anfrage _Preisvergleich_ Bestellung <u>Eigene Verifizierung:</u> Service benachrichtigen, wenn Termin erreicht	• Liste Überwachungsmittel, Messmittel
Nachfolgende Tätigkeiten werden nur bei eigener Verifizierung durchgeführt.										•
Verifizierung von Überwachungs- und Messmittel durchführen						X			**Prüfen:** Die Verifizierung erfolgt mit dem kalibrierten Endmaßkasten Nr. 34. **1. mit Plakette:** zur Prüfung von Serien- und Sonderprodukten mit Einfluss auf die Produktqualität **2. ohne Plakette:** für sonstige Messungen	• Liste Überwachungsmittel, Messmittel
										•

<u>Dokumentierte Information aufrechterhalten:</u> Bild 5.17 SERVICE_Überwachungs- und Messmittel verwalten.doc
Freigegeben: Klaus Mustermann, Datum: 06.01.2019, Handelsunternehmen
Seite 1 von 2

BILD 5.17 SERVICE: Überwachungs- und Messmittel verwalten (Ausschnitt)

5.7.3.1 Formular: F_Überwachungs- und Messmittel

Mit diesem Formular werden die Überwachungs- und Messmittel festgelegt, die die Organisation als notwendig eingestuft hat (Bild 5.18).

Das Formular ermöglicht die einfache Verwaltung von Überwachungs- und Messmitteln, wenn dies nicht durch den Kalibrierer durchgeführt werden soll. Es wird von ca. 30 Überwachungs- und Messmitteln ausgegangen.

Das Formular ist von einem verantwortlichen Mitarbeiter auszufüllen und auf dem aktuellen Stand zu halten.

1. Die Seriennummer oder eine sonstige vorhandene Nummer ist hier einzutragen.
2. Das Überwachungs- oder Messmittel muss eindeutig identifizierbar sein, dies ist besonders wichtig, wenn vom gleichen Typ mehrere Überwachungs- und Messmittel vorhanden sind.
3. Die Funktionseinheit und der verantwortliche Mitarbeiter, der das Überwachungs- oder Messmittel nutzt, sind hier einzutragen. Der Mitarbeiter kann unterschreiben, dass er das Überwachungs- oder Messmittel erhalten hat oder dafür verantwortlich ist.
4. Hier muss vermerkt werden, ob die Überwachungs- und Messmittel *kalibriert* oder *verifiziert* werden *(kalibriert = extern, verifiziert = intern)*.
5. Der nächste Termin muss festgelegt werden.
6. Das Anschaffungsjahr ist hier einzutragen.
7. Das Aussonderungsjahr ist hier einzutragen.
8. Unter *Bemerkungen* können alle zu den Überwachungs- und Messmitteln notwendigen Hinweise vermerkt werden.

VERANTWORTUNG DER MITARBEITER Die Zuordnung des Mitarbeiters (Punkt 3) wirkt oft Wunder, da die Verantwortung festgelegt wird. In festgelegten Abständen, z. B. alle vier Wochen, muss der Mitarbeiter *sein* Überwachungs- oder Messmittel dem Vorgesetzten zeigen. Diese Vorgehensweise hat sich als sehr nützlich herausgestellt, wenn angeblich keiner das Überwachungs- oder Messmittel beschädigt oder verloren hat.

F_Überwachungs- und Messmittel verwalten

Nr. ①	Überwachungsmittel, Messmittel ②	Abteilung ③	Verantwortung Mitarbeiter ③	Kalibrieren, verifizieren ④	Nächster Termin ⑤	Anschaffung Jahr ⑥	Aussonderung Jahr ⑦	Bemerkungen ⑧
01	Bügelmessschr. 0–25 mm	Fräsen	Schulz	Kalibrieren	15.03.2019	2015		• **Kalibrieren** = Fremdkalibrierung • **Verifizieren** = eigene Verifizierung durch den Service • Die **Fremdkalibrierung** erfolgt bei Meier & Schulze. • Neue Überwachungs- und Messmittel werden bei Meier & Schulze beschafft. • Die **Verifizierung** von Überwachungs- und Messmitteln mit Plakette erfolgt mit dem kalibrierten Endmaßkasten.
02	Bügelmessschr. 25–50 mm	Fräsen	Schulz	Verifizieren	15.03.2019	2015		• **Mit Plakette** • Messprotokoll Nr. 23486, 12.03.2017 • **Ohne Plakette**
23	Messschieber 150 mm	Fräsen	Schulz	Verifizieren	Vor jeder Messung durch Mitarbeiter	2013 Garantie 2 Jahre		• **Mit Plakette** • Die Verifizierung erfolgt vor jeder Messung. • Neukauf, wenn nicht mehr im Toleranzbereich
34	**Endmaßkasten Mauser Gen. 1**	Qualitätssicherung	Günther	Kalibrieren	15.03.2022	2015		• **Mit Plakette** • Messprotokoll Nr. 23487, 13.03.2015 • Der Endmaßkasten darf nur zur Verifizierung von Überwachungs- und Messmitteln genutzt werden.
22	Zählwaage	Wareneingang / Versand		Kalibrieren / eichen	????	????	-------	• **Mit Plakette**
Ausgeliehene Messmittel	Messschieber 300 mm	Fräsen	Schulz	Verifizieren	Vor jeder Messung durch Mitarbeiter		-------	• Das Messmittel ist Eigentum des Kunden. • Das Messmittel ist Eigentum des externen Anbieters (Lieferanten).

BILD 5.18 Formular: F_Überwachungs- und Messmittel verwalten

■ 5.8 5_WARENEINGANG/LAGER/VERSAND

Für den Funktionsbereich **5_WARENEINGANG/LAGER/VERSAND** werden folgende Prozessabläufe benötigt:

- Wareneingang extern
- Wareneingang aus Service
- Produkte einlagern oder auslagern
- Produkte versenden
- Inventur

5.8.1 WARENEINGANG: Wareneingang extern

Mit diesem Prozessablauf wird der externe Wareneingang prozessorientiert beschrieben (Bild 5.19).

Im Wareneingang werden unterschiedliche Produkte angeliefert und müssen gelenkt werden:

- neue Maschinen, Geräte, Anlagen,
- Maschinen, Geräte, Anlagen zur Wartung, Reparatur, Reklamation,
- Gebrauchtmaschinen,
- Zubehör, Ersatzteile, Überwachungs- und Messmittel,
- vom Kunden beigestellte Anbauten,
- Kunden- und Lieferantenreklamation.

Eine Kennzeichnung der Produkte wird durch den Lieferanten durchgeführt und ist eindeutig. Eine eigene Kennzeichnung entfällt.

Lager und Wareneingangsbereich sind für Neumaschinen, Neugeräte und Neuanlagen vorgesehen. Es ist ein Stellplan mit den Maschinennummern anzulegen, um einen einfacheren Transport zwischen Buchen der Maschinennummer und Versand zu ermöglichen.

WECHSELWIRKUNG Aus diesem Prozessablauf wird eventuell auf weitere Prozessabläufe verwiesen (Wechselwirkung). Eine detaillierte Beschreibung erfolgt in diesen Prozessabläufen.

KORREKTUREN, KORREKTURMASSNAHMEN, VERBESSERUNGSMASSNAHMEN Es sind eventuell Korrekturen oder Korrekturmaßnahmen einzuleiten. Im Bedarfsfall ist das Formular *F_Maßnahmen* auszufüllen. In diesem Formular werden Korrektur, Korrekturmaßnahme und Verbesserungsmaßnahme zusammengefasst.

5.8 5_WARENEINGANG/LAGER/VERSAND

WARENEINGANG: Wareneingang extern

Tätigkeit / Prozessschritte (Abfolge-Eingaben-Ergebnisse) ↓	Führung	Vertrieb Innendienst	Vertrieb Technik	Vertrieb Außendienst	Einkauf	Service	WE, Lager, Versand	Extern	Wechselwirkung, Checkliste (Wissen der Organisation), Kriterien, Verfahren, Ressourcen	Lenkung dokumentierter Information, Wissen der Organisation
STARTEREIGNIS: *Wareneingang extern durchführen*										•
Sichtprüfung durchführen							X		**Prüfen:** Beschädigung, Anzahl oder Transporteinheiten, Lieferadresse	•
Lieferschein und Bestellung mit gelieferten Produkten vergleichen, evtl. Maßprüfung, Oberflächenprüfung durchführen							X		**Prüfen:** Beschädigung, Anzahl, Artikel, evtl. Maßprüfung, Oberflächenprüfung	• Lieferschein • Bestellung
Nachfolgende Tätigkeiten erfolgen bei neuen Maschinen, Geräten, Anlagen, Zubehör, Ersatzteilen.										•
Lieferschein (Lieferant) Produkte als geliefert melden (Maschinen, Geräte, Anlagen, Zubehör, Ersatzteile)		(X)			X	X	X		**Prüfen:** Lagerort: Neuer Lagerplatz oder bestehender Lagerplatz wird lt. EDV-System zugeordnet.	• Lieferschein (Lieferant) • Einlagerungsschein
Produkte auf reservierte Kundenaufträge verteilen (Maschinen, Geräte, Anlagen, Zubehör, Ersatzteile)		(X)			X	X	X		**Prüfen:** Produkte auf reservierte Kundenaufträge verteilen, Lieferschein (Kunde), restliche Produkte einlagern	• Lieferschein (Kunde) • Einlagerungsschein
Produkte nach Vorgabe kennzeichnen (Maschinen, Geräte, Anlagen, Zubehör, Ersatzteile)					X	X	X		**Prüfen:** • nicht kennzeichnen (Hinweis im EDV-System), • nach Katalog kennzeichnen (Hinweis im EDV-System), • nach Kundenvorschrift kennzeichnen (Hinweis auf Lieferschein) Beschädigung vermeiden, Transporthilfsmittel nutzen	• Lieferschein (Kunde)
Produkte nach Vorgabe konservieren oder verpacken (Maschinen, Geräte, Anlagen, Zubehör, Ersatzteile)					X	X	X		**Prüfen:** • nicht konservieren, nicht verpacken (Hinweis im EDV-System), • nach eigenen Vorschriften konservieren, verpacken (Hinweis im EDV-System), • nach Kundenvorschrift konservieren, verpacken (Hinweis auf Lieferschein) Beschädigung vermeiden, Transporthilfsmittel nutzen	• Lieferschein (Kunde)
Auf Kundenaufträge verteilte Produkte versenden (Maschinen, Geräte, Anlagen, Zubehör, Ersatzteile						X	X		**Wechselwirkung:** • VERSAND_Produkte versenden	•
Produkte ans Lager übergeben (Maschinen, Geräte, Anlagen, Zubehör, Ersatzteile) einlagern						X	X		**Wechselwirkung:** • LAGER_Produkte einlagern_auslagern	•
Nachfolgende Tätigkeiten erfolgen bei vom Kunden beigestellten Anbauten.										•

Dokumentierte Information aufrechterhalten: Bild 5.19 WARENEINGANG_Wareneingang extern.doc
Freigegeben: Klaus Mustermann, Datum: 06.01.2019, Handelsunternehmen
Seite 1 von 3

BILD 5.19 WARENEINGANG: Wareneingang extern (Ausschnitt)

5.8.2 WARENEINGANG: Wareneingang aus Service

Mit diesem Prozessablauf wird der Wareneingang aus dem Service prozessorientiert beschrieben (Bild 5.20).

Aus dem Service werden unterschiedliche Produkte angeliefert und müssen gelenkt werden:

- neue komplettierte Maschinen, Geräte, Anlagen,
- Maschinen, Geräte, Anlagen zur Wartung, Reparatur, Reklamation,
- Gebrauchtmaschinen,
- Zubehör, Ersatzteile,
- vom Kunden beigestellte Anbauten,
- Kunden- und Lieferantenreklamation.

Eine Kennzeichnung der Produkte wird durch den Lieferanten oder den Servicetechniker durchgeführt und ist eindeutig. Eine weitere Kennzeichnung entfällt.

Lager und Wareneingangsbereich sind für Neumaschinen, Neugeräte und Neuanlagen vorgesehen. Es ist ein Stellplan mit den Maschinennummern anzulegen, um einen einfacheren Transport zwischen Buchen der Maschinennummer und Versand zu ermöglichen.

WECHSELWIRKUNG

Aus diesem Prozessablauf wird eventuell auf weitere Prozessabläufe verwiesen (Wechselwirkung). Eine detaillierte Beschreibung erfolgt in diesen Prozessabläufen.

KORREKTUREN, KORREKTURMASSNAHMEN, VERBESSERUNGSMASSNAHMEN

Es sind eventuell Korrekturen oder Korrekturmaßnahmen einzuleiten. Im Bedarfsfall ist das Formular *F_Maßnahmen* auszufüllen. In diesem Formular werden Korrektur, Korrekturmaßnahme und Verbesserungsmaßnahme zusammengefasst.

5.8 5_WARENEINGANG/LAGER/VERSAND

WARENEINGANG: Wareneingang aus Service

Tätigkeit / Prozessschritte (Abfolge-Eingaben-Ergebnisse)	Füh-rung	Vertrieb Innendienst	Vertrieb Technik	Vertrieb Außendienst	Einkauf	Service	WE, Lager, Versand	Extern	Wechselwirkung, Checkliste (Wissen der Organisation), Kriterien, Verfahren, Ressourcen	Lenkung dokumentierter Information, Wissen der Organisation
STARTEREIGNIS: Wareneingang aus Service durchführen										•
Wareneingangsschein mit gelieferten Produkten vergleichen (Maschinen, Geräte, Anlagen)						X	X		**Prüfen:** Beschädigung, Anzahl, Artikel, Mitteilung an Einkauf **Wechselwirkung:** • SERVICE_Montage_ Wartung_ Reparatur_ Reklamation_Werkstatt	• Kundenauftrag • Maschinenkarte
Wareneingangsschein Produkte als geliefert melden (Maschinen, Geräte, Anlagen)		(X)			X	X			**Prüfen:** Lagerort: Neuer Lagerplatz oder bestehender Lagerplatz wird lt. EDV-System zugeordnet.	• Kundenauftrag • Maschinenkarte • Einlagerungsschein
Produkte auf reservierte Kundenaufträge verteilen (Maschinen, Geräte, Anlagen)		(X)			X	X			**Prüfen:** Produkte auf reservierte Kundenaufträge verteilen, Lieferschein, restliche Produkte einlagern	• Kundenauftrag • Maschinenkarte • Lieferschein
Produkte nach Vorgabe kennzeichnen (Maschinen, Geräte, Anlagen)						X	X		**Prüfen:** • nicht kennzeichnen (Hinweis im EDV-System) • nach Katalog kennzeichnen (Hinweis im EDV-System) • nach Kundenvorschrift kennzeichnen (Hinweis auf Lieferschein) Beschädigung vermeiden, Transporthilfsmittel nutzen	• Kundenauftrag • Maschinenkarte • Lieferschein
Produkte nach Vorgabe konservieren und / oder verpacken (Maschinen, Geräte, Anlagen)						X	X		**Prüfen:** • nicht konservieren, nicht verpacken (Hinweis im EDV-System) • nach eigenen Vorschriften konservieren, verpacken (Hinweis im EDV-System) • nach Kundenvorschrift konservieren, verpacken (Hinweis auf Lieferschein) Beschädigung vermeiden, Transporthilfsmittel nutzen	• Kundenauftrag • Maschinenkarte • Lieferschein
Auf Kundenaufträge verteilte Produkte versenden (Maschinen, Geräte, Anlagen)							X		**Wechselwirkung:** • VERSAND_Produkte versenden	•
Produkte ans Lager übergeben (Maschinen, Geräte, Anlagen)						X	X		**Wechselwirkung:** • LAGER_Produkte einlagern_auslagern	•
ENDEREIGNIS: Wareneingang aus Service durchgeführt										•
										•
Nachfolgende Tätigkeiten werden nur bei Bedarf durchgeführt.										
Korrekturmaßnahmen durchführen		X			X	X	X		**Wechselwirkung:** • QM: Nichtkonformität und Korrekturmaßnahmen	•

Bewertung des Prozesses:	**Methode:** Rückmeldungen von Personal, internes Audit
Fortlaufende Verbesserung:	**Methode:** Rückmeldungen von Service, Lager **Informationen Risiken und Chancen:** Maschinenkarte, Hinweise für Kennzeichnung, Konservierung, Verpacken

Dokumentierte Information aufrechterhalten: Bild 5.20 WARENEINGANG_Wareneingang aus Service.doc
Freigegeben: Klaus Mustermann, Datum: 06.01.2019, Handelsunternehmen
Seite 1 von 2

BILD 5.20 WARENEINGANG: Wareneingang aus Service (Ausschnitt)

5.8.3 LAGER: Produkte einlagern oder auslagern

Mit diesem Prozessablauf wird die Einlagerung oder Auslagerung der Produkte aus dem Lager prozessorientiert beschrieben (Bild 5.21).

Lager und Wareneingangsbereich sind für Neumaschinen, Neugeräte und Neuanlagen vorgesehen. Es ist ein Stellplan mit den Maschinennummern anzulegen, um einen einfacheren Transport zwischen Buchen der Maschinennummer und Versand zu ermöglichen.

Dazu zählen folgende Produkte:

- neue komplettierte Maschinen, Geräte, Anlagen,
- Maschinen, Geräte, Anlagen zur Wartung, Reparatur, Reklamation,
- Gebrauchtmaschinen,
- Zubehör, Ersatzteile,
- vom Kunden beigestellte Anbauten,
- Kunden- und Lieferantenreklamation.

Die Ware wird eventuell konserviert und einem bestimmten Lagerplatz zugeordnet. Die Einlagerung erfolgt nach FIFO *(First in, First out)*, ebenso die Auslagerung.

WECHSELWIRKUNG Aus diesem Prozessablauf wird eventuell auf weitere Prozessabläufe verwiesen (Wechselwirkung). Eine detaillierte Beschreibung erfolgt in diesen Prozessabläufen.

KORREKTUREN, KORREKTURMASSNAHMEN, VERBESSERUNGSMASSNAHMEN Es sind eventuell Korrekturen oder Korrekturmaßnahmen einzuleiten. Im Bedarfsfall ist das Formular *F_Maßnahmen* auszufüllen. In diesem Formular werden Korrektur, Korrekturmaßnahme und Verbesserungsmaßnahme zusammengefasst.

5.8 5_WARENEINGANG/LAGER/VERSAND

LAGER: Produkte einlagern oder auslagern

Tätigkeit / Prozessschritte (Abfolge-Eingaben-Ergebnisse)	Füh-rung	Ver-trieb Innen-dienst	Ver-trieb Tech-nik	Ver-trieb Außen-dienst	Ein-kauf	Ser-vice	WE, La-ger, Ver-sand	Ex-tern	Wechselwirkung, Checkliste (Wissen der Organisation), Kriterien, Verfahren, Ressourcen	Lenkung dokumentierter Information, Wissen der Organi-sation
STARTEREIGNIS: *Produkte einlagern oder auslagern durchführen*										•
Nachfolgende Tätigkeiten erfolgen bei der _Einlagerung_ von Maschinen, Geräten, Anlagen, Zubehör, Ersatzteilen.										•
Produkte einlagern			X				X		**Wechselwirkung:** • WARENEINGANG_ Wareneingang extern • VERTRIEB_Reklamation **Prüfen:** neuer Lagerplatz oder bestehender Lagerplatz, Einlagerung nach FIFO, Beschädigung vermeiden, Transporthilfsmittel nutzen	• Einlagerungsschein • Maschinenkarte
Nachfolgende Tätigkeiten erfolgen bei der _Einlagerung_ von Maschinen, Geräten, Anlagen, Zubehör, Ersatzteilen.										•
Produkte einlagern			X			X	X		**Wechselwirkung:** • WARENEINGANG_ Wareneingang aus Service • SERVICE_Montage_ Wartung_Reparatur_ Reklamation_Kunde vor Ort • VERTRIEB_Reklamation **Prüfen:** neuer Lagerplatz oder bestehender Lagerplatz, Einlagerung nach FIFO, Beschädigung vermeiden, Transporthilfsmittel nutzen	• Einlagerungsschein • Maschinenkarte
										•

Dokumentierte Information aufrechterhalten: Bild 5.21 LAGER_Produkte einlagern_auslagern.doc
Freigegeben: Klaus Mustermann, Datum: 06.01.2019, Handelsunternehmen
Seite 1 von 2

BILD 5.21 LAGER: Produkte einlagern oder auslagern (Ausschnitt)

5.8.4 VERSAND: Produkte versenden

Mit diesem Prozessablauf wird der Versand der Produkte prozessorientiert beschrieben (Bild 5.22).

Der Versand verschickt unterschiedliche Produkte mit Versender, Bahn, Spediteur usw.

Dazu zählen folgende Produkte:

- neue komplettierte Maschinen, Geräte, Anlagen,
- Maschinen, Geräte, Anlagen zur Wartung, Reparatur, Reklamation,
- Gebrauchtmaschinen,
- Zubehör, Ersatzteile,
- vom Kunden beigestellte Anbauten,
- Kunden- und Lieferantenreklamation.

Es erfolgt nur eine Sichtprüfung, um die unterschiedlichen Produkte dem jeweiligen Empfänger korrekt zuzuordnen.

Die Ware wird gekennzeichnet, verpackt und versandfertig vorbereitet.

WECHSELWIRKUNG Aus diesem Prozessablauf wird eventuell auf weitere Prozessabläufe verwiesen (Wechselwirkung). Eine detaillierte Beschreibung erfolgt in diesen Prozessabläufen.

KORREKTUREN, KORREKTURMASSNAHMEN, VERBESSERUNGSMASSNAHMEN Es sind eventuell Korrekturen oder Korrekturmaßnahmen einzuleiten. Im Bedarfsfall ist das Formular *F_Maßnahmen* auszufüllen. In diesem Formular werden Korrektur, Korrekturmaßnahme und Verbesserungsmaßnahme zusammengefasst.

VERSAND: Produkte versenden

Tätigkeit / Prozessschritte (Abfolge-Eingaben-Ergebnisse)	Füh-rung	Vertrieb Innendienst	Vertrieb Technik	Vertrieb Außendienst	Einkauf	Service	WE, Lager, Versand	Extern	Wechselwirkung, Checkliste (Wissen der Organisation), Kriterien, Verfahren, Ressourcen	Lenkung dokumentierter Information, Wissen der Organisation
STARTEREIGNIS: Produkte versenden										•
Nachfolgende Tätigkeiten erfolgen beim Versand von Maschinen, Geräten, Anlagen, Zubehör, Ersatzteilen.										•
Produkte aus dem Lager zum Versand erhalten							X		**Wechselwirkung:** • LAGER_Produkte einlagern_auslagern	•
Produkte aus dem Wareneingang zum Versand erhalten					X		X		**Wechselwirkung:** • WARENEINGANG_Wareneingang extern	•
Produkte aus dem Wareneingang zum Versand erhalten						X	X		**Wechselwirkung:** • WARENEINGANG_Wareneingang aus Service	•
Produkte mit Lieferschein vergleichen							X		**Prüfen:** Anzahl, Artikel-Nr., Lieferadresse, Beschädigung	• Lieferschein
Produkte versandfertig verpacken							X		**Prüfen:** Karton, Kiste, Kundenwunsch, Kundenverpackung, Füllmaterial, Empfindlichkeit für Beschädigungen berücksichtigen, Gefahrensymbole	• Lieferschein
Versender wählen							X		**Prüfen:** Länge, Breite, Höhe, Gewicht, Versandart, Kundenwunsch, Empfindlichkeit für Beschädigungen berücksichtigen, Gefahrensymbole	• Lieferschein
Versandbelege erstellen und buchen							X		**Prüfen:** Versender hat eigene Vordrucke, Standardvordrucke. Versand im EDV-System buchen	• Lieferschein • Versandbelege
Versandbelege abheften							X		**Prüfen:** Versandbelege archivieren	• Lieferschein • Versandbelege
Nachfolgende Tätigkeiten erfolgen: • bei Rücksendung von vom Kunden beigestellten Materialien und Unterlagen, • bei abgelehnter Kundenreklamation.										•
Produkte mit Lieferschein vergleichen			X				X		**Prüfen:** Anzahl, Artikel-Nr., Lieferadresse, Beschädigung **Wechselwirkung:** • VERTRIEB_Auftrag_ändern_stornieren • VERTRIEB_Reklamation	• Lieferschein
Produkte versandfertig verpacken						X			**Prüfen:** Karton, Kiste, Kundenwunsch, Kundenverpackung, Füllmaterial, Empfindlichkeit für Beschädigungen berücksichtigen, Gefahrensymbole	• Lieferschein
Versender wählen							X		**Prüfen:** Länge, Breite, Höhe, Gewicht, Versandart, Kundenwunsch, Empfindlichkeit für Beschädigungen berücksichtigen	• Lieferschein

Dokumentierte Information aufrechterhalten: Bild 5.22 VERSAND_Produkte versenden.doc
Freigegeben: Klaus Mustermann, Datum: 06.01.2019, Handelsunternehmen

BILD 5.22 VERSAND: Produkte versenden (Ausschnitt)

5.8.5 LAGER: Inventur

Mit diesem Prozessablauf wird die permanente Inventur prozessorientiert beschrieben (Bild 5.23).

Die Jahresinventur dient gleichzeitig der Produktbeurteilung nach folgenden Kriterien:

- Lagerhüter,
- neue komplettierte Maschinen, Geräte, Anlagen,
- Maschinen, Geräte, Anlagen zur Wartung, Reparatur, Reklamation,
- Gebrauchtmaschinen,
- Zubehör, Ersatzteile,
- korrekter Lagerort/Lagerplatz.

Die Produkte werden durch Sichtprüfung beurteilt. Die Inventurlisten werden durch ein EDV-Programm erstellt und mit dem Bestand abgeglichen.

WECHSELWIRKUNG Aus diesem Prozessablauf wird eventuell auf weitere Prozessabläufe verwiesen (Wechselwirkung). Eine detaillierte Beschreibung erfolgt in diesen Prozessabläufen.

KORREKTUREN, KORREKTURMASSNAHMEN, VERBESSERUNGSMASSNAHMEN Es sind eventuell Korrekturen oder Korrekturmaßnahmen einzuleiten. Im Bedarfsfall ist das Formular *F_Maßnahmen* auszufüllen. In diesem Formular werden Korrektur, Korrekturmaßnahme und Verbesserungsmaßnahme zusammengefasst.

LAGER: Inventur

Tätigkeit / Prozessschritte (Abfolge-Eingaben-Ergebnisse) ↓	Führung	Vertrieb Innendienst	Vertrieb Technik	Vertrieb Außendienst	Einkauf	Service	WE, Lager, Versand	Extern	Wechselwirkung, Checkliste (Wissen der Organisation), Kriterien, Verfahren, Ressourcen	Lenkung dokumentierter Information, Wissen der Organisation
STARTEREIGNIS: *Inventur durchführen*										•
Nachfolgende Tätigkeiten erfolgen bei der Inventur von Maschinen, Geräten, Anlagen, Zubehör, Ersatzteilen.										•
Lagerliste ausdrucken	(X)		X						**Prüfen:** nach Lagerort ausdrucken	• Inventurliste
Inventur durchführen	(X)		X	X					**Prüfen:** Es darf während der Inventur keine physische Bewegung der Produkte erfolgen. Produkterhaltung überprüfen (Sichtkontrolle)	• Inventurliste
Bestandskorrekturen durchführen	(X)		X						**Prüfen:** Die Bestandskorrektur ist im EDV-System zu begründen.	• Inventurliste
Inventur bewerten	(X)		X						**Prüfen:** Die Bewertung der Inventur muss kurzfristig erfolgen. Es erfolgt eine Mengen- und Preisbewertung mit dem EDV-System.	• Inventurliste
ENDEREIGNIS: *Inventur durchgeführt*										•
										•
Nachfolgende Tätigkeiten werden nur bei Bedarf durchgeführt.										•
Korrekturmaßnahmen durchführen	X		X	X					**Wechselwirkung:** • QM: Nichtkonformität und Korrekturmaßnahmen	•

Bewertung des Prozesses:	**Methode:** Rückmeldungen von Personal, internes Audit
Fortlaufende Verbesserung:	**Methode:** Rückmeldungen von Lager, Einkauf, Service **Informationen Risiken und Chancen:** Produkterhaltung, Kennzeichnung und Rückverfolgbarkeit, Mengendifferenzen

BILD 5.23 LAGER: Inventur

5.9 7_VERANTWORTUNG DER OBERSTEN LEITUNG UND ORGANISATION

Für den Funktionsbereich **7_Verantwortung der obersten Leitung und Organisation** werden folgende Prozessabläufe benötigt:

- Oberste Leitung und Organisation
- Ordner *Jährlich durchzuführende Tätigkeiten*, in diesem Ordner werden die jährlich durchzuführenden Tätigkeiten zusammengefasst.

Die DIN EN ISO 9001:2015 teilt die Verantwortung für das Qualitätsmanagementsystem in *oberste Leitung* und *Organisation* auf.

ISO 9000:2015 AUSZUG AUS DER NORM

Begriff: oberste Leitung (3.1.1) = *Person oder Personengruppe, die eine Organisation (3.2.1) auf der obersten Ebene führt und steuert.*

Begriff: Organisation (3.2.1) = *Person oder Personengruppe, die eigene Funktionen mit Verantwortlichkeiten, Befugnissen und Beziehungen hat, um ihre Ziele (3.7.1) zu erreichen.*

In der DIN EN ISO 9001:2015 gibt es somit nur noch die *oberste Leitung (3.1.1)* und die *Organisation (3.2.1)*.

Weitere Hinweise zu den **Begriffen** *obersten Leitung* und *Organisation* finden Sie in diesem Buch unter **Kapitel 1.3.2**.

OBERSTE LEITUNG UND ORGANISATION

Die DIN EN ISO 9001:2015 überträgt die Verantwortung an die:

oberste Leitung = Geschäftsführung,

Organisation = Führungskräfte wie Vertriebsleitung, Einkaufsleitung, Betriebsleitung, Versandleitung, QS-Leitung, Entwicklungsleitung.

In kleineren Organisationen wären folgende Verantwortungen möglich:

oberste Leitung = Geschäftsführung,

Organisation = Mitarbeiter, die für bestimmte Bereiche in der Organisation verantwortlich sind.

5.9.1 QM: Oberste Leitung und Organisation

Mit diesem Prozessablauf wird die *Verantwortung der obersten Leitung* **und** der *Organisation* prozessorientiert beschrieben (Bild 5.24).

WAS MUSS DIE OBERSTE LEITUNG DENN ALLES DURCHFÜHREN?

Die oberste Leitung **muss** in Bezug auf das Qualitätsmanagementsystem Führung und Verpflichtung zeigen.

Im **Inhaltsverzeichnis** wird dies deutlich. Hier erkennt man die Zuordnung der **Verantwortung** an die *oberste Leitung* und an die *Organisation*.

5.9 7_Verantwortung der obersten Leitung und Organisation

QM: Oberste Leitung und Organisation

Tätigkeit / Prozessschritte (Abfolge-Eingaben-Ergebnisse) ↓	Füh-rung	Organisation: Vertrieb (Innendienst, Technik, Außendienst) Einkauf, Logistik, Auftragsabwicklung, Service WE, Lager, Versand	Wechselwirkung, Checkliste (Wissen der Organisation), Kriterien, Verfahren, Ressourcen	Lenkung dokumentierter Information, Wissen der Organisation

Inhaltsverzeichnis

OBERSTE LEITUNG = Geschäftsführung 2
Normenkapitel 5.1.1 *Allgemeines* 2
Normenkapitel 5.1.2 *Kundenorientierung* 3
Normenkapitel 5.2.1 *Festlegung der Qualitätspolitik* 3
Normenkapitel 5.2.2 *Bekanntmachung der Qualitätspolitik* 3
Normenkapitel 5.3 *Rollen, Verantwortlichkeiten und Befugnisse in der Organisation* 4
Normenkapitel 9.3.1, 9.3.2, 9.3.3 *Managementbewertung* 4
ORGANISATION = Führungskräfte / Mitarbeiter mit eigener Verantwortung für bestimmte Bereiche 5
Normenkapitel 4.1 *Verstehen der Organisation und ihres Kontextes* 5
Normenkapitel 4.2 *Verstehen der Erfordernisse und Erwartungen interessierter Parteien* 5
Normenkapitel 4.3 *Festlegen des Anwendungsbereichs des Qualitätsmanagementsystems* 5
Normenkapitel 4.4 *Qualitätsmanagementsystem und seine Prozesse* 6
Normenkapitel 6.1 *Maßnahmen zum Umgang mit Risiken und Chancen* 7
Normenkapitel 6.2 *Qualitätsziele* 7
Normenkapitel 6.3 *Planung von Änderungen* 7
Normenkapitel 7.1.1 *Ressourcen Allgemeines* 8
Normenkapitel 7.1.2 *Personen* 8
Normenkapitel 7.1.3 *Infrastruktur* 8
Normenkapitel 7.1.4 *Prozessumgebung* 8
Normenkapitel 7.1.5.1 *Ressourcen zur Überwachung und Messung* 8
Normenkapitel 7.1.5.2 *Messtechnische Rückführbarkeit* 9
Normenkapitel 7.1.6 *Wissen der Organisation* 9
Normenkapitel 7.2 *Kompetenz* 9
Normenkapitel 7.3 *Bewusstsein* 9
Normenkapitel 7.4 *Kommunikation* 9
Normenkapitel 7.5.1 *Dokumentierte Information* 10
Normenkapitel 7.5.2 *Erstellen und Aktualisieren* 10
Normenkapitel 7.5.3 *Lenkung dokumentierter Information* 10
Normenkapitel 8.1 *Betriebliche Planung und Steuerung* 11
Normenkapitel 8.2.1 *Kommunikation mit dem Kunden* 11
Normenkapitel 8.2.2 *Bestimmen von Anforderungen für Produkte und Dienstleistungen* 11
Normenkapitel 8.2.3 *Überprüfung der Anforderungen für Produkte und Dienstleistungen* 12
Normenkapitel 8.2.4 *Änderungen von Anforderungen an Produkte und Dienstleistungen* 12
Normenkapitel 8.3.1, 8.3.2, 8.3.3, 8.3.4, 8.3.5, 8.3.6 *Entwicklung von Produkten und Dienstleistungen* . 13
Normenkapitel 8.4.1 *Steuerung von extern bereitgestellten Prozessen, Produkten und Dienstleistungen* 14
Normenkapitel 8.4.2 *Art und Umfang der Steuerung* 15
Normenkapitel 8.4.3 *Informationen für externe Anbieter* 15
Normenkapitel 8.5.1 *Steuerung der Produktion und der Dienstleistungserbringung* 16
Normenkapitel 8.5.2 *Kennzeichnung und Rückverfolgbarkeit* 16
Normenkapitel 8.5.3 *Eigentum der Kunden oder der externen Anbieter* 17
Normenkapitel 8.5.4 *Erhaltung* 17
Normenkapitel 8.5.5 *Tätigkeiten nach der Lieferung* 18
Normenkapitel 8.5.6 *Überwachung von Änderungen* 18
Normenkapitel 8.6 *Freigabe von Produkten und Dienstleistungen* 19
Normenkapitel 8.7.1 + 8.7.2 *Steuerung nichtkonformer Ergebnisse* 19
Normenkapitel 9.1 + 9.1.1 *Überwachung, Messung, Analyse und Bewertung* 20
Normenkapitel 9.1.2 *Kundenzufriedenheit* 20
Normenkapitel 9.1.3 *Analyse und Bewertung* 20
Normenkapitel 9.2 *Internes Audit* 20
Normenkapitel 10.1 *Verbesserungen* 21
Normenkapitel 10.2 *Nichtkonformitäten und Korrekturmaßnahmen* 21
Normenkapitel 10.3 *Fortlaufende Verbesserung* 21

<u>Dokumentierte Information aufrechterhalten:</u> Bild 5.24 QM_Oberste Leitung und Organisation.doc
Freigegeben: Klaus Mustermann, Datum: 06.01.2019, Handelsunternehmen
Seite 1 von 1

BILD 5.24 QM: Oberste Leitung und Organisation – Inhaltsverzeichnis (Ausschnitt)

5.9.2 Was sind die Anforderungen an die oberste Leitung?

Nun werden Sie sich vielleicht fragen: Muss die oberste Leitung die Normenkapitel 5.1.1 bis 5.3 und 9.3.1 bis 9.3.3 alle selbst durchführen?

Dies ist jedoch **nicht** generell der Fall. In den Normenkapiteln 5.1.1 bis 5.3 muss die oberste Leitung: die Rechenschaftspflicht übernehmen und kann diese nicht delegieren; sicherstellen; fördern; vermitteln; Personen einsetzen, anleiten und unterstützen; festlegen, umsetzen, aufrechterhalten. Die Normenkapitel sind daher **einzeln** zu betrachten.

Hier bedeutet z. B. *sicherstellen*, dass die oberste Leitung sicherstellen muss, dass die Normenkapitel 5.1.1 bis 5.3 auch umgesetzt werden, dafür sorgen, dass etwas sicher vorhanden ist oder getan werden kann; gewährleisten, garantieren, sie muss es jedoch **nicht** selbst durchführen. Es ist aber darauf zu achten, dass *sicherstellen* nicht aus dem Sinnzusammenhang gerissen wird. So hat der Begriff *sicherstellen* in Verbindung mit *muss* und *bewerten* eine andere Auswirkung. Daher muss der Normentext genau interpretiert werden.

Im Normenkapitel 5.1.1 muss die oberste Leitung *sicherstellen*, dass z. B. messbare Qualitätsziele *festgelegt* und Verbesserungen, die Anwendung des prozessorientierten Ansatzes sowie das risikobasierte Denken *gefördert* werden.

Im Normenkapitel 5.2.1 **muss** die oberste Leitung die Qualitätspolitik *festlegen, umsetzen* und *aufrechterhalten*. Im Normenkapitel 5.3 muss die oberste Leitung *sicherstellen*, dass die Verantwortlichkeiten und Befugnisse für relevante Rollen innerhalb der gesamten Organisation zugewiesen, bekannt gemacht und verstanden werden, und Verantwortlichkeiten und Befugnisse *zuweisen*. In den Normenkapiteln 9.3.1 bis 9.3.3 **muss** die oberste Leitung die *Managementbewertung* **selbst** durchführen.

5.9.2.1 Formular: F_Qualitätspolitik

Mit diesem Formular wird die Qualitätspolitik festgelegt (Bild 5.25).

ISO 9000:2015 AUSZUG AUS DER NORM

Begriff: Qualitätspolitik (3.5.9) = *Politik (3.5.8) bezüglich Qualität (3.6.2)*.

Nun wird deutlich, dass hier **nicht** Aussagen zur **Politik der Organisation** getroffen werden, sondern Aussagen (Politik) zur **Qualität** und wie diese in der eigenen Organisation umgesetzt werden.

Es ist eine Anforderung der DIN EN ISO 9001:2015, dass die Qualitätspolitik von der **obersten Leitung = Geschäftsführung** *festgelegt, umgesetzt* und *aufrechterhalten* wird.

Die Qualitätspolitik muss für den Zweck, den Kontext, die strategische Ausrichtung, für das Festlegen von Qualitätszielen, die Verpflichtung zur Erfüllung zutreffender Anforderungen und für die Verpflichtung zur fortlaufenden Verbesserung des Qualitätsmanagementsystems geeignet sein.

Wenn Sie die Qualitätspolitik in **vier Punkte** einteilen, erhalten Sie eine Struktur der Qualitätspolitik für Ihre Organisation.

HINWEIS: Den Text im Formular **vor** den Punkten 1 bis 4 müssen Sie löschen, da er nur zur Erläuterung dient. Den *kursiv geschriebenen Text* **dahinter** müssen Sie an Ihre Organisation anpassen.

1. Kunden:

Hier treffen Sie Aussagen zu den Kunden, die Sie beliefern. Diese Aussagen zu treffen ist problemlos, da Sie Ihre Kunden kennen, die Ihre Produkte kaufen.

2. Produkte/Dienstleistungen:

Hier treffen Sie die Aussagen zu den Produkten, Dienstleistungen und Vorteilen für die Kunden, wenn sie Ihre Produkte nutzen. Dazu gehören auch die Einsatzgebiete des Kunden, für die Ihre Produkte genutzt werden können. Diese Aussagen zu treffen ist problemlos, da Sie die Einsatzgebiete und Vorteile Ihrer Produkte kennen.

5.9 7_Verantwortung der obersten Leitung und Organisation

F_Qualitätspolitik

1. Kunden:
Hier treffen Sie Aussagen zu den Kunden, die Sie beliefern. Diese Aussagen zu treffen ist problemlos, da Sie Ihre Kunden kennen, die Ihre Produkte kaufen, z. B.: *„Wir beliefern Kunden aus den Bereichen Industrie und Handwerk."*

2. Produkte / Dienstleistungen:
Hier treffen Sie die Aussagen zu den Produkten, Dienstleistungen und Vorteilen für die Kunden, wenn Sie Ihre Produkte und Dienstleistungen nutzen. Diese Aussagen zu treffen ist problemlos, da Sie die Möglichkeiten Ihrer Produkte und Dienstleistungen kennen, z. B.: *„Zu den Produkten zählen Maschinen, Geräte, Anlagen. Unser Lieferprogramm für Zubehör und Ersatzteile umfasst ca. 120.000 Artikel, die ab Lager frei Haus versandt werden, wie z. B.: Leitungsverbinder, Gewindefittings, Kupplungstechnik, Schläuche – Rohre – Schellen, Absperrarmaturen, Regeln – Messen – Aufbereiten, Ventile – Elektronik, Zylinder – Stoßdämpfer – Vakuum, Werkzeuge, Industriebedarf. Als Service bieten wir die Montage, Wartung und Reparatur in eigener Werkstatt oder direkt beim Kunden vor Ort."*

3. Organisation:
Hier treffen Sie Aussagen zu Ihrer Organisation. Dazu gehören die Besonderheiten, wie Sie auf die Kundenanforderungen eingehen. Dies ist nicht ganz so problemlos, da manche Organisationen ihre eigenen Besonderheiten nicht kennen und für viele Organisationen dies eigentlich „Selbstverständlichkeiten" sind, z. B.: *„Unser Spektrum umfasst die Beratung, die Planung, die Vermietung, den Verkauf und den Service. Durch den Außendienst vor Ort, erfolgt eine praxisnahe Beratung mit dem Ziel der Erhöhung von Effektivität und Effizienz durch anwendungsspezifische Systemlösungen. Dies schließt vorhandene und neue Systeme ein. Weiter bieten wir einen Rund-um-die-Uhr-Service an 365 Tagen im Jahr. Die Ersatzteile liefern wir direkt ab Lager. Für Notfälle stellen wir Austausch- und Leihgeräte zur Verfügung. Unsere kompetenten Servicetechniker warten Produkte unterschiedlicher Fabrikate. Unser QM-System ist zertifiziert nach DIN EN ISO 9001:2015."*

4. Mitarbeiter:
Hier treffen Sie Ihre Aussage, wie Sie die Mitarbeiter zur Qualitätspolitik verpflichtet haben, z. B.: *„In allen Funktionsbereichen, Ebenen und Prozessen sind Fehler vermeidbar, wenn ihre Ursachen konsequent beseitigt werden. Damit wird nicht nur die Kundenzufriedenheit gefördert, sondern auch die fortlaufende Verbesserung innerhalb des Unternehmens umgesetzt. Die Sicherung und gezielte Verbesserung der Qualität ist eine Aufgabe für unser gesamtes Unternehmen. Unser Unternehmen fühlt sich verpflichtet, die Qualität der Abläufe, Produkte und Dienstleistungen zu sichern und ständig zu verbessern, um unserem Unternehmen eine sichere Zukunft zu verschaffen."*

Jeder Mitarbeiter ist verpflichtet, die Anforderungen zu erfüllen und zur fortlaufenden Verbesserung der Wirksamkeit des Qualitätsmanagementsystems beizutragen.

Die Organisationsabläufe und Anforderungen an das Produkt und an die Dienstleistung werden mithilfe von messbaren Qualitätszielen für die entsprechenden Funktionsbereiche, Ebenen und Prozesse auf eine fortdauernde Angemessenheit bewertet.

Die Darstellung der Wechselwirkungen zwischen den Funktionsbereichen, Ebenen und Prozessen ermöglicht ein wirksames Leiten und Lenken der Betriebsabläufe zur Erreichung der messbaren Qualitätsziele.

*Für unser Unternehmen gibt es keine **externen** relevanten interessierten Parteien, für die die Qualitätspolitik verfügbar sein muss.*

Diese Qualitätspolitik wurde am TT.MM.JJJJ von der Geschäftsführung in Kraft gesetzt.

Dokumentierte Information aufrechterhalten: Bild 5.25 F_Qualitätspolitik.doc
Freigegeben: Klaus Mustermann, Datum: 06.01.2019, Handelsunternehmen

BILD 5.25 Formular: F_Qualitätspolitik

3. Organisation:

Hier treffen Sie die Aussagen zu Ihrer Organisation. Dazu gehören die Besonderheiten, wie Sie auf die Kundenanforderungen eingehen. Dies ist nicht ganz so problemlos, da manche Organisationen ihre eigenen Besonderheiten nicht kennen und für viele Organisationen dies eigentlich „Selbstverständlichkeiten" sind.

4. Mitarbeiter:

Hier treffen Sie Ihre Aussage, wie Sie die Mitarbeiter zur Qualitätspolitik verpflichtet haben.

Wenn Sie Ihre **bisherige Qualitätspolitik oder Ihr Leitbild** weiter nutzen wollen, dann müssen Sie eine Anpassung vornehmen. Dazu wurden die geänderten Anforderungen der DIN EN ISO 9001:2015, die Sie beachten müssen, **grau** hinterlegt. Sie können den Text kopieren und in Ihre eigene Qualitätspolitik einfügen.

5.9.2.2 Formular: F_Managementbewertung

Mit diesem Formular wird die Managementbewertung durchgeführt (Bild 5.26).

Es ist eine Anforderung der DIN EN ISO 9001:2015, dass die Managementbewertung von der **obersten Leitung = Geschäftsführung** in **geplanten Abständen durchgeführt** wird, um die *fortdauernde Eignung, Angemessenheit* und *Wirksamkeit* des Qualitätsmanagementsystems sowie deren *Angleichung an die strategische Ausrichtung der Organisation* sicherzustellen.

Die Managementbewertung ist eine Zusammenfassung der Leistung und Wirksamkeit des Qualitätsmanagementsystems durch die oberste Leitung.

Die Managementbewertung ist weiter eine **Zusammenfassung** über einen vorher **bestimmten Zeitraum**. Die Norm schreibt die Managementbewertung vor. Dazu gehören die **Eingaben** und die **Ergebnisse**. Sie schreibt jedoch **nicht vor**, **wie oft** Sie die Managementbewertung durchführen müssen. Sie können die Managementbewertung einmal pro Jahr durchführen oder auch öfters. Es bleibt daher Ihnen überlassen, wie Sie das umsetzen wollen.

Das Formular *F_Managementbewertung* enthält alle Anforderungen der Norm. Sie dürfen die **Inhalte der Tabellenspalten links nicht ändern**, sondern nur die **Antworten unter** *Informationen, Bewertung* und *Handlungsbedarf*.

Die *Informationen* erhalten Sie aus den aufgeführten Formularen, z. B. *F_Bewertung der Leistung*.

Die *Bewertungen* sind Beispiele als Multiple-Choice-Antworten, nur **eine** Antwort ist gültig. Also das löschen, was nicht zutrifft. Wenn Ihnen die Antworten zu „kurz" sind, dann können Sie auch ausführliche Texte schreiben.

Wenn Sie einen *Handlungsbedarf* feststellen, dann tragen Sie die Maßnahmen bitte ein und setzen sie um. Dazu nutzen Sie das Formular *F_Maßnahmen*.

Was passiert, wenn Sie als Ergebnis **keine** Verbesserung der Wirksamkeit des Qualitätsmanagementsystems und seiner Prozesse, keine Produktverbesserung in Bezug auf Kundenanforderungen oder keinen Bedarf an Ressourcen in diesem Jahr haben? Dann protokollieren Sie dies als Ergebnis, dass kein Bedarf besteht.

Ausführliche Hinweise zum **Begriff:** *Managementbewertung* finden Sie in diesem Buch unter **Kapitel 1.6**.

F_Managementbewertung

MANAGEMENTBEWERTUNG FÜR DAS JAHR XXXX

Eingaben, Bewertung und Ergebnisse der Managementbewertung unter Erwägung nachfolgender Aspekte durch die oberste Leitung:		
Als Basis für die Managementbewertung wurden die bereits durchgeführten Analysen und Bewertungen der dokumentierten Informationen verwendet (siehe unter „Informationen:" in diesem Formular).		

Status von Maßnahmen vorheriger Managementbewertungen berücksichtigen	Informationen:	F_Managementbewertung (vorherige), F_Maßnahmen (vorherige)
	Bewertung:[1]	umgesetzt, zum Teil umgesetzt, noch offen, keine Maßnahmen vorhanden
	Handlungsbedarf:	
Veränderungen bei externen und internen Themen, die das Qualitätsmanagementsystem betreffen, berücksichtigen	Informationen:	F_Kontext Interne Externe Themen Risiken Chancen
	Bewertung:	keine Veränderungen notwendig, Veränderung no...
	Handlungsbedarf:	
Informationen über die Leistung und Wirksamkeit des Qualitätsmanagementsystems:		
Informationen zur Kundenzufriedenheit berücksichtigen	Informationen:	F_Bewertung der Leistung
	Bewertung:	gut, zufriedenstellend, nicht zufriedenstellend
	Handlungsbedarf:	
Informationen zur Rückmeldung von relevanten Interessierten Parteien berücksichtigen	Informationen:	Rückmeldungen
	Bewertung:	keine Rückmeldungen vorhanden, Rückmeldungen vorhanden
	Handlungsbedarf:	
Informationen, in welchem Umfang die Qualitätsziele erfüllt wurden, berücksichtigen	Informationen:	F_Messbare Qualitätsziele
	Bewertung:	erfüllt, zum Teil erfüllt, nicht erfüllt
	Handlungsbedarf:	
Informationen zu Prozessleistung und Konformität von Produkten und Dienstleistungen berücksichtigen	Informationen:	F_Bewertung der Leistung
	Bewertung:	erfüllt, zum Teil erfüllt, nicht erfüllt
	Handlungsbedarf:	
Informationen zu Nichtkonformitäten und Korrekturmaßnahmen berücksichtigen	Informationen:	F_Maßnahmen
	Bewertung:	umgesetzt, zum Teil umgesetzt, noch offen
	Handlungsbedarf:	
Informationen über Ergebnisse von Überwachungen und Messungen	Informationen:	F_Bewertung der Leistung
	Bewertung:	erfüllt, zum Teil erfüllt, nicht erfüllt
	Handlungsbedarf:	
Informationen zu Ergebnissen von Audits berücksichtigen	Informationen:	F_Internes Audit_Plan_Bericht, Auditbericht der Zertifizierungsstelle
	Bewertung:	gut, zufriedenstellend, nicht zufriedenstellend
	Handlungsbedarf:	
Informationen zur Leistung von externen Anbietern berücksichtigen	Informationen:	F_Bewertung der Leistung
	Bewertung:	gut, zufriedenstellend, nicht zufriedenstellend
	Handlungsbedarf:	

In diesem Beispiel werden die Informationen aus dem vorher bewerteten Formular verwendet.

[1] Bewertung: nicht Zutreffendes entfernen

Dokumentierte Information aufbewahren: Bild 5.26 F_Managementbewertung.doc
Freigegeben: Klaus Mustermann, Datum: 06.01.2019, Handelsunternehmen

BILD 5.26 Formular: F_Managementbewertung (Ausschnitt)

5.9.2.3 Verantwortung und Befugnisse

Es ist eine Anforderung der DIN EN ISO 9001:2015, dass die Verantwortung und die Befugnisse in der **gesamten Organisation** *zugewiesen, bekannt gemacht* und *verstanden* werden.

Aus diesem Grund wurden zwei unterschiedliche Arten der Zuordnung von Verantwortung und Befugnissen erstellt:

1. F_Organigramm_Verantwortung (Word) als generelle Darstellung,
2. F_Mitarbeitermatrix (Verantwortung und Befugnisse) (Excel) als detaillierte Darstellung.

Sie müssen selbst entscheiden, ob Sie beide Formulare nutzen wollen oder ob für Sie das Formular *F_Organigramm_Verantwortung* ausreicht. Sollte dies so sein, dann können Sie das Formular *F_Mitarbeitermatrix (Verantwortung und Befugnisse)* **löschen**.

5.9.2.4 Formular: F_Organigramm_Verantwortung (Word) als generelle Darstellung

Mit diesem Formular wird die Verantwortung den einzelnen Funktionen und Ebenen zugeordnet. Das Formular wurde in **gesamte Organisation** und **Qualitätsmanagementsystem der Organisation** unterteilt (Bild 5.27).

ISO 9000:2015 AUSZUG AUS DER NORM

Begriff: Qualitätsmanagementsystem (3.5.4) = *Teil eines Managementsystems (3.5.3) bezüglich der Qualität (3.6.2).*

Aus diesem Grund sind zwei Tabellen vorhanden:

1. die Zuordnung der Verantwortung in der *gesamten Organisation,*
2. die Zuordnung der Verantwortung im *Qualitätsmanagementsystem als Teil des Managementsystems der Organisation.*

Die Verantwortung für die gesamte Organisation: Hier müssen die Namen der obersten Leitung und die Namen der Mitarbeiter, die in der Organisation für die Funktionen, z. B. *Vertrieb,* verantwortlich sind, eingetragen werden.

Die Verantwortung für das Qualitätsmanagementsystem der Organisation: Hier müssen die Namen der obersten Leitung und die Namen der Mitarbeiter, die für *bestimmte Bereiche in der Organisation verantwortlich* sind, eingetragen werden.

Es können auch die gleichen Mitarbeiter sein bzw. wird bei sehr kleinen Organisationen vieles durch die oberste Leitung wahrgenommen. Somit wird deutlich, dass nicht nur ein Mitarbeiter für das Qualitätsmanagementsystem verantwortlich sein kann. Die oberste Leitung ist für das gesamte Qualitätsmanagementsystem verantwortlich und kann diese Verantwortung nicht delegieren. Ebenso wird klarer, dass auch die Mitarbeiter, die für bestimmte *Funktionen in der Organisation verantwortlich* sind, die Verantwortung für das Qualitätsmanagementsystem haben.

Ausführliche Hinweise zu den **Begriffen** *Qualitätsmanagementsystem* und *Qualität* finden Sie in diesem Buch unter **Kapiteln 1.3.3** und **1.3.4**.

Weitere Hinweise zu den **Begriffen:** *oberste Leitung* und *Organisation* finden Sie unter **Kapitel 5.9**.

5.9 7_Verantwortung der obersten Leitung und Organisation

F_Organigramm / Verantwortung

Gesamte Organisation[1]	
Geschäftsführung:	• ?????
	•
Vertrieb:	• ?????
	•
Einkauf:	• ?????
	•
Entwicklung:	• ?????
	•
Service:	• ?????
	•
Wareneingang, Lager, Versand:	• ?????
	•
	•
	•

Qualitätsmanagementsystem[2] der Organisation[3] (Teil des Managementsystems der Organisation bezüglich Qualität)	
Oberste Leitung:	• ?????
	•
Organisation = Mitarbeiter, die für <u>bestimmte Bereiche in der Organisation verantwortlich</u> sind (7.1.2)	• Vertrieb: ????? • Einkauf: ????? • Entwicklung: ????? • Service: ????? • Wareneingang, Lager, Versand: ?????

---

[1] DIN EN ISO 9000:2015: 3.2.1 Organisation
[2] DIN EN ISO 9000:2015: 3.5.4 Qualitätsmanagementsystem
[3] DIN EN ISO 9000:2015: 3.2.1 Organisation

Dokumentierte Information aufrechterhalten: Bild 5.27 F_Organigramm_Verantwortung.doc
Freigegeben: Klaus Mustermann, Datum: 06.01.2019, Handelsunternehmen
Seite 1 von 1

BILD 5.27 Formular: F_Organigramm_Verantwortung (Word) als generelle Darstellung

5.9.2.5 Formular: F_Mitarbeitermatrix (Verantwortung und Befugnisse) (Excel) als detaillierte Darstellung

Falls Sie der Ansicht sind, dass Sie eine genauere Aufteilung benötigen, dann finden Sie im Formular *F_Mitarbeitermatrix (Verantwortung und Befugnisse)* eine detailliertere Aufteilung (Bild 5.28).

Die Verantwortung für das Qualitätsmanagementsystem der Organisation: Hier müssen die „?????" gegen die Namen der *obersten Leitung* und die Namen der *Mitarbeiter, die für bestimmte Bereiche in der Organisation verantwortlich* sind, ausgetauscht werden.

Es können auch die gleichen Mitarbeiter sein bzw. wird bei sehr kleinen Organisationen vieles durch die oberste Leitung wahrgenommen.

5.9 7_Verantwortung der obersten Leitung und Organisation

F_Mitarbeitermatrix (Verantwortung und Befugnisse)	OBERSTE LEITUNG	VERTRIEB	EINKAUF	ENTWICKLUNG	SERVICE	WARENEINGANG / LAGER / VERSAND
Datum: ??.??.????	Geschäftsführung ?????					
die Rechenschaftspflicht für die Wirksamkeit des Qualitätsmanagementsystems	X					
Personen, die zur Wirksamkeit des Qualitätsmanagementsystems beitragen, einsetzen, anleiten und unterstützen (5.1.1 h))	X					
Qualitätspolitik festlegen, umsetzen und aufrechterhalten	X					

Folgende Verantwortung und Befugnis wurde zugewiesen für: (5.3)	OBERSTE LEITUNG	VERTRIEB	EINKAUF	ENTWICKLUNG	SERVICE	WARENEINGANG / LAGER / VERSAND
	Geschäftsführung ?????	Mitarbeiter ?????	Mitarbeiter ?????	Mitarbeiter ?????	Mitarbeiter ?????	Mitarbeiter ?????
dass das Qualitätsmanagementsystem die Anforderungen der DIN EN ISO 9001:2015 erfüllt	(X)					
dass die Prozesse die beabsichtigten Ergebnisse liefern	(X)					
das Berichten über die Leistung des Qualitätsmanagementsystems und über Verbesserungsmöglichkeiten (siehe 10.1), insbesondere an die oberste Leitung	(X)					
das Sicherstellen der Förderung der Kundenorientierung innerhalb der gesamten Organisation	(X)					
das Sicherstellen, dass die Integrität des Qualitätsmanagementsystems aufrechterhalten bleibt, wenn Änderungen am Qualitätsmanagementsystem geplant und umgesetzt werden	(X)					

Folgende Verantwortung und Befugnis wurde zugewiesen für:	OBERSTE LEITUNG	VERTRIEB	EINKAUF	ENTWICKLUNG	SERVICE	WARENEINGANG / LAGER / VERSAND
	Geschäftsführung ?????	Mitarbeiter ?????	Mitarbeiter ?????	Mitarbeiter ?????	Mitarbeiter ?????	Mitarbeiter ?????
internes Audit	(X)					
Datenschutz / Beauftragter für den Datenschutz	(X)					

BILD 5.28 Formular: F_Mitarbeitermatrix (Verantwortung und Befugnisse) (Ausschnitt – Excel) als detaillierte Darstellung

Die Verantwortung für die gesamte Organisation: Hier müssen die „?????" gegen die Namen der *obersten Leitung* und die *Namen der Mitarbeiter*, die in der Organisation für die Funktionen, z. B. *Vertrieb*, und der Prozesse, z. B. *Angebot erstellen, ändern*, verantwortlich sind, ausgetauscht werden (Bild 5.29).

Sie müssen selbst entscheiden, welche Darstellung für Sie von Vorteil ist. Sonst löschen Sie die Excel-Tabelle.

5.9 7_Verantwortung der obersten Leitung und Organisation

Folgende Verantwortung und Befugnis wurde zugewiesen für: (7.1.2)

VERTRIEB

	Geschäftsführung / Vertriebsleitung	Mitarbeiter ?????	Mitarbeiter ?????	Mitarbeiter ?????	Mitarbeiter ?????	Mitarbeiter ?????	Mitarbeiter ?????	Mitarbeiter ?????	Mitarbeiter ?????
Angebot erstellen, ändern	(X)	x	?????	x	x	x	?????	x	?????
Angebot verfolgen	(X)	x	x	x	x	x	x	x	x
Auftrag erstellen	(X)	x	x	x	x	x	x	x	x
Auftrag ändern, stornieren	(X)	x	x	x	x	x	x	x	x
Reklamationen	(X)			x	x	x		x	x

EINKAUF

	Geschäftsführung / Einkaufsleitung	Mitarbeiter ?????	Mitarbeiter ?????	Mitarbeiter ?????	Mitarbeiter ?????	Mitarbeiter ?????	Mitarbeiter ?????	Mitarbeiter ?????	Mitarbeiter ?????
Disposition, Anfrage, Preisvergleich, Bestellung	(X)	?????	?????	?????	?????	?????	?????	?????	?????
Bestellung verfolgen	(X)	x	x	x	x	x	x	x	x
Reklamationen, Falschlieferung	(X)	x	x	x	x	x	x	x	x
Lieferanten Auswahl, Beurteilung, Neubeurteilung	(X)	x	x	x	x	x		x	x

ENTWICKLUNG

	Geschäftsführung / Entwicklungsleitung	Mitarbeiter ?????	Mitarbeiter ?????	Mitarbeiter ?????	Mitarbeiter ?????	Mitarbeiter ?????	Mitarbeiter ?????	Mitarbeiter ?????	Mitarbeiter ?????
?????	?????	?????	?????	?????	?????	?????	?????	?????	?????
F_Entwicklung	(X)	x		x	x	x		x	

SERVICE

	Geschäftsführung / Serviceleitung	Mitarbeiter ?????	Mitarbeiter ?????	Mitarbeiter ?????	Mitarbeiter ?????	Mitarbeiter ?????	Mitarbeiter ?????	Mitarbeiter ?????	Mitarbeiter ?????
Montage / Wartung / Reparatur / Reklamation in der Werkstatt	(X)	x	x	x	x	x	x	x	x
Montage / Wartung / Reparatur / Reklamation beim Kunden vor Ort	(X)	x	x	x	x	x	x	x	x
Überwachungs- und Messmittel	(X)	x	x	x	x	x			

WARENEINGANG / LAGER / VERSAND

	Geschäftsführung / Logistikleitung	Mitarbeiter ?????	Mitarbeiter ?????	Mitarbeiter ?????	Mitarbeiter ?????	Mitarbeiter ?????	Mitarbeiter ?????	Mitarbeiter ?????	Mitarbeiter ?????
Wareneingang extern	(X)	x	x	x	x	x	x	x	x
Wareneingang aus Service	(X)	x	x	x	x	x	x	x	x
Produkte ein- und auslagern	(X)	x	x	x	x	x	x	x	x
Produkte versenden	(X)	x	x	x	x	x		x	x
Inventur	(X)	x	x	x	x	x		x	x

BILD 5.29 Formular: F_Mitarbeitermatrix (Verantwortung und Befugnisse) (Ausschnitt – Excel) als detaillierte Darstellung

5.9.3 Was sind die Anforderungen an die Organisation?

Dazu zählen: *Kontext der Organisation, Zweck der Organisation, strategische Ausrichtung der Organisation, interne und externe Themen, interessierte Parteien, Maßnahmen zum Umgang mit Risiken und Chancen, messbare Qualitätsziele* und die *Bewertung der Leistung*.

5.9.3.1 Formular: F_Kontext Interne Externe Themen Risiken Chancen

Mit diesem Formular werden der *Zweck der Organisation*, die *strategische Ausrichtung der Organisation*, die *internen und externen Themen*, die *interessierten Parteien* und die *Risiken und Chancen* festgelegt (Bild 5.30).

Ausführliche Hinweise zu *Kontext der Organisation, interne und externe Themen* sowie *Risiken und Chancen* finden Sie in diesem Buch in den **Kapiteln 1.5 bis 1.5.9**.

Weitere Hinweise zum **Begriff** *Information* und zum *Dokumentationsumfang zum Kontext der Organisation* finden Sie in diesem Buch im **Kapitel 1.3.9**.

Zum besseren Verständnis haben wir Ihnen ein Beispiel ausgefüllt. Sie finden dieses im Ordner *11_Ausgefüllte Beispiele*.

HINWEIS: Bitte füllen Sie das Formular *F_Kontext Interne Externe Themen Risiken Chancen* auf **Basis Ihrer Organisation** und der Anforderungen des Tagesgeschäftes aus. Das korrekt ausgefüllte Formular ist **die Basis** für die Formulare *F_Messbare Qualitätsziele* und *F_Bewertung der Leistung*.

Wir haben uns überlegt, ob wir überhaupt ausgefüllte Beispiele veröffentlichen, da hier ein Problem vorhanden sein kann. Man sieht: Ach ja, es passt ja auch auf unsere Organisation, und genau **das** ist dann das Problem, da die Belange der eigenen Organisation in den Hintergrund geraten können. Diese Aussage bezieht sich auch auf die Tabellen in diesem Buch in den **Kapiteln 1.5 bis 1.5.9**. Die Inhalte der Tabellen sind als **Anregung** gedacht und zeigen die Vielfalt der Organisationen auf.

Wenn Sie das Formular *F_Kontext Interne Externe Themen Risiken Chancen* ausfüllen, dann betrifft dies die **Organisation**. Sie sollten als **oberste Leitung** daher **nicht** versuchen, das Formular allein auszufüllen, weil Sie unter Umständen nicht alles wissen können und die **Organisation** außen vor bleibt. Wie wollen Sie dann ein risikobasiertes Denken fördern? Ein Qualitätsmanagementsystem ist nicht für Einzelkämpfer und Herrschaftswissen gedacht, sondern bindet die Organisation mit ein.

Weitere Hinweise zum **Begriff** *Organisation* finden Sie unter dem **Absatz 5.9**.

ISO 9001:2015 AUSZUG AUS DER NORM

0.4 Zusammenhang mit anderen Normen zu Managementsystemen

… Diese Internationale Norm enthält **keine** *spezifischen Anforderungen anderer Managementsysteme, z. B. Umweltmanagement, Arbeitsschutzmanagement oder Finanzmanagement …*

A.4 Risikobasiertes Denken

… Diese Internationale Norm legt Anforderungen an die Organisation fest, dass sie ihren Kontext versteht (siehe 4.1) und die Risiken als Grundlage zur Planung (siehe 6.1) bestimmt. Dies verkörpert die Anwendung des risikobasierten Denkens bei der Planung und Verwirklichung von Prozessen des Qualitätsmanagementsystems (siehe 4.4) und hilft bei der Bestimmung des Umfangs von dokumentierten Informationen …

… Das in dieser Internationalen Norm angewendete risikobasierte Denken hat eine teilweise Reduzierung der vorschreibenden Anforderungen und deren Ersatz durch **leistungsorientierte Anforderungen** *ermöglicht …*

… Obwohl in 6.1 festgelegt ist, dass die Organisation Maßnahmen zur Behandlung von Risiken planen muss, sind **keine formellen Methoden** *für das Risikomanagement oder ein dokumentierter Risikomanagementprozess erforderlich.* **Organisationen können entscheiden***, ob sie eine ausgedehntere Vorgehensweise für das Risikomanagement, als von dieser Internationalen Norm gefordert wird, entwickeln möchten oder nicht, z. B. durch die Anwendung anderer Leitlinien oder Normen …*

5.9 7_Verantwortung der obersten Leitung und Organisation

F_Kontext Interne Externe Themen Risiken Chancen

Kontext der Organisation mit der Bestimmung der externen und internen Themen unter Berücksichtigung von Risiken und Chancen und interessierten Parteien	
Zweck und strategische Ausrichtung der Organisation: (4.1)[3]	Handel und Service für Druckluftsysteme. Wir sind Systemlieferant und Dienstleister im Druckluftbereich. Unser Spektrum umfasst die Beratung, die Planung, die Vermietung, den Verkauf und den Service. Durch den Außendienst vor Ort erfolgt eine praxisnahe Beratung mit dem Ziel der Erhöhung von Effektivität und Effizienz durch anwendungsspezifische Druckluftsystemlösungen. Dies schließt vorhandene und neue Systeme ein.
Beabsichtigte Ergebnisse des Qualitätsmanagementsystems: Bedingungen, die von der **Organisation** festgelegt werden und von der Organisation erfüllt werden müssen (inhärente Merkmale) (0.1), (1), (4.1)	
Handel mit Druckluftsystemen: Betriebsdruck, Volumenstrom (m³ pro Minute), Druckluftqualität, Energieverbrauch, Geräuschimmission, dauertestgeeignet, spezifische Leistung	
Beabsichtigte Ergebnisse des Qualitätsmanagementsystems: Bedingungen, die vom **Kunden** festgelegt werden und von der Organisation erfüllt werden müssen (inhärente Merkmale)	
Service für Druckluftsysteme: Serviceintervall, kurze Reaktionszeiten bei Störfällen, 24-Stunden-Notdienst	
EXTERNER Kontext – THEMEN bestimmen: (4.1)	Informationen über die externen Themen überwachen, überprüfen (4.1)
Gesetzliches Umfeld:	CE-Zeichen, Druckgeräterichtlinie (DGRL), Betriebssicherheitsverordnung (BetrSichV), Wasserhaushaltsgesetz (WHG), Chemikalienklimaschutzverordnung (ChemKlimaschutzV), Deutsche Gesetzliche Unfallversicherung (DGUV)
Technisches Umfeld:	Anfrage des Kunden, Angebot an den Kunden, Normen, Werksnorm oder Auflagen des Kunden, Umgebungsbedingungen beim Kunden
Wettbewerbliches Umfeld:	Konkurrenzprodukte, Servicedienstleistungen
Marktbezogenes Umfeld:	
Kulturelles Umfeld:	
Soziales Umfeld:	Es muss der Mindestlohn berücksichtigt werden, da dies von den Kunden gefordert wird, da sonst keine Lieferung erfolgen
Wirtschaftliches Umfeld:	
Interessierte Parteien bestimmen: (4.2)	Kunde, Gesetzgeber, Lieferant, Verband, regelsetzende Institutionen
Relevante Anforderungen der interessierten Parteien überwachen, überprüfen:	Einhaltung der inhärenten Merkmale der Produkte und Dienstleistungen, um die Anforderungen der Kunden erfüllen zu können.
Risiken bestimmen: (6.1.1)	Die inhärenten Merkmale der Produkte und Dienstleistungen ändern sich vor Ort durch den Kunden oder eine andere bauliche Situation, fehlerhafte Information, Vermieter akzeptiert bauliche Veränderungen nicht, bauseitige Leistung des Kunden wird nicht erbracht, erhöhter Wechsel der Mitarbeiter beim Kunden, Einkäufer kauft über den Preis beim Produkt und beim Service und wenig Rücksprache mit der Technik, interne Kommunikation beim Kunden, Nichteinhaltung der Wartungsintervalle durch den Kunden, Nutzungsänderung durch den Kunden, ohne den Service zu benachrichtigen
Chancen bestimmen: (6.1.1)	Wartungsvertrag mit dem Kunden abschließen, Kundenbindungsansprechpartner, EDV-unterstützte Terminplanung, präventive Maßnahmen, Servicetechniker ist in der Nähe und überprüft die Maschine
Planung der einzuleitenden Maßnahmen: (6.1.2)	Außendienst plant mit dem Kunden vor Ort, schriftliche Bestätigung von Absprachen mit dem Kunden
Planung der Bewertung der Wirksamkeit der Maßnahmen: (6.1.2)	(1) Keine Erbringung von unbezahlten/bezahlten Mehrleistungen, (2) geplantes Material war ausreichend, (3) Probelauf war erfolgreich, (4) Gespräch mit dem Kunden nach Abschluss des Projekts
Betroffene Funktionen und Prozesse: (6.1.2)	Vertrieb, Beschaffung, Service
INTERNER Kontext – THEMEN bestimmen: (4.1)	Informationen über die internen Themen überwachen, überprüfen (4.1)
Werte der Organisation:	Qualität der Produkte und Dienstleistungen, seit mehr als drei Jahrzehnten ausgeprägte Kundenorientierung, vertrauensvolle Zusammenarbeit, Flexibilität, die Beratung, die Planung, die Vermietung, den Verkauf und den Service
Kultur der Organisation:	Langfristige Kunden- und Lieferantenbeziehungen, langjährige Mitarbeiterbindung, Umsetzung des Qualitätsmanagementsystems und der erforderlichen Prozesse, um gemeinsame Regeln zu nutzen, und die Anwendung des risikobasierten Denkens
Wissen der Organisation:	Langjährige und erfahrene Mitarbeiter, externe Schulungsmaßnahmen durch den **Hersteller** der Druckluftsysteme, Informationsplattformen vom **Hersteller** der Druckluftsysteme, Serviceauftrag, technische Verkaufsunterlagen, Ausführungskriterien des Kunden
Leistung der Organisation:[4]	(1) Anzahl der Gewährleistungsanträge beim **Hersteller** der Druckluftsysteme, (2) Anzahl und Wert der Gewährleistungsfälle durch unser **eigenes** Unternehmen, (3) Anzahl der Störungen nach der Wartung/Reparatur durch unser **eigenes** Unternehmen
Interessierte Parteien bestimmen: (4.2)	Geschäftsführung, Betriebsstättenleiter, Serviceleitung, Servicetechniker

Notes (annotations):

- Die **inhärenten Merkmale** übernehmen Sie in die Formulare: *F_Messbare Qualitätsziele; F_Bewertung der Leistung.*

- Die **Inhalte** übernehmen Sie in das Formular: *F_Bewertung der Leistung.* Punkt: *Wirksamkeit durchgeführter Maßnahmen – Risiken und Chancen.*

- Die **Inhalte** übernehmen Sie in die Formulare: *F_Messbare Qualitätsziele, F_Bewertung der Leistung.* Punkt: Grad der Kundenzufriedenheit. Die **Leistung** wird quantitativ bewertet.

Dokumentierte Information aufrechterhalten: Bild 5.30(Seite2) F_Kontext Interne Externe Themen Risiken Chancen.doc
© BSBE European Business School for Business Excellence 2019,
Freigegeben: Klaus Mustermann, Datum: 06.01.2019, Handelsunternehmen

---

[3] Die Zahlen in den Klammern, z. B. (0.1), (1), (4.1), (4.2), (6.1), beziehen sich auf die Normenkapitel der DIN EN ISO 9001:2015.
[4] **Duden quantitativ:** (die Quantität betreffend) = der Anzahl/Größe/Menge nach, mengenmäßig, zahlenmäßig, siehe zusätzlich DIN EN ISO 9000:2015 Begriff 3.7.8 Leistung

BILD 5.30 Formular: F_Kontext Interne Externe Themen Risiken Chancen (Ausschnitt)

5.9.3.2 Formular: F_Messbare Qualitätsziele

Mit diesem Formular werden die *messbaren Qualitätsziele* festgelegt (Bild 5.31).

Ausführliche Hinweise zu *messbaren Qualitätszielen* finden Sie in diesem Buch in den **Kapiteln 1.6** und **1.6.1**.

Zum besseren Verständnis haben wir Ihnen ein Beispiel ausgefüllt. Sie finden dieses im Ordner *11_Ausgefüllte Beispiele*.

5.9 7_Verantwortung der obersten Leitung und Organisation

F_Messbare Qualitätsziele

Planung zum Erreichen der messbaren Qualitätsziele für das Jahr 2019

HINWEIS: Folgendes ist bei der Planung der messbaren Qualitätsziele zu beachten: Einklang mit der Qualitätspolitik, messbar sein, zutreffende Anforderungen berücksichtigen, Konformität von Produkten und Dienstleistungen, Kundenzufriedenheit (6.2.1 a), b), c), d))

Funktionen, Ebenen und Prozesse (6.2.1) Inhärente Merkmale der Produkte und Dienstleistungen (6.2.1 a), c), d))	Messbares Qualitätsziel (6.2.1 b))	Was getan wird (6.2.2 a))	Welche Ressourcen (6.2.2 b))	Wer verantwortlich ist (6.2.2 c))	Wann es abgeschlossen wird (6.2.2 d))	Wie die Ergebnisse bewertet werden (6.2.2 e))
Funktionen: Vertrieb, Beschaffung, Service **Ebenen:** Geschäftsführung, Betriebsstättenleiter, Serviceleitung, Servicetechniker **Prozesse:** • Vertrieb • Beschaffung • Service **Inhärente Merkmale:** • Betriebsdruck, Volumenstrom (m³ pro Minute), Druckluftqualität, Energieverbrauch, Geräuschimmission, dauerlastgeeignet, spezifische Leistung • Serviceintervall, kurze Reaktionszeiten bei Störfällen, 24-Stunden-Notdienst	(1) Anzahl der Gewährleistungsanträge beim **Hersteller der Druckluftsysteme**	Zählen der Gewährleistungsanträge	Gewährleistungsanträge, EDV	Serviceleiter, Betriebsstättenleiter	Jeweils im Dezember des laufenden Jahres	**Bewertung:** Anzahl der Gewährleistungsanträge beim **Hersteller** der Druckluftsysteme im Vergleich laufendes Jahr / Vorjahr
	(2) Anzahl und Wert der Gewährleistungsfälle durch unser **eigenes** Unternehmen	Zählen der Gewährleistungsfälle, Kostenermittlung	Gewährleistungsfälle, EDV	Serviceleiter, Betriebsstättenleiter	Jeweils im Dezember des laufenden Jahres	**Bewertung:** Anzahl und Wert der Gewährleistungsfälle durch unser **eigenes** Unternehmen im Vergleich laufendes Jahr / Vorjahr
	(3) Anzahl der Störungen nach nach der Wartung / Reparatur durch unser **eigenes Unternehmen**	Zählen der Störungen nach der Wartung / Reparatur, Kostenermittlung	Störungen nach der Wartung / Reparatur, EDV	Serviceleiter, Betriebsstättenleiter	Jeweils im Dezember des laufenden Jahres	**Bewertung:** Anzahl und Wert der Störungen nach der Wartung / Reparatur durch unser **eigenes** Unternehmen im Vergleich laufendes Jahr / Vorjahr

Bei internen Audits, Korrekturen, Korrekturmaßnahmen, Verbesserungen überprüfen, ob messbare Qualitätsziele aktualisiert werden müssen (6.2.1 e), g))	Nach Durchführung des internen Audits, vor und nach Korrekturen, Korrekturmaßnahmen, Verbesserungen. Besprechung mit den Mitarbeitern. (6.2.1 f))

Dokumentierte Information aufbewahren
- Korrekturen, Korrekturmaßnahmen, Verbesserungen
- Internes Audit Plan Bericht
- Besprechungsprotokoll Mitarbeiter

Dokumentierte Information aufrechterhalten: Bild 5.31 F_Messbare Qualitätsziele.doc
© BSBE European Business School for Business Excellence 2019,
Freigegeben: Klaus Mustermann, Datum: 06.01.2019, Handelsunternehmen

BILD 5.31 Formular: F_Messbare Qualitätsziele

5.9.3.3 Formular: F_Bewertung der Leistung

Mit diesem Formular wird die *Bewertung der Leistung* durchgeführt (Bild 5.32).

Ausführliche Hinweise zur *Bewertung der Leistung* finden Sie in diesem Buch in den **Kapiteln 1.6**, **1.6.2** sowie **1.6.3**.

Zum besseren Verständnis haben wir Ihnen ein Beispiel ausgefüllt. Sie finden dieses im Ordner *11_Ausgefüllte Beispiele*.

5.9.4 Ordner: Jährlich durchzuführende Tätigkeiten

Im **Ordner** selbst ist ein Ordner mit dem Jahr der jährlich durchzuführenden Tätigkeiten vorhanden (2019). Die Nummerierung zeigt eine sinnvolle Vorgehensweise. Sie sollten daher die jährlichen Bewertungen in dieser Reihenfolge durchführen.

Im Ordner 2019 sind die nachfolgenden Ordner vorhanden.

Durch die **Organisation** durchzuführende Tätigkeiten:

1_Lieferantenbewertung

2_Internes Audit

3_Kontext der Organisation

4_Messbare Qualitätsziele

5_Bewertung der Leistung

Durch die **oberste Leitung** durchzuführende Tätigkeiten:

6_Managementbewertung

In diesen Ordnern können Sie dann die ausgefüllten dokumentierten Informationen aufbewahren.

5.9 7_Verantwortung der obersten Leitung und Organisation

F_Bewertung der Leistung

Bewertung der Leistung und Wirksamkeit des Qualitätsmanagementsystems Jahr 2019 (9.1.1)

Konformität der Produkte und Dienstleistungen (9.1.3 a))

Was wird überwacht und gemessen? (9.1.1 a))	Welche Methoden? (9.1.1 b)	Wann wird die Überwachung und Messung durchgeführt? (9.1.1 c))	Wann muss analysiert und bewertet werden? (9.1.1 d))	Wie wird analysiert? (9.1.3)
Inhärente Merkmale Produkte: Betriebsdruck, Volumenstrom (m³ pro Minute), Druckluftqualität, Energieverbrauch, Geräuschimmission, dauerlastgeeignet, spezifische Leistung	Befragung des Kunden, Verbrauchsmessung, Leckagen ermitteln, Control-Daten auslesen und analysieren (Auswertung durch den Hersteller der Druckluftsysteme)	Vor der Abgabe des Angebotes mit Auslegung der Anlage	• Vor der Abgabe des Angebotes mit Auslegung der Anlage • Nach Installation der neuen Anlage	Bewertung: Ist-Soll-Analyse mit Vergleich alter / neuer Anlage
Inhärente Merkmale Dienstleistung: Serviceintervall, kurze Reaktionszeiten bei Störfällen, 24-Stunden-Notdienst	Befragung des Kunden, Verbrauchsmessung, Leckagen ermitteln, Control-Daten auslesen und analysieren (Auswertung durch den Hersteller der Druckluftsysteme)	Vor der Abgabe des Serviceangebotes	• Vor der Abgabe des Serviceangebotes mit Auslegung der Anlage • Nach Durchführung der Dienstleistung	Bewertung: Ist-Soll-Analyse mit Vergleich

Leistung¹ externer Anbieter (Lieferanten) (9.1.3 f))

Was wird überwacht und gemessen? (9.1.1 a))	Welche Methoden? (9.1.1 b))	Wann wird die Überwachung und Messung durchgeführt? (9.1.1 c))	Wann muss analysiert und bewertet werden? (9.1.1 d))	Wie wird analysiert? (9.1.3)
Inhärente Merkmale Produkte: Betriebsdruck, Volumenstrom (m³ pro Minute), Druckluftqualität, Energieverbrauch, Geräuschimmission, dauerlastgeeignet, spezifische Leistung	Probelauf durchführen	Bei der Inbetriebnahme	Wenn die zugesicherte Leistung nicht zutrifft	Lieferantenbewertung: neue Verbrauchsmessung, Fehleranalyse
(1) Anzahl der Gewährleistungsanträge beim Hersteller der Druckluftsysteme	Zählen der Gewährleistungsanträge	Bei Eintritt der Störung im Gewährleistungsfall	Jeweils im Dezember des laufenden Jahres	Lieferantenbewertung: Anzahl der Gewährleistungsanträge

Grad der Kundenzufriedenheit (9.1.2), (9.1.3 b))

Was wird überwacht und gemessen? (9.1.1 a))	Welche Methoden? (9.1.1 b))	Wann wird die Überwachung und Messung durchgeführt? (9.1.1 c))	Wann muss analysiert und bewertet werden? (9.1.1 d))	Wie wird analysiert? (9.1.3)
(1) Anzahl der Gewährleistungsanträge beim Hersteller der Druckluftsysteme	Zählen der Gewährleistungsfälle, Kostenermittlung	Bei Eintritt der Störung im Gewährleistungsfall	Jeweils im Dezember des laufenden Jahres	Bewertung: Anzahl und Wert der Gewährleistungsfälle im Vergleich laufendes Jahr / Vorjahr
(2) Anzahl und Wert der Gewährleistungsfälle durch unser eigenes Unternehmen	Zählen der Gewährleistungsfälle, Kostenermittlung	Bei Eintritt der Störung im Gewährleistungsfall	Jeweils im Dezember des laufenden Jahres	Bewertung: Anzahl und Wert der Gewährleistungsfälle im Vergleich laufendes Jahr / Vorjahr
(3) Anzahl der Störungen nach der Wartung / Reparatur durch unser eigenes Unternehmen.	Zählen der Anzahl der Störungen nach der Wartung / Reparatur, Kostenermittlung	Bei Eintritt der Störung nach der Wartung / Reparatur	Jeweils im Dezember des laufenden Jahres	Bewertung: Anzahl und Wert der Störungen nach der Wartung / Reparatur im Vergleich laufendes Jahr / Vorjahr

¹ Duden quantitativ: (die Quantität betreffend) = der Anzahl / Größe / Menge nach, mengenmäßig, zahlenmäßig (Leistung externe Anbieter), siehe zusätzlich DIN EN ISO 9000:2015 Begriff 3.7.8 Leistung

Dokumentierte Information aufrechterhalten: Bild 5.32 F_Bewertung der Leistung.doc
© BSBE European Business School for Business Excellence 2019,
Freigegeben: Klaus Mustermann, Datum: 06.01.2019, Handelsunternehmen

BILD 5.32 Formular: F_Bewertung der Leistung (Ausschnitt)

■ 5.10 8_FORTLAUFENDE VERBESSERUNG DES QM-SYSTEMS

Für den Funktionsbereich **8_Fortlaufende Verbesserung des QM-Systems** werden folgende Prozessabläufe benötigt:

- Internes Audit
- Nichtkonformitäten und Korrekturmaßnahmen

5.10.1 QM: Internes Audit

Mit diesem Prozessablauf wird das interne Audit prozessorientiert beschrieben (Bild 5.33).

Es werden **zwei Arten** von internen Audits dargestellt.

AUDITPROGRAMM als Systemaudit:

Das Audit wird als **Systemaudit** durchgeführt, um die Organisationsabläufe auf Wirksamkeit zur Erfüllung der Kundenanforderungen zu überprüfen.

Auditziele: Ermittlung des Erfüllungsgrades der DIN EN ISO 9001:2015 und der Anforderungen der Organisation.

Auditkriterien: Als Bezugsgrundlage (Referenz) dient die DIN EN ISO 9001:2015. Das Formular *F_Internes Audit_Plan_Bericht* und der Prozess *QM: Oberste Leitung und Organisation* werden als Fragenkatalog genutzt, um einen Vergleich mit den Nachweisen zu erhalten.

Auditumfang: Erfüllung der Anforderungen der DIN EN ISO 9001:2015 und der Anforderungen der Organisation.

Audithäufigkeit: einmal pro Jahr.

Auditmethoden: Formular *F_Internes Audit_Plan_Bericht* und Prozess *QM: Oberste Leitung und Organisation* als Basis für das interne Audit (Systemaudit) nutzen. Es werden Mitarbeiter befragt, Tätigkeiten beobachtet und Dokumente und Aufzeichnungen überprüft. Die Norm erwartet eine Planung des Auditprogramms. Die Norm legt jedoch nicht fest, wie oft ein internes Audit durchgeführt werden muss. Es wird jedoch empfohlen, das interne Audit einmal pro Jahr durchzuführen.

AUDITPROGRAMM als Prozessaudit:

Prozessaudit: Das interne Audit kann auch als **Prozessaudit** zur Behebung von Problemen genutzt werden. **Auditkriterien:** Als Bezugsgrundlage (Referenz) dient das Formular *F_Maßnahmen*.

WECHSELWIRKUNG

Aus diesem Prozessablauf wird eventuell auf weitere Prozessabläufe verwiesen (Wechselwirkung). Eine detaillierte Beschreibung erfolgt in diesen Prozessabläufen.

KORREKTUREN, KORREKTURMASSNAHMEN, VERBESSERUNGSMASSNAHMEN

Es sind eventuell Korrekturen oder Korrekturmaßnahmen einzuleiten. Im Bedarfsfall ist das Formular *F_Maßnahmen* auszufüllen. In diesem Formular werden Korrektur, Korrekturmaßnahme und Verbesserungsmaßnahme zusammengefasst.

QM: Internes Audit

Tätigkeit / Prozessschritte (Abfolge-Eingaben-Ergebnisse)	Führung	Organisation: Vertrieb (Innendienst, Technik, Außendienst) Einkauf, Service WE, Lager, Versand	Wechselwirkung, Checkliste (Wissen der Organisation), Kriterien, Verfahren, Ressourcen	Lenkung dokumentierter Information, Wissen der Organisation
STARTEREIGNIS: *internes Audit planen, festlegen und umsetzen*			1. Das interne Audit kann als **Systemaudit** zur Überprüfung der Organisationsabläufe und der Erfüllung der Wirksamkeit der Kundenanforderungen genutzt werden. 2. Das interne Audit kann als **Prozessaudit** zur Behebung von Problemen genutzt werden.	•
SYSTEMAUDIT				•
SYSTEMAUDIT: Auditprogramm planen, festlegen und als Vorgehensweise für das interne Audit nutzen	X		**Auditoren:** Es muss darauf geachtet werden, dass der Auditor seine eigene Tätigkeit nicht auditiert. **Auditziele:** Ermittlung des Erfüllungsgrades der DIN EN ISO 9001:2015 und der Anforderungen der Organisation. Das Audit wird als **Systemaudit** durchgeführt, um die Organisationsabläufe auf Wirksamkeit zur Erfüllung der Kundenanforderungen zu überprüfen. **Auditkriterien:** Als Bezugsgrundlage (Referenz) dient die DIN EN ISO 9001:2015. Das Formular *F_Internes Audit_Plan_Bericht* und der Prozess *QM: Oberste Leitung und Organisation* werden als Vorgehensweise genutzt, um einen Vergleich mit den Nachweisen zu erhalten. **Auditumfang:** Erfüllung der Anforderungen der DIN EN ISO 9001:2015 und der Anforderungen der Organisation. **Audithäufigkeit:** einmal pro Jahr **Auditmethoden:** Formular *F_Internes Audit_Plan_Bericht*, Prozess *QM: Oberste Leitung und Organisation* und Formular *F_Dokumentierte Informationen-Matrix* als Basis für das interne Audit **(Systemaudit)** nutzen. Es werden Mitarbeiter befragt, Tätigkeiten beobachtet und dokumentierte Informationen überprüft.	• F_Internes Audit_Plan_Bericht • QM: Oberste Leitung und Organisation • F_Dokumentierte Informationen-Matrix
Ergebnisse von vorherigen Audits überprüfen und berücksichtigen	X		**Prüfen:** Anzahl der Audits ausreichend, Korrekturen, Korrekturmaßnahmen, Verbesserungen	• F_Internes Audit_Plan_Bericht (vorherige) • F_Maßnahmen (vorherige)
Formular: F_Internes Audit_Plan_Bericht erstellen, Prozess: QM: Oberste Leitung und Organisation überprüfen und evtl. ändern	X		Formular *F_Internes Audit_Plan_Bericht*, der Prozess *QM: Oberste Leitung und Organisation* aus dem Vorjahr kopieren, mit neuem Datum versehen. Im Formular *F_Internes Audit_Plan_Bericht* den Umfang und die Auditoren festlegen.	• F_Internes Audit_Plan_Bericht • QM: Oberste Leitung und Organisation • F_Dokumentierte Informationen-Matrix
Audit durchführen	X	X	Die zu auditierenden Normenabschnitte sind im Prozess *QM: Oberste Leitung und Organisation* aufgeführt.	• F_Internes Audit_Plan_Bericht • QM: Oberste Leitung und Organisation • F_Dokumentierte Informationen-Matrix
ENDEREIGNIS: *internes Audit geplant, festgelegt und umgesetzt*				•
				•
Nachfolgende Tätigkeiten werden durchgeführt, wenn Abweichungen im internen Audit festgestellt wurden.				•
Abweichungen im Audit festgestellt	X	X	Die für die auditierte **Funktion** verantwortliche Leitung muss sicherstellen, dass Maßnahmen ohne ungerechtfertigte Verzögerung zur Beseitigung erkannter Fehler und ihrer Ursachen ergriffen werden. **Wechselwirkung / Prozess:** QM: Nichtkonformität und Korrekturmaßnahmen	• F_Internes Audit_Plan_Bericht
				•

Dokumentierte Information aufrechterhalten: Bild 5.33 QM_Internes Audit.doc
Freigegeben: Klaus Mustermann, Datum: 06.01.2019, Handelsunternehmen
Seite 1 von 2

BILD 5.33 QM: Internes Audit (Ausschnitt)

5.10.1.1 Formular: F_Internes Audit_Plan_Bericht (erste Seite)

Mit diesem Formular wird das interne Audit als Systemaudit geplant, durchgeführt und dokumentiert (Bild 5.34).

Die DIN EN ISO 9001:2015 erwartet, dass das Qualitätsmanagementsystem in geplanten Abständen auditiert wird, um Informationen darüber zu erhalten, ob das Qualitätsmanagementsystem wirksam verwirklicht und aufrechterhalten wird. Die Norm legt jedoch nicht fest, wie oft Sie das interne Audit durchführen müssen.

Das Formular berücksichtigt das komplette Auditprogramm von der Planung über die Vorgehensweise bis zum Auditbericht.

Als *Audithäufigkeit* wurde *einmal pro Jahr* festgelegt. **Sie müssen selbst entscheiden, wie oft Sie ein Audit durchführen.**

F_Internes Audit_Plan_Bericht

Auditplan

Datum:	•
Uhrzeit von / bis:	•
Auditor 1:	•
Auditor 2:	•
	• Es wurde darauf geachtet, dass der Auditor seine eigene Tätigkeit nicht auditiert.

Auditziele:	• Ermittlung des Erfüllungsgrades der DIN EN ISO 9001:2015 und der Anforderungen der Organisation. Das Audit wird durchgeführt, um die Organisationsabläufe auf Wirksamkeit zur Erfüllung der Kundenanforderungen zu überprüfen.
Auditkriterien:	• Als Bezugsgrundlage (Referenz) dient die DIN EN ISO 9001:2015. Das **Formular** *F_Internes Audit_Plan_Bericht* und der **Prozess** *QM: Oberste Leitung und Organisation* werden als Vorgehensweise genutzt, um einen Vergleich mit den Nachweisen zu erhalten.
Auditumfang:	• Erfüllung der Anforderungen der DIN EN ISO 9001:2015 und der Anforderungen der Organisation. Die zu auditierenden Normenabschnitte sind im **Prozess** *QM: Oberste Leitung und Organisation* aufgeführt.
Audithäufigkeit:	• Einmal pro Jahr.
Auditmethoden:	• **Formular** *F_Internes Audit_Plan_Bericht*, **Prozess** *QM: Oberste Leitung und Organisation* und **Formular** *F_Dokumentierte Informationen-Matrix* als Basis für das interne Audit nutzen. Es werden Mitarbeiter befragt, Tätigkeiten beobachtet und dokumentierte Informationen überprüft.
Abweichungen im Audit:	• **Formular** *F_Internes Audit_Plan_Bericht* und **Formular** *F_Maßnahmen* für die Dokumentation nutzen.

> Sie müssen selbst festlegen, wie häufig Sie das Interne Audit durchführen wollen.

Vorgehensweise:

1. Den oder die Auditoren festlegen. Dabei ist darauf zu achten, dass der Auditor seine eigene Tätigkeit nicht auditiert.
2. Den **Prozess** *QM: Oberste Leitung und Organisation* als Checkliste für das interne Audit nutzen.
3. Wenn „Nichtkonformitäten" oder „Verbesserungen" aus dem **vorigen** Audit vorhanden sind, dann müssen diese berücksichtigt werden.
4. Die zu auditierenden Normenabschnitte sind im **Prozess** *QM: Oberste Leitung und Organisation* aufgeführt.
5. Im **Prozess** *QM: Oberste Leitung und Organisation* sind die Wechselwirkungen zu anderen Prozessen mit aufgeführt, um die Tätigkeiten hinterfragen zu können.
6. Wenn im Audit „Nichtkonformitäten" oder „Verbesserungen" vorhanden sind, dann ist das unter „Übersicht über die auditierten Kapitel" unter Bemerkung in diesem Dokument einzutragen und das **Formular** *F_Maßnahmen* zur Dokumentation der „Nichtkonformitäten" oder „Verbesserungen" zu nutzen. Die verantwortliche Leitung muss sicherstellen, dass Maßnahmen ohne ungerechtfertigte Verzögerung zur Beseitigung erkannter Nichtkonformitäten und ihrer Ursachen ergriffen werden.
7. Weiter muss überprüft werden, ob Daten in die messbaren Qualitätsziele übernommen werden müssen.

Auditbericht:

Festgestellte Nichtkonformitäten:	• Es wurden keine Nichtkonformitäten festgestellt.
	• Die ausgefüllten **Formulare** *F_Maßnahmen* zur Dokumentation der Nichtkonformitäten oder Verbesserungen sind an diesen Bericht angeheftet.
	• *Nichtzutreffendes streichen
Abschließendes Urteil über die Erfüllung der Norm:	gut, zufriedenstellend, nicht zufriedenstellend

Dokumentierte Information aufbewahren: Bild 5.34(Seite1) Bild 5.35(Seite2) F_Internes Audit_Plan_Bericht.doc
Freigegeben: Klaus Mustermann, Datum: 06.01.2019, Handelsunternehmen
Seite 1 von 2

BILD 5.34 Formular: F_Internes Audit_Plan_Bericht (erste Seite)

5.10.1.2 Formular: F_Internes Audit_Plan_Bericht (zweite Seite)

Wenn Sie das Audit durchführen, dann müssen Sie eine **Bewertung der einzelnen Normenkapitel** durchführen. Dies können Sie direkt parallel durchführen und die Ergebnisse eintragen. Also, immer wenn Sie das Audit durchführen, dann können Sie die Ergebnisse direkt eintragen (Bild 5.35).

Das Formular ist in drei Spalten unterteilt:

In **Spalte 1** wurden die zu *auditierenden Normenkapitel* als Überschriften eingetragen.

In **Spalte 2** wird der *BW-Schlüssel* 1, 2 oder 3 eingetragen.

In **Spalte 3** unter *Bemerkungen* können Sie Kommentare, z. B. über eine Abweichung oder durchzuführende Korrekturen, eintragen. Sie können die Spalte *Bemerkungen* auch *leer* lassen, wenn die *BW = 1* ist. Bei einer Bewertung von *BW = 2* oder *BW = 3* **muss** die Spalte *Bemerkung* ausgefüllt werden, und es **muss** eine **Maßnahme** eingeleitet werden, um eine Korrektur durchzuführen. Wenn die Spalte *BW* **grau** schraffiert ist, dann handelt es sich um **Überschriften in der Norm**, somit sind keine Fragen möglich.

Sie können das interne Audit über ein Jahr verteilen oder zusammenhängend durchführen.

Wenn Sie das interne Audit auf **mehrere Monate verteilen** wollen, dann tragen Sie unter *Bemerkung* einfach das Datum ein, an dem Sie das Audit durchgeführt haben. Sie müssen dann noch auf *Seite 1* unter *Datum* die entsprechenden Eintragungen vornehmen.

Als **Fragenkatalog** muss als Basis der Prozess *QM: Oberste Leitung und Organisation* genutzt werden. Der Prozess stellt die komplette Umsetzung der DIN EN ISO 9001:2015 dar. Der Prozess *QM: Oberste Leitung und Organisation* kann somit auch als Fragenkatalog für das interne Audit genutzt werden.

Hinweise zum **Prozess** *QM: Oberste Leitung und Organisation* finden Sie in diesem Buch im **Kapitel 1.4.3**.

F_Internes Audit_Plan_Bericht

Übersicht über die auditierten Kapitel	BW	Bemerkung
4 KONTEXT DER ORGANISATION		
4.1 Verstehen der Organisation und ihres Kontextes	1	
4.2 Verstehen der Erfordernisse und Erwartungen interessierter Parteien	1	
4.3 Festlegen des Anwendungsbereichs des Qualitätsmanagementsystems	1	
4.4 Qualitätsmanagementsystem und seine Prozesse	1	
5 FÜHRUNG		
5.1 Führung und Verpflichtung		
5.1.1 Allgemeines	1	
5.1.2 Kundenorientierung	1	
5.2 Politik		
5.2.1 Festlegung der Qualitätspolitik	1	
5.2.2 Bekanntmachung der Qualitätspolitik	1	
5.3 Rollen, Verantwortlichkeiten und Befugnisse in der Organisation	1	
8 BETRIEB		
8.1 Betriebliche Planung und Steuerung	1	
8.2 Anforderungen an Produkte und Dienstleistungen		Bedeutung der betroffenen Prozesse, Änderungen mit Einfluss auf die Organisation
8.2.1 Kommunikation mit den Kunden	1	
8.2.2 Bestimmen von Anforderungen für Produkte und Dienstleistungen	1	
8.2.3 Überprüfung der Anforderungen für Produkte und Dienstleistungen	1	
8.2.4 Änderungen von Anforderungen an Produkte und Dienstleistungen	1	
8.3 Entwicklung von Produkten und Dienstleistungen		
8.3.1 Allgemeines	1	
8.3.2 Entwicklungsplanung	1	
8.3.3 Entwicklungseingaben	1	
8.3.4 Steuerungsmaßnahmen für die Entwicklung	1	
8.3.5 Entwicklungsergebnisse	1	
8.3.6 Entwicklungsänderungen	1	
8.4 Steuerung von extern bereitgestellten Prozessen, Produkten und Dienstleistungen		
8.4.1 Allgemeines	1	
8.4.2 Art und Umfang der Steuerung	1	
8.4.3 Informationen für externe Anbieter	1	
8.5 Produktion und der Dienstleistungserbringung		
8.5.1 Steuerung der Produktion und der Dienstleistungserbringung	1	
8.5.2 Kennzeichnung und Rückverfolgbarkeit	1	
8.5.3 Eigentum der Kunden oder der externen Anbieter	1	
8.5.4 Erhaltung	1	
8.5.5 Tätigkeiten nach der Lieferung	1	
8.5.6 Überwachung von Änderungen	1	
8.6 Freigabe von Produkten und Dienstleistungen	1	
8.7 Steuerung nichtkonformer Ergebnisse	1	
9 BEWERTUNG DER LEISTUNG		
9.1 Überwachung, Messung, Analyse und Bewertung		
9.1.1 Allgemeines	1	
9.1.2 Kundenzufriedenheit	1	
9.1.3 Analyse und Bewertung	1	
9.2 Internes Audit	1	
9.3 Managementbewertung		
9.3.1 Allgemeines	1	
9.3.2 Eingaben für die Managementbewertung	1	
9.3.3 Ergebnisse der Managementbewertung	1	

Erläuterung der Abkürzungen in der Überschrift:
BW: = Bewertung
1 = erfüllt, 2 = zum Teil erfüllt, 3 = nicht erfüllt
Bei einer Bewertung von 2 oder 3 muss das Feld „Bemerkung" ausgefüllt und eine Maßnahme eingeleitet werden.

Dokumentierte Information aufbewahren: Bild 5.34(Seite1) Bild 5.35(Seite2) F_Internes Audit_Plan_Bericht.doc
Freigegeben: Klaus Mustermann, Datum: 06.01.2019, Handelsunternehmen
Seite 2 von 2

BILD 5.35 Formular: F_Internes Audit_Plan_Bericht (zweite Seite – verkürzt dargestellt)

5.10.2 QM: Nichtkonformität und Korrekturmaßnahmen

Mit diesem Prozessablauf wird die Nichtkonformität als Korrektur oder Korrekturmaßnahme prozessorientiert beschrieben (Bild 5.36).

Die Tätigkeiten sind als Prozess definiert und somit prozessorientiert dargestellt. Wenn es erforderlich wird, dass fehlerhafte Produkte oder fehlerhafte Dienstleistungen gelenkt werden müssen, **dann muss dies direkt in dem betroffenen Prozess erfolgen**. Beispiel: *VERTRIEB: Angebot erstellen/ändern* (Bild 5.1).

Die *Nichtkonformitäten, Korrekturen, Korrekturmaßnahmen* und *Verbesserungen* können in unterschiedlichen Prozessen vorkommen. Daher wird dieser Prozess aus unterschiedlichen Prozessen angesprochen. Die getrennte Darstellung hat den Vorteil, dass nicht in jedem Prozess die kompletten Prozessschritte aufgeführt werden müssen.

ISO 9000:2015 AUSZUG AUS DER NORM

Begriff: Nichtkonformität (3.6.9) = *Fehler; Nichterfüllung einer Anforderung (3.6.4).*

Begriff: Korrektur (3.12.3) = *Maßnahme zur Beseitigung einer erkannten Nichtkonformität (3.6.9).*

Begriff: Korrekturmaßnahme (3.12.2) = *Maßnahme zum Beseitigen der Ursache einer Nichtkonformität (3.6.9) und zum Verhindern des erneuten Auftretens.*

5.10 8_Fortlaufende Verbesserung des QM-Systems

QM: Nichtkonformität und Korrekturmaßnahmen

Tätigkeit / Prozessschritte (Abfolge-Eingaben-Ergebnisse)	Füh-rung	Organisation: Vertrieb (Innendienst, Technik, Außendienst) Einkauf, Logistik, Auftragsabwicklung Service WE, Lager, Versand	Wechselwirkung, Checkliste (Wissen der Organisation), Kriterien, Verfahren, Ressourcen	Lenkung dokumentierter Information, Wissen der Organisation
STARTEREIGNIS: Korrektur durchführen				•
Korrektur durch Wechselwirkung / Prozess auslösen	X	X		•
Bewertung der Nichtkonformität durchführen	X		**Bewerten:** Hat die Nichtkonformität Auswirkungen auf die Kundenzufriedenheit? Wichtung des Fehlers	• F_Maßnahmen
Ursachenanalyse der Nichtkonformität durchführen	X	X	**Prüfen:** In welcher Funktion ist das Problem aufgetreten? Wann und wo ist das Problem aufgetreten? Was für ein Problem ist aufgetreten? Was ist die Ursache des Problems? Kann das Problem noch an anderen Stellen auftreten? Welche Korrektur wurde durchgeführt?	• F_Maßnahmen
Korrektur durchführen und auf Wirksamkeit überprüfen	X	X	Aufgetretene Nichtkonformität ohne ungerechtfertigte Verzögerung beheben und Wirksamkeit überprüfen	• F_Maßnahmen
Beurteilung des Handlungsbedarfs, um das _erneute Auftreten_ oder ein Auftreten der Nichtkonformität an _anderer Stelle_ zu verhindern	X		**Prüfen:** Ist eine Korrekturmaßnahme erforderlich, um das erneute Auftreten zu verhindern?	• F_Maßnahmen
STARTEREIGNIS: Korrekturmaßnahmen planen, festlegen und umsetzen, um das erneute Auftreten zu verhindern				•
Ermittlung und Verwirklichung der erforderlichen Maßnahmen	X		**Prüfen:** Welche Maßnahmen sind erforderlich? Wer führt die Umsetzung durch? Bis wann soll die Umsetzung durchgeführt werden?	• F_Maßnahmen
Aufzeichnung der Ergebnisse der ergriffenen Maßnahmen	(X)	X	**Prüfen:** Die Ergebnisse werden im Formular F_Maßnahmen aufgezeichnet.	• F_Maßnahmen
Ergriffene Korrekturmaßnahmen überprüfen (Verifizierung)	(X)	X	**Prüfen:** Wer prüft die Umsetzung?	• F_Maßnahmen • Interne Audits
Messbare Qualitätsziele: Notwendigkeit einer Aktualisierung prüfen	X		**Prüfen:** Ob das Formular F_Messbare Qualitätsziele aktualisiert werden muss.	• F_Messbare Qualitätsziele
Risiken und Chancen: Notwendigkeit einer Aktualisierung prüfen	X		**Prüfen:** Ob das Formular F_Kontext Interne Externe Themen Risiken Chancen aktualisiert werden muss.	• F_Kontext Interne Externe Themen Risiken Chancen
Qualitätsmanagementsystem: Notwendigkeit einer Aktualisierung prüfen	X		**Prüfen:** Ob das Qualitätsmanagementsystem aktualisiert werden muss. **Wechselwirkung / Prozess:** QM_Internes Audit	•
ENDEREIGNIS: Korrekturmaßnahmen geplant, festgelegt und umgesetzt				•

Dokumentierte Information aufrechterhalten: Bild 5.36 QM_Nichtkonformität und Korrekturmaßnahmen.doc
Freigegeben: Klaus Mustermann, Datum: 06.01.2019, Handelsunternehmen

BILD 5.36 QM: Nichtkonformität und Korrekturmaßnahmen

5.10.3 Fortlaufende Verbesserung

Die Umsetzung der **fortlaufenden Verbesserung** erfolgt mit den Formularen *F_Kontext Interne Externe Themen Risiken Chancen*, *F_Messbare Qualitätsziele*, *F_Internes Audit_Plan_Bericht*, *F_Bewertung der Leistung* und *F_Managementbewertung* sowie *F_Maßnahmen*.

ISO 9000:2015
AUSZUG AUS DER NORM

Begriff: Verbesserung (3.3.1) = *Tätigkeit zum Steigern der Leistung (3.7.8).*

Anmerkung 1 zum Begriff: Die Tätigkeit kann wiederkehrend oder einmalig sein.

Begriff: fortlaufende Verbesserung (3.3.2) = *wiederkehrende Tätigkeit zum Steigern der Leistung (3.7.8).*

Anmerkung 1 zum Begriff: Der Prozess (3.4.1) zum Festlegen von Zielen (3.7.1) und Herausfinden von Chancen zur Verbesserung (3.3.1) stellt aufgrund der Nutzung von Auditfeststellungen (3.13.9) und Auditschlussfolgerungen (3.13.10), der Auswertung von Daten (3.8.1), Managementbewertungen (Management (3.3.3), Überprüfung (3.11.2) oder anderen Maßnahmen **einen fortlaufenden Prozess dar** *und führt zu Korrekturmaßnahmen (3.12.2) oder Vorbeugungsmaßnahmen (3.12.1).*

ISO 9001:2015
AUSZUG AUS DER NORM

A.4 Risikobasiertes Denken

... Es ist eine Kernaufgabe eines Qualitätsmanagementsystems, als vorbeugendes Instrument zu wirken. Aus diesem Grund enthält diese Internationale Norm **keinen separaten Abschnitt oder Unterabschnitt** *zu vorbeugenden Maßnahmen. Das Konzept der vorbeugenden Maßnahmen wird durch die Anwendung des risikobasierten Denkens bei der Formulierung von Anforderungen des Qualitätsmanagementsystems zum Ausdruck gebracht ...*

5.10.3.1 Formular: F_Maßnahmen

Mit diesem Formular werden unterschiedliche Maßnahmen durchgeführt und dokumentiert. **Korrektur**, **Korrekturmaßnahme** und **Verbesserungsmaßnahme** als **fortlaufende Verbesserung** des Qualitätsmanagementsystems (Bild 5.37).

Das Formular ist in **neun Teilbereiche** aufgeteilt. Es ist ein Universalformular, das für unterschiedliche Maßnahmen in den einzelnen Funktionen genutzt werden kann.

1. **Art der Maßnahme:** Hier ist die Maßnahme auszuwählen und sind die nicht zutreffenden Maßnahmen zu streichen (Pflichtfeld).
2. **Funktion:** Hier ist der Funktionsbereich auszuwählen und sind die nicht zutreffenden Funktionsbereiche zu streichen (Pflichtfeld).
3. **Wann und wo ist das Problem aufgetreten?** Hier ist das Datum einzutragen, wann und wo das Problem aufgetreten ist (Pflichtfeld).
4. **Was für ein Problem ist aufgetreten?** Hier ist das Problem einzutragen. Alle Angaben können stichpunktartig eingetragen werden. Ausformulierte Sätze sind nicht erforderlich (Pflichtfeld).
5. **Welche Korrektur wurde durchgeführt?** Hier ist einzutragen, ob bereits eine Korrektur durchgeführt wurde.
6. **Was ist die Ursache des Problems? Kann das Problem noch an anderen Stellen auftreten?** Hier ist die Ursache des Problems einzutragen. Alle Angaben können stichpunktartig eingetragen werden. Ausformulierte Sätze sind nicht erforderlich (Pflichtfeld).
7. **Welche Maßnahme ist erforderlich?** Hier ist die Maßnahme einzutragen. Alle Angaben können stichpunktartig eingetragen werden. Ausformulierte Sätze sind nicht erforderlich (Pflichtfeld).

F_Maßnahmen

(1) Art der Maßnahme: Korrektur, Korrekturmaßnahme, Verbesserungsmaßnahme
*Nichtzutreffendes streichen

(2) Funktion: Vertrieb, Einkauf, Entwicklung, Fertigung, WE, Lager, Versand
*Nichtzutreffendes streichen

(3) Wann und wo ist das Problem aufgetreten?

(4) Was für ein Problem ist aufgetreten?

(5) Welche Korrektur wurde durchgeführt?

(6) Was ist die Ursache des Problems?
Kann das Problem noch an anderen Stellen auftreten?

(7) Welche Maßnahme ist erforderlich?

(8)
Maßnahme zu erledigen bis:	Durch Mitarbeiter:	Wirksamkeit der Maßnahme überprüft durch / am:

(9)
Übernahme in die messbaren Qualitätsziele erforderlich: JA / NEIN	Risiken und Chancen: Aktualisierung erforderlich JA / NEIN	Änderung im Qualitätsmanagementsystem erforderlich: JA / NEIN

Alle Angaben können stichpunktartig eingetragen werden. Ausformulierte Sätze sind nicht erforderlich. Die für die auditierte **Funktion** verantwortliche Leitung muss sicherstellen, dass Maßnahmen ohne ungerechtfertigte Verzögerung zur Beseitigung erkannter Nichtkonformitäten und ihrer Ursachen ergriffen werden.

BILD 5.37 Formular: F_Maßnahmen

8. **Maßnahme zu erledigen bis:** Es muss ein Termin festgelegt werden, bis wann die Maßnahme erledigt wird. **Durch Mitarbeiter:** Es muss ein Mitarbeiter festgelegt werden, der die Umsetzung der Maßnahme durchführt oder die Durchführung veranlasst. **Wirksamkeit der Maßnahme überprüft durch/am:** Die für den betroffenen Funktionsbereich verantwortliche Leitung muss sicherstellen, dass Maßnahmen ohne ungerechtfertigte Verzögerung zur Beseitigung erkannter Fehler und ihrer Ursachen ergriffen werden und die Umsetzung kontrolliert wird (Pflichtfelder).

9. **Übernahme in die messbaren Qualitätsziele erforderlich:** Es kann überprüft werden, ob eine Veränderung in die messbaren Qualitätsziele erfolgen muss. **Risiken und Chancen:** Es kann überprüft werden, ob eine Veränderung bei den Risiken und Chancen erfolgen muss. **Änderung im Qualitätsmanagementsystem erforderlich:** Es kann überprüft werden, ob eine Veränderung im Qualitätsmanagementsystem erfolgen muss (Pflichtfelder).

■ 5.11 9_MITARBEITER

5.11.1 MITARBEITER: Ausbildung, Schulung, Fertigkeiten, Erfahrung, Kompetenz

Mit diesem Prozessablauf werden Ausbildung, Schulung, Fertigkeiten, Erfahrung und Kompetenz prozessorientiert beschrieben (Bild 5.38).

Die Mitarbeiter werden in den entsprechenden **Funktionsbereichen** und **Ebenen** eingesetzt. Daher ist es notwendig, Ausbildung, Schulungen, Fertigkeiten, Erfahrungen und Kompetenzen zu ermitteln.

Der Prozess ist in drei Teilbereiche unterteilt:

1. bestehendes Personal,
2. neues Personal,
3. Zeitarbeitskräfte.

Bei den **bestehenden Mitarbeitern** sollte auch in geplanten Abständen oder bei Bedarf eine Analyse durchgeführt werden.

Bei einer **Neueinstellung** wird ein Anforderungsprofil erstellt, dies kann auch eine Anzeige in einer Zeitung sein, und mit den Bewerbungsunterlagen verglichen. Damit ist die grundsätzliche Analyse erfüllt. Dazu gehören: die Tätigkeiten, die bei einer Einstellung neuer Mitarbeiter erforderlich sind; die Tätigkeiten, die bei einer Beschäftigung von Zeitarbeitskräften, die vom Personaldienstleister zur Verfügung gestellt werden, erforderlich sind; die Analyse der Mitarbeiter, deren Tätigkeiten die Erfüllung der Produktanforderungen beeinflussen.

Bei **Zeitarbeitskräften** wird ein Anforderungsprofil erstellt, dies kann auch eine Anzeige in einer Zeitung sein, und mit den Bewerbungsunterlagen verglichen. Damit ist die grundsätzliche Analyse erfüllt. Dazu gehören: die Tätigkeiten, die bei einer Einstellung neuer Mitarbeiter erforderlich sind; die Tätigkeiten, die bei einer Beschäftigung von Zeitarbeitskräften, die vom Personaldienstleister zur Verfügung gestellt werden, erforderlich sind; die Analyse der Mitarbeiter, deren Tätigkeiten die Erfüllung der Produktanforderungen beeinflussen.

KORREKTUREN, KORREKTURMASSNAHMEN, VERBESSERUNGSMASSNAHMEN

Es sind eventuell Korrekturen oder Korrekturmaßnahmen einzuleiten. Im Bedarfsfall ist das Formular *F_Maßnahmen Mitarbeiter* auszufüllen. In diesem Formular werden Korrektur, Korrekturmaßnahme und Verbesserungsmaßnahme **für die Mitarbeiter** zusammengefasst.

5.11 9_Mitarbeiter

MITARBEITER: Ausbildung, Schulung, Fertigkeiten, Erfahrung, Kompetenz					
Tätigkeit / Prozessschritte (Abfolge-Eingaben-Ergebnisse)	Füh-rung	Organisation: Vertrieb Einkauf, Entwicklung, Fertigung, WE, Lager, Versand	Wechselwirkung, Checkliste (Wissen der Organisation), Kriterien, Verfahren, Ressourcen		Lenkung dokumentierter Information, Wissen der Organisation
STARTEREIGNIS: *Analyse der Mitarbeiter, deren Tätigkeit die Erfüllung der Produkt- und Dienstleistungsanforderungen beeinflusst*			Dieser Prozess wird nur für bestehende Mitarbeiter durchgeführt.		•
Kompetenz ermitteln und festlegen (Beeinflussung der Mitarbeiter auf Produkt- und Dienstleistungsanforderungen)	X	(X)	Berücksichtigen: Ausbildung, Schulung, Fertigkeiten, Erfahrung, Kompetenz in den Funktionen, Ebenen und Prozessen	1. Qualitätspolitik vermitteln 2. relevante Qualitätsziele vermitteln 3. Beitrag zur Wirksamkeit des Qualitätsmanagementsystems einschließlich der Vorteile einer verbesserten Leistung vermitteln 4. Folgen einer Nichterfüllung der Anforderungen des Qualitätsmanagementsystems vermitteln 5. Sicherstellen der Förderung der Kundenorientierung innerhalb der gesamten Organisation vermitteln Normkapitel (5.1.1 h)) Wenn die Mitarbeiter zur Wirksamkeit des Qualitätsmanagementsystems beitragen sollen, dann müssen sie besonders angeleitet werden, damit sie die oberste Leitung dahin gehend unterstützen können.	• Lebenslauf mit bisher ausgeübten Tätigkeiten und Erfahrungen • Schulungen • Ausbildungen • F_Organigramm_Verantwortung • F_Mitarbeitermatrix (Verantwortung und Befugnisse) • F_Qualitätspolitik • F_Bewertung der Leistung • Datenschutz
Maßnahmenbedarf planen und Maßnahmen durchführen, um die Kompetenz zu erreichen oder zu erhalten	X	(X)	Der Maßnahmenbedarf wird analysiert und geplant. Das Ergebnis der Planung kann sein: 1. Es ist kein Maßnahmenbedarf vorhanden. 2. Es ist Maßnahmenbedarf vorhanden. Es wird dann nach Wichtigkeit und internen oder externen Maßnahmen unterschieden: 1. Die Maßnahme hat direkten Einfluss auf die Produkt- und Dienstleistungsanforderungen. 2. Die Maßnahme hat keinen Einfluss auf die Produkt- und Dienstleistungsanforderungen. 3. Es muss sichergestellt sein, dass die Mitarbeiter sich der Bedeutung der Tätigkeit in den Funktionen, Ebenen und Prozessen bewusst sind und wissen, wie sie zu der Erreichung der messbaren Qualitätsziele beitragen können. Basis für die Entscheidungen sind die Funktionen, Ebenen und Prozesse und die Beeinflussung der Mitarbeiter auf die Produkt- und Dienstleistungsanforderungen. Weiter werden die Kosten der Schulung berücksichtigt sowie der Nutzen für das Unternehmen und den Kunden.		• F_Maßnahmen Mitarbeiter • externe Schulungsnachweise
Maßnahmen auf Wirksamkeit bewerten	X	(X)	Nach Durchführung der Maßnahme wird die Wirksamkeit bewertet.		• F_Maßnahmen Mitarbeiter • externe Schulungsnachweise
ENDEREIGNIS: *Analyse der Mitarbeiter, deren Tätigkeit die Erfüllung der Produkt- und Dienstleistungsanforderungen beeinflusst, durchgeführt*					•

Dokumentierte Information aufrechterhalten: Bild 5.38 MITARBEITER_Ausbildung_Schulung_Fertigkeiten_Erfahrung_Kompetenz.doc
© BSBE European Business School for Business Excellence 2019,
Freigegeben: Klaus Mustermann, Datum: 06.01.2019, Handelsunternehmen
Seite 1 von 3

BILD 5.38 MITARBEITER: Ausbildung, Schulung, Fertigkeiten, Erfahrung, Kompetenz (Ausschnitt)

5.11.1.1 Formular: F_Maßnahmen Mitarbeiter

Das Formular ist ein Universalformular, das für unterschiedliche Tätigkeiten eingesetzt werden kann. Für die Größe der hier dargestellten Organisation ist dies ausreichend (Bild 5.39).

Die Maßnahme berücksichtigt:

1. Die Art der Maßnahme: interne Schulung; externe Schulung; Unterweisung, Betriebsversammlung; Mitarbeiterbesprechung; Informationen, die zur Kenntnis abgezeichnet werden müssen.
2. Die betroffenen Funktionen.
3. Den Inhalt/das Thema der Maßnahme und die Information, die zur Kenntnis abgezeichnet werden müssen.
4. Die Beurteilung der Wirksamkeit der Maßnahme.
5. Die Mitarbeiter, die vom Personaldienstleister zur Verfügung gestellt werden, sind hier ebenfalls berücksichtigt.

Sie müssen dieses Formular nicht mit dem EDV-System ausfüllen, es ist auch möglich, das Formular von Hand auszufüllen. Der Aufwand ist überschaubar und sollte unbedingt genutzt werden. Die Norm erwartet jedoch, dass die Eintragungen lesbar sind. Sie sollten aber die Mitarbeiter vorher eintragen, damit Sie das Formular optimal nutzen können.

Weiter erwartet die Norm, dass die Wirksamkeit der Maßnahme kontrolliert wird, und dies sollten Sie unbedingt durchführen.

	F_Maßnahmen Mitarbeiter	

①	Art der Maßnahme:	• interne Schulung, externe Schulung, Unterweisung, Betriebsversammlung, Mitarbeiterbesprechung; Information zur Kenntnis **Nichtzutreffendes streichen**
②	**Funktionsbereiche:**	• **Vertrieb, Einkauf, Entwicklung, Fertigung, WE, Lager, Versand** **Nichtzutreffendes streichen**
	Ort, Datum, Uhrzeit von / bis:	•
	Nächste geplante Maßnahme:	•
③	**Inhalt / Thema der Maßnahme:** **Information zur Kenntnis:** *****Nichtzutreffendes streichen**	•
④	**Wirksamkeit der Maßnahme beurteilt durch / am:**	•

		eigene Organisation	Personaldienstleister
Name des Mitarbeiters der eigenen Organisation / des Personaldienstleisters:	**Unterschrift des Mitarbeiters der eigenen Organisation / des Personaldienstleisters:**		

⑤

Inhalt / Thema: Mit der Unterschrift bestätigt der Mitarbeiter / die Zeitarbeitskraft, dass er / sie teilgenommen und den Inhalt / das Thema der Maßnahme verstanden hat. Sollte der Inhalt / das Thema der Maßnahme nicht oder nur teilweise verstanden worden sein, dann ist unverzüglich der Vorgesetzte zu benachrichtigen.
Information zur Kenntnis: Mit der Unterschrift bestätigt der Mitarbeiter / die Zeitarbeitskraft, dass er / sie die Information gelesen und verstanden hat.

Dokumentierte Information aufbewahren: Bild 5.39 F_Maßnahmen Mitarbeiter.doc
Freigegeben: Klaus Mustermann, Datum: 06.01.2019, Handelsunternehmen

BILD 5.39 Formular: F_Maßnahmen Mitarbeiter

5.12 10_DOKUMENTIERTE INFORMATION FORMULARE

5.12.1 Wissen der Organisation

Das **Wissen der Organisation** besteht aus **Informationen**, die in der **gesamten Organisation** vorkommen, um die Prozesse durchführen und die Konformität von Produkten und Dienstleistungen erreichen zu können.

ISO 9001:2015 AUSZUG AUS DER NORM

7.1.6 Wissen der Organisation

ANMERKUNG 2 Das Wissen der Organisation kann auf Folgendem basieren:

a) auf internen Quellen (z. B. geistiges Eigentum, aus Erfahrungen gesammeltes Wissen, Lektionen aus Fehlern und erfolgreichen Projekten, Erfassen und Austausch von nicht dokumentiertem Wissen und Erfahrung, die Ergebnisse aus Verbesserungen von Prozessen, Produkten und Dienstleistungen);

b) auf externen Quellen (z. B. Normen, Hochschulen, Konferenzen, Wissenserwerb von Kunden oder externen Anbietern).

Dies macht nun deutlich, dass alle **Informationen** berücksichtigt werden können, auch Informationen, die **nicht dokumentiert** sind.

Auch wenn es die DIN EN ISO 9001:2015 ermöglicht, weniger zu dokumentieren, dann gelten trotzdem die gesetzlichen Anforderungen an die dokumentierte Information!

Weitere Hinweise zum **Begriff** *Information* und zum *Dokumentationsumfang* finden Sie in diesem Buch im **Kapitel 1.3.9**.

5.12.2 Lenkung dokumentierter Informationen aufrechterhalten

Es ist eine Anforderung der DIN EN ISO 9001:2015, dass die **dokumentierte Information gelenkt** werden muss. Die dokumentierte Information besteht aus Daten der Organisation und dokumentierter Information aus externer Herkunft oder von interessierten Parteien.

5.12.2.1 Formular: F_Dokumentierte Informationen-Matrix

Die DIN EN ISO 9001:2015 schreibt in mehreren Kapiteln eine dokumentierte Information vor, **nicht jedoch den Umfang.**

Die Lenkung der dokumentierten Information wurde in einer Matrix umgesetzt.

Dieser Teil der Matrix behandelt die **interne dokumentierte Information**, die **aufrechterhalten**, also **aktuell** gehalten werden muss.

Das Formular *F_Dokumentierte Informationen-Matrix* berücksichtigt die Anforderungen der Normenkapitel 7.5.3.1 und 7.5.3.2 der DIN EN ISO 9001:2015. Die Abbildung zeigt nur einen Ausschnitt aus der gesamten Tabelle (Bild 5.40).

Um die dokumentierten Informationen einfacher wiederfinden zu können, wurden sie den Funktionen der Organisation, z. B. *VERTRIEB*, zugeordnet.

Bei der hier betrachteten Organisationsgröße ist das Qualitätsmanagement **keine eigene** Funktionseinheit. Daher muss festgelegt werden, wer für die Aktualisierung verantwortlich ist.

5.12 10_Dokumentierte Information Formulare

F_Dokumentierte Informationen-Matrix

ABKÜRZUNGEN:

Oberste Leitung (Geschäftsführung)	OL
Personen mit Verantwortung (Qualitätmanagementsystem)	PMV
Mitarbeiter	MA

DOKUMENTIERTE INFORMATIONEN AUFRECHTERHALTEN:

Von der Organisation als notwendig eingestuft

Kennzeichnung	Aufbewahrung	Schutz	Wiederauffindbarkeit	Aufbewahrungsfrist	Verfügung
Kennzeichnung: Name der dokumentierten Information **Freigabe:** Die Freigabe ist in den dokumentierten Informationen in der Fußzeile aufgeführt. Dies gilt sowohl für die Erstellung als auch für die Aktualisierung.	Ordner in Papierform in den **Funktionsbereichen** oder in der zentralen Ablage Elektronischer Ordner im EDV-System	Im Schrank, Regal (abschließbar – nicht abschließbar) EDV-System mit Kennwort (EKW)	Ordner in Papierform in den **Funktionsbereichen** oder in der zentralen Ablage Im EDV-System in elektronischen Ordnern	Gesetzliche Aufbewahrungsfrist Von der Organisation festgelegte Aufbewahrungsfrist	**Funktionsbereiche** Mitarbeiter
Anwendungsbereich des Qualitätsmanagementsystems					
A_START-Anwendungsbereich des Qualitätsmanagementsystems	EDV	EDV	EDV	Bis zur nächsten Aktualisierung	OL, PMV, MA
1_VERTRIEB					
VERTRIEB: Angebot erstellen / ändern	EDV	EDV	EDV	Bis zur nächsten Aktualisierung	OL, PMV, MA
VERTRIEB: Angebot verfolgen	EDV	EDV	EDV	Bis zur nächsten Aktualisierung	OL, PMV, MA
VERTRIEB: Auftrag erstellen	EDV	EDV	EDV	Bis zur nächsten Aktualisierung	OL, PMV, MA
VERTRIEB: Auftrag ändern / stornieren	EDV	EDV	EDV	Bis zur nächsten Aktualisierung	OL, PMV, MA
VERTRIEB: Reklamation	EDV	EDV	EDV	Bis zur nächsten Aktualisierung	OL, PMV, MA
2_EINKAUF					
EINKAUF: Disposition / Anfrage / Preisvergleich / Bestellung	EDV	EDV	EDV	Bis zur nächsten Aktualisierung	OL, PMV, MA
EINKAUF: Bestellung verfolgen	EDV	EDV	EDV	Bis zur nächsten Aktualisierung	OL, PMV, MA
EINKAUF: Lieferanten Auswahl / Beurteilung / Neubeurteilung	EDV	EDV	EDV	Bis zur nächsten Aktualisierung	OL, PMV, MA
EINKAUF: Reklamation / Falschlieferung	EDV	EDV	EDV	Bis zur nächsten Aktualisierung	OL, PMV, MA
3_ENTWICKLUNG					
Der Entwicklungsprozess ist im Formular **F_Entwicklung** zusammengefasst.					
4_SERVICE					
SERVICE: Montage, Wartung, Reparatur, Reklamation Werkstatt	EDV	EDV	EDV	Bis zur nächsten Aktualisierung	OL, PMV, MA
SERVICE: Montage, Wartung, Reparatur, Reklamation Kunde vor Ort	EDV	EDV	EDV	Bis zur nächsten Aktualisierung	OL, PMV, MA
SERVICE: Überwachungs- und Messmittel verwalten	EDV	EDV	EDV	Bis zur nächsten Aktualisierung	OL, PMV, MA
5_WARENEINGANG / LAGER / VERSAND					
WARENEINGANG: Wareneingang aus Service	EDV	EDV	EDV	Bis zur nächsten Aktualisierung	OL, PMV, MA
WARENEINGANG: Wareneingang extern	EDV	EDV	EDV	Bis zur nächsten Aktualisierung	OL, PMV, MA
LAGER: Produkte einlagern oder auslagern	EDV	EDV	EDV	Bis zur nächsten Aktualisierung	OL, PMV, MA
LAGER: Inventur	EDV	EDV	EDV	Bis zur nächsten Aktualisierung	OL, PMV, MA
VERSAND: Produkte versenden	EDV	EDV	EDV	Bis zur nächsten Aktualisierung	OL, PMV, MA
7_Verantwortung der obersten Leitung und Organisation					
QM_Oberste Leitung und Organisation	EDV	EDV	EDV	Bis zur nächsten Aktualisierung	OL, PMV, MA
8_Fortlaufende Verbesserung des QM-Systems					
QM_Internes Audit	EDV	EDV	EDV	Bis zur nächsten Aktualisierung	OL, PMV, MA

Dokumentierte Information aufrechterhalten: Bild 5.40(Seite1) Bild 5.41(Seite2) Bild 4.42(Seite3) F_Dokumentierte Informationen-Matrix.doc
Freigegeben: Klaus Mustermann, Datum: 06.01.2019, Handelsunternehmen
Seite 1 von 4

BILD 5.40 Formular: F_Dokumentierte Informationen-Matrix (dokumentierte Informationen aufrechterhalten) (Ausschnitt 1)

In der Dokumentationsmatrix wird die von der Organisation zu der Sicherstellung der wirksamen Planung, Durchführung und Lenkung der Prozesse und Formulare als **notwendig eingestufte** dokumentierte Information eingetragen.

Die dokumentierte Information darf grundsätzlich keine handschriftlichen Änderungen enthalten. Entweder ist die dokumentierte Information ausgedruckt, ohne handschriftliche Änderungen, oder steht elektronisch zur Verfügung. Mit einer Mitteilung wird die neue gültige dokumentierte Information verteilt.

Weiter muss festgelegt werden, was mit der dokumentierten Information passieren muss, wenn sie nicht mehr gültig ist. Dies muss durch die Organisation festgelegt werden. Die Norm ermöglicht auch, dass die dokumentierte Information vernichtet wird, wenn sie nicht mehr gültig ist. Ansonsten ist die ungültige dokumentierte Information zu kennzeichnen, damit keine Verwechslung mit der aktuellen dokumentierten Information erfolgt. Deshalb sollten die Mitarbeiter darüber informiert werden, dass sie selbst keine eigenen Kopien erstellen dürfen, damit nicht aus Versehen die ungültige dokumentierte Information genutzt wird. Dies gilt für die Papierform und die elektronische Form.

Sie müssen die Inhalte der Tabelle überprüfen und an die Erfordernisse Ihrer Organisation anpassen.

5.12.3 Lenkung dokumentierter Informationen externer Herkunft

Es ist eine Anforderung der DIN EN ISO 9001:2015, dass die **dokumentierte Information gelenkt** werden muss. Die dokumentierte Information besteht aus Daten der Organisation und dokumentierter Information aus externer Herkunft oder von interessierten Parteien.

5.12.3.1 Formular: F_Dokumentierte Informationen-Matrix

Die DIN EN ISO 9001:2015 schreibt in mehreren Kapiteln eine dokumentierte Information vor, **nicht jedoch den Umfang.**

Die Lenkung der dokumentierten Information wurde in einer Matrix umgesetzt.

Dieser Teil der Matrix behandelt die **dokumentierte Information externer Herkunft**, die **aufrechterhalten**, also **aktuell** gehalten werden muss. Die Aktualisierung kann jedoch nur durch den **Ersteller** der *dokumentierten Information externer Herkunft* durchgeführt werden.

Das Formular *F_Dokumentierte Informationen-Matrix* berücksichtigt die Anforderungen der Normenkapitel 7.5.3.1 und 7.5.3.2 der DIN EN ISO 9001:2015. Die Abbildung zeigt nur einen Ausschnitt aus der gesamten Tabelle (Bild 5.41).

Um die dokumentierten Informationen einfacher wiederfinden zu können, wurde sie den Funktionen der Organisation, z. B. *Büro*, zugeordnet.

Bei der hier betrachteten Organisationsgröße ist das Qualitätsmanagement **keine eigene** Funktionseinheit. Daher muss festgelegt werden, wer für die Aktualisierung verantwortlich ist.

In der Dokumentationsmatrix wird die von der Organisation zu der Sicherstellung der wirksamen Planung, Durchführung und Lenkung der Prozesse und Formulare als **notwendig eingestufte** dokumentierte Information eingetragen.

Sie müssen die Inhalte der Tabelle überprüfen und an die Erfordernisse Ihrer Organisation anpassen.

F_Dokumentierte Informationen-Matrix

QM_Nichtkonformität und Korrekturmaßnahmen	EDV	EDV	EDV	Bis zur nächsten Aktualisierung	OL, PMV, MA
9_Mitarbeiter					
MITARBEITER_Ausbildung_Schulung_Fertigkeiten_Erfahrung_Kompetenz	EDV	EDV	EDV	Bis zur nächsten Aktualisierung	OL, PMV, MA
10_Dokumentierte Information_Formulare					
F_Beurteilung Auswahl und Leistungsüberwachung von externen Anbietern	EDV	EDV	EDV	Bis zur nächsten Aktualisierung	OL, PMV, MA
F_Beurteilung Auswahl und Leistungsüberwachung von externen Anbietern_QFD	EDV	EDV	EDV	Bis zur nächsten Aktualisierung	OL, PMV, MA
F_Bewertung der Leistung	EDV	EDV	EDV	Bis zur nächsten Aktualisierung	OL, PMV, MA
F_Dokumentierte Informationen-Matrix	EDV	EDV	EDV	Bis zur nächsten Aktualisierung	OL, PMV, MA
F_Entwicklung	EDV	EDV	EDV	Bis zur nächsten Aktualisierung	OL, PMV, MA
F_Internes Audit_Plan_Bericht	EDV	EDV	EDV	Bis zur nächsten Aktualisierung	OL, PMV, MA
F_Kontext Interne Externe Themen Risiken Chancen	EDV	EDV	EDV	Bis zur nächsten Aktualisierung	OL, PMV, MA
F_Managementbewertung	EDV	EDV	EDV	Bis zur nächsten Aktualisierung	OL, PMV, MA
F_Maßnahmen Mitarbeiter	EDV	EDV	EDV	Bis zur nächsten Aktualisierung	OL, PMV, MA
F_Maßnahmen	EDV	EDV	EDV	Bis zur nächsten Aktualisierung	OL, PMV, MA
F_Messbare Qualitätsziele	EDV	EDV	EDV	Bis zur nächsten Aktualisierung	OL, PMV, MA
F_Organigramm_Verantwortung	EDV	EDV	EDV	Bis zur nächsten Aktualisierung	OL, PMV, MA
F_Mitarbeitermatrix (Verantwortung und Befugnisse)	EDV	EDV	EDV	Bis zur nächsten Aktualisierung	OL, PMV, MA
F_Qualitätspolitik	EDV	EDV	EDV	Bis zur nächsten Aktualisierung	OL, PMV, MA
F_Liste_Überwachungsmittel_Messmittel	EDV	EDV	EDV	Bis zur nächsten Aktualisierung	OL, PMV, MA

DOKUMENTIERTE INFORMATIONEN EXTERNER HERKUNFT:

Von der Organisation als notwendig eingestuft

Kennzeichnung	Aufbewahrung	Schutz	Wiederauffindbarkeit	Aufbewahrungsfrist	Verfügung
Kennzeichnung: Name der dokumentierten Information externer Herkunft **Freigabe:** Die Freigabe erfolgt durch den Ersteller.	Ordner in Papierform in den **Funktionsbereichen** oder in der zentralen Ablage Elektronischer Ordner im EDV-System	Im Schrank, Regal (abschließbar – nicht abschließbar) EDV-System mit Kennwort (EKW)	Ordner in Papierform in den **Funktionsbereichen** oder in der zentralen Ablage Im EDV-System in elektronischen Ordnern	Gesetzliche Aufbewahrungsfrist Von der Organisation festgelegte Aufbewahrungsfrist	**Funktionsbereiche** Mitarbeiter
Dokumentierte Informationen externer Herkunft					
DIN EN ISO 9001:2015	Büro	Papier/EDV	Büro	Bis zur nächsten Aktualisierung	OL, PMV
Sonstige Normen	Büro	Papier/EDV	Büro	Bis zur nächsten Aktualisierung	OL, PMV
Sicherheitsdatenblätter	Büro	Papier/EDV	Büro	Bis zur nächsten Aktualisierung	OL, PMV
Lastenheft (Eigentum des Kunden)	Büro	Papier/EDV	Büro	Bis zur nächsten Aktualisierung	OL, PMV

Dokumentierte Information aufrechterhalten: Bild 5.40(Seite1) Bild 5.41(Seite2) Bild 4.42(Seite3) F_Dokumentierte Informationen-Matrix.doc
Freigegeben: Klaus Mustermann, Datum: 06.01.2019, Handelsunternehmen
Seite 2 von 4

BILD 5.41 Formular: F_Dokumentierte Informationen-Matrix (dokumentierte Informationen externer Herkunft) (Ausschnitt 2)

5.12.4 Lenkung dokumentierter Informationen aufbewahren als Nachweis der Konformität

Es ist eine Anforderung der DIN EN ISO 9001:2015, dass die **dokumentierte Information gelenkt** werden muss. Die dokumentierte Information besteht aus Daten der Organisation und dokumentierter Information aus externer Herkunft oder von interessierten Parteien.

5.12.4.1 Formular: F_Dokumentierte Informationen-Matrix

Die DIN EN ISO 9001:2015 schreibt in mehreren Kapiteln eine dokumentierte Information vor, **nicht jedoch den Umfang.**

Die Lenkung der dokumentierten Information wurde in einer Matrix umgesetzt.

Dieser Teil der Matrix behandelt die **interne dokumentierte Information**, die **aufbewahrt wird**, also **nicht mehr geändert** werden darf.

Das Formular *F_Dokumentierte Informationen-Matrix* berücksichtigt die Anforderungen der Normenkapitel 7.5.3.1 und 7.5.3.2 der DIN EN ISO 9001:2015. Die Abbildung zeigt nur einen Ausschnitt aus der gesamten Tabelle (Bild 5.42).

Um die dokumentierten Informationen einfacher wiederfinden zu können, wurde die dokumentierte Information den Funktionen der Organisation, z. B. *VERTRIEB*, zugeordnet.

Bei der hier betrachteten Organisationsgröße ist das Qualitätsmanagement **keine eigene** Funktionseinheit. Daher muss festgelegt werden, wer für die Aktualisierung verantwortlich ist.

In der Dokumentationsmatrix wird die von der Organisation zu der Sicherstellung der wirksamen Planung, Durchführung und Lenkung der Prozesse und Formulare als **notwendig eingestufte** dokumentierte Information eingetragen.

Die dokumentierte Information, die als Nachweis der Konformität aufbewahrt werden muss, kann handschriftlich ausgefüllt werden. Die dokumentierte Information kann ausgedruckt und mit handschriftlichen Vermerken versehen werden oder steht elektronisch zur Verfügung. Alle handschriftlichen Vermerke müssen leicht lesbar sein.

Weiter muss festgelegt werden, was mit der dokumentierten Information passieren muss, wenn sie nicht mehr gültig ist. Dies muss durch die Organisation festgelegt werden. Die Norm ermöglicht auch, dass die dokumentierte Information vernichtet wird, wenn sie nicht mehr gültig ist. Ansonsten ist die ungültige dokumentierte Information zu kennzeichnen, damit keine Verwechslung mit der aktuellen dokumentierten Information erfolgt. Deshalb sollten die Mitarbeiter darüber informiert werden, dass sie selbst keine eigenen Kopien erstellen dürfen, damit nicht aus Versehen die ungültige dokumentierte Information genutzt wird. Dies gilt für die Papierform und die elektronische Form.

Sie müssen die Inhalte der Tabelle überprüfen und an die Erfordernisse Ihrer Organisation anpassen.

F_Dokumentierte Informationen-Matrix

DOKUMENTIERTE INFORMATIONEN AUFBEWAHREN:

Von der Organisation als notwendig eingestuft

Kennzeichnung	Aufbewahrung	Schutz	Wiederauffindbarkeit	Aufbewahrungsfrist	Verfügung
Die Kennzeichnung ist von der Art der Aufzeichnung abhängig. Kennzeichnungen sind der Name der Aufzeichnung: z. B. Zeichnung, Lieferschein, Rechnung, Service, Maschinenkarte, Prüfungsprotokoll. Kennzeichnung für die Zuordnung sind: z. B. Auftrags-Nr., Kunden-Nr., Artikel-Nr., Maschinen-Nr., Zeichnungs-Nr., Rechnungs-Nr., Lieferschein-Nr.	Ordner in Papierform in den **Funktionsbereichen** oder in der zentralen Ablage / Elektronischer Ordner im EDV-System	Im Schrank, Regal (abschließbar – nicht abschließbar) / EDV-System mit Kennwort (EKW)	Ordner in Papierform in den **Funktionsbereichen** oder in der zentralen Ablage / Im EDV-System in elektronischen Ordnern	Gesetzliche Aufbewahrungsfrist / Von der Organisation festgelegte Aufbewahrungsfrist	**Funktionsbereiche** / Mitarbeiter
1_VERTRIEB					
Anfrage	Papier/EDV	Papier/EDV	Vertrieb/EDV	5 Jahre	Vertrieb
Lastenheft (Eigentum des Kunden)	Papier/EDV	Papier/EDV	Vertrieb/EDV	10 Jahre	Vertrieb
Pflichtenheft (Eigentum der Organisation)	Papier/EDV	Papier/EDV	Vertrieb/EDV	10 Jahre	Vertrieb
Kalkulation	Papier/EDV	Papier/EDV	Vertrieb/EDV	10 Jahre	Vertrieb
Angebot	Papier/EDV	Papier/EDV	Vertrieb/EDV	10 Jahre	Vertrieb
Zeichnung des Kunden	Papier/EDV	Papier/EDV	Vertrieb/EDV	10 Jahre	Vertrieb
Auftrag	Papier/EDV	Papier/EDV	Vertrieb/EDV	10 Jahre	Vertrieb
Auftragsbestätigung (bei Bedarf)	Papier/EDV	Papier/EDV	Vertrieb/EDV	10 Jahre	Vertrieb
Maschinenkarte	Papier/EDV	Papier/EDV	Vertrieb/EDV	10 Jahre	Vertrieb
Fax	Papier/EDV	Papier/EDV	Vertrieb/EDV	10 Jahre	Vertrieb
E-Mail	Papier/EDV	Papier/EDV	Vertrieb/EDV	10 Jahre	Vertrieb
Lieferschein	Papier/EDV	Papier/EDV	Vertrieb/EDV	10 Jahre	Vertrieb
Rechnung	Papier/EDV	Papier/EDV	Vertrieb/EDV	10 Jahre	Vertrieb
Gutschrift	Papier/EDV	Papier/EDV	Vertrieb/EDV	10 Jahre	Vertrieb
Reklamation	Papier/EDV	Papier/EDV	Vertrieb/EDV	10 Jahre	Vertrieb
Kostenaufstellung	Papier/EDV	Papier/EDV	Vertrieb/EDV	10 Jahre	Vertrieb
2_EINKAUF					
F_Beurteilung Auswahl und Leistungsüberwachung von externen Anbietern	EDV	EDV	Einkauf/EDV	Bis zur Neuerstellung	Einkauf
F_Beurteilung Auswahl und Leistungsüberwachung von externen Anbietern_QFD	EDV	EDV	Einkauf/EDV	Bis zur Neuerstellung	Einkauf
Anschreiben Fehlerhäufigkeit	Papier/EDV	Papier/EDV	Einkauf/EDV	10 Jahre	Einkauf
Antwortschreiben Fehlerhäufigkeit	Papier/EDV	Papier/EDV	Einkauf/EDV	10 Jahre	Einkauf
Anfrage	Papier/EDV	Papier/EDV	Einkauf/EDV	10 Jahre	Einkauf
Angebot	Papier/EDV	Papier/EDV	Einkauf/EDV	10 Jahre	Einkauf
Bestellung / Rahmenauftrag	Papier/EDV	Papier/EDV	Einkauf/EDV	10 Jahre	Einkauf
Auftragsbestätigung	Papier/EDV	Papier/EDV	Einkauf/EDV	10 Jahre	Einkauf
Disposition / Statistik	EDV	EDV	EDV	Bis zur Aktualisierung	Einkauf
Fax	Papier/EDV	Papier/EDV	Einkauf/EDV	10 Jahre	Einkauf
E-Mail	Papier/EDV	Papier/EDV	Einkauf/EDV	10 Jahre	Einkauf
Lieferschein	Papier/EDV	Papier/EDV	Einkauf/EDV	10 Jahre	Einkauf
Lieferschein (Kundeneigentum)	Papier/EDV	Papier/EDV	Einkauf/EDV	10 Jahre	Einkauf
Lieferschein (Lieferant externe Bearbeitung)	Papier/EDV	Papier/EDV	Einkauf/EDV	10 Jahre	Einkauf
Materialprüfzertifikate	Papier/EDV	Papier/EDV	Einkauf/EDV	Bis zur Neuanforderung	Einkauf
Reklamation	Papier/EDV	Papier/EDV	Einkauf/EDV	10 Jahre	Einkauf
Kostenaufstellung	Papier/EDV	Papier/EDV	Einkauf/EDV	10 Jahre	Einkauf
Rechnung	Papier/EDV	Papier/EDV	Einkauf/EDV	10 Jahre	Einkauf
Gutschrift	Papier/EDV	Papier/EDV	Einkauf/EDV	10 Jahre	Einkauf
Unterlagen des Maschinenherstellers	Papier/EDV	Papier/EDV	Einkauf/EDV	Bis zum Verkauf der Maschine	Einkauf
Inventurliste	Papier/EDV	Papier/EDV	Einkauf/EDV	10 Jahre	Einkauf
3_ENTWICKLUNG					
F_Entwicklung	Papier/EDV	Papier/EDV	?????	?????	OL, PMV

Dokumentierte Information aufrechterhalten: Bild 5.40(Seite1) Bild 5.41(Seite2) Bild 4.42(Seite3) F_Dokumentierte Informationen-Matrix.doc
Freigegeben: Klaus Mustermann, Datum: 06.01.2019, Handelsunternehmen
Seite 3 von 4

BILD 5.42 Formular: F_Dokumentierte Informationen-Matrix (dokumentierte Informationen aufbewahren) (Ausschnitt 3)

5.12.5 Übersicht der Formulare

Im Ordner *10_Dokumentierte Information_Formulare* sind alle in diesem Buch beschriebenen Formulare vorhanden. Die Formulare werden in Tabelle 5.1 aufgeführt und kurz erläutert. Ausführliche Erläuterungen sind in den entsprechenden Kapiteln in diesem Buch vorhanden.

TABELLE 5.1 Übersicht der in diesem Kapitel beschriebenen Formulare

Formular	Beschreibung
	Sie müssen die Inhalte der Formulare an die Erfordernisse Ihres Unternehmens anpassen.
F_Beurteilung Auswahl und Leistungsüberwachung von externen Anbietern *(Als generelle Vorgehensweise.)*	Mit dem Formular führen Sie eine *Beurteilung, Auswahl und Leistungsüberwachung von externen Anbietern (Lieferanten)* durch.
F_Beurteilung Auswahl und Leistungsüberwachung von externen Anbietern_QFD *(Bei komplexen Produkten/ Dienstleistungen.)*	Mit dem Formular führen Sie eine *Beurteilung, Auswahl und Leistungsüberwachung von externen Anbietern (Lieferanten)* durch. Dieses Formular kann bei komplexen Produkten genutzt werden. **HINWEIS:** Sie müssen dieses Formular **nicht nutzen**, wenn Sie der Meinung sind, dass das Formular *F_Beurteilung Auswahl und Leistungsüberwachung von externen Anbietern* für Ihr Unternehmen ausreicht.
F_Bewertung der Leistung	In dem Formular sind die Anforderungen an die Bewertung zusammengefasst: *Konformität der Produkte und Dienstleistungen, Leistung externer Anbieter (Lieferanten), Grad der Kundenzufriedenheit, Wirksamkeit durchgeführter Maßnahmen zum Umgang mit Risiken und Chancen, Bedarf an Verbesserungen des Qualitätsmanagementsystems, Planung zum Qualitätsmanagementsystem, Kompetenz der Mitarbeiter.* **Bewerten** bedeutet **nicht zwangsläufig messen**! Beim Bewerten geht es grundsätzlich um eine möglichst objektive Analyse der Ist- und Sollsituation der erbrachten Leistung, eine Wahrnehmung eines Sachverhaltes.
F_Dokumentierte Informationen-Matrix	Das **Wissen der Organisation** besteht aus *Informationen*, die im *gesamten Unternehmen vorkommen*, um die Prozesse durchführen und die Konformität von Produkten und Dienstleistungen erreichen zu können. Das Formular ist eingeteilt in: Die *dokumentierte Information, die aufrechterhalten* (aktuell gehalten) werden muss. Die *dokumentierte Information externer Herkunft, die aufrechterhalten* (aktuell gehalten) werden muss. Die *dokumentierte Information, die aufbewahrt* werden muss als Nachweis der Konformität.
F_Entwicklung *(Als generelle Vorgehensweise.)*	Die DIN EN ISO 9001:2015 erwartet, dass ein Entwicklungsprozess erarbeitet, umgesetzt und aufrechterhalten wird, um die anschließende Produktion und Dienstleistungserbringung sicherzustellen. Da die DIN EN ISO 9001:2015 nicht vorschreibt, wie dieser Entwicklungsprozess aussehen muss, haben wir den Entwicklungsprozess in diesem Formular zusammengefasst.

5.12 10_Dokumentierte Information Formulare

Formular	Beschreibung
F_Internes Audit_Plan_Bericht	Mit diesem Formular führen Sie das interne Audit durch. Das Formular berücksichtigt das komplette Auditprogramm von der Planung über die Vorgehensweise bis zum Auditbericht. Als **Fragenkatalog** müssen Sie den Prozess *QM: Oberste Leitung und Organisation* nutzen.
F_Kontext Interne Externe Themen Risiken Chancen	Das Formular berücksichtigt den *Zweck der Organisation*, die *strategische Ausrichtung*, die *Produkte und Dienstleistungen*, die *internen und externen Themen*, die *interessierten Parteien*, die *Risiken und Chancen*, die *betroffenen Funktionen und Prozesse*, die *Planung der einzuleitenden Maßnahmen* und die *Planung der Bewertung der Wirksamkeit der eingeleiteten Maßnahmen*. **Sie können die Umsetzung in einer Mitarbeiterbesprechung durchführen** und vielleicht noch weitere Vorschläge Ihrer Mitarbeiter erhalten.
F_Liste_Überwachungsmittel_Messmittel	In diesem Formular verwalten Sie die Überwachungs- und Messmittel. **HINWEIS:** Wenn Sie eine Software für die Verwaltung der Überwachungs- und Messmittel nutzen, dann benötigen Sie dieses Formular **nicht**.
F_Managementbewertung	Mit diesem Formular führen Sie die Managementbewertung durch. **Bewerten** bedeutet **nicht zwangsläufig messen**! Beim Bewerten geht es grundsätzlich um eine möglichst objektive Analyse der Ist- und Sollsituation der erbrachten Leistung, eine Wahrnehmung eines Sachverhaltes.
F_Maßnahmen Mitarbeiter	Hier dokumentieren Sie die *interne Schulung, externe Schulung, Unterweisung, Betriebsversammlung, Mitarbeiterbesprechung; Information zur Kenntnis*.
F_Maßnahmen	Hier dokumentieren Sie die **Art der Maßnahme**: *Korrektur, Korrekturmaßnahme, Verbesserungsmaßnahme*.
F_Messbare Qualitätsziele	Hier dokumentieren Sie die messbaren Qualitätsziele der Produkte und Dienstleistungen auf *Funktionen*, *Ebenen* und *Prozessen*.
F_Mitarbeitermatrix (Verantwortung und Befugnisse)	Die DIN EN ISO 9001:2015 überträgt die Verantwortung an die **oberste Leitung** = *Geschäftsführung* und an die **Organisation** = *Führungskräfte*, z. B. *Vertriebsleitung, Einkaufsleitung, Betriebsleitung, Versandleitung, QS-Leitung, Entwicklungsleitung*. In kleineren Organisationen wären dies **oberste Leitung** = *Geschäftsführung* und **Organisation** = *Mitarbeiter, die für bestimmte Bereiche in der Organisation verantwortlich sind*. In der Excel-Tabelle werden die Verantwortungen und Befugnisse für einzelne Tätigkeiten zugewiesen. **HINWEIS:** Sie müssen dieses Formular **nicht nutzen**, wenn Sie der Meinung sind, dass das Formular *F_Organigramm_Verantwortung* für Ihr Unternehmen ausreicht.

TABELLE 5.1 Übersicht der in diesem Kapitel beschriebenen Formulare (*Fortsetzung*)

Formular	Beschreibung
F_Organigramm_Verantwortung	Die DIN EN ISO 9001:2015 überträgt die Verantwortung an die **oberste Leitung** = *Geschäftsführung* und an die **Organisation** = *Führungskräfte*, z. B. *Vertriebsleitung, Einkaufsleitung, Betriebsleitung, Versandleitung, QS-Leitung, Entwicklungsleitung*. In kleineren Organisationen wären dies **oberste Leitung** = *Geschäftsführung* und **Organisation** = *Mitarbeiter, die für bestimmte Bereiche in der Organisation verantwortlich sind*. Sie definieren hier: ▪ **Die Verantwortung für die gesamte Organisation** **HINWEIS:** Hier müssen die Namen der *obersten Leitung* und die *Namen der Mitarbeiter*, die für die Funktionsbereiche, z. B. *Vertrieb*, verantwortlich sind, eingetragen werden. ▪ **Die Verantwortung für das Qualitätsmanagementsystem** **HINWEIS:** Hier müssen die Namen der *obersten Leitung* und die *Namen der Mitarbeiter*, die für *bestimmte Bereiche in der Organisation verantwortlich* sind, eingetragen werden. Es können auch die gleichen Mitarbeiter sein bzw. wird dies bei sehr kleinen Organisationen durch die oberste Leitung wahrgenommen.
F_Qualitätspolitik	Die Qualitätspolitik muss für den *Zweck*, den *Kontext*, die *strategische Ausrichtung*, für das *Festlegen von Qualitätszielen*, die *Verpflichtung zur Erfüllung zutreffender Anforderungen* und für die *Verpflichtung zur fortlaufenden Verbesserung des Qualitätsmanagementsystems* geeignet sein. Das Formular enthält eine allgemeine Qualitätspolitik. **HINWEIS:** Wenn Sie bereits eine Qualitätspolitik oder ein Leitbild in Ihrem Unternehmen definiert haben und weiter nutzen wollen, dann müssen sie **nur** die *grau hinterlegten Texte* in Ihre Version übernehmen.

INDEX

A

Anforderung 10
A_START-Anwendungsbereich des Qualitätsmanagementsystems 66, 160, 248, 330

B

Befugnisse 122, 210, 292, 380
Begriffe 3
Bewertung 40, 41

D

Dienstleistung 8, 25
- inhärente Merkmale 25
DIN EN ISO 9001\ 1, 3
- 2015 1
- 2015:– lesen 3

E

EINKAUF 78, 80, 82, 84, 172, 174, 176, 178, 342, 344, 346, 348
- Bestellung verfolgen 80, 174, 344
- Disposition/Anfrage/Preisvergleich/ Bestellung 78, 172, 342
- Lieferanten Auswahl/Beurteilung/ Neubeurteilung 84, 178, 348
- Reklamation/Falschlieferung 82, 176, 346
Entwicklung 56
ENTWICKLUNG 90, 96, 184, 274, 276, 354
- Entwicklung/Änderung Serienprodukt 90
- Entwicklung Sonderprodukt 96
- Projektmanagement 276
- Projektplan 274
Ergebnis 9

F

F_Beurteilung Auswahl und Leistungsüberwachung von externen Anbietern 88, 182, 272, 352
F_Beurteilung Auswahl und Leistungsüberwachung von externen Anbietern_QFD 86, 180, 270, 350
F_Bewertung der Leistung 132, 220, 302, 390
F_Dokumentierte Informationen-Matrix 148, 150, 152, 236, 238, 240, 318, 320, 322, 406, 408, 410
F_Entwicklung 56, 57, 94, 184
F_Entwicklung als generelle Vorgehensweise 354
F_Entwicklung_QFD-Produkt 58, 59, 92
FERTIGUNG 98, 100, 102, 186, 188, 190
- Fertigungsablauf 186
- Fertigungsablauf Serienprodukte/ Sonderprodukte 98
- Instandhaltung der Fertigungseinrichtungen 100, 188
- Überwachungs- und Messmittel verwalten 102, 190
F_Internes Audit_Plan_Bericht 136, 138, 224, 226, 306, 308, 394, 396
F_Kontext Interne Externe Themen Risiken Chancen 22, 128, 216, 298, 386
F_Managementbewertung 120, 208, 290, 378
F_Maßnahmen 142, 230, 312, 400
F_Maßnahmen Mitarbeiter 146, 234, 316, 404
F_Messbare Qualitätsziele 130, 218, 300, 388
F_Mitarbeitermatrix (Verantwortung und Befugnisse) 124, 212, 294, 382
F_Organigramm_Verantwortung 122, 210, 292, 380
F_QFD-Insourcing 254
F_Qualitätspolitik 118, 206, 288, 376
F_Überwachungs- und Messmittel 362
F_Überwachungs- und Messmittel verwalten 104, 192

I

Information 12, 148, 236, 318, 406
- dokumentierte 148, 236, 318, 406
Interessierte Partei 8

K

Konformität der Produkte/Dienstleistungen 48
Kontext 30, 34
Kontext der Organisation 22
Kontext, externer 30, 31, 33, 34
- betroffene Funktionen und Prozesse 34
- Chancen 30, 33, 34
- einzuleitende Maßnahmen 33
- interessierte Parteien 30, 33, 34
- Risiken 30, 33, 34
- Themen 30, 31
- Wirksamkeit der Maßnahmen 34
Kontext, interner 34, 35, 38, 39
- betroffene Funktionen und Prozesse 39
- Chancen 38
- einzuleitende Maßnahmen 39
- interessierte Parteien 38
- relevante Anforderungen 38
- Risiken 38
- Themen 34, 35
- Wirksamkeit der Maßnahmen 39
Kundenzufriedenheit 50

L

LAGER 106, 110, 114, 194, 198, 202, 364, 368, 372
- Inventur 114, 202, 372
- Produkte einlagern oder auslagern 110, 198, 368
Leistung externer Anbieter 49, 50
Leistungsbewertung 220, 302, 390
Lieferantenbewertung 86, 88, 180, 182, 272, 350, 352

M

Managementbewertung 120, 208, 290, 378
Managementsystem 7
Maßnahmen 51, 52
MITARBEITER 144, 232, 314, 402
- Ausbildung, Schulung, Fertigkeiten, Erfahrung, Kompetenz 144, 232, 314, 402
Mitarbeiterkompetenz 53

O

Oberste Leitung 4, 116, 118, 204, 206, 286, 288, 374, 376
- Anforderungen 118, 206, 288, 376
- Verantwortung der 116, 204, 286, 374
Ordner\ 132, 220, 304, 390
- Jährlich durchzuführende Tätigkeiten 132, 220, 304, 390
Organisation 4, 28, 116, 128, 148, 204, 216, 236, 286, 298, 318, 374, 386, 406
- Anforderungen 128, 216, 298, 386
- Verantwortung der 116, 204, 286, 374
- Wissen der 148, 236, 318, 406
- Zweck/strategische Ausrichtung 28

P

Partei 8, 33
PDCA-Zyklus 2
Produkt 8, 25
- inhärente Merkmale 25

Index

Q

QM 116, 134, 140, 204, 222, 228, 286, 304, 310, 374, 392, 398
- Internes Audit 134, 222, 304, 392
- Nichtkonformität und Korrekturmaßnahmen 140, 228, 310, 398
- Oberste Leitung und Organisation 116, 204, 286, 374

Qualität 5

Qualitätsmanagementsystem 4, 7, 40, 46, 53, 54, 64, 66, 134, 158, 160, 222, 246, 248, 304, 328, 330, 392
- Anwendungsbereich 66, 160, 248, 330
- Bedarf an Verbesserungen 53
- fortlaufende Verbesserung 134, 222, 304, 392
- Leistung/Wirksamkeit 40
- Leistung/Wirksamkeit, Bewertung der 46, 54
- Planung zum 53
- Prozesse 64, 158, 246, 328

Qualitätsziele 42

S

SERVICE 278, 280, 282, 284, 356, 358, 360
- Betriebsanalyse 284
- DV-Projekte 278
- Individuelle Programmierung 282
- Mitarbeit in Kunden-DV-Projekten 280
- Montage/Wartung/Reparatur/Reklamation beim Kunden vor Ort 358
- Montage/Wartung/Reparatur/Reklamation in der Werkstatt 356
- Überwachungs- und Messmittel verwalten 360

V

Verantwortung 122, 210, 292, 380
Verantwortung der obersten Leitung und Organisation 116, 204, 286, 374
Verbesserung 142, 230, 312, 400
VERSAND 106, 112, 194, 200, 364, 370
- Produkte versenden 112, 200, 370
VERTRIEB 68, 70, 72, 74, 76, 162, 164, 166, 168, 170, 332, 334, 336, 338, 340
- Angebot erstellen/ändern 68, 162, 332
- Angebot verfolgen 70, 164, 334
- Auftrag ändern/stornieren 74, 168, 338
- Auftrag erstellen 72, 166, 336
- Reklamation 76, 170, 340
VERTRIEB-BERATUNG 250, 252, 256, 258, 260, 262
- Angebot erstellen/ändern 252
- Angebotsmarketing 250
- Angebot verfolgen 256
- Reklamation 262
- Vertrag ändern/stornieren 260
- Vertrag erstellen 258
VERTRIEB-INNENDIENST 264, 266, 268
- Bestellung verfolgen 266
- Disposition/Anfrage/Preisvergleich/Bestellung 264
- Lieferanten Auswahl/Beurteilung/Neubeurteilung 268

W

WARENEINGANG 106, 108, 194, 196, 364, 366
- Wareneingang aus Fertigung 108, 196
- Wareneingang aus Service 366
- Wareneingang extern 106, 194, 364

Das Kartenset zur Entwicklung Ihrer Geschäftsidee!

Gassmann, Frankenberger, Csik
Der St. Galler Business Model Navigator
55+ Karten zur Entwicklung von Geschäftsmodellen
Kartenset
€ 48,–. ISBN 978-3-446-45555-9

Das Kartenset besteht aus den 55 Musterkarten (eine Karte pro Geschäftsmodell). Sie erfahren, welche Muster es gibt, wie sie sich kombinieren lassen und worauf es bei einem Geschäftsmodell ankommt. Ein absolutes Muss für alle, die ein »Feuerwerk neuer Ideen« entfachen wollen!

- Genialer Kreativ-Baukasten für die Entwicklung von Geschäftsideen
- Ergebnisorientiert arbeiten
- 55 grundlegende Geschäftsmodellmuster als Basis für die eigene Strategie nutzen
- Hocheffektives Tool, um aus der eigenen Branchenlogik auszubrechen
- Innerhalb kürzester Zeit eine Vielzahl von innovativen Geschäftsmodellideen generieren
- Begleitmaterial zum Download

Mehr Informationen finden Sie unter www.hanser-fachbuch.de

Das Kartenset für eine ausgeprägte Innovationskultur!

Gassmann, Meister, Wecht, Bömelburg
Der Innovationskulturnavigator
66 Karten für den Kreativprozess
Kartenset
€ 48,–. ISBN 978-3-446-45556-6

Dieses Kartenset stellt 66 Konzepte vor, die sich als besonders innovationsfördernd bewährt haben. Spielerisch und mit Spaß werden die eigenen Innovationspotenziale erkannt und Ideen entwickelt. Fast nebenbei wird alles Relevante rund um einen gelungenen Innovationsprozess vermittelt und die Innovationskultur verbessert.

- Innovationspotenziale erkennen
- Spielerisch und mit Spaß innovativ sein
- Innovationskultur verbessern
- Vereint 66 Konzepte aus der Praxis besonders innovativer Unternehmen

Mehr Informationen finden Sie unter www.hanser-fachbuch.de